Mary Glazener

Der Kelch des Zorns

Mary Glazener

Der Kelch des Zorns

Ein Roman über
Dietrich Bonhoeffer

BRUNNEN
VERLAG GIESSEN

ABCteam-Bücher erscheinen in folgenden Verlagen:
Aussaat-Verlag Neukirchen-Vluyn
R. Brockhaus Verlag Wuppertal
Brunnen Verlag Gießen und Basel
Christliches Verlagshaus Stuttgart
(und Evangelischer Missionsverlag)
Oncken Verlag Wuppertal und Kassel

Titel der amerikanischen Originalausgabe:
The Cup of Wrath: A Novel Based on Dietrich Bonhoeffer's
Resistance to Hitler

Aus dem Amerikanischen von Christian Rendel
Lektorat: Brigitte Selchert

Originalzitate von Dietrich Bonhoeffer
mit freundlicher Genehmigung des Gütersloher Verlagshauses aus:
Dietrich Bonhoeffer, Widerstand und Ergebung. (KT 100). Chr. Kaiser/
Gütersloher Verlagshaus Gütersloh, 15. Auflage 1994

Die Deutsche Bibliothek – CIP-Einheitsaufnahme

Glazener, Mary:
Der Kelch des Zorns : ein Roman über Dietrich Bonhoeffer /
Mary Glazener. [Aus dem Amerikan. von Christian Rendel]. –
Giessen : Brunnen-Verl., 1995
(ABC-Team)
Einheitssacht.: The cup of wrath <dt.>
ISBN 3-7655-1579-5

Umschlaggestaltung: Friedhelm Grabowski
Herstellung: Ebner Ulm
ISBN 3-7655-1579-5

Du hast aus dem Becher des Zorns getrunken,
den der Herr in der Hand hielt.
Du hast den betäubenden Becher getrunken
und ihn geleert.
JESAJA 51,17

Mein Vater, wenn es möglich ist,
gehe dieser Kelch an mir vorüber.
Aber nicht wie ich will,
sondern wie du willst.
MATTHÄUSEVANGELIUM 26,39

Der Kelch des Zorns

Anders als im historischen Roman üblich, wo fiktive Gestalten ihre Rollen vor einem historischen Hintergrund spielen, haben nahezu alle Handelnden dieser Geschichte tatsächlich gelebt, sind Menschen aus Fleisch und Blut, und das Geschehen dieses Romans gibt wieder, was in ihrem Leben geschehen ist. Nichts mußte erst erdacht werden, die Ereignisse waren bereits da. Alle Personen tragen ihre echten Namen, mit zwei Ausnahmen – Elenore Nichol und Hugo von der Lutz. Fiktiv ist lediglich die Gestalt des Jörg Mühlhausen und seiner Familie, deren Geschichte für die Verstrickung vieler Deutscher mit dem Nazi-Regime steht.

Mit fiktiven Gestalten kann ein Romanautor beliebig umgehen. Handelt es sich dagegen um reale Gestalten, um tatsächliches Geschehen, so ist dem Autor eine Beschränkung zwingend auferlegt. Die Schilderung der Männer und Frauen, die in einer solchen Geschichte eine Rolle spielen, wird notwendigerweise zu einer Interpretation all dessen, was der Autor über sie in Erfahrung gebracht hat. Deswegen kann – und will – ich nicht den Anspruch erheben, daß Sie in diesem Roman Dietrich Bonhoeffer begegnen, wie er wirklich war. Ich kann nur sagen, daß Sie auf diesen Seiten Dietrich Bonhoeffer finden werden, wie er mir im Laufe der Jahre wirklich geworden ist.

Bei dieser Arbeit war ich von der Hilfe vieler Menschen abhängig. Zuerst und vor allem von der meines Mannes. Ohne seine Hilfe und Unterstützung wäre es ungleich schwerer gewesen, dieses Werk zu vollenden. Die jeweils abgeschlossenen Kapitel schickte ich nach Deutschland an Professor Eberhard Bethge,

Bonhoeffers Freund und Biographen, und an dessen Frau Renate, Bonhoeffers Nichte. Mit bemerkenswerter, ja großherziger Hilfsbereitschaft lasen sie die Probekapitel und ließen mir ihre wertvolle Kritik zukommen. Ein weiterer enger Freund Bonhoeffers, Franz Hildebrandt in Edinburgh, prüfte die erste Hälfte des Manuskripts und schickte mir seine Kommentare, bis er 1984 verstarb.

Eine Dankesschuld trage ich auch gegenüber vielen anderen aus dem Umfeld Bonhoeffers, die ich während meiner beiden Reisen nach Deutschland 1977 und 1979 traf: Bonhoeffers drei Schwestern Ursula Schleicher, Sabine Leibholz und Susanne Dress; seine Schwägerin Emmi Bonhoeffer; seine ehemaligen Studenten Jochen Kanitz, Winfried Mächler, Otto Dudzus, Albrecht Schönherr, Reinhold Rutenik, Karl Stefan und Werner Koch; sowie seine Freunde Martin Niemöller, Elisabeth Bornkamm, Julius Rieger und Anneliese Schnurmann in London. Bonhoeffers Verlobte Maria von Wedemeyer-Weller hatte ich bereits in Boston besucht. In Deutschland konnte ich mich mit ihrer Mutter Ruth von Wedemeyer, ihrem Bruder Hans-Werner von Wedemeyer und ihrer Schwester Ruth-Alice von Bismarck unterhalten, während ich Marias jüngere Schwester Christine Beshar in New York traf. Einige Stunden verbrachte ich mit Harold Deutsch, dem Verfasser von *Hitler and His Generals* und *The Conspiracy Against Hitler*.

Dr. Deutsch ist einer der führenden Historiker für den Bereich des deutschen Widerstandes. Als Nachrichtendienstoffizier der US-Armee in Deutschland hat er nach dem Krieg viele der handelnden Personen dieser Erzählung vernommen.

Irgend jemand hat mir einmal gesagt: »Am wichtigsten für einen Schriftsteller ist es, einen guten Verleger zu haben.« In dieser Hinsicht war ich mit Mary Ann Bowman Beil reich beschenkt. Ihre Unerschütterlichkeit, ihre ungewöhnliche Sachkenntnis und ihr mitreißendes Engagement bei der Herausgabe dieses Buches wurden nur noch durch ihre unermüdliche Bereitschaft übertroffen, sich alle meine Argumente anzuhören, auf sie einzugehen – selbst wenn das häufig mit einem erheblichen Arbeitsaufwand für sie verbunden war. Ich bin ihr sehr dankbar.

In einer Anfangsphase meiner Arbeit hatte ich das Glück, George Core, Redakteur der *Sewanee Review*, zu begegnen. Er hat mir mit konstruktiver Kritik geholfen, hat mich aber auch immer wieder ermutigt. Er stand mir während all der Jahre zur Seite, in denen ich versuchte, das Manuskript auf ein vertretbares Maß zu kürzen. Leser, die mir halfen, waren mein Mann O. W., meine Tochter Joy, ebenso Bob Hill, Patrick Murphy, Roger Lovette, Aida White und Randall Greene von Greene Communications. Hinzufügen muß ich noch ein Dankeschön an meine Computerspezialistin Elaine Pearsall von der Clemson University, die immer dann zur Stelle war, wenn irgendein Computer verrücktspielte und ich dann jedesmal in Panik geraten war. Danke auch ihr. Danke allen!

Teil I
Das verhängnisvolle Vorrecht

Prolog

Dietrich gab der Telefonistin die Nummer seiner Schwester und wartete. Es läutete viermal, doch niemand hob ab. Seltsam! Schließlich hatte Christel immer pünktlich um halb zwei das Mittagessen auf dem Tisch. Er schaute zur großen Uhr in der Diele – ein Uhr fünfunddreißig. Warum nahmen sie nicht ab? Er mußte sofort mit seinem Schwager sprechen. Aufmerksam betrachtete Dietrich den Einberufungsbefehl in seiner Hand. Keine Frage! Es war so etwas wie eine Verzweiflungstat, daß Hitler jetzt auch nach den Regierungsstellen – einschließlich der militärischen Abwehr – griff, um sich sein Kanonenfutter zu beschaffen.

Endlich klickte es in der Leitung. Eine Männerstimme, die er nicht kannte, meldete barsch und geschäftsmäßig: »Bei Dohnanyi!«

Dietrich begriff. Die Gestapo hatte Hans festgenommen und durchsuchte das Haus. Und das bedeutete: Er würde der nächste sein.

Reglos blieb Dietrich im ersten Stock stehen. Seine Eltern machten gerade ihren Mittagsschlaf. Sollte er ihnen etwas sagen? Nein, auf keinen Fall! Ihre Ruhe würde ohnehin bald gestört werden.

Lautlos hängte Dietrich den Hörer zurück und ging zur Treppe. Natürlich, es hätte ihn eigentlich nicht überraschen dürfen. Hatte Admiral Canaris Dietrich und Hans nicht schon einen Monat lang vor einer möglichen Verhaftung gewarnt? Heinrich Himmler hoffte, ihnen Geständnisse und ausreichende Beweise zu entlocken, um Canaris endlich die Abwehr zu entreißen und den militärischen Nachrichtendienst seiner Geheimpolizei eingliedern zu können. Der kleine Admiral hatte immerhin seit 1938 versucht, ihnen Himmler vom Leib zu halten – und bisher war es ihm gelungen. Doch nun, nach zwei gescheiterten Attentatsversuchen, hatte Himmler seine Anstrengungen verstärkt, obwohl es den Widerständlern gottlob in beiden Fällen gelungen war, ihre Spuren zu verwischen. Oder doch nicht?

Während Dietrich die Treppe hinaufhastete, fielen ihm alle die niederschmetternden Nachrichten des vergangenen Monats ein.

März 1943. Schlabrendorff schmuggelt eine Bombe an Bord von Hitlers Flugzeug. Doch aus irgendeinem Grund explodiert sie nicht. Am nächsten Tag gelingt es Schlabrendorff, die Bombe zurückzuholen und zu entschärfen. Aber noch immer weiß niemand, weshalb die Bombe versagte. Dann, erst vor zwei Wochen, am Heldengedenktag, trifft Oberst Freiherr von Gersdorff Hitler hier in Berlin in der Messehalle. In seinen Manteltaschen zwei Bomben. Gersdorff soll Hitler durch eine Ausstellung mit erbeutetem Kriegsmaterial führen. Weil die Sicherheitskräfte um Hitler im vergangenen Jahr verdoppelt wurden, kommt es entscheidend auf den richtigen Zeitpunkt an, denn die Führung ist auf nur dreißig Minuten angesetzt. Gersdorff hat bereits die Zünder eingestellt und versucht, Hitler für dieses oder jenes Exponat zu interessieren, ihn aufzuhalten. Aber Hitler stürmt durch die Ausstellung, wirft kaum einen Blick auf die Exponate und ist nach drei Minuten wieder draußen. In der nächsten Toilette entschärft Gersdorff die Bomben. Sowohl Schlabrendorff als auch Gersdorff sind davon überzeugt, daß niemand Verdacht geschöpft hat.

In seinem Zimmer im dritten Stock durchsuchte Dietrich hastig alles, was auf seinem Schreibtisch lag. Versuchte, sich zu beruhigen, indem er sich einredete, daß er noch viel, viel Zeit hatte. Schließlich war Sakrow, wo Hans und Christel wohnen, mindestens eine halbe Stunde entfernt. Angestrengt blickte er auf seinen Schreibtisch. Er durfte nichts übersehen! Seit Wochen schon hatte er alle möglicherweise belastenden Schriftstücke in einem besonderen Ordner gesammelt. Ihn legte er als erstes beiseite. Die Seiten seines Ethikbuches, an dem er gerade arbeitete, ließ er auf dem Schreibtisch liegen. Sie würden seine Behauptung stützen, er sei nichts als ein junger lutherischer Pfarrer, der alles tat, was in seinen Kräften stand, um seinem Vaterland zu dienen.

Aus einer Schublade nahm er die Kopien zweier gefälschter Berichte der Abwehr über frühere Reisen in die Schweiz. Reisen, die er angeblich als Agent der Abwehr unternommen hatte. Tatsächlich war er im Auftrag der Widerstandsbewegung gereist, um Kontakte mit den Alliierten herzustellen. Diese Papiere legte er für jedermann gut sichtbar hin, ebenso den Entwurf eines sorgfältig gefälschten Briefes, adressiert an Hans. Gemeinsam hatten sie sich diesen Brief vor kurzem ausgedacht, um die Bluthunde der Gestapo von ihrer Spur abzulenken. Der Brief, vordatiert auf den 6. November 1940, enthielt ein Scheinangebot Dietrichs, seine Kontakte zu führenden Männern der Ökumene zu nutzen, um der Abwehr Informationen zu beschaffen. In einer der Schreibtischschubladen lag der Essay »Nach zehn Jahren«, den er als Weihnachtsgeschenk für Hans von Dohnanyi, seinen Freund Eberhard Bethge und ein paar andere Widerstandskämpfer geschrieben hatte. Diese Blätter versteckte er sorgfältig zwischen Dachbalken und Decke, über dem Schrank; da, wo das Dach schräg abfiel.

Könnte die Gestapo noch etwas anderes gefunden haben? Die Papiere der Widerstandsbewegung in Zossen? Diese Dokumente enthielten freilich ausreichende Beweise, um sie alle an den Galgen zu bringen.

Noch ein letzter prüfender Blick! Dietrich griff nach dem belastenden Ordner und ging so leise wie möglich die Treppe hinunter. In einem Winkel des Gartens, hinter den leuchtend gelben Forsythiensträuchern, verbrannte er die gefährlichen Dokumente und verstreute die Asche. Dann lief er an den hohen Kiefern vorbei zum Haus seiner älteren Schwester Ursula Schleicher. Ursel würde ihm mit Sicherheit eine schöne heiße Mahlzeit servieren. Wer weiß, wann er wieder eine bekommen würde.

Es war 16.00 Uhr und Dietrich gerade mit dem Essen fertig, als sein Vater, Dr. Karl Bonhoeffer, an die Tür kam und seinen Sohn nach draußen rief.

»Ich fürchte, du kannst jetzt nicht länger hierbleiben«, sagte er mit sorgenvoller Miene. »Oben in deinem Zimmer sind zwei Beamte in Zivil. Sie wollen dich sprechen.«

»Überrascht mich nicht«, bemerkte Dietrich ruhig und berichtete seinem Vater von der seltsamen Stimme an Christels Telefon.

»Dann sind die also da, um dich abzuholen. Ich habe es befürchtet!«

Ganz offensichtlich hatten die Nazis seinen Vater direkt von einer Untersuchung geholt, denn er trug noch seinen weißen Kittel.

So unbeschwert wie nur möglich verabschiedete sich Dietrich von seiner Schwester. Dann gingen er und sein Vater zurück. Bisher war noch keine Bombe der Alliierten in der Nähe ihres Hauses in der Marienburger Allee eingeschlagen. Die beiden Häuser der Bonhoeffers und der Schleichers sahen fast noch so frisch und neu aus wie vor acht Jahren, als sie gebaut worden waren.

»Sie beobachten uns von deinem Fenster aus«, flüsterte der Vater, ohne hinaufzusehen. »Wir dürfen auf keinen Fall langsamer gehen.«

Dietrich sah seinen Vater an, der aufgerichtet, ja würdevoll, neben ihm ging. Sein glattes Haar schneeweiß und etwas länger, als es die meisten Deutschen trugen, aber sorgfältig gepflegt. Der Vater war etwas kleiner als Dietrich, aber seine aufrechte Haltung und sein fester Schritt ließen niemanden seine fünfundsiebzig Jahre vermuten.

»Wir haben nicht viel Zeit«, sagte der Vater leise und sehr bestimmt. »Aber ich habe mir eine Möglichkeit ausgedacht, wie wir miteinander in Verbindung bleiben können. Wenn sie zulassen, daß wir dir Bücher schicken – und das werden sie wohl kaum verhindern können –, dann suche auf jeder zweiten Seite nach einem Punkt unter einem Buchstaben, von hinten angefangen.« Er sah Dietrich an. »Es könnte funktionieren, aber wir müssen darauf achten, daß die Markierungen nicht auffallen.«

Dietrich überlegte fieberhaft. »Ja! Es wird funktionieren.« Ihm war nicht entgangen, daß sein Vater alle seine Ängste beiseitegeschoben hatte und nur daran dachte, wie einem Gefangenen der Nazis geholfen werden könnte.

»Und immer dann, wenn du nach einer Nachricht suchen sollst, werde ich deinen Namen auf der ersten Seite unterstreichen.«

»Ja, natürlich. Danke, Papa!«

An der Hintertür erwartete ihn mit angstvollem Gesicht seine Mutter. Dietrich ergriff ihre Hände. »Mama, du darfst dir keine Sorgen machen. Mir wird nichts passieren.«

Ihre Lippen zitterten.

»Ich kann mir nicht vorstellen, wie sie uns etwas nachweisen wollen«, beruhigte Dietrich seine Mutter. Sie blickte auf. »Aber ich habe schreckliche Angst. Hans haben sie auch geholt.«

Er erzählte ihr rasch von seinem Anruf bei Christel und davon, daß er sein Zimmer inzwischen gründlich »aufgeräumt« hatte. »Sie können nichts Belastendes finden. Wirklich, Mama.« Dabei lächelte er so aufmunternd, wie es ihm in dieser Situation nur möglich war.

Doch in ihren Augen war dieselbe Furcht wie vor zwei Wochen, als sie von Gersdorffs Mißerfolg erfahren hatte. Damals hatte sie gesagt: »Geh zu deinen Freunden nach Pommern. Es muß doch dort irgendwo ein Fischerboot geben, das dich nach Schweden bringen könnte.« Und er hatte geantwortet: »Das kann ich nicht tun, Mama.« Sie hatte ihn davon zu überzeugen versucht, daß die Gestapo so alte Leute wie sie schon nicht behelligen würde – aber Dietrich hatte es besser gewußt.

Dann hatte sich Hans verplappert und gesagt: »Wenn sie uns schnappen, kommt es vor allem darauf an, daß die Sache bei den Militärgerichten bleibt und nicht in die Hände der Gestapo gerät. Wenn die den Fall in die Hände bekommen, also ... Keiner von uns weiß, wie lange er der Folter standhalten kann. Und die werden wohl zum äußersten Mittel greifen.« Achtlose Worte – aber die Angst in den Augen seiner Mutter hatten sie vertieft.

»Ich glaube, ich muß jetzt gehen.« Hastig, beinahe flüsternd sagte er: »Vergeßt nicht, ich bin ein guter Schauspieler! Und Hans und ich haben unsere Rollen gut gelernt. Hans wird die volle Verantwortung für alle unsere Aktivitäten übernehmen. Er ist ein Spitzenanwalt. Er kommt damit klar, keine Sorge. Und Admiral Canaris wird alles bestätigen, was Hans sagt. Er wird sagen, er habe alles als Gegenspionage im Interesse des Reiches angeordnet. Ich werde die Rolle des schlichten, weltfremden Pfarrers spielen, unfähig zu eigener Initiative, auf Anweisungen von außen angewiesen.« Er lächelte. »Es wird klappen! Da bin ich mir ganz sicher.« Dietrich verließ sie und ging die Treppe hinauf zu seinem Zimmer.

Die Tür zu Dietrichs Zimmer stand offen. Am Türrahmen lehnte ein Schakal im grauen Anzug, dessen Gesichtsausdruck verriet, daß er sich seiner Beute sicher war. Dietrich blieb auf dem Treppenabsatz stehen und sah den Eindringling an, ohne ein Wort zu sagen.

»Sind Sie Dietrich Bonhoeffer?«

»Ja, der bin ich.«

»Ich bin Oberstkriegsgerichtsrat Manfred Röder.« Er wandte sich einem schmalgesichtigen Mann zu, der mitten im Zimmer stand. »Mein Kollege hier ist Herr Kommissar Sonderegger von der Gestapo. Sicherlich wissen Sie, weshalb wir hier sind.«

»Ich habe keine Ahnung!« bemerkte Dietrich kühl. Doch das Wort »Gestapo« bohrte sich in sein Hirn.

Röder entblößte die Zähne zu einem freudlosen Lächeln. »Dann werden wir es sehr bald feststellen.«

Dietrich überlegte angestrengt. Woher kannte er den Namen »Röder«? Richtig! Röder war der Mann von der Rechtsabteilung der Luftwaffe. Einen »Bluthund« hatte ihn Hans genannt. Erst kürzlich hatte seine Anklageführung den führenden Leuten der Roten Kapelle, dieser kommunistischen Widerstandsgruppe, die Todesstrafe eingebracht.

Röder nickte dem Gestapomann zu, der mit einem Paar Handschellen ankam.

»Ist das wirklich notwendig?« fragte Dietrich. »Meine Eltern sind alt, und ich möchte nicht, daß sie sich ängstigen. Wenn ich weglaufen wollte, hätte ich es eben noch tun können.«

»Ihre Sprüche werden Ihnen nichts einbringen, Herr Bonhoeffer«, wies ihn Sonderegger zurecht, die brennende Zigarette im Mund. Dietrich erkannte die rauhe Stimme, die er an Christels Telefon gehört hatte. Als Sonderegger die Handschellen um

Dietrichs Handgelenke legte, funkelten seine dunklen, tiefliegenden Augen triumphierend.

Röder schob Dietrich einen Stuhl hin. »Setzen Sie sich! Dann können wir unsere Arbeit hier abschließen!«

Und jetzt begannen die beiden Männer wieder, das Zimmer zu durchsuchen. Dietrich sah vom Lehnstuhl aus zu und hoffte inständig, sie würden nichts finden. Eine Schublade stand auf dem Schreibtisch, und Röder begann mit unverhülltem Vergnügen, darin herumzuwühlen. Er blätterte alle Papiere langsam durch und hielt dann eines von ihnen hoch. Nach einem argwöhnischen Blick in Dietrichs Richtung begann er es zu lesen. Dietrich konnte von seinem Platz aus nicht erkennen, was für ein Papier es war. Ob er irgend etwas Belastendes übersehen hatte? Nachdem Röder die Seite etwa zur Hälfte durchgelesen hatte, warf er es mit einer verächtlichen Handbewegung beiseite, schien darauf zu spucken.

»Wir wissen genau, daß Sie hier etwas versteckt haben! Und das versichere ich Ihnen, wir werden es finden!« Und zu Sonderegger, der sich mit den Büchern im Regal befaßte, sagte er: »Lassen Sie nichts aus, Herr Kommissar!«

Nachdem Sonderegger jedes Buch überprüft hatte, ging er zum Kleiderschrank. Er durchsuchte alle Jackentaschen, alle Schuhe, wühlte in den Hutschachteln, die oben auf dem Schrank lagen – ganz dicht unter den Dachbalken. Dietrich wandte sich ab. Er konnte nicht länger hinsehen. Verzweifelt versuchte er sich daran zu erinnern, was er in diesem Essay geschrieben hatte. Etwas offenkundig Staatsfeindliches stand nicht darin. Das wußte er genau. Aber zwischen den Zeilen gab es viel zu lesen, und Röder war klug genug, das zu erkennen. Inzwischen stocherte Sonderegger an den Balken herum. Nur über einem der Balken war ein Spalt, der breit genug war, den Essay darin zu verbergen. Sonderegger legte seine Hand auf diesen Balken, klopfte darauf, als argwöhne er, der Balken könne hohl sein. Er prüfte auch die anderen Balken und wandte sich dann ab, nachdem er sich vergewissert hatte, daß sie alle massiv waren.

Dietrich stützte sein Kinn auf die Hände; bemüht, seine Erleichterung nicht erkennen zu lassen.

Nachdem die Suche noch eine Weile ergebnislos weitergegangen war, tobte Röder enttäuscht: »Seien Sie sich Ihrer Sache nicht allzu sicher, Herr Bonhoeffer! Wir haben viele Wege, die Wahrheit herauszubekommen. Und wir werden sie nutzen!«

Es war schon fast 18.00 Uhr, als Röder Dietrich erlaubte, eine kleine Tasche mit Toilettenartikeln, einem sauberen Hemd, einer Garnitur Unterwäsche und seiner Bibel zu packen. Dann gingen die beiden Männer mit ihm hinunter. Dietrichs Eltern warteten mit bangen Gesichtern in der Diele. Stumm, ohne ein einziges Wort.

Dietrich blickte lange in das Gesicht seiner Mutter und sah voller Erschütterung, wie sehr sie sich mühte, Liebe und Ermutigung über Furcht und Entsetzen siegen zu lassen. Sie küßte ihren Sohn – ohne Tränen. Aber er wußte, welch übermenschliche Anstrengung sie das kostete. Sein Vater, der sich immer in der Gewalt hatte, verriet den Aufruhr seiner Gefühle nur durch seine angespannten Gesichtszüge.

Der schwarze Mercedes wendete. Dietrich hob seine gefesselten Hände, um den Eltern zum Abschied zuzuwinken. Und dann war ihr Sohn nicht mehr da.

Röder saß am Steuer. Als er den alten Reichskanzler-Platz – inzwischen Adolf-Hitler-Platz – umrundete, lenkte er das Auto mit arroganter Rücksichtslosigkeit gegen alles, was ihm entgegenkam. Am Sophie-Charlotte-Platz bogen sie ab und steuerten nach Norden, weg vom Gestapo-Hauptquartier. Seit Röder Sonderegger vorgestellt hatte, war Dietrich von der Angst vor der Prinz-Albrecht-Straße erfüllt gewesen. Sie fuhren jetzt an dem alten Käseladen vorbei, wo die Nazis vor zehn Jahren Dietrichs Jugendstube für Arbeitslose zerstört hatten. Zehn Jahre? War das wirklich schon zehn Jahre her? Andererseits – wenn er daran dachte, was inzwischen alles passiert war . . . Reichten da zehn Jahre?

Jetzt hatten sie das Schloß Charlottenburg umrundet und fuhren über die Spree auf den Tegeler Weg. Und nun wußte Dietrich, wohin sie ihn brachten – ins Zuchthaus Tegel, im äußersten Nordwesten der Stadt. Schon ein paarmal hatte er im Vorbeifahren die trostlosen alten Gebäude hinter der hohen, dicken roten Ziegelsteinmauer gesehen.

Sie jagten die wenig belebte Jungfernheide entlang, über den alten Schießübungsplatz, der jetzt ein Flugplatz war, auf dem Görings Kampfflugzeuge unter Tarnnetzen verborgen standen, und erreichten schließlich die Seidelstraße. Bald waren auf der rechten Seite die riesigen Borsig-Eisenwerke erkennbar, und dann, nach einem guten Kilometer, das Zuchthaus.

Es wurde bereits dunkel, als sie in die Toreinfahrt einbogen. Im Außenhof hielt der Wagen am Torhaus, die massive Eisentür öffnete sich, sie rollten durch die schmale Durchfahrt. Das Tor schloß sich hinter ihnen mit der Endgültigkeit einer Totenglocke.

Röder brachte den Wagen zwischen zwei rechteckigen Gebäuden zum Stehen. Ein Beamter, der sie zu erwarten schien, kam aus einem der Gebäude heraus und nahm ein Dokument entgegen, das ihm Röder durchs Wagenfenster reichte. Gleich darauf zerrten zwei kräftige Wachbeamte Dietrich aus dem Wagen und brachten ihn in das andere Gebäude.

In einem niedrigen Raum machten sich die Wärter daran, ihn zu durchsuchen. Dietrich blickte starr geradeaus, angestrengt darauf bedacht, sich durch diese demütigende Prozedur nicht verletzen zu lassen. Sie konfiszierten seine Uhr, sein Portemonnaie und das wenige Kleingeld, das er in der Tasche trug. Dann, nachdem seine Handschellen entfernt worden waren, nahm ein Beamter ihm die Fingerabdrücke ab. Mit betont gelangweilten und schleppenden Bewegungen stellte ihn der Beamte vor einen schwarzen Vorhang, schaltete einen Scheinwerfer ein und fotografierte Dietrich mit einer uralten Kamera. Dann forderte er ihn auf – in gleichgültig bösem Ton –, die kleine Tasche herauszugeben.

»Warum wurde mir denn erlaubt, sie mitzubringen, wenn ich sie jetzt nicht behalten darf?« protestierte Dietrich.

»Sie kriegen sie schon wieder«, antwortete der Mann. Und dann zu den Wärtern: »Bringt ihn weg!«

»Los, hier entlang!« kommandierte einer von ihnen und stieß Dietrich in einen schmalen Gang.

»Welche Zelle haben die gesagt?« wollte der andere wissen.

»Nummer sechs.«

»Ist das der letzte für heute?«

»Das will ich hoffen.«

Sie durchquerten eine Sperre aus eisernen Gittern, die der Wärter hinter ihnen sorgfältig verschloß, und gingen durch einen langen Flur – Stahltüren auf beiden Seiten. Etwa auf halbem Wege blieben sie unvermittelt vor einer der Türen stehen. Der erste Mann suchte einen Schlüssel aus seinem Bund und schloß die Tür auf.

»Da hinein, du verdammter Bastard!« Der Wärter stieß Dietrich mit solcher Gewalt in die Zelle, daß Dietrich stolperte. Noch bevor er sein Gleichgewicht wiedergefunden hatte, fiel die schwere Tür krachend hinter ihm zu. Der Schlüssel wurde im Schloß herumgedreht – Stille.

Dietrich wußte nicht, wie lange er dort gestanden hatte, in sinnlosem Zorn die Tür anstarrend. Die Tür hatte weder Knopf noch Klinke. In Augenhöhe ein Loch von vielleicht sieben Zentimetern Durchmesser, das sich nach außen auf die Größe einer Murmel verengte.

Er ging näher heran und schaute hindurch, aber er konnte nichts als ein kleines Stück der gegenüberliegenden Wand erkennen. Nun widmete er sich seiner finsteren Zelle. Nirgendwo ein Lichtschalter. Von oben fiel durch einen schmalen Fensterschlitz kaltes blaues Licht in den Raum. Der Schatten der Gitterstäbe zeichnete sich auf der Pritsche an der Wand ab. Auf der anderen Seite stand eine Bank mit einem niedrigen Hocker daneben, dazu ein entsetzlich nach Urin stinkender Eimer. Dietrich kletterte auf die Bank und sah hinaus auf einen kleinen Hof, der von allen Seiten von hohen Mauern umschlossen war. Ein anderes Gebäude versperrte ihm den Blick auf den Himmel. Die Aussicht, die ein Kerkerloch bot.

Zu erregt, um sich ruhig hinsetzen zu können, lief Dietrich lange Zeit in dem engen Raum auf und ab. Endlich setzte er sich auf die Bank, lehnte seinen Kopf gegen die Wand. Er spürte die Kälte der Steine. Eine Heizung gab es nicht, und in diesen Aprilnächten sank die Temperatur oft noch bis zum Gefrierpunkt. Hätte er doch nur einen Pullover unter seinen Mantel angezogen. Aber wer hätte in dieser Situation schon an ein unbeheiztes Zimmer gedacht!

Mit skeptischem Blick betrachtete Dietrich die Decke auf dem schmalen Bett. Sie fühlte sich genau so schmierig an, wie sie aussah.

Als er sie sich um die Schultern legen wollte, entströmte ihr ein so widerwärtiger Gestank, daß er sie angeekelt fallen ließ. Müde kauerte er sich in die Ecke des Bettes, zog die Knie an und schlang die Arme darum. Lange Zeit blieb er so bewegungslos sitzen.

Gedämpfte Geräusche von anderen Gefangenen drangen in seine Zelle, das Scharren von Füßen, ein gemurmelter Fluch, das Ächzen einer Pritsche und – weiter den Flur hinab – klirrende Ketten. Irgendwo wurde eine Tür geöffnet. Schritte stampften den Flur entlang. An der Sperre dann Stille, Schlüssel rasselten, während die Gittertür geöffnet und wieder geschlossen wurde. Die Schritte näherten sich Dietrichs Tür und – entfernten sich wieder, ohne anzuhalten. Erst in diesem Moment bemerkte er, wie angespannt jeder Muskel seines Körpers war. Die Schritte kamen wieder – und entfernten sich wieder. Es war nur der Wärter, der seine Runde machte. Bestürzt fragte sich Dietrich: Wenn ich schon darauf so heftig reagiere, wie werde ich es dann verkraften, wenn sie tatsächlich kommen, um mich zum Verhör zu holen?

Dietrich versuchte zu beten. Irgendwie hatte er sich ja auf diese Situation vorbereitet; hatte tief in seinem Innern gewußt, daß es eines Tages soweit sein würde. Andere Männer hatten sich dieser Situation zweifellos mit größerem Gleichmut gestellt – Martin Niemöller zum Beispiel, der nun schon sechs Jahre im Konzentrationslager saß.

Im Laufe der Nacht ließ allmählich die quälende Anspannung nach, und auch seine gehetzten Gedanken kamen allmählich zur Ruhe. Es tröstete ihn zu wissen, daß er nicht tatenlos geblieben war, nicht nur zugesehen hatte, nachdem ihm das Unrecht dieses Regimes klargeworden war.

Angefangen hatte alles – ihm selbst fast unbewußt – mit einem Vortrag im Berliner Rundfunk, zwei Tage nach Hitlers Machtergreifung, am 1. Februar 1933. Er war mit sich ziemlich zufrieden gewesen, und seine Studenten hatten sich stolz und begeistert gezeigt. Sein Thema, »Das Führerprinzip«, schien hervorragend in das Zeitgeschehen zu passen, obwohl der Vortrag schon vor Wochen geplant und erst ein paar Tage vor dem Machtwechsel geschrieben worden war.

Alles schien gutzugehen an jenem Tag, bis Dietrich zu dem Punkt kam, wo er seine Zuhörer vor einem Führer warnte, »der sich und sein Amt zum Götzen erhebt und so Gott verhöhnt«. Genau in diesem Augenblick hatte ihn der Sendeleiter unterbrochen und ihm gesagt, er sei nicht mehr auf Sendung.

Dietrich hatte nie erfahren, was tatsächlich geschehen war. Anfangs hatte er an einen technischen Fehler geglaubt, obwohl niemand im Studio diese Ansicht teilte. Dann gab es Überlegungen, ob Goebbels vielleicht schon zu diesem frühen Zeitpunkt die Rundfunksender unter seiner Kontrolle hatte.

Die Baumwollmatratze auf der Pritsche war dünn. Er wurde allmählich müde, versuchte, sich etwas bequemer hinzusetzen, denn um sich auszustrecken, war es zu kalt. Ein dünner Glokkenschlag ertönte. Ein Uhr morgens.

Der Radiovortrag in jenem Jahr war nur der Anfang eines Jahres voller Aufruhr gewesen. Noch im selben Monat – ja, Ende Februar war es gewesen – hatten die Nazis Dietrichs Jugendstube für Arbeitslose zerstört. Eines Abends waren er und die Männer – durch lautes Rufen aufgeschreckt – auf die Straße hinuntergelaufen. Und da hatten sie es gesehen – einer der Männer lag reglos da, den Kopf in einer Blutlache. Noch jetzt sah er das Blut im Schnee. Dietrich war sich ganz sicher gewesen, daß er tot sei. Der andere, Röpke, einer der beiden Kommunisten im Club, rappelte sich langsam hoch. Er hatte eine blutende Schnittwunde im Gesicht. Andere Mitglieder des Clubs standen erschreckt im Halbkreis um ihn herum.

»Nazis! SA!« formulierte Röpke mühsam. »Sie wollten uns umbringen.«

An der nächsten Straßenecke hatte Dietrich die SA-Männer unter einer Straßenlaterne entdeckt, fünf oder sechs in ihren braunen Uniformen. Mit seinem Taschentuch hatte er versucht, das Bluten an Röpkes Wange zum Stillstand zu bringen, und dann hatte er sich um den Mann im Schnee gekümmert. Die Wunde an dessen Kopf sah übel aus – ein Schädelbruch, kein Zweifel! Dazu ein mehr als schwacher Puls. Dietrich hatte seinen Mantel ausgezogen und ihn über den Mann gelegt. »Wir dürfen ihn nicht bewegen. Ihr bleibt hier! Ich gehe rauf und rufe meinen Vater an.«

Im Wartezimmer des Krankenhauses, in dem sein Vater arbeitete, hatte er dann mit Röpke gesessen, während sein Vater und ein Kollege Röpkes Freund operierten.

Dietrich erschauerte in der Kälte, zog seine Knie enger an die Brust. Ja, so hatte alles angefangen. Der Mann hatte die Operation überlebt, und Dietrich hatte sich immer wieder gefragt, ob es derselbe Trupp Nazis gewesen war, der eine Woche später die Jugendstube verwüstet hatte. Aber war das überhaupt wichtig? Nazi war Nazi.

1

Es war spät, und im Clubraum wurde es allmählich kalt. Aber Dietrich wollte keine neue Kohle auflegen. Er wollte nur noch erledigen, was unbedingt getan werden mußte, und dann nach Hause gehen. Buchführung war nun in der Tat nichts Aufregendes, aber sie mußte erledigt werden, und er war der einzige, der damit zurechtkam. Er rechnete die letzte Zahlenspalte zusammen und legte seinen Stift auf den Tisch. Für den Monat Februar jedenfalls hatte die Jugendstube ihre Kosten gedeckt, und er konnte ihrer Wohltäterin, Anneliese Schnurmann, einen erfreulichen Bericht schicken. Sechs neue Männer waren während dieses Monats dazugekommen, jeder mit diesem hoffnungslosen Blick, der für die Langzeitarbeitslosen so typisch war. Doch inzwischen begannen Hoffnung und neuer Lebensmut die Hoffnungslosigkeit zu verdrängen; besonders heute, wo zwei Mitglieder Stellen gefunden hatten. Damit waren es achtunddreißig Männer, denen der Club in den letzten fünf Monaten geholfen hatte, wieder eine

Arbeit zu finden. Und dafür lohnte sich nun wirklich die Plackerei mit der Buchführung.

Dietrich lehnte sich auf dem alten Drehstuhl zurück, nahm seine Brille ab und begann sie zu putzen. Und wieder einmal betrachtete er belustigt das seltsame Mobiliar dieses Zimmers – gespendet von Angehörigen und allen möglichen Freunden. Hinter ihm war die Tür zu einem kleineren Zimmer, in dem zwei Pritschen standen, auf denen Männer übernachten konnten, wenn sie keine Bleibe hatten. Und das war fast immer der Fall. Heute freilich war niemand hier. Alle Männer waren vor einer Stunde gegangen.

Die alte Küchenuhr zeigte an, daß es schon auf Mitternacht zuging. So lange blieb Dietrich selten. Da klingelte das Telefon.

Es war sein Schwager Hans von Dohnanyi. »Ich dachte, du bist schon weg«, hörte er ihn sagen. »Eigentlich habe ich es sogar gehofft.« Er hielt inne und sagte dann mit leiser Stimme: »Du solltest dich sofort aus dem Staub machen.«

Wieso rief Hans zu so später Stunde an? Und woher? Aus dem Justizministerium?

»Beeile dich«, wiederholte Hans noch einmal und legte ohne jede Erklärung auf.

Noch vor einem Monat hätte Dietrich über eine solche Warnung nur gelacht. Jetzt aber legte er das Kontobuch in die Schublade, ging zum Ofen und schloß die Klappe. Dann nahm er seinen Mantel und seinen Hut. Er hatte schon nach der Türklinke gegriffen, als er noch einmal umkehrte. Aus einem kleinen Karteikasten auf dem Schreibtisch nahm er einen Stapel Karten mit den Namen und Adressen der Clubmitglieder und steckte sie in seine Manteltasche. Nun verschloß er endgültig die Tür und verließ eilig das Haus.

Draußen hatte es aufgehört zu schneien. Dietrich schob seine Hände in die warmen Handschuhe und ging die Schloßstraße hinauf bis zum Sophie-Charlotte-Platz. Die Straßenbahn stand bereits dort, und er mußte die letzten Schritte fast rennen, um sie noch zu erreichen. Kaum hatte er sich gesetzt, da sah er einen SA-Trupp in braunen Uniformen und Hakenkreuz-Armbinden den Platz überqueren. Die Straßenbahn fuhr los, und jetzt versuchte Dietrich, genauer hinzusehen. Die SA-Leute – sechs oder sieben – waren an einer Straßenlaterne stehengeblieben und studierten ein Blatt Papier, das einer von ihnen in der Hand hielt. Dann setzten sie sich in Richtung Club in Bewegung. Ohne lange zu überlegen, stieg Dietrich an der nächsten Haltestelle aus.

Schon vom nächsten Häuserblock aus konnte Dietrich sehen, daß oben im Club Licht brannte. Hinter den gelben Vorhängen bewegten sich Schatten heftig hin und her. Sie waren also tatsächlich oben.

Unsicher ging er auf dem Bürgersteig auf und ab, ohne die Fenster aus den Augen zu lassen. Plötzlich hörte er Glas zersplittern und sah, wie etwas aus dem Fenster geworfen wurde. Noch etwas fiel in den Schnee, dann noch etwas. Sein erster Impuls war, über die Straße und die Treppe hinauf zu laufen. Als Schuljunge war er nie einer Rangelei aus dem Weg gegangen – aber hier? Es waren mindestens sechs Männer, mit denen er es zu tun hatte, und der gebrochene Schädel war ihm noch allzu gut in Erinnerung. Hilfesuchend sah er sich um. Aber keine Menschenseele weit und breit. Doch da war eine Telefonzelle.

Ohne den Club aus den Augen zu lassen, nahm Dietrich den Hörer ab und bat um eine Verbindung zum Polizeirevier.

»Polizeihauptquartier, Leutnant Baumgärtel.«

»Hier spricht Dietrich Bonhoeffer. Ich möchte einen Einbruch melden, Schloßstraße 18, Obergeschoß. Wenn Sie sich beeilen, können Sie die Täter noch fassen.«

Der Mann forderte Dietrich auf, die Adresse zu wiederholen, und ließ ihn nach einer unendlich scheinenden Wartezeit wissen, er würde jemanden schicken.

»Mehr als einen, schlage ich vor«, drängte Dietrich. »Es sind mehrere Männer da oben.«

»Wir kümmern uns darum«, sagte der Polizeibeamte mit gleichgültiger Stimme und legte auf.

Dietrich zog seine Uhr aus der Tasche. Halb zwölf. In fünf Minuten, höchstens, mußte die Polizei hier sein, überlegte er. Er lief die Straße zurück bis zum »Schwarzen Adler«, einem Restaurant, in dem er manchmal die Clubmitglieder zu einer warmen

Mahlzeit einlud. Nun war das Wirtshaus dunkel. Ohne auf die Kälte zu achten, ging er im Schnee auf und ab und beobachtete abwechselnd die Clubfenster mit den dunklen Gestalten dahinter und das Ende der Straße. Jeden Augenblick mußten die Lichter des Streifenwagens auftauchen. Doch nichts geschah. Fünf, sechs, sieben Minuten vergingen.

Plötzlich hörte er Stimmen von der anderen Straßenseite. Vom Wirtshauseingang aus, wo er sich verborgen hatte, sah er das dichte Knäuel von SA-Leuten, die aus dem Treppenhaus drängten. Reglos sah Dietrich zu, bis sie am Ende der Straße verschwunden waren. Dann lief er in das Haus, hastete die Treppen hoch. Die Tür zum Clubheim hing lose in der Angel. Wie erstarrt vor Schreck blieb Dietrich stehen und betrachtete das Bild der Verwüstung, das sich ihm bot.

Die Nazis hatten den Raum vollständig zerstört. Bücher lagen verstreut und zertrampelt auf dem Boden. Auf dem Tisch zerrissenes, durcheinandergeworfenes Papier, alle Stühle zerbrochen. Der Inhalt der Schreibtischschubladen lag auf dem Boden verstreut, und an der Wand – in unbeholfen gekritzelten Buchstaben – das Wort »Bolschewisten«. Das SA-Zeichen hatten sie in die Rückenlehne eines Mohairsessels geschnitten. Selbst die gelben Vorhänge, die Dietrichs jüngere Schwester Susi genäht hatte, hingen zerfetzt an den zerbrochenen Gardinenstangen.

Verstört ging Dietrich ins Hinterzimmer. Hier sah es nicht ganz so wüst aus, weil in dem Raum kaum Möbel standen. Und dennoch! Das Bettzeug lag auf dem Boden, die Matratzen waren zerschnitten. Der kleine Vorrat an Lebensmitteln, den sie sorgfältig in der Ecke gestapelt und aufbewahrt hatten, sinnlos zertrampelt und über den ganzen Fußboden verstreut. In seiner Hilflosigkeit hob er ein Matratzenpolster auf und versuchte, es wieder auf eine der Pritschen zu legen. Sinnlos!

Unmöglich auch, die Tür irgendwie zu befestigen. Also lehnte er sie lose an den Rahmen und ging. Draußen im Schnee fand er die Bücher, die von den Nazis aus dem Fenster geworfen worden waren. Er sammelte sie ein und nahm mit, was er tragen konnte. In der fast menschenleeren Straßenbahn versuchte er, wieder etwas zur Ruhe zu kommen. Und doch hätte er beinahe seine Haltestelle verpaßt. Bismarckplatz! Im letzten Augenblick verließ er die Straßenbahn und ging mit raschen Schritten in die Wangenheimstraße zu dem großen Haus, das seit seinem 10. Lebensjahr das Zuhause der Bonhoeffers war.

Als er das Haus betrat, schliefen alle. Er weckte die Eltern nicht, sondern ging leise über den Flur im ersten Stock zu seinem Zimmer. Aber konnte er jetzt schlafen? In dem großen Haus herrschte völlige Stille, doch seine ohnmächtige Wut, sein Zorn ließen ihn nicht zur Ruhe kommen. Aufgeregt griff er nach einer Zigarette und dem schimmernden silbernen Feuerzeug, das ihm sein Freund Franz Hildebrandt zum Geburtstag geschenkt hatte. Unruhig lief er in seinem Zimmer auf und ab. Wenn er doch nur mit seinem älteren Bruder Klaus über diese Sache sprechen könnte! Klaus mit seiner Erfahrung als Anwalt hätte ihm vielleicht raten können, was er jetzt tun sollte. Aber Klaus wohnte in Eichkamp.

Dietrich wollte schon loslaufen, als sein Blick auf die Wanduhr fiel – null Uhr zwanzig. Natürlich! Klaus würde längst schlafen. Auch Hans von Dohnanyi. Und dann – war es ratsam, am Telefon über den Überfall zu sprechen? Er würde wohl warten müssen, vielleicht doch ein wenig schlafen und Klaus morgen früh anrufen. Und wie er seinen Bruder kannte, würde er den Club ohnehin mit eigenen Augen sehen wollen.

»Was haben sie gefunden?« fragte Klaus, als er die durcheinandergewühlten Papiere auf dem Schreibtisch durchblätterte.

»Sicherlich nicht viel«, erwiderte Dietrich. »Die Karteikarten mit den Namen und Adressen der Mitglieder habe ich gestern abend mitgenommen.«

»Gut! Wieviele Kommunisten hast du hier gehabt?«

»Oh, vielleicht drei oder vier.«

Klaus' hochgezogene Augenbrauen verrieten Überraschung. »Du meinst, das weißt du nicht genau?«

»Solche Fragen haben wir hier nicht gestellt.«

»Hm ...«

Untersetzt und korrekt gekleidet wie immer, mit Mantel,

Krawatte, Schal, Hut und Handschuhen, bildete Klaus einen fast lächerlichen Kontrast zu dem Chaos, das ihn umgab. »Barbarisch«, flüsterte er fassungslos. »Und das nennt Hitler ›Gesetz und Ordnung‹!«

»Irgendeine Art Beschwerde oder Schadensersatzklage müßte doch möglich sein, meinst du nicht? Wir haben doch immerhin noch Gerichte. Vielleicht könnte Hans ...«

»Hans darf sich auf keinen Fall mit so etwas befassen. Du würdest ihn in eine gefährliche Lage bringen.«

Dietrich blickte rasch auf. »Also, der Gedanke an eine Gefahr ist mir wirklich noch nicht gekommen. Ich hatte nur diese Idee, weil er doch einigen Einfluß im Justizministerium hat.«

»Wenn dieser Überfall ein Einzelfall wäre, vielleicht.«

»Ja, ist er das denn nicht?«

»Nein! Ich fürchte fast, daß er Teil eines Netzes ist, das über die ganze Stadt gezogen wird. Und immerhin hattest du hier Kommunisten ...«

»Sie haben keine Beweise.«

»Die werden sie schon finden! Oder sie machen sie sich selbst. Es hat einfach keinen Zweck!«

»Na ja, du bist der Anwalt, und wahrscheinlich hast du recht«, räumte Dietrich ein.

Klaus zog seine Handschuhe an und ging zur Tür. »Ich weiß nicht, was du mit diesen Karteikarten gemacht hast. Aber du solltest sie verbrennen.« Prüfend sah er sich noch einmal in dem Raum um. »Komm«, sagte er. »Gehen wir!«

Dietrich hatte darauf bestanden, daß der Überfall an jenem Samstag beim Musikabend nicht erwähnt würde – zumindest nicht, bevor die Musik zu Ende war. Diese schöne Tradition in der Familie Bonhoeffer schuf die Gelegenheit, mit guten Freunden zusammenzukommen, sich bei guter Musik, guten Gesprächen und gutem Essen zu treffen.

Gegen fünf Uhr kam Dietrich hinunter ins Wohnzimmer und blieb für einen Augenblick vor der Tür stehen. Seine Schwester Christel saß bereits am Teetisch. Sie hatte am frühen Morgen von dem Überfall erfahren, als sie zur Frühstückszeit herübergekommen war. Von Hans, der sehr früh ins Justizministerium gefahren und bisher nicht zurückgekehrt war, hatte Dietrich noch nichts gesehen.

Die Strahlen der untergehenden Sonne schienen durch das große Fenster, ließen ihr sanftes Licht auf den Flügel und die drei Damast-Sitzgruppen fallen. An der anderen Seite des langgestreckten Zimmers, zwei Stufen höher, waren die Dienstmädchen Marthe und Trude mit den Vorbereitungen für das Büfett beschäftigt. Dietrichs Mutter warf einen letzten prüfenden Blick auf den Eßtisch. Ihre Reaktion auf den Überfall der Nazis war spontan gewesen: Mach den Club sofort wieder auf! Sie und Ursel und Susi würden helfen, wie sie es schon bisher getan hatten. Aber Dietrich war sich nicht so sicher. Früher oder später würden die Nazis herausfinden, daß der Club von einer Jüdin finanziell unterstützt und getragen wurde. Und das bedeutete eine Gefahr für Anneliese Schnurmann. Das Risiko war einfach zu groß.

Dietrich setzte sich neben Christel und fragte nach Hans.

»Er macht mal wieder Überstunden«, sagte sie etwas verärgert. »Er kommt später!«

»Armer Hans!«

Sie stutzte. »Warum ›armer Hans‹?«

»Nun, findest du es denn wirklich erstrebenswert, in der Hitler-Regierung zu arbeiten?«

»Wer kann denn heutzutage schon tun, was er möchte?«

»Aber ich glaube nicht, daß ich es ertragen könnte, mit diesen Leuten in einem Atemzug genannt zu werden.«

»Um Gottes willen, sei doch nicht so selbstgerecht!«

»Aber wenn er sich nicht anpaßt, werden sie ihn hinauswerfen, und wenn er sich anpaßt . . .«

»Hans ist nicht wie du! Er schert sich keinen Pfifferling darum, was die Leute denken.«

Dietrich sah in das angespannte Gesicht seiner Schwester, sah in ihre gescheiten Augen, in denen jetzt so etwas wie Abwehr zu erkennen war. In etwas sanfterem Ton sagte er: »Was könnte er da drinnen mit denen schon Gutes bewirken?«

»Er hat dir doch schon etwas Gutes getan, oder nicht? Hat er dich nicht vor dem Überfall gewarnt?«

»Natürlich! Das hat er getan! Dennoch klingt das alles schrecklich unerfreulich.«

»Das ist es auch.«

»Ganz zu schweigen von der Gefahr.«

»Auch damit kommt er zurecht.«

»Sicher!« Dietrich streckte seine langen Beine aus, lehnte sich auf dem Sofa zurück und verschränkte die Hände hinter dem Kopf. »Und, keine Frage! Es wäre ein Jammer, eine so vielversprechende Karriere zu Fall zu bringen.«

Christel sah unvermittelt auf.

»Reg dich nicht auf!« beruhigte Dietrich sie rasch. »Ich will seine Motive nicht in Zweifel ziehen. Außerdem: Wenn er das Rückgrat zum Durchhalten hat, kann er einiges bewirken. Wie, das kann ich mir im Moment zwar nicht vorstellen – aber vielleicht kann er es. Dennoch bleibe ich bei ›armer Hans‹.«

Christel sagte kein Wort. Plötzlich richtete sie sich auf. »Kommt Elenore Nichol heute?« fragte sie.

»Sie und ihre Mutter. Ihr Vater ist leider verhindert.«

Christel lächelte, und ihre Augen funkelten voller Schalk. »Wir hoffen ja immer noch auf eine gewisse Ankündigung. Irgendwann!«

Dietrich schwieg. Mit seinen siebenundzwanzig Jahren konnte er sich um seine Angelegenheiten selbst kümmern. Sie hätte es besser wissen sollen, als ihre Nase hineinzustecken.

»Warte nicht zu lange! Du bist nicht zum Junggesellen geboren.«

Ein wenig überhastet stand Dietrich jetzt auf, entschuldigte sich und ging zum Flügel hinüber. Träge klimperte er eine Bachsche Fuge, um dann zu dem Spiritual überzuwechseln, das Elenore einstudiert hatte.

Seine Mutter stand im Bogendurchgang des Zimmers – hochaufgerichtet, eine imponierende Erscheinung. Nach einem Blick durch das Fenster sagte sie: »Wie ich sehe, kommen die von der Lutz gerade!«

Dietrich beobachtete, wie der Chauffeur die Tür des Mercedes aufhielt und sein Cousin Graf Hugo von der Lutz und dessen Frau Hilde ausstiegen.

»Ich hoffe, Klaus hält sich diesmal etwas zurück«, bemerkte Dietrichs Mutter. »Ich bin nicht begierig auf eine Wiederholung ihres Streits über Hitler.«

»Darauf würde ich mich nicht so fest verlassen, Mama«, sagte Dietrich mit einem zweifelnden Lächeln. »Hugo kann schrecklich dickköpfig ein.«

Nach dem Musizieren stand Dietrich allein unter dem Bogen, seinen Teller in der Hand, und beobachtete die im Wohnzimmer Versammelten. Er hatte die Musik genossen, doch nun sehnte er sich nach der Atempause, die er sich normalerweise nach dem Abendessen in seinem Zimmer gönnte. Bisher hatte er die meiste Zeit am Flügel gesessen, die Lieder seiner Mutter und seiner Schwestern begleitet und beim »Forellenquintett« mitgespielt. Seine Mutter hatte das Brahmslied »Rosen brach ich nachts« gesungen, und auch das Spiritual hatte gut geklappt.

Dietrichs Großmutter Julie Bonhoeffer hielt in ihrem Sessel neben der Standuhr aus Gold und Marmor hof. Mit ihren einundneunzig Jahren war sie die Königin der Familie und der Nachbarschaft. Direkt neben ihr unterhielt sich sein Vater, Dr. Karl Bonhoeffer, mit dem jungen jüdischen Neurochirurgen, der bei der Schädelbruch-Operation des Jugendstuben-Mitglieds mitgearbeitet hatte. Klaus und Hugo von der Lutz tauschten neben dem Flügel Höflichkeiten aus. Wie lange würde das nur gutgehen? Das glatte Lächeln auf dem Gesicht seines Cousins war kurz davor, in Häme überzuwechseln.

Jetzt bewegte sich Klaus auf Dietrich zu, wobei er Hugo zwar nicht allein stehenließ, aber ganz offensichtlich darauf hoffte, Hugo würde ihn stehenlassen. »Nun, Dietrich«, fragte Klaus, »was höre ich da über eine mögliche Gemeinde für dich? Mama sagt, du mußtest eine Probepredigt halten.«

Dietrich ging die Stufen hinunter. »In diesem Fall war es tatsächlich so. Es gab zwei Kandidaten, und darum will die Gemeinde geheim abstimmen.«

»Aber sie werden doch dich wählen!«

Dietrich lachte. »Ich würde mich nicht unbedingt darauf verlassen.«

»Friedrichshain, richtig? Ich kenne die Gegend. Ziemlich heruntergekommen. Natürlich! Es ist sehr anständig von dir, daß du den Unterdrückten helfen willst. Aber das in der deutschen Evangelischen Kirche? Da kann ich mir bessere Möglichkeiten vorstellen.« Klaus nippte an seinem Wein und lächelte ihn über den Rand des Glases ein wenig boshaft an. »Oder ist es dir entgangen, daß die Kirche hoffnungslos versteinert ist? Nicht lebendiger als ein Blatt in einem Kohleklumpen.«

Hugo, der mit seinem Teller in der Hand an Dietrichs Seite stand, meinte nun eher gutmütig: »Ich bin überrascht, daß du so etwas zu deinem Bruder sagst, Klaus.«

Dietrich lachte. »Nimm es nicht zu ernst, Hugo. Übrigens hat er nicht ganz unrecht mit seiner Meinung.«

»Nein, nein, Dietrich! Ich meine es wirklich ganz ernst«, beteuerte Hugo und sah eindringlich von einem zum anderen. »Oder gibt es einen Grund, weshalb die Stunde des Aufbruchs nicht auch die Stunde einer Wiederbelebung der Kirche sein könnte – wenn nur die Kirche zur Rettung des Vaterlandes mit Hand anlegte.« Hugo vollführte mit seiner Gabel eine ausholende Geste. »Immerhin ist die Kirche eine einende Macht, vielleicht die stärkste im ganzen Land. Sie erinnert die Menschen an ihr Erbe als Deutsche.«

»Und das ist ein und dasselbe wie ihr Erbe als Christen, wenn ich dich richtig verstehe«, sagte Dietrich mit unverhohlenem Spott.

Hugo schien es nicht zu bemerken. »Ich wüßte nicht, warum es nicht so sein sollte.«

»Nein, in der Tat! Ich schätze, du weißt es wirklich nicht.« Dietrich gab seinen Teller Marthe, die gerade vorüberging. »Also, Einheit ist schön und gut. Wer wollte die nicht? Wenn sie denn auf ehrbare und gerechte Weise verwirklicht wird. Wenn sie zu Frieden führt und nicht zum Krieg. Aber ich sehe kein Anzeichen ...«

»Krieg! Das ist es, was dir Sorgen macht, nicht wahr? Du

klingst schon wie einer von diesen verdammten Pazifisten!« Hugo, der sich ohnehin immer betont aufrecht hielt, hob seine einen Meter neunzig noch ein Stück höher. »Keinen Sinn für die Realitäten, denen sich Deutschland heute gegenübersieht! Oder weißt du nicht, daß Stärke unsere einzige Hoffnung ist? Und das einzige Mittel gegen die Demütigungen, die wir erlitten haben? Meinst du nicht, daß wir lange genug im Staub herumgekrochen sind? Wie können wir erwarten, daß die Völker der Welt uns respektieren, wenn wir uns nicht selbst respektieren? Und Respekt von ihnen verlangen? Verlangen! Nicht erbetteln! Wenn also Adolf Hitler die deutsche Flagge aus dem Schmutz erheben kann, dann sage ich, laßt es ihn tun. Helft ihm, es zu tun. Es ist – verdammt noch mal! – an der Zeit!« Aufgeregt stieß er bei jedem seiner Worte mit dem Zeigefinger imaginäre Löcher in die Luft.

Dietrich sah besorgt auf seinen Bruder Klaus, der mit allen Anzeichen höchster Abscheu sein Weinglas betrachtete.

Doch Hugo ließ sich nicht bremsen. »Wir stehen vor der großen Erneuerung Deutschlands als einer geeinten Nation, die nicht länger der bolschewistischen Bedrohung ausgesetzt ist. Das ist ein Muß! Und Hitler kann das wahrmachen.«

Mußten solche Argumente in den Ohren der meisten Deutschen nicht süß, verlockend klingen? Dietrich schauderte.

»Und Andersdenkende werden selbstverständlich beseitigt?« fragte Klaus mit nur mühsam unterdrücktem Zorn.

»Beseitigt? Also, ›beseitigt‹ würde ich nicht sagen. Zum Schweigen gebracht – kontrolliert.«

»Und wie wird Hitler das alles wahrmachen, ohne die bürgerlichen Freiheiten zu verletzen – die Freiheit der Presse, die Freiheit der Rede? Du bist Anwalt, Hugo. Möchtest du tatsächlich erleben, wie diese Rechte außer Kraft gesetzt werden?«

»In manchen Fällen mag das durchaus notwendig und richtig sein. Ja! Wir befinden uns immerhin in einem Notstand, und der macht entsprechende Maßnahmen notwendig. Zum Beispiel müssen der kommunistischen Presse einige Beschränkungen auferlegt werden! Ich jedenfalls habe die Nase voll von ihren Lügen, mit denen sie den Pöbel berauschen und die Arbeiter in einer Weise aufhetzen, daß die nicht mehr wissen, wo ihr Platz ist. Das ist doch so, als drückte man einem Kind eine Stange Dynamit in die eine und ein Streichholz in die andere Hand.«

»Angenommen«, unterbrach Dietrich seinen Cousin, »Hitler würde die kommunistischen Zeitungen mundtot machen – meinst du, er würde es damit genug sein lassen? Wer wäre der nächste, frage ich mich? Jeder, der anderer Meinung ist als er? Vielleicht auch die Kirche?«

»Nein, nein! Auf keinen Fall! Die Kirche ist lebenswichtig für die Gesundheit der Nation. Das weiß Hitler. Er weiß, wo die Fundamente eines Volkes liegen, und es ist ihm sehr wichtig, daß die Kirche mit ihm zusammenarbeitet.«

»Nicht mit ihm, unter ihm.«

»Weißt du, du trägst bereits Scheuklappen! Wenn du im *Völkischen Beobachter* gelesen hättest . . .«

». . . also der gehört nicht zu den Zeitungen, die ich normalerweise lese . . .«

»Aber vielleicht solltest du das tun«, rief Hugo lautstark. »Hitler hat ganz klar zum Ausdruck gebracht, daß er im Christentum die Basis unserer gesamten Moral sieht.«

»Hm, davon habe ich gehört. Ich habe auch von seinem großzügigen Angebot gehört, die Kirche unter seinen ›festen Schutz‹ zu stellen. Das klingt mir allerdings etwas zweifelhaft: ›Fester Schutz!‹«

»Siehst du, wie du alles, was er sagt, verdrehst, bis es in deine eigenen Vorstellungen paßt?« ereiferte sich Hugo. »Du willst einfach nichts Gutes an dem Mann sehen!«

Betretenes Schweigen im Raum.

Hugos Stimme wurde schärfer. »Was ich sehe, und was zu sehen du dich weigerst, ist das Gute, das er bereits jetzt tut – und womit er ein Beispiel dafür gibt, was der Kirche nur von Nutzen sein kann. Es kann dir doch nicht entgangen sein, wie er die SA-Leute auffordert, an Gottesdiensten teilzunehmen. Manchmal sitzen ganze Gruppen von ihnen in der Kirche. Erst letzte Woche haben Hilde und ich einen ganzen Zug von SA-Leuten in der Marienkirche sitzen sehen.«

»Und wieviele Köpfe haben sie in der Nacht davor blutiggeschlagen?« fragte Dietrich.

Tiefe Röte stieg von Hugos gestärktem weißen Kragen bis zu seinen braunen Haaren. »Jetzt wirst du aber melodramatisch! Du vertraust eben allem Gerede!«

»Kaum, zumal ich drei Stunden lang mit einem der Opfer zusammengesessen habe, während die Ärzte den Schädel seines Freundes wieder zusammensetzten. Die SA ist ohne Vorwarnung über sie hergefallen. Letzte Nacht sind sie in unsere Jugendstube eingebrochen und haben den ganzen Raum in Schutt und Asche gelegt. Erwarte also bitte nicht von mir, daß ich über die Frömmigkeit deiner SA-Gruppe in der Marienkirche allzu gerührt bin.«

Hugo hatte ein Taschentuch hervorgeholt und wischte sich sein rechtes Auge, das häufig tränte. Bei den letzten Worten Dietrichs hielt er überrascht inne. »Ich verstehe! Das gibt der ganzen Sache natürlich ein anderes Gesicht.« Er faltete sein Taschentuch sorgfältig zusammen und steckte es wieder in die Tasche. »Ich weiß zufällig etwas über die Razzien, die gestern abend durchgeführt wurden. Und über den Zweck, der damit verbunden war. Du mußt dort Kommunisten gehabt haben.«

Dietrich hatte schon den Mund geöffnet, wollte etwas sagen, aber dann . . . Ihm wurde plötzlich bewußt, daß sein Vater neben ihn getreten war, und der Kommunist mit dem gebrochenen Schädel lag immer noch in der Klinik seines Vaters.

»Vielleicht wußtest du davon ja gar nichts«, wiegelte Hugo ab. »Du solltest aber in Zukunft vorsichtiger sein.«

Dietrich starrte seinen Cousin an, sagte aber kein einziges Wort. Ein zackiges Knallen der Absätze, eine steife Verbeugung – und Graf Hugo von der Lutz verließ den Raum.

2

Elenore saß auf dem Treppenabsatz – so, als hätte sie schon immer in dieses Haus gehört. Ihre elfenbeinweiße Haut leuchtete vor dem prächtigen Rot ihres Kleides, und der seidige Glanz ihrer dunklen Haare schimmerte im Wettstreit mit dem polierten Holz des Geländers.

Dietrich und Elenore unterhielten sich schon eine Weile. Auch über das schreckliche Ereignis des vorigen Abends. Sie könne nicht begreifen, daß so etwas in Deutschland möglich sei, bemerkte Elenore irritiert. Was ihr aber Angst mache, sei die Gefahr, in der er sich befinde.

Dietrich setzte sich neben Elenore auf die Treppe. »Klaus meint, die Kirche ist tot«, sagte er nach einer Weile.

»Aber das glaubst du doch nicht, oder?« Elenore sah ihm aufmerksam, fast prüfend ins Gesicht.

»Ich weiß nicht! Manchmal überkommt mich das Gefühl, es könne zu spät sein, als tauge die Kirche heute nur noch zu Sandkastenspielen – besonders, wenn sie sich an Hitler verkauft und damit seine Politik salonfähig macht. Dann wird sie doch auf Jahre hinaus ihre Stimme verlieren. Wenn nicht für immer.«

»Jacobi sieht das genauso wie du. Wußtest du das?«

»Tut er das? Davon hatte ich keine Ahnung.«

»Ja, er sprach erst neulich davon. Und was er sagte, klang ganz ähnlich wie das, was du jetzt gesagt hast.«

»Freut mich, das zu hören. Die meisten Pfarrer neigen doch eher dazu abzuwarten, was kommt.« Er wandte sich zu Elenore. »Ich würde gern mit Jacobi reden.«

»Du kannst jederzeit vorbeikommen«, sagte sie. »Er wird sich freuen, dich zu sehen.«

Ob ich ihr doch von der Pfarrstelle in Friedrichshain erzähle? überlegte Dietrich. »Dann läßt es sich unter Jacobi also gut arbeiten?«

»Ja, o ja!« antwortete sie lebhaft. »Er hat so eine Art an sich, die einen dazu bringt, daß man sein Bestes geben will.«

»Dann bin ich froh, daß du dort bist.« Und dabei hatte er die Gemeinde der Kaiser-Wilhelm-Gedächtniskirche immer als arrogant, fast anmaßend empfunden. Wobei ihm klar war, daß es für eine junge Frau begeisternd sein mußte, Vikarin im Zentrum des kirchlichen Lebens von Berlin zu sein.

»Das habe ich dir zu verdanken, weißt du«, sagte sie.

»Wieso denn das?«

»Daß ich überhaupt Theologie studiert habe. Ohne deine Ermutigung hätte ich das nie gewagt.«

Dietrich dachte an Friedrichshain. Es war wirklich eine Armutsgegend. Wenn er die Gemeinde dort übernahm, würde er in einem Pfarrhaus wohnen, das mehr als nur renovierungsbedürftig war. Es fiel schwer, sich Elenore dort vorzustellen. Wie konnte er ihr so etwas auch nur vorschlagen?!

»Ich habe dich vorhin vermißt«, sagte sie leise. »Du warst lange weg. Ist etwas passiert?«

»Nein, nein! Ich bin nur eine Weile in mein Zimmer gegangen.«

»Warum? Hast du dich nicht wohlgefühlt?«

»Mir ging es gut! Ich mußte nur für eine Weile allein sein – zu viele Leute hier. Das ist eben eine von meinen Eigenheiten, weißt du?« Er lachte.

»Tut mir leid, daß ich davon angefangen habe. Ich habe mich nur gewundert ...«

»Bitte, denk nicht weiter darüber nach.«

Dietrich sehnte sich danach, ihre Hand zu nehmen und ihr alles zu sagen, was er auf dem Herzen hatte; ihr die Narben seiner Einsamkeit zu zeigen, sein mitunter quälendes Ringen um Glauben, sogar seine düsteren, zermürbenden Zweifel, die ihn manchmal dazu trieben, sich selbst und Gott zu hassen. Noch niemals hatte er mit irgend jemandem darüber sprechen können. Doch er sagte nur: »Du hast noch gar nichts davon erzählt, wie dein Gottesdienst im Paul-Gerhardt-Stift gelaufen ist. Er fand im Krankenhaus statt, nicht wahr?«

»Ja! Es war gut, glaube ich«, antwortete sie. »Obwohl es mir idiotisch erscheint, daß ich nur in Krankenhäusern und Schulen und bei alten Leuten zu Hause predigen darf.«

»Oh, das sollte dich nicht stören. Du tust dort eine gute Arbeit. Eine wichtige Arbeit.« Er lächelte. »Oder wärst du lieber ein Mann?«

»Nein, du Dummkopf! Du bist auch nicht besser als die anderen. Ich will nur tun, wozu eine Frau in der Lage ist. Aber ist es nicht absurd, wenn nach der Predigt das Abendmahl kommt und ich mich hinsetzen und jemand anderen das Sakrament austeilen lassen muß? Findest du das nicht auch lächerlich?«

»Ich denke schon«, sagte er, amüsiert über ihre Leidenschaft. »Aber vielleicht willst du zu schnell vorwärtsgehen. Ist es denn wirklich so schwierig?«

»Ach, du willst es einfach nicht verstehen.«

»Es dauert einfach seine Zeit, bis sich hier etwas ändert, Elenore.«

»Wird es das überhaupt?«

»Ich denke schon.«

Sie stützte ihr Kinn auf die Hand, sah ihn voller Skepsis an. »Es wird lange dauern.«

»Immerhin predigst du doch jeden zweiten oder dritten Sonntag. Ich predige einmal im Monat, wenn ich Glück habe.« Er sah sie an, blickte dann aber etwas unsicher zur Seite. »Das könnte sich allerdings ändern. Ostern könnte ich vielleicht schon eine eigene Gemeinde haben.«

Sie blickte überrascht auf. »Davon wußte ich ja gar nichts ...«

»Ich habe dir doch gesagt, daß ich mich umsehe. Weißt du das nicht mehr?«

»Doch! Aber du hast lange nicht mehr davon gesprochen. Ich dachte, du hättest deine Meinung geändert.«

»Nein, ich habe nur auf eine offene Stelle gewartet, die mich interessiert.«

»Und hast du sie gefunden?«

»Es ist noch nichts sicher – kommt darauf an, was die Gemeinde von mir gehalten hat.«

»Von dir gehalten hat? Du meinst, du bist schon dort gewesen? Du hast dort schon gepredigt?«

»Es war an dem Sonntag, als du in Bethel warst.«

»Und du hast mir nichts davon erzählt?« Ihr Blick verriet Enttäuschung.

»Ich war mir nicht sicher, ob du etwas davon wissen wolltest.«

»Warum sagst du so was?«

»Es ist in Friedrichshain«, sagte er und beobachtete aufmerksam ihr Gesicht.

»Friedrichshain?« wiederholte sie.

»Ist das so überraschend?« fragte Dietrich.

»Mir fiel nur ein, daß du so gern unterrichtest. Zumindest scheint dieses letzte Semester für dich gut gelaufen zu sein. Und dann deine Arbeit als Studentenpfarrer an der Technischen Universität – das ist doch auch ein Pastorendienst. Oder?«

»In gewissem Sinne, ja. Aber das ist mir viel zu spezialisiert – und zu wenig.« Er wandte sich mit leichtem Achselzucken ab. »Nun ja, es ist noch nichts entschieden. Vielleicht hätte ich es gar nicht erwähnen sollen. Vielleicht wählen sie mich ja gar nicht.«

»Natürlich tun sie das!« Sie sah ihn nicht an, spielte wie achtlos mit der silbernen Kette ihrer Handtasche. »Warum willst du eigentlich dorthin? Ich bin nicht sicher, daß ich das verstehe.«

»Nein, vermutlich nicht.« Dietrich versuchte zu erklären, aber er ertappte sich dabei, wie er um den tiefsten Grund herumredete – aus Scheu vor all diesen ach so oft gebrauchten Wörtern, die ihm irreführend und unangemessen erschienen und zu »religiös«. Schließlich sagte er: »Ich glaube nicht, daß ich das Recht habe, mir eine Gemeinde auszusuchen, die einfach nur meinen Vorlieben entspricht.«

»Bestimmt nicht! Aber gibt es nicht in diesem Teil von Berlin Gegenden, wo du dich leichter mit den Leuten identifizieren könntest?«

»Die Wahrheit ist, daß ich gerne fähig sein möchte, mich mit diesen Arbeitern zu identifizieren. Ich muß bereit sein, ihr Los zu teilen, wenn ich will, daß sie auf das hören, was ich zu sagen habe. Ansonsten, mit unserer behüteten und privilegierten Herkunft, unserer – im Vergleich mit ihnen muß ich es so nennen – schamlosen Geborgenheit ...« Er hielt inne und sah sie an. »Verstehst du?«

Elenore sah in Dietrichs Augen, wandte dann ihr Gesicht ab. »Vielleicht!«

»Ich kann nicht einfach sagen: Das überlasse ich anderen. Wenn wir hier versagen – und meiner Meinung nach haben wir bereits versagt und die Massen der Armen allzu lange außen vor gelassen –, wenn wir so weitermachen, ist das wirklich das Ende des Christentums.«

»Vielleicht hast du recht«, räumte sie ein. »Ich wünschte nur ...«

Gespannt wartete er darauf, daß sie den Satz beendete, aber sie sagte nichts mehr. »Was würdest du dir wünschen?«

»Ich wünschte, Männer würden Frauen ein bißchen besser verstehen«, sagte sie innerlich bewegt, fast heftig.

»Bitte erkläre mir, wie du das meinst.«

»Ich weiß nicht, wie ich es erklären soll.« Elenore stand auf, zögerte. »Ich wünschte nur ... ich meine, es wäre schön, wenn ich von solchen Dingen vorher etwas erfahren würde – und nicht wie bisher, immer nur hinterher.« Sie ging die Treppe hinunter zur Diele, wo die Gäste gerade ihr Abschiedszeremoniell mit Mänteln und Überschuhen, Hüten und Schirmen begonnen hatten.

Unten wandte sie sich noch einmal an Dietrich. »Wie auch immer, es spielt wohl keine Rolle mehr. Jetzt, wo alles entschieden ist.«

»Noch nichts ist entschieden. Das habe ich dir doch gesagt.«

Es blieb keine Zeit mehr zum Reden. Sie wurden hineingerissen in die Verabschiedungen, die guten Wünsche. Elenore war in ihr schwarzes Wollcape gehüllt und hatte die Kapuze sicher unter dem Kinn zugeknöpft.

»Gute Nacht, Dietrich.«

»Gute Nacht.« Er fühlte sich elend, aufgeregt, zornig, als er ihre Hand ergriff.

»Du predigst morgen, nicht wahr?« fragte sie beim Hinausgehen.

»Ja! In der Dreieinigkeitskirche.«

»Wird Präsident von Hindenburg dort sein?«

»Ich habe keine Ahnung«, sagte er in ungewollt scharfem Ton. »Möglicherweise!«

»Ich werde an dich denken.«

Dietrich stand in seinem Zimmer vor dem offenen Fenster und spürte den scharfen Hauch der Nachtluft auf seinem Gesicht. Es war ein gutes Gefühl. Eine ungeduldige Hupe durchbrach für einen Moment die weiße Stille. Unter ihm schimmerte der Garten im Licht des Halbmondes.

Nach einer Weile schloß er den Fensterflügel und versank in dem Sessel, der jede Kontur seines Körpers zu kennen schien. Im Dunkeln tastete er nach der halb gerauchten Zigarre. Seit einiger Zeit versuchte er immer wieder, sich das Rauchen abzugewöhnen. Nun gut! Morgen würde er aufhören. Endgültig!

». . . und nicht wie bisher immer nur hinterher!« Warum mußte Elenore das sagen? War das nicht vollkommen fehl am Platze gewesen? Noch niemals zuvor hatte sie sich beklagt.

Er streifte die Asche von seiner Zigarre und starrte in die Nacht hinaus. Am Anfang war es besser gewesen, dachte er. Damals als er angefangen hatte, sie zu verehren. Er war damals zwanzig gewesen, sie siebzehn.

Auch nach dem Jahr in Barcelona, jener arbeitsreichen Zeit als Hilfspastor in der deutschsprachigen Gemeinde, hatte sich zwischen ihnen beiden nichts geändert. Dann kam – nach seiner Rückkehr nach Berlin – dieser verzauberte Frühling und darin dann dieser ganz besonders verzauberte Abend. Unter dem Bogen der Veranda hatten sie gestanden.

»Es ist lange her«, hatte sie leise gesagt.

»Ich bin froh, wieder hier zu sein, besonders jetzt.«

Sie hatte zu ihm aufgesehen – klar, beherrscht, schön. »Hast du mich vermißt?«

»Du weißt, daß ich dich vermißt habe. Ich liebe dich, Elenore.« Die Worte, die auszusprechen er sich so gesehnt hatte – sie waren heraus. Er selbst hatte es kaum fassen können. Voller Zärtlichkeit hatte er ihre Hand, weich und weiß, an seine Lippen geführt. Ihre Augen voller Vertrauen und Verehrung waren nicht von seinem

Gesicht gewichen. Alles Denken, Überlegen ... Wo war es? Nichts als die Verheißung ihrer Lippen, der sanfte Schwung ihrer schlanken Taille, als er seinen Arm um sie legte. In der Ferne hörten sie Tanzmusik, und sie waren glücklich. Es war genau die richtige Zeit für Musik. Bei der schüchternen, behutsamen Berührung seiner und ihrer Lippen wurden Musik und Tanz eins. Phantasie, Geheimnis und Träume – alles in diesem Rhythmus eingefangen, der unerwartete Gefühle weckte, Gefühle, die ihn verwirrten. Behutsam, widerstrebend, hatte er Elenore losgelassen, ihre Hand ergriffen.

Dietrich wußte nicht mehr, was sie an jenem Abend noch geredet hatten. Aber das Glück in ihren Augen, das hatte er niemals vergessen. Irgendwann später kam dann das Thema Heirat zur Sprache. Wie ein Schiff schwamm es weit auf die See hinaus, weiß und leuchtend auf den fernen Wellen, aber noch nicht bereit zum Festmachen. Sie wußten, daß ihre Eltern, konservativ und mit festgefügten Moralvorstellungen, niemals einer Heirat vor dem zwanzigsten Lebensjahr zustimmen würden. Hatten sie beide ernsthaft dagegen rebelliert? Sie hatten nie daran gedacht, einen anderen Weg zu gehen.

Dann nach seiner Rückkehr aus Amerika im Sommer 1931 war auf einmal diese Gezwungenheit zwischen ihnen gewesen. Wahrscheinlich lag es sogar an ihm, aber er wußte nicht, wie er etwas daran ändern sollte. Und seit Elenore unter Gerhard Jacobi an der Gedächtniskirche arbeitete, hatte sich ihre Freundschaft zu einer überschaubaren, fast berechenbaren Gleichförmigkeit entwickelt, woran sich in der politischen Unruhe dieser Tage nichts änderte.

Aufseufzend schaltete Dietrich das Licht an und ging zu seinem Schreibtisch, wo er seine Predigt für den nächsten Tag aufschlug. Wie gut, daß er seine erste Predigt seit der Machtergreifung Hitlers in der Dreieinigkeitskirche halten würde; hoffte er doch tatsächlich, daß der alte Präsident von Hindenburg den Gottesdienst besuchen würde, wie er es manchmal tat. Rasch las er sich die Predigt noch einmal durch, obwohl er sie nun schon seit einer Woche Wort für Wort auswendig kannte.

Noch einmal dachte er über Gideon nach, diesen einfachen,

widerwilligen Krieger, »der mitten aus Ängsten und Zweifeln zum Glauben gebracht worden war«. Er hatte sich gefragt, wie das hatte geschehen können – jetzt begann er es zu ahnen. Seit langem schon hatte er sich eingestanden, daß sein Wunsch, Theologie zu studieren, anfangs wenig mit echtem Glauben zu tun gehabt hatte. Triebfeder war vielmehr gewesen, seine brillanten älteren Brüder zu überflügeln. Er war es leid gewesen, immer und überall der »kleine Bruder« zu sein, immer nur in ihrem Schatten leben zu müssen.

Inzwischen aber war es anders. Er sehnte sich nach einem Glauben, wie Gideon ihn gehabt hatte – der dem Befehl des Herrn gefolgt war und das Notwendige getan hatte, wie aussichtslos auch alles schien. Abraham – Mose – Gideon – Jesus.

Dietrich klappte das Heft zu. Sehr wahrscheinlich würde seine Predigt nicht auf allzuviel Gegenliebe stoßen. Die Leute wollten es nicht hören: »Legt eure Waffen nieder! Ich bin eure Waffe, und eure Tausende von Waffen sind nicht wie eine von meinen. Laß dir an meiner Gnade genügen, denn meine Kraft ist in den Schwachen mächtig.« Er mußte an Hugo denken, und ein nachdenkliches Lächeln zog über sein Gesicht. Und wie würde die Gemeinde darüber denken – dieses Gemisch aus Berufstätigen und Studenten, Bürokraten und Kleinbürgern? Würde seine Predigt auch nur einen Millimeter an jenem beängstigenden Kurs ändern, den Deutschland eingeschlagen hatte?

Wie verschlagene Kobolde aus der Hölle bedrängten ihn diese Fragen – aber er drängte sie ebenso entschlossen zurück. Die Verkündigung mußte klar und unmißverständlich sein – das war seine Aufgabe. Und alles andere durfte er getrost Gott überlassen.

Wie sich herausstellte, war der Streit um Friedrichshain unnötig gewesen. Als er in die Universität zurückkehrte, fand er in seinem Briefkasten die Benachrichtigung über das Wahlergebnis: »Von den eingegangenen Stimmen entfielen siebenundvierzig auf Herrn Sup. Patzold und fünfundzwanzig auf Herrn Pfr. Lic. Bonhoeffer. Damit ist Herr Sup. Patzold gewählt.«

Es war nicht einmal knapp ausgegangen.

3

Nachdem sie die belebte Königsallee überquert und an ihrer alten Grunewaldschule abgebogen waren, trennte sich die Gruppe der Tennisspieler. Dietrich, Klaus und dessen Frau Emmi waren auf dem Heimweg in die Caspar-Theyssen-Straße. Emmis Bruder Justus Delbrück mit seinen beiden Freunden bewegte sich in Richtung Stadtmitte.

Dietrichs Eltern waren nicht in Berlin, und er hatte seinen Freund Franz Hildebrandt zum Mittagessen eingeladen. Das vor allem in der Absicht, ihn dadurch ein wenig aufzuheitern. Denn an diesem Tag hatten die Nazis einen Boykott jüdischer Geschäfte angekündigt. Und Franz' Onkel Isaak hatte einen Laden in der Innenstadt, der davon wahrscheinlich betroffen sein würde.

Große stattliche Häuser standen in der Wangenheimstraße. Das Haus Nr. 14 war das Ziel der Tennisspieler. Sie liefen über den mit Ziegeln gepflasterten Gehweg zum Eingang an der Seite des Hauses, der von einer Markise geschützt wurde. Dietrich liebte dieses Haus, das sich von vorn nach hinten endlos fortzusetzen schien und sehr hoch war – drei Etagen, dazu der Keller.

Franz Hildebrandt war bereits dort und saß im Wartezimmer der psychiatrischen Praxis. Er trug seinen gewohnten dunkelblauen Anzug, zerknittert und eine Nummer zu groß. Dietrich zwinkerte Klaus und Emmi zu und sprach Franz mit übertriebenem Tonfall an. »Mein lieber Herr, wie bedauerlich. Wurden Sie nicht informiert, daß der Doktor mehrere Tage verreist ist?«

Franz blickte mit milde fragendem Blick von seinem Buch auf.

»Nein? Nun, da ich ein wenig über Ihren Fall Bescheid weiß, kann ich Ihnen vielleicht helfen.« Dietrich ging an den Aktenschrank und zog eine Mappe hervor. »Es stört Sie doch nicht, wenn mein Bruder und seine Frau unserer Sitzung beiwohnen? Mein Bruder ist immerhin Anwalt.«

»Tatsächlich?« mokierte sich Franz mit einem Ausdruck amüsierter Toleranz auf seinem schmalen bleichen Gesicht. »Dann sollten Sie bitte bleiben! Ich werde vermutlich sehr bald einen Anwalt brauchen.«

Dietrich öffnete die Mappe und begann, den imaginären Krankenbericht zu lesen. »Nun, was haben wir denn da? Hm . . . Ihre Symptome . . . mehr als zahlreich . . . Farbenblind. Völlig unsensibel gegen alles Visuelle. Kann einen Picasso nicht von einem Rembrandt unterscheiden.«

»Oh, aber ich habe ein gutes Ohr! Ich bin bemerkenswert gut darin, einen Scharlatan am Klang seiner Stimme zu erkennen.«

»Möglich, aber für diesen Fall vollkommen unerheblich, wenn Sie verstehen. Nun, schauen wir einmal, hm . . ., ja, da ist eine bemerkenswerte Diskrepanz. Körperlich . . . also, reden wir nicht darüber! Weigert sich, Tennis oder andere gesundheitsfördernde Sportarten auch nur zu erlernen. Steckt dafür ständig seine Nase in irgendein Buch. Wenn Sie also nichts an Ihrer Lebensweise ändern, werden Sie mit fünfzig schon auf dem Abstieg vom Berg sein – vielleicht sogar schon mit vierzig.«

»Ich würde sagen, es gibt Schlimmeres, als auf dem Abstieg vom Berg zu sein«, bemerkte Franz trocken. »Zum Beispiel unter dem Berg zu sein.«

»Seht Ihr«, wandte sich nun Dietrich an Klaus und Emmi, »das ist nur ein Beispiel für sein dem kühlen Verstand verschlossenes Denken. Aber wir werden darüber hinwegsehen. Ich muß noch hinzufügen, daß er nicht nur auf dem Weg jenseits des Berges ist, sondern sich bereits im Wald verlaufen hat. Schrecklich geistesabwesend. Im zarten Alter von vierundzwanzig Jahren ist das eine ernste Sache. Bedenkt man allerdings, was er alles liest, sollte jeder meinen, daß er etwas daraus gelernt hat. Tatsächlich aber ist er bemerkenswert unwissend. Weiß im Grunde nichts. Wenn Ihr ihn z.B. fragen würdet, wann Bismarck geboren wurde, würde er es nicht wissen.«

»Am 1. April 1815«, antwortete Franz prompt.

»Seht Ihr«, lachte Dietrich, »ein weiteres ernstes Symptom – diese kolossale Frechheit. Macht Ausflüchte, ohne mit der Wimper zu zucken.«

»Am 1. April 1815«, wiederholte Franz.

»Störrisch auch noch! Das ist freilich bei solchen Leuten nicht anders zu erwarten. Wenn er sich erst einmal etwas in den Kopf gesetzt hat, dann bleibt es auch dort.«

»Ich schlage vor, du siehst nach«, bemerkte Franz milde.

»Das wäre völlige Zeitverschwendung.« Er wandte sich an Klaus und Emmi. »Wie Ihr seht, ist dies ein schwerer ...«

»Bismarck wurde am 1. April 1815 geboren.«

»Na schön«, sagte Dietrich. »Ich schätze, wir müssen ihm seinen Willen lassen. Manchmal werden sie sehr gewalttätig, wenn man sich widersetzt.«

Er ging zum Bücherregal unter dem Fenster, zog den Band »B« der Enzyklopädie hervor. Stumm las er: »Bismarck, Otto Fürst von (1815–1898), deutscher Staatsmann und erster Kanzler des Deutschen Reiches, geboren am 1. April 1815 in ...«

»Laut, bitte«, beharrte Franz.

»Glück, reiner Zufall«, sagte Dietrich und klappte das Buch zu. »Das ist auch so ein Kennzeichen. Sie haben manchmal einen geradezu unheimlichen sechsten Sinn.«

Emmi brach in Gelächter aus. »Schluß jetzt, Dietrich! Wir müssen uns noch frischmachen vor diesem fabelhaften Essen, das du uns versprochen hast. Wir brauchen nicht lange, Franz. Wäre es im Wohnzimmer nicht bequemer für dich?«

»Nein, ich bleibe solange hier. Zumal das ja so gut zu meinem Charakter zu passen scheint.«

»Ganz richtig«, bestätigte Dietrich und ging lachend die Treppe hinauf.

Dietrich hoffte, daß Franz am Nachmittag mit ihm zu Gerhard Jacobi gehen würde. Dort traf sich neuerdings ein Kreis besorgter Pastoren, die sich die »Jungreformatoren« nannten. Sie wollten versuchen, das Vereinnahmen der Kirche durch Nazi-Sympathisanten – die sogenannten »Deutschen Christen« – zu verhindern. Die Jungreformatoren brauchten Männer wie Franz. Dietrich hatte mit Stolz, aber auch so einem kleinen Neidgefühl vermerkt, daß Franz zum Jahreswechsel eine eigene Gemeinde erhalten hatte. Eine stattliche Leistung für einen Mann von vierundzwanzig Jahren, der zudem noch nicht einmal offiziell ordiniert war.

Nun hätte es Dietrich gar zu gern gesehen, daß Franz seinen gebührenden Platz unter den Berliner Pastoren einnahm.

Einmal hatte ihm Franz erzählt, daß seine Eltern ihn noch niemals hatten predigen hören. Seine jüdische Mutter war alles andere als begeistert von seinem Übertritt zum Christentum gewesen; und sein Vater, ein Universitätsprofessor, interessierte sich ganz einfach nicht dafür. Dietrich hatte Franz nichts davon gesagt, daß auch sein Vater sich nicht dafür interessierte. Aber zumindest hatte er seinen Sohn schon ein- oder zweimal predigen hören.

Unten ertönte der erste Gong zum Essen. Rasch streifte Dietrich frische Kleidung über und machte sich auf den Weg nach unten. Schon auf dem Flur stieg ihm der Duft des gebackenen Schinkens in die Nase. Die Küche war für Dietrich, der sie als Kind nicht hatte betreten dürfen, immer eine Verlockung gewesen, und auch jetzt noch hielt er sich gelegentlich gerne dort auf. Lotte, die gutmütige westfälische Köchin, die seit seinem sechsten Lebensjahr bei der Familie war, hatte ihn in einige ihrer köstlichen Geheimnisse eingeweiht.

Das Mittagessen war triumphal. Selbst Klaus fand nichts zu bemäkeln. Das Leberpüree mit Orangensauce und die kalte Gurkensuppe – einfach köstlich. Die Spitze für Dietrich waren allerdings die dicken, zarten weißen Spargelstangen, die in frischer Butter schwammen, und der Schinken.

»Ich habe von diesem Boykott gegen die jüdischen Einrichtungen gelesen«, eröffnete Dietrichs Großmutter das Gespräch. »Hast du es auch gelesen, Emmi?«

»Ja. Es ist einfach abscheulich!«

»Glaubt ihr denn wirklich, sie können die Leute davon abhalten, dort einzukaufen, wo sie wollen?«

»Die SA wird in voller Besetzung auf den Straßen sein«, bemerkte Klaus bitter. »Und niemand wird etwas unternehmen, um sie aufzuhalten.«

»Es ist eine Schande!« empörte sich die Großmutter. Klein, aber kerzengerade saß sie auf ihrem hochlehnigen Stuhl. Ihre Lippen waren immer noch fest wie die eines jungen Mädchens, nur die tiefen Furchen auf Wangen und Stirn verrieten ihr hohes Alter.

»Ich bin sicher, Ihre liebe Mutter leidet schrecklich darunter, Franz! Und Ihr Onkel! Sein Geschäft dürfte davon betroffen sein, wie alle anderen?«

»Ich fürchte, ja«, antwortete Franz.

»Bitte sagen Sie ihnen, daß ich sie um Verzeihung bitte. Daß ich tief beschämt bin über das Verhalten unserer Regierung.«

Franz blickte von seinem Teller auf. Mit etwas belegter Stimme sagte er: »Verehrte, gnädige Frau! Sie können nichts daran ändern, was da geschieht. Und ich weiß auch, es ist nicht Ihre Schuld. Aber ich werde meinem Onkel berichten, was Sie gesagt haben.«

Dietrich und Franz stiegen aus der Bahn und gingen den kurzen Weg vom Bahnhof Zoo zur Gedächtniskirche. Erst nachdem er Franz erzählt hatte, daß Elenore an dem Treffen teilnehmen würde, war er mitgekommen. Der Gute! Er war so arglos wie ein neugeborenes Kind, und seine Treue Dietrich gegenüber ebenso unerschütterlich wie seine Ehrlichkeit. So hatte er zum Ausgang der Friedrichshainer Sache ganz spontan gesagt, daß es Dietrich nicht schaden würde, auch mit Niederlagen fertigzuwerden. Im Gegenteil!

Rote und schwarze Hakenkreuze umringten die Insel, von der sich die Türme der prächtigen Kirche emporschwangen. Manche der Hakenkreuzfahnen hingen wie überdimensionierte Taschentücher an den Fensterbänken der Häuser; andere baumelten als lange schmale Banner an Fahnenmasten.

Elenore erwartete sie in ihrem Büro, strahlend und fröhlich. Als sie aus der Tür der Sakristei traten, blieben sie stehen und sahen den Kurfürstendamm hinunter. Horden von Braunhemden patrouillierten auf den Bürgersteigen vor allen jüdischen Geschäften. Und weil es für das Treffen noch zu früh war, überredete Dietrich Elenore und den widerstrebenden Franz zu einem Kaffee am Wittenberg-Platz. Sie waren noch nicht weit auf dem Tauentzien entlanggegangen, als Elenore Dietrich ihre Hand auf den Arm legte und auf ein kleines Modegeschäft deutete, dessen Eingang von zwei SA-Männern versperrt wurde. Über Fenster und Tür war in großen Buchstaben das Wort *Jude* gemalt. Drinnen brannte Licht. Manche der Passanten blieben neugierig stehen, doch die meisten hasteten vorüber, ohne einen Blick darauf zu werfen. Niemand ging hinein. Dietrich sah in Franz' zorniges Gesicht.

In der Nähe des KaDeWe die gleiche Situation. Dietrich hatte es vergessen – es im Grunde gar nicht gewußt –, daß dieses wichtigste Kaufhaus Berlins in jüdischem Besitz war. Auch hier stand *Jude* an den Fenstern, wurden die Deutschen aufgefordert, nicht bei Juden zu kaufen: *Deutsche! Wehrt euch! Kauft nicht bei Juden!* Hier patrouillierten vier SA-Männer vor dem breiten Eingang. Eine alte Dame schien sich mit ihnen zu streiten.

»Dietrich, ist das nicht deine Großmutter?« flüsterte Elenore.

Dietrich wollte seinen Augen nicht trauen. Er rückte seine Brille zurecht und blieb dann wie angewurzelt stehen. Franz wollte loslaufen, um ihr zu Hilfe zu kommen.

Doch Dietrich packte ihn am Arm. »Wir dürfen uns nicht einmischen. Sie wäre schrecklich beleidigt! Außerdem werden sie einer Frau in ihrem Alter nichts tun.«

»Seht mal«, sagte Elenore mit fast ehrfürchtiger Stimme. »Sie geht hinein.«

Sie sahen zu, wie sie geradewegs an den SA-Leuten vorbei in das Kaufhaus ging.

Dietrichs Erschrecken wich aufrichtigem Stolz. Er sagte: »Warten wir an dem Fenster dort.«

Etwa zwanzig Minuten später verließ eine zierliche, aber ungemein aufrechte alte Dame das Kaufhaus und ging direkt in ihre Richtung. Den Kopf mit dem sorgfältig festgesteckten Hut hoch erhoben, lief sie an den SA-Leuten vorbei – so als wären sie überhaupt nicht da. In einer Hand trug sie ihre bestickte Einkaufstasche voller Waren, in der anderen ihren Gehstock mit dem Elfenbeingriff.

Auf ein Zeichen Dietrichs wandten sie sich um und betrachteten angeregt die Auslagen der Buchhandlung, vor der sie standen. Erst nachdem sie vorüber war, folgten sie ihr. »Gnädige Frau«, sagte Franz zu ihrer Linken, »erlauben Sie mir, Ihre Pakete zu tragen?«

Sie blieb wie angewurzelt stehen, als erwarte sie, die SA-Männer vor sich zu sehen. Doch nachdem sie Franz erkannt hatte, wich ihre strenge Miene einem erst verlegenen Lächeln, um dann in ein schallendes Lachen überzugehen.

Franz ergriff ihre Tasche und flüsterte ihr ein Wort ins Ohr. Darauf machten alle kehrt und gingen wieder in Richtung Wittenberg-Platz. Die SA-Männer sahen sie zurückkommen, diesmal auch noch in Begleitung, und sie schauten hastig in die andere Richtung.

Die Einkehr in dem Café mit der gelben Markise wurde für alle zu einer Feier mit Kaffee und Nußtörtchen. Die Serviette sorgfältig über die Rüschen ihrer Bluse gelegt, nippte Dietrichs Großmutter graziös an ihrem Kaffee.

»Ich konnte einfach nicht zu Hause sitzenbleiben und eine solche Ungeheuerlichkeit tatenlos geschehen lassen«, erklärte sie mit Nachdruck. »Im Kaufhaus Israel und im Geschäft Ihres Onkels bin ich auch gewesen, Franz.«

»Was haben Sie zu diesen Männern gesagt?« wollte Elenore wissen.

»Ich habe ihnen einfach gesagt, daß ich schon immer dort eingekauft habe und nicht daran denke, jetzt damit aufzuhören. Alles in allem«, sagte sie triumphierend, »war es einer der erfolgreichsten Einkaufsbummel, die ich je gemacht habe.«

Sie hatten ihren Kaffee getrunken, und Dietrich wartete nur noch auf die Rechnung, als er sah, daß Hugo und Hilde von der Lutz das Café betreten hatten. Seit dem Streit mit seinem Cousin vor zwei Monaten hatte er ihn nicht gesehen, und er hoffte inständig, Hugo und Hilde würden sie nicht bemerken. Die anderen am Tisch waren still geworden. Dietrich warf seiner Großmutter einen warnenden Blick zu. Doch souverän wie eine Königin blickte sie auf die verlegenen Verwandten, die ganz offensichtlich berieten, wie sie sich verhalten sollten.

Hugos gute Kinderstube setzte sich durch, und er kam auf sie zu, während Hilde ihm widerstrebend folgte. Er beugte sich über den Tisch und ergriff die Hand, die ihm die Großmutter kühl reichte, dann Elenores. Franz' Abneigung war nicht zu übersehen, doch er folgte dem Beispiel der Großmutter und erhob sich gleichzeitig mit Dietrich.

Unmittelbar nach der Begrüßung sagte Dietrichs Großmutter in frischem, trockenem und ungemein korrektem Ton: »Wir wollten gerade gehen! Ihr könnt unseren Tisch haben. Ihr müßt wissen, wir haben meinen erfolgreichen Einkaufsbummel gefeiert. Ich habe selten so viele Geschäfte auf einmal besucht wie heute. Aber ich hatte das dringende Bedürfnis, so viele jüdische Geschäfte wie nur möglich aufzusuchen: Kaufhaus Israel, Wertheim, Kaufhaus des Westens« – sie gebrauchte den vollen Namen des KaDeWe, so als wolle sie dem Kaufhaus auf diese Weise die größtmögliche Würde verleihen – »und etliche kleinere Geschäfte.« Mit einem herausfordernden Blick sah sie von Hilde zu Hugo. »In jedem davon habe ich etwas gekauft.«

Jetzt hängte sie sich ihre Handtasche über den Arm, nahm mit der anderen ihren Stock und schob sich damit vom Stuhl hoch. Franz sprang auf und ergriff ihre prallgefüllte Einkaufstasche. Auch Dietrich und Elenore erhoben sich.

»Wir müssen jetzt gehen«, sagte sie. »Einen schönen Tag noch.«

Ohne ein weiteres Wort verließen sie das Café. Am Ausgang sah sich Dietrich noch einmal um. Hugo hatte sich nicht vom Fleck gerührt und blickte ihnen verblüfft und sprachlos hinterher.

4

Zehn Berliner Pastoren waren es, die am ersten Treffen der Jungreformatoren teilnahmen. Für Dietrich ein ermutigendes Zeichen. Alle äußerten sich empört über den Boykott gegen die jüdischen Geschäfte. Dennoch! Im Mittelpunkt ihrer Gespräche stand die Notwendigkeit, innerhalb der Kirche eine starke einige Front gegen die Deutschen Christen zu bilden.

Solange Dietrich zurückdenken konnte, hatte es die achtundzwanzig Landeskirchen gegeben – einige davon reformiert, einige lutherisch, einige uniert –, von denen jede ihren eigenen Kirchenrat und ihren Superintendenten hatte. Die größte Landeskirche war die lutherische Altpreußische Union, zu der er selbst gehörte und die nur von einem Beirat der regionalen Superintendenten verwaltet wurde, von denen einer als Generalsuperintendent eingesetzt war. Bis vor kurzem war die Schwäche dieses Systems, seine Angreifbarkeit, nicht ersichtlich gewesen. Aber jetzt ...? Dietrich stimmte mit den neun anderen Pastoren auf dem Treffen dafür, Mitglieder aller achtundzwanzig Landeskirchen für ihre Ziele zu gewinnen; Männer, die sie kannten und denen sie vertrauen konnten, um mit ihnen gemeinsam Pläne für eine neue zentrale Kirchenleitung zu entwerfen.

Doch noch ehe die Jungreformatoren ein weiteres Mal zusammenkommen konnten, wurde ihre Aktion von einer neuen Entwicklung überrollt. In einer Blitzaktion brachte Hitler ein neues Gesetz »zur Rekonstruktion des Öffentlichen Dienstes« durch, das Juden und Menschen jüdischer Abstammung aus dem Öffentlichen Dienst ausschließen würde. Sabine! Voller Angst mußte Dietrich an seine Zwillingsschwester denken. Ihr Mann Gerhard Leibholz war als einer der besten Verfassungsrechtler des Landes anerkannt, doch Dietrich fürchtete, daß ihm das jetzt nicht helfen würde. Gerhards Eltern waren Juden.

Und dann – Dietrichs Kollegen an der Berliner Universität. Einige der besten waren Juden. Sollte es wirklich möglich sein, sie alle aus ihren Ämtern zu entfernen, nur weil sie »Nicht-Arier« waren? Konnte ein solches Gesetz, diese »Arierklausel«, wirklich durchgesetzt werden? Freilich, daß es Hitler gelungen war, es im Reichstag durchzubringen, bewies seine Macht deutlicher als alles andere, was bisher geschehen war.

Franz Hildebrandt! Resigniert hatte er Dietrich gesagt, daß er fest damit rechne, als Pastor entlassen zu werden.

»Nein! Niemals! In der Kirche wird ein solch furchtbares Gesetz nicht zur Anwendung kommen«, hatte Dietrich voller Zuversicht widersprochen.

»Vielleicht nicht sofort! Aber früher oder später ... Die Deutschen Christen haben schon davon gesprochen ... Sogar schon vor diesem Gesetz.« Er blickte Dietrich mit eben dem zornigen Gesichtsausdruck an, den er schon am Tag des Boykotts gezeigt hatte.

»Ich habe es doch schon von Pastor Lietzer gehört. Er hat sich ihnen angeschlossen, und sie sagen, Männer von ›fremdem Blut‹ haben nichts auf deutschen Kanzeln zu suchen.«

Hilflos, zutiefst verletzt, sah ihn Franz mit seinen dunklen Augen an.

Zum nächsten Treffen der Jungreformatoren in Gerhard Jacobis Arbeitszimmer kamen schon doppelt so viele Pastoren. Dietrich war fest davon überzeugt, daß sie auf dieses neue Gesetz genauso reagieren würden wie er. Jacobi leitete die Versammlung. Dietrich hockte auf dem Boden des überfüllten Zimmers und beobachtete mit einiger Begeisterung, wie geschickt dieser hochgewachsene Mann die Diskussion leitete. Zunächst ging es nur darum, wie der wachsende Einfluß der Deutschen Christen innerhalb der Kirche zurückgedrängt werden könnte. So würden u.a. Vertreter der Landeskirchenleitungen im Mai zusammentreffen, um den Reichsbischof einer neuen einheitlichen Deutschen Evangelischen Kirche zu wählen und somit die Kirchen unter einer Führung zu einigen.

Als Jacobi die Diskussion freigab, stellte Dietrich die Frage, die ihn am meisten bedrängte: »Was können wir wegen dieser Arierklausel unternehmen? Mir scheint, daß die Kirche dazu nicht schweigen darf.«

Worauf Pastor Ludwig Schmidt sehr nachdrücklich erklärte: »Die Kirche hat kein Recht, sich in die Angelegenheiten des Staates einzumischen. Unsere Sache ist es, das Evangelium zu verbreiten.«

»Aber«, wandte Dietrich ein, »wenn der Staat gegen das Gesetz Gottes verstößt – in diesem Fall ein ganzes Volk aus rassistischen Gründen verfolgt –, dann muß doch die Kirche dazu etwas sagen, meinen Sie nicht? Sie muß einfach den Staat an die Grenzen seiner Autorität erinnern.«

»Nein, Pastor Schmidt hat recht! Es ist nicht Sache der Kirche, dem Staat zu sagen, was er tun soll«, meldete sich nun Karl

Sommer zu Wort, ein robuster, etwas grobschlächtiger Mann, der im Weltkrieg einen Arm verloren hatte.

Dietrich spürte, wie ihm das Blut zu Kopf stieg, aber er zwang sich, mit ruhiger Stimme zu sprechen. »Und was ist, wenn der Staat Druck auf uns ausübt, dieses Gesetz auch in unseren eigenen Reihen anzuwenden? Und das wird passieren, wie Sie genau wissen. Sie werden versuchen, unsere ›nicht-arischen‹ Pastoren aus dem Amt zu jagen. Müssen wir das dann auch hinnehmen? Nein, ich bin nicht Ihrer Meinung! Ich denke, die ganze Existenz der Kirche steht und fällt mit dieser Frage.«

»Eben haben wir noch von einer geeinten Kirche gesprochen, und jetzt setzen Sie sich für eine Maßnahme ein, die nur zur Spaltung führen kann«, gab Sommer zu bedenken.

»Ja, sollen wir denn angesichts solcher Häresien schweigen?«

Mißmutig zog Sommer seine dichten Augenbrauen zusammen. »Häresien? Ist das nicht ein etwas starkes Wort?«

»Was die Juden insgesamt betrifft«, ereiferte sich Dietrich, ohne auf ihn einzugehen, »so könnte die Zeit kommen – und früher, als wir meinen –, in der die Kirche nicht nur diejenigen verbinden und heilen muß, die unter dem Rad zermalmt wurden, sondern in der sie selbst dem Rad in die Speichen greifen muß.«

»Also jetzt haben Sie den Bereich unserer Zuständigkeit vollständig verlassen.«

An diesem Punkt schaltete sich Jacobi in die Debatte ein. »Es ist ein schwieriges Problem, und ob es nun zweckmäßig ist oder nicht – wir müssen uns darüber aussprechen. Mit Ihrem Einverständnis werde ich ein Treffen zu dem Thema ansetzen, bei dem Sie, Herr Bonhoeffer, das einleitende Referat halten können.«

Alle murmelten zustimmend, außer Schmidt und Sommer, die sich protestierend erhoben und mitteilten, daß dieses Treffen ohne sie weitergehen müsse.

Wieder zu Hause traf Dietrich seine Zwillingsschwester Sabine an, die mit ihrem Mann Gert und ihren beiden Kindern aus Göttingen gekommen war. Gerts Vater litt an einer schweren Herzkrankheit, und sein Zustand hatte sich verschlechtert. Deshalb war Gert dorthin gefahren, und nur Sabine war geblieben, um die Kinder nicht allein zu lassen. Dietrich hatte seine Schwester noch nicht gesehen, seit die Arierklausel in Kraft getreten war.

»Ich kann noch immer nicht glauben, daß so etwas möglich ist«, stammelte sie fassungslos, als sie sich mit ihren Eltern im Wohnzimmer niedergelassen hatten. »Und das an der Universität!« Ihre fest verschränkten Hände verrieten ihren Seelenzustand, machten deutlich, wie mühsam sie um Fassung rang. Als sie Kinder gewesen waren, hatte sich Sabine mit ihren Nöten und Problemen immer an Dietrich gewandt. Und er, der hochgewachsene, flachsblonde Siegfried, war ihr Held und Beschützer gewesen. Erst als Sabine mit zwanzig Jahren Gerhard Leibholz heiratete, hatte Dietrich seinen besonderen Platz räumen müssen. Jetzt fühlte er sich irgendwie hilflos.

»Gert ist nicht entlassen worden?« fragte ihre Mutter.

»Nein, noch nicht ...« Sabine zögerte, als wäre sie unsicher, wie sie es ausdrücken sollte.

Sabine hatte Dietrich eben berichtet, daß Gert mit seinem Dekan Schwierigkeiten hatte. Der Dekan hatte Gert verwarnt, weil dessen neue Vorlesungsreihe »Das Bild des Staates im 20. Jahrhundert« für die Partei nicht annehmbar sei. Man betrachte das Thema dort als »Provokation«. Doch Gert hatte sich zunächst geweigert, seine Pläne aufzugeben.

»Seine erste Vorlesung war am letzten Montag – das heißt, da hätte sie stattfinden sollen. Es gab alle möglichen Drohungen. Ihr könnt euch das nicht vorstellen! Manchmal lauerten ihm die Nazis auf dem Flur auf, vier oder fünf, mit verschränkten Armen, so als wollten sie ihn niederschlagen. Sie haben es nicht getan! Im letzten Moment machten sie ihm immer Platz, und dann bogen sie sich vor Lachen.«

»Unternimmt der Dekan denn nichts dagegen?« empörte sich ihr Vater.

»Nein! Der Dekan sagt kein Wort. Er hat Angst. Bisher wußte ich wirklich nicht, wie viele Feiglinge es auf der Welt gibt. Jedenfalls bin ich am Montag mit ihm gegangen. Gert wollte nicht, daß ich mitkomme, aber ich habe es trotzdem getan. Die Nazis waren dort, wie sie es angekündigt hatten. Sie blockierten die Türen, so daß niemand in den Hörsaal konnte.«

»Ein Boykott also.«

»Ja! Alle in dieser fürchterlichen Aufmachung – schwarze Stiefel und diese gräßlichen Abzeichen. Sie hatten etwas an die Tafel gekritzelt.«

»Achte nicht darauf, Liebes«, beschwichtigte sie ihre Mutter.

»Ich habe es versucht, Mama. Ich dachte, ich wäre vorbereitet.« Ihre Stimme brach, doch nach einem kurzen Moment hatte sie sich wieder in der Gewalt. »Ich weiß nicht, was noch alles passieren wird. Einige Studenten kommen noch in seine Seminare, und Gert will nicht aufhören, solange noch ein einziger kommt. Ich habe Gert gesagt, daß wir auswandern sollten. Ich will weg von hier ... raus aus diesem Wahnsinn.« Tränen strömten über ihre Wangen.

»Was sagt Gert dazu?« Fast hilflos klang die Frage ihres Vaters.

»Er will nicht, daß wir etwas überstürzen. Er weiß nicht, was er im Ausland tun könnte. Wegen der Sprache.«

Bestürzt sah Dietrich seine Mutter an, als er begriff, daß Sabine von einem Land außerhalb des Kontinents sprach – England oder Amerika.

»Er sagt, wir kommen schon zurecht, bis es wieder besser wird. Aber es wird nicht besser!«

»Ich fürchte, du hast recht«, räumte Dietrich ein. »Zumindest für lange Zeit nicht.«

Am nächsten Tag starb Gerts Vater. Sabine und Gert baten Dietrich, die Ansprache bei der Beerdigung zu halten. Er hatte an diese Möglichkeit gedacht – und doch traf ihn die Bitte der beiden unvorbereitet. Immerhin existierte eine uralte Kirchenvorschrift gegen kirchliche Trauerfeiern für ungetaufte Juden. Die Tatsache, daß Gerhard Leibholz, seine Brüder und Schwestern allesamt getaufte Lutheraner waren, spielte dabei keine Rolle, denn ihr Vater war zwar nicht in die Synagoge gegangen, hatte sich aber auch nie taufen lassen. Gegen ein ausdrückliches Gesetz zu verstoßen, selbst wenn es eines war, gegen das er persönlich starke Bedenken hatte – also das widersprach allem, was Dietrich mit der Muttermilch eingesogen hatte. Doch sich dieser Bitte zu verweigern, jetzt, wo Hitlers neuer Erlaß in jedem »nicht-arischen« Herzen Entsetzen und Empörung hervorrief, schien doppelt gefühllos.

»Natürlich! Ich werde es gerne tun«, erwiderte er deshalb nach kurzem Zögern.

»Gibt es ein Problem?« fragte Sabine.

»Ich glaube nicht. Nein, sicher nicht.«

»Was ist, Dietrich?«

»Ach, nichts. Es gibt da so eine verstaubte alte Kirchenvorschrift. Vermutlich gilt sie für diesen Fall gar nicht.« Dietrich mußte an Gerhard Leibholz denken, einen der sanftmütigsten Männer, die man sich nur vorstellen konnte. Wie mußte ihn das verletzen! Ärgerlich über sich selbst wiegelte Dietrich ab: »Nichts von Bedeutung! Ich denke, ich kann das regeln.«

Am Abend suchte Dietrich Franz Hildebrandt in dessen kleiner Wohnung auf.

Franz war mit ihm einer Meinung, daß die Vorschrift Unsinn war, sah aber keinen Weg, sie zu umgehen. »Das ist ein ganz altes Gesetz. Hat nichts mit Hitler zu tun, weißt du?«

»Was macht das denn für einen Unterschied?«

»Könntest du nicht ohne Talar reden – einfach so als Freund?«

»Nein! Wenn ich nicht als Geistlicher den Kindern des alten Mannes den Trost der Kirche anbieten kann – nein, dann will ich es lieber überhaupt nicht tun.« Trotzig lehnte sich Dietrich in dem Ledersessel zurück, der einzig bequemen Sitzgelegenheit in der Wohnung des Freundes.

Franz schlug Dietrich vor, deswegen noch mit Theodor Heckel zu sprechen. »Er ist dein Vorgesetzter! Bei ihm solltest du dir Rat holen.«

»Ehrlich gesagt würde ich das lieber vermeiden.«

»Nun, wie du willst. Dabei wäre das aus meiner Sicht der einzig richtige Schritt. Er weiß vermutlich mehr als wir beide zusammen über eine solche Situation. Es könnte zumindest nicht schaden, ihn zu fragen.«

Dietrich schwieg.

»Der Zeitpunkt ist nicht gerade günstig für Eigenmächtigkeiten im Zusammenhang mit Kirchenvorschriften.«

»Ich werde darüber nachdenken.«

Dietrich schob die Angelegenheit vor sich her, solange es ging. Schließlich ging er zu Heckel, der ihm »in der gegenwärtigen Situation« von der Grabrede abriet und vorschlug, Dietrich solle doch den Generalsuperintendenten Stoltenhoff zu Rate ziehen. Der aber war unerbittlich. Dietrich dürfe keinesfalls gegen ein Kirchenstatut verstoßen.

Die Trauerfeier hielt dann ein Cousin von Gerhard Leibholz mit einer kurzen Trauerrede und Gedichten Goethes und Franz Werfels, die Gerts Vater besonders geliebt hatte. Während der Lesungen und der Musik saß Dietrich reglos da. Auch als die Familie hinter dem Sarg die Friedhofskapelle verließ, hielt er den Blick unverwandt auf den Sitzplatz vor sich gerichtet. Dennoch spürte er genau, als Sabine an ihm vorbeischritt.

Und dann hörte er Hans zu Franz Hildebrandt sagen: »Wenn die wüßten, daß meine Großmutter Jüdin ist, säße ich morgen auf der Straße. Zum Glück ist sie in Ungarn. Trotzdem muß ich vorsichtig sein.« Ein bitteres Lachen. »Der Kniff ist, daß wir unsere Herkunft geheimhalten müssen, Hildebrandt! Das heißt, wenn wir in Deutschland bleiben wollen. Aber ich habe lange und hart gearbeitet, um dahin zu kommen, wo ich jetzt bin. Und ich will verdammt sein, wenn ich mir das von diesen Terroristen in ihren braunen Hemden wegnehmen lasse.«

Dietrich sah Christel an, aber sie sagte nichts.

»Dieses Regime kann nicht ewig Bestand haben«, ereiferte sich Hans, »und wer weiß, was man vielleicht von innen bewirken kann, das von außen nicht möglich wäre. Das heißt, wenn ich einen kühlen Kopf bewahre.«

Und wenn jemand einen kühlen Kopf bewahren konnte, dann Hans! Aber was für ein Preis!

»Schade, daß du die Trauerfeier nicht halten konntest«, bedauerte Christel ohne Vorwarnung. »Ich nehme an, Sabine und Gert verstehen, daß du nicht gegen den Willen deiner Vorgesetzten handeln konntest. Aber ehrlich: Ich finde solche Kirchenstatute mehr als armselig.«

Dietrich sah sie an, sagte kein Wort.

Christel ließ sich nicht bremsen. »Hast du gehört, was am Tag vor dem Tod des alten Mannes passiert ist?«

»Nein!«

»Er bekam per Post eine Benachrichtigung über seine Entlassung als Ratsherr der Stadt Berlin. Die neue Arierklausel in Aktion.«

Dietrich blieb wie angewurzelt stehen. »Nein, das habe ich nicht gewußt! Hätten sie ihn nicht in Frieden sterben lassen können?«

»Dazu kommt, daß sie am selben Tag seinen Sohn, Gerts Bruder, aus dem Richteramt entfernt haben. Sabine weinte, als sie mir davon erzählte.«

»Mir hat sie nichts gesagt«, erwiderte Dietrich niedergeschlagen.

Am Abend versammelte sich dann die Familie im Hause Bonhoeffer in der Wangenheimstraße, um Artur Schnabels Klavierkonzert im Radio zu hören. Er spielte alle dreißig Beethoven-Sonaten in einer Reihe von sieben Konzerten. Dies war das vierte.

Am Ende des Konzerts meldete der Radiosprecher, kurz und knapp: »Im Interesse der Erhaltung einer reinen deutschen Musik und im Interesse der deutschen Musiker war dies das letzte Konzert von Herrn Schnabel.«

Sprachlosigkeit bei allen! Schnabel – einer der ganz großen Pianisten der neueren Zeit. Aber er war ein Jude. Dietrich sah Sabine an. In ihrem Blick lag keine Überraschung.

Die letzte Sonate war Opus 81 in e-Moll gewesen, bekannt als »Les Adieux«.

5

Anfang Juni, als Dietrich und Elenore von einem ihrer gewohnten Spaziergänge im Tiergarten zurückkamen, gingen sie beim Büro des Kirchenbundes in der Jebenstraße vorbei, um einige Papiere für Jacobi abzuholen. Vor der Tür versperrten ihnen zwei Männer in SA-Uniformen den Weg.

»Bitte geben Sie Namen und Zweck Ihres Besuchs an«, forderten sie die beiden auf.

»Warum fragen Sie danach?« protestierte Dietrich. »Das hier ist das Büro der Kirche, oder nicht?« Er spürte den Druck von Elenores Hand auf seinem Arm.

»Hier befindet sich jetzt eine neue Behörde«, protzte einer der SA-Männer. »Sie müssen sich für Kommissar Jäger ausweisen.«

Dietrich musterte den Mann von oben bis unten, zornig, nicht bereit, so etwas unwidersprochen hinzunehmen. Doch Elenores bleiches Gesicht ließ ihn einlenken. »Laß uns zur Kirche gehen«, schlug er vor und ergriff ihren Arm.

In der Gedächtniskirche erklärte ihnen Gerhard Jacobi, was geschehen war. In einer Blitzaktion hatte Hitler die Entlassung aller Angestellten der neuen Kirchenleitung verfügt und alle repräsentativen Kirchengremien aufgelöst. An deren Stelle hatte er seine eigenen Kommissare gesetzt.

»Auch die regionalen Büros überall im Land sind von Staatskommissaren übernommen worden«, berichtete Jacobi.

Immer noch schreckensbleich fragte Elenore: »Wann ist das passiert?«

»Erst vor ein paar Stunden – gegen elf, glaube ich. Ich habe gerade Minister Rust im Radio gehört. ›Widerstand ist Verrat‹, hat er gesagt, ›und wird unnachsichtig unterdrückt.‹«

»Na, das paßt ins Schema«, bemerkte Dietrich. »Wir werden überrumpelt und zu Boden geschlagen, und dann sorgt man durch das Verratsgerede dafür, daß wir am Boden bleiben.«

»Nun, kommen Sie erstmal herein«, bat Jacobi. »Lassen Sie uns die Sache durchsprechen und – vielleicht – eine Strategie finden.«

Während der nächsten Tage arbeitete Dietrich unermüdlich mit den Jungreformatoren. Über alle nur denkbaren Quellen im ganzen Land versuchten sie herauszubekommen, wie die Menschen auf die Vereinnahmung der Kirche durch die Nazis reagierten. Was sie aufspürten, waren Unsicherheit und Schrecken, die aber die herrschende Stille allenfalls wie Rauhreif in einem heißen Ofen knistern ließen. Die dringendste Aufgabe für Dietrich und seine Studenten bestand nun darin, alle nur denkbaren Kanäle offen zu halten. Weil die Nazis die gesamte Presse kontrollierten, blieben ihnen nur Mundpropaganda und Flugblätter, die sie druckten und von Hand zu Hand weitergaben oder an den Kiosken in der Stadt anbrachten. Das Telefon gebrauchten sie nur mit äußerster Vorsicht.

Die Reaktion kam umgehend. Dergleichen hatte Dietrich seit Hitlers Machtergreifung noch nicht erlebt. Von überallher kamen Delegationen von Lehrern und Pastoren, die ihren Protest anmelden wollten, und versammelten sich vor dem Kanzleramt. Die Jungreformatoren beauftragten Dietrich, einen offenen Brief an Hitler zu entwerfen, eine »Erklärung der Berliner Pastoren«, in der ein Rückzug der Kommissare sowie die Wiedereinsetzung der gewählten Kirchenbeamten gefordert wurden. Dietrich ließ sie den Pastoren der Stadt zukommen, in der Hoffnung, mindestens hundert Unterschriften zu erhalten.

In der folgenden Woche zeigte ihm Franz eine Anweisung, die er von Hitlers neuen geistlichen Führern erhalten hatte. Darin wurde jeder Pastor angewiesen, am folgenden Sonntag »Lobpreis und Dank« in den Mittelpunkt der Gottesdienste zu stellen. Die Kirchenaltäre sollten mit Hakenkreuzen geschmückt und von den Kanzeln eine Proklamation verlesen werden, die den »tief empfundenen Dank des Volkes« darüber zum Ausdruck brachte, »daß der Staat zusätzlich zu all seinen ungeheuren Aufgaben nun auch die große Last und Bürde auf sich genommen hat, die Kirche neu zu ordnen«.

»Glauben die wirklich, ich würde so etwas in meiner Kirche tun?« Voller Bitterkeit stellte Franz die Frage.

Die vom Dienst suspendierten Generalsuperintendenten schlugen den Gemeinden vor, als Gegenaktion am selben Abend Buß- und Gebetsgottesdienste zu halten. An dem bewußten Sonntag suchte Dietrich Franz in seiner Wohnung auf.

»Ich habe mir überlegt, ich könnte heute abend an deinem Gottesdienst teilnehmen«, sagte Dietrich, während er es sich im Lehnsessel bequem machte. »Natürlich nur, wenn es dir recht ist.«

»Ich habe ihn schon gehalten. Heute morgen, zur normalen Gottesdienstzeit.«

»Was?« Dietrich brach in schallendes Gelächter aus – angesichts dieser kühnen Antwort auf das Ansinnen der neuen Nazi-Kirchenleitung. »Also«, meinte Dietrich dann ernstwerdend, »du warst schon immer ein Sturkopf. Ich werde dich im Gefängnis besuchen.«

In diesem Augenblick läutete Franz' Telefon. Das Gespräch war nur kurz. Als er langsam den Hörer auf die Gabel legte, sagte er: »Das war Martin Niemöller! Die Polizei hat Pfarrer Großmann in Steglitz festgenommen. Offenbar hatte er dieselbe Idee wie ich.«

Jetzt war es für die beiden beschlossene Sache. Sie wollten an diesem Abend Martin Niemöllers Bußgottesdienst in der Alten Dahlemer Kirche besuchen. Sie waren sehr früh dort, und doch waren schon fast alle Plätze besetzt. Der Gemeinde stockte hörbar der Atem, als Niemöller die Festnahme Pfarrer Großmanns bekanntgab. So etwas hatte es in Deutschland noch nicht gegeben. Leise, aber mit festem Unterton sprach Niemöller ein Fürbittgebet für Großmann und bat um Gottes Führung für die kommenden Tage. Dann verlas er einen leidenschaftlichen Aufruf zur Einigkeit im Handeln gegen die staatliche Einmischung in Kirchenangelegenheiten. Ungemein beeindruckend wirkte die ansonsten eher unscheinbare Gestalt dieses Predigers auf der Kanzel. Und das, obwohl er – wie Franz wußte – noch vor einem halben Jahr mit Hitler sympathisiert hatte.

Nach dem Gottesdienst sprachen Dietrich und Franz mit Niemöller am Seiteneingang dieser alten Kirche. Hinter dem von Bäumen umgebenen Rasen stand das Dahlemer Pfarrhaus, in dem Niemöller mit seiner großen Familie lebte. Niemöller fragte, wann Dietrich den Brief an Hitler abschicken wolle.

»Am Donnerstag, hoffe ich.«

»Und wieviele Unterschriften haben Sie schon?«

»Ungefähr siebzig.«

»Siebzig. Könnte besser sein.«

»Oh, ich rechne mit mehr ... nach dem heutigen Tag.«

»Haben Sie nicht die SA-Männer bemerkt, die hinten in der Kirche gesessen und sich Notizen gemacht haben?«

»Nein«, antwortete Niemöller, »aber das überrascht mich nicht. Es waren schon früher welche da.«

»Ich denke, damit müssen wir in Zukunft leben.«

Sie wünschten sich Gute Nacht und machten sich auf den Heimweg. Dichter Nebel hüllte die Königin-Luise-Straße ein, und das Kopfsteinpflaster auf dem breiten Bürgersteig glänzte im Licht der Straßenlaternen. Dietrich, dem immer noch Niemöllers gelassenes, aber entschlossenes Gesicht vor Augen stand, sinnierte: »Nur wer bereit ist, Risiken auf sich zu nehmen, ist wirklich lebendig. Alle anderen sind nur Statisten.«

Während der nächsten Tage ging Dietrich von einem Pastor zum anderen und sammelte Unterschriften für seinen Brief an Hitler. Als Dietrichs Vorgesetzter Theodor Heckel ihn bat, in sein Büro in der Universität zu kommen, nahm Dietrich den Brief mit, in der Hoffnung, auch von ihm eine Unterschrift zu erhalten.

Gleich nach den üblichen Begrüßungsfloskeln und der höflichen Frage nach der Gesundheit Dietrichs und seiner Eltern kam Heckel zur Sache. »Ich höre immer wieder Gutes über Ihre Genesis-Vorlesungen«, erklärte er. »Es gibt wohl nur wenige Dozenten, die so früh am Morgen zweihundert Studenten in den Hörsaal locken können.«

Heckels Lächeln enthielt mehr Herzlichkeit, als Dietrich von ihm gewohnt war. Heckel war beträchtlich älter als Dietrich – bald vierzig. Allerdings verrieten das nur ein Anflug von Doppelkinn und ein paar graue Haare an den Schläfen. Seine randlose Brille verbarg nichts von seinen glatten, wohlgestalteten Zügen. Ihre Beziehung war stets korrekt, aber eher unpersönlich gewesen. Dabei war Heckel vor zwei Jahren zusammen mit ihm als

Mitglied der deutschen Delegation Teilnehmer bei einer ökumenischen Konferenz in Cambridge gewesen, und er hatte zudem Dietrich bei dessen Kandidatur als Jugendsekretär des Kirchenrates tatkräftig unterstützt.

»Es ist zwar noch nicht offiziell«, eröffnete ihm nun Heckel, »aber ich bin zum Administrator für Auswärtige Angelegenheiten der Kirche ernannt worden. Man hat mich bereits gebeten, eine freie Stelle in London zu besetzen – das Pastorat für zwei unserer dortigen deutschsprachigen Gemeinden. Ob Sie das vielleicht interessieren würde? Ich habe schon einige Unterlagen für Sie herausgelegt, denen Sie weitere Einzelheiten entnehmen können.«

Das Angebot überraschte Dietrich, und es interessierte ihn brennend. Allerdings – Heckel mußte das nicht unbedingt gleich mitbekommen. »Ich weiß die Ehre zu schätzen«, sagte er deshalb eher zurückhaltend. »Aber natürlich brauche ich etwas Zeit, um darüber nachzudenken.«

»Sie haben reichlich Zeit. Ich würde sogar vorschlagen, daß Sie nach London reisen und sich die Sache aus der Nähe ansehen. Wir können das arrangieren, wenn es soweit ist.«

Jetzt zog Dietrich den Brief an Hitler aus seiner Aktentasche und legte ihn auf Heckels Schreibtisch, wobei er den Inhalt erläuterte und Heckel bat, ihn zu unterzeichnen. Heckel las den Brief und reichte ihn dann stirnrunzelnd zurück. »Mein lieber Freund, dieses Dokument erscheint mir übereilt und ziemlich aufrührerisch. Es kann nach meiner Meinung der Beziehung unserer Kirche zum Staat nur schaden.«

»Das sagen Sie selbst nach Hitlers Versuch, die Kirche mit vorgehaltener Pistole zu vereinnahmen?«

»Wie dramatisch Sie das ausdrücken! Wirklich, wir müssen in dieser Zeit unseren gesunden Menschenverstand gebrauchen, uns an die momentanen Gegebenheiten anpassen und, wenn es erforderlich ist, auch ein paar Kompromisse machen – wohlüberlegte, versteht sich. Wir wollen, daß die Kirche die ihr übertragene Aufgabe erfüllt – und das wollen Sie doch sicherlich auch! Auch wenn wir zur Zeit unter etwas anderen Rahmenbedingungen arbeiten müssen. Die Kirche ist immer noch der Weinberg des Herrn.«

»Nein, da bin ich anderer Ansicht! Von Dornengestrüpp lassen sich keine Trauben ernten.«

Heckel lachte kurz auf. »Ach ja, wieder eines Ihrer trostlosen Bilder. Die sind mir schon in einigen Ihrer Predigten aufgefallen. Nein, ich kann meinen Namen nicht darunter setzen.«

Also schickte Dietrich den Brief am Freitag ans Kanzleramt – mit einhundertsechs Namen; aber der Name Theodor Heckels war nicht darunter.

Am folgenden Montag, nach dem Christologie-Seminar, traf Dietrich auf dem Flur zu seiner Überraschung Elenore.

»Ich habe auf dich gewartet«, sagte sie aufgeregt. »Ob du es glaubst oder nicht, Hitler hat seinen Erlaß zurückgezogen.«

»Was soll das heißen, er hat seinen Erlaß zurückgezogen?« Ungläubig starrte er Elenore an.

»Genau das! Er hat seine Kommissare zurückbeordert und die alten Beamten wieder eingesetzt – im Büro des Kirchenbundes und überall. Es ist ein Wunder!«

Es schien tatsächlich unglaublich. »Woher weißt du das?«

»Von Jacobi! Und der hat es vom Generalsuperintendenten selbst. Es ist wahr, Dietrich, es ist wirklich wahr!«

Im Verlauf des Tages zeigte sich, daß Elenores Informationen tatsächlich stimmten. An jenem Abend herrschte nichts als Jubel in dem kleinen Kreis der Studenten, mit dem er sich regelmäßig in einer kleinen Bierstube ganz in der Nähe des Büros der Jungreformatoren traf. Doch inmitten aller Freude, aller triumphierend erhobenen Gläser konnte Dietrich ein Gefühl des Unbehagens nicht abschütteln. Jeder Rückzug Hitlers sei rein taktisch, gab er zu bedenken, und sehr wahrscheinlich nur vorübergehend. Doch die Fröhlichkeit blieb ungebrochen.

Seine Studenten ließen ihn hochleben; ihn, der doch »die entscheidende Rolle bei dem Sieg gespielt hatte«. Und jetzt fühlte er sich erst recht unbehaglich. Auf der einen Seite betrachtete er das, was sich hier in dieser kleinen Kneipe vor seinen Augen abspielte, mit Skepsis, ja Spott – auf der anderen Seite . . . Es war schon ein irgendwie berauschendes Gefühl, wie ihm die Studenten zujubelten, ihm uneingeschränkt die Führungsrolle zuerkannten. Auf jeden Fall schien ein ziemlich plötzlicher Aufbruch geboten.

Langsam gingen er und Elenore die Königin-Luise-Straße hinunter zur Haltestelle.

»Die Studenten haben recht, Dietrich! Die Sache ist zum großen Teil dir zu verdanken. Jacobi hat das heute morgen auch gesagt . . . Wie du die Studenten organisiert hast, der Brief an Hitler und die Beharrlichkeit, mit der du all diese Unterschriften gesammelt hast . . . Er fand das alles brillant.«

Zwar hätte er jetzt und in dieser Situation lieber geschwiegen, aber Jacobis Lob genoß er. Dennoch – die Zweifel an der Dauerhaftigkeit seines »Sieges« blieben.

Wieder allein in seinem Zimmer, kämpfte er gegen die Versuchung, sich selbst zu gratulieren. Hatte es eigentlich ähnliche »Siege« in seinem Leben schon gegeben? Richtig! Wie war es damals doch gleich nochmal gewesen . . .

Er hatte sich in den weichen Sand fallen lassen und blickte auf. Die Latte hing noch. Zwei Zentimeter höher als der Sprung von Ernst Abrahamsohn. Und da hatte er es gewußt, daß er den wichtigsten Leichtathletik-Wettkampf des Schuljahres gewonnen hatte. Angestrengt hatte er sich bemüht stillzustehen, während man ihm den Lorbeerkranz um die Schultern legte und seine Mitschüler in Hochrufe ausbrachen.

Dann war er mit seinem Siegespreis auf dem Heimweg gewesen, hatte es kaum erwarten können, sich vor seinen älteren Brüdern damit zu brüsten. Doch Klaus und Walter hatten nichts als Spötteleien für ihn übrig gehabt. »So, jetzt ist er also der große Dietrich Bonhoeffer?« hatten sie gewitzelt. »König der Aschenbahn« hatten sie ihn lachend genannt. Und Dietrich hatte – tief beschämt – den Kranz unter trockenen Blättern in einer Ecke des Gartens verbuddelt und ihn nie wieder hervorgeholt.

Konnte es sein, daß ihm dieser Stolz noch immer zu schaffen machte? Allein dieser Gedanke ließ ihn – gelinde gesagt – verzweifeln. Warum nur hatten es ihm die Studenten und Elenore so leichtgemacht? Warum hatten sie sich seiner »Herrschsucht« nicht widersetzt?

Der trübe Himmel vor seinem Fenster verhieß noch nichts vom anbrechenden Tag. Gott schien fern und feindselig – wenn es ihn denn überhaupt gab. In der kalten dünnen Stille erklangen die Schläge der Uhr: zwei – drei – vier. Erst die nahende Dämmerung erlöste Dietrich aus seinen grüblerischen Gedanken, brachte den notwendigen Schlaf.

6

Selbst Dietrich war überrascht, wie rasch das Naziregime wieder zum Angriff überging. Am 23. Juli 1933 ordnete Hitler landesweite Kirchenwahlen an; d. h., es blieb ihnen nur etwas mehr als eine Woche Vorbereitungszeit. Die Wähler sollten entscheiden, ob die neue Kirchenleitung von Hitlers Kandidaten Ludwig Müller, einem kaum bekannten Militärpfarrer, oder dem zuvor abgesetzten Friedrich von Bodelschwingh geführt werden sollte. Kandidat der Jungreformatoren war von Bodelschwingh. Mit allen Kräften versuchten sie, angeführt von Dietrich, Franz, Niemöller und Jacobi, die knappe Zeit zu nutzen und ein Programm zu entwerfen, das dem der Deutschen Christen eine überzeugende Alternative gegenüberstellte.

In ihrem Büro in Dahlem verfaßten sie ihre Wahlaufrufe und vervielfältigten sie auf allerprimitivste Weise. Mittel für irgendeine Art von Öffentlichkeitsarbeit hatten sie nicht. Obwohl von der Regierung als »unparteiisch« angekündigt, war diese Wahl ganz eindeutig eine Prestige-Wahl der Nazis. Sie mobilisierten alle ihre Anhänger – überwiegend keine Christen –, an den Wahlen teilzunehmen, zogen die Vaterlandsliebe der Jungreformatoren in Zweifel und drohten jedem Pastor mit Entlassung oder finanziellen Strafen, der Hitlers bevorzugten Kandidaten für das Amt des Reichsbischofs ablehnte.

Die Jungreformatoren nannten ihre Kampagne »Programm der Evangelischen Kirche« und arbeiteten ohne Pause bis zum Sonntag. Dann unterbrachen sie ihre Arbeit nur für die Dauer des Gottesdienstes. Dietrich sagte für diese ganze Woche seine Vorlesungen ab und arbeitete mit seinen Studenten an der Herstellung und dem Verteilen der Plakate. Eine fast nicht zu bewältigende Aufgabe! Auf Vorschlag seiner Mutter richteten sie ihr Hauptquartier im Hause Bonhoeffer ein, wo ihnen jeden Tag im Garten ein Mittagessen serviert wurde.

Am Montagmorgen ging Dietrich ins Dahlemer Büro, um mit Niemöller und Jacobi das weitere Vorgehen zu besprechen. Als er dort ankam, schleppten gerade drei Männer in Gestapo-Uniformen Kartons mit Flugblättern und anderen Wahlunterlagen heraus und packten sie in einen Lieferwagen. Seine beiden Kollegen standen schweigend in einer Ecke des Zimmers. Der lange Tisch und die Regale waren leer.

»Was ist los?« fragte Dietrich.

Mit nur mühsam unterdrücktem Zorn schilderte Jacobi diesen Überfall der Gestapo. Eine Einstweilige Verfügung hatten sie vorgewiesen, erwirkt von den Deutschen Christen. Und dann hatten sie alle Plakate und Flugblätter beschlagnahmt.

Sogar das schlichte Gerät, auf dem sie ihre Plakate vervielfältigt hatten, war weg – einschließlich der beiden Kartons mit Papier. Dietrich sah gerade noch, wie sie auch den Rest in den Wagen packten, die Tür zuschlugen und – ohne sich umzusehen – einstiegen und davonfuhren.

Lange Zeit standen die drei Männer wie gelähmt. Doch dann raffte sich Dietrich auf: »Was sollen wir tun?«

»Ich weiß es nicht!« Niemöller war ratlos. »Was können wir denn noch tun?«

»Wir dürfen sie damit nicht durchkommen lassen!« überlegte Jacobi.

»Warum gehen wir nicht hin und protestieren?«

»Sie meinen, zur Gestapo?«

»Ins Hauptquartier! Ja!«

Jacobi sah Niemöller zweifelnd an. Dieser erwiderte den Blick.

»Also schön, ich gehe mit«, erklärte sich Jacobi schließlich ohne jedes weitere Zögern bereit.

Niemöller griff in die Schublade, zog einen Zeitungsausschnitt hervor und reichte ihn Jacobi. »Ich schlage vor, ihr nehmt das hier mit. Es ist eine Kopie der Regierungsdirektive zur ›Unparteilichkeit und Freiheit der Kirchenwahlen‹. Fragt gleich nach dem Chef, Rudolf Diels. Mit Handlangern verschwendet ihr nur eure Zeit. Ach, und Gerhard, steck dir deine Eisernen Kreuze an!«

Jacobi lachte. »Du kannst den U-Boot-Kapitän einfach nicht abschütteln, was?«

»Natürlich nicht!« lachte Niemöller.

Am Nachmittag fuhren sie mit dem Horch der Bonhoeffers in die Prinz-Albrecht-Straße und hielten vor einem riesigen grauen Gebäude. Über eine breite Treppe gelangten sie zu dem schweren Portal, an dem zu beiden Seiten Hakenkreuzflaggen hingen, schlaff und träge in der mittäglichen Hitze.

Mit Jacobis Eisernen Kreuzen – gut sichtbar an seiner Jacke – gingen sie an den Wachen vorbei und betraten das weiträumige Foyer. Der Portier, ein freundlicher Bursche mit rundem Gesicht, sperrte erstaunt seine Augen auf, als sie ihr Anliegen vortrugen. Es sei leider nicht möglich, Herrn Inspektor Diels zu sprechen ... Er sei in einer Besprechung ... dürfe nicht gestört werden.

»Dann werden wir warten«, erklärte Dietrich ungerührt.

Sie setzten sich auf eine Bank – gerade der Marmortreppe gegenüber. Eine Frau kam tränenüberströmt die Treppe herunter, gefolgt von einem Beamten. »Was habt ihr denn mit der angestellt?« fragte der Portier neugierig den Mann.

»Verdammtes Aas!« geiferte der Beamte. »Konnte einfach nicht das Maul aufmachen und ›Heil Hitler‹ sagen! Der hab' ich's aber gezeigt! Eher wird die Hölle kalt, als daß die ihren Sohn wieder zu Gesicht bekommt.«

Dietrich sah Jacobi an. Auch sie sagten nicht »Heil Hitler« – hatten auch nicht die Absicht, heute damit anzufangen.

Zwei Stunden später saßen sie in Rudolf Diels' Vorzimmer. Neben dem Schreibtisch der Sekretärin stapelten sich Kartons, und es roch nach frischer Farbe.

Endlich öffnete sich die hohe Tür, und der Sekretär, der sie widerstrebend heraufgebracht hatte, winkte sie herein. Sie betraten einen großen hohen Raum mit dunkler Holztäfelung. Die spärliche Möblierung ließ den riesigen Schreibtisch zwischen den beiden großen Fenstern noch gewaltiger erscheinen. Hinter diesem Monstrum thronte ein gelblich-blasser Beamter mit kurzgeschorenem Haar; Rudolf Diels vermutlich. An der Wand über seinem Kopf hing das unvermeidliche Adolf-Hitler-Porträt. Neben Diels stand auf einem Sockel ein schmiedeeiserner Adler, der ein Hakenkreuz in seinen Krallen hielt. Diels blieb sitzen, sagte kein Wort und ließ sich nicht stören, Papiere auf seinem Schreibtisch zu studieren.

Nach einer Weile bemerkte Dietrich, daß der Mann sie beobachtete, und erwiderte seinen Blick. Es war das erste Mal, daß er von Angesicht zu Angesicht einem hohen Nazi-Beamten gegenüberstand. Der Mann war jünger, als er erwartet hatte, vielleicht Anfang dreißig, und makellos gepflegt.

»Herr Pfarrer Jacobi, Herr Dr. Bonhoeffer«, sagte er mit beiläufigem Nicken in einem kalten, unpersönlichen Tonfall. »Bitte fassen Sie sich kurz! Meine Zeit ist begrenzt.«

Jacobi nahm den Zeitungsausschnitt aus der Tasche und reichte ihn Diels. Er protestierte gegen die Razzia der Gestapo, die eindeutig gegen die Anweisung zur unparteiischen Durchführung der Wahl verstoßen habe.

Diels wischte das Papier mit einer ungeduldigen Handbewegung zur Seite. »Nicht wir! Sie haben gegen diese Anweisung verstoßen!« rief er in schneidendem Ton.

»Wieso denn das? Wir haben doch sicherlich ...«

»Durch den Gebrauch des Titels ›Evangelische Kirche‹! Bilden Sie sich denn wirklich ein, Sie allein repräsentierten die Kirche?«

Der Vorwurf war lächerlich. Dietrich erklärte, daß es die Deutschen Christen waren, die beschlossen hatten, einen anderen Titel zu verwenden. »Das war ihre freie Entscheidung. Jetzt kann doch nicht behauptet werden, daß wir ... daß es unsere Absicht ...«

»Es geht hier nicht um Ihre Absicht«, fiel ihm Diels ins Wort. »Es geht um den Eindruck, der entstanden ist.«

Dietrich holte tief Luft, wählte seine Worte sorgfältig und bedacht. Immerhin ging es ihm ja nicht darum, ein Rededuell mit einem ranghohen Gestapomann zu gewinnen – er wollte das beschlagnahmte Material zurückbekommen! Also sagte er bemüht sachlich: »Zweifellos ist Ihnen bekannt, Herr Inspektor, daß die Wahl äußerst kurzfristig angesetzt wurde.«

»Die Frist ist für Sie nicht kürzer als für Ihre Gegner.«

»Das ist richtig«, sagte Dietrich beherrscht, »aber ihnen stehen erheblich mehr finanzielle Mittel zur Verfügung als uns. Im Interesse der Fairneß – und die Regierung sagt ja, daß sie Fairneß wünscht –, wenn es nur der Titel ›Evangelische Kirche‹ ist, gegen den Sie Einwände erheben, könnten Sie uns dann nicht unsere Materialien zurückgeben, mit der Maßgabe ...«

»Ich fürchte, das ist völlig unmöglich!«

»Auch nicht, wenn wir uns verpflichten, die beanstandeten Wörter zu entfernen?«

»Meine Herren! Wir verschwenden unsere Zeit, die meine und die Ihre.«

»Angenommen, wir verwenden statt ›Evangelische Kirche‹ die Worte ›Evangelium und Kirche‹«, warf Jacobi rasch ein. »Das wäre doch vollkommen unverfänglich!«

Für einen Moment flackerte Unsicherheit in Diels' Augen auf. Dietrich nutzte die Gunst des Augenblicks. »Vielleicht sollten wir in dieser Angelegenheit den Innenminister zu Rate ziehen.«

»Auf gar keinen Fall!« widersprach Diels heftig.

Diels war also eifersüchtig! Dietrich hakte sofort nach.

»Offen gesagt bezweifle ich, daß der Kanzler ein solches Vorgehen gutheißen würde.«

»Führer« zu sagen, brachte er nicht über sich. »Ihm wäre ohne jeden Zweifel sofort klar, daß durch ein solches Verhalten unweigerlich ein ungünstiger Eindruck beim Volk entstehen muß.«

Diels blickte unvermittelt auf, spielte nervös mit seinem Bleistift. Schließlich sagte er: »Also schön! Ich werde Ihnen Ihr Material zurückgeben. Aber Sie beide sind dafür verantwortlich, daß unsere Vereinbarung genauestens eingehalten wird. Ich warne Sie! Jede weitere Propaganda, die eine Beleidigung der Deutschen

Christen darstellt, wird zu Ihrer Verhaftung führen. Das gilt für Sie beide! Wir haben Konzentrationslager für Leute, die sich solcher verräterischen Umtriebe schuldig machen.«

Beim Verlassen des Gebäudes wußten sie, daß sie eine Art Sieg errungen hatten. Und doch verschickten sie noch am selben Nachmittag einen Brief an alle führenden Leute der Opposition, um sicherzustellen, daß alle die Bedingungen der Vereinbarung verstanden, auch wie gefährlich es war, dagegen zu verstoßen.

Am Wahlsonntag ging Dietrich noch vor seiner Predigt zur Wahl, um seine Stimme für »Evangelium und Kirche« abzugeben. Dann hielt er in der Dreieinigkeitskirche seine Predigt über den »Fels, den die Pforten der Hölle nicht überwinden werden«.

Die Wahlergebnisse am nächsten Tag: Die Deutschen Christen hatten mit 75 Prozent aller abgegebenen Stimmen gewonnen.

Nach der Wahl fand die erste Sitzung der Altpreußischen Generalsynode, der größten und einflußreichsten Synode in Deutschland, im Preußischen Herrenhaus statt. Von seinem Platz aus – neben Franz in der fünften Reihe von hinten – beobachtete Dietrich die Verhandlungen mit wachsendem Zorn. Der ehrwürdige alte Saal war für ein derart würdeloses Spektakel zu schade. Der Raum mit der hohen Decke, den polierten Holztäfelungen und den wertvollen Schnitzereien wäre ein guter Rahmen für eine sachliche, konstruktive Debatte der anstehenden Probleme gewesen. Doch jetzt schmückten Hakenkreuze den ganzen Saal, und sie bestimmten auch die Atmosphäre der Gespräche.

Die meisten Delegierten waren in brauner Uniform erschienen; die verschwindend kleine Minderheit der Jungreformatoren in der Tat kaum auszumachen. Von Anfang an war klar, daß die Deutschen Christen das Sagen hatten. In rascher Folge wählten sie drei ihrer Leute zum Präsidenten und zu stellvertretenden Leitern der Synode. Alle drei nahmen sofort ihre Plätze auf dem hohen Podium hinter dem Rednerpult ein. Martin Niemöller wurde das »Amt« des Protokollanten übertragen. Mit sichtbarem Unbehagen ging er nach vorn.

Dietrich hatte an dem Antrag gegen den Gebrauch der Arierklausel in der Kirche mitgearbeitet. Und diesen Antrag wollten die Jungreformatoren so früh wie möglich in der Sitzung einbringen. Also stand Gerhard Jacobi gleich auf, nachdem die organisatorischen Fragen geklärt waren, um den Antrag zu stellen. Doch der Vorsitzende in seiner SA-Uniform verweigerte ihm die Redeerlaubnis. Jacobi sei nicht an der Reihe!

Wütend sprang Dietrich auf, um zu protestieren, doch noch ehe er ein Wort sagen konnte, befahl ihm der Vorsitzende – grob und kurzangebunden – zu schweigen. Statt dessen rief er einen der braun gekleideten Deutschen Christen ans Rednerpult, um eines der neuen Gesetze vorzustellen, das, wie er bedeutungsvoll verlauten ließ, die Kirche »stärken und reinigen« werde.

Dietrich setzte sich langsam. Er zitterte so stark, daß er es nicht einmal wagte, Franz anzusehen. Noch nie zuvor hatte er in einer Kirchensynode ein derart entwürdigendes Verhalten erlebt.

Das Braunhemd verlas den ersten Punkt des neuen Statuts, wonach das Amt des Generalsuperintendenten durch das eines Bischofs ersetzt werde – wovon es insgesamt zehn geben sollte, die wiederum dem Reichsbischof rechenschaftspflichtig sein würden.

An dieser Stelle verlas der Präsident der Synode die Namen der neuen Bischöfe und ließ sie auf das Podium kommen. Alles unter dem jubelnden Applaus der Deutschen Christen. Der letzte Name – Theodor Heckel. Dietrich beobachtete angewidert, wie Heckel seinen Platz bei den anderen auf der Bühne einnahm und sich für den Applaus der Menge bedankte.

Der Verlesung des neuen Statuts folgte die Bekanntgabe eines Erlasses, wonach nur Männer, die den nationalsozialistischen Staat bedingungslos unterstützten und zudem arischer Abstammung waren, als Geistliche in der Deutschen Evangelischen Kirche ordiniert werden konnten.

Jetzt erhob sich Karl Koch, der ehrwürdige Präses der westfälischen Synode, und beantragte, die neuen Gesetze an Ausschüsse zu verweisen.

Aufgebracht schlug der Vorsitzende mit der flachen Hand auf sein Pult und rief: »Wer braucht denn noch Ausschüsse?! Es ist doch ganz offensichtlich, daß die Mehrheit dafür ist! Und das ist jeder patriotische Mann, der auch nur über einen Funken Verstand verfügt!«

Die Männer in Braun applaudierten, trampelten mit den Füßen.

»Laß uns hier verschwinden«, flüsterte Franz.

»Nein«, preßte Dietrich wutentbrannt zwischen den Zähnen hervor. »Wir müssen auf die anderen warten.«

Der Jubel dauerte an. Ein eifriges Braunhemd griff sich eine der Hakenkreuzflaggen und schwenkte sie triumphierend. Als sich Jacobi noch einmal erhob, um die Einwände der Jungreformatoren vorzutragen, wurde er niedergebrüllt.

Demonstrativ erhoben sich Dietrich und Franz mit ihm; ebenso Niemöller an seinem Platz auf dem Podium und Karl Koch mit den anderen Jungreformatoren. Gemeinsam verließen sie den Saal.

Kurz darauf versammelten sie sich in Jacobis Arbeitszimmer. Franz' erste Worte: »Ich weigere mich, auf irgendeiner Kanzel dieser Kirche zu predigen.«

Dietrich spürte – diese Worte waren endgültig. Niemöller, Jacobi und die anderen im Raum schienen ebenso zu empfinden. Niemand sprach ein Wort.

»Was wir jetzt brauchen, sind jede Menge Amtsniederlegungen – überall«, meldete sich Dietrich schließlich zu Wort. »Das ist der einzige Dienst, den die Pastoren der Kirche noch erweisen können.«

»Ja«, nickte Franz. »Die Braunhemden haben die Reichskirche von der Kirche Jesu Christi abgespalten. Uns bleibt nur, das allen zu sagen, ohne jedes Wenn und Aber.«

Doch letztlich schien keiner bereit, diesen Schritt zu wagen. Endlich brach Niemöller das Schweigen. »Wir verstehen Ihre Gefühle, Bruder Hildebrandt! Und wir empfinden ganz genauso, aber wir dürfen nicht überstürzt handeln.«

»Jetzt ist die Zeit zu handeln! Als unmittelbare Antwort auf diese ... diese ... braune Synode. Wenn wir zögern, signalisieren wir damit doch nur unser Einverständnis.«

Karl Koch, hoch geachtet in der ganzen Altpreußischen Union, saß neben Jacobis Schreibtisch. Als sich dieser besonnene Kirchenführer ganz offen auf die Seite der Jungreformatoren geschlagen hatte, war ihre Gruppe enorm aufgewertet worden, waren sie das Etikett »Radikale« losgeworden, das ältere Kirchenmänner ihrer Bewegung angehängt hatten. »Sie reden von einem Schisma, Bruder Hildebrandt«, sagte Koch bedachtsam. »Das aber ist ein zu schwerwiegender Schritt, als daß man ihn allein wegen der Arierklausel tun dürfte. Dafür brauchen wir ein zentraleres Problem.«

»Was, bitte, könnte zentraler sein!« wandte Dietrich voller Erregung ein. »Wäre es nicht ein fatales Privileg, in einer Kirche zu bleiben, in der unseren Brüdern aus rassistischen Gründen das Amt verweigert wird?«

»Aber bedenken Sie doch! Es gibt genau elf nicht-arische Pastoren in ganz Preußen.«

»Und jetzt nur noch zehn«, bemerkte Franz still. »Ich nämlich habe mein Amt niedergelegt.«

»Elf ... oder zehn ...«, ließ sich Dietrich nicht beirren. »Gerade wenn es so wenige sind, müssen wir sie um so mehr unterstützen, sie schützen.«

Doch nichts stimmte die anderen um. Statt dessen schlugen sie vor, die Nationalsynode in Wittenberg abzuwarten. In der Zwischenzeit wollten sie, um eine breitere Unterstützung zu finden, ihren Protest und ihre Solidarität mit den verfolgten Amtsbrüdern öffentlich machen. Dietrich und Niemöller sollten die entsprechende Note verfassen. Ansonsten – man vertagte sich.

Am nächsten Tag war Niemöller uneingeschränkt mit der sehr nachdrücklichen Sprache einverstanden, die Dietrich in der Protestnote gebrauchte.

»Aufrichtiges Gebet ist ein ungemein wirksamer Augenöffner«, sagte Niemöller bedeutungsvoll mit dem inzwischen so vertrauten Anheben seiner Augenbrauen. Ihre Schrift sagte ganz klar, daß die Arierklausel einen Bruch des kirchlichen Glaubensbekenntnisses darstelle. Jeder, der ihr zustimme, schließe sich damit selbst aus der Gemeinschaft der Kirche aus. In einem Zusatz riefen sie die deutschen Pastoren auf, die Arierklausel zurückzuweisen, sich von neuem zur Treue zur Heiligen Schrift und zum Glaubensbekenntnis zu verpflichten und sich jedem Verstoß dagegen zu widersetzen und all denen finanzielle Hilfe zukommen zu lassen, die von dem neuen Gesetz betroffen sein würden. Als Statut eines »Pfarrernotbundes« wurde es ausgeschickt.

7

Einige Tage später reiste Dietrich, der sich unsicher war, welchen Weg er in Zukunft einschlagen sollte, in das Sommerhaus der Familie in Friedrichsbrunn im Harz, wo seine Eltern und seine Großmutter schon seit einem Monat ihren Urlaub verbrachten.

Nachdem er in Thale aus dem Zug gestiegen war, beschloß Dietrich, die fünf Kilometer nach Friedrichsbrunn zu laufen. Er liebte den steilen Waldpfad, der in engen Serpentinen die Schlucht hinaufführte und dabei immer wieder einen schäumenden Bach kreuzte, der sich seinen Weg ins Tal bahnte. Auf der Kuppe des Berges, wo der Hauptweg auf eine weite Ebene hinausführte, war die Luft erfüllt mit dem Duft von Heu und reifen Äpfeln.

An einer Wegbiegung kurz vor den ersten Häusern des Dorfes traf er auf Heinrich Mühlhausen und Jörg, dessen Ältesten, mit ihrer Schafherde. Der Junge war so gewachsen, daß Dietrich ihn kaum wiedererkannte. Er mußte jetzt etwa elf sein. Dietrich beobachtete, wie geschickt der Junge seine Herde auf die andere Straßenseite geleitete. Versuchte eines der Tiere auszuscheren, tippte er es leicht mit seinem Hirtenstab an, der etwa zweimal so lang war wie er selbst.

»Es muß ganz schön schwierig sein, mit diesem Stab zurechtzukommen«, bewunderte ihn Dietrich, als alle Schafe sicher auf der anderen Seite waren.

»Ach, das ist ganz einfach, Herr Doktor.« Der Junge sah seinen Vater an und dann mit einem leichten erwartungsvollen Lächeln wieder auf Dietrich.

»Spielst du immer noch so gerne mit dem Ball?« erkundigte sich Dietrich.

»Ja«, antworte das Kind eifrig. »Meistens gewinne ich sogar!« Er stützte sich auf seinen Stab und sah zu Dietrich auf. »Könnten Sie nicht morgen mit uns spielen?«

»Also Jörg! Du sollst den Herrn Doktor doch nicht belästigen«, ermahnte ihn sein Vater.

»Kein Problem«, beschwichtigte ihn Dietrich. »Ich werde kommen! Wieder auf der unteren Wiese?«

»Ja, so wie immer!«

»Weißt du, als ich so alt war wie du, da haben wir alle davon geträumt, einmal deinen Vater zu schlagen. Ein einziges Mal habe ich es geschafft, wenn ich mich richtig erinnere.«

Heinrich lachte. Er war ein kräftiger Mann; hochgewachsen stand er vor Dietrich in seinen bequemen Kniebundhosen mit den ledernen Hosenträgern. Das blonde Haar fiel in ungebändigten Locken unter dem schmalkrempigen Hut ins Gesicht.

Jörg stieß seinen Vater an und flüsterte aufgeregt: »Sag ihm, wo du morgen hinfährst, Papa.«

»Wollen Sie verreisen?« fragte Dietrich.

»Ja, Herr Doktor, nach Nürnberg«, antwortete Heinrich mit sichtlichem Stolz. »Wissen Sie, ich bin ausgewählt worden, um ... tja, wissen Sie ... ich soll die hiesigen Bauern nächste Woche beim großen Parteitag vertreten.«

»Verstehe«, sagte Dietrich langsam. »Dann sind Sie also Parteimitglied?«

»Nein, o nein! Hier in der Gegend ist nicht viel los mit Partei ... und so ...«

»Vielleicht ist es besser so.«

Heinrich sah ihn etwas verwirrt an. »Es wird eine ganz große Sache – sagen sie. Vielleicht darf ich sogar dem Führer die Hand schütteln, wer weiß?« Er schmunzelte und zog die Schultern fast bis zu den Ohren hoch. Und doch schien er zu spüren, daß Dietrich von dieser Aussicht nicht sonderlich beeindruckt war. Etwas verlegen scharrte er mit dem Fuß im Sand am Wegesrand herum. »Eigentlich hat mein Vetter drüben in Thale die ganze Sache ins Rollen gebracht. Er war es, der die Leute dazu gebracht hat, für mich zu stimmen und so.«

»Dieser Vetter ... ist er in der Partei?«

»Ja, das ist er. Und er steigt rasch auf. Er ist gebildet. Viel mehr als ich. Er sagt, daß es ein Wunder ist, wie überall im Land alles besser wird ... die Leute haben wieder Arbeit ... neue Brücken und Straßen werden gebaut ... und Fabriken. Und überall sind die Leute wieder froh, haben neue Hoffnung. Ein echtes Wunder, sagt er.«

»Und er will, daß Sie auch in die Partei eintreten?«

»Hm, das will er. Er meint, wenn ich zurückkomme ... nun ja ...«

»Ich hoffe, Sie werden sich erst einmal genau erkundigen, Heinrich. Es ist meiner Meinung nach ungeheuer wichtig, daß man genau weiß, was eine Gruppe wirklich vorhat und tut, bevor man sich ihr anschließt.«

»Das ist richtig. Ja, ich weiß, ich weiß.«

»Schließlich wollen wir uns nicht in einen neuen Krieg stürzen.«

»Um Himmels willen, Herr Doktor. Niemand will einen Krieg, das ist doch klar.«

»Das Volk nicht, nein! Aber ich fürchte, die Nazis und ihr Führer denken anders darüber.«

Heinrichs Blick wich zur Seite aus, er hakte seinen Daumen in den Hosenträger.

Dietrich brach das verlegene Schweigen. »Nun, ich muß weiter!«

Beim Weggehen rief ihm der Junge nach: »Vergessen Sie es nicht, Herr Doktor! Das Ballspiel!«

»Ich werde kommen«, antwortete Dietrich und ging langsam weiter.

Mit dem Einbruch der Dämmerung war es plötzlich kühl geworden. Dietrich wanderte durch das Dorf mit seinen zwei Läden, dem Gasthaus, einer steinernen Kirche und den wenigen Bauernhöfen. In der Mitte des Ortes bog er in die vertraute Straße ein, die bald in eine schmale Gasse mündete. Und da stand es dann – das alte Klinkerhaus am Waldrand. In den Fenstern brannten Kerzen. Er wußte, daß er erwartet wurde, und lachte leise auf. Ihm war gerade eingefallen, wie sie als Kinder immer Kerzen in alle Fenster gestellt hatten, um die Eltern willkommen zu heißen, wenn sie am Wochenende von Berlin herkamen. Sein Vater hatte nie etwas davon hören wollen, in dem alten Haus elektrische Leitungen zu verlegen.

Drinnen bei seinen Eltern berichtete Dietrich temperamentvoll von allen Neuigkeiten, während Lotte ihm ein leichtes Abendessen zubereitete. Seine Großmutter hatte sich bereits in ihre Zimmer zurückgezogen. Dietrichs Mutter war wie er empört über die Vorgänge auf der »braunen« Synode. Sie machte ihrem Zorn lauthals Luft. »Es ist einfach entsetzlich!« Sie wandte sich an seinen Vater. »Karl, möchtest du auch etwas von der Schokolade?«

»Nein, danke! Ich bleibe lieber hier am Kamin sitzen, wenn es euch nicht stört.«

Ein erschöpfter Unterton in der Stimme seines Vaters ließ Dietrich aufhorchen. Der Vater sah immer noch sehr gut aus, aber als Dietrich ihn jetzt im Schaukelstuhl betrachtete – das feingeschnittene Gesicht des Vaters, das silberweiße Haar, in dem sich der Schein des Feuers spiegelte –, sah er zum ersten Mal, daß der Vater alterte. Daß er diesen Urlaub nötig gehabt hatte, war sicher. Als Leiter der Fakultät Psychiatrie an der Berliner Universität, Direktor der psychiatrischen Abteilung an der Charité und privat praktizierender Psychiater hatte er eine schwere Arbeitslast zu tragen.

Dietrichs Mutter setzte sich an die andere Seite des Tisches. Ihre lebhaften blauen Augen ruhten auf ihm. Wie immer waren ihre dunkelblonden Haare geflochten und im Nacken zusammengebunden. Sie unterhielten sich über die Familie, und Dietrich fragte nach Sabine und Gert. Es schien ihnen gutzugehen, sagte sie. Gert würde noch immer lehren, trotz aller Belästigungen.

Dietrich setzte seine Tasse ab. Das einzige Geräusch im Zimmer war das rhythmische Ächzen des Schaukelstuhls seines Vaters. »Aber es war eine schreckliche Zeit für sie, nicht wahr? Und ich habe es ihnen nicht gerade leichter gemacht, fürchte ich.« Das

Schaukeln hörte auf, und er bemerkte, daß seine Eltern einen raschen Blick austauschten.

»Ich bin sicher, Sabine hat deine Entscheidung verstanden, Dietrich«, versuchte ihn seine Mutter zu beruhigen. »Du solltest dir deswegen nicht so viele Gedanken machen. Weshalb besuchst du sie nicht, wenn du schon mal hier bist?«

»Ich kann nicht, Mama. Ich muß übermorgen wieder in Berlin sein.«

Dietrich selbst brachte die Frage der Londoner Pfarrstelle zur Sprache.

»Ich weiß wirklich nicht, was ich tun soll. Ich brauche eure Hilfe.« Beide, Vater und Mutter, schenkten ihm jetzt ihre volle Aufmerksamkeit. »Zum Teil hängt das Problem mit meinen Freunden bei den Jungreformatoren zusammen. Sie sind fast alle älter als ich. Männer, zu denen ich lange Zeit aufgeblickt habe! Aber sie sind noch nicht dazu bereit, um Jesu Christi willen mit dieser neuen Reichskirche und ihren Sturmtrupplern zu brechen. Manchmal habe ich Angst, ich gerate aus der Spur.« Eindringlich sah er seinen Vater an. »Und genau das wäre mir zuwider, weißt du.«

Sein Vater erwiderte seinen Blick – unter der hochgeschobenen Brille. »Sicher wäre es das!«

Diese Worte beruhigten Dietrich. Als Kind hatte er manchmal unter diesem durchdringenden Blick gelitten, der alle Prahlerei oder Eitelkeit zum Schmelzen brachte. Winzig klein war er sich dann vorgekommen. So hatte er es empfunden, als er mit fünfzehn Jahren zum ersten Mal seine Absicht geäußert hatte, Theologie zu studieren. Er hatte die Enttäuschung des Vaters gespürt. Und dann hatte es der Vater gesagt, daß Dietrich seine Begabung vergeude.

»Aber das ist noch nicht alles!« Dietrich mußte sich jetzt einfach alle Not von der Seele reden. »Ich weiß nicht . . . ich möchte mich nicht schuldig machen, indem ich davonlaufe, während ich hier gebraucht werde. Aber kann ich denn hier überhaupt etwas bewirken? Alles ist so unklar, die Situation widerwärtig. Ich möchte aus allem raus.« Was er nicht sagte, daß er drauf und dran war, diese Kirche zu verlassen.

»Die London-Sache wäre vielleicht gar nicht schlecht«, bemerkte jetzt sein Vater. »Dabei brauchst du dich meiner Meinung nach nicht mit der Frage nach den Motiven zu quälen. Vielleicht solltest du alles für eine Weile mal von außen betrachten. Ich glaube nicht, daß dein Einfluß hier in Deutschland dadurch verlorenginge; er käme nur auf andere Weise zum Tragen. Wer hat denn sonst noch so wie du diese ökumenischen Kontakte!? Ist es nicht so?« Seine sonst so skeptisch blickenden braunen Augen sahen warmherzig und voll echter Teilnahme auf den Sohn.

Dietrich schwieg – überrascht und tief bewegt von der so offenkundigen Zuneigung und Liebe.

»Wer könnte besser als du die Leute von der Ökumene über die wirkliche Situation in Deutschland unterrichten? Zweifellos haben sie ein verzerrtes Bild. Außerdem glaube ich, daß es klug ist, sich für den richtigen Moment zu bewahren.«

Dietrich blickte rasch auf. »Ja, daran habe ich auch schon gedacht. Was wir jetzt erleben, ist nichts als ein Vorgeplänkel. Der wirkliche Kampf liegt noch vor uns. Natürlich wird die Nationalsynode in Wittenberg nächste Woche alles ratifizieren, was die braune Synode beschlossen hat.«

»Aber kann man denn gar nichts dagegen tun?« empörte sich seine Mutter. Sie konnte sich einfach nicht vorstellen, daß es so etwas wie ein unlösbares Problem geben könnte.

»Wir haben ein Flugblatt verfaßt, in dem wir gegen die ganze Sache protestieren. Aber ich bezweifle, daß es viel nützen wird.« Er griff in seine Tasche, zog ein Exemplar der Verpflichtung hervor, die er und Niemöller verfaßt hatten, und reichte es ihr über den Tisch.

Sie las es und gab es an seinen Vater weiter. »Gut, sehr gut! Werdet ihr dort sein, du und Franz?«

»In Wittenberg? Vermutlich nicht. Wir sind keine Delegierten. Keiner der Jungreformatoren wurde zum Delegierten gewählt.«

»Warum sollte euch das abhalten? Warum fahrt ihr nicht hin und nehmt eure Flugblätter mit?«

»Wir wären dort Eindringlinge, weißt du.«

»Na, und? Dann seid eben Eindringlinge! Du könntest ein

Exemplar an die Kirchentür nageln wie Luther, an die Bäume und wo sich nur eine freie Fläche bietet. Hast du daran gedacht?«

»Ich denke jetzt daran«, sagte er lächelnd.

»Willst du den Wagen nehmen?« bot sein Vater an. »Ich könnte dir Fritz als Fahrer mitgeben, wenn du willst.«

»Das wäre großartig!« Ganz fest nahm es sich Dietrich vor, diesen Augenblick fest und untilgbar in seinem Herzen zu bewahren, damit er sich in einer Stunde der Mutlosigkeit daran erinnern konnte. »Danke, Papa! Franz wird mich mit Sicherheit nicht im Stich lassen.«

»Wie ist es mit Elenore?« fragte seine Mutter. »Steckt sie nicht auch in alledem drin? Sie würde vielleicht auch gerne mitkommen.«

»Daran hatte ich noch gar nicht gedacht ... Aber vielleicht hast du recht.«

Dietrich hob vorsichtig den niedrigen Tannenzweig hoch und schob sich darunter an dem Baum vorbei. Oben auf der Ruine, ein paar Meter vor ihm, gingen zwei Jungen auf und ab, die für die Mannschaft der Verteidiger Wache standen. Zwischen ihnen ruhte die Beute – Dietrichs Brieftasche – auf einem abgestorbenen Baumstumpf. Er mußte nur noch warten, bis sie ihm den Rücken zukehrten, mußte dann über den moosbedeckten Waldboden zur Mauer der Ruine laufen und sich die Beute holen.

Durch die dicken Äste hindurch spähte er auf den Hang. Zwei von seiner Mannschaft waren hinter Baumstämmen verborgen. Von Jörg Mühlhausen und den anderen Verteidigern war nichts zu sehen. Offenbar hatte es Dietrich geschafft, unbemerkt durch ihre Reihen zu schlüpfen.

Wie Jörg gesagt hatte, schloß sich dem Ballspiel meist ein Geländespiel mit Angreifern und Verteidigern an. Und diesmal, wo der »unschlagbare Herr Doktor« da war, konnte auf keinen Fall darauf verzichtet werden. Sie hatten sich die alte Ruine tief im Wald als »Schloß« ausgesucht, und auf das Drängen aller Kinder hatten Dietrich und Jörg die Mannschaften gewählt. Das war vor einer halben Stunde gewesen. Jetzt war Dietrich soweit, Schluß zu machen und nach Hause zu gehen.

Als er sich vorsichtig in Bewegung setzte, hörte er über sich einen Zweig brechen. Plötzlich fiel etwas Schweres auf ihn und warf ihn zu Boden.

»Ich habe Sie! Ich habe Sie!« jubelte Jörg triumphierend.

Fest aneinandergeklammert kullerten sie über das Moos, setzten sich dann auf und sahen sich an. »So, du hast also auf mich gewartet! Woher wußtest du, daß ich mich gerade dort verstecken würde?«

»Ganz einfach. Es war die beste Taktik.«

»Du bist ganz schön schlau!«

Dietrich hob seine Brille auf, die zu Boden gefallen war. Der Junge hatte Köpfchen. Welche Schule mochte er besuchen? Wahrscheinlich würde auch für ihn – wie für die meisten seiner Schicht – nach der sechsten Klasse Schluß sein. Etwas, das Dietrich immer aufregte, daß Kinder wie Jörg keine Möglichkeit hatten, zur höheren Schule oder auf die Universität zu gehen.

Am Abend, als Dietrich sein Zimmer betrat, hatte Lotte bereits die Lampe angezündet. Eine kühle Brise wehte durch die niedrigen Bogenfenster. In der Nähe hörte er den klagenden Ruf einer Eule. Dann war alles still.

Er dachte an Sabine und Gert in Göttingen. Das waren nur achtzig Kilometer – auf der anderen Seite der Berge. Und da war es wieder – Gerts Gesicht, als er ihm gesagt hatte, daß er bei der Beerdigung nicht predigen könne. Unwillkürlich rieb sich Dietrich die Augen, so als wolle er die bedrückende Vision wegwischen.

Schließlich trug er die Lampe zu dem Schreibtisch in der Ecke, suchte nach einem Blatt Papier und begann, einen Brief an die beiden zu schreiben. Rasch schrieb er, ohne lange nachzudenken und ohne Pause.

Ich muß es Euch einfach mal sagen, daß mich seit langem der Gedanke quält, im vergangenen April das nicht getan zu haben, worum Ihr mich gebeten hattet. Ich weiß es selbst nicht, was mich dazu getrieben hat, mich so zu verhalten, wie ich es getan habe. Wie konnte ich mir nur damals so viele und vor allem diese Gedanken machen? Euch muß das alles ebenso unverständlich gewesen sein, und doch habt Ihr nichts gesagt. Aber jetzt liegt es mir schwer auf der Seele, weil ich es nicht wiedergutmachen kann. Darum bleibt mir heute abend nur, Euch inständigst darum zu bitten, mir meine Schwäche zu vergeben. Heute weiß ich es genau, bin ich mir ganz sicher, daß ich mich anders hätte verhalten sollen.

Der Brief war geschrieben, der Umschlag versiegelt, und Dietrich blies die Lampe aus. Ein einsamer Stern warf unangefochten sein spärliches Licht auf die dunkle Landschaft. Er beobachtete ihn von seinem Bett aus, bis er in einen festen, tiefen Schlaf fiel.

Die Schloßkirche in Wittenberg war voll besetzt. Dietrich, Elenore und Franz fanden Sitzplätze auf der Empore, die den Chorraum auf drei Seiten umschloß. Die durch die Kirchenfenster dringende Nachmittagssonne tauchte das Kircheninnere in ein sanftes Licht. Unten, an Martin Luthers Grab aus rosa Marmor, lehnte ein grüner Kranz. Gleich daneben schwangen sich die Kanzelstufen um eine mächtige Säule empor. Auf der Kanzel hockte jetzt ein Zeitungsfotograf und richtete seine monströse Kamera in den Chorraum. Hakenkreuzflaggen flankierten den Altar, und über dem Triptychon hing das neue violett-weiße Banner der deutschen Evangelischen Kirche. Darauf prangte das Kreuz Christi und das Hakenkreuz der Nazis.

Erwartungsvolle Stille machte sich breit. Alles wartete auf den neuen Reichsbischof. Pünktlich mit dem vollen Stundenschlag ertönten die Fanfaren, ließ die Orgel ihre Jubeltöne zur Kuppeldecke erschallen. Die Versammlung erhob sich, als Ludwig Müller das Gotteshaus betrat und durch den Mittelgang zum Altar ging. Alle zehn Bischöfe folgten ihm, Theodor Heckel als dritter in der Reihe. Kameras klickten. Hossenfelder, der Führer der Deutschen Christen, ging Müller entgegen, verbeugte sich vor ihm und rief mit lauter triumphierender Stimme: »Ich grüße Sie, mein Reichsbischof!« Dann geleitete er Müller die Stufen zum Altar empor, wo er ihm das neue Amtssiegel umhängte und den Bischofsstab überreichte.

Während der Mittagspause hatten Dietrich, Franz und Elenore etwa die Hälfte ihrer Flugblätter angenagelt; das erste an der Tür der Schloßkirche. In der Pause, die der Einführungszeremonie folgte, waren sie wieder draußen. Es war ein frischer Septembertag. Rote und gelbe Blätter wurden von einem kräftigen Wind über den Boden gefegt. Dietrich und Elenore überquerten den Platz – die Arme voller Flugblätter – und blieben an den Stufen zum Luther-Standbild stehen. Der große Mann stand gelassen unter seiner eleganten, luftigen Kuppel, die aufgeschlagene Bibel in der Hand. Wenige Meter davon entfernt die Statue Melanchthons.

»Ich frage mich, wie Luthers Rat heute lauten würde«, überlegte Dietrich.

»Zu welcher Frage?« meinte Elenore neugierig.

»Ob ich bleiben und zusehen soll, wie dieses steuerlose Schiff an den Felsen zerschellt.«

»Das heißt also, du hast beschlossen, nach London zu gehen«, sagte sie gleichmütig, als spräche sie von einer altbekannten Tatsache.

»Ich glaube, ja.«

Falls sie darüber erschrak, ließ ihr Gesicht zumindest nichts davon erkennen. »Ich habe lange darüber nachgedacht«, meinte nun Dietrich, »und ich bin zu dem Schluß gekommen, daß es das Beste ist. Für den Augenblick jedenfalls.«

»Wie lange wirst du bleiben?«

»Ich müßte wohl mindestens ein Jahr bleiben.«

»Das ist eine lange Zeit!« Aufseufzend wandte sie ihr Gesicht ab.

Ziemlich eilig sagte Dietrich: »Ich werde schon häufiger herkommen, schätze ich. Du weißt doch, ich kann es nicht lassen, meine Nase in alles hineinzustecken.«

Sie sah ihn an, sagte aber nichts. Dann richtete sie ihren Blick auf eine näherkommende Gestalt, und er hörte eine Stimme an seiner Seite.

»Ich habe von diesen Flugblättern gehört, aber ich wußte nicht, daß Sie dahinterstecken.« Es war Theodor Heckel. Er verbeugte sich vor Elenore und murmelte einen Gruß.

»Sind Sie überrascht?« fragte Dietrich, der gerade in diesem Augenblick nicht auf Heckels Anwesenheit erpicht war. »Vielleicht möchten Sie es lesen!« Er hielt Heckel eines der Blätter hin.

Widerstrebend nahm Heckel das Blatt und überflog es. »Ich bin in der Tat überrascht, daß Sie Ihren Namen unter so etwas setzen«, erklärte er. »Andererseits – Sie neigten ja schon immer zu Übertreibungen.«

Dietrich sah sich nach Elenore um, aber sie war die paar Schritte zum Denkmal gegangen. »Ja«, griff Dietrich Heckels Bemerkung auf, »und zweitausend andere haben sich dieser Übertreibung angeschlossen. Wir haben einen Pfarrernotbund gegründet. Dies hier ist unser Statut.«

»Pfarrernot ..., das klingt schrecklich dramatisch und ist natürlich lächerlich.« Heckel gab das Flugblatt zurück.

»Wohl kaum, wenn man an die Konsequenzen der ›braunen‹ Synode denkt.«

»Diesen Ausdruck sollten Sie nicht gebrauchen.«

»Aber genau das ist sie gewesen. Und jetzt haben wir eine ›braune‹ Kirche.«

Heckel machte ein verächtliche Handbewegung. »Wissen Sie, Bonhoeffer, Sie haben mich enttäuscht! Ich hatte gehofft, in Ihnen einen guten Repräsentanten für uns in London zu haben.«

»Ich hatte zu keinem Zeitpunkt auch nur die geringste Neigung, dort die Sache der Deutschen Christen zu vertreten. Das müßten Sie eigentlich wissen! Ich werde es auch nicht aufgeben, für die ökumenische Bewegung einzutreten. Wenn Sie andere Absichten haben, dann sollten Sie meine Abreise verhindern.«

»Davon habe ich nichts gesagt«, protestierte Heckel mit erschrockenem Unterton.

Dietrich war klar, daß Heckel die Sache nicht an die große Glocke hängen wollte. Vielleicht fürchtete er, daß sich die Gemeinden in London von der Mutterkirche lossagen würden, wenn ihr neuer junger Pfarrer daran gehindert würde, zu ihnen zu kommen. Als Dietrich vor ein paar Wochen dort gewesen war, hatte er den Eindruck gewonnen, daß diese unabhängig genug waren, genau das zu tun.

»Sollte ich tatsächlich nach London gehen, dann möchte ich, daß dieses Einvernehmen zu Protokoll genommen wird. Ich würde lieber auf diesen Posten verzichten, als Anlaß zu irgendwelchen Unklarheiten über meinen Standpunkt zu geben – oder über meine Absichten.«

»Also schön, also schön! Aber was dieses Manifest anbelangt, könnten Sie nicht einfach zum Ausdruck bringen, daß Sie wegen innerkirchlicher Verpflichtungen Ihre Meinung geändert haben?«

»Sie wissen genau, daß ich das nicht tun werde.«

Heckel starrte ihn ungläubig an. So viel Torheit überstieg sein Fassungsvermögen. »Na schön, solange es zu keiner Kollaboration mit ausländischer Propaganda kommt ... Sie wissen ja, wie diese britischen Journalisten immer alles in den schwärzesten Farben malen.«

Dietrich ließ auch jetzt jedes zustimmende Zeichen vermissen.

Nachdem Heckel gegangen war, wandte sich Dietrich an Elenore. »Ich begreife solche Leute nicht. Für wen hält der mich überhaupt?«

»Er kennt dich einfach nicht«, sagte sie schlicht. »Aber jetzt sollten wir uns lieber beeilen, wenn wir diese Flugblätter noch aufhängen wollen.«

Dietrich folgte Elenore über den Platz, aber zwischen ihnen blieb es still. Die London-Sache ging ihr ganz offensichtlich im Kopf herum, und er fühlte sich fast verpflichtet, noch einmal davon anzufangen. Er war ehrlich genug, sich einzugestehen, daß er der wichtigsten Frage in diesem Zusammenhang auszuweichen versuchte. Kein Wort über eine Heirat war seit seiner Rückkehr aus Amerika vor zwei Jahren gefallen. Dabei hatte er überhaupt nichts gegen Heirat und Ehe – nur jetzt noch nicht. »Du verstehst doch, weshalb ich gehen muß?«

Sie antwortete nicht.

Er versuchte, betont sachlich zu sprechen. »Siehst du, im Augenblick gibt es so viele Ungewißheiten, und nichts ist momentan sicher. Man muß sich – so denke ich jedenfalls – in einer solchen Zeit die Freiheit bewahren, sich nach den jeweiligen Erfordernissen des Augenblicks frei bewegen zu können. Bist du da nicht meiner Meinung?«

»Vielleicht bin ich das! Ich bin mir da nicht so sicher.« Elenores Blick wirkte nervös, leicht herausfordernd. »Ich dachte ... Bisher wolltest du immer dort sein, wo das Kampfgetümmel am dichtesten ist.«

»Der Kampf ist vorüber! Zumindest fürs erste.«

»Trotzdem kann ich mir nicht vorstellen, daß du fortgehst und dich in die Sonne legst.«

»Ich habe nicht die Absicht, mich in die Sonne zu legen.«

Elenores Augen blickten Dietrich prüfend an. »Das vielleicht nicht, aber ...« Sie schien noch etwas sagen zu wollen, überlegte es sich aber dann anders.

Dietrich wartete auf dieses Wort, das Wort, das seine wachsende Unzufriedenheit mit sich selbst beschwichtigen würde.

Statt dessen hielt sie eines der Flugblätter hoch und sagte leichthin: »Wir haben zu arbeiten! Hast du das vergessen? Laß uns weitermachen. Die Zeit wird knapp.«

Nachdem alle Vorbereitungen für Dietrichs Abreise getroffen waren, wurde der Musikabend zu einer Art Abschiedsgesellschaft mit Trinksprüchen und Abschiedsgeschenken. Die ernsthafteren Gespräche drehten sich um Hitlers Entscheidung, Deutschland aus der Liga der Nationen herauszulösen; ein Schritt, den die Bonhoeffers und viele ihrer Gäste beunruhigend fanden. Dietrich registrierte die gedämpfte Stimmung seiner Mutter und wußte, was sie dachte. Dieser Schritt Hitlers – zusammen mit seinen Auslassungen über die Revision der Grenzen von 1919 und seinem Ruf nach Lebensraum für das deutsche Volk – schien die Gefahr eines Krieges in allernächste Nähe zu rücken.

Als sich die Gäste zum Aufbruch anschickten, kam Elenore in der Diele auf Dietrich zu und überreichte ihm ein Geschenk, einen kleinen ledernen Terminkalender, auf dessen Umschlag der Kopf Luthers eingeprägt war. »Ich hoffe, er wird dir guten Rat geben«, sagte sie mit rätselhaftem Lächeln.

Für Elenore hatte Dietrich aus New York Noten für Negro-Spirituals bestellt. Sie schien sich aufrichtig darüber zu freuen und fragte, während sie darin blätterte: »Welches sind deine Lieblingslieder?«

»Ich weiß nicht! Eigentlich mag ich sie alle. Such dir einfach die aus, die dir gefallen, und wenn ich dann mal wieder in Berlin bin, kannst du sie mir vorsingen.«

Sie lächelte. Und als sie ihm zum Abschied die Hand reichte, war nichts mehr von der trennenden Wand zwischen ihnen zu spüren. »Ich hoffe, es wird eine gute Zeit für dich sein, Dietrich.«

Sie standen etwas abseits, neben der Treppe. Es schien noch etwas zu fehlen, irgendein Wort oder Versprechen ... Aber Dietrich spürte, daß dieser Abschied nicht der richtige Zeitpunkt für Versprechungen war. Sie wandte sich zur Tür, und er sah, daß ihre Eltern warteten.

»Ich komme«, rief sie ihnen zu. Mit einem strahlenden Lächeln und einem frischen »Auf Wiedersehen« lief sie hinaus.

8

Während seiner Zeit in London fühlte sich Dietrich oft hin- und hergerissen zwischen seinen Pflichten als Pastor und seiner tiefen Sorge um die Kirche in Deutschland. Er war dankbar für seine beiden kleinen Gemeinden, besonders für die Gelegenheit zum Predigen – nichts in der Tätigkeit eines Geistlichen schien ihm wichtiger. Gewissenhaft widmete er sich seinen Konfirmanden, der Seelsorge, den Krankenbesuchen, und selbst die Verwaltungsaufgaben erledigte er gewissenhaft. Als Wohnräume hatte man ihm zweieinhalb Zimmer im Obergeschoß eines gewaltigen viktorianischen Hauses zur Verfügung gestellt.

Dietrichs Mutter hielt die Verbindung zwischen ihm und seinen Berliner Freunden aufrecht. In ausführlichen Briefen und Anrufen berichtete sie ihm von den Knebelmaßnahmen des neuen Reichsbischofs: den Entlassungen und Verhaftungen nicht genehmer Pastoren, der erzwungenen Eingliederung der evangelischen Jugendbünde in die Hitlerjugend, den wiederholten Versuchen, die Arierklausel in der Kirche durchzusetzen, und dem »Maulkorberlaß«, der die Diskussion all dieser Probleme auf kircheneigenem Gelände verbot.

Dietrich rief daraufhin die acht anderen deutschen Pfarrer in England zusammen, und gemeinsam protestierten sie dann jeweils telegrafisch oder brieflich gegen jede dieser Maßnahmen. Zwei- oder dreimal im Monat überquerte er den Kanal oder flog zu dem einen oder anderen Treffen. Und mitunter fragte er sich ratlos, wieso er je hatte annehmen können, der Aufenthalt in England würde eine Zeit der Zurückgezogenheit sein. Statt dessen kam er sich vor, als würde er – gleichsam im Spagat – die Entfernung zwischen London und Berlin überbrücken. Unübersehbar war freilich, daß es Dietrich in London und dem Pfarrernotbund in Berlin gelungen war, einige der schlimmsten Maßnahmen des Reichsbischofs zu bremsen.

Wie Dietrichs Vater vermutet hatte, erwiesen sich Dietrichs ökumenische Verbindungen in England als ungemein hilfreich. In seiner Eigenschaft als Jugendsekretär hatte Dietrich den Präsidenten des Ökumenischen Konzils kennengelernt, George Bell, den Bischof von Chichester. Jetzt hieß ihn Bell in London willkommen und zeigte großes Interesse an den Vorgängen innerhalb der evangelischen Kirche in Deutschland.

Ende November lud Bell Dietrich in den Bischofssitz von Chichester ein. An dem betreffenden Tag kam Dietrich nach einer einstündigen Zugfahrt durch die Hügellandschaft von Sussex in Chichester an. Der Bischof selbst holte ihn am Bahnhof ab und zeigte ihm voller Stolz die Kathedrale. So ging es in ihrem Gespräch einmal um die Schönheiten dieser Kirche und dann wieder um die jüngsten Ereignisse in Deutschland, wo es erneut zu Verhaftungen von Pfarrern gekommen war. Sie verließen schließlich das gewölbte Mittelschiff und blieben draußen stehen, um den graziösen Turm der Kathedrale zu betrachten.

»Eine wunderschöne Kirche«, begeisterte sich Dietrich.

»In der Tat! Sie ist mir regelrecht ans Herz gewachsen«, bekannte der Bischof. »Ich glaube, es würde mir sehr schwerfallen, sie zu verlassen.«

Inzwischen hatten sie entdeckt, daß sie beide am selben Tag, dem 4. Februar, Geburtstag hatten. Allerdings war Bell dreiundzwanzig Jahre älter als Dietrich. Die Vorstellung, fünfzig Jahre alt zu sein, hatte Dietrich immer in Schrecken versetzt, doch Bell wirkte alles andere als alt – wie er da in der warmen Sonne vor ihm stand. Wenn auch nicht sehr hochgewachsen, so wirkte er von Kopf bis Fuß durchtrainiert, drahtig. Sein Gesicht hatte noch immer ein jungenhaftes Aussehen, und Dietrich gefiel es auch jetzt wieder – das ungewöhnlich helle Blau seiner Augen und der klare offene Blick. Bell vermittelte den Eindruck von Stärke wie Sanftheit, von einer sicheren, durch keinerlei Arroganz getrübten Noblesse und Kultiviertheit.

Vor der Einfahrt zum Bischofssitz blieb Bell stehen. Ein Junge von etwa neun oder zehn Jahren lehnte mit gesenktem Kopf, die Büchertasche an seinen Händen baumelnd, an der hohen Klinkermauer.

»Was ist los, Robbie?« fragte Bell, als er zu dem Jungen hinüberging. »Ist etwas passiert? Wieso bist du noch nicht in der Schule? Es ist schon sehr spät, weißt du?«

»Ja, Sir, ich weiß«, antwortete der Junge leise. Er hob seine verweinten Augen zu dem Bischof auf. »Ich will nicht hingehen.«

»Aber warum denn nicht?« Bell beugte sich vor und flüsterte dem Kind etwas ins Ohr.

Nach einer Weile hellte sich das Gesicht des Jungen auf.

»Meinst du, daß du jetzt in die Schule laufen kannst?« fragte Bell.

»Ja, Sir, ich glaube schon.«

Mit sorgenvollem Blick sah Bell dem Jungen hinterher. »Armer Junge!« murmelte er. »Grauenhafte Familienverhältnisse ... der Vater trinkt ... Sehr trauriger Fall! Das Kind war wieder einmal zu spät dran für die Schule und hatte Angst. Der Lehrer ist ziemlich uneinsichtig. Ich werde mal mit ihm reden müssen.«

»Haben Sie Kinder?« fragte Dietrich, während sie weitergingen.

»Nein! Damit wurden wir leider nicht gesegnet.« Ein bedauerndes Lächeln. Dietrich spürte hier die Tragödie dieses Lebens. »Diese Schuljungen sind meine Kinder«, meinte der Bischof lächelnd.

Das Gespräch kam auf das Thema Indien. Seit Jahren hatte Dietrich davon geträumt, bei Mahatma Gandhi in Indien zu studieren. Vor zwei Jahre hatte Gandhi Bischof Bell in Chichester besucht, und Dietrich versuchte sich vorzustellen, wie der magere kleine Mann hier zwischen diesen Bäumen umhergegangen war. Er erzählte dem Bischof von diesem seinem Traum. Bell meinte, daß sich zumindest ein Treffen arrangieren ließe, und erbot sich, an Gandhi zu schreiben und sich nach Möglichkeiten zu erkundigen. Diese Aussicht war so aufregend, daß Dietrich nur seinen Dank murmeln konnte.

Beim Abendgebet in der schmalen, mit Fresken geschmückten Kapelle des Bischofssitzes erbat Bell Gottes Segen für Dietrichs Familie in Deutschland und für die Kirche dort. Wärme und Trost erfüllten Dietrich, als er dort auf den Knien lag. Wie oft hatte er sich nach einem »geistlichen Vater« gesehnt. In Chichester schien sich ihm eine Möglichkeit zu eröffnen.

Die folgenden Monate stärkten die Bindung zwischen Dietrich und dem Bischof. Bell erklärte sich dazu bereit, im Namen der Kirchen der Welt gegen die Unterdrückung in der deutschen Kirche das Wort zu ergreifen. Er richtete Protestschreiben an Reichsbischof Müller und an Präsident von Hindenburg, die auch in der Londoner *Times* veröffentlicht wurden.

Anfang März erhielt Dietrich einen Anruf Heckels, in dem er ihn aufforderte, sofort nach Berlin zurückzukehren. »Ich fürchte, es ist dringend!« betonte er. »Bitte kommen Sie mit dem Flugzeug!«

Schon am Nachmittag dieses Tages landete Dietrich in Tempelhof und fuhr mit der U-Bahn zum Bahnhof Zoo. Von dort war es nur noch ein kurzer Weg bis zum Büro des Kirchenbundes. In Heckels Büro roch es wie immer süßlich nach Pfeifentabak. Eine antike Bronzelampe warf ihr Licht auf den penibel aufgeräumten Schreibtisch. Dietrich mußte unwillkürlich an die hohen Papierstapel, an all die aufgeschlagenen Bücher auf seinem eigenen Schreibtisch denken und fragte sich, wie Heckel denn überhaupt arbeitete.

Nach einem flüchtigen Händedruck blieb Dietrich vor dem Schreibtisch seines Vorgesetzten stehen. Der räusperte sich verlegen und deutete schließlich auf einen Ledersessel. »Bitte setzen Sie sich!« Die Ellenbogen auf das polierte Holz gestützt, musterte er Dietrich eindringlich. »Ich nehme an, Sie haben erraten, daß ich Sie nicht wegen einer Routineangelegenheit herbeordert habe«, begann er dann.

»Das habe ich nicht angenommen!«

Heckel hielt inne und räusperte sich erneut. »Zuerst lassen Sie mich sagen, daß Ihre Aktivitäten in London nicht unbemerkt geblieben sind.«

Dietrich erwiderte seinen Blick, sagte aber nichts.

»Wie es scheint, sind Sie unter verhängnisvollen ausländischen Einfluß geraten, vielleicht ohne daß Sie es wollten.« Er machte eine Pause, als hoffe er, Dietrich werde das abstreiten. »Nun, leider hat der Reichsbischof den Eindruck gewonnen, daß Sie Ihre ökumenischen Kontakte nutzen, um dem Ruf der deutschen Evangelischen Kirche zu schaden.«

»Mir war nicht bewußt, daß sie dazu meine Hilfe brauchte.«

»Warum mußten Sie das jetzt sagen?«

Dietrich lächelte.

»Ich nehme an, Ihre Kontakte mit dem Bischof von Chichester waren rein dienstlicher Natur.«

»Ich habe einige Male mit Bischof Bell gesprochen. Ja, über Angelegenheiten der ökumenischen Bewegung ...«

»Und über die Auseinandersetzungen in der deutschen Kirche?«

»Meinen Sie nicht, daß es sehr unrealistisch wäre, wenn wir nie vom Kirchenkampf gesprochen hätten?«

»Und Bells Briefe an Bischof Müller und den Präsidenten von Hindenburg? Leugnen Sie, daß Sie dabei mitgewirkt haben?«

»Ich habe sie gesehen, ja! Sie vergessen, daß diese Briefe geschrieben wurden, um berechtigte Anliegen der ökumenischen Bewegung zum Ausdruck zu bringen.«

»Nicht aus der Sicht meines Amtes, wie Sie inzwischen wissen sollten. Bitte machen Sie sich klar, daß Sie uns nicht nur in Ihrer Eigenschaft als Pastor verantwortlich sind, sondern auch in Ihrer ökumenischen Tätigkeit.«

»Ich bin vom Ökumenischen Rat zum Jugendsekretär gewählt worden, nicht von der deutschen Kirche.«

»Sicher! Aber Sie wurden gewählt, um diese Kirche zu repräsentieren. Und angesichts Ihrer ununterbrochenen Opposition, angesichts der vorliegenden Hinweise, daß Sie Reportern der *Times* falsche Informationen zugespielt haben ...«

»Ich weiß nicht, wovon Sie reden!« Dietrich bemühte sich, seine Stimme unter Kontrolle zu halten. »Die Reporter der *Times* haben ihre eigenen Quellen in Berlin. Es sind übrigens, wie ich festgestellt habe, vorzügliche Reporter, deren Informationen korrekt zu sein scheinen. Leider hatte ich bisher nicht das Vergnügen, einen von ihnen kennenzulernen.«

Heckel verzog schmerzlich das Gesicht. »Ich weiß nicht, weshalb Sie es mir so schwer machen. Ich spreche in Ihrem eigenen Interesse, merken Sie das denn nicht? Ich möchte nicht, daß Ihnen etwas geschieht.«

»Was glauben Sie denn, könnte mir geschehen?«

»Wenn Sie nicht aufhören, Ihre Freiheit in dieser Weise zu mißbrauchen, wird man zu dem Schluß kommen, daß Sie gegen unseren Staat arbeiten. Das wäre höchst bedauerlich für jemanden von Ihrer Jugend und Ihren Talenten.«

»Warum sagen Sie es nicht geradeheraus? Sie werfen mir Verrat vor.«

»Ich werfe Ihnen gar nichts vor! Aber der Reichsbischof und andere hohe Beamte werden es so sehen, falls Sie Ihr Verhalten nicht zufriedenstellend erklären können. Die ausländische Presse vertritt die Auffassung, die Kontroverse innerhalb der Kirche sei ein Kampf gegen den Staat. Ich kann nicht zulassen, daß jemand, der meinem Amt untersteht, eine solche Propaganda betreibt.«

Dietrich sagte nichts.

Heckel sank zurück auf seinen Stuhl. »Es war von Anfang an ein Fehler, Sie nach London zu schicken.«

»Mein Standpunkt war Ihnen schon vor meiner Abreise bekannt. Ich habe ihn sogar schriftlich festgehalten und ...«

»Schon gut! Ich weiß, was Sie geschrieben haben.«

»Wenn Sie mich also aus dieser Gemeinde heraushaben wollen, dann werden Sie nach London kommen müssen und mich mit Ihren Händen von dort wegzerren.«

Das Entsetzen in Heckels Gesicht wirkte fast lächerlich.

Dietrich lehnte sich in seinen Sessel zurück. »Sie haben nicht den geringsten Beweis für irgendeinen dieser Vorwürfe.«

»Wir brauchen keine Beweise«, bemerkte Heckel wütend. »Die Ergebnisse sind Beweis genug.« Unschlüssig sah er Dietrich an. »Darf ich Sie daran erinnern, daß wir Ihnen Ihren Paß entziehen können?« meinte er schließlich. Dietrichs Gesicht mußte seine Bestürzung verraten haben, denn Heckel fügte hastig hinzu: »Ich sage nicht, daß wir das tun werden. Wir möchten nur, daß Sie endlich begreifen, daß es der Kirche dient, wenn Sie ein guter Soldat auf dem Felde sind.«

Dietrich saß reglos da, ließ stumm alles Reden über sich ergehen.

»Noch ein Wort zu der ökumenischen Konferenz im August in Fanö«, ließ sich jetzt Heckel hören. »Wie ich sehe, sind Sie gebeten worden, dort zu sprechen.«

»Ja, zweimal. Ein Vortrag und eine Predigt.«

»Auf Bells Betreiben, vermute ich. Nun, ich will nicht, daß Sie nach Dänemark fahren und alle möglichen falschen Ansichten über unsere Kirche verbreiten. Es kann uns nicht helfen, wenn wir den Zorn des Führers auf uns lenken. Ja, ja, ich weiß! Sie stimmen mit der Nazi-Ideologie nicht überein. Ich auch nicht! Aber wir müssen vor all diesen Ausländern Solidarität zeigen.«

»Sind das Ausländer, oder sind das unsere Glaubensgeschwister?«

»Wie auch immer! Zumindest sollten wir nach außen eine geschlossene Front bilden.« In gekränktem, mitleidheischendem Ton forderte er Dietrich auf: »Sie könnten ruhig einmal versuchen, die Dinge aus meinem Blickwinkel zu sehen.«

»Oh, das tue ich«, versicherte Dietrich mit beißendem Spott. Ganz offensichtlich war Heckel jetzt dem Staat gegenüber verantwortlich, und dessen Häscher zogen ihm die Daumenschrauben an.

Heckel musterte ihn eine Weile fragend, dann öffnete er seine Schreibtischschublade und zog ein Papier hervor. »Ich bin froh, sagen zu können, daß es eine einfache Lösung gibt, diese Angelegenheit für uns beide aus der Welt zu schaffen. Ich hoffe, Sie werden so vernünftig sein, sich dieser Lösung nicht zu verweigern. Sie brauchen lediglich diese Erklärung hier zu unterzeichnen«, sagte er, während er das Blatt umdrehte und ihm zuschob, »in der Sie sich verpflichten, sich jeder ökumenischen Aktivität zu enthalten, die nicht von diesem Amt genehmigt ist. Das ist alles.« Er lächelte Dietrich aufmunternd zu – wie ein Vater, der sein Kind dazu überreden will, eine übelschmeckende Medizin zu schlucken. »Ich wüßte nicht, warum wir nicht freundschaftlich über diese ...«

»Das kann ich natürlich nicht tun.«

Heckels Lächeln erlosch. Er griff nach dem Papier und stand auf. Im selben Moment erhob sich Dietrich aus seinem Sessel.

»Nehmen Sie das Papier wenigstens mit, und denken Sie darüber nach. Sie können mir Ihre Antwort schriftlich mitteilen.«

Dietrich zögerte einen Augenblick, und Heckel fügte rasch hinzu: »Es ist nicht nötig, eine überhastete Entscheidung zu treffen. Sie können mir Ihre Antwort von London aus schicken.«

Dietrich dachte eine Weile nach, während seine Überzeugung und sein Gefühl für Vorsicht miteinander rangen. »Also schön«, antwortete er dann widerstrebend. »Ich wüßte nicht, was meine Meinung ändern sollte, aber ich werde es mitnehmen.« Er faltete das Papier zusammen und steckte es in seine Tasche.

Heckel lächelte. »Gut! Gut! Es geht lediglich darum, mit mir über diese Dinge Rücksprache zu nehmen. Sicherlich können wir zusammenarbeiten. Das haben wir doch in der Vergangenheit immer getan. Noch etwas, bezüglich Fanö. Wir erwarten von Ihnen, daß Sie eine faire Auswahl unserer Jugendlichen vornehmen, die als Vertreter der deutschen Kirche an der Jugendkonferenz teilnehmen werden.«

»Selbstverständlich werde ich junge Leute auswählen, die von den Jugendlichen aus den anderen Ländern als Glaubensgeschwister angesehen werden können.«

Heckels Gesicht erstarrte. »Ich vermute, Sie beabsichtigen, sich auf Ihre Autorität als Jugendsekretär zu berufen.«

»Allerdings!«

»Na schön! Machen Sie Ihren kleinen Aufstand. Aber treiben Sie es nicht zu weit.« An der Tür legte er seine Hand auf Dietrichs Arm. »Bitte glauben Sie mir, Bonhoeffer, ich will nur Ihr Bestes. Das war immer so! Sie haben Ihren Standpunkt doch hinreichend zum Ausdruck gebracht. Ich will Sie noch einmal warnen! Treiben Sie es nicht zu weit. Es wäre mir schrecklich, wenn ich erleben müßte, daß es ein böses Ende mit Ihnen nimmt.«

Wie ein Erstickender um Luft ringend, wütend auf sich selbst, trat Dietrich hinaus auf die Jebenstraße. Tief atmete er die frische Luft ein. Wieso nur war er nicht bei seiner ersten Weigerung geblieben? Ob er noch einmal reinging? Doch dann ging er langsam weiter, so in Gedanken versunken, daß er beinahe mit einem entgegenkommenden Passanten zusammengestoßen wäre. Nach einer Weile tröstete er sich mit dem Gedanken, daß es bestimmt besser wäre, seine Antwort in klaren, unmißverständlichen Worten niederzuschreiben. Er hob den Kopf und ging entschlossen seinen Weg.

Von London aus schickte Dietrich mit der nächsten Post die Erklärung ohne Unterschrift zurück. Wie sich dann zeigte, war dies seine letzte Begegnung mit Theodor Heckel als seinem Vorgesetzten gewesen, denn im Mai kam von Franz die Nachricht von der lang erhofften Abspaltung der Freien Bekenntnissynode von der Reichskirche. Nun wurde sie zur Bekennenden Kirche. Dietrich gefiel der Name »bekennend«; wurde damit doch das Bekenntnis zu Jesus Christus als dem einen Herrn betont. Und das bedeutete die unmittelbare Zurückweisung der nationalsozialistischen Ansprüche an Hitlers göttliche Mission.

Dietrich konnte an der Synode in Barmen, wo diese formelle Erklärung verabschiedet wurde, nicht teilnehmen. Aber er tröstete sich damit, indirekt seinen Beitrag zu dieser Aktion geleistet zu haben.

Am Himmelfahrtstag hatte Bischof Bell in seiner Eigenschaft als Präsident des Ökumenischen Rates einen Pastoralbrief an die Kirchenführer in aller Welt gesandt, in dem er in klaren Worten die wesentlichen Vorwürfe gegen die Reichskirche aufführte. Sie betrafen Vorfälle und Maßnahmen, die – wie Bell schrieb – »beispiellos in der Geschichte der Kirche und unvereinbar mit christlichen Grundsätzen« seien. Dietrich war davon überzeugt, daß diese demonstrative Unterstützung der Ökumene seine »Bekennenden« Freunde ermutigt hatte, sich eindeutig gegen die »falsche Lehre« der »Braunen Kirche« auszusprechen und sich von ihr zu trennen.

Dann, eines Morgens Ende Juni, schwirrten die wildesten Gerüchte durch Deutschland. Und auch Dietrich erfuhr davon. Eine Art Massaker sollte stattgefunden haben. Der Führer der SA, Ernst Röhm, ein langjähriger Kumpan Hitlers, war kaltblütig erschossen worden, offenbar auf Befehl Hitlers. An die siebzig SA-Männer sollten bei dieser Säuberungsaktion ebenfalls getötet worden sein. Die Presseberichte in England waren ungenau und widersprüchlich, und auch aus Deutschland konnte Dietrich keine Informationen bekommen. Seine Mutter und Franz hatten sich am Telefon betont zurückhaltend geäußert. »Das wahre Ausmaß muß sich erst noch erweisen«, hatte seine Mutter gesagt.

Vor einiger Zeit hatte Dietrich Franz eingeladen, seinen Urlaub bei ihm in London zu verbringen. Franz hatte die Einladung freudig angenommen, ohne sich schon auf einen Zeitpunkt festzulegen. Nun, als sich Dietrich isolierter denn je fühlte, rief er Franz an und drängte ihn, so bald wie möglich zu kommen.

Zwei Wochen später stand Dietrich an dem großen Fenster seines Wohnzimmers und versuchte all das zu fassen, was Franz ihm erzählt hatte. Niemand weiß genau, wie viele getötet worden waren, hatte er gesagt, vielleicht an die zweihundert.

Aufgeregt lief Dietrich mit auf dem Rücken verschränkten Armen im Zimmer auf und ab, blieb dann schließlich vor Franz stehen. »Wieviel davon ist in der Bevölkerung bekannt?«

»Die Leute haben eine Menge gehört, aus ganz verschiedenen Quellen. Aber fast nur Gerüchte. Goebbels hat es immerhin geschafft, alle Tatsachen so zu verdrehen, daß sie in seine Version passen – daß nämlich nur das entschlossene Vorgehen des Führers Deutschland vor einer blutigen Revolution unter Führung bolschewistischer Elemente bewahrt habe. Hitler hat so eine Art Verteidigung vor dem Reichstag vorgebracht. Und wen er nicht überzeugen konnte, den versuchte er einzuschüchtern. Er sagte, von jetzt an werde jeder, der seine Hand gegen den Staat erhebe, ›den sicheren Tod ernten‹. Ich glaube, das waren seine Worte.«

»Und unsere neue Bekennende Kirche? Wie war die Reaktion dort?« fragte Dietrich.

Franz seufzte. »Nicht so sehr gut. Es gab jede Menge Predigten und Gebete, in denen man dem Führer dafür dankte, die Nation aus großer Gefahr errettet zu haben.«

Dietrich sah aus dem Fenster hinaus über das Meer von Schornsteinen. »›Wenn ihr nicht Buße tut, werdet ihr alle auch so umkommen.‹ Das werden wir ihnen beibringen müssen, oder? Wir können einfach nicht länger nur Zuschauer sein.«

»Genau das habe ich von dir erwartet – aber ich bin froh, es zu hören«, sagte Franz. »Ich habe eine Botschaft für dich mitgebracht, Dietrich. Eine ziemlich wichtige, glaube ich.«

Dietrich sah Franz erwartungsvoll an.

»Sie kommt von dem neuen Bruderrat der Bekennenden Kirche«, berichtete Franz. »Man will dich als Leiter eines der Predigerseminare haben, die wir einrichten. Kleine Schulen, weißt du, vier oder fünf über das Land verteilt, mit einem fünfmonatigen Kurs ... oder so ...«

Dietrichs Interesse war sofort geweckt. Junge Pastoren innerhalb einer engen Gemeinschaft unterrichten zu können, wo ein praktisches Ausleben seiner Gedanken über Jüngerschaft und die Bergpredigt tatsächlich möglich wäre! Doch natürlich brauchte er Zeit, um darüber nachzudenken. Außerdem hatte er über Bischof

Bell gerade eine Einladung von Mahatma Gandhi erhalten, sich irgendwann in den nächsten Monaten dessen Ashram in Indien anzuschließen. »Wann wollen sie anfangen?« fragte Dietrich.

»Kommt drauf an! Vielleicht Anfang Januar. Alle organisatorischen Vorbereitungen müssen noch getroffen werden ... die Orte ... die Gebäude ... Zeit ...«

»Hm, ich muß dir gestehen, daß ich momentan andere Pläne habe.«

»Keine Pläne, die sich nicht mehr ändern lassen, hoffe ich.« Franz sah ihn geradezu beschwörend an. »Du bist der richtige Mann dafür, Dietrich! Da bin ich mir ganz sicher!«

Franz begann, im Zimmer nervös hin und her zu laufen. Mit dem Dietrich so vertrauten Tonfall sturer Sachlichkeit begann er dann wieder. »Ich nehme an, daß du jede Menge Einwände dagegen findest – zum Beispiel, daß du dein Pastorat nicht aufgeben möchtest. Andererseits müßtest du in einem so kleinen Seminar beinahe alles für deine Kandidaten sein, einschließlich Pastor.«

Dietrich hörte ihm schweigend zu.

»Ist es dir denn so wichtig, in London zu bleiben, ganz dicht bei den Leuten von der Ökumene?«

»Nein, ich denke nur an meine Indien-Pläne.« Und er erzählte von Gandhis Einladung.

»Oh, das wußte ich nicht. Ich habe immer gedacht, das sei nur so eine Idee ... ein Traum. So etwas hast du ja ständig.«

»Nein, diesmal ist es endgültig.«

Franz sah ihn herausfordernd an. »Und du meinst, daß eine Indien-Reise Vorrang vor einer so lebenswichtigen Sache haben sollte?«

»Das habe ich nicht gesagt. Aber diese Reise ist mir sehr wichtig. Ich möchte Gandhis Methoden studieren, Konflikte gewaltlos zu lösen. Das ist etwas, das ich mir schon seit Ewigkeiten gewünscht habe ... Und nun habe ich ganz plötzlich die Gelegenheit dazu.«

»Ich hatte keine Ahnung, daß die Sache schon so weit fortgeschritten ist.« Franz setzte sich aufs Sofa und stützte den Kopf enttäuscht auf seine Hände. Dann blickte er plötzlich auf: »Dietrich, mach keinen Fehler in dieser Sache! Tu nichts, was du bis an dein

Lebensende bereuen würdest. Dieses Seminar ist eine entscheidend wichtige Sache! Was war denn unsere große Sorge in den letzten Monaten? Hier, in diesen Seminaren, liegt die Zukunft der Bekennenden Kirche.«

»Laß mich darüber nachdenken.«

Auf dem Rückweg vom Mittagessen sagte Franz eher beiläufig zu Dietrich: »Wegen des Seminars ... sie waren sich nicht ganz einig, weißt du?«

»Wer war sich nicht einig?«

»Der neue Bruderrat der Bekennenden Kirche. Als sie darüber berieten, den Posten an dich zu vergeben.«

»Ach ja? Na, ich nehme an, eine einstimmige Wahl ist wohl nie zu erwarten«, erklärte Dietrich unbekümmerter, als er sich fühlte. »Was hatten sie denn gegen mich?«

»Nicht diskret genug«, sagte Franz mit funkelnden Augen.

»Oh!« Betroffen wechselte Dietrich das Thema und kam auf die bevorstehende Ökumenische Konferenz in Fanö zu sprechen. Franz hatte ihm zuvor berichtet, daß weder Koch noch Niemöller zu dem Treffen reisen würden. »Dir ist doch klar, daß ich dort allein in die Bresche springen muß, wenn die beiden nicht kommen. Offen gesagt, halte ich das für einen Fehler.«

»Vielleicht.«

»Sie sollten unbedingt hinfahren«, gab Dietrich zu bedenken. »Heckel wird mit voller Kraft anrauschen, flankiert von allen möglichen überaus wichtigen Leuten.«

»Dietrich, es ist nicht Furchtsamkeit, die sie von der Reise abhält. Nach dem, was sich alles seit dem Röhm-Putsch ereignet hat, und angesichts des neuen Hochverratsgesetzes hielten sie es einfach für zu gefährlich. Du weißt schon! Im vollen Scheinwerferlicht der internationalen Presse gegen die Reichskirche Stellung zu beziehen. Sie wollen Hitler keinen Vorwand liefern, unsere Bekennende Kirche schon im Säuglingsstadium für gesetzlos zu erklären. Auch du wirst vorsichtig sein müssen.«

»Das werde ich auch!« Dietrich klimperte mit dem Kleingeld in seiner Tasche herum. »Nicht diskret genug!« sagte er plötzlich. »Das haben sie wirklich gesagt?«

»Ja, ungefähr.«

»Ich muß schon sagen, das ärgert mich. Ich bin nämlich immer diskret.«

Am folgenden Tag reiste Franz nach Deutschland zurück. Als sie an der Victoria Station auf den Zug warteten, fragte er plötzlich: »Was hält eigentlich Elenore von deinen Indien-Plänen?«

Etwas verlegen antwortete Dietrich: »Um ehrlich zu sein, ich habe ihr nicht allzuviel davon erzählt.«

Franz sah ihn nachdenklich an. »Was ist passiert, Dietrich? Früher hast du doch immer alles mit ihr besprochen.«

»Aber jetzt bin ich in London! Schon vergessen?« Dietrich lehnte sich auf der Bank zurück. »Heute ist Montag, da dürfte die Fähre in Harwich nicht allzu voll sein.«

»Das ist gut«, bemerkte Franz geistesabwesend. »Ich möchte nicht, daß ihr wehgetan wird, Dietrich.«

»Ich habe nicht die Absicht, ihr weh zu tun.«

»Das nehme ich auch nicht an. Aber manchmal reichen Absichten nicht aus.«

Dietrich war verstimmt, sagte aber nichts.

»Allerdings, wenn du die Seminarstelle annimmst ...«

»Da ist noch nichts entschieden!« Diese raffinierte Verflechtung war ihm nicht entgangen.

»Nun, ich hoffe, daß du dich bald entscheiden kannst. Koch wartet auf eine Antwort.«

Der Zug lief ein, und Dietrich begleitete Franz zu seinem Platz. Wenig später stand er wieder auf dem Bahnsteig und winkte dem anrollenden Zug nach.

9

Auf der ersten Plenarsitzung der Ökumenischen Konferenz auf der Insel Fanö saß Dietrich mit seinen Studenten an einem der langen Tische. Von der riesigen Fensterfront des großen, luftigen Saales, der normalerweise als Speisesaal des Hotels diente, konnte man auf das Meer hinaussehen. Theodor Heckel stand am Pult und sprach.

»Das Dritte Reich repräsentiert den gemeinsamen Willen des Volkes. Volk und Staat sind in Deutschland ein und dasselbe«, erklärte er im Brustton der Überzeugung. »Statt einen neuen absolutistischen Staat zu errichten, wie manche hier behaupten, geht es unserem Staat darum, die göttliche Ordnung zu stützen. Im Dritten Reich hat die Kirche die einzigartige Verantwortung und die stolze Pflicht, die Botschaft eines positiven Christentums zu verkünden.«

Zuvor hatten die Delegierten – einer nach dem anderen – Heckel peinliche Fragen gestellt, so daß fast der Eindruck eines Tribunals gegen die Staatskirche in Deutschland entstanden war. Ganz offensichtlich interpretierten sie die jüngsten Ereignisse im Licht des Briefes, den Bischof Bell am Himmelfahrtstag verschickt hatte.

Am Schluß seiner Rede bat Heckel darum, außer der offiziellen Delegation keine Deutschen mehr zu den Treffen zuzulassen. Gemeint waren Dietrich und einige seiner deutschen Freunde aus London, die ihn als Besucher begleitet hatten.

Bischof Bell trat ans Pult und sagte nur einen Satz. »Angesichts der ... der beispiellosen Art dieses Ersuchens und weil es aus der Sicht der Tagungsleitung dem ökumenischen Geist widerspricht, kann ihm nicht entsprochen werden.«

Bells hochrotes Gesicht und sein leichtes Stocken verrieten das Ausmaß seiner inneren Erregung. Wie gut, dachte Dietrich, daß in diesem Jahr der englische Bischof Präsident des Ökumenischen Rates war. Was hatte Bell doch gleich nochmal vor Monaten gesagt, als er die Briefe an Müller und Hindenburg schrieb? »Nicht nur die Wand unseres Nachbarn steht in Flammen, sondern auf eine sehr viel feinere, aber nicht weniger gefährliche Weise steht auch unsere eigene Wand in Flammen.«

Und jetzt bekämpfte Bell das Feuer dort, wo es am meisten darauf ankam – vor den Augen der Welt.

Nach der Versammlung sprach Bell Dietrich auf dem Flur an. »So viele Delegierte möchten mit Ihnen sprechen, daß wir für diese Gespräche Gelegenheit und Möglichkeit schaffen müssen. Vielleicht in Ihrem Zimmer, wenn es Ihnen recht ist.«

»Natürlich ist es mir recht!«

»Könnten wir heute abend anfangen?«

»Ja, warum nicht?«

Ein Lächeln huschte über das erschöpfte Gesicht des Bischofs. »Gut! Leiper und Homrighausen aus Amerika warten schon darauf, daß ich ihnen Bescheid gebe. Die Tschechen würden Sie auch gerne heute abend sprechen, und Karlstrom aus Schweden. Wir brauchen ihre Unterstützung, um die richtige Resolution verabschieden zu können.«

»Ich werde tun, was ich kann«, erwiderte Dietrich – ebenfalls lächelnd.

An keinem Abend dieser Woche kam Dietrich vor zwei Uhr nachts ins Bett. Ein Delegierter nach dem anderen kam zu ihm und stellte Fragen über die Geschehnisse in Deutschland. In diesen privaten Gesprächen hielt Dietrich nichts zurück. Und alle hörten geradezu begierig zu.

Am letzten Tag predigte Dietrich im Morgengottesdienst. Der Gottesdienst begann mit einem »Gloria Patri« – einstimmig gesungen. Ein Lied, ein Herr! Jeder Choral war in dem Gesangbuch, das für die erste Stockholmer Konferenz 1925 herausgegeben worden war, in drei Sprachen gedruckt. Nach dem Choral sprach jeder das Vaterunser in seiner eigenen Muttersprache.

Dietrich trat an das schlichte Ahornpult. Doch bevor er zu sprechen begann, ließ er für einen kurzen Moment seinen Blick über die Versammlung schweifen; die erlauchteste, vor der er je gesprochen hatte. Einige Teilnehmer aus der Jugenddelegation saßen auf den Fensterbänken, weil sie keinen Platz mehr gefunden hatten. Daß sich so viele eingefunden hatten, überraschte ihn; denn bisher war keiner der Morgengottesdienste überfüllt gewesen.

Die Predigt hielt er auf Englisch, und als Text hatte er Psalm

85,9 ausgewählt: »Könnte ich doch hören, was Gott der Herr redet, daß er Frieden zusagte seinem Volk und seinen Heiligen.«

Dietrich hatte kaum zu sprechen begonnen, da war nichts mehr von der Nervosität, der inneren Anspannung zu spüren, die ihn bis jetzt so belastet hatten. »Es wird Friede sein wegen der Kirche Jesu Christi, die zu ein und derselben Zeit in allen Völkern lebt und jenseits aller Grenzen – seien sie national, politisch, sozial oder rassistisch. Die Brüder in Christus können nicht gegen Christus selbst die Waffen ergreifen – und genau das ist es, was sie tun, wenn sie die Waffen gegeneinander erheben. Selbst in Pein und Gewissensnot gibt es für sie kein Entrinnen von dem Auftrag Christi, daß Friede werden soll.

Wie aber werden wir Frieden erlangen? Durch ein System politischer Verträge? Durch das Einbringen internationalen Kapitals in den verschiedensten Ländern? Durch die Großbanken, durch Geld? Durch weltweite vorbeugende Aufrüstung, um Frieden zu garantieren?

Durch keines dieser Dinge, und das aus dem einfachen Grund, weil in ihnen allen Friede mit Sicherheit verwechselt wird. Friede muß gewagt werden. Er ist ein großes Risiko. Er kann niemals absolut sicher sein. Insofern ist Friede das genaue Gegenteil von Sicherheit. Wer Garantien verlangt, zeigt Mißtrauen, und dieses Mißtrauen wiederum führt in den Krieg. Schlachten werden nicht mit Waffen gewonnen, sondern mit Gott. Sie werden dort gewonnen, wo der Weg zum Kreuz führt.

Wer von uns könnte sagen, daß er weiß, was es für die Welt bedeutet, wenn eine Nation ihrem Angreifer nicht mit Waffen in der Hand, sondern wehrlos, betend – und gerade deswegen durch ein unüberwindliches Bollwerk geschützt – entgegenträte. Wer wird uns zum Frieden rufen, so daß die Welt es hört, hören muß? So daß alle Völker jubeln können, weil die Kirche Christi im Namen Christi ihren Söhnen die Waffen aus den Händen genommen, den Krieg verboten und ins Angesicht der tobenden Welt den Frieden Christi verkündet hat?

Die Stunde ist vorgerückt. Die Welt erstickt an Waffen, und furchtbar ist das Mißtrauen, das allen Menschen aus den Augen starrt. Schon morgen könnten die Kriegsfanfaren ertönen. Worauf warten wir noch? Wollen wir uns in eine Schuld verstricken wie noch niemals zuvor? Nein, wir wollen der Welt ein ganzes Wort geben, nicht nur ein halbes – ein mutiges Wort, ein christliches Wort. Wir beten, daß uns dieses Wort heute geschenkt werden möge. Denn – wissen wir, ob wir uns noch einmal wiedersehen werden?«

In der Plenarsitzung am Nachmittag wurde die Resolution, an der Dietrich die ganze Woche über gearbeitet hatte, mit überwältigender Mehrheit verabschiedet. Sie verurteilte klar und kompromißlos die Knebel-Maßnahmen der deutschen Staatskirche und stellte sich voll hinter die Aktivitäten der Bekennenden Kirche. Trotz Heckels gleichermaßen beschwichtigenden wie gewandten Versicherungen war diese Resolution nichts anderes als ein Mißtrauensvotum gegen das Nazi-Regime.

Gleich nach dem Ende der letzten Sitzung machte sich Dietrich auf den Weg ins Hotel, wo er sich mit seinen Studenten treffen wollte, um mit ihnen schwimmen zu gehen. Er war früh dran, und so ließ er sich – dankbar für diese Gelegenheit – auf einen der bequemen Sessel sinken. Während er entspannt vor sich hindöste, wanderten seine Gedanken zurück zu den Ereignissen dieser Woche, zu dem Anteil, den er daran gehabt hatte. Ja, die Predigt war gut aufgenommen worden. Überhaupt, die ganze Woche war sehr gut verlaufen. Und jetzt war Dietrich einfach zu müde, um das Gefühl innerer Zufriedenheit zu unterdrücken, das ihn erfüllte.

Die Stimmen seiner Studenten auf dem Flur weckten ihn. Gelächter war zu hören. Dann eine andere Stimme. Eine lächelnde Stimme, unverkennbar Heckel.

»So, Sie gehen heute nachmittag schwimmen? Haben Sie vielleicht das Gefühl, Ihre Sünden abwaschen zu müssen?«

Jetzt kam die Gruppe hinter der Palme hervor, die neben Dietrichs Sessel stand. Dietrich stand auf, und Heckel sah ihn überrascht an.

»Ah, Bonhoeffer! Hier also liegen Sie auf der Lauer«, sagte er in gleichzeitig scherzhaftem wie abschätzigem Ton.

»Ganz richtig, hier liege ich auf der Lauer«, antwortete Dietrich kühl.

»Nun, nun! Sie brauchen doch nicht verärgert zu sein – nach Ihrem Siegestag heute.«

Sichtlich erschreckt über die Wendung des Gesprächs zogen sich Dietrichs Studenten zurück und gingen in das Foyer, wo sie in der Nähe des Eingangs warteten.

Heckel aber ließ sich nicht aufhalten. »Mit Bells Unterstützung haben Sie vom Konzil bekommen, was sie wollten. Und jetzt liegen Ihnen alle diese jungen Leute zu Füßen. Müssen Sie nicht hochzufrieden sein? Mir dagegen sitzt Berlin im Nacken. Ich also müßte verärgert sein. Aber wie Sie sehen – ich bin es nicht!« Er lächelte, gestikulierte elegant mit seinen perfekt manikürten Händen: »Ich mißgönne Ihnen nicht einmal den Beifall, den Sie für Ihre Predigt heute morgen erhalten haben. Obwohl natürlich ... ach was, lassen wir das! Nur, meinen Sie nicht, daß wir uns jetzt die Hände schütteln sollten wie ehrenhafte Gegner nach einem hart umkämpften Spiel?«

»Bitte, lassen Sie uns nicht so tun, als sei dies ein Spiel.«

Zornesröte verdunkelte Heckels Gesicht. »Sie haben nicht einmal versucht zu verstehen, was ich zu tun versuche, oder wie schwierig ...«

»Natürlich habe ich es verstanden! Sie versuchen, zwei Herren zugleich zu dienen, und Sie sind dabei in Schwierigkeiten geraten. Haben Sie etwas anderes erwartet?«

»Die Kirche zusammenzuhalten – bedeutet Ihnen das nichts?«

Dem Herrn der Kirche zu dienen, bedeutet mir alles, dachte Dietrich. Aber die Worte gefroren auf seinen Lippen.

Heckel sah ihn an, als erwarte er Widerspruch, aber Dietrich erwiderte nur seinen Blick. Mit einer knappen Verbeugung und einem kurzen Nicken ging Dietrich an ihm vorbei. Aber der Aufruhr in seinem Inneren war noch nicht abgeebbt, als er die Gruppe am Eingang erreichte.

Ein heftiger Wind wehte, als Dietrich spät an jenem Abend sein Hotel verließ. Dünne Wolkenfetzen jagten am Himmel, verdeckten hastend den Mond, und unverkennbar braute sich ein Gewitter zusammen. Dennoch ging Dietrich nicht ins Hotel zurück. Er brauchte den Wind, brauchte die frische Luft.

Unaufhörlich begleiteten ihn verführerische Stimmen! »Sie müssen sich klarmachen, daß wir dies alles zu einem großen Teil diesem jungen Mann zu verdanken haben!« – »Das ist die Art Mut, die wir alle brauchen!« – »Ja, Sie haben uns richtig aufgerüttelt.« – »Es war großartig! Sie haben es gewagt und den Fehdehandschuh hingeworfen.«

Das hatte einer der jungen schwedischen Studenten gesagt, der sich ihnen beim Schwimmen angeschlossen hatte. Als sie am Strand lagen, hatte er gesagt: »Sie haben uns einfach den Fehdehandschuh vor die Füße geworfen und uns herausgefordert, ihn aufzuheben.« Und dann hatte er hinzugefügt: »Wenn ich das fragen darf, Herr Bonhoeffer – Sie haben in Ihrer Predigt ziemlich deutlich werden lassen, daß Hitler Ihrer Meinung nach auf einen Krieg zusteuert. Sollte es tatsächlich zu einem Krieg kommen, was werden Sie dann tun?«

Dietrich hatte einige Zeit geschwiegen. Eine unausweichliche Frage, das wußte er genau. Er hatte den weißen Sand durch seine Finger rieseln lassen und leise geantwortet: »Ich bete darum, daß Gott mir die Kraft geben würde, nicht zu den Waffen zu greifen.«

Wenig später, als er seinen Studenten gesagt hatte, daß er vielleicht ein Seminar der Bekennenden Kirche leiten würde, waren sie alle plötzlich hellwach geworden. Mit welcher Begeisterung sie jedes seiner Worte aufgenommen hatten! Am liebsten hätten sie sich sofort eingeschrieben.

Heckels Worte ließen sich nicht aus Dietrichs Gedanken vertreiben! ». . . und nun liegen Ihnen alle diese jungen Leute zu Füßen.«

»Verachtenswert!« rief Dietrich laut und stolperte über die Felsen am Rande des kleinen Flusses. Der Klang des Wortes verflog und hinterließ eine kalte taube Stille. Ohne weiter nachzudenken, kehrte er um und folgte dem Bach landeinwärts. Ihm fiel plötzlich ein Erlebnis aus seiner Kindheit ein – so als wäre es eben erst geschehen. Sechzehn Jahre war er alt gewesen, und in seiner

Griechischklasse hatte er gesessen. Der Lehrer hatte ihn gefragt, was er studieren wolle. Und ohne auch nur einen Moment zu zögern, hatte er gesagt: »Theologie!« Alle hatten ihn überrascht angesehen, aber davon hatte er nichts wahrgenommen. Er sah nur sich selbst: groß und blond und in einer feierlichen Robe in der Kanzel hoch über allen Leuten; Verkünder seines Wissens und seines Glaubens. Doch dann registrierte er die Blicke seiner Mitschüler – gelangweilt, neugierig, mißtrauisch, spöttisch. Die Stille im Raum lastete wie Blei auf ihm.

Dietrich schüttelte sich. Was sollten diese Erinnerungen. Er blieb stehen und sah sich um. Wo war er? Zorn, Bitterkeit stiegen in ihm auf. Er hatte ein Gefühl, als hätten ihn alle seine Kräfte verlassen – seines Körpers, seines Verstandes und seines Willens. Alles, wovon er geglaubt hatte, er beherrsche es, war langsam versickert, wie Wasser aus einer geborstenen Zisterne.

Ein heftiger, nach Salz und Meer riechender Windstoß traf ihn wie ein Peitschenhieb. Fröstelnd schloß er den obersten Knopf seines Pullovers. Gewichte schienen an seinen Beinen zu zerren, doch er stapfte weiter, die Hände in den Taschen vergraben, die Augen auf nichts als den Weg vor sich gerichtet. Und plötzlich waren sie in seinem Kopf, die Worte: »Laß dir an meiner Gnade genügen, denn meine Kraft ist in den Schwachen mächtig.« Er lauschte in sich hinein, sprach die Worte langsam nach.

Ein winziges Licht entdeckten seine Augen. Dann ein zweites. Bald konnte er die schemenhaften Umrisse eines Dorfes ausmachen, dessen Kirchturm sich schwach vor den rasch dahinziehenden Wolken abhob. Das mußte Sonderby am südlichen Ende der Insel sein. Er hatte nicht gewußt, daß er so weit gegangen war.

An einigen abseits gelegenen Häusern vorbei gelangte Dietrich zu der kleinen Kirche. Er fand ein Tor in der Eingrenzungsmauer und öffnete es. Drinnen auf dem Friedhof war es still. Die Mauer umschloß ihn schützend vor dem Wind, dem Rauschen der See. Langsam ging er zwischen den Gräbern umher. Für einen kurzen Augenblick riß sich der Mond von den Wolken los und erhellte mit seinem bleichen Licht einen Grabstein neben Dietrich. Auf dem Marmorblock schwebte bewegungslos eine Taube mit hoch ausgebreiteten Flügeln. Dietrich berührte die Taube mit der Hand. Kalt, eiskalt fühlte sie sich an. Er setzte sich auf eine niedrige Mauer; nur ein wenig ausruhen wollte er. Und in der Tat! Langsam kehrte Ruhe in ihm ein, verließ ihn die Unrast, die ihn hierhergetrieben hatte.

Er stand auf, ging zur Kirche und blieb im Schatten der Tür zur Sakristei stehen. Es war ein schlichter Eingang, nur ganz oben mit einem einfachen Kreuz aus Eisen geschmückt. Seine Indien-Pläne fielen ihm ein. Fester denn je war er von der Größe Gandhis, von dem Wert dessen überzeugt, was er von ihm würde lernen können. Und nun, wo die Verwirklichung seines Traums so greifbar nahe vor ihm lag, da kam das Seminar.

Zweifelnd fragte er sich: Wie würde er mit einer Situation zurechtkommen, in der er unvermeidlich Vorbild für zwanzig oder mehr junge zukünftige Pastoren sein mußte? Sicher! Er war ein guter Lehrer, und vielleicht konnte er diesen jungen Männern über das bloße Wissen hinaus noch etwas vermitteln.

Er spürte einen Regentropfen. Die schweren Wolken waren nun direkt über ihm. Noch einmal betrachtete er den Torbogen. Das Kreuz aus Eisen stand aufrecht, fest und unbeweglich in dem aufziehenden Sturm.

Es waren sechs Kilometer bis zum Hotel. In der Ferne hörte er, wie die Wellen wild auf die Dünen einpeitschten. Es fing an zu regnen, anfangs nur ganz wenig, dann immer heftiger. Bald war er durch und durch naß. Aber war das wichtig?

Während er kräftig ausschritt, begann Dietrich den Weg, der vor ihm lag, klarer zu sehen. Und als er sein Hotel erreicht hatte, waren die Fesseln, die ihn so gequält hatten, von ihm abgefallen. Er wußte es jetzt: Er würde die Stelle am Seminar annehmen. Und die Gefahren dieses Weges würde er der Fürsorge Gottes anbefehlen müssen.

Teil II
Eine Stimme für die Stummen

10

Der klapprige alte Bus kam ins Rutschen, als er um die Kurve bog und sich mühsam die Steigung hochschleppte. Und dann lag es vor ihnen! Die kleine Ansammlung von Häusern des Konferenzzentrums von Zingst. Dahinter, hinter den rollenden Dünen, breitete sich die stille Wasserfläche der Ostsee aus. Eberhard jubelte mit den anderen, daß die lange Reise von Berlin endlich zu Ende war. Vor drei Tagen, am 26. April, war das Seminar eröffnet worden. Aber weil es im Bruderrat einen Irrtum gegeben hatte, kamen sie zu spät.

Als Eberhard das Wittenberger theologische Seminar der Reichskirche im vergangenen Oktober verlassen hatte, hätte er sich nie träumen lassen, daß es länger als ein halbes Jahr dauern würde, bis er seine Ausbildung in der Bekennenden Kirche fortsetzen konnte.

Der Bus bog in die schmale Auffahrt ein, die zum Hauptgebäude führte. Endlich konnten die vier Männer aussteigen, ihr Gepäck abladen – eine etwas abenteuerlich wirkende Ansammlung von Koffern und verschnürten Schachteln.

Der Bus fuhr ab, und die Pfarramtskandidaten sahen sich ein wenig ratlos um. Das Haus schien völlig verlassen. Zwei Holzstufen führten zu einer Doppeltür an der Vorderseite des Fachwerkhauses. Unsicher ergriff Eberhard sein schweres Gepäck und stieg die Stufen hinauf. Sein Cousin Gerhard Vibrans und die beiden anderen folgten. Und dann entdeckten sie ein »lebendes Wesen«. An der Tür stand mit unbewegtem Gesicht eine Frau mittleren Alters und nahm sie in Empfang.

»Sie müssen die Kandidaten aus Sachsen ein«, sagte sie ohne erkennbare Regung.

»Ja, die sind wir!« bestätigte Gerhard erleichtert.

Zumindst wurden sie erwartet.

Die Frau musterte sie von Kopf bis Fuß. »Na, dann kommen Sie mal rein«, sagte sie mit duldsamem Seufzen. Die große breitschultrige Frau, die ihr verblichenes blondes Haar im Nacken zu einem straffen Knoten gebunden trug, zog die Tür weiter auf und stellte sich dagegen. »Lassen Sie Ihr Gepäck erstmal hier im Flur«, sagte sie. »Ich weiß nicht, wo er Sie unterbringen will.«

Wortlos stellten die vier ihr Gepäck an die Wand.

»Ich hoffe, Sie haben schon gegessen«, fügte sie hinzu. »Der Speiseraum ist für heute geschlossen.«

»Also ...«, begann Gerhard.

»O ja, danke«, fiel ihm Eberhard rasch ins Wort, ohne seinen Cousin anzusehen. Unverkennbar machten auch Beckmann und Dell ziemlich lange Gesichter. Verlegenes Schweigen allseits.

»Sie sind alle unten am Strand«, bemerkte jetzt die Frau. »Ich nehme an, Herr Dr. Bonhoeffer wird wissen wollen, daß Sie hier sind.« Sie deutete nach links. »Der Weg führt dort entlang, zwischen den Dünen.«

»Ja! Danke! Vielen Dank!« Eberhards Stimme klang heiter, freundlich – und doch war ihm gar nicht danach zumute. Auch die anderen murmelten eher verdrossen einen Dank und folgten ihm.

Einer nach dem anderen liefen sie nun zwischen den mageren Kiefern, die hier und da auf den Dünen wuchsen. Schon von weitem hörten sie Gelächter und Rufe. Der Pfad wurde breiter, und jetzt entdeckten sie die Gesuchten. Ein lebhaftes Völkerballspiel war in vollem Gange.

Eine Weile blieben Eberhard und seine Begleiter unentdeckt. Doch dann kam einer der Pfarramtskandidaten auf sie zu.

»Ihr seid unsere Neuen aus Sachsen, oder? Ich bin Albrecht Schönherr!« Er lächelte und begrüßte jeden mit einem kräftigen Händedruck. »Wir haben euch schon den ganzen Nachmittag erwartet. Willkommen in Zingst! Das Spiel ist fast zu Ende. Ich denke ...«

Schönherr führte sie näher zur Gruppe, und sie setzten sich in den Sand. Das Wasser glitzerte in der untergehenden Sonne. Das Spiel war zu Ende, und die »toten« Männer standen auf, klopften sich lachend und scherzend den Sand von den Hosen. Ein großer Blonder ließ sich von einem Mannschaftskameraden seine Brille geben und wandte sich ihnen zu.

»Ah, unsere Sachsen sind eingetroffen«, begrüßte er sie herzlich beim Näherkommen.

Schönherr stellte vor. »Unser Seminarleiter, Herr Dr. Bonhoeffer.«

»›Bruder‹ Bonhoeffer!« korrigierte ihn lächelnd der Blonde. Freundlich schüttelte er allen die Hand – Dell, Beckmann, dann Gerhard. Zuletzt wandte er sich an Eberhard. Es war ein kräftiger Händedruck, und in den wachen blauen Augen leuchtete – unverkennbar! – ein herzliches Willkommen.

»Eberhard Bethge«, stellte sich Eberhard vor und erwiderte den freundlichen Händedruck.

»Eberhard Bethge«, wiederholte Bonhoeffer. »Bruder Bethge! Schön, Sie bei uns zu haben.«

»Bruder« klang seltsam, obwohl Eberhard inzwischen wußte, daß diese altmodische Anrede in der Bekennenden Kirche eine neue Bedeutung bekommen hatte. Auf dem Spielfeld hatte er Bonhoeffer für einen der Kandidaten gehalten, und auch jetzt, wo er ihn von nahem betrachten konnte, war er überrascht, daß ein so junger Mann Leiter des Seminars sein konnte. Bonhoeffer war reichlich über einen Meter achtzig groß, schätzte Eberhard, war kräftig gebaut, hatte schütteres blondes Haar.

Der Leiter machte die Neuankömmlinge jetzt mit jedem der etwa zwanzig anderen Kandidaten und mit seinem Assistenten, dem Studieninspektor Willi Rott, bekannt. »Und nun können wir ernsthaft mit der Arbeit beginnen – und mit dem Spiel«, fügte er lachend hinzu. »Das muß ausgewogen sein! Wissen Sie?«

Nur zu gern stimmte Eberhard zu.

»Und wie war Ihre Reise?« erkundigte sich Bonhoeffer. »Sie müssen hungrig sein nach dieser langen Zugfahrt.«

»Nun, wir haben im Zug etwas gegessen ...«, stotterte Eberhard etwas verlegen und verstummte, als er Gerhards Notsignale sah.

»Oh, aber das muß doch Ewigkeiten her sein! In diesem kleinen Bummelzug von Stralsund haben Sie bestimmt nichts bekommen! Wir können Sie doch an Ihrem ersten Abend in Zingst unmöglich hungern lassen! Ich bin sicher, Frau Struwe kann noch schnell etwas herbeizaubern.«

Der Anflug von Skepsis in Eberhards Gesicht schien nicht unbemerkt geblieben zu sein, denn Bonhoeffer meinte etwas amüsiert: »Aha! Sie sind ihr also schon begegnet! Hmm! Sie wirkt ein wenig unbeugsam, fürchte ich. Aber als unsere Haushälterin hat sie wirklich alle Hände voll zu tun.« Bonhoeffers Augen blickten heiter auf die Neuen. »Kommen Sie mit, wir werden Ihnen schon etwas zu essen beschaffen.«

Wieder im Haus, nahm Bonhoeffer die vier mit hinauf in sein Zimmer, wo er jedem von ihnen einen Tagesplan überreichte. Das Zimmer war überaus spärlich möbliert. Lediglich ein Bücherregal und ein Wandteppich über dem grob gezimmerten Schreibtisch milderten seine Strenge – und der Blick auf die Ostsee.

Bonhoeffer sprach mit ihnen den Tagesplan durch. Gleich am Anfang des Tages die halbstündige Stille. »Das erste Wort des Morgens gehört Gott«, bemerkte er dazu.

Eberhard registrierte zwar den fragenden Blick Gerhards, wandte seine Aufmerksamkeit aber sofort wieder Bonhoeffer zu, der auf eine Bibelstelle wies, die er unten auf der Seite notiert hatte.

»Das ist der Text für die Meditationszeit nach dem Frühstück«, erklärte er. »Auf diese Verse haben sich alle Kandidaten am ersten Tag geeinigt, und derselbe Text soll in dieser Woche jeden Tag eingesetzt werden.« Darüber, wie sie das machen sollten – meditieren –, darüber sagte er nichts. Er schien sich dessen gewiß, daß sie dazu bereit und in der Lage waren.

Diese Gewißheit teilte Eberhard keineswegs, und er begann sich etwas ratlos zu fragen, worauf sie sich da bloß eingelassen hatten.

»Und nun wird Bruder Mächler Ihnen die Unterkunft zeigen!«

Winfried Mächler, ein sportlich aussehender junger Mann mit

sonnenverbranntem Gesicht, führte sie zu den Hütten. Das waren zweistöckige Gebäude, bei denen nicht nur die überhängenden Dächer, sondern auch die Seitenwände mit Reet gedeckt waren. Inzwischen kämpften sich die vier mit ihrem Gepäck die wackeligen Stufen zu dem auf dünnen Balken ruhenden Boden empor.

»Willkommen in unserem Schloß«, spöttelte Mächler, als er die Brettertür öffnete und Eberhards schweren Koffer hineinwuchtete. »Nicht ganz so komfortabel wie in Wittenberg, aber fürs erste wird es vielleicht reichen.«

Eberhard und Gerhard würden das Zimmer mit Fritz Onnasch, Mächler selbst und Ernst Thom teilen, der sich gerade mit Gerhards größter Tasche über die Schwelle quälte. Onnasch kam als letzter mit einer von Eberhards Kisten. Die beiden anderen hatte Mächler in der nächsten Hütte untergebracht. Der große, offene, von derben Balken unterteilte Raum war in der Tat spartanisch eingerichtet. Jugendherbergspritschen unter der Dachschräge, ein paar Bänke an der Wand und Holzkisten, die gleichermaßen als Sitzgelegenheiten wie als Tische dienten.

»Ihr seht, Bonhoeffer hat nicht übertrieben, als er sagte, daß es hier ein bißchen anders zugeht. Ich hoffe, es macht euch nicht allzuviel aus«, bemerkte Mächler augenzwinkernd, während er Eberhards Gepäck neben den Pritschen absetzte.

»Es stört uns nicht«, stellte Eberhard fest. »Oder sehen wir aus wie Luxusgeschöpfe?«

»Ich meinte die Tagesordnung! Die ist ziemlich streng.«

»Das kann man wohl sagen«, bestätigte Ernst Thom. »Ihr werdet euch wie in einem Kloster vorkommen – und nicht wie in einem lutherischen Seminar. Hoffentlich wird Bonhoeffer bald merken, daß wir uns nicht fürs Mönchtum interessieren, und diese Sachen sein lassen.«

»Darauf würde ich mich nicht verlassen«, bremste Mächler.

Eberhard war verwirrt. »So hat er auf mich gar nicht gewirkt.«

»Wie?«

»Na ja, so frömmelnd oder so ...«

»Oh, er ist nicht frömmelnd! Ganz und gar nicht!«

»Ein paar von uns haben schon an der Berliner Universität bei ihm studiert. Wir waren – na ja! –, man könnte wohl sagen, so eine Art engster Kreis«, sagte Mächler. »Ihr werdet schon noch merken, daß es nicht immer leicht ist mit ihm. Ich hoffe, ihr grabt gern.«

»Nicht besonders«, gestand Eberhard lachend.

Im Speiseraum beendeten Eberhard und seine Freunde gerade ihre einfache Mahlzeit, als sich die anderen Seminaristen um den großen U-förmigen Tisch zu versammeln begannen. Bonhoeffer ging zu seinem Platz am Ende des Tisches. Frau Struwe, die sich bisher nicht hatte blicken lassen, folgte ihm und setzte sich zu seiner Rechten. Sie schaute nicht ein einziges Mal in die Richtung der Sachsen.

Bonhoeffer stand auf, und das Gesprächsgemurmel verebbte. »Jetzt, wo wir alle beieinander sind«, wandte er sich an seine Seminaristen, »alle sechsundzwanzig, freuen wir uns, auch unsere vier Sachsen am gemeinsamen Tisch willkommen heißen zu können.«

Die anderen klatschten fröhlich.

»Vielleicht sollte ich Ihnen noch sagen, daß dieser Tisch das wichtigste Möbelstück im Haus ist. Hier essen wir, hier halten wir unseren Unterricht, und hier feiern wir Gottesdienste. Darum hoffen wir, daß Sie sich recht bald an diesem Tisch zu Hause fühlen und bald ganz zu unserer Bruderschaft gehören.«

Die Andacht begann. Drei Kandidaten lasen aus den Psalmen, dem Alten Testament und den Evangelien. Die Lesungen kamen Eberhard, der sich mehr als einmal beim Eindösen ertappte, ziemlich lang vor. Die Choräle wurden einstimmig gesungen. Ein Instrument gab es nicht, aber einer der Studenten gab den Ton an und dirigierte die Gruppe. Im Laufe des Gottesdienstes entdeckte Eberhard bei den jeweiligen Kandidaten eine durchaus unterschiedliche Aufnahme des Gehörten – vom mäßigen Interesse bis zum eher resignierten Annehmen dieser ungewöhnlichen Andacht. Nur einige wenige schienen aus vollem Herzen dabeizusein.

Bei Bonhoeffer war der tiefe Ernst unverkennbar. Konzentriert, ungeheuer aufmerksam hörte er zu und leitete gegen Ende die Gruppe in einem gemeinsamen Gebet. Seine feste Stimme mit ihrem leichten Anflug von Heiserkeit enthielt auch nicht die Spur salbungsvoller Frömmigkeit. Es war ein schlichtes Gebet des Dankes und der Fürbitte für jeden einzelnen von ihnen und ihr gemeinsames Leben als Brüder. Er betete vor allem für die führenden Leute der Bekennenden Kirche, besonders für die drei Pastoren, die vor einigen Wochen ins Konzentrationslager Dachau gebracht worden waren. Und – er betete für ihre Feinde. Schlicht und vollkommen unpathetisch bekannte er die Sünden, die bei Theologen und Pastoren so häufig zu beobachten waren: Stolz und Selbstgerechtigkeit. Eberhard spürte die Aufrichtigkeit dieses Mannes. Und doch! Auch das Gebet dauerte ungewöhnlich lange, und er war froh, als er endlich das »Amen« sprechen konnte.

Nach der Versammlung ging Eberhard mit den anderen durch die kühle klare Nacht zurück in ihre Hütte.

»Na, wie fandest du es?« fragte Ernst Thom neugierig. »Wohlgemerkt, wir machen das nicht einmal, sondern zweimal am Tag – morgens und abends.«

»Ja, davon habe ich gehört«, sagte Eberhard.

»Findest du das nicht ein bißchen übertrieben?«

»Vielleicht! Aber jetzt kann ich doch noch nichts darüber sagen. Ein bißchen lang vielleicht ...«

»Ein bißchen? Hm!«

Eberhard lachte. In diesem Augenblick neigte er zu derselben Ansicht. Aber er wollte doch erst mal abwarten und sehen, was der nächste Tag bringen würde.

11

Eberhard quälte sich gerade durch seine halbstündige Meditationszeit nach dem Frühstück. Gegen die Wand gelehnt saß er auf seiner Pritsche und las die Verse, zwei- und dreimal; dabei sorgsam darauf bedacht, seine Gedanken auf das zu konzentrieren, was da geschrieben stand, sich durch nichts ablenken zu lassen. Durch das Fenster sah er die helle Sonne über die Dünen streifen. Aber nicht doch! Angestrengt zwang er seinen Blick zurück auf den Text und versuchte, ihn Satz für Satz zu überdenken.

Dann drei Stunden Unterricht. Und jetzt wußte Eberhard, daß er auf etwas Neues, ihm bisher vollkommen Unbekanntes gestoßen war.

In der Vorlesung über »Nachfolge« hatte Bonhoeffer über die Aufforderung Jesu an den Zolleinnehmer Levi und an Simon Petrus gesprochen, alles zu verlassen, was bisher ihr Leben ausgemacht hatte, und seine Jünger zu werden. Er hatte mit der für Eberhard so überraschenden Aussage abgeschlossen: »Es war notwendig für Petrus und Levi, in die absolute Unsicherheit zu springen, damit sie es lernten zu glauben. Und«, hatte er hinzugefügt, »nur wer glaubt, ist gehorsam, und nur wer gehorsam ist, glaubt. Es ist ganz und gar unbiblisch, die erste Aussage ohne die zweite zu machen.«

Schließlich hatte Bonhoeffer die protestantische Praxis angegriffen, »endlose Ströme der Gnade hervorfließen zu lassen, während der Ruf, Jesus in wahrem Gehorsam nachzufolgen, kaum jemals gehört wird. Was ist aus all den Warnungen Luthers geworden, das Evangelium nicht auf eine Art und Weise zu predigen, daß sich die Menschen in ihrem gottlosen Lebenswandel sicher fühlen. Luther wußte genau, daß dies eine ›billige‹ Gnade bedeutet hätte. Dadurch konnten Menschen nur verwirrt, nur getäuscht werden – und der glimmende Docht würde gnadenlos ausgelöscht.«

»Sie meinen, Luther würde heute das Gegenteil von dem sagen, was er damals gelehrt hat?« fragte Mächler.

Welche Kühnheit, eine solche Frage zu stellen. Eberhard konnte nur staunen.

Bonhoeffer lächelte. »Vielleicht! Doch selbst, wenn er es täte, würde er damit immer noch dieselbe entscheidende Aussage treffen. Zu einem bestimmten Zeitpunkt bedeutete Glaube für ihn, das Kloster zu verlassen. Ein anderes Mal könnte es bedeuten, das Kloster wieder aufzumachen. Es könnte sogar bedeuten, sich gegen den Staat zu wenden; was, wie Sie wissen, für die lutherische Kirche unvorstellbar ist.«

Niemand sagte etwas dazu. Wie denn auch? Das war ein so verblüffender Gedanke, daß er Eberhard noch nie in den Sinn gekommen war.

Bonhoeffer aber war schon bei dem nächsten Gedanken. »Oder: Indem wir uns für alle Juden einsetzen, nicht nur für unsere getauften jüdischen Brüder. Eines ist sicher: Es ist ein lebendiger Glaube, von dem er spricht, und ein lebendiges Wort Gottes und lebendiger Gehorsam. Er würde jedenfalls nicht versuchen, diese Dinge ein für allemal festzumachen – unabänderlich!«

Am Nachmittag gab es am Strand eine Stunde Sport, und alle machten mit, auch Bonhoeffer. Eberhard war in seinem Element und erreichte in jedem Wettkampf die Endrunde.

»Der passende Abschluß dieser Sportstunde wäre ein Sprung in die Ostsee«, meinte jetzt Bonhoeffer. »Falls jemand tapfer genug ist, sich mir anzuschließen!« Er schickte sich an, sein Hemd aufzuknöpfen.

Begeistert lief Eberhard zum Wasser, ohne zu merken, daß keiner der anderen folgte. Kopfüber sprang er in die eisigen Wellen. Als er keuchend und wie erstarrt wieder auftauchte, sah er sich nach Bonhoeffer um. Der Direktor schwamm gelassen ins Meer hinaus.

»Kommen Sie!« rief Bonhoeffer. »Sie müssen in Bewegung bleiben!«

Eberhard holte auf, und sie schwammen mit kräftigen Stößen nebeneinander etwa hundert Meter weit hinaus und drehten dann einige Runden.

»Die dürfen nicht denken, wir hätten es eilig, wieder herauszukommen«, lachte Bonhoeffer.

»Auf keinen Fall!« pflichtete ihm Eberhard bei.

Dann, wie stillschweigend abgesprochen, schwammen sie zurück und stiegen unter dem fast neidvollen Applaus der anderen Kandidaten aus dem Wasser.

Am ersten Mai brach ein verspäteter Schneesturm von Finnland her über sie herein und bedeckte die Dünen mit Schnee. Es war an jenem Abend, als sich Eberhard zusammen mit den anderen Seminaristen im Gemeinschaftsraum eine Radioansprache Hitlers anhörte, die in den Zeitungen als »wichtig und die ruhmreiche Zukunft Deutschlands betreffend« angekündigt worden war.

In der Rede ging es vor allem um eine Maßnahme, die Hitler bereits vor sechs Wochen in die Wege geleitet hatte. Er verkündete Deutschlands Wiedererstehen als Militärmacht und befahl landesweite Einberufungen, um die Armee aufzubauen und zu stärken. Zusätzlich gab er den Aufbau einer deutschen Luftwaffe bekannt, die Göring unter dem Deckmantel der zivilen Luftfahrt bereits seit 1933 geschaffen hatte.

Die Gesichter der Studenten verrieten freudige Erregung und Erleichterung. Endlich waren die Fesseln des Versailler Vertrages zerbrochen! Auch Eberhard konnte ein Gefühl des Nationalstolzes nicht unterdrücken.

»Schau dir Bonhoeffer an«, flüsterte ihm auf einmal Mächler zu.

Bonhoeffer saß vollkommen reglos da, den Blick auf den Fußboden gerichtet, während Hitler mit seiner hysterisch-heiseren Stimme brüllte: »Durch diesen kühnen und furchtlosen Schritt rottet Deutschland die Schande von Versailles mit den Wurzeln aus.« Die Menge in Tempelhof brüllte vor Begeisterung.

Hitlers Ansprache war beendet, und die Kandidaten redeten wild durcheinander.

»Ob wir bald einberufen werden? Was meint ihr?«

»Vielleicht sollten wir nicht warten, bis wir eingezogen werden!«

»Richtig! Ich wette, die meisten von uns könnten Offizierspatente bekommen, wenn wir uns freiwillig melden.«

»Was meinst du – wie würdest du in einer Uniform aussehen, Eberhard?« fragte Beckmann.

Eberhard sah ihn vergnügt lachend an.

Bonhoeffer sagte noch immer nichts. Auch die Berliner Studenten blieben still. Allmählich verebbte das begeisterte Durcheinander. Ein irgendwie unsicheres Schweigen machte sich breit.

»Haben Sie je daran gedacht, daß für einen Christen die Möglichkeit der Kriegsdienstverweigerung aus Gewissensgründen besteht?« fragte Bonhoeffer jetzt leise.

Die Kandidaten sahen einander an, als hätten sie nicht ganz richtig gehört. Eberhard war schockiert. Mächler warf ihm einen vielsagenden Blick zu: »Ich habe es dir ja gesagt!«

»Das können Sie nicht ernsthaft meinen, Herr Doktor«, protestierte Ernst Thom.

»Ich meine es vollkommen ernst!«

»Aber Sie müssen doch zugeben, daß mit diesem einen Schlag die Ehre der Nation wiederhergestellt ist.«

»Das kommt darauf an, was Sie unter ›Ehre‹ verstehen.«

»Ehre bedeutet, erhobenen Hauptes inmitten der anderen Nationen zu stehen und sich zu weigern, einen so ungerechten Vertrag zu erfüllen. Außerdem ist Pazifismus in Wirklichkeit nichts als ein Ausweichen vor der Pflicht.«

Zustimmendes Gemurmel.

»Sie, lieber Bruder Thom, meinen also tatsächlich, darin würde sich Hitlers Absicht erschöpfen, den Versailler Vertrag rückgängig zu machen?« fragte Bonhoeffer ganz ruhig. »Das würde ich auch gerne glauben.«

Er stand auf, legte einen Scheit Holz auf das schwelende Feuer und wandte sich dann allen zu, sah alle eindringlich an. »Ist Ihnen schon einmal der Gedanke gekommen, daß es mehr Mut erfordert, Kriegsdienstverweigerer zu sein und die entsprechenden Konsequenzen zu tragen, als sich einfach so dem Militärdienst unterzuordnen?« Bonhoeffer blickte in verblüffte Gesichter. »Könnten Sie mir zustimmen, wenn ich vorschlage, einfach mal die Bergpredigt ernst zu nehmen? Daß es zumindest für uns Christen eine Möglichkeit sein könnte, das zu tun, was Jesus uns gesagt hat?« Er begegnete nur verständnislosen Blicken. »Warum lesen Sie die Bergpredigt nicht noch einmal durch und denken darüber nach? Lesen Sie diesen Text mit der Bereitschaft, Jesus beim Wort zu nehmen.«

Auf dem Rückweg zu ihren Quartieren, wirkten die Kandidaten nachdenklich. Dann hörte Eberhard seinen Namen rufen. Es war Bonhoeffer.

»Sie haben Ihren Pullover vergessen, Bruder Bethge.«

»Danke! Draußen hätte ich es schon gemerkt.«

»Ja, es ist schrecklich kalt, fürchte ich. Werden Sie in Ihrer Hütte frieren?«

»Nein, keine Sorge! Ich bin es gewohnt, in ungeheizten Räumen zu schlafen. In Kade gibt es auch keine Zentralheizung.«

»Haben Sie lange dort gelebt?«

»Den größten Teil meines Lebens. Mein Vater war der Dorfpfarrer.« Eberhard wollte Bonhoeffer nicht langweilen, aber das aufrichtige Interesse in Bonhoeffers Augen ermutigte ihn weiterzusprechen. »Er starb, als ich noch ein Junge war.«

»Er muß ein guter Mann gewesen sein, wenn Sie in seine Fußstapfen treten wollen.« Jetzt fragte er nach Eberhards Mutter und entlockte ihm einiges über die Anstrengungen, die sie auf sich genommen hatte, um ihren Kindern eine gute Ausbildung zu ermöglichen.

»Es war dennoch keine schlechte Zeit«, beteuerte Eberhard. »Wir mußten hart arbeiten. Aber ich glaube nicht, daß uns das geschadet hat!«

Bonhoeffer lächelte und verabschiedete sich herzlich von ihm.

Ohne die Kühle der Nacht zu bemerken, ging Eberhard nachdenklich zu seiner Hütte. Je mehr er über seinen Lehrer erfuhr, desto neugieriger wurde er. Jeder Tag brachte neue Überraschungen. Doch daß dieser vornehme und kluge Mann seine aufrichtige Zuneigung erkennen ließ, war die größte aller Überraschungen.

Zweimal seit der Eröffnung des Seminars hatte Präses Koch Dietrich auf Missionen für die Bekennende Kirche geschickt. Jetzt war Dietrich nach Paris gereist, um Bischof Bell und anderen führenden Leute der Ökumene Bericht zu erstatten und um ihre Hilfe bei der immer stärker werdenden Verfolgung der Kirche durch die Nazis zu bitten. Dietrich verließ Bell voller Dank für dessen Anteilnahme und Hilfsbereitschaft.

Als er über Nacht in Berlin Station machte, mußte er sich mit anderen Problemen beschäftigen. Rüdiger Schleicher, der mit Dietrichs ältester Schwester Ursel verheiratet war, mußte sich plötzlich entscheiden, entweder der NSDAP beizutreten oder seine Stellung als Jurist im Luftfahrtministerium aufzugeben. Göring selbst hatte das angeordnet, und es gab keinen Ausweg.

»Ich weigere mich, in diese Partei einzutreten – aus welchem Grund auch immer«, erklärte Rüdiger.

»Dann laß es bleiben!« lautete Dietrichs Antwort.

»Aber Klaus und Hans bestehen darauf. Wir haben uns gestern die halbe Nacht deswegen gestritten.«

»Bis ich Kopfschmerzen bekommen habe«, gestand Ursel.

»Warum verlangen sie das von dir?« fragte Dietrich. »Es ist schließlich dein Leben.«

»Das habe ich ihnen auch gesagt!« stimmte ihm Ursel zu.

Rüdigers sonst so heiteres Gesicht verfinsterte sich. »Sie sagen, ich könnte eines Tages eine wichtige Informationsquelle sein.«

Er ist schon jetzt eine gute Quelle, dachte Dietrich, die beste Quelle für Informationen von der »anderen« Seite, die seine Familie hatte.

»Ich bin kein guter Schauspieler«, gab Rüdiger zu bedenken. »Wenn es tatsächlich dahin käme ... Wenn ich versuchen müßte, mir in irgendeiner Situation eine Ausrede einfallen zu lassen ... Niemand würde mir glauben! Deshalb weiß ich auch nicht, was ich groß nützen könnte. Andererseits – ich möchte das Richtige tun, und wenn ich wirklich gebraucht werde ...«

»Tu es nicht, wenn du es nicht tun willst«, sagte Dietrich entschieden. »Sie sollten dich nicht zu so etwas drängen!« Allein der Gedanke war Dietrich zuwider.

»Da bin ich nicht deiner Meinung«, widersprach Christel, die bis jetzt geschwiegen hatte. »Die beiden haben recht, weil es so wichtig ist . . . oder zumindest sein könnte. Außerdem geht es nur um seinen Namen in einem Buch. Niemand braucht davon zu wissen. Er muß schließlich keine Armbinde oder dergleichen tragen.«

»Es geht ums Prinzip . . .«, versuchte Dietrich zu argumentieren.

»Was für ein Prinzip? Ist irgendein abstraktes Prinzip wichtiger, als unser Land von diesem verbrecherischen Regime zu befreien?«

Dietrich wirkte ratlos. »Dagegen sagt niemand etwas! Aber was hat das mit uns zu tun?«

»Es könnte etwas mit uns zu tun haben. Eines Tages!«

Dietrich sagte nichts mehr, und bald darauf machte sich Rüdiger auf den Weg zum Parteimitgliedschaftsbüro. Er nahm seinen elfjährigen Sohn Hans-Walter mit und ging zur Straßenbahn. Trotz seiner Gehbehinderung kam er nie mit dem Auto vom Luftfahrtministerium.

Sabine war mit den Kindern aus Göttingen gekommen, um Dietrich in Berlin zu treffen. Am Nachmittag dann, als er und seine drei Schwestern sich im Garten unterhielten, berichtete ihm Sabine, daß Gert beschlossen hatte, nicht nach England zu emigrieren – zumindest nicht in nächster Zeit. Er wolle nichts überstürzen.

»Ja, glaubt er denn wirklich, daß sich die Lage bessern wird?« fragte Christel erstaunt. »Ihr solltet lieber gehen, solange ihr noch könnt. Konzentrationslager sind kein Witz.«

»Das weiß ich, Christel. Das brauchst du mir nicht zu sagen.« Unübersehbar die Zweifel und Sorgen in ihrem Gesicht. »Aber allein der Gedanke, Deutschland zu verlassen . . .«

»Nun, ihr solltet euch schon mit diesem Gedanken beschäftigen – ob ihr nun wollt oder nicht.«

Eine Zeitlang sagte niemand etwas. Dann fragte Christel Dietrich nach dem Seminar. »Mama sagt, daß du auf der Suche nach neuen Räumlichkeiten bist.«

»Das stimmt. In der Nähe von Stettin habe ich etwas in Aussicht. Wir müssen das Konferenzzentrum bis Mitte Juni räumen.«

»Kommt Elenore diesmal mit?«

»Nein!« Schweigen. Wie sie ihn alle ansahen! »Warum fragst du?«

»Nichts! Ich dachte nur, du würdest sie mitnehmen«, sagte Christel.

»Warum dachtest du das?«

»Ach Dietrich, stell dich doch nicht so dumm! Natürlich dachten wir es, weil du sie ja auch früher schon mitgenommen hast.«

Vermutlich meinte sie damit die Reise im März, als Elenore sich der Gruppe angeschlossen hatte, die nach neuen Räumen für das Seminar in der Mark Brandenburg Ausschau gehalten hatte.

Christels Augen funkelten ihn an. »Aber was wir eigentlich wissen wollen, ist, wann wir uns endlich auf die Verlobungsfeier freuen können.«

Ursel und Sabine musterten ihren Bruder erwartungsvoll.

»Ich glaube, ihr zieht da etwas voreilige Schlüsse«, antwortete er kühl.

»Ich weiß nicht, welche ›Schlüsse‹ du erwartest«, verteidigte sich Christel. »Warum denn hast du sie mitgenommen, wenn nicht, um ihre Meinung über den Ort zu hören, an dem sie einmal wohnen soll?«

Er öffnete den Mund, als wolle er etwas sagen, schloß ihn aber gleich wieder, als ihm bewußt wurde, daß er auf diese Frage doch keine befriedigende Antwort hatte. Er stand auf. »Ihr wißt wirklich nicht, wovon ihr redet. Nicht im geringsten. Bitte entschuldigt mich!« Mit einer steifen Verbeugung und ohne sich noch einmal umzusehen, lief er geradewegs ins Haus.

Langsam ging Dietrich nach oben in sein Zimmer, ließ sich in seinen Lehnsessel fallen und starrte ratlos vor sich hin.

Er sah ihn noch vor sich – Elenores abgewandten Blick, als sie die Wohnung in einem der größeren Häuser besichtigten. Der Makler: »Geradezu ideal für den Seminardirektor, finden Sie nicht? Mit dem Blick auf die Landschaft . . .«

Und wie er dem Mann gesagt hatte, es sei zu groß für eine Person.

Später dann hatten Elenore und er eine Weile allein in ihrem

Zugabteil gesessen, und Elenore hatte mit seltsam gepreßter Stimme gesagt: »Deine Pläne für das Seminar scheinen ja schon ziemlich fertig zu sein.«

»Das hoffe ich! Aber so genau weiß ich es auch noch nicht. Manchmal habe ich Bedenken.«

Dann hatte er Elenore von seinen quälenden Zweifeln in der Nacht von Fanö berichtet. Und sie hatte ihm gleichermaßen überrascht wie verwirrt zugehört. Vor allem, nachdem er ihr gestanden hatte, daß er einen solchen Kampf mit den Dämonen in seinem Inneren nicht zum ersten Mal ausgefochten hatte. »Hast du schon mit deinem Vater darüber gesprochen?« hatte sie von ihm wissen wollen.

»Nein! O nein! Ich würde ihn niemals mit etwas so Albernem belästigen.«

»Das ist nicht albern, Dietrich. Dein Vater würde es bestimmt nicht für albern halten.«

Über das Seminar war kein weiteres Wort gesprochen worden.

Als er eine halbe Stunde später mit seiner Großmutter nach unten ging, traf Dietrich auf Hans-Walter, der – immer zwei Stufen auf einmal nehmend – die Treppe hinaufstürmte, dicht gefolgt von seiner kleinen Schwester Renate.

»Wo wollt ihr denn so eilig hin?« fragte Dietrich.

»Großmama hat uns versprochen, daß wir uns an ihrem Radio unsere Sendung anhören dürfen. Und die fängt gleich an.«

»Aber einen Moment mußt du noch warten. Warst du mit deinem Vater im Parteimitgliedschaftsbüro?«

»Ja, wir sind gerade zurückgekommen. Es dauerte ewig!«

»Warum?«

»Ach, jedesmal, wenn wir zum Eingang kamen, sagte Vater: ›Gehen wir erst noch mal um den Block.‹ So ging das dreimal.« Seine Stimme überschlug sich geradezu in der Erinnerung an das, was ihm da zugemutet worden war.

»Aber ihr seid hineingegangen?«

»Ja! Beim letzten Mal. Die Tür war verschlossen. Sie hatten schon zu. Aber dann haben sie uns trotzdem reingelassen. Ich habe im Flur gewartet. Es hat auch gar nicht mehr lange gedauert.«

Renate zerrte an Hans-Walters Arm.

»Na, dann ab mit euch beiden! Und viel Spaß bei eurer Sendung.«

Weder Dietrich noch seine Großmutter sagten ein Wort, als sie langsam die Treppe runtergingen. Er wußte, daß sie sich Sorgen machte, ihr »Parsifal«, wie sie Rüdiger manchmal nannten, könne in eine unausweichliche Notsituation geraten.

12

Paula Bonhoeffer fühlte sich ihrem Schwiegersohn Hans von Dohnanyi manchmal näher als ihrer Tochter Christel. Er war aus ihrer Sicht offener, teilte ihr viele Dinge bereitwilliger mit. Hans war als junger Mann ziemlich einsam gewesen und hatte während der Scheidung seiner Eltern ein paar Häuser weiter bei den Delbrücks gewohnt. In dieser Zeit war es Paula gelungen, das Vertrauen dieses gleichermaßen stolzen wie sensiblen Jungen zu gewinnen. Es war das Jahr nach dem Tod ihres Sohnes Walter gewesen. Walter war an der Front gefallen. Wie immer scheute Paula vor der Erinnerung an jene Monate zurück, als die Trauer sie so tief getroffen hatte, daß sie das Bett nicht hatte verlassen können. Sie war dann gerade erst wieder bei ihrer Familie gewesen, als dieser Junge aufgetaucht war – so einsam und verstört –, und sie hatte sich um ihn gekümmert. Erst später hatte sie begriffen, daß sie Hans damals genauso gebraucht hatte wie er sie.

Christel, die damals fünfzehn gewesen war, hatte mit Walters Tod ihre Kindheit verloren. Paula hatte lange gebraucht, um das zu erkennen; einmal, weil ihre eigene Verzweiflung sie für die Verzweiflung anderer blind gemacht hatte, und zweitens – weil

Christel es niemals erwähnt, es immer für sich behalten hatte. Von frühester Kindheit an war ihr älterer Bruder Christels Idol gewesen. Sie hatte niemals mit Puppen gespielt, sondern sich immer mit Walters Sammlung von Fröschen und Schildkröten, Schmetterlingen und weißen Mäusen beschäftigt.

Als Hans' Vater, der bekannte Pianist und Komponist Ernst von Dohnanyi, nach Ungarn zurückkehrte, hatte Hans' Mutter ein bescheidenes Haus in der Nachbarschaft gefunden, und Hans hatte sich fest an die Gruppe junger Leute aus den Familien Bonhoeffer und Delbrück angeschlossen. Bald begannen er und Christel, die zwei Jahre jünger war als er, gemeinsam dieselbe Schule zu besuchen. Er kam, um ihr Fahrrad zu reparieren oder – unter allen möglichen anderen Vorwänden – um sie zu besuchen. Sie wurden unzertrennlich. Karl hatte schließlich darauf bestanden, mit einer Heirat zu warten, bis Hans die Universität hinter sich hatte und in einer guten Stellung abgesichert war. Christel hatte eingewandt, Hans sei der brillanteste Mann, den sie kenne, und er würde mit Sicherheit erfolgreich sein. Doch Karl hatte nicht mit sich reden lassen.

Die ersten Jahre ihrer Ehe waren oft von finanziellen Sorgen überschattet gewesen, obwohl Christels Vertrauen in Hans und dessen Fähigkeiten niemals schwankte. Als Hans 1929 zum persönlichen Referenten des Reichsjustizministers berufen wurde, schien sich Christels Vertrauen in ihren Mann zu bestätigen. Dann kam Hitlers Machtübernahme, und Franz Gürtner wurde Justizminister. Auch jetzt war Hans geblieben – wie er sagte, weil das Justizministerium sich immer noch ein gewisses Maß an Freiheit bewahrt hatte. Bislang hatte auch in der Tat niemand Druck auf ihn ausgeübt, hatte von ihm verlangt, sich der NSDAP oder einer ihrer Unterorganisationen anzuschließen.

Und seine Familie? Auch nach zehn Jahren Ehe und drei Kindern bestand die ungewöhnliche Zuneigung zwischen den beiden unverändert, so stark wie eh und je. Manchmal beobachtete Paula, wie Hans und Christel Blicke miteinander austauschten, die so vertraut und voller Liebe waren, daß sie sich wie ein Eindringling vorkam.

Hans schaute oft in Paulas kleinem Zimmer im ersten Stock vorbei, um sich mit ihr zu unterhalten. Auch an diesem Nachmittag, als der Rest der Familie sich im Garten entspannte, erschien er an ihrer Tür. Erfreut bot sie ihm einen Sessel an.

Er trug Knickerbocker, eine neue Mode, für die sie nichts übrig hatte. Aber da Hans sehr schlank war, fand sie, man könne diese unmöglichen Dinger bei ihm akzeptieren. Oft war er mit irgendeiner lustigen Bemerkung in ihr Zimmer gekommen, doch heute wirkte sein schmales Gesicht sehr ernst.

Ohne jede Vorrede begann er ihr von einem neuen Gesetz zu erzählen, das gerade vorbereitet wurde. Hitler wollte den Juden ihre deutsche Staatsbürgerschaft aberkennen und ihnen das Wahlrecht sowie jeglichen gesetzlichen Schutz entziehen – dieser Punkt sei Hitler besonders wichtig, sagte er – und Ehen zwischen Juden und Ariern für ungesetzlich erklären. Die Gesetze sollten im Herbst nach dem Nürnberger Parteitag in Kraft treten.

Paula brachte vor Empörung kein Wort heraus. Doch Hans war noch nicht am Ende: »Gürtner sagte mir, daß er und einige andere im Justizministerium versucht hätten, die Sache etwas zu mäßigen, aber ohne viel Erfolg.«

»Hugo von der Lutz hat doch hoffentlich nichts damit zu tun, oder?« fragte sie.

»Tut mir leid, Mama! Er war es, der mir zuerst davon erzählt hat. Um genau zu sein, er arbeitet selbst an dem Entwurf mit, zusammen mit einigen anderen.«

Geistesabwesend strich Paula die Falten ihres blauen Leinenkleides glatt. Sie hob den Kopf, stellte – widerstrebend – die Frage, die ihr jetzt am meisten auf der Seele lag: »Was hatte er dazu zu sagen? Wie denkt er darüber?«

»Er hält es insgesamt für eine gute Sache. Das Gesetz werde den Umgang mit den Juden in gesetzliche Bahnen leiten, sagt er. Exzesse ausschließen.«

»Ich muß schon sagen, daß ich ihm mehr Verstand zugetraut hätte.«

»Du solltest ihn endlich aufgeben, Mama.«

Paula schüttelte den Kopf; unfähig, Zorn zu empfinden – nichts als eine große Traurigkeit war in ihr. Hugo war immer einer ihrer Lieblingsneffen gewesen. »Ich hoffe, du hast ihn daran erinnert, welche Folgen das auch für Gert haben würde.«

»Das habe ich! Er hat mir geantwortet, er hätte nichts gegen Gert, aber er müsse über seine Privatinteressen das Wohl Deutschlands stellen.«

Sie war nicht bereit, eine Niederlage zu akzeptieren. »Ich könnte versuchen, mit ihm zu reden.«

Hans blickte sie voller Skepsis an, sagte aber nichts. Und wie es denn nun mit ihm selbst sei – wo doch seine ungarische Großmutter Jüdin war. Hans versicherte ihr, daß niemand im Justizministerium das wisse, nicht einmal Hugo. Paula war sich dessen nicht so sicher. Immerhin wußte in der Familie jeder davon. Und Hugos Frau Hilde, eine ganz große Hitler-Verehrerin, konnte es irgendwo aufgeschnappt haben.

Am Abend dann, als sich die ganze Familie im Wohnzimmer versammelt hatte, berichtete Hans auch hier von den neuen Gesetzen. Paula konnte es noch immer nicht glauben, daß ein solches Gesetz im deutschen Volk hingenommen würde. Aber die anderen waren anderer Meinung.

»Das deutsche Volk war 1933 auf der Suche nach einem Sündenbock, und das wußte Hitler«, sagte Rüdiger. »Er hat ihnen genau den verschafft, den er ihnen geben wollte.«

»Nicht alle sind so, Rüdiger! Du verallgemeinerst doch sonst nicht so.« Kerzengerade richtete sich Paula in ihrem Sessel auf. »Jedenfalls können wir nicht dasitzen und die Hände in den Schoß legen. Wir müssen etwas tun.«

»Bravo!« rief Emmi. Ihre Augen leuchteten zustimmend. Sie sah Klaus an, als wolle sie sagen: Nimm dir ein Beispiel an ihr!

Immer klarer wurde es Paula, daß es für sie nur noch einen Ort gab, wo sie ihren ohnmächtigen Zorn gegen dieses Unrechtsregime anbringen konnte – die Bekennende Kirche mit ihrer Bereitschaft, gegen Hitler Stellung zu beziehen. Und so erklärte sie jetzt an Ort und Stelle ihre Absicht, sich Pfarrer Niemöllers Gemeinde anschließen zu wollen und diese Gemeinde voll und ganz zu unterstützen. Sie sah ihren Mann an, der etwas abseits neben der Vitrine saß. Früher hätte er sie in einer solchen Situation allenfalls amüsiert angelächelt; doch jetzt signalisierte er rückhaltloses Einverständnis, wenn das auch – wie sie genau wußte – nicht bedeutete, daß er es ihr gleichtun würde.

Dietrich gab zu alledem keinen Kommentar ab, warnte nur vor übergroßen Erwartungen im Hinblick auf die Bekennende Kirche – auch sie sei verwundbar. Hitlers Leute versuchten bereits, mit entsprechenden Gesetzen die angreifbare Stelle der Bekennenden Kirche zu finden; würden versuchen, sie zu spalten. Viele gute Lutheraner zum Beispiel wären nicht bereit, gegen Gesetze des Staates zu handeln. »Und was meine jungen Brüder im Seminar angeht«, sagte er, »so wird ihnen ein möglicher Zusammenprall mit der Obrigkeit erst richtig Appetit machen. Selbst unsere primitiven Bedingungen in Zingst nehmen sie hin, weil sie es als ein Vorrecht ansehen, in diesem Seminar zu sein.«

»Primitiv?« wiederholte Paula. »Ich dachte, du wärst dort gut untergebracht. Das hast du doch geschrieben.«

»Uns geht es gut dort, wirklich«, erwiderte Dietrich lachend.

Später am Abend, als ihm die neuen Gesetze noch immer im Kopf herumwirbelten, winkte ihm Hans vorsichtig zu. »Komm doch bitte mal mit mir über die Straße«, flüsterte ihm Hans zu. »Ich möchte dir etwas zeigen.«

Auf der anderen Seite der schmalen Straße warf das Schöne-Haus seinen dunklen Schatten auf das Kopfsteinpflaster. Sie nannten es immer noch das Schöne-Haus, obwohl dort nach dem Tode der alten Frau Schöne schon seit zwei Jahren Hans und Christel wohnten. Leise stiegen sie die Treppen hinauf, schlichen an den Zimmern der schlafenden Kinder vorbei zu einem entlegenen stillen Winkel des Hauses, in dem sich Hans sein Arbeitszimmer eingerichtet hatte. Hier öffnete er eine Schublade seines Schreibtischs. Von ganz hinten angelte er einen Karteikasten hervor und stellte ihn auf den Tisch; dann legte er vier Mappen daneben.

»Setz dich, Dietrich«, bat er seinen Schwager. »Ich habe hier etwas, das dich sehr wahrscheinlich interessieren wird.« Er schlug die erste Mappe auf und blätterte die Hälfte der darin enthaltenen Schriftstücke um, so daß ihre beschriftete Seite verdeckt war.

»Das ist ein abgeschlossener Fall!« Dann nahm er die übrigen Papiere zur Hand. »Dies hier nun ist ein Fall, der noch nicht eröffnet wurde – und auch vermutlich niemals eröffnet werden wird. Es sei denn, Hitler wird gestürzt, oder er beschließt irgendwann, daß er Göring loswerden will. Und das ist nicht sehr wahrscheinlich.« Hans blätterte langsam in den Papieren. »In diesen Papieren werden mehrere Fälle von Bestechung dokumentiert. Das hier ist eine Überweisung Görings von drei Millionen Mark auf eine Bank in Zürich. Das Geld wurde überwiesen, kurz nachdem das Ermittlungsverfahren gegen den Tabakmagnaten Schmidt fallengelassen wurde. Erinnerst du dich?«

»Ja! Ich weiß noch, daß da Gerüchte über eine Bestechung kursierten.«

»Nun, hier hast du den Beweis! Die Mitschrift eines Telefongesprächs zwischen Göring und Schmidt, in dem sie den Handel abschlossen.«

»Du meinst, Hitler hat Görings Telefon angezapft?«

»Aber ja! Niemand ist davor sicher. Nicht einmal Göring.«

Er schlug die nächste Mappe auf und blätterte darin. »Dies hier dokumentiert die Ermordung von Bundeskanzler Dollfuß im letzten Sommer in Wien. Das Attentat wurde von der österreichischen SS verübt, aber Hitler erhielt einen Bericht über die ganze Aktion. Erinnerst du dich, wie er immer abgestritten hat, etwas damit zu tun zu haben?«

Dietrich nahm die Papiere und las sie hastig durch. Sie enthielten detaillierte Angaben darüber, wie sich die Nazis die österreichischen Armeeuniformen für die dreißig Männer beschafft hatten, die in das Kanzleramt eingedrungen waren. Und die hatten Dollfuß aus einer Entfernung von einem halben Meter erschossen.

»Hans, wo hast du dieses Zeug her?« fragte Dietrich erschüttert.

»Vom Justizminister! Das meiste davon stammt von Hitler, der Gürtner vertraut, soweit er überhaupt jemandem vertraut. Gürtner war vor Jahren in München Hitlers Fürsprecher und Protektor. Ich habe allerstrengste Anweisung, die Sache unter Verschluß zu halten.« Hans lachte grimmig. »Ich werde sie auch unter Verschluß halten, wenn auch nicht unbedingt zu Hitlers Vorteil.«

Dietrichs Schock stand ihm so deutlich ins Gesicht geschrieben, daß Hans sich beeilte, ihm zu versichern: »Gürtner übergibt mir alles ohne Ausnahme. Niemand sonst bekommt es zu sehen.«

»Warum ausgerechnet dir? Weiß er denn nicht, wo du stehst?«

»Ich glaube, er errät es. Wir sprechen nicht darüber.«

Schweigend versuchte Dietrich, die Bedeutung dieser Aussage zu erfassen. »Weiß Hitler, daß du dieses Material hast?«

»Nein!«

»Weshalb bist du dir da so sicher?«

»Ich glaube Gürtner«, antwortete Hans schlicht. »Er ist enttäuscht von Hitler. Wie so viele andere hat er sich von Hitler in die Irre führen lassen. Und jetzt findet er sich in der entsetzlichen Rolle eines Totengräbers des deutschen Rechts.«

»Und mit dem hier versucht er, die Sache wiedergutzumachen?«

»So ungefähr! Natürlich hat er nichts davon offen gesagt. Das würde er auch nicht wagen. Ganz besonders fürchtet er Himmler, und er ist sicher, daß der es auf ihn abgesehen hat. Woran ich übrigens auch nicht zweifle. Gürtner versuchte vor ein paar Monaten bei Hitler zu erreichen, daß die Konzentrationslager geschlossen würden oder zumindest doch ein gewisses Maß an Kontrolle über sie möglich würde. Ihm lagen unwiderlegbare Beweise vor, daß Insassen dieser Lager von einem Gestapo-Beamten gefoltert worden waren. Gürtner schickte die Beweise an Hitler und empfahl, den Beamten zur Verantwortung zu ziehen. Doch Hitler ordnete an, darauf nicht einzugehen. Das hat – auf eine schaurige Weise – Gürtner die Augen geöffnet. Und seitdem verfolgt ihn Himmler mit seinem Haß.«

»Wie steht Hugo zu dieser ganzen Sache?«

»Er weiß natürlich nichts über diese Unterlagen. Und – er geht davon aus, daß ich dem Dritten Reich treu ergeben bin.« Resignierendes Achselzucken. »Was bedeutet, daß ich mich mehr, als mir lieb ist, der Gesellschaft Hugos erfreuen kann.« Dietrich sagte nichts, und Hans meinte nun in entschuldigendem Ton: »Er ist ein Teil meines Selbstschutzsystems. Er hat Zugang zu Hitler. Und so etwas kann in diesem Vipernnest sehr nützlich sein.«

»Warum erzählst du mir das alles?«

»Genau gesagt, ich weiß es nicht!« Er sah Dietrich in die Augen. »Vielleicht, weil du mir sagen wirst, was du davon hältst. Ohne Umschweife. Und weil du es für dich behalten wirst.«

Es war offensichtlich, daß sich Hans für einen Weg entschieden hatte, dem er folgen würde. Er wußte, wohin ihn dieser Weg führen konnte, und er kannte die Gefahren, die damit verbunden waren. Und nun brauchte er Dietrichs Zustimmung. Bestürzt ahnte Dietrich, in welche Schwierigkeiten er durch diese Enthüllung geraten war. Dabei war es ihm von Grund auf zuwider, sich in etwas für ihn so Undurchsichtiges und Gefährliches hineinziehen zu lassen.

»Ich bin überrascht, daß du das alles hier aufbewahrst«, sagte er deshalb eher unverbindlich.

»Ich bewahre es nicht hier auf. Ich habe diese Mappen nur mit nach Hause gebracht, um sie Christel zu zeigen – und dir.«

»Dann weiß sie auch Bescheid?«

»Natürlich! Ich halte vor Christel nichts zurück.« Er blickte auf. »Nicht, weil sie unbedingt alles wissen will, sondern weil wir uns immer alles gesagt haben.« Er lächelte ein wenig verlegen. »Deine Schwester ist eine wunderbare Frau.«

Dietrich war verblüfft. In all den Jahren, die sie sich nun kannten, hatte Hans noch nie so persönlich mit ihm geredet.

Hans klappte die Mappe zu. »Da ist noch mehr, viel mehr, in meinen Akten im Büro. Eindeutige Beweise gegen Nazis, meist hohe Beamte – und zwar alles: von Morden in den Konzentrationslagern bis zum Devisenschmuggel durch Parteigrößen und Berichten über Homosexualität in der SA und in der Führung der Hitlerjugend. Ich nenne es die ›Chronik der Skandale‹.« Er öffnete den Karteikasten und blätterte die Karten durch. »Hier ist alles genau aufgezeichnet. Jeder Name auf seiner eigenen Karte. Wie du siehst, mit Stellung, Rang, Adresse und so weiter. Auf der Rückseite jeder Karte steht in einer der Ecken eine Zahl. Sie entspricht dem Namen auf der Mappe, in der die Betreffenden auftauchen. Wahrscheinlich würdest du es gar nicht bemerken.«

»Nein!« Dietrich betrachtete erstaunt die winzige leichte Markierung. Er konnte die Zahl kaum entziffern. »Die Zahlen und die dazugehörenden Namen hast du im Kopf gespeichert, nehme ich mal an.«

Hans lächelte. »Ich habe eine Liste unter meinem Kaffeebecher im Büro. Sieht aus wie ein Untersetzer, aber läßt sich auffalten, und drinnen steht die Liste. Du wärst überrascht, wieviel sich auf so engem Raum notieren läßt.«

Dietrich erschauerte. »Das alles klingt bedrückend gefährlich.«

»Nicht, wenn ich vorsichtig bin. Es wird nur dann gefährlich, wenn ich davon gegen Hitler Gebrauch mache.«

»Aber du hast vor, das zu tun?«

»Wenn die Zeit dafür reif ist. Diese Informationen werden in Verbindung mit einem Sturz des Regimes verwendet werden müssen.«

Dietrich stellte die Frage nicht, die ihm jetzt sofort einfiel, aber Hans schien Gedanken lesen zu können. »Falls tatsächlich so etwas wie eine Verschwörung geplant wird – ich habe sie noch nicht entdeckt. Doch früher oder später wird es dazu kommen. Dann könnte dieses Material nützlich sein. Vielleicht, um einen schwankenden General zu überzeugen oder sonst jemanden, der zuhören will. Inzwischen werde ich weiter und weiter sammeln.«

Unruhig drehte Dietrich den Wappenring an seinem Finger. »Ich glaube nicht, daß du dieses Material einfach so liegenlassen kannst. Macht dich das nicht zum Komplizen?«

»Ja, ich weiß.«

»Ich würde dir am liebsten raten, das alles zu vergessen. Aber ich fürchte, du hast recht. Eines Tages wirst du es gebrauchen müssen. Nur – sei vorsichtig!«

Hans sagte nichts, aber sein Gesicht wirkte entspannter, als er die Mappen und den Kasten sorgfältig wieder in seinem Schreibtisch verbarg.

Am nächsten Tag, nach unruhigem Schlaf, stand Dietrich früh auf, um mit Superintendent Niesel in das kleine Dorf Finkenwalde bei Stettin zu reisen. Er hoffte, bis zum Einbruch der Nacht wieder in Zingst zu sein – mit dem Wissen um den endgültigen Standort des Seminars.

13

Das Beste an dem Haus in Finkenwalde war seine Größe; ein sehr wichtiger Punkt für Dietrich. Er hatte die Hoffnung, aus dem Seminar ein Zentrum für alle möglichen Aktivitäten der Bekennenden Kirche im westlichen Pommern entstehen zu lassen und es auf lange Sicht zu einer Zufluchtsstätte zu machen – für ehemalige Studenten und alle, die einen Zufluchtsort brauchten.

Das alte Haus lag an einem sanften Hang etwas oberhalb eines Seitenarms der Odermündung. Die drei Haupträume im Erdgeschoß waren groß und hoch, hatten viele Fenster. Alle waren sich einig, daß der mittlere Raum mit seinem großen gemauerten Kamin als Gemeinschaftsraum dienen konnte. Die Räume an seiner Seite konnten als Speiseraum und als Hörsaal genutzt werden.

Im ersten Stock gab es viele kleine niedrige Zimmer mit winzigen Fenstern. Diese Räume konnten als Arbeitszimmer dienen. Am Anfang und Ende des langen Flurs gelangte man über ein paar Stufen in zwei größere Räume, in denen jeweils bis zu zehn Betten für die Kandidaten aufgestellt werden konnten. Dietrich selbst bezog eine kleine Wohnung über der Garage, mit Aussicht zum Wasser. Willi Rott suchte sich ein größeres Zimmer über der Küche aus.

Die Vorlesungen wurden in den fast unmöblierten Räumen wieder aufgenommen. An den Nachmittagen schrubbten sie alle die Böden, strichen die fleckigen und abblätternden Wände, putzten die Fenster, reparierten zerbrochene Fensterscheiben, besserten das Dach und den brüchigen Putz an den Decken aus, überholten die Rohrleitungen.

Außerhalb des Hauses mühten sie sich ab, den Garten und das Haus den alles überwuchernden Unkrautpflanzen und Sträuchern zu entreißen. Dietrich teilte eine Ecke des Gartens für Gemüse ab und ließ einige seiner Seminaristen Beete vorbereiten und Pflanzen setzen. Es gab viel Gesang, Geschrei, viel Gelächter und Geschimpfe. In den Pausen trafen sich alle beim Tischtennis-Spiel. Dietrich ließ sich selten schlagen.

Die Gemeinden in Westpommern setzten Dietrich mit ihrer

überaus großzügigen Unterstützung in Erstaunen. Fast jeden Tag trafen Wagen voller Betten, Stühle, Tische, Geschirr und allen möglichen Lebensmitteln ein. Frau Struwe, die Haushälterin, die sich in Zingst oft über die spärliche Lagerausstattung beklagt hatte, war glücklich. Acht Gemeinden hatten sich verpflichtet, jeweils ein Arbeitszimmer auszustatten. Einige der wohlhabenden Großgrundbesitzer schickten Möbel: Leder- und Damastsessel; nicht neu, aber immer noch bequem und dringend gebraucht. Eine freundliche alte Gutsherrin nähte geduldig Baumwolldecken für alle Sessel.

Dietrich brachte seinen Flügel aus Berlin mit, ein anderer kam als Leihgabe von einem der Kandidaten. Dessen Bücher bildeten auch den Kern der Bibliothek, die allmählich durch Spenden wohlwollender Gönner immer größer wurde. Und welche Begeisterungsstürme lösten Dietrichs Grammophonplatten bei den Seminaristen aus, vor allem die Negro-Spirituals. Eine Musik, die ihnen völlig neu war.

Aus seinen Habseligkeiten in Berlin grub Dietrich schließlich noch Drucke der Dürer-Apostel aus. Auf einstimmigen Beschluß der Studenten wurden die Bilder mit ihren leuchtenden Rot- und Grüntönen hinter dem Eßtisch an der Wand aufgehängt – in Dietrichs Rücken. Die Studenten wollten ja nur einen interessanteren Anblick genießen, als ihr Lehrer ihnen bieten konnte, schmunzelte er.

Nachdem sich die Arbeit im Seminar etwa in der Mitte des Sommers eingespielt hatte, begann Dietrich, Pläne für die Gründung einer kleinen Gemeinschaft von Brüdern zu schmieden. Sie würden nach dem Ende des Semesters bleiben und mehr oder weniger dauerhaft als christliche Pastoren zusammen leben und arbeiten. »Brüderhaus« sollte diese Gemeinschaft heißen. Das Bedürfnis nach einer solchen Gruppe war vorhanden – nach einer Gruppe ungebundener Pastoren, die sich in Gegenden, wo die Kirche in einer akuten Zwangslage war, in den Dienst der Bekennenden Kirche stellen konnten. Das Seminar würde ein allen gemeinsames Heim und jede nur mögliche Unterstützung einer brüderlichen Gemeinschaft bereitstellen.

Aber Elenore! Das Brüderhaus und eine Ehe – das ließ sich einfach nicht vereinbaren.

Dietrich sah Elenore nur wenige Male in diesem Sommer; einmal bei einem kurzen Besuch in Berlin. Er war mit seinen Eltern und seiner Schwester Ursel Schleicher und deren Familie in die Marienburger Allee gegangen, um die beiden neuen Häuser zu begutachten, die Bonhoeffers und die Schleichers nebeneinander bauten. Dabei hatten ihn Franz und Elenore begleitet.

Dietrichs Vater hatte schon seit einigen Jahren geplant, aus dem großen Haus in der Wangenheimstraße in ein kleineres Haus umzuziehen, das nach seinem eigenen Entwurf gebaut werden sollte. Das große Grundstück am Rande des Grunewalds hatte Dietrich bereits gesehen. Es lag nicht direkt an der Straße, sondern an einem bisher noch unbebauten Weg in der Nähe der Straße. Das Gelände war groß genug für zwei Häuser, und seine Eltern hatten nicht lange gebraucht, um Ursel und Rüdiger zu überreden, die Hälfte davon zu kaufen und gleich nebenan ein Haus zu bauen.

Es geschah nicht viel, was diesen kurzen Ausflug unvergeßlich hätte werden lassen. Es war mehr das Gefühl, die Atmosphäre jener kurzen Stunden, die ihm in Erinnerung geblieben waren. Ursels Kinder liefen begeistert über das Gelände, eroberten das neue, noch nicht fertiggebaute Haus.

Dietrichs Mutter wies begeistert auf die Vorzüge des neuen Hauses hin. Erklärte, zeigte!

Erstaunte Blicke gab es allerdings, als Dietrich verkündete, welches Zimmer er für sich haben wollte.

»Den Dachboden? Also wirklich, Dietrich! Dieses Krähennest?« protestierte seine Mutter. »Das ist nur als so eine Art Notzimmer gedacht, wenn alle gleichzeitig zu Hause sind.«

Doch er blieb bei seiner Entscheidung. Ihm gefiel diese Zurückgezogenheit. Und er wollte ein Westzimmer. »Außerdem«, sagte er, als er die Kinder zu dem breiten Fenster zog, »kann ich euch von hier sehen und beobachten, was ihr da unten im Garten so treibt.«

Den ganzen lebhaften Nachmittag über versuchte es Dietrich

nicht einmal, Elenore allein zu sprechen. Und erst nachdem er und Franz sie zur Straßenbahnhaltestelle gebracht hatten, begann Dietrich, Franz persönliche Fragen zu stellen. Franz antwortete kurz, irgendwie geistesabwesend.

Nach einer Weile allerdings fragte er: »Stimmt etwas nicht zwischen dir und Elenore?«

»Wie meinst du das?«

»Ich verstehe einfach nicht, was los ist. Oder was nicht los ist. Ich bin irgendwie sprachlos. Ich hatte erwartet . . .«

Dietrich sah ihn an. »Ich glaube nicht, daß diese Sache etwas ist, das wir erörtern müßten.«

»Warum nicht?«

»Bin ich verpflichtet, einen Grund zu nennen?«

»Es gibt nur einen Grund, weshalb du dagegen sein könntest, es zu erörtern«, blieb Franz hartnäckig. »Und der wäre, daß sich deine Gefühle für Elenore geändert hätten. Aber genau das kann ich nicht glauben.«

Dietrich wandte den Blick ab. Irgendwie konnte er es nicht mehr – mit Franz über seine Gefühle für Elenore zu sprechen. Und so sagte er denn mit einem beschwichtigenden Lächeln: »Ich kann dir keine Antworten geben, weil ich sie selbst nicht weiß.«

Franz machte ein skeptisches Gesicht. Eine Weile liefen sie schweigend nebeneinander her.

»Da ist noch etwas anderes, was ich dabei bedenken muß«, sagte Dietrich halb zu sich selbst und sprach dann mit Franz über seine Pläne für das Brüderhaus.

Franz, der wenig Verständnis für etwas hatte, das noch »mönchischer« wäre als das Seminar, war sichtlich schockiert. »Ich glaube wirklich, du bist nicht mehr recht bei Verstand.«

»Es war mir klar, daß du so denkst«, stellte Dietrich ohne Zorn fest. »Sieh mal, Franz, ich will ja nicht das alte Kloster im katholischen Sinn wieder in der Kirche einführen. Das mußt du mir glauben! Da gibt es wirklich unzählige Unterschiede. Kein Gelübde der Ehelosigkeit. Keines, ein Leben lang dabei zu bleiben. Keinen Abt . . .«

Franz lächelte ihn vielsagend an.

»Aber ich glaube einfach an die einende Kraft des gemeinsamen Gebets«, sagte Dietrich schlicht.

»Ich auch.«

»Der Schwerpunkt wird darauf liegen, einander zu helfen, zu unterstützen, zu ermahnen, gemeinsam zu lernen, wahre Nachfolger Christi zu ein.«

»Das klingt für mich ziemlich unrealistisch«, kommentierte Franz mit deutlichem Mangel an Begeisterung. Dann fügte er hinzu: »Und wie paßt Elenore in das alles hinein?«

»Ich weiß nicht«, antwortete Dietrich lahm.

»Also, da bin ich mit dir ausnahmsweise einer Meinung. Aber ich habe beobachtet, wie sie dich heute angesehen hat, wenn du mal wieder gar nicht auf sie geachtet hast.«

»Wie denn?«

»So, wie du es nicht verdient hast – das kann ich dir mit Sicherheit sagen.«

Dietrich sah Franz prüfend an, aber dessen Gesicht wirkte ernsthaft, nichts Ironisches oder Scherzhaftes war darin zu entdekken. »Mir scheint, du liest in alle möglichen Dinge etwas hinein, was überhaupt nicht darinsteckt.«

»Ach, Dietrich! Mußt du dich wirklich in derart dumme Ausreden flüchten?«

Dietrich blickte auf, und für einen Moment begegneten sich ihre Augen. »Das ist schon immer eher eine Kinderfreundschaft als irgend etwas anderes gewesen. Elenore gehört praktisch zur Familie, auch wenn sie nur eine entfernte Cousine ist. Immer auf denselben Gesellschaften, in denselben Tanzkursen, auf denselben Picknicks, denselben Musikabenden. Das Haus ihrer Großmutter lag direkt gegenüber ... Es war nur natürlich, daß wir Freunde wurden.«

»Ich weiß nicht, wen du damit hinters Licht führen willst. Oder willst du auch noch behaupten, du hättest nie über eine Heirat mit ihr gesprochen?«

Dietrich zögerte. Die hohen eisernen Gitterstäbe des Tores fühlten sich in der Nachmittagssonne warm an.

»Das war vor langer Zeit«, wehrte er ab, »im Überschwang

einer jugendlichen Schwärmerei. Seither ist so viel geschehen. Du weißt ja, wie es gewesen ist.« Er sah in Franz' offenes Gesicht. »Dir ist doch klar, daß wir uns in letzter Zeit nicht gerade häufig gesehen haben.«

»Das weiß ich sehr gut. Und ich frage mich, wie sie darüber denkt ... und empfindet.«

»Nicht sehr viel anders als ich, nehme ich an. Sie liebt ihre Arbeit, redet viel darüber.«

»Nein! Sie empfindet ganz anders als du. Du belügst dich selbst, Dietrich.«

Dann hatte sich Franz entschuldigt, hatte gesagt, er würde diesmal doch nicht mit hineinkommen. Dietrich hatte ihm nachgesehen, die Hand an dem eisernen Tor, und er hatte begriffen, daß alle seine Rechtfertigungsversuche kläglich zusammengebrochen waren – wie ein Haus aus Stroh.

14

In honigsüßen Tönen malte der Zeitungsartikel das Bild des Staates als eines guten Schlichters zwischen den verwirrten, zerstrittenen Kirchenleuten. Die Seminaristen scharten sich im Gemeinschaftsraum um Dietrich, während er las. Seit Wochen hatte es Gerüchte gegeben, der Staat plane, die neue Leitung der Bekennenden Kirche und deren Bruderräte abzusetzen. Jetzt stellte sich heraus, daß Hitler die gesamte Kirche korrumpieren wollte. Er hatte ein neues Ministerium für Kirchenangelegenheiten geschaffen und den Juristen Hans Kerrl zu dessen Leiter ernannt. Die Bekennende Kirche hoffte er durch Angebote »plausibler und vernünftiger« Alternativen, die zur »Befriedung« beitragen könnten, zu verführen. In dem Artikel kündigte Kerrl die Bildung eines Ausschusses an, dem führende Leute sowohl der Bekennenden Kirche als auch der Reichskirche angehören sollten. Dieser Reichskirchenausschuß und die später zu bildenden regionalen Ausschüsse würden eine Art Dachkirchenleitung darstellen, unter der »alle Fraktionen der Kirche Raum finden« konnten. Damit wäre garantiert, daß alle wichtigen Interessen der Bekennenden Kirche berücksichtigt würden. Wilhelm Zoellner, ein angesehener lutherischer Theologe, sollte dem Ausschuß vorstehen. Ein sehr geschickter Schachzug!

Die drei ehemaligen Berliner Studenten – Schönherr, Kanitz und Mächler – hatten die Gefährlichkeit dieses Vorschlags sofort durchschaut, doch fast alle anderen ließen sich von Kerrls Argumenten beeindrucken. Ernst Thom kannte Zoellner persönlich und hielt es für unmöglich, daß dieser Mann sich an etwas im Kern Falschem beteiligen würde. Fritz Onnasch registrierte begeistert, in welchem Maße der Artikel die Interessen der Bekennenden Kirche berücksichtigte. »Wir wären der Reichskirche gleichgestellt, oder nicht?«

»In jedem Fall«, meinte Thom. »Wäre das nicht einen Versuch wert? Sollten wir diese Gelegenheit einfach vertun, ohne darüber nachzudenken?«

Dietrich ließ die Zeitung sinken und blickte sich in der Runde der Kandidaten um. Alle sahen ihn an, warteten auf seine Antwort.

»Die Reichskirche und die Bekennende Kirche – beide würden Zoellners Ausschüssen unterstehen, das ist wahr«, begann er. »Aber vergessen Sie nicht, daß Zoellner seine Anweisungen von Kerrl bekommt. Und Kerrl bekommt seine Anweisungen direkt von Hitler. Es gibt also keinen Weg, daß wir unter diese Decke kriechen können, ohne uns an Hitler anzukuscheln.«

Kein Wort mehr fiel zugunsten der Ausschüsse.

Und doch! Kerrls Spiegelfechterei hatte viele Kirchenführer geblendet. Die Seminaristen freilich folgten unbeirrt Dietrichs Führung. Ihre Begeisterung für ihn wuchs, steigerte sich gerade in dem gemeinsamen Bemühen, den Ausschüssen Widerstand zu leisten. Mit wachsendem Unbehagen registrierte Dietrich, wie sie ihn zu ihrem Idol hochstilisierten. Nur einige wenige schienen sich ihre geistige Unabhängigkeit bewahrt zu haben.

Zum ersten Mal, seit Dietrich die Stelle im Seminar angenommen hatte, drohten sich die schwarzen Dämonen seiner wieder zu bemächtigen. Voller Verzweiflung stürzte er sich in seine Arbeit; hoffte, sich dieser Angriffe erwehren zu können.

Doch die Anfälle von Depressionen kamen in immer kürzeren Abständen. Bei einem seiner nächsten Besuche zu Hause fand er nach einigem Suchen in der Fachliteratur seines Vaters einen Namen für seine Krankheit: *acedia – tristitia*! »Acedia« für die Erschöpfung des Geistes, die immer dann eintrat, wenn es ihm nicht gelang, der Christ zu sein, der er sein wollte, und »tristitia« für die darauf folgende Melancholie. Aber konnte das Übel verschwinden – nur weil er ihm einen Namen gegeben hatte?

Schon vor der Eröffnung des Seminars hatte Dietrich darüber nachgedacht, ob er den Brüdern die persönliche Beichte als freiwillige Praxis vorschlagen sollte. Schließlich nahm in seiner Vorlesung über die Nachfolge die Beichte den größten Teil ein. Im Zusammenhang damit regte er an, daß jeder, der den Wunsch danach verspürte, bei einem der anderen Brüder oder bei ihm selbst beichten könnte. Überraschte Gesichter, verlegen und manchmal auch ungehalten darüber, daß er die Grenzen der üblichen protestantischen Praxis überschritt. Einige aber reagierten auch mit Neugier. Dietrich machte seinen Seminaristen bewußt, daß zum Beispiel Martin Luther nie ohne persönliche Beichte gelebt hatte. »Ich würde mir wünschen«, sagte er, »daß wir die persönliche Beichte neu entdecken und vielleicht auch praktizieren.«

Nach und nach wagten sich die Kandidaten an diese Beichtform. Nur er selbst hatte sich noch nicht dazu durchringen können. Er ertappte sich dabei, daß er den Entschluß dazu immer vor sich herschob, spürte einen starken inneren Widerstand, den er einfach nicht durchbrechen konnte. Er wußte, daß er es würde tun müssen, und er würde es auch tun – bald!

Aktiv unter seinen Seminaristen war besonders der junge Mann aus Sachsen, Eberhard Bethge. Bethge, der unbeschwert und offen wirkte, überraschte Dietrich mit seiner ersten Predigt über Jesaja 53,5 im Homiletik-Kurs, in der er ungemein tiefe und klare Einsichten gerade auch zur Beichtproblematik erkennen ließ.

Ebenso interessant für Dietrich waren Bethges musikalische Fähigkeiten, weshalb er den jungen Mann schon vor einiger Zeit zum stellvertretenden Chorleiter hatte avancieren lassen. An dem Tag, als Bethge seine Predigt gehalten hatte, begegnete ihm Dietrich auf der Treppe. Dabei fragte er beiläufig – mit dem Gedanken an das »Brüderhaus«: »Ach übrigens, haben Sie schon Pläne für die Zeit nach dem Seminar?«

»Nun ja, die habe ich tatsächlich«, erwiderte Bethge. »Wenn alles klappt, natürlich. Mein Superintendent in Sachsen sagt, er habe da eine Gemeinde für mich. Und dann ... ich möchte heiraten ...« Bethge zögerte etwas. »Das habe ich vor. Aber wie gesagt: Wenn ich eine Gemeinde bekomme.«

Etwa eine Woche später wirkte Bethge in der Morgenveranstaltung des Seminars ungewohnt geistesabwesend. Er starrte – ohne aufzusehen – fast die ganze Stunde auf den Tisch. Als Dietrich eine Frage an ihn richtete, fuhr er erschrocken hoch und gestand: »Tut mir leid! Ich fürchte, ich habe Ihre Frage nicht verstanden.«

Dietrich fiel auf einmal ein, daß er ihn am vorigen Abend auch nicht im Gemeinschaftsraum gesehen hatte. Nach dem Mittagessen nahm er Bethges Cousin Gerhard Vibrans zur Seite und erfuhr von ihm, was er wissen wollte. Bethges Braut hatte ihm wegen eines anderen den Laufpaß gegeben. Bethge konnte es einfach nicht glauben und kam aus dem Grübeln nicht heraus.

Wenig später entdeckte Dietrich von seinem Fenster aus Bethge auf dem Feldweg. Dietrich wartete noch ein paar Minuten, dann ging er in dieselbe Richtung, wobei er einem Pfad folgte, der dicht am Waldrand entlangführte. Schließlich fand er seinen Seminaristen, der niedergeschlagen auf einer verfallenen Steinmauer saß.

Bethge blickte überrascht auf.

»Stört es Sie, wenn ich mich eine Weile zu Ihnen setze?« fragte Dietrich.

»Nein, überhaupt nicht!«

»Eine schöne Aussicht«, bemerkte Dietrich, als er sich niederließ.

»Ja.«

»Ihr Cousin hat mir berichtet, was Ihnen mit Ihrer Verlobten passiert ist«, begann Dietrich ohne Umschweife.

Bethge blickte auf, sagte aber nichts.

»Ich hoffe, es macht Ihnen nichts aus, daß ich es weiß.«

»Nein! Nein! Es macht mir nichts aus.«

»Mir tut das sehr leid.«

»Ich denke, es war ihr gutes Recht, ihre Meinung zu ändern«, sagte Bethge leise. Er stützte die Arme auf seine Knie, ließ seine breiten Schultern nach vorn fallen. »Ich weiß nicht, wie es dazu gekommen ist. Ich habe einfach keine Warnsignale bemerkt – falls es überhaupt welche gegeben hat.«

»Sie haben Ihre Braut seit April nicht gesehen. Ist es nicht so?«

»Aber das sind doch nur vier Monate. Ich verstehe nicht, wie sie in dieser kurzen Zeit eine solche Kehrtwende machen konnte.« Langsam sank Bethge in sich zusammen. »Ich habe mir so etwas einfach nicht vorstellen können! Wie dumm bin ich bloß gewesen!«

»So würde ich es nicht nennen. Vertrauensselig vielleicht!«

Bethge wandte sein offenes Gesicht Dietrich zu. »Aber ich versichere Ihnen: Es gab keinen Grund, ihr nicht zu vertrauen – nicht den geringsten Grund!« Seine Augen baten flehentlich um eine Antwort.

»Das glaube ich Ihnen«, sagte Dietrich. »Und Sie werden auch nicht danach gesucht haben. Es gibt freilich Menschen, die Vertrauen schenken, ohne die Kosten zu überschlagen. Töricht aber sind aus meiner Sicht diejenigen, die es niemals wagen, Vertrauen zu schenken.«

Bethge schien darüber nachzudenken. Vielleicht überlegte er auch nur, ob dieser Gedanke als Balsam für seine verwundete Seele brauchbar wäre. »Vielleicht«, meinte er, und dabei beließ er es. »Wahrscheinlich hat Gerhard Ihnen auch gesagt, daß sie einen anderen Mann gefunden hat. Ich fürchte, ich hatte mich an den Gedanken gewöhnt, daß ich es war, den sie erwählt hatte«, fügte er mit einem etwas unsicheren Lächeln hinzu.

Dietrich war froh, diesen Funken Humor zu entdecken, der

durch allen Kummer hindurchschimmerte. »Vielleicht ist ihr ja auch jetzt erst klargeworden war, daß sie letztendlich doch keine Pastorenfrau sein möchte? Vielleicht erschienen ihr die Nachteile schwerer als alles andere. Und die Nachteile sind beträchtlich, wie Sie ja wissen. Besonders für bestimmte Frauen.«

»Sie wußte das von Anfang an.«

»Aber vielleicht hat sie es am Anfang nicht richtig eingeschätzt. Vielleicht war sie einfach nur zu verliebt. Das ist doch immerhin möglich«, fügte Dietrich eher beiläufig hinzu.

Bethge sagte nichts, aber sein Gesicht schien sich zu entspannen, sogar der Anflug eines Lächelns spielte um seine Lippen. Sie unterhielten sich noch eine Weile über Musik und gingen schließlich gemeinsam zum Haus zurück.

Die fünf Monate unter Bonhoeffers Anleitung hatten bei Eberhard Interesse an vielen ihm bisher eher unwichtigen Fragen geweckt, nicht zuletzt an der Judenfrage. Wie seinen Direktor hatte ihn die Verabschiedung der neuen antijüdischen Gesetze vor zehn Tagen in Nürnberg empört. Dennoch war er überrascht gewesen, daß Bonhoeffer diese Angelegenheit für so wichtig hielt, daß er alle Kandidaten zur Sitzung der Altpreußischen Bekenntnissynode in Berlin-Steglitz mitnahm. Am Tag davor hatte Bonhoeffer alle Seminaristen zusammengerufen, um ihnen die Situation zu erläutern. Und so hatte Eberhard erfahren, daß ein Komitee der Synode eine Resolution verabschiedet hatte, wonach die Nürnberger Gesetze stillschweigend hingenommen wurden. Und das – so hatte Bonhoeffer erklärt – könne er nicht unwidersprochen hinnehmen.

Neun Kandidaten, darunter Eberhard, wurden im Elternhaus Bonhoeffers in der Wangenheimstraße untergebracht. Welch ein Gegensatz zwischen dieser schönen alten Villa und dem schlichten Dorfpfarrhaus, in dem Eberhard seine Kindheit verlebt hatte! Und wie herzlich sie alle aufgenommen worden waren. Mit welcher Selbstverständlichkeit. Am Abend nahm sich Bonhoeffers Mutter sogar die Zeit, sich mit jedem der Kandidaten zu unterhalten. Der Vater sagte wenig, hörte freilich sehr aufmerksam zu.

Eberhard war beeindruckt von der kultivierten, gediegenen,

Wohlstand verratenden Atmosphäre dieses Hauses: persische Teppiche, glänzende Parkettfußböden, Originalgemälde an den Wänden, elegante Möbel. Er und Fritz Onnasch bewohnten gemeinsam ein Zimmer. Wie gerne hätte er das ganze Haus erkundet. Wieviele Zimmer mochte es nur haben? Die dienstbaren Geister mit ihren weißen Häubchen und Schürzen erledigten alles so selbstverständlich, daß den Seminaristen nicht einmal die Idee kam, sie könnten eventuell den Haushalt durcheinanderbringen. Bonhoeffer selbst schien sich aufrichtig zu freuen, sie hier zu haben.

Am nächsten Morgen ging es in Steglitz zunächst um Dinge, die nichts mit den antijüdischen Gesetzen zu tun hatten. Während des Mittagessens setzten sich dann Bonhoeffer und Karl Koch, der Präses der Synode, an den Tisch, an dem Eberhard und Fritz Onnasch aßen. Und hier begannen sich Bonhoeffer und Koch über die Probleme zu unterhalten, mit denen sich die Synode gleich beschäftigen würde.

Bonhoeffer stellte Koch einige eher harmlose Fragen über die Verhandlungen vom Vormittag. Dann aber sagte er mit vor innerer Erregung belegten Stimme: »Wie ich höre, soll eine Resolution zur Arierklausel eingebracht werden, die manche Leute ziemlich beunruhigt hat.«

Koch blickte auf, als wisse er nicht genau, was da auf ihn zukomme, aber ahne, daß es nichts Angenehmes sein könne. »Was haben Sie jetzt wieder ausgeschnüffelt, Dietrich?«

»Ich mache mir Gedanken über eine Klausel, die dem Staat das Recht zugesteht, die Judenfrage gesetzgeberisch zu lösen.«

»Ach das! Ja, da hat es einige Debatten im Ausschuß gegeben. Aber jetzt ist es durch!«

»Was mich sehr enttäuscht! Ich hatte anderes von meinen altpreußischen Brüdern erwartet.«

Koch warf ihm einen überraschten Blick zu. »Finden Sie, daß es lohnt, darum viel Lärm zu machen? Es ist doch nur eine nebensächliche Klausel.«

»Ist es nebensächlich, wenn die Kirche Verfolgung stillschweigend duldet?«

»Gewiß nicht, wenn das der Fall wäre.«

»Natürlich ist das der Fall! Sie servieren doch den Nazis unser Stillschweigen geradezu auf einem silbernen Tablett.«

»Ich gebe zu, daß es so aussehen könnte«, meinte jetzt Koch langsam. Nun, auf einmal, schien ihm klarzuwerden, was das alles bedeutete. »Aber verstehen Sie, ich kann mich jetzt nicht einfach über den Mehrheitsbeschluß hinwegsetzen. Die meisten sind ohnehin der Ansicht, daß solche Dinge außerhalb unserer Kompetenz liegen.«

»Ganz besonders zu diesem Zeitpunkt«, bemerkte Bonhoeffer unmißverständlich ironisch.

»Ja«, seufzte Koch, »wie ich jetzt allmählich sehe – diese Sache mit den Nürnberger Gesetzen bringt uns in eine Zwickmühle.«

»Genau dahin wollen uns die Nazis haben.«

»Ja, ja! Aber schauen Sie, Dietrich! Die Kirche hat vor, sich bald mit diesem Problem zu befassen. Wir haben schon darüber geredet. Doch jetzt und hier ... Es ist ein heikler Zeitpunkt für eine harte Konfrontation mit dem Staat. Tatsächlich steht die Glaubwürdigkeit der Kirche schlechthin auf dem Spiel.«

Bonhoeffer sah auf seinen Teller. Dann sagte er entschlossen: »Aber in einer Situation, in der Millionen Menschen in ihrer Existenz bedroht sind, müssen wir uns doch fragen: Wo liegt tatsächlich die Glaubwürdigkeit der Kirche? Nach meiner festen Überzeugung nur in der Bereitschaft, alles zu riskieren – selbst ihren legalen Status –, um für diejenigen zu sprechen, die nicht für sich selbst sprechen können.«

»Sicherlich ist das letzten Endes unsere Absicht. Die Frage ist nur: Was ist der richtige Zeitpunkt dafür?«

»Ich wüßte nicht, zu welchem Zeitpunkt die Sache dringlicher sein könnte.«

Mit angespannter Aufmerksamkeit widmete sich Koch jetzt seinem Tee. Aber Bonhoeffer ließ sich nicht beirren. Leidenschaftlich sagte er: »Dieser Zeitpunkt schreit geradezu danach. Die Wirkung der Nürnberger Gesetze setzt doch erst jetzt richtig ein. Was aber wird aus der Glaubwürdigkeit der Kirche, wenn sie diese Gesetze stillschweigend hinnimmt?«

Koch blickte unvermittelt zu Bonhoeffer auf, schien darüber nachzudenken. »Nun ja ... vielleicht kann ich das Komitee noch einmal zusammenrufen und sehen, was sich machen läßt. Aber ich glaube, wir können es nicht wagen, jetzt, zu diesem Zeitpunkt noch weiterzugehen.«

Bonhoeffer ließ seine Finger spielerisch um den Tassenrand gleiten. »Es würde Mut erfordern, nicht wahr? Es wäre eine ganz neue Erfahrung, wenn die Kirche plötzlich klar und in aller Offenheit zur Stimme für die Stummen würde. Ja, das wäre mutig.« Trauer lag in seiner Stimme, als wüßte er genau, daß eben das unmöglich war. Er sah Koch an: »Aber können wir uns wirklich leisten, es nicht zu tun? Was die Kirche retten wird, ist doch, daß sie sich zu Christus stellt. Dürfen wir leugnen, daß er auf der Seite der Verfolgten steht?«

Koch schwieg einen Moment. »Ach, es ist zu dumm, daß Sie nicht vor der Synode sprechen können. Sie sind tatsächlich überzeugend. Aber wir werden tun, was wir können.«

Die Resolution wurde am Nachmittag verabschiedet, nachdem die Passage, die zugunsten der Nürnberger Gesetze ausgelegt werden konnte, gestrichen worden war. Nichts enthielt sie freilich darüber, daß der Staat diese Gesetze überhaupt erlassen hatte. Die Synode delegierte diese unangenehme Diskussion an den Reichsbruderrat, der »baldigst« eine Empfehlung aussprechen sollte.

Am Abend – auf der Rückfahrt nach Stettin – fragte Bonhoeffer zornig, wie lange dieses »baldigst« wohl dauern würde.

In den Tagen seit ihrem Gespräch auf dem Hügel hatte Eberhard gespürt, wie wichtig ihm Bonhoeffer geworden war. Aber er hatte sich nicht zu neugierigen Fragen verleiten lassen. Denn obwohl Bonhoeffer sich immer und zu jeder Zeit offen zeigte, wenn einer der Brüder in Nöten steckte – er selbst ließ niemanden allzu dicht an sich heran. Es war nicht leicht, etwas von ihm, von seinem persönlichen Leben zu erfahren. Allerdings hatte Eberhard auch niemals in Ehrfurcht ersterbend vor ihm gestanden. Nun aber schien sich zwischen ihnen beiden so etwas wie ein engeres Band zu knüpfen.

Der Zug näherte sich Eberswalde, und bald glitt er in den überdachten Bahnhof, kam leise und ohne jedes Rucken zum Stehen. Sie stiegen aus. Ein Zug SS-Leute in ihren neuen schwarzen Uniformen marschierte heran, blieb unter dem Abteilfenster stehen und wartete darauf, in den Zug zu steigen. Nichts Ungewöhnliches! Und doch – wie beklemmend!

Etwa eine Woche später nahm Bonhoeffer Eberhard zur Seite und fragte ihn ohne lange Vorrede, ob er nach dem Mittagessen in sein Zimmer kommen und seine Beichte anhören wolle. Die Bitte kam so unerwartet, daß Eberhard einen Moment lang überhaupt nichts sagen konnte. Bonhoeffers verschlossen wirkendes Gesicht ließ gleichwohl den Ausdruck eindringlichen Bittens erkennen. Unsicher, vor Überraschung stammelnd, erklärte sich Eberhard dazu bereit. Dann, nach einem kurzen Dank, ging Bonhoeffer an den Tisch und setzte sich neben Gerhard.

»Ja! Kommen Sie herein, Bruder Bethge!« Fast geschäftsmäßig sah Dietrich dem jungen Studenten in die Augen. Er räusperte sich und wies auf einen Stuhl neben dem Schreibtisch. »Wollen Sie sich nicht setzen?«

»Danke!«

Dietrich wandte sich nun Bethge zu, und die beiden sahen einander an, nur knapp einen Meter voneinander entfernt. Eine Weile sprach niemand. Dann fragte Dietrich – mit sichtlichem Unbehagen: »Haben Sie das schon einmal gemacht?«

»Nein! Nein, das habe ich nicht!« entgegnete Bethge mit einem entschuldigenden Lächeln.

Dietrich wirkte überrascht. Hatte Bethge denn nicht zu denen gehört, die seinem Vorschlag gefolgt waren? Bethge schien ratlos, nervös. »Lassen Sie uns zuerst beten«, forderte ihn Dietrich auf.

Langes Schweigen.

Eberhard begann mit kaum hörbarer Stimme zu beten. Nach einem fast geflüsterten »Amen« wußte Dietrich, daß es jetzt an ihm war zu sprechen – aber er konnte es nicht. Der Gedanke, diesem anderen Menschen seine innersten Gefühle aufzudecken, seine Sünden – und nicht weniger als das! –, es bedeutete ihm eine schier unerträgliche Demütigung.

Und doch sehnte sich Dietrich in seinem Herzen verzweifelt nach Vergebung – Vergebung, die ihn befreien und ihm eine echte, wahrhafte Nachfolge möglich machen würde.

Noch einmal blickte Dietrich in Bethges Gesicht. In den Augen des jungen Mannes war nichts als Zuneigung, Anerkennung, ein freundliches, selbstloses Darbieten des Geistes. Dietrich atmete tief durch. Er schüttelte die letzten Widerstände spröden Stolzes ab, wagte den ihm so schwer erscheinenden Schritt.

Die Worte kamen langsam, verrieten die innere Not. Bonhoeffer war Eberhard so nahe, daß der ihn hätte berühren können. Und Eberhard erschrak, als ihm das Ausmaß der Not des Mannes ihm gegenüber aufging. Doch dann fiel alles Erschrecken von ihm ab. Nichts mehr war da als das Wollen, für den anderen Mann dazusein – ihn wissen zu lassen, daß er helfen wollte, wie hilflos und unbeholfen er sich selbst auch fühlen mochte.

Dann – Eberhard hätte niemals sagen können, wie lange es gedauert hatte – hörte Bonhoeffer auf zu sprechen. »Ist es das, was Sie sagen wollten?«

»Ja«, antwortete Bonhoeffer leise.

»... Und so vergebe ich im Namen Christi Ihre Sünden.«

Bonhoeffers Augen ruhten ruhig und klar auf ihm. Sie schüttelten einander die Hände. Ein Händedruck unter Brüdern, ein Händedruck der Annahme, der Gemeinschaft, der Befreiung. Beim Verlassen des Raumes sah sich Eberhard noch einmal nach dem Mann um, der dort stand – ruhig und in Frieden.

15

Am Beginn der Adventszeit kündigte die Abendzeitung einen neuen Regierungserlaß an, die »Fünfte Verordnung zur Durchführung des Gesetzes zur Sicherung der Deutschen Evangelischen Kirche«.

Dietrich las den Bericht mit sichtlich wachsender Besorgnis. Wenn es in der Verordnung auch nicht darum ging, die Bekennende Kirche gewaltsam abzuschaffen, so zielte sie doch im wesentlichen darauf ab. Sie erklärte alle administrativen Aktivitäten, einschließlich der Verwaltung ihrer Seminare, für unzulässig; es durften weder Ämter vergeben noch Prüfungen oder Ordinationen vorgenommen werden.

Die Nachricht verbreitete sich rasch unter den Seminaristen, und beim Abendessen sah sich Dietrich einer Runde besorgter Gesichter gegenüber.

Ruhig und gelassen sprach er zu ihnen. Zunächst ging er Punkt für Punkt die einzelnen Anweisungen durch, auch die dahinter zu vermutenden Absichten der Verordnung. Und dann bemühte er sich, eine realistische Einschätzung der Situation zu geben.

»Von nun an sind wir tatsächlich illegal. Mit dieser Verordnung macht uns der Staat dazu. Die gesamte Presse und alles, was auf die öffentliche Meinung einwirkt, wird nun die Bekennende Kirche angreifen, die letzte verbliebene ›Ruhestörerin‹.«

Niemand sagte etwas. Aber alle sahen ihn erwartungsvoll an. Was würde er ihnen noch sagen?

»Unsere Zukunftsaussichten waren auch bisher nicht gerade gut. Nun allerdings gibt es überhaupt keine Garantie mehr, daß Sie eine Stelle finden werden, wenn Sie Ihre Ausbildung hier abgeschlossen haben. Im Gegenteil! Kaum jemand von Ihnen wird eine normale Anstellung mit Haus und Garten bekommen.

Gott sei Dank gibt es noch einige Superintendenten in der Bekennenden Kirche, die sich vor diesem Staat nicht fürchten.

Einer von denen könnte Ihnen vielleicht zu einer Anstellung verhelfen. Aber Aussichten auf einen Aufstieg ...? Sie könnten unter Umständen zu einer der neugebildeten Notgemeinden berufen werden. Aber die werden von freiwilligen Spenden abhängig sein. Ich möchte, daß Sie dies alles ganz realistisch sehen. Jeder von Ihnen sollte und kann vollkommen frei entscheiden, ob er gehen oder bleiben will. Ich habe keine Ahnung, wie die Bruderräte auf diese Verordnung reagieren werden. Vermutlich lassen sie sich nicht auf die Knie zwingen. Was sie jetzt unbedingt brauchen, ist unser aller Mitarbeit. Ich werde hier meine Arbeit fortsetzen, solange noch einer von Ihnen hier ist, und ich werde dafür sorgen, daß alle, die bleiben, versorgt werden.«

Die Reaktion der Seminaristen überraschte ihn. Sie alle scharten sich um ihn und erklärten, im Seminar bleiben zu wollen und nur der Gewalt zu weichen.

Später, als die anderen bereits in ihre Zimmer gegangen waren, sagte Dietrich zu Eberhard: »Die Strategie der Nazis ist wirklich mehr als geschickt. Erst der Ölzweig der Kirchenausschüsse, dann diese harten Repressalien, die den Ölzweig zudem nur noch attraktiver erscheinen lassen werden. Wie heißt es noch im 1. Petrusbrief? ›Denn die Zeit ist da, daß das Gericht anfängt an dem Hause Gottes.‹ Der Blitz trifft die hohen Bäume zuerst.«

Eberhard lächelte, sagte aber nichts.

»Beten Sie für mich, Eberhard! Ich habe es sehr nötig. Und beten Sie für die Kirche! Wir dürfen einfach nicht aufhören, für die Kirche zu beten.«

Mitte Dezember erfuhr Dietrich aus Berlin, daß seine Großmutter schwer erkrankt war. Erst vor ein paar Wochen waren seine Eltern und die Großmutter in das neue Haus an der Marienburger Allee eingezogen. An einem der naßkalten Dezembertage hatte sie darauf bestanden, zu Fuß zum Postamt zu gehen. Dabei hatte sie sich erkältet und eine Lungenentzündung bekommen. Dietrich fuhr sofort mit dem kleinen Opel eines seiner Seminaristen nach Berlin. Hier kam er um 1.00 Uhr morgens an.

Dietrich fand seinen Vater am Bett der Großmutter.

»Wie steht es, Papa?«

»Ah, mein lieber Junge! Ich bin so froh, daß du hier bist«, sagte sein Vater mit vor Erschöpfung heiserer Stimme. Wie selten hatte er in einem so vertraulichen Ton mit ihm gesprochen.

Der Vater erhob sich und ging mit ihm zur Tür. Da, außerhalb der Hörweite der Großmutter, flüsterte er ihm zu: »Das Fieber hat nicht nachgelassen. Ihre Temperatur liegt seit mehreren Stunden konstant bei 39,8 Grad. Aber sollte sie die Nacht überstehen, wird es ihr sehr wahrscheinlich allmählich besser gehen.«

»Laß mich bei ihr bleiben, Papa, und ruhe du dich etwas aus.«

Sein Vater blickte unsicher auf.

»Bitte! Ich rufe dich, sobald irgendeine Veränderung erkennbar sein sollte.«

»Danke, Dietrich! Danke!«

Dietrich wich für den Rest der Nacht nicht von der Seite der alten Frau. Am Morgen ließ das Fieber nach, und sie konnte eine Kleinigkeit zu sich nehmen. Sollte sie es noch einmal schaffen?

Einmal in Berlin, blieb Dietrich gleich noch einen Tag dort, um seine Vorlesung an der Berliner Universität zu halten. Er hatte für jeweils einen Tag in der Woche einen Kurs übernommen. Einmal wollte er auf diese Weise »einen Fuß in der Angel« behalten, zum anderen aber ging es ihm darum, verläßliche Informationen über das politische Tagesgeschehen direkt von der Familie zu bekommen.

Als Dietrich am Nachmittag zurückkam, traf er Elenore am Bett seiner Großmutter. Sie legte warnend den Finger an die Lippen. Die Großmutter schlief. Einen Moment blieb er zögernd in der Tür stehen. Elenore gehörte hierher, das wußte er. Zwischen ihr und der Großmutter hatte immer eine herzliche Freundschaft bestanden. Angestrengt versuchte sich Dietrich daran zu erinnern, wann er Elenore zum letzten Mal geschrieben hatte. Und erst jetzt wurde ihm bewußt, daß auch er in letzter Zeit keinen Brief von ihr erhalten hatte. Seit dem Besuch im Sommer hatte er sie nur einmal gesehen.

Er ging auf Zehenspitzen durchs Zimmer und blieb vor dem Bett stehen. »Wie geht es ihr?« flüsterte er.

»Besser, glaube ich. Sie hat ein paar Worte mit mir gesprochen.«

»Das ist gut!« Er spürte die peinliche Pause. »Und du? Wie geht es dir?«

»Sehr gut, danke.«

»Es war lieb von dir herzukommen.«

»Ich mußte einfach kommen.« Sie sah auf die Großmutter. »Sie ist eine so liebenswerte und großartige Frau.«

»Ich weiß!«

Elenore sagte nichts.

»Ich hoffe, deinen Eltern geht es gut.«

»Ja, danke.«

Es regte sich etwas auf dem Kissen – die Großmutter öffnete die Augen. Sie sah Dietrich an und legte ihre Hand auf die Bettdecke. Dietrich ergriff sie.

»Ah, Dietrich, du bist zurück«, sagte sie mühsam.

»Ja, Großmama.«

Sie wandte ihren Kopf langsam Elenore zu. »Noch hier?« Sie lächelte, sah Dietrich an, dann wieder Elenore. »Ich bin sehr müde. Es tut mir leid. Geht und unterhaltet euch, ihr Lieben. Ich kann nur schlafen.«

Dietrich ließ ihre Hand los und sah, wie ihr die Augen wieder zufielen. Er wandte sich an Elenore. »Möchtest du vielleicht auf den Balkon gehen? Die frische Luft wird uns sicher guttun.«

Es war ein außerordentlich milder Dezembernachmittag. Der erst frisch gefallene Schnee war fast getaut, und die Eiszapfen am Dachüberhang schmolzen, tropften rhythmisch auf den Holzboden. Ein paar dem Untergang geweihte rote Blätter klammerten sich noch an die Äste der Eiche neben dem neuen Arbeitszimmer des Vaters. Dietrich und Elenore standen am Geländer. Keiner von ihnen sprach.

»Tut mir leid, daß ich nicht geschrieben habe«, sagte er schließlich. Er versuchte es gar nicht erst, eine Erklärung zu finden. Eine angemessene Entschuldigung gab es ohnehin nicht. »Ich hoffe, deine Arbeit ist gut gelaufen.«

»Sehr gut, danke.«

»Ich habe dich in Steglitz nicht gesehen.«

»Nein! Ich war nicht dort.«

Sie gab keinen Grund dafür an, und Dietrich fragte nicht danach.

»Wie geht es Jacobi? Wie denkt er über diese neue Verordnung?«

»Sicherlich genauso wie du. Koch und einige andere haben davon gesprochen, mit Zoellner zu verhandeln.«

»Zu verhandeln?«

»So nennen sie es nicht, aber es kommt auf dasselbe hinaus.«

»Du meinst, Koch könnte vielleicht zu den Ausschüssen umschwenken?«

»Ich weiß es nicht. Vielleicht denkt er, er könnte jetzt auf diese Weise seinen Einfluß geltend machen.«

»Das ist natürlich Unsinn. Wenn man in einem falschen Zug sitzt, hat es keinen Zweck, in der Gegenrichtung durch den Gang zu rennen.«

»Laß uns keine voreiligen Schlüsse ziehen. Er hat es ja noch nicht getan.«

»Ich fürchte, uns stehen dunkle Zeiten bevor«, sagte er düster.

»Ja, da habe ich auch so meine Ängste!«

Das Gespräch war also wieder einmal in den üblichen Bahnen verlaufen. Das Schweigen wurde bedrückend. Er wußte, was er nun sagen mußte. Nur – wie sollte er es sagen? Es war so allmählich, so vollkommen unbeabsichtigt vor sich gegangen – dieses Einander-Fremdwerden. Das Band zwischen ihnen, immer dünner war es durch die langen Trennungszeiten geworden. Vielleicht, überlegte er, dachte auch sie nicht mehr an eine Ehe, und eine endgültige Trennung wäre keine so große Enttäuschung mehr für sie.

»Ich wollte dir nie weh tun, Elenore«, sagte er endlich, »und wenn ich es dennoch getan habe, bitte ich dich, mir zu verzeihen.«

Elenore blieb stumm, sah ihn aber mit hellwachen Augen aufmerksam an.

»Ich bin ohnehin nicht gut für dich, fürchte ich. Wäre wahrscheinlich nichts als eine Last, die du am Hals hättest. Übrigens, ich bin mir selbst eine Last. Das habe ich dir aber schon im letzten Frühjahr gesagt. Weißt du noch?«

»Nein, ich glaube nicht, daß du das so gesagt hast.«

»Vielleicht nicht genauso, aber ...«

»Aber ich hätte es so verstehen sollen? Gleichsam als Vorwarnung?«

»Es war schlicht und einfach die Wahrheit.«

»Was soll ich jetzt sagen, Dietrich? Es war mir ein Vergnügen, dich zu kennen? All die Jahre hindurch?« Tränen standen in ihren Augen.

Dietrich war auf dieses plötzliche Gefühl der Reue nicht vorbereitet. Er wollte ihre Hände ergreifen, wollte sagen, es sei alles nicht so, er hätte es nicht so gemeint ... Alles, alles würde er tun, könnte er nur den Schmerz aus ihrem Gesicht wischen. Statt dessen sagte er förmlich: »Ich wäre dankbar, wenn wir weiterhin Freunde bleiben könnten.«

»Du begreifst wirklich gar nichts, was?« Sie fuhr sich hastig über die Augen und sagte, ohne ihn anzusehen: »Ich muß mich von deiner Großmutter verabschieden.«

»Vergib mir, Elenore.«

Sie sah ihm ins Gesicht; so, als wolle sie ihm zeigen, daß sie ihre Gefühle wieder in der Gewalt hatte. »Auf Wiedersehen, Dietrich!« Sie ging durch die Tür, ohne zurückzuschauen.

Noch lange blieb Dietrich am Geländer stehen. Spürte nichts von der herankriechenden Kühle, nachdem die Sonne hinter den Bäumen verschwunden war. Dann endlich ging auch er ins Zimmer zurück und setzte sich neben das Bett der Großmutter. Sie öffnete die Augen.

»Ich habe nicht geschlafen«, sagte sie langsam. »Ich habe gehofft, du würdest zurückkommen, weil ich noch mit dir reden wollte, solange ich die Kraft dazu habe.«

»Es wird dir bald wieder besser gehen, Großmama.« Wie hohl das klang.

»Nein, es ist Zeit zu sterben. Jetzt leg' i' mi' halt hin«, sagte sie in ihrer schwäbischen Mundart. »Nun kann ich nicht mehr länger durchhalten. Es kommt eine Zeit, da ist es besser zu sterben. Es kann eben nicht immer weiter und weiter gehen.« Sie zupfte mit den Fingern an der Bettdecke. »Ich bin mir über viele Dinge nie ganz klar geworden ... die Göttlichkeit Jesu ... ich weiß nicht, was das bedeutet ... die Fleischwerdung. Es ist schwierig für mich ...« Ihre sorgenvollen Augen ruhten auf ihm.

Sie stammte aus der sogenannten »liberalen Zeit«, in der alles in Frage gestellt worden war. Manches davon war gesunde Skepsis gewesen, wie er inzwischen wußte. Als er fünfzehn Jahre alt gewesen war, hatte er über diese Fragen mit Adolf Harnack auf langen Spaziergängen durch den Grunewald heftig debattiert. Seine Großmutter war in jener Zeit enttäuscht von der Kirche gewesen und nur selten in den Gottesdienst gegangen. Doch ihr Herz stand in allem, was sie tat, unverrückbar auf der Seite dessen, was richtig war, auf der Seite der Gerechtigkeit. Sie konnte es einfach nicht ertragen, wenn die verletzt wurde.

»Ich weiß, daß es schwierig ist, Großmama. Das ist es für die meisten. Vielleicht können wir von dem Fleischgewordenen sprechen, statt von dieser verwirrenden Fleischwerdung.«

Sie dachte darüber nach, ohne ihn aus den Augen zu lassen.

Sanft sagte er: »Ich glaube, Gott wird uns zu seiner Zeit offenbaren, was wir jetzt noch nicht verstehen können. Doch schon jetzt können wir wissen, daß in dem Fleischgewordenen die ganze Menschheit die Würde der Gottesebenbildlichkeit zurückgewonnen hat. Ist es nicht so? Und seitdem ist jeder Angriff, und sei es auf den geringsten Menschen, ein Angriff auf ihn.«

»Ja!« Ihre Augen wichen nicht von seinem Gesicht.

»Und einer Sache bin ich mir ganz sicher. Er kennt dein Herz. Er hält es sicher in seinen Händen. Und er vergibt dir deine Sünden. Denk an Psalm 103, wo es heißt: ›Die Gnade aber des Herrn währt von Ewigkeit zu Ewigkeit.‹«

Kein Wort wurde mehr gesprochen. Worte waren auch nicht nötig. Er sah in ihre Augen. Verständnis ... Gemeinschaft ... unverrückbar bestand sie zwischen ihnen.

Nach langer Zeit des Schweigens sagte sie: »›... und laß bis in den Tod uns allzeit deiner Pflege und Treu empfohlen sein.‹ Sing es für mich, Dietrich, ›Mach End, o Herr ...‹«

Er hielt ihre Hand fest und sang leise: »Mach End', o Herr, mach Ende / mit aller unsrer Not; / stärk' unsre Füß' und Hände / und laß bis in den Tod / uns allzeit deiner Pflege / und Treu empfohlen sein, / so gehen unsre Wege / gewiß zum Himmel ein.«

Als die Nacht hereinbrach, fiel sie in einen erholsamen Schlaf, ruhig und gleichmäßig atmend.

Es war fast Mitternacht, als Dietrich in Finkenwalde eintraf. Er fuhr den Wagen in die Garage und sah in seinem Zimmer Licht brennen. Ob da wirklich noch jemand auf ihn wartete?

Die Tür stand einen Spaltbreit offen, und als er sie aufstieß, sah er einen seiner Kandidaten, Günther Weiß, neben dem Schreibtisch stehen. Ein gleichermaßen entschuldigendes wie angespanntes Lächeln lag auf dem klugen Gesicht.

»Ah, Bruder Weiß! Ich fürchte, ich bin ziemlich spät dran. Und Sie haben auf mich gewartet? Ich hoffe, es ist nichts Schlimmes passiert.«

»Nein, eigentlich nicht. Ich wollte nur mit Ihnen reden. Deswegen habe ich gewartet, bis Sie zurückkommen. Aber bitte, ich möchte wirklich nicht stören.«

Dietrich sah, wie verwirrt der junge Mann war. »Sie stören nicht. Bitte setzen Sie sich doch.«

Weiß blickte eine Weile schweigend zu Boden. »Ich habe in den letzten Wochen eine Menge nachgedacht, Bruder Bonhoeffer, um mir darüber klarzuwerden, was ich tun soll.« Seine Stimme versagte. Als wolle er sich zur Ruhe zwingen, preßte er die Handflächen aufeinander.

Dietrich sagte nichts, hörte aber aufmerksam zu.

»Ich habe versucht, die Sache von allen Seiten zu betrachten, aber ich sehe einfach nicht, was so falsch an dem Gedanken ist, mit den Kirchenausschüssen zusammenzuarbeiten.«

Mit einem Anflug von Trotz, der um so überraschender war, als Trotz überhaupt nicht zu seinem Wesen paßte, blickte er Dietrich an. Nach allem, was Dietrich in den sechs Wochen seit Semesterbeginn über ihn erfahren hatte, schien er ein besonnener Bursche zu sein, einer der verantwortungsbewußtesten unter den neuen Brüdern. Ein bißchen pietistisch, aber nicht extrem.

»Es tut mir leid, aber mir scheint das einfach die konsequente und vernünftige Antwort auf einige unserer Probleme zu sein«, erklärte Weiß sehr nachdrücklich.

»Tatsächlich?« Dietrich war irritiert. Der Gedanke, daß einer seiner Studenten zum Feind überlaufen könnte, war ihm bisher noch nicht gekommen; nicht, seit sie so leidenschaftlich beteuert hatten, sich hinter ihn zu stellen ... Fünfte Verordnung hin oder her. »Wie sind Sie denn zu diesem Schluß gekommen?« fragte er mit gespielter Gelassenheit.

»Nun, erstens glaube ich nicht, daß uns dieses ganze Gerangel auch nur einen Schritt weiterbringt. Es ist alles so negativ, so eng. Wie ich es jetzt verstehe, wollen die Ausschüsse gar nicht die eine Kirchenregierung sein, sondern ein Forum der Zusammenarbeit beider Kirchenregierungen ... eigentlich aller Kirchenregierungen. Das habe ich bisher nur nicht verstanden«, fügte er hinzu.

»Das ist nicht möglich, Bruder Weiß. Ich weiß nicht, woher Sie Ihre Information haben, aber sie trifft nicht zu. Wie auch immer sie sich selbst bezeichnen, die Kirchenausschüsse sind letztlich dafür da, alle anderen Kirchenregierungen zu ersetzen, einschließlich der Bekennenden Kirche. Sie mögen vielleicht diese Karte nicht von Anfang an auf den Tisch legen – aber bald werden sie es tun, und dann wird es für jedes Handeln zu spät sein. Bedenken Sie, diese Ausschüsse haben das ganze Nazi-Regime hinter sich.«

Günther Weiß erwiderte nichts. Dieser Gedanke war ihm offensichtlich lästig.

Dietrich aber ließ sich nicht beirren: »Die Kirchenausschüsse haben ihre Berufung vom Nazistaat. Das dürfen wir nicht vergessen!« Der Blick des jungen Mannes wich ihm aus. »Nur Jesus Christus beruft seine Kirche. Wie aber könnten wir seine Kirche mit der falschen Berufung leiten?«

In der Stille der Nacht klang der Uhrschlag ungewöhnlich laut. Halb eins. Dietrich forschte im Gesicht des Kandidaten nach einem Zeichen, nach irgendeiner Wirkung seiner Worte. Doch die Augen blieben kühl, widerstrebend. »Ja, wir sind eingeengt, wie Sie sagen«, meinte Dietrich. »Wir sind negativ, wenn es das ist, was uns zu dieser Zeit und an diesem Ort abverlangt wird. Wir können keine Kompromisse machen und dennoch in der Wahrheit Gottes bleiben.«

»Das kann ich nicht beurteilen«, bemerkte Weiß in steifem Ton. »Ich möchte nur die eine Chance haben, den Leuten das Evangelium zu predigen; den ganz normalen Leuten, die kein Verständnis für alle diese Feinheiten haben und denen das Evangelium vorenthalten bleiben wird, wenn die Bekennende Kirche weiter versucht, im Alleingang zu arbeiten.« Er blickte Dietrich herausfordernd an. »Ist es denn wirklich unvernünftig, wenn ich mir ein gewisses Maß an Sicherheit wünsche, um das tun zu können?«

»Nein, ich verstehe das! Gott weiß, daß wir uns alle nach einem friedlichen Verkündigungsdienst sehnen.«

»Zoellner bemüht sich in einem Geist guten Willens, die tiefe Wunde zu heilen. Er bietet eine freie Gewissensentscheidung und Frieden innerhalb der Kirche an.«

»Spielt es eine Rolle, was er anbietet, solange es unter der Schirmherrschaft des Hitler-Regimes angeboten wird?« Dietrich beugte sich etwas vor und sagte leise, aber eindringlich: »Bruder Weiß, wollen Sie wirklich die Verheißung für eine Schüssel Suppe verkaufen?«

»Aber man müßte doch gar nicht den Glauben an die Grundsätze der Bekennenden Kirche aufgeben! Man müßte nicht aufhören, überhaupt zur Bekennenden Kirche zu gehören.«

»Nicht aus deren Sicht, natürlich nicht.«

»Aus keiner Sicht, mit Verlaub! Meiner Ansicht nach wäre eine solche Forderung nur unevangelische Gesetzlichkeit. Tut mir leid, Herr Direktor, aber so sehe ich das.«

»Ich verstehe.« Weiß wollte gar keine echten Argumente hören. Er war mit diesem Entschluß zu ihm gekommen – abgeschlossen und besiegelt. Dietrich stand auf und ging zum Fenster. Die Nacht war pechschwarz – kein Stern war zu sehen. Dann wandte er sich an Weiß: »Darf ich fragen, wer Ihnen das alles gesagt hat?«

Weiß zögerte ein wenig. »Superintendent von Scheven.«

»Er möchte also, daß Sie sich seinem pommerschen Kirchenausschuß unterstellen?«

»Ja.«

»Was sagte er über Ihre Anwesenheit hier, falls Sie das tun wollen?«

»Er sagt, das sei nicht möglich.«

»Das klingt nicht gerade nach einer ehrlichen Absicht zur Zusammenarbeit oder zum Friedensschluß. Oder doch?«

Weiß blieb stumm.

»Wußten Sie übrigens«, fragte nun Dietrich, »daß von Scheven und seine Leute gleich jenseits der Oder in Kuckenmühle ihr eigenes Seminar einrichten wollen?«

»Ja, davon hat er mir erzählt.«

»Eindeutig mit dem Ziel, das unsere zu vernichten. Das ist Ihnen doch klar«, bemerkte Dietrich und setzte sich an den Schreibtisch. Er sah in Weiß' bleiches, aber verschlossenes Gesicht und fragte sich verzweifelt, was denn nur falsch gelaufen war . . ., wo er diesem Mann nicht gerecht geworden war. »Wir sind ein Seminar der Bekennenden Kirche, Bruder Weiß, und somit der Leitung des Bruderrates unterstellt. Wenn jemand seiner Leitung das Vertrauen oder den Gehorsam verweigert, kann er nicht in unserem Seminar bleiben.« Dietrich schwieg einen Moment. »Aber ich hoffe, daß Sie die Sache noch einmal überdenken werden.« Er stand auf. »Reden wir heute abend nicht weiter, sondern beten einfach darüber.«

Lange Zeit, nachdem Günther Weiß gegangen war, stand Dietrich noch am Fenster und starrte in die dunkle Nacht.

In den folgenden Tagen sprachen die Mitglieder des Brüderhauses und einige der Seminaristen lange und ernsthaft mit Bruder Weiß. Doch nichts half. Bruder Weiß verließ das Seminar. Ein düsterer Tag für Finkenwalde.

16

In der folgenden Woche fand Dietrich seine Großmutter auf dem Wege der Besserung. Sie aß wieder etwas und konnte für kurze Zeit im Sessel sitzen. Bis Heiligabend wolle sie durchhalten, hatte sie schmunzelnd erklärt. Ein letztes Mal mit der ganzen Familie im Wohnzimmer sitzen.

Am Nachmittag, als Dietrich das kleine Restaurant nahe der Lutherbrücke verließ, in dem er häufig nach seiner Vorlesung zu Mittag aß, traf er seinen Cousin Hugo. Gemeinsam gingen sie in Richtung Bahnhof Zoo.

Hugo gab sich charmant, als hätte nie etwas zwischen ihnen gestanden. Sie unterhielten sich über Dietrichs Großmutter, die Hugo »diese großartige kleine alte Dame« nannte; über den Vortrag zur Landreform, den er gerade gehört hatte und der »gräßlich langweilig« gewesen sei (»Du hast Glück, daß du dich nicht mit derlei ödem bürokratischen Kram herumschlagen mußt!«) und über Dietrichs Seminar, von dem Hugos Mutter berichtet hatte. Er war überrascht, daß Dietrich dort zufrieden sei, und hoffte, daß bei all dieser Arbeit noch etwas Zeit zum Schreiben blieb. Schließlich habe er, Hugo, immer erwartet, daß Dietrich große Taten in der akademischen Welt vollbringen würde und er dann stolz sagen könne: »Mein Cousin, der berühmte Theologe!«

Dietrich lachte. »Früher habe ich vielleicht auch einmal solche Gedanken gehabt. Aber das ist lange her. Sie haben das Licht in der Universität gelöscht. Sie ist von einem Haus der Gelehrsamkeit zu einer Anstalt verkommen, in der den Studenten die eine und nur die eine Meinung eingehämmert wird.«

»Bis zu einem gewissen Grade magst du recht haben. Aber das ist im Augenblick nicht das Wichtigste.«

Dietrich wußte, daß eine Auseinandersetzung mit Hugo über dieses Thema vollkommen sinnlos war, und deswegen versuchte er ihm seine Gründe einsichtig zu machen, weshalb er das Seminar übernommen hatte. Als Jungen hatten Dietrich und Hugo sich oft über Theologie unterhalten und mit großer Ehrfurcht von ihrem

Urgroßvater gesprochen, dem Theologen Karl August von Hase. Für sie war er ein Held gewesen. Hatte ihn doch der König von Württemberg wegen seiner Überzeugungen in den Kerker geworfen.

Hugo war fünf Jahre älter als Dietrich und gegen Ende des Ersten Weltkrieges in die bereits geschlagene deutsche Armee eingetreten; im Gegensatz zu seinem Vater, dem General von der Lutz, der von Anfang an dabeigewesen war. Das schmähliche Ende des Krieges, die demütigende Niederlage, der aus Hugos Sicht ungerechte Friedensvertrag hatten tiefe, nicht heilende Wunden hinterlassen. Dietrich erinnerte sich an Hugos leidenschaftliche Empörung, als die siegreichen Alliierten Deutschland die alleinige Kriegsschuld aufbürdeten und vernichtende Reparationen forderten. Hitlers rasche Demontage der Weimarer Republik hatte in Hugo neue Hoffnung geweckt. »Jetzt werden wir endlich Taten sehen!« hatte er freudig ausgerufen. »Das ist es, was wir brauchen! Einer, der was bewegen kann.«

Ein Mann wie Hitler, einer, der solch erfolgreiche Machtpolitik betreiben konnte, der mußte – so Hugos feste Überzeugung – außerhalb aller üblichen ethischen Normen gesehen werden. Ja, er mußte sich sogar davon befreien. Dietrich und sein Bruder Klaus hatten über diese Frage tapfer mit Hugo gestritten, doch nichts hatte dessen Überzeugungen erschüttern können.

Jetzt, nach den so unverhüllten Angriffen der Nazis gegen die Kirche, fühlte sich Dietrich gedrängt, wieder einmal etwas zu sagen. Er sprach von seiner Treue zur Barmer Erklärung und von seiner Sorge, ob die Kirche in der Verfolgung standhaft bleiben würde. »Die Kirche muß fest als Wächter stehen und die Not der Zeit ansprechen, was es auch kosten mag«, sagte er. »Unter diesen Umständen war es mir denn auch völlig unmöglich, die Seminarstelle abzulehnen.«

»Ich zweifle nicht an deiner Aufrichtigkeit, Dietrich. Wer könnte daran zweifeln? Du sprichst von Verfolgung! Aber wer verursacht denn dieses Problem? Es ist doch dieses ›bekennende‹ Element, diese Abweichlerfraktion, die sich gegen die Einheit der Kirche richtet.«

»Es sind keine ›Abweichler‹, und es ist keine ›Fraktion‹. Die Reichskirche ist es, die von Christus abgewichen ist.«

»Nun, da irrst du dich aber gewaltig. Es hat ein paar Extremisten gegeben. Ja, das gebe ich zu! Und von denen halte ich auch nicht viel. Aber sieh doch auch einmal die gute Seite. Es wird viel Gutes getan. Die Leute gehen wieder in die Kirche, und das mit echter Begeisterung. Darüber solltest du froh sein, anstatt diese Haarspalterei zu betreiben.«

Noch während Hugo auf ihn einredete, bemerkte Dietrich einen Aufruhr neben dem Königin-Luise-Denkmal. Zwei SA-Männer hatten sich vor einem zierlichen, gut gekleideten Mann aufgebaut, der dort auf einer Bank saß.

Einer der SA-Männer rief lauthals: »Kannst du nicht lesen, Jüdlein?«

Der Mann ließ erschrocken seine Zeitung sinken.

»Ich sagte, kannst du nicht lesen?« wiederholte der Nazi mit erhobener Stimme und deutete auf eine Plakette an der Bank. Darauf stand: »Für Juden verboten!«

Der Mann stand erschrocken auf, faltete die Zeitung zusammen und ging um die Bank herum, wobei er die SA-Männer furchtsam beobachtete.

»Sieht aus, als müßten wir dem eine Lektion erteilen, Kurt«, sagte der Sturmtruppler, die Hand am Schlagstock.

Mit drei raschen Schritten war Dietrich an den SA-Männern vorbei, sprach noch im Laufen das unglückliche Opfer an. »Ah, Johannes, habe ich dich warten lassen? Es tut mir sehr leid. Ich wurde in der Universität aufgehalten!« Er zwinkerte dem verdutzt dreinschauenden Juden zu, legte ihm die Hand auf die Schulter und schob ihn auf den Gehweg, wo Hugo mit sichtlichem Erstaunen wartete. Laut genug, daß es die SA-Männer hören konnten, sagte Dietrich: »Ich möchte dir meinen Cousin vorstellen, Herrn Geheimrat von der Lutz vom Justizministerium.« Dabei versuchte er angestrengt, den verängstigten Mann zu beruhigen. Er wandte sich an Hugo. »Mein Freund, Herr Johannes Ertzberger!« Ohne einen Blick zurückzuwerfen, drängte Dietrich den Mann vorwärts.

»Wir sollten uns lieber beeilen, sonst kommen wir noch zu spät zur Matinee«, sagte Dietrich gut vernehmlich und sprach ebenso volltönend weiter, bis sie außer Hörweite der SA-Männer waren. Hugo, dessen Gesicht die in ihm tobenden Gefühle lebhaft widerspiegelte, hatte sich den beiden unwillkürlich angeschlossen.

Jetzt stellte sich Dietrich dem Mann vor und sagte ihm, daß er Pastor der Bekennenden Kirche sei.

Der Jude nannte seinen Namen und stammelte mit Tränen in den Augen: »Danke! Ich danke Ihnen so sehr. Diese Männer ... ich kann Ihnen nicht sagen ...«

»Keine Ursache! Versuchen Sie nur, in Zukunft vorsichtiger zu sein.«

Hugo sagte kein Wort. In der Nähe des Bahnhofs Zoo verabschiedete sich der Mann von ihnen mit einer tiefen Verbeugung und neuerlichen Dankesbezeugungen. Jetzt erst wandte sich Hugo an Dietrich. »Wenn du dir das nächste Mal derartige Heldentaten erlaubst, laß mich bitte aus dem Spiel.«

»Um Himmels willen, Hugo, bleib doch ein Mensch! Du hast doch gesehen, wie dieser Schläger nach seinem Knüppel griff.«

»Ich habe nichts gesehen.«

»Dann hast du nicht hingesehen. Sie hätten den armen Mann umbringen können.«

»Du übertreibst! Aber du hattest ja schon immer eine lebhafte Phantasie.«

Nichts als Zorn, fassungslose Wut waren in Dietrich. »Ich fürchte, du verschließt absichtlich die Augen vor Tatsachen.«

»Keineswegs! Es gibt Extremisten, ja. Das habe ich dir schon gesagt. Und die verabscheue ich genauso wie du. Aber insgesamt ... Hör zu, Dietrich, ich erlebe, daß erreicht wird, was ich mir ersehnt habe, solange ich denken kann. Ein neues Deutschland ersteht! Das macht mich stolz und dankbar.«

»Dann nehme ich an, daß du auch auf die Nürnberger Gesetze stolz bist?«

»Sie sind nicht vollkommen, das gebe ich zu. Wir haben auch schon versucht, einige der extremen Maßnahmen herauszustreichen.«

»Und – habt ihr was erreicht?«

»Das Kanzleramt schickt ständig unsere Entwürfe zurück. Es gab gewisse Richtlinien.«

»Du meinst, ihr konntet überhaupt nicht eigenständig arbeiten.«

»Nein, ich sagte doch, es gab Richtlinien! Sei doch bitte vernünftig! Etwas in dieser Art ist wirklich notwendig. Vielleicht nicht ganz so streng. Aber fast alle sind sich einig, daß die Juden zuviel Macht in Deutschland haben. Sie haben doch alles in ihren Fingern. In der Kunst, in der Geschäftswelt, im Verlagswesen. Und diese Gesetze sollen diese Auswüchse korrigieren.«

»Indem das Gesetz sich auf die Seite des Hasses schlägt.«

»Es ist einfach immer dasselbe! Wir können uns nicht unterhalten, ohne in Streit zu geraten. Dietrich, es ist das Vaterland, um das es mir geht! Wenn das, was damit verbunden ist, hier und da ... nun, abscheuerregend ist ..., nun, so sei es. Es ist nicht meine Aufgabe zu kritisieren, mich einzumischen oder mich durch derartige Geringfügigkeiten beirren zu lassen.«

»Aber wohin führen denn diese ›Geringfügigkeiten‹, wie du sie nennst? Wenn die Regierung diesen Kriminellen den Rücken stärkt, wie wird sich das auf Deutschland auswirken? Auf alles, was gut und anständig ist? Wenn das Vaterland dir wirklich am Herzen liegt, dann denke doch einmal darüber nach!«

Hugo starrte ihn an. »Ich sehe, daß wir uns nichts mehr zu sagen haben!« bemerkte er dann kalt. »Guten Tag!« Eine zackige Kehrtwendung – und Hugo verschwand in der belebten Straße.

Dietrich sah ihm nach und erinnerte sich an etwas, das Christel einmal gesagt hatte: »Torheit ist kein intellektuelles Versagen, sondern ein moralisches. Und Hitler verläßt sich auf die Torheit der Leute.«

Dietrichs Großmutter, das Gesicht weiß wie Pergament, lag hochgebettet auf ihren Kissen – eine Hilfe, ihr das mühsame Atmen zu erleichtern. Seit Mitternacht war sie ohne Bewußtsein. Aber sie hatte Dietrich noch erkannt, der kurz zuvor gekommen war, hatte ihn mit einem schwachen, flackernden Lächeln begrüßt, als er ihre

Hand nahm. Seit Weihnachten, als Dietrich sie die Treppe hinuntergetragen hatte, damit sie mit der Familie am Weihnachtsbaum sitzen konnte, war es mit ihr rasch bergab gegangen.

Dietrichs Vater saß mit dem Stethoskop um den Hals neben ihr und hielt ihre Hand. Die ganze Nacht über hatte er seinen Platz kaum verlassen und standhaft gegen seine Müdigkeit gekämpft. Dietrich fragte sich, welche Erinnerungen wohl jetzt durch seinen Kopf gingen. Deutlicher als jemals zuvor wurde ihm bewußt, wieviel er seinem Vater verdankte, wieviel von dem, woran er heute festhielt, ihm von seinem Vater mitgegeben worden war, ungeachtet aller Zurückhaltung, die ihr Verhältnis zueinander immer bestimmt hatte.

Jetzt veränderte sich das Atmen, bestand nur noch aus einem kurzen, leichten Keuchen. Die Abstände zwischen den Atemzügen wurden länger, bis man bei jedem einzelnen unwillkürlich dachte, es sei der letzte. Kein Laut sonst war im Zimmer zu hören. Dietrich blickte über das Bett hinweg seinen Vater an, dann seine Mutter, die hinter ihm stand und die Hände auf seine Schultern gelegt hatte. Und dann kam er wirklich, der letzte Atemzug. So leicht, so sanft endete ihr Leiden.

Drei Tage später wurde sie begraben, und Dietrich hielt die Trauerpredigt. Er wählte seinen Text aus Psalm 90 aus, einem Psalm, der in seinem Elternhaus an jedem Silvesterabend gelesen wurde. »Herr, du bist unsre Zuflucht für und für.« Er sprach vom großen Schmerz der Großmutter über das Leiden der Juden in Deutschland, und in jenem Moment trafen sich sein und Hugos Blick.

Noch einmal begegneten sie einander in der Trauergemeinde. Und Dietrich mußte daran denken, wie wenig diese beiden Leben gemeinsam hatten: das seiner Großmutter und das seines Cousins. Mit Rücksicht auf den Anlaß und auf seine Mutter, die in der Nähe stand, streckte er ihm grüßend die Hand entgegen. Hugo starrte ihn an – kalt, empört. Dann, ohne die angebotene Hand zu ergreifen und ohne ein Wort zu sagen, wandte er sich ab und ging davon.

Unter den Bäumen sah Dietrich für einen kurzen Moment

Elenore, die in Begleitung eines jungen Mannes gekommen war, den er nicht kannte. Zu seiner Überraschung empfand er statt Erleichterung einen feinen, schmerzlichen Stich in seinem Herzen.

Nach Finkenwalde zurückgekehrt, schrieb Dietrich am nächsten Tag Elenore einen langen Brief. Er versuchte, ihr so klar und sachlich wie möglich die Gründe dafür zu erläutern, die seiner Meinung nach zu ihrer Trennung geführt hatten. Freilich, mit all den verschlungenen Motiven konnte er sich nicht auseinandersetzen. Sie überstiegen auch sein eigenes Verständnis und waren mit Reue vermischt. Zum ersten Mal berichtete er ihr offen, welchen Weg seine geistliche Odyssee genommen hatte. Er wünschte ihr Gutes – und das nicht nur auf dem Papier.

In jenem Januar 1936 gab es viele »Rückzieher«, auch Rücktritte von führenden Leuten und Pastoren der Bekennenden Kirche. Der niederschmetterndste Rückschlag kam, als August Marahrens, der Vorsitzende der provisorischen Leitung der Bekennenden Kirche, seine Bereitschaft bekundete, mit dem Reichskirchenausschuß zusammenzuarbeiten. Doch allmählich begann die wankelmütige Kompaßnadel wieder in die richtige Richtung zu zeigen. Der altpreußische Bruderrat ließ eine Kanzelabkündigung verlesen, in der jede Zusammenarbeit mit den Kirchenausschüssen abgelehnt wurde.

Dietrich wurde gebeten, auf einer Reihe von Versammlungen in Pommern zu sprechen. Und hier ermutigte er – leidenschaftlich und beredt – die Pastoren, diese Abkündigung in ihren Gemeinden zu verlesen. Während einer Versammlung in Stettin gesellte sich das ganze Seminar zu ihm. Als sich dann aber die Gegner der Abkündigung zu Vorwürfen wie »Machtgier« und »dämonischem Fanatismus« verstiegen, kam es zu einigen unerfreulichen Ausbrüchen der Finkenwalder. Eine Stegreifrede seines Seminaristen Winfried Krause beunruhigte Dietrich durch ihre Zügellosigkeit.

Nach der Veranstaltung sprach er vor der Kirche mit seinen Studenten und anderen Teilnehmern. Einer der Stettiner Pastoren, Dr. Friedrich Schauer, hatte in den Äußerungen Krauses den Satan selbst reden hören.

Jetzt konnte Dietrich nicht länger schweigen. »Das ist nun wirklich ein einzigartig liebloses Urteil!« ereiferte er sich.

»Und es war ebenso einzigartig lieblos von Ihrem jungen Hitzkopf, Marahrens als Verräter an der Kirche anzuklagen.«

»Er sagte, Marahrens habe die Kirche verraten. Das hat er wirklich gesagt. Aber tatsächlich konnte Marahrens die Bekennende Kirche gar nicht verraten, denn ganz offensichtlich hat er nie zu ihr gehört.«

Betroffen sah Dr. Schauer auf Bonhoeffer. Schauer war ein ehrenwerter Mann – ein hingebungsvoller, ehrlicher, hart arbeitender Pastor und treuer Anhänger der Bekennenden Kirche.

Dietrich milderte seinen Tonfall. »Er war niemals wirklich einer von uns, Dr. Schauer, und niemals hätte er Haupt unserer Kirchenleitung werden dürfen.«

»Da bin ich aber wirklich anderer Meinung«, entgegnete Dr. Schauer steif, drehte sich um und ging.

Und wieder einmal sahen seine Studenten in ihm den Sieger. Er aber wandte sich rasch ab und ging allein in die Kirche zurück.

Am folgenden Sonntag hielt Dietrich in der Finkenwalder Behelfskapelle die Predigt und verlas anschließend die Abkündigung des Bruderrates, die mit den Worten schloß: »Wir müssen uns darüber klar sein, daß wir den Anspruch der Bekennenden Kirche nicht in eigener Willkür preisgeben können. Auch dann nicht, wenn wir deswegen auf einen neuen Weg des Leidens geführt werden sollten.«

Nun wurde die Finkenwalder Gemeinschaft gegründet; eine Gruppe, die seit dem letzten September zusammengekommen war, formell als Bekennende Gemeinde. Sie wählte einen Gemeindebruderrat. Manche der Gemeindeglieder kamen von weither, sogar aus Stettin, darunter Ruth von Kleist-Retzow, eine reiche Gutsherrin, die jeden Sonntag mit ihren Enkelkindern per Zug angereist kam. Nach dem Gottesdienst versammelten sich die Gemeindeglieder auf dem Kirchhof, um die roten Beitrittskarten zur Bekennenden Kirche zu unterzeichnen. Unter ihnen ein junger Mann, den Dietrich bisher noch nicht gesehen hatte, der aber eifrig Notizen machte.

Während des Mittagessens sagte Dietrich wenig. Rings um den großen Tisch wurden aufgeregte Gespräche geführt. Gespräche, die Stolz verrieten, aber auch von dem Bewußtsein drohender Gefahr geprägt waren. Dietrich hatte bald nur noch einen Wunsch – wegzukommen, allein zu sein.

Doch allein in seinem Zimmer erging es ihm nicht besser. Er versuchte zu lesen, aber seine innere Unruhe trieb ihn bald wieder hoch. Gequält warf er das Buch zur Seite und trat ans Fenster. Aus düsteren grauen Wolken nieselte ein feiner eiskalter Regen. Schließlich griff er nach seinem Mantel, den Schuhen, der Wollmütze. Auf dem Weg nach unten nahm er undeutlich wahr, daß Eberhard an ihm vorbeikam. Aber in diesem Moment wollte er nichts und niemanden sprechen. Hastig lief er hinaus in den kalten Nieselregen.

Von seinem Platz an der Speisetafel hatte Eberhard Dietrich beobachtet, dessen grübelnden Gesichtsausdruck er bereits zu Beginn der Mahlzeit bemerkt hatte. Abwesend hatte Dietrichs Gesicht gewirkt, und jetzt war er wie ein Fremder an ihm vorbeigelaufen. Was war geschehen?

Seit Dietrich ihn gebeten hatte, seine Beichte zu hören, war zwischen ihnen eine Freundschaft entstanden, die mit jedem Tag stärker wurde. Eberhard hatte sich dem Brüderhaus angeschlossen, zusammen mit Kanitz, Schönherr, Mächler und anderen. Mit Bonhoeffer waren sie insgesamt sieben. Es hatte eine fröhliche Zeremonie mit einem Trinkspruch zu gutem Moselwein gegeben, als Bonhoeffer vom formellen »Sie« zum vertrauten »Du« übergegangen war. Seitdem sprachen sich die Mitglieder des Brüderhauses mit Vornamen an, und der Direktor machte keine Ausnahme.

Einige Mitglieder des Brüderhauses dienten als Pastoren kleiner Bekennender Gemeinden in der Gegend oder halfen mit Arbeit überlasteten Pastoren. Andere arbeiteten mit Studenten in der Universität des nahegelegenen Greifswald. Eberhard half bei der Korrespondenz, der Buchhaltung, beim Unterricht des Seminars und war immer bereit, wenn irgendwo in der Bekennenden Kirche Not am Mann war. Mittags, wenn die Seminaristen auf der Chorprobe waren, trafen sich die Brüder zu Gesprächen und Gebet in Dietrichs Zimmer.

Mehrere Male während jener Monate hatte Eberhard bemerkt, daß Dietrich ohne äußerlich erkennbaren Grund verschwand und dann mehrere Tage lang unnahbar blieb. Dieses Mal lief ihm Eberhard nach, nachdem er entdeckt hatte, daß Dietrich nicht mehr am Tisch saß. Er hatte sich ohnehin für eine Bibelarbeit Dietrichs Exemplar des Bernanos ausleihen wollen, so daß er einen Vorwand hatte, an Dietrichs Tür zu klopfen.

Dietrich stand am Fenster. »Ja, natürlich kannst du es haben«, sagte er, ohne sich zu bewegen. »Du findest ihn dort.« Er deutete auf die Stelle im Bücherregal.

Eberhard fand das Buch, blieb aber im Zimmer. »Stimmt was nicht mit dir?«

Dietrich blickte rasch auf. Seine Augen konnten den Aufruhr in seinem Innern nicht verbergen. »Nichts! Mir geht es gut.«

»Entschuldige! Ich habe mir nur Gedanken gemacht. Du hast irgendwie sehr beunruhigt ausgesehen. Und da habe ich gedacht, vielleicht ...« Hilflos stand Eberhard da, drehte das Buch in seinen Händen.

Dietrich blieb unbeweglich stehen, sagte kein Wort.

»Tja, dann gehe ich wohl mal wieder.« Unentschlossen griff Eberhard nach der Klinke.

»Nein, Eberhard, geh nicht!« Dietrich sagte es mit gepreßter und erschöpfter Stimme. »Komm, setz dich einen Augenblick.«

Lange Zeit sagte Dietrich nichts, saß reglos da, die Hände vors Gesicht geschlagen. Schließlich, ohne den Kopf zu wenden: »Jeremia hatte recht. ›Es ist das Herz ein trotzig und verzagt Ding.‹«

Eberhard hatte keine Ahnung, was das bedeuten sollte, aber die Hoffnungslosigkeit in Dietrichs Stimme verriet ihm, wie es um den Freund stand.

»Man fällt so leicht in alte Spurrillen zurück. Manchmal denkt man, man hätte sich endlich von den Ketten befreit. Man könnte den Kampf vielleicht sogar gewinnen. Und dann ...« Er hielt inne, sah Eberhard an. »Es ist nicht fair, dir das alles zuzumuten ... zu erwarten, daß du verstehst ...«

»Vielleicht kann ich es ja. Immerhin könnte ich es versuchen.«

Dietrich warf ihm einen abschätzenden Blick zu, dann sah er zu dem spanischen Wandteppich mit dem Haupt Christi. »Es ist so entsetzlich schwer, Nachfolger Jesu Christi zu sein. Man wird so müde dabei. Schlimmer noch, man ertappt sich oft dabei, seine Berufung zur eigenen Ehre zu mißbrauchen oder zumindest zuzulassen, daß es geschieht. Ich finde das abscheulich. Abscheulich!« wiederholte er.

»Manchmal gehen Menschen mit sich selbst zu hart ins Gericht«, bemerkte Eberhard. Er wollte zum Kern der Sache kommen, fürchtete sich aber zu sagen, was er wirklich dachte. Noch einmal fing er an. »Ich weiß, daß es Zeiten gibt, in denen es schwerfällt, einen Grund zur Dankbarkeit zu finden.«

»Dankbarkeit? Muß man dankbar sein für eine Natur, die einen Dinge tun und sagen und denken läßt, die man in sich selbst verabscheut?«

»Ich weiß es nicht. Das kann ich nicht beurteilen. Aber für die Fähigkeit, die Wahrheit deutlich zu sehen, ja, da muß man schon dankbar sein. Dafür ja! Das ist eine Gabe, die nicht alle Menschen haben.«

»Eine Gabe? Ist das nicht eher ein Fluch als ein Segen?«

»Ich glaube nicht, daß du das wirklich meinst. Ich glaube nicht, daß du verachten kannst, was Gott dir gegeben hat.«

Dietrich sah ihn verzweifelt an, als wäre das ein Gedanke, an dem er sich auch schon vergeblich festzuhalten versucht hatte.

Eberhard tastete sich weiter vor. »Es scheint mir unvermeidlich, daß jemand, der die Wahrheit in einem Bereich sehen kann, sie auch in anderen Bereichen sehen muß – auch wenn er das lieber nicht täte.«

Dietrich wandte sich ab.

»Ohne diese Gabe könntest du nicht führen.«

»Wer will schon führen? Und sich einer solchen Gefahr aussetzen? Welcher Christ will schon, daß andere ihm folgen – blind, ohne zu fragen?« Dietrich stand auf, ging zum Fenster, seine breiten Schultern hilflos nach vorn gebeugt. »Und was ist von einem solchen ›Führer‹ zu halten? Wenn er in seinem Innern weiß, daß er tatsächlich nicht ist, was er zu sein scheint, daß er überhaupt nicht zum Führen geeignet ist . . . und daß es ein Irrtum ist zu glauben, er sollte es dennoch versuchen.«

Eberhard erschrak zutiefst. Jetzt erst hatte er begriffen, wie tief diese Angst saß. Verstehen, nein, das konnte er es auch jetzt nicht! Aber er sah, daß diese Bedrohung für Dietrich schmerzhafte Wirklichkeit war. Und er erkannte die Gefährlichkeit dieser Situation – eine Gefahr für sie alle wie für Dietrich. Das Seminar – von allen Seiten angegriffen – bestand nur noch im Vertrauen auf die Führung dieses Mannes. Bonhoeffer war sich seiner Sache so gewiß, seine Entscheidungen waren so klar, daß sich auch die Seminaristen ihres Weges gewiß waren. Vielleicht war es diese Art »blinde« Nachfolge, die Bonhoeffer so beunruhigte. Er, Eberhard, konnte darin beim besten Willen nichts Gefährdendes entdecken. Im Gegenteil! »Führer« wie Bonhoeffer waren für das Seminar lebensnotwendig.

Eberhard wagte gar nicht daran zu denken, was passieren würde, wenn Dietrich sie nicht mehr führen könnte. Inständig flehte er jetzt um die rechten Worte. »Glaubst du, Gott würde dir eine solche Gabe schenken ohne die Fähigkeit, sie zu gebrauchen . . . und das zu überwinden, was immer dich daran hindern will?«

Dietrich fuhr herum. »Und warum ist es mir dann nicht erlaubt, das zu sehen? Ist das zuviel verlangt? Im Augenblick kann ich es nicht sehen. Ich kann es überhaupt nicht sehen. Sogar ganz im Gegenteil!«

Diese Bitterkeit überraschte Eberhard, machte ihn sprachlos. Sie paßte so ganz und gar nicht zu dem Bild des Mannes, das er sich gemacht hatte. Und er wußte nicht, was er antworten sollte. Schließlich sagte er leise: »Vielleicht solltest du herausfinden, was dich daran hindert, es zu sehen.«

Dietrich wurde still. »Wenn du es weißt, solltest du es mir sagen.«

»Ich kann es dir nicht sagen. Wie könnte ich es wissen?«

»Sag es mir, Eberhard.«

»Ich kann dir nur ein paar Dinge nennen, die dahinterstecken könnten. Das ist alles!« wehrte Eberhard ab. Er fühlte sich in die Ecke gedrängt, wußte aber, daß es kein Entrinnen gab.

»Dann sag mir das«, bat Dietrich und sah Eberhard erwartungsvoll an.

»Es kann sein«, begann Eberhard zögernd, »daß ein Mensch mitunter an einen Punkt gerät, wo er einfach nicht mehr auf das Wort Gottes hört, sondern Zeichen von ihm verlangt – sein eigenes besonderes Zeichen vielleicht . . . Ich weiß nicht. Vielleicht so, als wollte er Gott auf die Probe stellen? Diese Schuld laden wir uns alle irgendwann mal auf, glaube ich.«

Dietrich wandte seine Augen nicht von dem Stift, den er in seinen Händen hielt.

Seiner Sache etwas gewisser, meinte Eberhard jetzt: »Manchmal wollen wir nur das annehmen, was uns nach unserer Meinung zusteht – aus einer Art Stolz heraus, glaube ich. Wir wollen uns nichts schenken lassen. Und das ist Sünde.«

Dietrich blickte rasch auf.

Doch statt über seine eigene Kühnheit zu erschrecken, fühlte sich Eberhard auf seltsame Weise angespornt. »Ich weiß nicht . . . verdiente Strafe können wir wohl leichter annehmen als unverdiente Freundlichkeit.«

Ein etwas trauriges Lächeln umspielte Dietrichs Mund, und Eberhard spürte, daß er seinem Ziel nähergekommen war. Also sagte er entschlossen: »Wir gehen lieber mit eigener Kraft unter, als aus der Gnade zu leben.«

Jetzt lächelte Dietrich wirklich, und die Spannung in seinem Gesicht löste sich. Aber er sagte noch immer nichts, und deshalb fügte Eberhard hinzu: »Wir sind nur für unsere Gaben verantwortlich, weißt du. Genau das hast du uns einmal gesagt.«

Dietrich sah ihn fragend an.

»Ich weiß noch, daß diese Worte damals einen tiefen Eindruck auf mich gemacht haben. Du hattest von Goethe und Napoleon gesprochen und gesagt, auch sie würden Rechenschaft darüber abgeben müssen, wie und wozu sie ihre großen Gaben gebraucht haben. ›Gott weiß, was uns gegeben wurde, und wird uns dementsprechend beurteilen‹, hast du damals gesagt.«

»Ja, ich glaube, das habe ich gesagt. Ich hatte es nur vergessen.«

»Aber das bedeutet doch, daß er deine Schwächen kennt, sie annimmt – deine Natur, von der du sagst, daß sie dich Dinge tun läßt, die dir verhaßt sind. Ist es nicht so?«

»Vielleicht«, antwortete Dietrich nachdenklich. »Ja, ich glaube schon.« Er blickte auf, und in seinen Augen war wieder etwas Friede eingekehrt. »Ich muß darüber nachdenken, was du gesagt hast. Aber ich denke, du bist der Wahrheit näher gekommen, als du weißt.«

Eberhard lächelte. Er griff nach dem Bernanos, den er auf den Schreibtisch gelegt hatte, und stand auf.

»Danke, Eberhard!« sagte Dietrich. »Danke, daß du bei mir geblieben bist.«

17

Eberhard saß mit den anderen Seminaristen am Kamin und lauschte Dietrichs Berichten von dessen Reisen in die USA. Er entspannte sich, erleichtert darüber, daß die Feier zu Dietrichs 30. Geburtstag so gut abgelaufen war. Er und die Studenten hatten Tage mit den Vorbereitungen zugebracht. An jenem Morgen, noch vor der Weckposaune, hatten sie sich auf dem Flur vor Dietrichs Tür versammelt und ihm ein Ständchen gebracht. Die Köchin hatte für den Abend ein üppiges Festmahl bereitet, und jeder der Kandidaten hatte mit einem besonderen Beitrag aufgewartet; manche witzig, andere ernst. Jetzt saßen sie erwartungsvoll lächelnd da, lauschten Dietrichs Erzählen.

»Ich war im Halbschlaf«, berichtete Dietrich gerade, »aber ich hörte ständig ein tiefes, schnüffelndes Geräusch ganz in der Nähe, dicht an meinem Ohr, und ich spürte, wie etwas Großes, Warmes, Lebendiges sich durch die Zeltwand gegen mich drängte. Ich sprang auf, rüttelte Lasserre wach, und im trüben Dämmerlicht des Morgens schlichen wir uns vorsichtig und mit einem merkwürdigen Gefühl in der Magengrube nach draußen um das Zelt herum. Und da lag es – ein großes, warmes, lebendiges Schwein! Offenbar hatte ich mich die ganze Nacht an eine dicke alte Sau gekuschelt.«

Die Seminaristen brachen in schallendes Gelächter aus.

»Wir hatten unser Zelt auf einer Schweineweide aufgeschlagen. Irgendwo mitten in Amerika – ich glaube, es war in Missouri.«

Als das Gelächter verebbte, fragte einer der Studenten: »Und Sie haben diese ganze Reise bis Mexiko mit einem Franzosen gemacht?«

»Ja! Mit Jean Lasserre aus Nordfrankreich. Es gibt auch unter den Franzosen Christen, wissen Sie«, schmunzelte Dietrich. »Aber ich denke, Sie haben für heute abend genug gehört.«

Eberhard, dessen Phantasie bei diesen Reiseberichten auf Hochtouren geraten war, wollte sich – wie alle anderen – damit nicht zufriedengeben. Einer der Studenten, Werner Koch, ein tollkühner junger Blondschopf, dem es Spaß zu machen schien, allen anderen immer einen Schritt voraus zu sein, schlug vor, Dietrich möge doch mit dem ganzen Seminar eine Reise nach Schweden unternehmen. Koch hatte sogar schon einen ziemlich genauen Plan. Er wisse, sagte er, von Bonhoeffers ökumenischen Kontakten in jenem Land, und er sei sicher, daß die führenden Kirchenleute dort gerne einen Haufen reisender Seminaristen aus der verfolgten Kirche Nazi-Deutschlands aufnehmen würden.

»Das wäre in der Tat interessant«, überlegte Dietrich.

Die anderen Kandidaten spitzten die Ohren.

». . . aber leider völlig unmöglich«, fügte er rasch hinzu. »Wir haben nicht genug Zeit für die notwendigen Vorbereitungen, um die Reise vor dem Ende des Semesters noch starten zu können.«

Doch die Seminaristen gaben nicht auf. Für jedes Hindernis fanden sie eine Lösung, und außerdem versprachen sie, auf jede nur erdenkliche Weise zu helfen.

»Sie wissen doch sicher«, meinte Dietrich nun ernst, »daß die Regierung uns nicht erlauben würde, mehr als zehn Reichsmark pro Person außer Landes zu bringen. Das heißt: Wir wären vollkommen abhängig von der Gastfreundschaft der schwedischen Kirche.«

»Aber wäre denen das die Sache nicht wert?« fragte Koch.

Dietrich musterte Kochs fröhliches Gesicht. »Vielleicht!« Er streckte seine langen Beine aus und preßte nachdenklich seinen Zeigefinger gegen die Lippen. Wie alle anderen lauerte auch Eberhard auf ein Zeichen des Einverständnisses. Jetzt richtete sich Dietrich kerzengerade auf. »Habe ich tatsächlich gedacht, man wird mit zunehmendem Alter allmählich klüger?« bemerkte er mit reumütigem Lächeln. »Aber was soll's! Ich rufe morgen Birger Forell in der schwedischen Botschaft an und spreche mit ihm.«

Begeisterter Jubel.

Zwei Wochen später stiegen Eberhard, Dietrich und die Finkenwalder aus dem Zug und überquerten die Mole. Der große weiße Dampfer *Odin* lag in geisterhafter Stille vor Anker. Jenseits des Flusses schimmerten undeutlich die Lichter Stettins durch den feinen Nieselregen. Um 22.00 Uhr sollte das Schiff auslaufen. An der Kontrollstelle gaben sie ihre Pässe ab und warteten im Vorzimmer, bis ihre Namen aufgerufen wurden. Eine Viertelstunde verging. Zwei Beamte in Zivil kamen durch die Tür neben dem Kassenschalter – direkt auf sie zu. Der größere der beiden, ein Mann mit länglichem Kopf, schmalem Gesicht und hohen Wangenknochen – ein Bilderbuch-Arier-Typ – blieb vor der Gruppe stehen und rief Dietrichs Namen auf.

»Sie sind Pastor Dietrich Bonhoeffer?«

»Ja.«

»Und diese Männer?«

»Studenten.«

»Studenten?«

»Seminarstudenten. Pfarramtskandidaten.«

»Verstehe!« Er tauschte einen etwas herablassenden Blick mit seinem Begleiter. »Sie können natürlich nicht nach Schweden reisen«, teilte er Dietrich mit. Er klappte sein Revers um, wo an der Unterseite das Abzeichen der Gestapo steckte. Betroffenes Schweigen.

Dietrich sah die beiden Beamten an und sagte – gelassen und ruhig: »Meine Herren, es wäre vielleicht ratsam, wenn Sie mit Ihren Vorgesetzten in Berlin Rücksprache hielten, denn wir reisen auf Einladung des Erzbischofs von Schweden. Auch der Bruder des Königs ist über unseren Besuch unterrichtet. Wenn Sie uns daran hindern, würde das wahrscheinlich eine nicht gerade wohlwollende Reaktion in den ausländischen Zeitungen auslösen.«

Die beiden Männer wirkten verunsichert.

»Wenn Sie einen Fehler vermeiden wollen, sollten Sie Ihre Entscheidung überdenken.«

Der größere der beiden Männer starrte Dietrich an, als hoffe er, ihn mit seinem Blick von der Bildfläche verschwinden lassen zu können. Dann machte er auf dem Absatz kehrt und ging in sein Büro zurück. Der andere folgte ihm schweigend. Nach etwa zwanzig Minuten kehrten die Gestapo-Leute zurück, gaben ihnen die Papiere und ließen sie passieren.

Eberhard war noch nie in Schweden gewesen, und jeder einzelne dieser zehn Tage war ein Abenteuer für ihn. Überall in Schweden wurden sie herzlich aufgenommen und als Ehrengäste behandelt. Es gab zahllose Treffen mit Studenten, Pastoren, mit führenden Männern der schwedischen Kirche, die aufmerksam auf Dietrichs Berichte über die Kirche in Deutschland lauschten. Der Erzbischof gab für sie einen offiziellen Empfang in seinem Amtsgebäude in Uppsala. Er versicherte ihnen, die schwedische Kirche gedenke in ständigem Gebet der kämpfenden und verfolgten Gemeinden in Deutschland, und sie würde es auch in Zukunft tun. Kronprinz Oskar Bernadotte, ein Bruder des Königs, traf auf einem Abendempfang des schwedischen CVJM mit ihnen zusammen. Ein anderer Bruder des Königs, Prinz Eugen, führte sie durch seine private Kunstsammlung im Schloß. Täglich wurde in der schwedischen Presse ausführlich und mit vielen Bildern über ihren Besuch berichtet.

Eberhard war der erste, der im Hotel-Radio gehört hatte, daß

Hitler – den Vertrag von Locarno brechend – Truppen ins Rheinland hatte einmarschieren lassen und die entmilitarisierte Zone zurückerobert hatte.

Eberhards erste Reaktion – Stolz. Schließlich, das Rheinland gehörte zu Deutschland. Dietrichs Begeisterung allerdings hielt sich in Grenzen. Auch er hörte sich während der folgenden drei Tage jede Nachrichtensendung an. Seine bange Frage, wie sich die Alliierten verhalten würden, war Eberhard überhaupt noch nicht in den Sinn gekommen.

Wieder auf deutschem Boden, war ihnen freilich bald klar, daß Hitlers Rechnung aufgegangen war. Frankreich und England rieten zur Mäßigung, zum Vermeiden weiterer Konflikte. Und das war es auch schon. Im Zug von Stettin nach Finkenwalde schloß sich Eberhard dem Jubel, der Begeisterung der anderen Seminaristen an.

»Er hat es geschafft!«

»Er hat die alle einfach an der Nase herumgeführt!«

»Und es hat funktioniert! Es hat funktioniert!«

»Das läßt sich doch einfach nicht leugnen, oder?«

»Er muß gewußt haben, daß es klappt. Meint ihr nicht?«

»Ja! Das muß man ihm lassen. Er ist clever! Wirklich clever, manchmal.«

»Das Rheinland zurückgewonnen, mein Gott, es ist wunderbar! Welcher Deutsche könnte dagegen etwas einwenden?«

Eberhard sah auf Dietrich, der ein wenig abseits saß. Bisher hatte Dietrich keine Bemerkung gemacht, doch jetzt sagte er: »Niemand kann etwas dagegen einwenden, das Rheinland wieder der deutschen Souveränität zu unterstellen. Allerdings hat Hitler, um das erreichen zu können, einen Vertrag gebrochen; einen Vertrag, den er selbst noch vor einigen Monaten ausdrücklich anerkannt hat.«

Die Kandidaten sahen ihn schweigend an, und ihre Gesichter ließen eine mehr oder weniger große Verärgerung erkennen, daß er ihnen ihre Jubelstimmung verdorben hatte.

»Ich glaube, wir müssen uns eine Frage stellen«, meinte Dietrich nun. »Wenn Hitler den einen Vertrag mit so spektakulärem Erfolg brechen konnte – wird ihn das nicht ermutigen, bald noch einen zu brechen und dann noch einen? Und wo wird das enden?«

Keiner stimmte ihm zu.

»Nun, vielleicht sollten Sie einfach mal darüber nachdenken, wenn Sie von Ihrer Wolke heruntergekommen sind.«

Ein paar Tage später, auf einem Spaziergang durch den Buchenwald, kletterten Eberhard und Dietrich auf einen Felsen, von dem aus sie den neuen Flugplatz überblicken konnten, auf dem Görings Piloten ausgebildet wurden.

Als sie da standen und zusahen, wie die Flugzeuge landeten und starteten, sagte Dietrich: »Das Rheinland war nur ein Übungsmanöver. Jemand sollte das die Engländer wissen lassen.«

Der immer stärker werdende Abfall von Mitgliedern der Bekennenden Kirche begann sich bedrohlich auf die Finanzen des Seminars auszuwirken. Eines Tages, während Dietrich und Eberhard in der Bibliothek arbeiteten, traf die Post ein. An Dietrich adressiert war die Abschrift eines Briefes, den Heckel an den Landeskirchenausschuß in Stettin im Zusammenhang mit Bonhoeffers Schwedenreise geschickt hatte. Im letzten Absatz hieß es da: »Ich möchte aber nicht versäumen, den Landeskirchenausschuß darauf aufmerksam zu machen, daß Lic. Bonhoeffer durch diese Begebenheit sehr in das Licht der Öffentlichkeit gerückt ist. Da der Vorwurf gegen ihn erhoben werden kann, daß er Pazifist und Staatsfeind ist, dürfte es angebracht sein, daß der Landeskirchenausschuß ... Maßnahmen ergreift, damit nicht länger deutsche Theologen von ihm erzogen werden können.«

Erleichtert registrierte Dietrich, daß Eberhard nichts bemerkt hatte. Etwas beklommen griff Dietrich jetzt nach dem nächsten Brief, der von Klaus kam und einen Zeitungsausschnitt sowie eine kurze Mitteilung enthielt. »Offenbar nimmt man Notiz von dir – nur leider an den falschen Stellen. Hoffentlich bist du vorsichtig.«

Der Zeitungsausschnitt stammte aus der SS-Zeitung *Durchbruch* und wandte sich gegen eine Arbeit über König David, die Dietrich vor einiger Zeit veröffentlicht hatte. Der Artikelschreiber erregte sich über die »widerwärtige Lobhudelei auf den Ehebrecher David, die zweifellos gegen das moralische Bewußtsein und Gefühl der deutschen Rasse verstößt«.

»Stimmt etwas nicht?« fragte Eberhard, aufmerksam geworden.

»Nicht der Rede wert! Nur daß ›König David‹ von der SS ins Visier genommen wird. Das war wohl nicht anders zu erwarten.«

Eberhard blickte etwas beunruhigt auf. »Was schreiben sie denn?«

Dietrich reichte Eberhard den Artikel und beobachtete Eberhard während des Lesens. Im letzten Absatz hieß es: »Man fragt sich, ob es angemessen ist, sich an einer solchen Form der Bibelarbeit mit einer solchen Bruderschaft von Vikaren zu beteiligen. Vieles ist schädlich an solcher Lehre, die die Vermessenheit besitzt, selbst jetzt noch, im Jahre 1936, den Welt-Feind Juda als ›ewiges Volk‹, ›wahren Adel‹ und ›Volk Gottes‹ darzustellen.« Eberhard reichte den Ausschnitt betroffen zurück. »Könnte das ernsthafte Schwierigkeiten bringen?«

»Ich habe keine Ahnung.«

»Sie könnten das Seminar schließen.«

»Vielleicht! Aber hoffen wir, daß sie es nicht tun.« Dietrich griff wieder nach dem Kontobuch. »Was haben wir sonst noch auf der Haben-Seite?«

»Nun, heute morgen sind 225 Eier angekommen.«

»225?« fragte Dietrich lachend. »Hast du sie gezählt?«

»Nein! Ich habe es ihnen auch so geglaubt«, antwortete Eberhard. »Kanitz' Gemeinde hat eine Wagenladung geschickt: Äpfel, Wurst und Schinken – zwei Seiten Schinken –, Eier, Butter und einen großen Sack Mehl. Dann haben wir heute noch sieben Zusagen bekommen, ein paar für eine Reichsmark pro Monat, die anderen für zwei Reichsmark.«

Außerdem hatte Ruth von Kleist-Retzow versprochen, bei den anderen Gutsbesitzern ein paar größere Spenden einzutreiben. Dietrich lehnte sich zurück. »Ich denke, wir werden es schaffen, Eberhard. Ich bin sehr dankbar.« Er knüllte den Zeitungsausschnitt und den Brief Heckels zusammen und warf beides in den Papierkorb.

Bald darauf begann Dietrich an einem neuen Unternehmen der Kirche mitzuarbeiten – einem Memorandum, das direkt an Adolf Hitler gerichtet werden sollte. Seit der enttäuschenden Steglitzer Synode im vergangenen Herbst hatte Dietrich auf einen solchen Protest der Bekennenden Kirche gegen die alle Rechte mißachtende Herrschaft des Nazi-Regimes gewartet. Auch Franz arbeitete mit dem Bruderrat an dem Memorandum und bat Dietrich um dessen Hilfe. Nach dem Ende des zweiten Seminarkurses fuhren sie für einige Tage nach Friedrichsbrunn, um daran zu arbeiten.

Während der Vormittage konzentrierten sie sich auf diese Arbeit, aber an den Nachmittagen genossen sie den Frühling in den Bergen. Zweimal wurde ihre Freude getrübt, als sie Gruppen junger Wanderer begegneten – nicht den fröhlich singenden Wanderern alter Zeiten, sondern uniformierten Mitgliedern der Hitlerjugend, die Nazilieder grölten.

Keiner von ihnen sprach von Elenore, obwohl Dietrich sicher war, daß Franz ebenso wie er gehört hatte, daß sie im Herbst heiraten würde. Stillschweigend mieden sie dieses Thema.

Franz hatte noch nie die alte, aus dem 10. Jahrhundert stammende Stiftskirche im nahen Quedlinburg gesehen. Also schlug Dietrich vor, einen Ausflug dorthin zu machen – wo sie doch schon in der Gegend waren. Er liebte diese alte Kirche, deren bemooste Steine sich so malerisch von der zerklüfteten Ebene erhoben.

Die schmale Straße wand sich zwischen uralten Fachwerkhäusern. Der Weg war steil, und die unbehauenen Steine erleichterten das Wandern auch nicht gerade. Hinter der Mauerbiegung kam das Torhaus in Sicht. Das eiserne Gittertor war geschlossen.

»Was ist denn hier los? Diese alten Kirchen sind doch tagsüber immer offen«, wunderte sich Dietrich.

Am Tor zogen sie die Glocke und warteten. Niemand kam. Enttäuscht sahen sich die beiden an, läuteten noch einmal. Die grauen Mauern standen schweigend und abweisend vor ihnen. Dietrich läutete zum dritten Mal.

Da! SS-Stiefel auf den rauhen Steinen! Und dann erschien der

SS-Mann. Er starrte sie finster an und fragte verärgert: »Wann hören Sie endlich auf, hier zu läuten? Sehen Sie nicht, daß die Einfahrt geschlossen ist? Dieses Gelände ist für die Öffentlichkeit nicht mehr zugänglich.«

Dietrich starrte den Mann ungläubig an. Franz hatte die Hand erhoben, schien ihn zu warnen.

»Vielleicht könnten Sie uns sagen, warum es geschlossen ist«, bat Dietrich.

»Für Zwecke des Reichsführers«, sagte der Mann ohne jede weitere Erklärung.

Dietrich fragte sich unwillkürlich, was ausgerechnet Himmler mit dieser alten Kirche vorhatte. Er bemerkte, daß Franz dringend und so schnell wie möglich von hier weg wollte, aber er rührte sich nicht von der Stelle.

Der Nazi stand hoch aufgerichtet, eine Hand auf dem Pistolenhalfter an seiner Hüfte. »Und jetzt ab mit Ihnen!« polterte er. »Ich habe keine Zeit für Ihresgleichen! Oder wollen Sie wegen Herumlungerns eingesperrt werden?«

Dietrich musterte den SS-Mann sehr kühl und distanziert, bevor er sich umdrehte und aufrecht gemessenen Schrittes den Weg hinunterging.

In einer kleinen Bierstube am Bahnhof bestellten sie sich an der Theke ein Bier; Franz blaß und schweigsam, Dietrich immer noch bebend vor Zorn.

Als der Wirt an die Theke kam, sagte Dietrich zu ihm: »Ihr Bier ist vorzüglich.«

»Das beste in der Gegend!« freute sich der Mann. »Das liegt an dem guten Wasser im Harz.« Er wischte die Theke mit einem sauberen weißen Tuch trocken.

»Ich habe meinen Freund hergebracht, weil ich ihm den alten Dom zeigen wollte, aber der ist geschlossen«, berichtete Dietrich.

Der Mann hörte auf zu wischen, rückte an sie heran. Rasch ein suchender, prüfender Blick. Aber nur eine alte Frau saß in der hintersten Ecke. Mit Verschwörermiene sah er sie unter seinen buschigen Augenbrauen an. »Himmler hat ihn übernommen«, flüsterte er leise.

»Tatsächlich? Wozu?«

»Für seine SS.«

»Ich wußte gar nicht, daß die in die Kirche gehen.«

Der Mann lachte kurz auf. Verächtlich. »Sie machen sich ihre eigene Kirche. Das ist es, was Himmler mit dem Dom macht. Er hat einen Narren daran gefressen, wegen der alten germanischen Symbole über den Säulen – Vögel und Schlangen und solches Zeug. Er sucht nach Thor und Wotan.«

Dietrich sah Franz an, der immer noch bleich und schweigend dasaß.

»Alles Christliche hat er entfernt, das Kreuz und all das«, berichtete der Wirt hinter vorgehaltener Hand. »Jetzt bringt er seine jungen SS-Männer her, und da werden dann ganz besondere Zeremonien veranstaltet. Götzendienst ist das, nichts anderes.«

»Was für Zeremonien denn?« erkundigte sich Dietrich.

»Hochzeiten! Irgendwelche Weihefeiern. Eine Zeremonie ist auch mit kleinen Kindern. So ähnlich wie eine Taufe. Sie bringen ihre Wiegenkinder her. Ich habe es selbst gesehen.« Er sah sie mit ernsten Augen an. »Sie gehen in voller Galauniform da hinauf, die Frauen – elegant gekleidet – mit ihren Kindern auf dem Arm. Ich habe gehört, sie halten dann so eine feierliche Zeremonie, bei der die Kinder alle vor dem Altar liegen – über dem ein Bild von Hitler hängt – und dem Führer geweiht werden oder so was. Am Ende wird jedem Kind ein winziges Schwert mitgegeben.«

In der Hoffnung, den Ausflug doch noch erfreulich ausklingen zu lassen, suchten Dietrich und Franz die Bekennende Gemeinde in Quedlinburg auf. Dort herrschte helle Aufregung. Denn am Abend zuvor war der junge Pastor von einer Gruppe SA-Männer angegriffen und übel zusammengeschlagen worden. Weil der Pastor niemanden hatte, der ihn versorgen konnte, bereitete Dietrich alles vor, um ihn mit nach Finkenwalde zu nehmen und ihn dort zu pflegen, bis er sich erholt hatte. Dann wollte er ihn mit Bischof Bells Hilfe nach England bringen. Wilhelm Süßbach hieß der junge Pastor, und er war – wie Franz – der Sohn einer jüdischen Mutter.

Am 4. Juni 1936 wurde das Memorandum von einem Vertreter der Bekennenden Kirche Hitler in der Reichskanzlei persönlich überbracht. Dietrich hatte besonderen Wert auf einen heftigen Protest gegen die Konzentrationslager und die Machenschaften der Gestapo gelegt. Außerdem enthielt das Memorandum eine unmißverständliche Verurteilung des von der NSDAP so fanatisch propagierten Antisemitismus.

Ihren letzten Angriff richtete die Denkschrift gegen Hitler selbst. »Seine Ansichten werden immer stärker zur Norm nicht nur für politische Entscheidungen, sondern auch für Moral und Gerechtigkeit in unserem Volk. Er selbst wird mit dem religiösen Status eines Priesters dieses Volkes ausgestattet, ja zum Mittler zwischen Gott und Volk hochstilisiert.« Sie endete mit den Worten: »Was wir in dieser Eingabe gesagt haben, mußten wir aus der Verantwortung unseres Amtes sagen. Die Kirche steht in der Hand des Herrn.«

Tage vergingen, Wochen, ohne daß eine Antwort kam. Dietrich sorgte sich besonders um Franz' Sicherheit, obwohl dessen Unterschrift nicht unter dem Memorandum stand. Eine Ankündigung aus der Reichskanzlei verstärkte Dietrichs Unbehagen. Hitler unterstellte alle Polizeikräfte des Reiches Heinrich Himmler, dem Erzfeind der Kirche. Fast zur selben Zeit erhielt Dietrich die offizielle Benachrichtigung seiner Entlassung als Dozent an der Universität. Ohne Begründung.

Dann, nach sechs Wochen, rief Franz an und teilte Dietrich die Neuigkeit mit, jemand habe die Denkschrift an die ausländische Presse weitergegeben. Gleich nach dem Ende des Unterrichts raste Dietrich nach Berlin und fuhr geradewegs zu Franz' Wohnung. Dort informierte ihn Franz über den neuesten Stand. Der volle Text der Denkschrift war sowohl in den *Basler Nachrichten* als auch in der Londoner *Times* erschienen. Niemand hatte auch nur die leiseste Ahnung, wie das möglich geworden war. Nur wenige Leute hatten überhaupt Zugang zu diesem Schriftstück – die fünf Unterzeichner, eine oder zwei Sekretärinnen und Friedrich Weißler, der Rechtsberater. Die beiden Sekretärinnen hatten ihre Unschuld bereits beteuert. Weißler, der jüdischer

Abstammung war, beteuerte ebenfalls, nicht dafür verantwortlich zu sein.

Dietrich ermahnte Franz, sich um Himmels willen unauffällig zu verhalten, und machte sich auf den Weg zu Jacobis Büro. Vielleicht konnte er ja etwas herausbekommen. Bei Jacobi traf er seinen früheren Studenten Ernst Tillich, der mit Jacobi gerade ein offensichtlich sehr ernstes Gespräch führte. Dietrich wollte das Büro gleich wieder verlassen, doch beide drängten ihn zu bleiben, besonders Tillich. Dessen angespanntem Gesicht entnahm Dietrich, daß der Student in irgendwelchen Schwierigkeiten steckte. Hatte ihn sein feuriger, ungestümer Charakter in irgend etwas hineingeritten?

»Möchten Sie Pastor Bonhoeffer sagen, was Sie mir gerade mitgeteilt haben?« fragte Jacobi Tillich.

Der sah Dietrich an, als versuche er herauszubekommen, ob er ihm zumuten könne, was er zu sagen habe. Doch dann war es heraus: »Ich war es, der die Denkschrift in die Öffentlichkeit gebracht hat.«

Sprachlos vor Erstaunen sah Dietrich ihn an.

»Wissen Sie«, erklärte Tillich, »man hatte uns gesagt, daß die Kirche die Denkschrift nach spätestens sechs Wochen veröffentlichen wolle. Wir haben sechs Wochen gewartet, und nichts ist geschehen.«

»Und da haben Sie diese Aufgabe auf sich genommen ...«, schüttelte Jacobi den Kopf. »Ist Ihnen denn nicht der Gedanke gekommen, daß Sie die Kirche damit in eine höchst gefährliche Lage bringen könnten?«

»Aber es hieß doch, daß die Kirche das Memorandum auf jeden Fall veröffentlichen wolle.«

»Aber doch nicht in der ausländischen Presse.«

»Wo denn sonst? Entschuldigen Sie, aber es konnte doch wohl niemand annehmen, die Denkschrift in einer deutschen Zeitung unterzubringen.«

»Es gibt noch andere Wege! Kanzelabkündigungen, Flugblätter ...«

»Wir hatten das Gefühl, daß die Kirche gar nichts tut.«

Dietrich stimmte dem Studenten insgeheim zu.

»Wer ist ›wir‹?« fragte Jacobi.

»Friedrich Weißler, Werner Koch und ich.«

Eine neue Überraschung für Dietrich. Koch hatte gerade erst das Finkenwalder Seminar abgeschlossen.

»Sie drei haben also zusammengearbeitet?«

»Aber die anderen haben die Denkschrift nicht weitergegeben. Das habe ich getan. Wissen Sie, ich habe sie an einem Abend selbst abgeschrieben ... Wort für Wort.«

»Sie haben diese schwere Entscheidung auf sich genommen«, bemerkte Jacobi mit beißendem Spott. »Ich verstehe! Wer alles hat sie bekommen, Herr Tillich?«

»Reuters, UPI ...«

»Ich vermute, Sie hatten die Denkschrift von Dr. Weißler.«

»Weißler hat sie mir gegeben, aber ...«

»Er hat Superintendent Albertz gesagt, daß er es nicht getan hat.«

»Ich weiß, ich weiß! Und das stimmt ja auch. Er wußte es nicht besser. Ich habe ihn angelogen. Wissen Sie, als er mich fragte, ob ich das ganze Ding abgeschrieben habe, habe ich es abgeleugnet, weil er so besorgt aussah ... so schrecklich besorgt. Wissen Sie, er ist jüdischer Abstammung und hat große Angst.«

»Dazu hat er auch allen Grund«, bestätigte Jacobi. »Die Gestapo durchsucht in diesem Augenblick die Akten im Büro des Reichsbruderrates.«

Tillich, der sehr jung und sehr verwundbar aussah mit seinem hellen blonden Haar, blickte ratlos auf die beiden Männer.

»Was werden sie finden?« fragte Jacobi.

»Er bewahrt das Memorandum in seiner Mappe auf. Zweites Fach von oben. Ich habe gesehen, wie er sie dort hineingelegt hat.« Tillich schwieg eine Weile mit gesenktem Kopf. Dann fragte er leise: »Was werden sie mit ihm machen?«

»Vielleicht nichts – oder noch nichts. Sie werden in diesen Büros noch mehrere Kopien finden. Und zumindest vorerst können sie nicht beweisen, daß es Weißler war, der die Sache weitergegeben hat. Jedenfalls noch nicht.«

»O mein Gott!« stöhnte Tillich. Er wandte sich an Dietrich. »Herr Dr. Bonhoeffer, mir war nicht bewußt ... ich meine ... Weißler war auch der Ansicht, daß die Allgemeinheit darüber unterrichtet werden sollte. Und da habe ich einfach gedacht, daß ich ...« Er griff nach seinem Hut, der auf dem Tisch lag. »Es ist wohl am besten, wenn ich mich stelle.«

Dietrich widersprach: »Das würde die Sache nicht besser machen, Bruder Tillich.«

»Nein«, meinte auch Jacobi. »Das wäre tollkühn! Außerdem würde man sich sagen, daß auch Sie die Denkschrift irgendwoher bekommen haben müssen. Und sie würden es herausbekommen – von Ihnen. Das wäre sicher nicht sehr angenehm, wissen Sie. Was Sie tun sollten – eine Weile von der Bildfläche verschwinden. Verdingen Sie sich als Schäfer in Bayern oder so. Und bitte sagen Sie keiner Menschenseele etwas über unser Gespräch hier.«

Nachdem Tillich gegangen war, brütete Jacobi schweigend in seinem Sessel, die lange geschwungene Pfeife im Mund. »Sie werden ihn erwischen«, sagte er nach einer Weile. »Ihn und die anderen. Hitler soll vor Wut kochen.«

»Um Weißler mache ich mir die meisten Sorgen. Sie werden gnadenlos mit ihm umgehen.«

»Ja! Es ist ein Jammer. Diese hitzköpfigen Jungen!«

»Aber wo es nun einmal geschehen ist, was wird die Kirche wegen des Memorandums unternehmen? Wird es eine Kanzelabkündigung geben? Und ein Traktat?«

»Das muß noch entschieden werden.«

»Wir werden es tun müssen! Die Welt wissen lassen, daß wir diese Denkschrift wirklich verfaßt haben! Daß wir es wirklich ernst gemeint haben!«

»Ja! Ich denke schon, daß wir das tun müssen.«

»Ich hoffe es.«

Es stellte sich heraus, daß die Kirche ihre Stimme noch nicht vollständig verloren hatte. Sie ordnete tatsächlich an, eine leicht geänderte Version der Denkschrift von den Kanzeln verlesen zu lassen, und druckte eine Million Exemplare, die überall verteilt wurden.

Drei Monate später gelangte die Nachricht nach Finkenwalde, daß die Gestapo Ernst Tillich und Friedrich Weißler erwischt hatte. Einen Monat später wurde Werner Koch festgenommen. Im Seminar wurden die Namen der drei Gefangenen sofort auf die Fürbittenliste gesetzt. Anfang 1937 kamen alle drei ins Konzentrationslager Sachsenhausen, nördlich von Berlin. Später wurde bekannt, daß die Nazis Weißler von den anderen getrennt und derartig gefoltert und mißhandelt hatten, daß er sechs Tage später gestorben war.

18

Jeder Monat des neuen Jahres brachte einen neuen schweren Schlag gegen die Kirche, die Dietrich so liebte. Im Juni 1937 war es unmöglich geworden, ihr zu dienen, ohne das Gesetz zu übertreten. Es gab Verbote gegen »subversive« Abkündigungen von der Kanzel, gegen Fürbittgebete, gegen Kollekten, sogar gegen den Gebrauch von Kopierern. Dietrich umging das Verbot gegen Rundbriefe, indem er auf jedes Exemplar »Persönlicher Brief« schrieb und jeden Brief von Hand unterzeichnete.

Anderswo wurden die kirchlichen Aktivitäten in geradezu unerträglicher Weise behindert. Manchen Pastoren und führenden Leuten wie etwa Martin Niemöller waren aber all diese Verbote nur ein Ansporn. So wußte Dietrichs Mutter zu berichten, daß Niemöller seine kühnen, feurigen Predigten und Fürbittgebete fortsetzte, obwohl die Polizei ihn schon einige Male vorgeladen hatte, um ihn zu verhören und ihn streng zu verwarnen. Er solle seine »aufrührerischen« Predigten einstellen. Manchmal sperrten sie ihn auch für zwei oder drei Nächte ein, aber er ließ sich nicht beirren. Die Leute standen immer noch in langen Schlangen vor der Kirche, um ihn zu hören. Mitunter mußte er bis zu viermal an einem Sonntag predigen. Andere Pastoren wurden durch sein Beispiel ermutigt und verhielten sich ebenso.

Eine neue Verhaftungswelle erschütterte Deutschland. Die Fürbittenlisten wurden länger und länger. In seinem Rundbrief bat Dietrich alle ehemaligen Finkenwalder, immer daran zu denken, täglich füreinander und für die inhaftierten Brüder zu beten. Er nannte Namen und Orte der Gefangenschaft.

Im Hochsommer verhaftete die Gestapo Niesel, Jacobi und zwei weitere führende Männer und brachte sie vor ein Schnellgericht. Dietrich reiste sofort nach Berlin, wo er an einem von vier Fürbittgottesdiensten für die Verhafteten teilnahm. Niemöller predigte auch, und wieder kamen so viele Menschen, daß er zwei Gottesdienste hintereinander halten mußte.

Im Anschluß daran gingen Dietrich und Franz zu einem geheimen Treffen im Hinterzimmer des Café Estelle am Nollendorfplatz. Am Eingang hielt einer der jungen Bekennenden Pastoren nach der Gestapo Ausschau. Er führte die beiden in ein Hinterzimmer, wo bereits Niemöller, Asmussen und Albertz an einem Tisch saßen und die Kollekten von den vier Abendgottesdiensten zählten.

Niemöller blickte auf. »Nun, Franz, es ist Zeit, daß du kommst. Das hier ist eigentlich deine Aufgabe.«

Sie teilten das Geld in drei gleiche Beträge auf. Niemöller schob einen der Anteile mit einer Geldtasche über den Tisch zu Franz. »Bitte zähle es noch einmal, bevor wir es in den Safe legen.« Asmussen und Albertz nahmen je einen der anderen Anteile.

Dietrich sah Franz fragend an.

»Wir sind dazu übergegangen, das Geld zu verteilen, damit nicht alles in dem einen Safe in Niemöllers Büro liegt.«

»Safe? Ich habe dort noch nie einen Safe gesehen.«

»Das kannst du auch nicht. Er ist in der Wand hinter einem Bild.«

»Ach, ich verstehe! Hinter einem Bild!« Er hätte beinahe laut aufgelacht. Denn die Sache mit dem Safe erschien ihm ebenso unpassend, als hätte man jetzt angefangen, in den Mittelgängen der Kirchen zu kegeln.

Die Verhandlung gegen Niesel, Jacobi und die anderen war auf den 2. Juli angesetzt. Weil ihr Ausgang Auswirkungen auf das Seminar, ja die gesamte theologische Ausbildung innerhalb der Bekennenden Kirche haben konnte, beschloß Dietrich, an diesem Tag wieder nach Berlin zu reisen und alles mit Niemöller durchzusprechen. Eberhard nahm er mit. In der Hoffnung, Niemöller noch vor dem Prozeß zu treffen, kamen sie um 8.30 Uhr morgens am Dahlemer Pfarrhaus an.

Zu ihrer Überraschung öffnete ihnen Franz die Tür. Und man sah sofort, daß etwas passiert war.

»Die Gestapo ist eben mit Martin abgefahren. Vor fünf Minuten. Ihr habt sie gerade verpaßt.«

»Und Frau Niemöller?«

»Sie ist oben bei den Kindern. Die beiden Kleinsten sind ziemlich verängstigt, glaube ich.«

»Wie geht es ihr?«

»Sie ist nicht allzu beunruhigt. Er ist ja schon mehrmals vorgeladen worden. Aber heute war es anders. Zumindest kam es mir so vor. Die beiden Männer machten ziemlich entschlossene Gesichter. Sie ließen ihn eine Tasche packen und prüften jedes Stück, das er einpackte. Bücher oder Papiere durfte er nicht mitnehmen.«

In diesem Moment kam Frau Niemöller die Treppe herab. Auf dem Arm hatte sie das jüngste Kind, Martin. Der sechsjährige Jan folgte dicht dahinter. Er hielt sich an eine Rockfalte seiner Mutter geklammert, seine Kinderaugen rot vom Weinen.

Dietrich begrüßte Frau Niemöller und sagte ihr, wie sehr er bedaure, was geschehen war. Dann kniete er sich hin, um dem Kind in die Augen sehen zu können. »Also, Jan, erzähl mir mal, was passiert ist.«

»Böse Männer! Die haben meinen Papa abgeholt. Ich kann die Männer überhaupt nicht leiden.«

»Nein, natürlich nicht. Aber vielleicht lassen sie deinen Papa bald wieder nach Hause.«

Der Junge sah ihn ernst an. Franz, den Niemöller-Kindern sehr vertraut, nahm den Jüngsten vom Arm seiner Mutter.

Frau Niemöller wußte nicht, wo man ihren Mann hingebracht

hatte. Die Männer hatten nur gesagt, sie handelten auf direkten Befehl Hitlers.

In diesem Augenblick kam Lisa, die schon ins Wohnzimmer vorausgegangen war, zurückgelaufen. »Mama, Mama! Sie sind schon wieder da! Da draußen! Große schwarze Autos. Ganz viele.«

Frau Niemöller wandte sich rasch um, nahm Franz den Kleinen vom Arm und sagte hastig: »Sie sind deinetwegen zurückgekommen, Franz. Los, ab mit euch durch die Hintertür! Alle! Schnell! Schnell!«

»Aber was ist mit Ihnen?« fragte Dietrich.

»Hinter mir sind sie nicht her. Von mir wollen sie überhaupt nichts. Keine Sorge. Geht einfach – schnell!«

Im Laufen hörte Dietrich sie noch zu den Kindern sagen. »Ab nach oben – rasch! Bleibt bei Elfriede.«

Franz führte sie den Flur entlang, durch das Eßzimmer in einen kleinen Wintergarten. An der Außentür kam ihnen ein untersetzter Mann in dunklem Anzug entgegen. Zwei weitere grobgesichtige Schlägertypen folgten ihm.

»Sie wollten ausgehen, meine Herren?« fragte er ironisch. »Kein Grund zur Eile! Ich muß Sie bitten, wieder hineinzugehen.« Aus der Tasche zog er eine kleine Metallscheibe und hielt sie ihnen unter die Nase. Sie trug die Aufschrift »Geheime Staatspolizei«.

Schweigend machten alle kehrt und gingen zurück ins Haus.

In der Diele warteten schon vier Männer, die durch den Vordereingang hereingekommen waren. Frau Niemöller stand aufrecht und sehr ruhig wirkend auf der untersten Treppenstufe.

Der Mann vom Hintereingang schien der Ranghöchste zu sein. Leutnant Holz nannten ihn seine Untergebenen. Er postierte sofort einen Mann am Vordereingang, einen weiteren hinter dem Haus und befahl dann, die Festgenommenen zu durchsuchen. »Gründlich, bitte!« Zu Frau Niemöller sagte er: »Zeigen Sie mir bitte das Arbeitszimmer Ihres Mannes.«

Sie führte ihn schweigend durch die Tür unter der Treppenbiegung.

Einer der Männer wandte sich an Dietrich und befahl ihm, alles, was er bei sich hatte, auf den Tisch zu legen. Er machte sich dann daran, ihn zu durchsuchen. Als er seine Schuhe wieder zuband, sah Dietrich Franz an, der ihm einen angsterfüllten Blick zuwarf, während er seine Habseligkeiten langsam wieder in die Taschen steckte. Ganz bewußt versuchte Dietrich sich klarzumachen, daß die Gestapo unmöglich von Franz' jüdischen Vorfahren wissen konnte. Neben der Dielenkommode stand Eberhard; aufgeregt und um Fassung bemüht.

Der Leiter der Aktion erschien jetzt in der Tür des Arbeitszimmers und winkte sie herein. Hier befahl er ihnen, Stühle entlang der Wand aufzustellen. Frau Niemöller saß bereits in der Nähe eines Fensters, durch das man auf die Kirche blicken konnte. Jetzt wies Holz seinen Männern verschiedene Bereiche des Arbeitszimmers zu. Sie machten sich daran, das Zimmer gründlich zu durchsuchen.

Dietrich war schon früher aufgefallen, welch penible Ordnung auf Niemöllers Schreibtisch herrschte, auf dem Papiere und sorgfältig geschriebene Predigten säuberlich gestapelt lagen. Nicht gerade das, was man von diesem feurigen Propheten erwartet hätte. Zwei der Männer leerten eine Schublade nach der anderen auf die Tischplatte aus und sichteten mit fast peinlicher Gründlichkeit jedes Blatt, Traktat und Notizbuch. Die Männer an den Bücherregalen blätterten Seite für Seite jedes einzelne Buch durch.

Inzwischen begann Holz, mit kurzen barschen Fragen die Personalien der Männer aufzunehmen: Name, Adresse, Eltern, Großeltern, Rasse, Religion, Beruf. Wieder machte sich Dietrich Sorgen um Franz, aber der Gestapo-Mann stellte keine ungewöhnlichen Fragen und schien überhaupt keinen Verdacht zu hegen.

Dreißig oder vierzig Minuten vergingen. Durch das offene Fenster drangen normale Straßengeräusche herein; drinnen war nichts als das Rascheln von Papier, das dünne Quietschen der Gummisohlen auf dem gebohnerten Fußboden zu hören. Einige Male klingelte das Telefon, und Holz meldete immer nur mit knappen Worten, Pastor Niemöller sei nicht zu Hause.

Später erschien ein hochgewachsener, schwarz uniformierter Beamter. Im Vollbewußtsein seines Ranges betrat er das Zimmer.

Die Männer hielten mit ihrer Arbeit inne und nahmen Haltung an, während der Gestapo-Mann mit dem Offizier sprach, den er mit Oberst von Scheven anredete. Er führte ihn zu dem Bild rechts von der Tür und nahm es von der Wand. Dahinter kam ein kleiner Safe zum Vorschein.

»Ach so«, lächelte Oberst von Scheven. Er wandte sich nun den anderen zu. »Und nun, Herr Pastor Hildebrandt!« schnarrte er. »Wer von Ihnen ist Pastor Hildebrandt?«

»Ich bin Pastor Hildebrandt«, meldete sich Franz.

»Ah ja! Sie werden so freundlich sein, uns den Safe zu öffnen.«

Franz rührte sich nicht von der Stelle, bis ihm Dietrich zuflüsterte: »Geh schon, du Idiot! Mach ihn auf!«

Darauf ging Franz zum Safe und öffnete ihn. Ohne den Beamten anzusehen, kehrte er zu seinem Stuhl zurück.

Von Scheven holte drei mittelgroße Geldtaschen aus dem Safe. Er öffnete eine nach der anderen, ließ das Geld durch die Finger rieseln, zog dann die Schnüre wieder zu und verstaute die Taschen in seinem Aktenkoffer. »Sehen Sie, das kommt von Ihren illegalen Kollekten. Zu schade!«

Nachdem von Scheven gegangen war, flüsterte Dietrich Franz zu: »Wieviel?«

»Dreißigtausend. Jemand muß uns verraten haben«, kam es leise. »Sie sind direkt darauf zugegangen. Hast du es gesehen?«

»Ja! Irgendeine Idee?«

»Ich weiß nicht. Der neue Küster vielleicht. Er ist noch nicht lange hier. Ich habe ihm von Anfang an nicht getraut. Weißt du, so einer, der dir nicht in die Augen sehen kann.«

Nach einer Weile verließ Holz mit einem seiner Männer das Zimmer.

Frau Niemöller sprang auf und rief: »Wohin gehen Sie?«

»Ist es für Sie von Belang, wohin ich gehe, Frau Niemöller?«

Frau Niemöller sah den Mann unverwandt an, ohne etwas zu sagen.

»Ich werde nur den Rest des Hauses überprüfen. Wenn Sie nichts verbergen, haben Sie auch nichts zu befürchten.«

»Ich werde Sie begleiten.«

»Nein! Sie werden genau da bleiben, wo Sie sind.«

Frau Niemöller sah Dietrich, Franz und Eberhard hilfesuchend an. Ein flehentlicher Ton trat in ihre Stimme, obwohl sie sich offensichtlich Mühe gab, ihn zu unterdrücken. »Sie werden doch nichts dagegen haben, wenn ich zu meinen Kindern hinaufgehe. Das kann doch kein Problem sein.«

»Sie bleiben hier! Ihren Kindern wird nichts geschehen.«

»Es ist meine Sache, den Kinder das zu sagen – mit Verlaub!«

Die Bestimmtheit, mit der sie sprach, verfehlte ihre Wirkung nicht. Holz zögerte, und in diesem Augenblick ging Frau Niemöller zur Tür, als sei das die selbstverständlichste Sache der Welt. Der Gestapo-Mann zuckte die Achseln und folgte ihr.

Am Nachmittag durften die Festgenommenen eine Weile aufstehen. Durch das Fenster sah Dietrich das Auto seiner Eltern langsam die Straße entlangfahren, sah das besorgte Gesicht seiner Mutter an der Seitenscheibe. Unauffällig schlenderte er zu einem Tisch in der Nähe des Fensters. Die Männer von der Gestapo schienen nichts zu bemerken. Er nahm eine Zeitschrift in die Hand und blätterte mit gespielter Gleichgültigkeit in ihr. Jetzt kehrte der Wagen zurück. Ob seine Mutter ihn gesehen hatte und nun wußte, daß er zumindest nicht verletzt war?

Gegen 16.00 Uhr war der ganze Spuk so schnell vorüber, wie er begonnen hatte. Nach dem Ende der Durchsuchung verkündete ihnen Holz, sie könnten gehen. Auf der anderen Straßenseite drehten sie sich noch einmal zum Haus um. Im Obergeschoß stand Frau Niemöller mit ihren Kindern am Fenster und winkte ihnen zu. Von einem Gasthaus aus beobachteten sie die Straße, bis die Gestapo-Leute in ihre schwarzen Autos gestiegen und davongefahren waren.

Jetzt gingen sie noch einmal zu Frau Niemöller, und erst als sie sich vergewissert hatten, daß mit ihr und den Kindern alles in Ordnung war, und sie ihr keine unmittelbare Hilfe geben konnten, machten sie sich auf den Heimweg.

Nur Paula Bonhoeffer und zwei oder drei Kirchenvorstandsmitglieder wußten, daß dies Franz' letzter Sonntag in der Dahlemer

Gemeinde sein würde. Nichts durfte öffentlich gesagt werden, weil bei jedem Gottesdienst Gestapo-Beamte in Zivil anwesend waren. Drei Sonntage hatte Franz stellvertretend für Niemöller gepredigt und wie üblich die Fürbittelisten verlesen sowie die illegalen Kollekten eingesammelt. Aber nach Niemöllers Verhaftung hatten Paula und auch Dietrich Franz gedrängt, endlich das Land zu verlassen. Franz hatte an Julius Rieger in London geschrieben und um Hilfe gebeten. Von Rieger hatte er eine zustimmende Antwort erhalten; nur er selbst, Franz, hatte seine endgültige Entscheidung noch hinausgezögert. Er könne der Kirche in ihrer dunklen Zeit nicht den Rücken kehren, hatte er gesagt. Außerdem könne er seine alten Eltern nicht zurücklassen. Dabei wuchs die Gefahr für seine jüdische Mutter mit jedem Tag. Doch eine Auswanderung schien unmöglich zu sein; denn sein Vater – alt und gebrechlich wie er war – hätte so etwas nicht mehr überstanden. Schließlich aber hatte Franz doch nachgegeben und plante nun, nach dem Vormittagsgottesdienst abzureisen.

Die Kirche war wie immer zum Bersten voll. Paula war frühzeitig gekommen, um in den vorderen Reihen noch einen Platz zu finden. Sie hatte ihre Enkelkinder Renate und Hans-Walter Schleicher mitgebracht, damit sie sich von Franz verabschieden konnten. Seit eh und je hatten sie ihn »Onkel Franz« genannt, und in den letzten Monaten hatte er ihnen Konfirmandenunterricht erteilt.

Nach der Predigt verlas Franz die Namen auf der Fürbitteliste. Hunderte von Gefangenen waren es inzwischen, so daß die Namen beim Verlesen nach Bezirken zusammengefaßt werden mußten – »fünfzig aus Ostpreußen, siebenunddreißig aus Sachsen«. Der letzte Name war Martin Niemöller.

Nach dem Gebet bemerkte Paula einige feuchte Augen in ihrer Umgebung; selbst einige Männer hatten ihre Taschentücher hervorgeholt. Die Kollekte wurde nach vorn gebracht und nach einem Dankgebet auf den Altar gelegt.

Während des Segens hörte Paula rasche Schritte im Seitengang. Entsetzt sah sie zwei schwarzuniformierte Männer auf Franz zugehen und nach seinen Armen greifen. Zwei weitere kamen aus der Sakristei und gingen sofort zum Altar. Der eine hielt eine Tasche auf, während der andere das gespendete Geld hineinschüttete. Dann, ohne ein Wort zu sagen oder auch nur einen Blick auf die versammelte Gemeinde zu werfen, führten die vier Franz durch den Seiteneingang hinaus.

Alles geschah blitzschnell. Nicht die Verhaftung selbst hatte sie überrascht. Sie wußte, daß Franz wie alle Pastoren der Bekennenden Kirche schon seit langem damit gerechnet hatte. Es war die Arroganz, mit der das alles geschah, die sie in Empörung, ja Wut versetzte. Vor den Augen der ganzen Versammlung, als spielten deren Gefühle nicht die geringste Rolle . . .

»Schau doch, Großmama«, rief Renate flehentlich, »wo bringen die Onkel Franz hin?«

»Sie haben ihn verhaftet«, erklärte Hans-Walter seiner Schwester. »Genau wie Pastor Niemöller.«

Rings um sie herum schwoll das anfangs betroffene Gemurmel zu wütendem Rufen an. Die Menschen liefen aus ihren Bankreihen, durch den Sakristeieingang hinaus, um die Kirche herum zum Tor in der hohen Steinmauer, die Kirche und Pfarrhaus umgab. Draußen stand Paula mit den Kindern und den anderen auf dem Bürgersteig, erregt debattierend.

Franz saß auf dem Rücksitz eines großen Mercedes, zwischen den Gestapo-Leuten. Der Fahrer schlug die Tür zu und versuchte, den Wagen anzulassen. Hechelnd meldete sich der Motor einige Male und verstummte dann. Auch beim zweiten Versuch jaulte der Motor nur kurz auf, bevor er erstarb. Nach fünf oder sechs vergeblichen Versuchen stieg einer der Männer aus und öffnete die Motorhaube. Er stocherte im Motor herum, während die Versammelten schweigend zusahen. Aber der Motor schien nicht zu funktionieren.

Paula und die Kinder standen in der Nähe des Wagens. Franz sah sie und lächelte.

Schließlich zerrten die Schwarzhemden Franz aus dem Wagen und führten ihn zu Fuß ab. An der Königin-Luise-Straße bogen sie rechts ab, entgegengesetzt zu seiner Wohnung. Offensichtlich hielt er es nicht für angebracht, sie zu korrigieren, sondern ging aufrecht in seinem langen schwarzen Talar vor ihnen her.

Paula und die Kinder bildeten mit den anderen aufgebrachten Gemeindegliedern eine lange Schlange und folgten in kurzem Abstand. Schweigend marschierten sie durch die Augusthitze. Paula konnte angesichts des Schauspiels, das sie boten, ein Lächeln nicht unterdrücken.

Drei Querstraßen weiter schienen die Gestapo-Leute zu merken, daß etwas nicht stimmte. Sie blieben stehen, zogen einen Stadtplan hervor und studierten ihn.

»Arnimallee! Da wohnen Sie? Arnimallee 126?« hörte sie einen der Beamten ungeduldig fragen.

»Das stimmt«, antwortete Franz.

Einer deutete auf den Stadtplan. »Aber das ist genau die entgegengesetzte Richtung. Wir sind falsch abgebogen!«

Das Gesicht des Beamten lief dunkelrot an. Fast schien es, als würde er Franz schlagen. Statt dessen musterte er die hinter ihm aufmarschierte Versammlung mit einen wütenden Blick, zog ein kleines Notizbuch aus seiner Tasche und schrieb etwas hinein.

Jetzt machten die Männer kehrt und gingen mit ihrem Gefangenen bis zur Arnimallee. Wieder folgte ihnen die ganze Gemeinde. Bevor er das Haus betrat, in dem er wohnte, wandte sich Franz um und winkte allen zu.

Nach der Erfahrung mit Niemöllers Verhaftung stellte sich Paula auf eine lange Wartezeit ein. Ratlos standen die Gemeindeglieder in kleinen Gruppen herum und versuchten, einander zu trösten. Paula fragte sich, wie viele in der Gemeinde wohl von Franz' jüdischer Abstammung wußten. Sicherlich nur sehr wenige. Aber die Gestapo würde davon wissen. Oder es herausbekommen.

Ein grünes Polizeiauto fuhr vor und hielt vor Franz' Haustür. Nach einer knappen Stunde öffnete sich die Tür, und Franz kam mit seinen Bewachern wieder heraus. Auf dem Bürgersteig winkte er allen noch einmal zu und stieg dann in das Polizeiauto. Die Tür schloß sich, und das Auto fuhr ab.

Am wichtigsten war jetzt, Franz aus den Händen der Gestapo zu befreien und in die Zuständigkeit einer anderen Behörde zu überführen. Rüdiger kannte Dr. Langbehn, einen Anwalt, der die

Nazis haßte, aber mit Himmler persönlich bekannt war. Langbehn sollte versuchen, ob er über diese Schiene etwas erreichen konnte, während die anderen noch alle möglichen eigenen Verbindungen spielen lassen wollten. Dietrich kam auf Paulas dringende Aufforderung nach Hause. Aber – und da waren sich alle einig – er sollte unter keinen Umständen versuchen, Franz zu besuchen.

In der folgenden Woche kündigte die Dahlemer Gemeinde einen Fürbittegottesdienst für Niemöller und Franz an. Doch am Abend fand Paula den Platz vor der Kirche von der Polizei abgeriegelt. Niemand konnte das Gebäude betreten. Wütende Gemeindeglieder liefen vor der Absperrung auf und ab. Drüben auf der anderen Straßenseite hatten sich weitere Gemeindeglieder vor dem abgesperrten Pfarrhaus versammelt. Bald schlossen sich die beiden Gruppen zusammen, und eine bemerkenswert große Menschenmenge drängte durch die Straße. Jemand stimmte *Ein feste Burg ist unser Gott* an, und sofort sangen alle mit.

Die etwa acht oder zehn Polizisten forderten die Gemeindemitglieder nervös auf, auseinanderzugehen. Niemand beachtete die Aufforderung. Ohne in ihrem Gesang innezuhalten, bewegte sich die ganze Versammlung – Paula mitten unter ihnen – auf die Königin-Luise-Straße zu. Alle Demütigungen, alle Verfolgung und Gewalt, denen die Dahlemer Gemeinde in den letzten Wochen ausgesetzt gewesen war – sie hatten jetzt ein Ventil gefunden. Nichts konnte die hier Versammelten vertreiben, ihren Protest unterdrücken. Voll trotziger Freude sangen sie lauthals ihre Choräle. Sie waren etwa zwei Häuserblocks weit gekommen, als das Heulen von Polizeisirenen den Gesang zu übertönen begann. Die Menge kam zum Stehen, als auch von der anderen Seite Polizeisirenen zu hören waren.

Es gab keine Panik und keinen Widerstand, als die Polizei mit ihren Verhaftungen begann. Paula mußte plötzlich daran denken, welche Sorgen Karl sich machen würde, wenn sie nicht nach Hause kam. Und das tat ihr leid. Doch er würde ihr zustimmen. Sie wußte genau, daß er ihr zustimmen würde und – daß es die Sache wert war. Vier voll beladene Polizeibusse fuhren auf der einen Seite los, drei auf der anderen. Sofort rollten weitere Wagen heran und hielten. Immer mehr Menschen wurden in die Fahrzeuge gestoßen, und doch blieb eine große Menschenmenge zurück. Noch dreimal kamen die Polizeiautos angefahren – dann blieben sie weg. Ein Aufseufzen bei den Zurückgebliebenen. Schweigend gingen sie ihrer Wege.

Es dauerte noch drei Wochen, bis die Bemühungen um Franz Erfolg hatten. Noch am Tag seiner Entlassung fuhr ihn Hans an die Schweizer Grenze. Erst als er mit der Nachricht zurückkehrte, daß Franz über die Grenze und in Sicherheit war, konnten alle wieder aufatmen.

19

»Irgend jemand im Justizministerium will Hans ans Leder.«

»Wie meinst du das, Christel?« fragte Dietrich.

»Wie ich es gesagt habe! Jemand will ihn weghaben. Jemand schnüffelt in seiner Abstammung herum.«

»Warum?«

»Aus Neid! Er ist den Leuten da immer eine Nasenlänge voraus. Und Gürtner bevorzugt ihn allzu offensichtlich. Das können sie nicht ertragen.«

»Verstehe! Wie hat er davon erfahren?«

»Oh, er hat ein paar Freunde. Einige wenige. Die Erkundigungen kommen aus dem Büro Roland Freislers.«

Hans hatte Dietrich einiges über Freisler erzählt. Ein fanatischer Nazi, der einer Gruppe ebenso bedingungsloser Parteigenossen im Justizministerium vorstand und sich der Aufgabe verschrieben hatte, das Ministerium von »unzuverlässigen« Elementen zu säubern. Hans warf er vor, kein Nazi zu sein und sich nicht der Vereinigung der nationalsozialistischen deutschen Juristen angeschlossen zu haben.

Christel schauderte. »Dieser Mann ist böse. Sieh dir doch nur mal sein Gesicht an!« Sie schüttelte sich wieder. »Ich hoffe, du mußt ihm nie begegnen.«

»Hier, nimm noch etwas heißen Kaffee«, bot ihr Dietrich an und füllte ihre Tasse. »Was wird Hans unternehmen?«

»Was kann er schon unternehmen? Warten! Aussitzen!«

»Und Freisler hat es auf einen Beweis abgesehen, daß Hans' Großmutter Jüdin ist? Das dürfte ihm doch nicht allzu schwerfallen.«

»Nein, überhaupt nicht! Freilich muß er bis nach Ungarn gehen, um an seinen Beweis heranzukommen. Doch er wird es tun. Verlaß dich drauf! Hans sucht inzwischen nach einer Möglichkeit, seinen Vater dort zu warnen.« Sie hielt ihre Tasse an die Lippen, ohne zu trinken. »Ich weiß nicht, wie groß die Gefahr für ihn wirklich ist – aber ich unterschätze nicht die Rachsucht von Leuten wie Roland Freisler. Nichts würde er mehr genießen, als Hans aus dem Justizministerium zu entfernen. Noch glaubt Hans, ihn ausmanövrieren zu können. Du kennst ja Hans! Was wäre ich froh, er würde nicht immer versuchen, mit dem Teufel Schach zu spielen.«

Dietrich verzehrte schweigend den Rest seines Brötchens. »Hast du daran gedacht, die Sache mit der ganzen Familie zu besprechen?«

»Nein, ich wollte warten, bis du hier bist.«

»Mama hat manchmal hervorragende Ideen, weißt du.«

»Ich weiß! Aber ich möchte sie nicht unnötig ängstigen.«

»Sie würde sich weniger ängstigen, wenn sie nicht im dunkeln tappen müßte.«

Christel blickte rasch auf.

»Sie hat mit Sicherheit gemerkt, daß etwas nicht stimmt.«

Sie atmete tief durch. »Vielleicht hast du recht«, meinte sie dann.

In der folgenden Woche stattete Hans, der geschäftlich in Stettin zu tun hatte, Dietrich in Finkenwalde einen Überraschungsbesuch ab. Bei dieser Gelegenheit ruderte Dietrich mit ihm hinaus. Und jetzt erzählte ihm Hans, daß Hugo sich erboten hatte, ihm zu helfen.

»Er sagt, er könne Hitler dazu bringen, mich zu empfangen. Auf diese Weise könnte ich sicherlich einen ›Dispens‹ bekommen, der automatisch Freislers Machenschaften ein Ende setzen würde. Ich soll Fotos meiner blonden kleinen Nachkommen mitbringen; gleichsam als zusätzlichen Beweis, das sie unmöglich jüdischer Abstammung sein können.«

Dietrich sagte nichts. In seinem Gesicht stand nichts als Abscheu und Ekel.

»Ich muß dagegen kämpfen, sonst muß ich Deutschland verlassen.«

Das stimmte, wie Dietrich wußte. Den nichtarischen »Betrügern« in der Regierung drohten die härtesten Strafen.

»Ich will nicht bloß dastehen und mich von diesen Kriminellen so einfach unterkriegen lassen! Ich will in einer Position sein, von der aus ich sie schlagen kann – eines Tages. Das ist es, was ich eigentlich will. Nur das!« Sein Ruder schnitt scharf durchs Wasser, und das Boot schoß vorwärts. Schweigend ruderten sie eine Weile. »Wenn ich in diesem Spiel nur einen kühlen Kopf bewahre. Hugo hat natürlich keine Ahnung ...«

»Ich muß sagen, ich könnte eine solche Vorspiegelei einfach nicht ertragen«, sagte Dietrich.

»Du kannst mehr ertragen, als du denkst, wenn du mußt.«

»Vielleicht.«

»Wenn ich ginge, müßte ich meine ›Chronik‹ aufgeben. Sie ist ganz schön angewachsen, seit du sie gesehen hast. Ein paar Dinge darin sind so widerwärtig, daß du es nicht glauben würdest. Ich muß sie dir irgendwann einmal zeigen.«

Dietrich war nicht sonderlich erpicht darauf, sie zu sehen. Aber er wußte auch, daß es wichtig war – sogar seine Pflicht –, sich derartige Informationen zu verschaffen.

»Jeder, der ernsthaft versuchen will, Hitler zu stürzen, wird solche klar dokumentierten Beweise brauchen.«

»Ich weiß!«

»Wenn diese Zeit kommt, wird es auch notwendig sein, die richtigen Leute drinnen zu haben.«

Es war nicht schwer, sich vorzustellen, was die Zukunft in dieser Hinsicht bringen würde. Im Vergleich dazu mutete der

Kirchenkampf geradezu läppisch an; wo man – wie bei der Denkschrift an Hitler – einfach aufstehen, »nein« sagen und die Konsequenzen tragen konnte. Dietrich verspürte keinerlei Neigung, den Sprung vom einen zum anderen zu tun.

Oberflächlich gesehen waren die drei Tage seit ihrer Ankunft in Göttingen, wo sie einen Teil der Semesterferien verbringen wollten, angenehm und entspannend gewesen. Es war schon immer schön bei Sabine gewesen, wo sich Wohlstand und guter Geschmack mit herzlicher Gastfreundschaft verbanden. Dietrich hatte sich besonders darauf gefreut, ihnen Eberhard vorzustellen. An den Abenden, wenn die Kinder im Bett waren, sprachen sie dann – wieder und immer wieder – über die Zukunft der Familie Leibholz. Allmählich schienen sich Sabine und Gert an den Gedanken zu gewöhnen, daß sich eine Auswanderung letztendlich wohl doch nicht würde vermeiden lassen. Dann wieder schien ihnen der Gedanke an das Leben in einem fremden Land und die Trennung von den Angehörigen einfach unvorstellbar. Und sie sagten: »Wir werden noch eine Weile warten!« Gert hatte schon seit über einem Jahr nicht mehr unterrichtet, aber sie hatten keine Finanznöte und zudem einen Bankier, der ihnen immer noch freundlich gesonnen war.

An einem späten Abend verbrachte Dietrich eine Stunde allein im Garten, und als er wieder in das Haus ging, stand der Vollmond bereits hoch am Himmel. Gert und Eberhard waren im Eßzimmer und brüteten über einer Englandkarte, die auf dem Tisch lag.

Plötzlich stürmte Sabine aus Gerts Arbeitszimmer herein, wo sie am Fenster gesessen hatte. »Zwei Männer kommen auf die Tür zu. Sie sind von der SA. Gert, du mußt verschwinden.« Sie begann, ihn in Richtung Küche zu schieben. »Los! Beeile dich! Durch den Garten!«

In diesem Augenblick klingelte es an der Tür.

»Du gehst mit ihm, Sabine«, sagte Dietrich. »Ich mache auf.«

Sie rief aufgeregt. »Die Kinder!«

»Ich kümmere mich um sie. Geht!« Zu Eberhard sagte er: »Du

bleibst hier mit den Karten. Völlig natürlich.« Durch die Eßzimmertür hatte man den Blick durchs Foyer direkt zur Haustür.

Dietrich, der sich selbst alles andere als »natürlich« fühlte, schaltete das Licht an und öffnete die Tür. Draußen standen die Braunhemden. Einer der beiden hatte einen Notizblock in der Hand.

Sie hoben die Hände zum Hitlergruß. Dann fragte der mit dem Notizblock: »Herr Libowitz?«

»Leibholz« – »Libowitz«? Gleichklang genug, um ihm Angst einzujagen. Doch Dietrich sagte gelassen: »Ich bin Dietrich Bonhoeffer.«

Der Sturmtruppler sah in sein Notizbuch. »Sie sind nicht Mordecai Libowitz?«

»Nein!«

»Aber er wohnt hier?«

»Nein, da müssen Sie die falsche Adresse haben.«

Der Mann sah zur Straße. »Welche Straße ist das denn hier?«

»Die Herzberger Landstraße.«

»Ach, dann sind wir wohl falsch abgebogen. Bitte, entschuldigen Sie!« Noch ein Hitlergruß und die beiden Männer gingen davon.

Nachdem Dietrich und Eberhard beobachtet hatten, daß die beiden wirklich weggefahren waren, schickte Dietrich Eberhard in den Garten, um Sabine und Gert hereinzuholen. Er versuchte indessen, Mordecai Libowitz anzurufen. Der Name stand im Telefonbuch, doch niemand hob ab. Vielleicht war der unbekannte Mann bereits geflohen. Dietrich würde es nie erfahren.

Zwei Tage später erreichte ihn ein Anruf aus Finkenwalde. Es war Frau Struwe, die Haushälterin des Seminars.

»Bruder Bonhoeffer, sind Sie es?«

»Ja, Frau Struwe. Was gibt es?«

»Zwei Männer von der Gestapo sind hier gewesen. Ich hätte sie nicht hereingelassen, aber sie hatten ein Dokument bei sich. Es war von Himmler unterzeichnet, Bruder Bonhoeffer. Sonst hätte ich sie niemals hereingelassen.«

»Was wollten sie?«

»Sie haben das Seminar geschlossen. Sie haben gesagt, wir dürfen nicht weitermachen. Sie hatten dieses Dokument . . . ich hätte sie nie hereingelassen . . .« Sie fing an zu weinen.

Frau Struwe hatte noch nie geweint, nicht ein einziges Mal in den zwei Jahren, die sie bei ihnen gewesen war.

Schluchzend klang es durchs Telefon: »Sie haben gesagt, das Seminar sei eine verbotene Einrichtung. Und sie haben uns aufgelöst . . . Gerade eben.«

»Ich verstehe! Frau Struwe, weinen Sie nicht! Es läßt sich nicht ändern. Haben sie was mitgenommen?«

»Nein! Sie haben nichts mitgenommen. Weiter als bis in den Flur habe ich sie nicht gelassen.«

»Das ist sehr gut. Sie haben sich vollkommen richtig verhalten.« Es fiel ihm schwer, einen klaren Gedanken zu fassen. »Ich weiß nicht genau, wie schnell wir dort sein können. Wir werden in Berlin Station machen und uns mit dem Bruderrat besprechen müssen. Meinen Sie, Sie könnten noch ein paar Tage dort bleiben?«

»Natürlich! Wo soll ich denn sonst hin? Hier ist doch mein Zuhause.«

»Ich bin froh und sehr dankbar, daß Sie sich um alles kümmern können. Danke, Frau Struwe. Danke!«

Nachmittags kamen sie am S-Bahnhof Heerstraße in Berlin an und mußten sich ihren Weg durch ein Gedränge von Menschen, Absperrungen und ein Meer von Hakenkreuz-Fahnen bahnen. Die Aufregung galt dem bevorstehenden Staatsbesuch Mussolinis. Der gesamte Soldauer Platz war abgeriegelt. An einer Seite hatte sich ein Orchester postiert, umgeben von den Flaggen beider Länder. Begeistert, lachend und Fahnen schwenkend wartete die Menge darauf, daß ihr Führer eintreffen und mit Mussolini in einer Parade den Kaiserdamm entlangfahren würde.

Dietrich und Eberhard drängten sich mühselig an den Menschenmassen vorbei in die Teufelseestraße und zurück nach Hause.

Dietrichs Mutter war schockiert. Und diesmal hatte auch sie keine Idee, was man tun könne. Schon im Zug hatten Dietrich und

Eberhard alle möglichen Schritte durchdacht, ohne zu irgendwelchen brauchbaren Ergebnissen zu kommen.

Der wütende Zorn, der sich seit Frau Struwes Anruf in ihm aufgestaut hatte, brach plötzlich heraus. »Wir dürfen das einfach nicht hinnehmen. Wir müssen etwas unternehmen!«

»Aber was, Dietrich? Du kannst doch nicht gegen die Gestapo kämpfen.«

»Nein, Mama! Aber irgendwie werden wir weitermachen! Irgendwo anders. Vielleicht im Untergrund.«

»Das wäre gefährlich.«

»Ja, das wäre es wohl. Wir werden es dennoch tun müssen – wenn es keinen anderen Weg gibt.«

»Wird denn der Bruderrat mit so etwas einverstanden sein? Du kannst das doch nicht alleine machen.«

»Sie werden es müssen! Sie werden es einfach müssen!«

Mit gemischten Gefühlen hatte Paula die Entscheidung des Bruderrates aufgenommen, Dietrich den Weg Niemöllers in den Untergrund gehen zu lassen. Es hatte mehrere Initiativen gegeben, um eine Rücknahme des Auflösungsbefehls zu erreichen. Nichts hatte geklappt. Statt dessen hatten die anderen vier Seminare der Bekennenden Kirche dasselbe Schicksal erlitten, eines nach dem anderen. Jetzt, nach zwei Monaten, hatten Dietrich und Eberhard einen Weg gefunden, das Seminar am Leben zu erhalten.

Aus Dietrichs Mund klang alles ganz einfach. Etwa hundertsechzig Kilometer von Stettin entfernt gab es zwei aneinandergrenzende Pfarrbezirke, wo die Dekane und ihre Pastoren sich bereiterklärt hatten, ihnen zu helfen. Jeder Student würde sich bei der Polizei als Lehrvikar eines der dortigen Pfarrer registrieren lassen, was ein völlig normales Verfahren war. Die Superintendenten der beiden Bezirke wollten die Studenten unterbringen. Einer der beiden, Superintendent Onnasch, war der Vater von Dietrichs neuem Studieninspektor Fritz Onnasch. Superintendent Onnasch öffnete sein großes Pfarrhaus in Köslin, in dem bis zu zehn Kandidaten wohnen konnten. Zusätzlich stellte er noch Unterrichtsräume bereit. Seine Frau kümmerte sich um die Mahlzeiten, wobei die Kosten vom Bruderrat übernommen wurden.

Vierzig Kilometer weiter, in Schlawe, hatte Superintendent Eduard Block einem ähnlichen Arrangement zugestimmt. Er fand ein ungenutztes Forsthaus für sie in der Nähe des kleinen Dorfes Sigurdshof. Dort gab es nicht mal Elektrizität, aber Dietrich war sicher, daß Frau Struwe auch hier zurechtkommen würde. Seine Hauptsorge war, wie er sein Radio an eine Batterie anschließen konnte, damit er die Nachrichten der BBC hören konnte. »Das ist absolut notwendig, um sich die Unabhängigkeit zu erhalten«, behauptete er.

Was den Unterricht betraf, so würde er Eberhard in Sigurdshof und Fritz Onnasch in Köslin als Lehrkräfte einsetzen. Dietrich selbst würde zwischen den beiden Standorten pendeln; ein Motorrad sollte ihm dabei helfen. »Ich schnalle mir einfach meine Büchertasche und meinen Kulturbeutel auf den Gepäckträger«, lachte er, »und ab geht's!«

Paula hatte sie unterstützt, wo sie nur konnte; wenn auch die geplante Arbeit im Untergrund ihre Unruhe nur noch verstärkte, die ihr seit der Auflösung Finkenwaldes das Leben schwermachte. Sie schlief schlecht. In ihren Träumen sah sie Dietrich in einer kahlen Zelle – so wie die, die sie im Gefängnis Plötzensee gesehen hatte, als sie Franz mit seiner Mutter besucht hatte. Paula sah ihn leiden, aber er konnte sie nicht wahrnehmen. Sie konnte sich nicht einmal vernehmbar machen. In diesen Träumen steigerten sich ihr Schmerz und ihre Not zu einer solchen Qual, daß sie nach dem Aufwachen lange brauchte, um sich wieder zu beruhigen.

Wenige Tage bevor Dietrich und Eberhard nach Pommern aufbrechen sollten, kam die Nachricht, daß Fritz Onnasch in seiner Kirche verhaftet worden war.

Paula, die sich bereits in ihr Schlafzimmer zurückgezogen hatte, konnte jetzt unmöglich schlafen. Sie lehnte an der Balkontür und starrte hinaus in die dunkle Nacht. Ein spätherbstliches Gewitter drohte. Blitze durchzuckten den Himmel, auch wenn noch kein Donner zu hören war. Sie schauderte in dem kühlen Wind und zog ihren Nachtmantel fröstelnd um sich.

»Wird es ein Gewitter geben?« fragte Karl.

Ein Windstoß ließ die Gardinen ins Zimmer flattern. »Ja, ich glaube schon. Es kommt auf uns zu.« Sie rührte sich noch immer nicht.

»Willst du nicht lieber reinkommen und die Tür zumachen, Paula?« mahnte Karl, während er seinen Schlafanzug zuknöpfte.

Sie zog die Türen zusammen und legte den Riegel um.

»Du darfst dir all diese Verhaftungen nicht so sehr zu Herzen nehmen, Liebes. Onnasch wird höchstwahrscheinlich bald wieder draußen sein.«

»Ich weiß nicht ... Denk an Niemöller!«

»Niemöller ist ein besonderer Fall, glaube ich.«

»Vielleicht!« Paula ging zum Sofa und setzte sich langsam. »Dietrich scheint gar nicht zu erkennen ... Er redet, als hätte er überhaupt keinen Anlaß, sich Sorgen zu machen.«

»Mit dem geplant Arrangement hofft er doch, daß ihre Arbeit unbemerkt bleibt.«

»Ich sehe nicht, wie das gehen soll. Es sind zu viele. Und Dietrich immer am Pendeln mit dem Motorrad. Was könnte offensichtlicher sein?«

»Möchtest du, daß er seine Arbeit fortsetzt?«

»Natürlich!«

»Dann können wir nicht viel dagegen tun!«

Sie sah ihn an. Auf die ihr so vertraute Art hatte er die linke Augenbraue hochgezogen, und seine Augen lächelten nachsichtig. »Vielleicht sieht die Sache morgen schon besser aus.«

Karl hatte recht. Am nächsten Tag hörten sie, daß Onnasch aus dem Stettiner Gefängnis entlassen worden war. Doch dann brachte Hans die beunruhigendsten Neuigkeiten mit, die es bisher gegeben hatte. Bei einem Treffen mit den obersten Militärs hatte Hitler seine Kriegspläne auf den Tisch gelegt. Jede Generation brauche ihren eigenen Krieg, hatte er erklärt. Und er würde dafür sorgen, daß diese Generation den ihren bekommt. Mit der Tschechoslowakei wolle er beginnen.

20

Zur Jahreswende 1938 rief Wilhelm Niesel, der Superintendent der fünf Bekennenden Seminare, die Seminarleiter zu einer Besprechung nach Berlin. Es war das erste Treffen dieser Art, seit Dietrich mit seiner neuen Arbeit in Hinterpommern begonnen hatte. Mit ihm kam Fritz Onnasch, der mit dem Kösliner Teil des Seminars hervorragende Arbeit leistete. Das Treffen war erst eine halbe Stunde im Gange, als die Türen des Pfarrhauses aufflogen und eine Schar uniformierter Gestapo-Leute hereinstürmte. Rasch umzingelten sie den kleinen Kreis der etwa dreißig Brüder.

Einer der Gestapo-Männer schlug die Hacken zusammen und rief: »Heil Hitler! Sie alle sind im Namen des Führers verhaftet.«

Niesel stand auf, wollte protestieren. »Meine Herren, Sie begehen einen Irrtum . . .«

»Sparen Sie sich Ihre Erklärungen für das Gericht auf!« fuhr ihn der Gestapo-Mann an. Er schrieb ihre Namen auf und befahl dann seinen Männern: »Vorwärts!« Mit vorgehaltenen Waffen stießen sie die eingeschüchtert schweigenden Pastoren hinaus in die schneidende Januarkälte zu den dunkelgrünen Polizeiwagen.

Im Innern der verdunkelten »Grünen Minna« setzte sich je einer der Geheimpolizisten an die Tür mit dem kleinen vergitterten Fenster. In dem Wagen war es kalt. Und ihre Mäntel hingen im Gemeindehaus in Dahlem. Nach etwa einer Viertelstunde hielten die Wagen mit quietschenden Bremsen vor dem Polizeihauptquartier am Alexanderplatz. Die Türen öffneten sich, und die Beamten winkten alle heraus.

Die Geheimpolizisten führten Dietrich, Fritz und die anderen durch eine Bogentür in einen schmalen Gang. Fritz, der stärker, auffallender als sonst hinkte, ging zwischen zwei Gestapo-Männern direkt vor Dietrich.

Der Gang führte auf einen betonierten Hof, der von drei Stockwerken schwer vergitterter Fenster umgeben war. Sie gingen eine Treppe hoch, kamen an einem eisernen Tor vorbei, das hinter ihnen sorgfältig verschlossen wurde. Dann betraten sie einen Flur, in dem Holzbänke an den Wänden standen. Hier sollten sie warten, bis ihre Namen aufgerufen wurden.

An der einen Wand hing ein schwarzweißes Plakat mit einer Montage jüdischer Gesichter, die alle grotesk verzerrt wirkten. In der Mitte stand in dicken gelben Buchstaben: »Wenn Juden lächeln!«. Darunter die eingerahmte Inschrift: »Juden sind geborene Verbrecher. Sie können nicht offen und freimütig lächeln. Sie verziehen nur ihren Mund zu einer teuflischen Grimasse.«

An der anderen Wand saß eine mutlos wirkende Familie – Mutter, Vater und Tochter; Juden offensichtlich. Das Mädchen, vielleicht elf Jahre alt, klammerte sich ängstlich an die Hand seines Vaters und sah die Pastoren neugierig an.

Das Flüstern der Mutter durchbrach die stickige Luft: »Bist du sicher, daß du die Quittung hast?«

»Ja«, erwiderte der Vater. »Das habe ich dir doch schon gesagt.«

»Ich weiß nicht, ob das überhaupt etwas nutzt. Sie werden uns den Laden doch wegnehmen.«

Der Vater sah sich erschrocken um. »Still, Anna!«

»Ach, laß doch! Es ist ohnehin egal, was wir sagen und ob uns jemand hört.«

»Still, habe ich gesagt!«

Sie zuckte vielsagend die Achseln und verstummte.

Die Zeit schleppte sich.

Schließlich hörte Dietrich seinen Namen und trat an den Schalter. Der Beamte notierte die Personalien in einer sorgfältigen sauberen Handschrift, wobei er bei jeder Zeile seine Feder nachdrücklich in die Tinte tauchte. Dann winkte der Adjutant Dietrich, ihm zu folgen.

Im großen Vorzimmer standen zwei Schreibtische, an denen junge Sekretärinnen mit frischen Gesichtern entschlossen tippten, ohne aufzublicken. Dahinter gab es noch drei kleinere Büros. Der Adjutant führte Dietrich in eines dieser Büros, nannte Dietrichs Namen und schloß die Tür.

Ein schwergewichtiger Mann mit kurzgeschorenen Stoppeln auf seiner glänzenden Kopfhaut blickte auf. »Bitte setzen Sie sich,

Pastor Bonhoeffer. Sie sind doch Pastor Bonhoeffer? Dietrich Bonhoeffer?«

»Ja!«

Der Mann bot Dietrich eine Zigarette an. Dietrich lehnte ab. Achselzuckend nahm sich der Mann jetzt eine Mappe vor, deren Inhalt Dietrich nicht sehen konnte. »Sie sind Direktor eines Seminars der sogenannten Bekennenden Kirche?« fragte er.

»Ich war Seminardirektor.«

»Und wo war das?«

»In Finkenwalde, in der Nähe von Stettin.«

»Und nun sind Sie Hilfsprediger, wie Sie sagen. Ist das richtig?«

»Ja.«

»In Schlawe. Schlawe?«

»In Pommern.«

»Nie gehört.«

Dietrich sagte nichts.

»Hilfsprediger!« Die dicken Lippen verzogen sich zu einem mokanten Lächeln. »Ziemlicher Abstieg, was, Herr Dr. Bonhoeffer?«

»Ich betrachte es nicht als Abstieg.«

»Kommen Sie, Sie erwarten doch nicht, daß ich Ihnen das glaube, oder? Für einen Mann, der wissenschaftlich anerkannt ist, mehrere Bücher veröffentlicht hat. Das letzte erst im vergangenen November.«

Dietrich fragte sich überrascht, was an seinem Buch »*Nachfolge*« für die Gestapo so interessant war, daß sie davon Notiz genommen hatte.

»Sie sind in Schweden gewesen.«

»Vor einiger Zeit. Das ist fast zwei Jahre her.«

»Mit Ihrem ganzen Seminar?«

»Auf Einladung des Erzbischofs von Schweden, ja.«

»Und unter seinen Fittichen fühlten Sie sich hinreichend sicher, um das Deutsche Reich in der Presse anzuschwärzen.«

»Wir haben Deutschland nicht angeschwärzt. Wir haben allenfalls von den unterschiedlichen Auffassungen innerhalb der deutschen Kirche gesprochen. Das war wohl kaum eine Nachricht wert.«

»Wir haben das verfolgt. Wie auch Ihren Artikel, in dem Sie ein Loblied auf den Weltfeind, das Judentum, anstimmen.« Der Mann blickte unvermittelt auf. Hatte er erwartet, ein Zeichen des Erschreckens zu sehen?

Dietrich zwang sich, seinem Gegenüber in die Augen zu sehen.

»Wie viele Studenten haben an Ihrer Vorlesung teilgenommen?«

»An welcher Vorlesung?«

»Bitte, Pastor Bonhoeffer, keine Spielchen! Wir wissen, daß Sie gerade eben eine geheime Seminarvorlesung gehalten haben.«

Das also war es. Sie vermuteten in dem Treffen in Dahlem eine geheime Seminarveranstaltung. Erleichterung durchflutete Dietrich. Er hatte schon befürchtet, die Gestapo sei seinem neuen Arrangement mit dem Seminar auf die Schliche gekommen. Jetzt bemühte er sich rasch um einen kühlen unpersönlichen Tonfall. »Ihre Vermutung ist völlig unzutreffend. Das hier in Dahlem war eine Versammlung von Pastoren, in der wir wichtige Kirchenangelegenheiten erörtern wollten.«

»Pastoren? Keine Studenten?«

»Keine Studenten! Nicht ein einziger!« Fast hätte er hinzugefügt: ». . . wie Sie sicherlich allmählich herausfinden werden«. Aber er hielt sich gerade noch rechtzeitig zurück. »Eine solche Versammlung ist nichts Verbotenes. Außerdem – wir haben überhaupt nichts geheimgehalten, wie der Versammlungsort deutlich zeigt.«

»Wir werden das prüfen!« Der Beamte schnippte mit einer verächtlichen Geste die Asche von seiner Zigarette. »Möglich, daß momentan noch nichts Illegales vorgefallen ist.«

Er schloß seine Mappe und bedeutete seinem Adjutanten, Dietrich wieder in das Vorzimmer zu führen. In dem zweiten Wartezimmer saßen bereits Fritz Onnasch, Wilhelm Niesel und einige andere Pastoren.

Dietrich setzte sich neben Fritz. »Sie haben einen Fehler gemacht und wollen es nicht zugeben«, flüsterte Dietrich. »Und jetzt versuchen sie, doch noch irgend etwas aus der Sache zu machen.«

Vier Stunden waren seit ihrer Ankunft vergangen. Die Bank war hart und die Wand sehr unbequem. Außerdem hatte er Hunger. Zwei Stunden noch ließ man sie in dem trostlosen Raum sitzen. Schließlich rief der Adjutant Dietrich und Fritz auf und brachte sie in ein großes Büro, in dem ein höherer Beamter unter einem Porträt Heinrich Himmlers saß. Ohne ein Wort zu sagen, gab er ihnen ihre Pässe zurück. Dietrichs Paß trug jetzt den Stempel »Aufenthaltsverbot für Berlin«.

»Was bedeutet das?«

»Genau das, was da steht«, bemerkte der Nazi kühl. »Sie dürfen nicht wieder nach Berlin einreisen.«

»Aber wir haben nichts Illegales getan«, protestierte Fritz.

»Das zu entscheiden ist unsere Sache.«

Heißer Zorn drohte ihn zu überwältigen, schnürte Dietrich die Kehle zu.

Der Nazi lehnte sich mit verschränkten Armen in seinem Sessel zurück. »Ich versichere Ihnen, Ihre Aktivitäten interessieren uns nicht im geringsten«, erklärte er in näselnd-arrogantem Ton, »solange Sie sich von ungesetzlichen und aufrührerischen Umtrieben fernhalten. Unsere oberste Pflicht ist es, das deutsche Volk zu schützen. Aus diesem Grund erachten wir es für notwendig, Ihre Bewegungsfreiheit einzuschränken.« Er preßte bedeutungsvoll seine Fingerspitzen aneinander. Die nächsten Worte ließ er wie Öl auf der Zunge zergehen. »Es wäre ein Jammer, Herr Hilfsprediger Bonhoeffer, wenn die Regierung sich auch noch gezwungen sähe, Ihr Rederecht zu beschränken.«

Zwei Gestapo-Leute brachten sie jetzt direkt zum Stettiner Bahnhof und setzten sie in den nächsten Zug nach Stettin, mit Anschluß Köslin.

Als sich nach ein paar Kilometern der Schock zu legen begann, wandte sich Dietrich an Fritz. »Was ist, wenn sie jetzt Überprüfungen in Köslin und Sigurdshof durchführen?«

»Daran habe ich auch schon gedacht. Aber ich weiß nicht, wie wir unsere Leute warnen können.«

»Wir müssen versuchen, von Stettin aus anzurufen.«

»Werden sie uns nicht beobachten?«

»Vielleicht! Wir müssen es trotzdem versuchen.«

In Stettin hatten sie eine halbe Stunde Aufenthalt. Fünf Minuten lang schlenderten sie scheinbar ziellos durch den Bahnhof. Dann betraten sie eine kleine Bierstube. Von einem »Schatten« hatten sie nichts bemerkt. Dietrich ließ Fritz in der Kneipe zurück, während er zur Telefonzelle an der nächsten Straßenecke ging. Zu seiner Erleichterung nahm Superintendent Onnasch den Hörer ab.

»Hallo, Bruder Onnasch! Ich wollte mich nur mal melden. Fritz und ich sind ein bißchen spät dran. Wir wurden aufgehalten, wissen Sie, ziemlich unerwartet.« Er hielt inne und räusperte sich. »Es könnte sein, daß ein paar Bekannte von uns bei Ihnen vorbeischauen, falls sie nicht schon dagewesen sind.«

»Nein!« Dietrich spürte das wachsame Zögern in Onnaschs Stimme. »Niemand ist hiergewesen.«

»Vielleicht kommen sie noch.« Er schwieg. War die Botschaft angekommen?

Dann die verschmitzte Stimme Bruder Onnaschs: »Sollen wir sie zum Abendessen einplanen?«

»Das wäre keine schlechte Idee. Nun, ich dachte mir, es wäre gut, wenn Sie Bescheid wüßten. Könnten Sie auch Eberhard Bescheid geben?«

In Köslin war von Gestapo weit und breit keine Spur. Nach Dietrichs Anruf hatten die Kandidaten alle Seminarmaterialien aus den Regalen und Schubladen genommen und in der Speisekammer zwischen Mehl und Würsten versteckt und auch in dem alten Kutschenhaus. Für den Rest der Woche konnten die Seminarveranstaltungen nur eingeschränkt stattfinden. Papiere und Bücher blieben in ihrem Versteck. Die Seminaristen trafen sich jeden Tag an einem anderen Ort zu verkürzten Unterrichtseinheiten. Erst nachdem sich am Anfang der nächsten Woche noch immer nichts getan hatte, kehrte für alle wieder der Alltag ein.

Unter der erzwungenen Trennung von Berlin und seiner Familie (mit ihren zuverlässigen Informationen) litt Dietrich mit jedem Tag mehr. Er wagte nicht, das Telefon zu benutzen – außer für die alltäglichsten Anrufe. Ebenso ging es ihm mit der Post. Die BBC-Nachrichten um 22.00 Uhr entwickelten sich nachgerade zu einer heiligen Handlung. Manchmal konnte er sich in Köslin die Londoner *Times* verschaffen. Wann immer möglich, sandte er durch Boten Nachrichten nach Berlin – doch es reisten nur sehr wenige zuverlässige Leute dorthin. Gelegentlich hörte er von Franz in England, der Bischof Bell bei der Arbeit mit den Flüchtlingen half. Franz' Englisch wurde besser, und seine Stimmung schien spürbar zu steigen.

Wochen vergingen. Die BBC berichtete über angebliche Unstimmigkeiten zwischen Hitler und den Militärs. Aber was davon stimmte? Dietrich hatte keine Möglichkeit, etwas herauszufinden. Endlich, als er es schon nicht mehr zu hoffen gewagt hatte, zeigte sich der berühmte rosarote Streif am Horizont. Nachdem sich sein Vater intensiv und energisch für ihn eingesetzt hatte, lockerte die Gestapo das Aufenthaltsverbot. Dietrich durfte nun wieder nach Berlin, um seine Familie zu besuchen; allerdings nicht, um mit Berliner Kirchenleuten zusammenzutreffen.

Auf seiner ersten Reise erfuhr er dann von seinen Eltern, was sich zwischen Hitler und seinen Militärs abgespielt hatte. Der Oberste Befehlshaber der Armee, Generaloberst von Fritsch, war der Homosexualität beschuldigt und zum Rücktritt gezwungen worden. Der Vorwurf war konstruiert worden, berichtete Dietrichs Vater, weil Hitler Fritsch loswerden wollte. Denn der hatte sich gegen Hitlers Kriegspläne ausgesprochen. Hans von Dohnanyi und Oberst Hans Oster von der Abwehr suchten nun nach Beweisen, um diese Machenschaften der Gestapo gegen Fritsch aufzudecken.

Am folgenden Nachmittag, einem Sonntag, verbrachte Dietrich eine Stunde bei Hans in dessen Arbeitszimmer. Hier erfuhr er, daß Hans und Oster auf ihrer Suche nach Beweisen vorangekommen waren.

»Wir haben neue Informationen von sehr hochstehenden Leuten in der Gestapo«, sagte Hans.

»Und wie, bitte, konntet ihr ihnen diese Informationen entlokken?« fragte Dietrich eher zweifelnd.

»Wir haben sie von Arthur Nebe, dem Direktor des Reichskriminalamtes am Alexanderplatz. Er hat ungehinderten Zugang zu den Vorzimmern Himmlers und Heydrichs. Und von gesprächigen Adjutanten in Vorzimmern läßt sich allerhand aufschnappen.«

Dietrich sagte nichts. Er dachte an die Trostlosigkeit des Polizeihauptquartiers, in dem er doch eben erst sieben mehr als schlimme Stunden verbracht hatte. »Warum sollte jemand wie Arthur Nebe euch helfen wollen?« Dietrich spürte einen üblen Geschmack im Mund.

»Er ist nicht allzu glücklich über das Regime, besonders die Gestapo und der Sicherheitsdienst machen ihm zu schaffen.«

»Dennoch arbeitet er für sie, oder nicht?«

»Nun, ja . . .«

Dietrich stand auf und ging zum Fenster. Draußen in Hans' kleinem Garten spielten seine beiden Söhne Christoph und Klaus, neun und zehn Jahre alt, fröhlich im frisch gefallenen Schnee.

Jetzt Hans' Stimme, vor innerer Erregung scharf und schneidend: »Wenn wir darauf warten wollten, klinisch reine Quellen zu finden, würden wir nie etwas erfahren. Nebe ist in einer Position, in der er Dinge *weiß*. Und er ist der einzige, den wir haben.«

Dietrich beobachtete weiter die Kinder. »Dessen bin ich mir bewußt. Trotzdem . . .«

»Jemand muß die Dreckarbeit tun, Dietrich, wenn wir versuchen wollen, Hitler aufzuhalten.«

Dietrich wandte sich um und sah Hans eindringlich an. »Hat sich die Sache schon so weit entwickelt, daß ein solcher Versuch denkbar erscheint?«

»Noch nicht! Aber wir arbeiten daran. Wir haben vergeblich darauf gewartet, daß Leute, die etwas tun könnten, ihren Beitrag leisten. Aber jetzt . . .«

»Ja, natürlich.« Unruhig lief Dietrich vor dem Fenster auf und ab, um nichts anderes bemüht, als mit seinem inneren Widerwillen fertigzuwerden. »Aber wenn du von einem Staatsstreich sprichst, dann wüßte ich schon gern etwas über die Mittel und Wege.«

»Ganz so weit ist es noch nicht. Jetzt kommt es vor allem darauf an, die Armee aus den Fängen der Gestapo herauszuhalten. Wenn die Zeit für ein ernsthaftes Vorgehen gegen Hitler gekommen ist, wird das vom Militär ausgehen müssen.«

»Das überrascht mich etwas, nachdem du doch bisher nie gut auf das Militär zu sprechen warst.«

»Das stimmt«, bestätigte Hans mit einem etwas ungewissen Lächeln. »Ich muß zugeben, daß ich auf die Soldaten bisher mehr oder weniger herabgesehen habe – zu engstirnig in ihren Vorstellungen von Ehre und Vaterlandsliebe. Aber Oberst Oster ist anders. Ich würde dich gern mit ihm bekanntmachen. Ihn erfüllt ein brennender Haß gegen Hitler. Und deswegen arbeitet er seit Jahren innerhalb und außerhalb der Abwehr daran, Unterstützung für einen Schlag gegen das Regime zu finden.«

Hans kam nun mit der überraschenden Enthüllung, daß alles, was sie erfuhren, zuerst an den Chef der Abwehr, Admiral Wilhelm Canaris, weitergeleitet wurde, der hinter ihnen stand, dann an General Ludwig Beck, den Stabschef der Armee.

»Wie steht er zu dieser Sache mit Fritsch?« erkundigte sich Dietrich.

»Beck? Er ist schockiert über diese schmutzige Kampagne. Als Hitler ihm Fritsch's Posten anbot, hat er rundheraus abgelehnt.«

Es dauerte noch mehr als einen Monat, bis Dietrich von dem Ausgang der Verhandlung gegen Fritsch erfuhr. Hans und Oberst Oster lieferten Beweise dafür, daß die ganze Affaire eine Lügenkampagne war. Der Zeuge der Gestapo verwickelte sich so sehr in ein Netz von Lügen, daß er schließlich aufgab und gestand, die Geschichte erfunden zu haben. Göring, der dem Gerichtshof vorstand, blieb nichts anderes übrig, als Fritsch freizusprechen. Doch Hitler setzte den General nicht wieder in sein Kommando ein. Voller Niedertracht wies er ihm das Kommando seines alten Kavallerieregimentes zu.

21

Im April brachen Dietrich und Eberhard zu einer Wanderung durch Thüringen auf. Es war die Karwoche. Sie genossen den erwachenden Frühling und gingen nur in die Dörfer, um zu essen und zu übernachten. Überall dort Jubelfeiern und Begeisterung über den Anschluß Österreichs. Wohin sie auch sahen – Hakenkreuzfahnen, manchmal sogar an Kirchtürmen. Sie sahen Menschen vor einem Lokal anstehen, die ihre Unterstützung für die Annexion Österreichs bekunden wollten. Neben dem Eingang ein Plakat mit Hitler zu Pferd in voller Uniform, die Fahne der Nazis hoch erhoben. Darunter die Inschrift: »Der Bannerträger«.

Ihr Weg führte sie durch die Gegend rund um die Wartburg, von der Dietrich – vor allem wegen ihrer Beziehung zu Luther – schon immer begeistert war. Die Dunkelheit brach schon herein, als sie am Fuß des Berges eine Jugendherberge entdeckten. Ein Hauch von Frühlingsschnee hatte den Hang weiß überzuckert. Sie waren müde, froren und beschlossen deswegen, eine Pause einzulegen, ehe sie die restlichen fünf Kilometer nach Eisenach marschierten. In der Jugendherberge trafen sie auf einen Trupp Hitlerjungen, die im Halbkreis auf dem Boden hockten. Ihr Anführer und eine kleinere Gruppe Jungen standen ihnen gegenüber.

Der Sprechchor begann in vollkommenem Gleichklang zu skandieren: »Dein Name, mein Führer, ist das Glück der Jugend, dein Name, mein Führer, ist für uns immerwährendes Leben.«

Jetzt meldete sich der uniformierte Anführer zu Wort: »Nun ist die Jugend unserer Schwester Österreich mit uns vereint!« verkündete er mit feierlicher Stimme. »Sie sind heimgekehrt ins Reich. Dank Gottes Hilfe hat Adolf Hitler deutschen Willen und deutsches Denken zu einem Einzigen zusammengeschweißt. Diese heutige Volksbefragung ist für uns keine Abstimmung, sie ist für uns ein Gebet des Dankes, und dieses Gebet lautet: ›Ja, mein Führer.‹«

Die Jungen auf dem Fußboden hoben ihre Hände zum Hitlergruß und riefen: »Ja, mein Führer! Ja, mein Führer! Ja, mein Führer!«

Und wieder fiel der Sprechchor ein: »Wer Adolf Hitler, dem Führer, dient, der dient Deutschland, und wer Deutschland dient, der dient Gott.«

»Gehen wir«, rief Dietrich bebend vor Zorn Eberhard zu.

Schweigend gingen sie zum Weg hinunter. Und dann, als sie aus dem Wald heraustraten, eröffnete sich ihnen der Blick ins Tal.

»Hier ist ein Aussichtspunkt«, erinnerte sich Dietrich, »von dem aus man einen herrlichen Blick auf die Burg hat. Ganz besonders schön im Mondlicht.«

Erwartungsvoll kletterten sie auf den höchsten Felsen und – sahen einander entsetzt an. Hoch über dem tiefen Tal die Wartburg, beeindruckend schön und so fest gegründet auf dem Berg, als sei sie mit ihm eins geworden. Doch das Kreuz auf dem Turm, während der Karwoche sonst angestrahlt, war verschwunden. Statt dessen wehte von der Brüstung eine angeleuchtete Hakenkreuzflagge, so breit wie der Burgfried selbst.

Wortlos wandte sich Dietrich ab und stakte steifbeinig den Pfad hinab.

Sie hatten ihren Wagen in Eisenach stehen lassen – und statt am nächsten Morgen wie geplant die Burg zu besuchen, fuhren sie nach Friedrichsbrunn. Für Dietrich gab es keinen Ort auf der Erde, der wohltuender auf ihn wirkte, wo er sich besser erholen konnte. Jeder Pfad in den tiefen Wäldern war ihm vertraut, jeder felsige Steilhang, jeder Aussichtspunkt auf die friedlichen Täler, in denen immer – fast unsichtbar zwischen den Bäumen – ein kleines Dorf verborgen lag.

Am Ostersonntag besuchten sie den Gottesdienst in der Dorfkirche und trafen danach auf dem Kirchhof Jörg Mülhausens Eltern. Ein wenig verlegen, entschuldigend sagten sie, Jörg habe in letzter Zeit wenig Zeit für die Kirche. Er sei aber zu Hause, auf Urlaub. Stolz berichteten sie, daß Jörg jetzt Schüler auf der Nationalpolitischen Erziehungsakademie, der Napola, sei – und daß er sich dort außerordentlich gut mache. »Er ist sogar Hauptmann seines Zuges geworden«, sagte die Mutter mit stolzem Lächeln.

Spät am Nachmittag verließ Dietrich Eberhard, der einen Brief schreiben wollte, und wanderte ins Dorf hinauf. Vielleicht würde er Jörg zu Hause antreffen? Auf dem Weg neben der Scheune sah er ihn, umringt von einem halben Dutzend Dorfjungen.

Im Schatten der Scheunenwand konnte Jörg Dietrich nicht sehen. Den Fuß auf der Deichsel des alten Leiterwagens genoß er es, wie hingerissen ihm die Jungen lauschten, jedes Wort von seinen Lippen ablasen, als er von seiner Schule erzählte. »... jeden Tag Sportwettkämpfe, und die siegreiche Mannschaft bekommt eine Extraportion Kuchen und Schokolade! Auf Anordnung des Führers!«

Ein flachsblonder Junge fragte, wie man denn in eine solche Schule kommen könne.

»Du brauchst Empfehlungen von deinen Lehrern und von Parteifunktionären ... und so ... Dann wirst du eine ganze Woche lang geprüft. Du mußt in Hochform sein, wenn du die bestehen willst. Das schaffst du nie, Günther!«

Die dünnen Schultern des flachsblonden Jungen sanken herab.

»Sie vermessen einem sogar den Schädel.«

»Warum denn das?« fragte Günther.

»Um sicherzugehen, daß man ein Deutscher ist. Juden oder so was kommen da nicht 'rein.«

In diesem Augenblick entdeckte er Dietrich.

»Hallo, Jörg.«

»Herr Dr. Bonhoeffer!« Jörg richtete sich auf und schlug militärisch knapp und exakt die Hacken zusammen. Er wirkte jetzt viel größer in seiner braunen Uniform mit den ledernen Schulterriemen und der Messerscheide an seinem Gürtel. Nichts mehr vom ländlichen Bauernjungen, selbstsicher und gewandt wirkte er. Sein Blick war offen und intelligent wie immer, hatte aber jetzt etwas Wachsames. Seinen gut ausgebildeten, muskulösen Körper hielt er aufrecht und stolz.

»Es ist lange her, daß wir uns gesehen haben!« überlegte Dietrich. »Du bist in letzter Zeit nicht oft hier gewesen.«

»Nein, ich war weg, in der Schule.«

»Ich weiß. Wo ist deine Schule, Jörg?«

»In Bensberg bei Köln.«

»Ah, dann hast du bestimmt auch schon den Dom gesehen?«

»Nein, den Dom noch nicht.«

Dietrich verkniff sich eine Bemerkung und fragte: »Hast du Lust, mit mir zur alten Ruine zu gehen? Vielleicht kannst du dich nachher noch mal mit deinen Freunden treffen?«

Jörg zögerte einen Moment, winkte dann aber den Kindern zum Abschied zu und ging mit Dietrich den Hang hinunter.

Dietrich erkundigte sich nach Jörgs Familie und sprach voller Herzlichkeit von dessen Vater. Sie tauschten Erinnerungen an ihre Ball- und Geländespiele aus. Und allmählich fiel die steife Zurückhaltung von dem Jungen ab, er wurde wieder er selbst, und das Lachen kehrte in seine Augen zurück. Sollte doch noch nicht alles verloren sein?

Als die Sprache wieder auf die Schule kam, brach Jörgs Begeisterung durch. »Es ist wirklich toll! So ist es noch nie gewesen. Der Führer hat alles geändert. Wenn ein Junge etwas Gutes für das Vaterland, für das Volk tun will, etwas wirklich Bedeutendes, dann hat er jetzt die Chance dazu. Egal, wer er ist. Ganz egal! Er muß nur hart arbeiten.«

»Und du arbeitest hart?«

»Ja, aber das macht mir nichts aus. Schließlich kann ich nur so mithelfen, ein besseres Deutschland zu schaffen.«

»Und was, denkst du, ist nötig, damit ein besseres Deutschland entsteht?«

Jörg schwieg und dachte einen Moment darüber nach. Dann sagte er: »Dieses Deutschland muß stark sein, darf sich vor niemandem fürchten. Alle müssen zusammen auf ein gemeinsames Ziel hinarbeiten. Wir müssen stolz sein, daß wir Deutsche sind, und bereit, für den Führer zu kämpfen, damit uns das niemand mehr wegnehmen kann.«

Inzwischen hatten sie die alte Ruine erreicht. Sie setzten sich auf eine Mauer des ehemaligen Wachturms.

»Das möchte ich auch – für ein besseres Deutschland arbeiten. Aber ich kann nicht glauben, daß aus einem System, das auf Ungerechtigkeit beruht, etwas Gutes herauskommen kann.«

Der Junge blickte sich hastig um und sah ihn dann ungläubig an.

»Ja, du hast richtig gehört! Ungerechtigkeit! Zum Teil sogar schlimmer Ungerechtigkeiten. Du hörst nichts davon, weil davon keiner sprechen darf, oder die Wahrheit wird auf den Kopf gestellt, damit es wie Gerechtigkeit aussieht.«

Jörg betrachtete ihn, als sei ihm ein solcher Gedanke vollkommen unbegreiflich.

Dietrich begann von Geschehnissen zu erzählen, die er selbst erlebt hatte; zuerst von der Verhaftung Martin Niemöllers, von den Konzentrationslagern. Er beobachtete, wie sich der Gesichtsausdruck des Jungen veränderte, als ihm klar wurde, welche Unterschiede bestanden zwischen dem, was Dietrich ihm sagte, und dem, was er in seiner Schule gelernt hatte. Der wache, offene Blick wich bald einem starren Ausdruck der Gewißheit, so als würde er vorsortierte Antworten aus einem Ordner ziehen.

»Ich kenne solche Geschichten, Herr Doktor. Ich weiß, daß sie erfunden werden, um unser Vertrauen in den Führer zu erschüttern und alles zu untergraben, was er erreicht hat. Aber warum machen Sie da mit?«

Dietrich wollte antworten, aber Jörg kam ihm zuvor. »Nein! Ich will nichts hören! Bitte sagen Sie nichts mehr, denn wenn Sie es doch tun, muß ich . . .« Jörg senkte kurz den Blick und schaute dann entschlossen wieder auf, ». . . sonst muß ich Sie melden!«

»Dann ist es also das, was man dir beigebracht hat, deine Freunde zu verraten?«

»Nein, sondern das zu tun, was wichtiger ist – die Ehre des Reiches vor Verrat zu schützen.« Die Worte klangen auswendig gelernt. Jörgs Stimme sank fast zu einem Flüstern zusammen. »Aber ich möchte nicht gegen Sie . . . ich . . .« Er verstummte.

»Ich weiß, daß du das nicht möchtest.« Dietrich sah den Jungen freundlich an. »Aber vielleicht kannst du ja mal darüber nachdenken, was ich dir gesagt habe. Übrigens, ich würde dich niemals anlügen. Das weißt du doch, oder?«

Jörg erhob sich rasch. »Ich muß jetzt gehen. Guten Tag, Herr Doktor!«

»Auf Wiedersehen, Jörg.«

Mit schwerem Herzen sah Dietrich dem Jungen nach, der jetzt

den Pfad hinunterlief. Er wußte, daß er versagt hatte. Aber war es nicht töricht gewesen, sich einzubilden, er habe noch eine Macht über Jörg?

Als er später Eberhard davon erzählte, lastete dieser Vorwurf, den er sich selbst machte, noch schwer auf ihm.

»Du vergißt, daß die Nazis ihn seit vier Jahren in ihren Händen haben«, gab Eberhard zu bedenken. »Wie kannst du da annehmen, in einer Stunde alles das aus ihm herauszubekommen, was die ihm in den letzten vier Jahren eingetrichtert haben?«

Dietrich blickte in das freundliche, sensible Gesicht seines Gegenübers.

»Das ist einfach unmöglich!«

Dietrich seufzte tief. »Ja, wahrscheinlich hast du recht.«

Am nächsten Tag setzte Dietrich Eberhard, der seine Mutter besuchen wollte, in Kade ab, während er selbst nach Berlin weiterfuhr.

In Berlin erreichte Dietrich ein Anruf von Hans, der ihn bat, zu den Dohnanyis in die Kurländer Allee zu kommen. Etwas mit Oberst Oster sei im Gange, und Hans wollte, daß Dietrich ihn kennenlernte.

Dietrich, der schon erwartet wurde, setzte sich neben Christel auf das Sofa.

»Gut, daß du so zeitig kommst«, freute sich Hans. »Da können wir dich doch ein bißchen vorbereiten.« Hans, der sonst so gelassene, schien offensichtlich nicht in der Lage, sich ruhig hinzusetzen. Voller Unruhe und unaufhörlich lief er im Zimmer auf und ab, während er pausenlos sprach. Oster versuche, einige Generäle für eine Aktion gegen die Gestapo zu gewinnen, erklärte er. Heute sei er bei General von Witzleben.

»Ich weiß nicht recht, was ich bei solchen Plänen zu suchen habe«, bemerkte Dietrich etwas unbehaglich. »Wäre es denn Oster recht, mich hier vorzufinden?«

»Er weiß, daß du kommst.«

Noch bevor Dietrich sich von seiner Überraschung erholen konnte, betrat Hans Oster das Zimmer. Mit hastigen Schritten lief der schlanke Mann auf Hans zu, begrüßte ihn, beugte sich dann tief über Christels Hand und wandte sich schließlich mit einem offenen Lächeln an Dietrich. Er schüttelte ihm kräftig die Hand und sagte dann, stark sächselnd: »Dohnanyi hat mir gesagt, daß Sie kommen, Pastor Bonhoeffer! Vorzüglich, wirklich vorzüglich!«

Sein Lächeln schien aufrichtig, obwohl er in irgendeiner Weise wie ein Filmschauspieler wirkte – mit seinen gutgeschnittenen Zügen, seinen feingezeichneten Augenbrauen, seiner Schleife und dem modischen Tweedjackett. Oster mochte etwa Ende vierzig sein.

Er erzählte Dietrich, sein Vater sei ebenfalls Pastor und hätte sich sehnlichst gewünscht, daß der Sohn in seine Fußstapfen trete, aber das sei nichts für ihn gewesen. Dafür sei er viel zu sehr Weltkind. Interessiert erkundigte er sich nach dem Seminar. In der Annahme, Oster habe nur aus Höflichkeit danach gefragt, schilderte Dietrich ihm seine Arbeit in sehr groben Umrissen. Aber Oster drängte, Einzelheiten zu erfahren, und stellte eine Frage nach der anderen. Aufmerksam lauschte er Dietrichs Antworten – schien nichts von Hans' Ungeduld zu bemerken.

»Sie tun da sicherlich eine gute Arbeit. Etwas, wofür wir dankbar sein müssen. Aber Sie sind ein junger Mann, und der Wehrdienst wird nicht lange auf sich warten lassen. Was werden Sie tun, Pastor Bonhoeffer, wenn die Einberufung kommt.«

»Ich weiß es nicht. Aber Sie haben recht, es ist bald soweit. Nächstes Jahr! Da wird mein Jahrgang – 1906 – einberufen. Ich werde mich entscheiden müssen.« Dietrich sah Oster in die Augen. »Ich kann nicht in Hitlers Armee dienen!«

»Dann muß etwas geschehen. Wenn Sie Hilfe brauchen – und das wird, fürchte ich, der Fall sein –, melden Sie sich bei mir. Vielleicht kann ich etwas tun.« Oster zündete sich eine Zigarette an, steckte sie sorgfältig in eine elfenbeinerne Spitze, die er zwischen seinen schlanken gepflegten Fingern hielt, und wandte sich nun endlich an Hans: »Ich habe gute Neuigkeiten.«

»Witzleben?« fragte Hans.

»Ja! Er sagt, wir können auf ihn und seine Männer zählen. Und – wir werden an der Wurzel zupacken! Den ganzen Laden in der

Prinz-Albrecht-Straße räumen und besetzen. Himmler, Heydrich und all ihre Häscher verhaften. Witzleben ist bereit, die Sache durchzuführen. Wir werden Aktenschränke aufbrechen und damit genügend Beweise für deren verbrecherische Absichten haben. Nicht nur das mit Fritsch, sondern die gesamte traurige ›Chronik‹.«

Dietrich war skeptisch. Konnte man denn wirklich ein solches Vorgehen auf den Bereich der Prinz-Albrecht-Straße begrenzen? Oster widersprach. Bei einem raschen Vorgehen könne es gelingen. Außerdem würde sie Admiral Canaris unterstützen – bis zu einem gewissen Punkt. Er wollte nur eines: Himmler und Heydrich loswerden. Denn die beiden wollten die militärische Abwehr unter ihre Kontrolle bekommen. Zu einem Sturz Hitlers aber war er noch nicht bereit. Dietrich, dem jede halbherzige Aktion zum Scheitern verurteilt schien, schwieg.

Mit entschlossener Miene erklärte nun Oster: »Aber die Aktion gegen die Prinz-Albrecht-Straße kann nicht die letzte Antwort sein. Wir müssen Hitler loswerden, damit Deutschland wieder heil werden kann. Er ist der Hauptschurke.«

Seine Offenheit ermutigte Dietrich zu fragen: »Haben Sie dafür schon einen Plan, Herr Oberst?«

»Ja, ich habe einen Plan – in meinem Kopf. Seit Monaten schon. Ich kann ihn jederzeit zu Papier bringen, sobald ich die dafür erforderliche Unterstützung der Generäle habe.« Er legte seinen Arm auf die Rückenlehne des Stuhls. »Ach, diese Generäle! Sie haben einfach zuviel Angst. Immer haben sie Ausreden, tausende. Sie haben sich nicht einmal getraut, ihrem Oberbefehlshaber zu Hilfe zu kommen. Armer Fritsch! Mein Gott!«

»Sie haben ja auch einen Eid geleistet . . .«, erinnerte Dietrich.

»Ja, dieser verdammte Eid! Hitler wußte schon, was er tat, als er dem Militär nach Hindenburgs Tod diesen Eid abverlangte. Damit hat er die Soldaten an seine Person gebunden, wohl wissend, daß ihr preußisches Ehrgefühl sie daran hindern würde, diesen Eid jemals zu brechen.« Dietrich hatte ganz offenbar einen wunden Punkt angesprochen, denn Oster ließ – in heftige Aufregung geraten – jede Vorsicht vermissen. »Was ist überhaupt Ehre?

Was ist wahre Vaterlandsliebe? Bin ich es, der falsch liegt, Herr Pastor Bonhoeffer?« Fast flehentlich stellte er diese Frage. »Ich und Dohnanyi hier und noch ein paar andere scheinen eine verschwindend kleine Minderheit zu sein. Viele, wirklich sehr viele beklagen die Situation in Deutschland. Aber nur wenige sind bereit, etwas dagegen zu tun!«

»Sie liegen nicht falsch«, sagte Dietrich, verblüfft über die Gelassenheit in seiner Stimme. »Wenn ein Amokfahrer durch die Straße jagt und links und rechts alles und jeden niedermäht, muß ihm jemand das Steuerrad aus der Hand reißen.«

»Wir müssen es tun! Das ist gewiß. Koste es, was es wolle.«

Dietrich ging, absolut davon überzeugt, daß Oster zu seinem Wort stehen würde.

Ende Mai reiste Dietrich zu einem Blitzbesuch nach Berlin. Seine Eltern und die Dohnanyis wollten einen Abend in der Oper verbringen, und als Dietrich eintraf, reservierten sie ihm rasch auch noch einen Platz. Dietrich war nicht unbedingt ein Opernfreund. Die gerade hier übertriebene Schauspielerei und das gekünstelte Posieren der Sänger störten und ärgerten ihn. Meist schloß er die Augen, genoß nur die Musik. Doch an diesem Abend gab es »Fidelio«, und die Hauptrollen waren mit bekannten Sängern besetzt. Er freute sich auf einen genußreichen Abend.

Kurz vor Beginn saßen sie auf ihren Plätzen. Die Berliner Staatsoper hatte sich noch den Prunk der Kaiserzeit erhalten: die Decke mit feinen vergoldeten Schnitzereien; der Bogen über dem Proszenium – dem Raum zwischen dem Vorhang und der Bühnenrampe – ruhte auf vergoldeten Säulen; der Vorhang aus waldgrünem Samt, wie auch die Drapierungen über der Königsloge. Oben erstrahlten von einem gewaltigen Kristalleuchter Hunderte Glühbirnen. Doch selbst hier beanspruchte das Hakenkreuz seinen Platz, flankierte es die Bühne an beiden Seiten.

Die übliche Geräuschkulisse aus raschelnden Bewegungen, Stimmengemurmel und Klängen aus dem Orchesterraum erfüllte den Saal. Dietrich beobachtete interessiert, aber auch leicht angewidert, wie die feine Gesellschaft Berlins – eine eher groteske

Mischung aus der alten Hautevolee und der neuen Nazi-Oberschicht – sich zu ihren Plätzen begab. Erstaunlich viele hochrangige Angehörige des Militärkorps entdeckte er. Hans machte ihn auf Admiral Canaris aufmerksam, der gerade seine Loge betrat. Ein überraschend kleinwüchsiger schlanker Mann mit fast weißem Haar. Er setzte sich neben eine jüngere Frau, seine Tochter, wie Hans erklärte. Auf der anderen Seite erkannte Dietrich General Ludwig Beck, den Stabschef der Armee, der allein in der Loge saß. Als das Licht erlosch, nahmen Oberst Hans Oster und seine Familie unmittelbar neben ihnen Platz.

In der Pause trafen sie Oberst Oster im Foyer. Hans stellte ihn seinen Eltern vor.

Der Oberst beugte sich tief über die Hand Paula Bonhoeffers und sagte herzlich: »Es ist mir ein Vergnügen, gnädige Frau, Herr Professor! Ich hoffe, die Aufführung gefällt Ihnen?«

»Sehr gut, Herr Oberst«, sagte Dietrichs Mutter. »Ich bin von der Leonore regelrecht hingerissen. Der ganze Akt wirkte sehr lebhaft, finden Sie nicht? Selbst Dietrich hat es gefallen. Und ihm kann man es bei der Oper nur schwer recht machen.«

Im Gegensatz zu Dietrich war Oster ein Opernliebhaber, und so verstand er sich auf Anhieb prächtig mit Dietrichs Mutter. Dietrich glaubte schon, Oster würde sich überhaupt nicht mehr von seiner Mutter trennen, als sich der Oberst unvermittelt Dietrich und Hans zuwandte und ihnen vorschlug, mal kurz »an die Luft« zu gehen. Osters Blick erlaubte keinen Widerspruch.

Draußen, zwischen gepflegten Rosenbeeten, liefen die drei an dahinschlendernden Opernbesuchern vorbei zum Ende des Weges. Hier waren kaum noch Menschen.

Oster spähte vorsichtig auf die Straße. Niemand war in der Nähe. »General Beck schlägt sich auf unsere Seite«, sagte er dann. »Auch er ist zu der Einsicht gekommen, daß Hitlers wahnwitziges Tun gestoppt werden muß.«

»Dann haben Sie ihn also endlich überzeugt?« fragte Hans atemlos.

»Hitler hat ihn endlich überzeugt. Ich habe nur dafür gesorgt, daß er die erforderlichen Informationen erhalten hat.«

»Was hat ihn umgestimmt?«

»Der drohende Krieg! Obwohl das nur der letzte Tropfen ist. Beck sagt, wir müssen alles daransetzen, Hitler zu stürzen! Keine halben Sachen.«

Eine Gruppe Spaziergänger nahte, und sie verließen ihren Standort, gingen um die Ecke und blieben vor einer der Marmorskulpturen stehen. Dietrich blickte über die Straße zur Universität hinüber. Im kalten Licht der Straßenlampen thronten die Gebrüder Humboldt unbeweglich auf ihren marmornen Sockeln zu beiden Seiten des Tores.

Oster berichtete jetzt rasch. »Hitler ist gestern morgen vom Berghof zurückgekommen und hat die Führungsspitze der Wehrmacht zu sich in die Reichskanzlei bestellt. Beck war dabei. Der Führer hat ihnen dann verkündet, es sei sein ›unabänderlicher Wille, daß die Tschechoslowakei von der Landkarte ausgelöscht‹ werde. Bis spätestens zum 1. Oktober solle der Angriffsplan vorliegen.«

Dietrich kam sofort der Gedanke, daß er vielleicht schon jetzt eingezogen würde. Und was wurde nun mit Sabine und Gert? Wenn es Krieg gab, wurden auch die Grenzen geschlossen, und dann gab es keine Möglichkeit mehr, das Land zu verlassen.

»Glaubt Beck, daß die Engländer und die Franzosen eingreifen werden?« fragte Hans.

»Er ist sich dessen ganz sicher. Abgesehen von Hitler und Ribbentrop glauben das alle. Keitel natürlich auch nicht. Aber der kann ja ohnehin nichts anderes, als Hitler alles nachzuplappern.«

»Und die anderen Generäle?« Hans sah ihn gespannt an.

»Die sind in Panik! In absoluter Panik! Sie wissen nur zu gut, daß Deutschland überhaupt nicht in der Lage ist, sich auf einen Weltkrieg einzulassen.« Oster war so aufgeregt, daß er unwillkürlich lauter sprach. »Das ist unsere Chance, Dohnanyi! Eine bessere bekommen wir vielleicht nie wieder!«

Dietrich blickte sich besorgt um, hatte er doch hinter Oster einen Offizier in Begleitung einer Dame herankommen sehen. Ruhig, aber unüberhörbar sagte er zu Oster: »Ihr bester Ruderer hat also eine Verletzung an der Schulter, wie ich höre. Wir könnten demnach durchaus gewinnen. Es wird bestimmt ein spannendes Rennen.«

Oster sah das Paar an, das jetzt vorüberging. Die rot-schwarze Armbinde des Offiziers war im Licht der Straßenlampe deutlich zu erkennen. »Ja, ein ungeheuer spannendes Rennen!« wiederholte er. »Mir wäre es lieber, wenn Sie der Steuermann wären.« Oster ging näher an das Denkmal heran und sah dem davonschlendernden Paar nach. Leise sagte er: »Danke, Pastor Bonhoeffer! Ich würde jederzeit mit Ihrer Mannschaft rudern.«

Er lehnte sich gegen die Statue. »Verstehen Sie, ganz so plötzlich ist die Sache mit Beck nicht gekommen. Er war schon seit langem höchst beunruhigt. Die Fritsch-Affäre war es dann wohl, die ihm endgültig die Augen geöffnet hat. Sollten also die Generäle Hitler nicht von seinen Kriegsplänen abbringen können, wäre er zu einem Putsch bereit. Er hat mich gebeten, sofort mit der Arbeit an detaillierten Eventualplänen zu beginnen. Dabei hätte ich gern Ihre Hilfe, Dohnanyi.«

»Gern«, nickte Hans.

»Übrigens, ich rechne nicht damit, daß Hitler einen Rückzieher macht.«

Sie gingen wieder hinein, als die Opernbesucher zu ihren Plätzen zurückzukehren begannen. Im Foyer trafen sie auf Admiral Canaris. Oster machte ihn mit seinen Begleitern bekannt und flüsterte Canaris zu: »Pastor Bonhoeffer ist auf unserer Seite, Herr Admiral.«

Trotz seiner schneeweißen Haare und der buschigen weißen Augenbrauen wirkte Canaris nicht wie ein alter Mann. Er sah sich vorsichtig um und sagte dann leise: »Dann sind Sie also auch in diese Verschwörungen eingeweiht, Pastor Bonhoeffer? Ich selbst bin ein Beobachter. Oster macht Vorschläge, und ich höre sie mir an. Nach außen mag es so aussehen, als wäre das Gegenteil der Fall, glaube ich jedenfalls. Aber das macht nichts«, fügte er belustigt hinzu. »Wenn er zu weit vom Kurs abweicht, ziehe ich die Zügel an.« Er wandte sich an Oster und sagte leise: »General Beck ist auch hier. Mir direkt gegenüber. Wären Sie so nett, ein Treffen mit ihm nach der Oper zu arrangieren? In meinem Haus bitte. Und kommen Sie doch bitte auch dorthin.«

»Ja, Herr Admiral«, sagte Oster, nickte Dietrich und Hans zu und ging durchs Foyer.

Admiral Canaris verbeugte sich vor ihnen und lief – auffallend unmilitärisch – in die entgegengesetzte Richtung, wo ihn seine Tochter bereits erwartete. Dietrich sah ihm nach und fand, daß der Chef der Abwehr in seiner zerknitterten dunkelblauen Uniform mit den ausgebeulten Hosen keine sehr eindrucksvolle Figur abgab.

»Laß dich nicht täuschen!« lächelte Hans an seiner Seite, der Dietrichs Blick bemerkt hatte. »Er macht äußerlich nicht sonderlich viel her, aber er ist ganz ungewöhnlich klug und scharfsinnig.«

Spät im Juli traf sich Paulas ganze Familie in Berlin, um an den Festlichkeiten in der Charité teilzunehmen, bei denen Karl seine Abschiedsrede vor den Kollegen halten würde. Er hatte schon 1936, vor zwei Jahren, das Pensionsalter erreicht. Aber die Klinikleitung hatte ihn gebeten, bis jetzt zu bleiben. Das hatte er gern getan. Nicht zuletzt deswegen, weil seine Position innerhalb der Klinik es ihm erlaubte, vielen Patienten zu helfen, sie vor Sterilisation oder gar Euthanasie zu bewahren. Dazu hatte er irgendwelche Namen für ihre Krankheiten erfunden. Manchmal verbarg er diese Kranken auch vor den Behörden, indem er sie unter falschem Namen in seine Klinik aufnahm. In den letzten Monaten war es ihm mit Hilfe treuer Freunde gelungen, alle diese Gefährdeten an sichere Orte zu bringen. Denn schließlich würde Professor Max de Crinis Karls Nachfolger sein, ein prominentes Mitglied der SS.

Während all der Jahre hatte Paula die wachsende Wertschätzung beobachtet, die man Karl innerhalb und außerhalb der medizinischen Welt entgegenbrachte. Doch was ihm jetzt an Ehrungen und Beweisen von Zuneigung, ja Liebe zuteil wurde, das überstieg alle ihre Erwartungen. Am schönsten für sie war, Karls glückliches Gesicht zu sehen. Jung, richtig jung sah er wieder aus. Und sie erinnerte sich an die Zeit ihrer ersten Liebe in Breslau.

Anfangs war sie nicht allzu sehr von dem jungen Psychiater beeindruckt gewesen. Sie – ein lebhaftes, kontaktfreudiges Mädchen von neunzehn Jahren; er – eher schmächtig, leise und in sich gekehrt. Wenn er allerdings etwas sagte, das hatte sie bald gelernt, lohnte es sich, ihm zuzuhören. Ihr hatte sein Gesicht gefallen. Es lag etwas Vertrauenswürdiges darin. In der Rückschau war sie dankbar für die gemächliche akademische Gesellschaft, in der sich ihre Familie bewegt hatte. Unter anderen Umständen hätte sie vielleicht die wichtigste Entscheidung ihres Lebens versäumt.

Nachdem sich alle verabschiedet hatten und auch die Familie sich auf den Rückweg machte, kamen sie in der Vorhalle an einer mehr als lebensgroßen Büste Adolf Hitlers vorbei. Amüsiert wies Karl darauf: »Als de Crinis herausfand, daß ich kein Porträt seines Führers im Krankenhaus hatte, war er entsetzt. Schon am nächsten Tag tauchte diese Büste hier auf. Ein schlichtes Gemälde hätte es eben nicht getan.«

Kurz vor dem Abfahren bat Hans seinen Schwager Dietrich, auf einen Augenblick zu ihm nach Hause zu kommen. »Es hat sich etwas ergeben«, wandte er sich an Paula, ohne weitere Erklärungen.

Zu Hause wartete Paula auf Dietrich. Als er schließlich kam, schenkte sie ihm eine Tasse Schokolade ein, und sie setzten sich an den Küchentisch.

»Stimmt etwas nicht, Dietrich?«

Er sah sie an, als überlege er, wieviel er ihr sagen könne.

»Man hat herausgefunden, an welchem Ende des Seils Hans in der Fritsch-Sache wirklich gezogen hat«, sagte er dann.

»Wieviel haben sie herausgefunden?«

»Eine Menge, fürchte ich. Sie haben ihm schon eine Weile hinterhergeschnüffelt. Sein Schreibtisch sei mehr als einmal durchsucht worden, hat er mir gesagt. Natürlich sehr sorgfältig.«

»Und die ›Chroniken‹?«

»Nein! Davon wußten sie nichts. Aber er wird das Justizministerium verlassen müssen.«

»Wird sich Gürtner nicht hinter ihn stellen?« fragte Paula.

»Keine Chance! Die Sache kommt aus der Reichskanzlei – von

Bormann. Gürtner hat Angst. Er hat Hans den Brief gezeigt. Keine direkten Vorwürfe wegen der Fritsch-Sache! Aber die Beschwerde, Hans – der noch nicht einmal der Partei angehöre – arbeite viel zu eng mit Gürtner zusammen. Von seiner Abstammung war nicht die Rede.«

»Was wird Hans tun?«

»Sie denken an Leipzig. Karl-Friedrich könnte ihm vielleicht helfen, dort etwas zu finden.«

Sie schwieg lange. Schließlich sagte sie, ohne aufzublicken: »Dann verliere ich die beiden also auch.«

Als Dietrich sie daran erinnerte, daß sie ja immerhin in Deutschland blieben, lächelte sie wehmütig. Leipzig sei sehr weit weg.

»Übrigens möchte Oberst Oster Papa sprechen, sobald es sich einrichten läßt.«

»Warum denn das?«

»Das hat Hans nicht gesagt. Aber ich denke, wir können es erraten.«

»General Beck ist der Ansicht, daß Hitler lebend festgenommen werden muß«, erklärte Oberst Oster nachdrücklich, »damit seine Verbrechen und sein Wahnsinn dem ganzen Volk vor Augen geführt werden können. Die Hoffnung und Absicht dabei ist natürlich, das Entstehen einer neuen Dolchstoßlegende zu verhindern.«

Paula sah Karl an. Er hörte aufmerksam zu, ließ aber mit keinem Anzeichen erkennen, daß er das Anliegen des Obersten erraten hatte.

»Dohnanyi wird den Prozeß vorbereiten, indem er seine geheimen ›Chroniken‹ als unwiderlegbares Beweismaterial verwendet, wofür wir alle sehr dankbar sind. Beck schätzt den Wert dieses Materials sehr hoch ein. Er war sprachlos, als er vom wahren Ausmaß der Verbrechen erfuhr. Um Hitler für geistesgestört erklären zu lassen«, fügte Oster mit Blick auf Karl hinzu, »brauchen wir das glaubwürdigste und qualifizierteste Konsortium von Psychiatern, das wir bekommen können, und zwar unter Ihrer Leitung, Herr Professor.«

Karl blickte zu Paula hinüber. »Darf ich fragen, Generalleutnant

Oster«, meinte er schließlich, »an welchem Punkt Ihres Planes diese Erklärung gebraucht würde?«

»Das wird unter anderem davon abhängen, wieviel Zeit Sie dafür brauchen.«

Karl sah überrascht auf. »Dann wollen Sie also beobachtete Fakten und nicht nur ...«

»Wir bitten Sie nicht, gegen Ihre professionelle Integrität zu verstoßen, Herr Professor! Verhehlen allerdings nicht, daß in diesem Fall Zeit ein entscheidender Faktor sein wird.«

Paula bemerkte die Erleichterung in Karls Gesicht. Der sagte jetzt, zu Oster gewandt: »Es gibt mit Sicherheit mehr als genügend Hinweise auf Größenwahn bei Hitler. Zweifellos ist er ein Psychopath. Aber eine zuverlässige Diagnose kann ohne medizinische Untersuchung und Konsultation mit dem Patienten selbst nicht gestellt werden.«

»Das wird nach der Festnahme möglich sein. Hitler würde bis zum Prozeß an einem geheimen Ort festgehalten. Aber verstehen Sie! Gerade in den ersten Tagen nach einem Umsturz wird es entscheidend sein, dem Volk so schnell wie möglich exakte Informationen zukommen zu lassen.«

Hans fragte: »In welchem Umfang könntest du dich auf eine bereits dokumentierte Krankengeschichte stützen?«

»Ziemlich weitgehend, wenn sie verfügbar wäre«, erwiderte Karl.

»Ich glaube, das ist sie ... unter Umständen. Natürlich wäre es nur eine Kopie. Gürtner hat ein solches Dokument.«

Hans, äußerst bequem auf seinem Sessel sitzend, verblüffte Paula immer wieder damit, wie er es in jeder Situation verstand, harte Beweise aus dem Ärmel zu zaubern, wo andere nur mutmaßen konnten.

Die Auswahl des Konsortiums überließ der Oberst Karl. Allerdings müßten sie bis Ende September einsatzbereit sein – dem Datum, das Hitler für den Angriff auf die Tschechoslowakei vorgesehen hatte. Sie besprachen noch Einzelheiten des Plans, wobei der Oberst auf die Schwierigkeiten verwies, die Engländer davon zu überzeugen, Hitler gegenüber eine härtere Gangart einzuschlagen. Einen Gesandten der Hitlergegner hatten sie bereits zurückgewiesen. »Bringen Sie uns zuerst Hitlers Kopf«, hatte man ihm bedeutet, »dann werden wir uns unterhalten.«

»Hitler geht davon aus, daß England nicht eingreifen wird.«

»Richtig!« bestätigte Oster. »Ribbentrop hat das hinreichend laut verkündet, so daß es bis über den Kanal zu hören war.«

»Aber Sie glauben nicht daran, oder?« fragte Karl.

Oster erstarrte. »Daß sie nicht eingreifen werden?« Mit zugeschnürter Kehle stieß er kurz und abgehackt hervor: »Nein, ich glaube nicht daran! Ich will nicht daran glauben!« Er lachte kurz auf. »Wo hat es denn das schon jemals gegeben, daß man einen Angriff auf die eigene Nation geradezu herbeigesehnt hat – oder doch wenigstens die Androhung feindlicher Maßnahmen. In was für eine Lage hat uns dieser Wahnsinnige gebracht?«

Wie schrecklich wahr es ist, was er sagt, dachte Paula, die sich der entsetzlichen Gefahr für alle ihre Lieben bewußt war. Und jetzt auch noch Karl! Sie hatte versucht, immer nur an das zu denken, was momentan in diesem Augenblick getan werden mußte. Aber nun steckte Hans drin, dem die Nazis schon im Nacken saßen, und Sabine und Gert ... Sie, Paula, würde wohl nach Göttingen fahren, um die Sache zu beschleunigen. Weil Dietrich zudem mit seiner Einberufung rechnen mußte, war sie wohl bald von allen ihren Lieben getrennt. Und sollte es tatsächlich zum Krieg kommen, konnte das Jahre dauern. Vielleicht sogar immer ... Sie schauderte bei dem Gedanken.

General Beck sei als Chef des Generalstabs der Wehrmacht zurückgetreten, berichtete Oster. Der Zeitpunkt dafür war insofern ungünstig für den Widerstand, weil er im Amt sehr viel größeren Einfluß und auch Einblick gehabt hätte. Gleichwohl! Oster konnte Becks Beweggründe verstehen. Beck hatte seit Jahren unter diesem Regime gelitten. Warum nur, warum – fragte sich Paula – hatte er so lange gewartet, etwas dagegen zu tun?

Karl gegenüber erwähnte sie nichts von ihren Sorgen. Sie wollte keinen Schatten auf den Weg werfen, den er gewählt hatte. Denn – so groß ihre Ängste auch waren – sie wußte, daß er richtig entschieden hatte.

22

Eines Abends im September erhielt Dietrich einen dringenden Anruf von Sabine. »Wir haben endlich die Entscheidung getroffen, von der wir gesprochen haben«, teilte sie ihm mit. »Könntest du vielleicht nach Göttingen kommen?« Ihre Stimme klang angespannt.

»Wir werden morgen abend bei euch sein!«

Dietrich und Eberhard halfen Gert und Sabine bis spät in die Nacht beim Packen und fuhren mit ihnen am Tag darauf in Richtung schweizerische Grenze. In Gießen war der Zeitpunkt der Trennung gekommen. Einen kurzen schmerzlichen Moment umarmte Dietrich seine Schwester.

»Wir sehen uns bald!« Noch ein fester Händedruck und die Autotüren klappten zu.

Tapfere Worte.

Sie winkten, bis der glänzende, fast neue Ford hinter der Straßenbiegung verschwunden war.

Wie geplant kehrten Dietrich und Eberhard nach Göttingen zurück, um das Haus der Leibholz' zu hüten. In drei Wochen sollte Dietrichs Tante Elisabeth aus Breslau kommen und diese Aufgabe übernehmen. Voller Spannung warteten sie auf Sabines Anruf aus Basel. Dann, kurz vor Mitternacht, klingelte das Telefon. Sabine und Gert waren in Sicherheit. Keine Probleme an der Grenze.

»Gott sei Dank!« flüsterte Dietrich, als er den Hörer auflegte.

In diesen Tagen fand in Nürnberg der Reichsparteitag der NSDAP statt. Dietrich versuchte, diese Orgie Hitlers zum Aufpeitschen, Aufhetzen der Massen zu ignorieren. Doch es gab kein Entrinnen.

Am Wochenende hörten sich Dietrich und Eberhard einen Teil der Drohrede Görings an. »Diese elende Pygmäenrasse der Tschechen, der alle Kultur fehlt, unterdrückt eine zivilisierte Minderheit, und hinter alledem stecken Moskau und die ewige Maske des Judenteufels.« Am Ende seiner Haßtirade warnte Göring alle

Nationen, einen Krieg gegen Deutschland zu beginnen. Deutschland würde sie alle vernichten.

Am nächsten Tag veröffentlichte die *Times* Bilder von Juden, die sich auf dem Flughafen und den Bahnhöfen Prags drängten, um noch aus der Tschechoslowakei zu flüchten.

Nach dem Parteitag trieb Dietrich nur noch ein Gedanke: Er wollte wissen, was sich in Osters Gruppe in Berlin tat. Das Telefon zu benutzen, wagte er nicht. Auch nur ein einziges verräterisches Wort konnte alle Pläne in Gefahr bringen. Und dann sendete BBC eine alarmierende Nachricht: Chamberlain kündigte an, sofort nach Deutschland zu reisen, um mit Hitler zusammenzutreffen »und zu versuchen, eine friedliche Lösung zu finden«.

»Sie kneifen den Schwanz ein!« verzweifelte Dietrich. »Die Engländer kneifen den Schwanz ein! Aber wenn Hitler kampflos bekommt, was er will, wird kein General mehr die Hand gegen ihn erheben.«

Zu Beginn der Gespräche schien es, als hätte Chamberlain allen Forderungen Hitlers nachgegeben. Doch nach einem zweiten Zusammentreffen wurden die Gespräche abgebrochen – Chamberlain reiste mit leeren Händen nach England zurück. Plötzlich kehrte sich das ganze Bild wieder um.

»Wir fahren nach Berlin!« verkündete Dietrich.

Am nächsten Morgen brachen sie auf. Es war der letzte Samstag im September. Von der Armee beschlagnahmte Autos und Lastwagen verstopften die Straßen. An fast jedem Bahnübergang mußten sie warten – lange Züge mit Truppen und Panzern fuhren an ihnen vorüber. Schließlich verließen sie die Hauptstraße und fuhren über Land, in der Hoffnung, auf diese Weise dem Militärverkehr aus dem Weg zu gehen. Südlich von Schönebeck gerieten sie an eine Straßensperre. Zwei Soldaten in Kampfanzügen leiteten sie auf eine Seitenstraße. Ohne jede Erklärung! Etwa zwei Kilometer weiter beobachteten sie dann von einer kleinen Anhöhe aus niedrig fliegende Flugzeuge – ganz dicht bei der Straße, die sie gerade verlassen hatten. Eine Stuka-Formation kam von Norden. Das erste Flugzeug scherte aus und ging in einen steilen Sturzflug über.

»Was ist das für ein Geräusch, das diese Flugzeuge von sich geben?« fragte Dietrich ratlos.

»Sirenen am Fahrwerk«, erklärte Eberhard. »Die sind da wegen der psychologischen Wirkung.«

Unmittelbar über der Straße stoppte die Maschine den Sturzflug und ließ ihre Bomben fallen.

»Das sind keine echten Bomben, das ist nur eine Übung!« beruhigte Eberhard den Freund.

»Woher weißt du denn das alles?« wunderte sich Dietrich. Ihm war alles sehr echt vorgekommen. Zu echt, zu wirkungsvoll. Beklommen und mit ernsten Gesichtern stiegen sie wieder in den Wagen und fuhren weiter.

Zu Hause, in der Marienburger Allee, berichtete ihnen Dietrichs Vater, daß nunmehr alles für einen Staatsstreich bereit sei. Er und seine Kollegen hatten mehrmals über die Frage der Zurechnungsfähigkeit Hitlers gesprochen, und dabei hätte eine bemerkenswerte Einmütigkeit über die geplante Vorgehensweise bestanden. Die Beteiligung seines Vaters an diesem Vorhaben verband Dietrich auf eine neue, bisher nicht gekannte Weise mit ihm. Hans hatte immer noch sein Büro im Justizministerium, obwohl er bereits Vorbereitungen für den Umzug nach Leipzig traf. Jeden Tag hatte er bis spät in die Nacht mit den führenden Leuten des Widerstandes Gespräche.

Dann, an einem dieser Abende, versammelten sich Hans, Klaus, Dietrich und Eberhard um Hans' Eßzimmertisch. Wie immer zeigte Hans Gelassenheit. Klaus dagegen versuchte es nicht einmal, seine Erregung zu verbergen.

Der Plan war fertig. Hans und Oster hatten ihn mehr als gründlich überprüft. Nach diesem Plan würde General Witzleben mit einer Eskorte von dreißig jungen Offizieren, dazu Arbeitern, Studenten – allesamt überzeugte Hitlergegner – in die Reichskanzlei ziehen. Von Admiral Canaris hatten sie einen Grundriß der Reichskanzlei und auch Waffen. Die ganze Gruppe hatte sich seit etwa einem Monat intensiv vorbereitet.

Wolf-Heinrich Graf Helldorf, der Berliner Polizeipräsident und Sympathisant der Widerstandsbewegung, wollte dafür sorgen, daß die große Doppeltür hinter der Eingangswache an der Reichskanzlei offenstand. So schnell wie möglich würde die Gruppe Hitler ausfindig machen, und Witzleben würde dessen Rücktritt verlangen. Sollte er sich weigern, würde man ihn verhaften.

Gleichzeitig würden Einheiten des Dritten Wehrmachtskorps, unterstützt von einer Panzerdivision aus Potsdam, Berlin besetzen und den erwarteten Widerstand der SS im Keim ersticken. Dann würden alle wichtigen Regierungsgebäude übernommen, einschließlich der Radiostationen und Zeitungsredaktionen, und die führenden Nazis verhaftet. Über den Rundfunk sollte die Bevölkerung unterrichtet werden. Generaloberst Erich Hoepners Artilleriedivision sollte die Hitler zugeordneten SS-Einheiten in Grafenwöhr daran hindern, nach Berlin zu kommen. Weitere Wehrmachtsteile standen im ganzen Land bereit, um wichtige SS-Hochburgen einzunehmen. Als Information an die Bevölkerung sollte mitgeteilt werden: Alle diese Maßnahmen richten sich gegen die SS! Der Führer sei in Schutzhaft.

Dietrich betrachtete die Karte, die Hans auf dem Tisch ausgebreitet hatte, und hörte aufmerksam zu.

»Der Schlag muß rasch erfolgen«, betonte Hans. »Er muß sofort das gesamte System lähmen.«

Dietrich stimmte zu. Sein Blick zu Eberhard aber zeigte an, daß ihm mehr als klar war, wie gefährlich dieses Unternehmen war.

Eine Hauptsorge hatte Klaus vor allem, und die teilte auch Hans. Sie galt General Franz Halder, der als Stellvertreter Becks dessen Nachfolger als Generalstabschef der Wehrmacht geworden war. Niemand zweifelte daran, daß auch Halder nur einen Wunsch hatte; nämlich Hitler und sein Regime zu stürzen. Dennoch schien er von allen möglichen Bedenken geplagt. Unter anderem hatte Halder Zweifel wegen der anderen Generäle. Die meisten von ihnen, so sagte er, wären davon überzeugt, daß Hitler nur ein gigantisches Täuschungsmanöver vorbereite, nicht aber tatsächlich einen Krieg plane. Außerdem fürchtete sich Halder vor der Begeisterung des deutschen Volkes für Hitler. Im Fall eines Bürgerkrieges würde man ihn, Halder, als Generalstabschef dafür verantwortlich machen. Also bestand er darauf, daß ihm vorbehalten blieb, das Signal für den Marsch auf die Reichskanzlei zu geben. Schließlich würde er auch der erste sein, der von Hitlers Befehl zum Angriff auf die Tschechoslowakei erfahren würde. Er hatte den Leuten um Oster versichert, sie mindestens achtundvierzig Stunden im voraus zu unterrichten.

Während der nächsten beiden Tage versammelte sich die gesamte Familie immer wieder im Haus von Dietrichs Eltern oder bei den Schleichers. Irgendeiner blieb ständig neben dem Radio sitzen, obwohl es meist nur Marschmusik sendete.

Am Montagabend hielt Hitler im Sportpalast vor einer ihm zujubelnden Menge eine lange Rede. Dietrich zwang sich, mit den anderen zuzuhören. Hysterisch, mit sich überschlagender Stimme, stieß Deutschlands Reichskanzler grobe Beleidigungen gegen den Präsidenten der Tschechoslowakei aus. Hitler versicherte, das Sudetenland werde »so oder so« bis zum 1. Oktober in seiner Hand sein, und dankte im selben Atemzug Chamberlain für dessen Bemühungen um den Frieden und betonte nachdrücklich, dies sei sein »letzter territorialer Anspruch«.

Am nächsten Morgen kam Christel, während Dietrich und Eberhard beim Frühstück saßen. Sie berichtete, Chamberlain habe Hitler am Abend zuvor durch einen Sondergesandten einen Brief geschickt. »Er bittet Hitler, vernünftig zu sein und das Sudetenland sozusagen als Geschenk anzunehmen – nur, bitte! –, es friedlich anzunehmen. Alles hängt doch jetzt davon ab, wie Hitler antwortet. Jedenfalls . . .« Sie verstummte und sah Dietrich an. »Hans ist gestern abend erst sehr spät nach Hause gekommen und war heute morgen schon um 6.00 Uhr wieder unterwegs. Er fürchtet sich, auch nur eine Minute nicht in seinem Büro zu sein, und auch heute wird er nicht nach Hause kommen, bis er etwas herausgefunden hat – so oder so. Er ließ dir ausrichten, du könntest vielleicht heute am Spätnachmittag bei ihm im Büro vorbeischauen. Dann kannst du uns wissen lassen, was los ist . . . Das heißt, falls nicht schon vorher etwas bekannt wird.«

Die Sonne stand schon tief, und die Kühle des Herbstes war deutlich zu spüren, als Dietrich in die Straßenbahn stieg. Die Fahrgäste in dem fast leeren Waggon flüsterten, keiner sprach mit normaler Lautstärke. Am Potsdamer Bahnhof stieg Dietrich aus und ging zur Leipziger Straße. Die Wilhelmstraße war wie leergefegt. Überall Hakenkreuzfahnen. Eine Polizeieinheit leitete alle Autos am Luftfahrtministerium vorbei. Ganz offensichtlich gab es wieder einmal eine der unzähligen Paraden! Mit etwas Glück hoffte Dietrich, ihr in der Teestube des Hotels Kaiserhof zu entgehen. Also machte er sich auf den Weg zu dem stattlichen weißen Hotel.

Auf der anderen Seite des weiträumigen Platzes stand die alte Reichskanzlei; und an der für den Verkehr gesperrten Voßstraße präsentierte sich Hitlers protzige neue Reichskanzlei kurz vor der Vollendung. Dietrich betrat die Teestube. Ein Schild über der Tür ließ ihn wissen: »Der Gruß der Deutschen ist ›Heil Hitler‹!«

Als er das Hotel verließ, dämmerte es bereits. Die Straßenbeleuchtung war eingeschaltet. Er erreichte den Zietenplatz und entdeckte zu seinem Kummer, daß die Parade noch im Gange war. Die Soldaten paradierten im schweren Stechschritt an der Reichskanzlei vorbei, ihre Stahlhelme tief über die Stirn gezogen, die Augen starr geradeaus gerichtet. Hinter ihnen donnerten Panzer, Kanonen und Lastwagen die Straße entlang. Zu seiner großen Überraschung war der weite Platz fast leer. Nur etwa zweihundert Menschen – hier und da in kleinen Gruppen – sahen schweigend zu. Die meisten Fußgänger liefen – ohne einen Blick auf die Marschierenden zu werfen – auf den Bürgersteigen weiter.

Auch Dietrich hatte nicht vor, hier Zuschauer zu sein. Doch an der Ecke Wilhelmstraße verlangsamte er seinen Schritt. Er konnte nicht anders! Er mußte einfach auf den Balkon der Reichskanzlei sehen, auf die Gestalt, die dort hoch über dem Platz stand. Dietrich hatte Adolf Hitler noch nie zuvor gesehen. Jetzt blieb er stehen und betrachtete den selbsternannten Führer des deutschen Volkes, der dort starr und grimmig blickend stand, die Hände in den Taschen seiner braunen Uniformjacke vergraben. In respektvollem Abstand hinter Hitler standen zwei Offiziere. Ihr goldener Uniformschmuck schimmerte in dem Licht, das aus dem Innern des Gebäudes drang. Dietrich erkannte Großadmiral Erich Raeder und den neuen Oberbefehlshaber der Wehrmacht, Generaloberst Walter von Brauchitsch.

Niemand auf dem Platz hob die Hand zum Hitlergruß. Der Zorn des Kanzlers teilte sich den Menschen unten fast fühlbar mit. Dann, gerade als Dietrich weitergehen wollte, drehte sich Hitler steif um und verließ den Balkon. Weißbehandschuhte SS-Männer schlossen die Türen hinter ihm. Hitler ließ seine motorisierte Division alleine weitermarschieren.

Ein junger Arbeiter zog sich seine Mütze tiefer ins Gesicht und murmelte: »Wenn das nicht Krieg bedeutet, bin ich ein Idiot.«

Sein Nachbar, ein älterer Mann in der Uniform eines Straßenbahnschaffners, nickte zustimmend. »Und wir sind mal wieder die Angeschmierten!« flüsterte er und sah sich dann rasch nach Dietrich um, als hätte er Angst vor seiner eigenen Kühnheit.

Dietrich lächelte ihm beruhigend zu.

Auf der ganzen Wilhelmstraße die gleiche Stimmung. Ernste, besorgte Gesichter bei den Menschen, die zu ihren Straßenbahnen und U-Bahnen eilten.

Hans war nicht in seinem Büro, hatte Dietrich aber die Nachricht hinterlassen, er möge dort auf ihn warten. Die Sekretärin zog gerade eine Schutzhülle über die Schreibmaschine und verließ dann das Zimmer mit einem rätselhaften Lächeln. Dietrich war zu unruhig, um still auf Hans warten zu können. Deswegen ging er in dessen Büro, von dem aus man auf die Straße hinausblicken konnte. Alles in dem Büro war normal, vollkommen unverändert. Einzig der Stapel Kartons neben dem Aktenschrank deutete auf den bevorstehenden Umzug. Vom Fenster aus sah Dietrich gerade die letzten Panzer von der Straße Unter den Linden einbiegen und direkt unter ihm vorbeirollen. Er blickte auf den leuchtend gelben Palast, in dem Ribbentrops Außenministerium untergebracht war.

In diesem Augenblick verließ Hans das Gebäude und blieb wartend an der Bordsteinkante stehen, um das Ende der Parade an sich vorbeiziehen zu lassen. Kurz darauf betrat er sein Büro. »Tut mir leid, daß du warten mußtest. Hitlers großes Schauspiel ist ein wenig danebengegangen, was?«

»Mit Pauken und Trompeten!« freute sich Dietrich und berichtete, was er an der Reichskanzlei beobachtet hatte.

»Zu überstürzt, vermute ich. Sie hatten nicht genug Zeit, um die Parteigenossen zu mobilisieren.«

Hans hatte von den Widerstandsleuten im Außenministerium Neues über Hitlers Antwort an Chamberlain erfahren wollen. Doch diese Antwort war noch nicht eingetroffen. Und von ihr hing alles ab.

»Falls er ablehnt«, sagte Hans, »muß ich so schnell wie möglich eine Kopie zu Oster schaffen. Vielleicht werden die Zauderer dann endlich überzeugt sein!« Dietrich und Hans zogen ihre Stühle an das Fenster, von wo aus sie das Außenministerium beobachten konnten. In allen Büros im Obergeschoß brannte Licht. Hans flüsterte, kaum noch vernehmlich: »Ich hoffe, es klappt! Mein Gott, ich hoffe, es klappt!« Plötzlich aufhorchend, sah er Dietrich rätselhaft an und fragte immer noch flüsternd: »Wie lange bist du schon hier?«

»Vielleicht zehn oder fünfzehn Minuten.«

Hans nickte und legte den Zeigefinger an die Lippen. Er kauerte sich nieder, suchte unter dem Tisch und den Stühlen, tastete mit seinen Fingern an den Kanten entlang. An seinem Schreibtisch verfuhr er ebenso. Dann nahm er den Telefonhörer ab, untersuchte die Sprechmuschel und die Verbindung.

»Alles in Ordnung!« bemerkte er jetzt. »Oster hat mir ein paar Tricks beigebracht. Ich versuche, vorsichtig zu sein.«

Er wischte sich die Hände ab und setzte sich dann wieder, auf die Fensterbank gelehnt, den Blick auf die Büros der anderen Straßenseite gerichtet. »Ich bin die Einzelheiten mindestens fünfzigmal durchgegangen. In dem Plan selbst gibt es keine Schwachstellen – nur bei den Beteiligten bin ich mir nicht so sicher. Es hängt zu viel von einzelnen Personen ab. Ich meine nicht Witzleben und seine jungen Männer. Die sind auf Draht! Bereit, in die Höhle des Löwen zu gehen.« Er rieb sich nervös das Kinn. »Bald werden wir es wissen, ob Deutschland wieder anständig wird. Dir ist doch klar, daß mit einer Schießerei zu rechnen ist. Hitler wird sich wohl kaum widerstandslos fügen.«

»Das weiß ich.«

»Er könnte sogar erschossen werden«, meinte Hans jetzt mit einem etwas zweideutigen Lächeln.

Ob Hans vielleicht doch mehr wußte, als er sagte?

Jetzt sah Hans Dietrich offen, aber auch irgendwie fragend an. »Diese Stelle im Neuen Testament – ›Wer das Schwert nimmt, der soll durchs Schwert umkommen‹ –, glaubst du, daß diese Stelle für eine Situation wie diese gilt?«

Dietrich schwieg. Eine solche Frage hatte er nicht erwartet, wobei ihm von Anfang an klar gewesen war, daß ihn allein seine Mitwisserschaft und seine Bereitschaft, darüber zu schweigen, zum Komplizen gemacht hatten – nicht anders als Hans und Oster. Er hatte auch viel darüber nachgedacht, welche moralischen Folgen das alles für ihn hatte. Aber ohne klares Ergebnis. Es gab keine leichten Antworten, wie Hans es ausgedrückt hatte. Aber da hörte sich Dietrich sagen: »Dieses Wort gilt auch für uns, fürchte ich. Wir können ihm nicht entkommen.«

»Kann man denn unschuldig bleiben, indem man den Dingen einfach ihren Lauf läßt?«

»Nein, das wäre Komplizenschaft. In diesem Fall jedenfalls.«

Hans schien erleichtert. »Ja! So sehe ich das auch.«

»Freilich – ganz so leicht kommen wir aus dem Dilemma nicht heraus. Es gibt keine eindeutige Antwort.«

»Es muß aber eine geben«, beharrte Hans.

»So einfach ist das nicht. Wie ich die Dinge sehe, machen wir uns so oder so schuldig.«

Ohne zu zögern erklärte nun Hans: »Dann müssen wir entscheiden, wo die größere Schuld liegt!?«

»Ja, wir müssen entscheiden.« Dietrich dachte an Sabine und Gert, an alle Freunde, die aus ihrem Zuhause vertrieben worden waren; an die jüdische Familie, die er im Polizeihauptquartier gesehen hatte; an Süßbach, der so schlimm zusammengeschlagen worden war, daß es Wochen brauchte, bis er sich davon erholt hatte. Er dachte an all die Untaten, von denen Hans' »Chroniken« Zeugnis ablegten. Und dann: Es gab ohne Zweifel noch viele Dinge, sehr viele, von denen sie nicht einmal etwas ahnten.

Hans grübelte: »Ich begreife nicht, daß ich es sein soll, der Schuld auf sich lädt, wenn ich etwas gegen all diese Verbrechen tue, während andere einfach weggucken oder sich rundheraus weigern, etwas zu tun. Und die sollen schuldlos sein?«

»Die sind natürlich auch schuldig. Doch was uns betrifft ... Wenn wir zu Mitteln greifen, die ...«

»Zu den einzigen Mitteln, die uns bleiben? Du hast selbst zu Oster gesagt, daß wir einem Wahnsinnigen das Steuerrad aus den Händen reißen müssen.«

»Ja! Aber ich habe nicht gesagt, daß wir den Wahnsinnigen erschießen müssen.«

Hans stand auf und blickte über die Dächer hinweg zu den Bäumen des Tiergartens. »Und wenn das die einzige Möglichkeit wäre, dieses Regime loszuwerden? Was würdest du dann sagen?«

»Es ist nicht die einzige Chance! Zumindest hoffe ich das nicht«, sagte Dietrich, während ihm doch klar war, daß sich seine Hoffnung höchstwahrscheinlich nicht erfüllen würde.

Hans stützte die Hände auf den Tisch und sah Dietrich eindringlich an. »Aber wenn sie es wäre?«

»Dann würde uns das nicht von jener Stelle im Matthäusevangelium freisprechen. Darum kommen wir nicht herum. Zumindest wüßte ich nicht, wie.« Dietrich blickte in das gespannte Gesicht seines Schwagers. Wie gern hätte er etwas gesagt, das ihm helfen würde. Aber es gab nichts. »Allerdings bin ich davon überzeugt«, meinte er nach langem Schweigen, »daß eine Zeit wie diese außergewöhnliches Handeln erfordert. Männer, die bereit sind, schwere Entscheidungen zu treffen und die Verantwortung für diese Entscheidungen auf sich zu nehmen – und auch die Schuld, wenn es nötig ist.« Hans hatte sein Gesicht abgewandt.

Das Telefon klingelte, und Hans hob rasch den Hörer ab. Das Gespräch war kurz und endete mit Hans' Worten: »Tut mir leid, daß es ihr nicht gutgeht. Bitte lassen Sie mich wissen, was der Arzt sagt. Ich warte hier.«

Er legte auf und sah Dietrich an. »Das war das Außenministerium. Hitler hat abgelehnt. Sie rufen wieder an, sobald die Antwort übersetzt und telegrafiert ist. Dann werden sie versuchen, eine Kopie für uns zu bekommen. Wenn Halder – und vielleicht Brauchitsch – die Sache schwarz auf weiß vor sich haben, müßte ihnen das den Beweis liefern, den sie brauchen. Vielleicht werden sie dann bereit sein, die Sache ins Rollen zu bringen.«

Dietrich nahm seinen Hut vom Haken. »Dann werde ich jetzt wohl am besten gehen.«

»Ja! Sage Christel, daß ich vielleicht erst spät nach Hause komme. Aber sie soll sich keine Sorgen machen.« In Hans' Gesicht stritten Hoffnung und Besorgnis miteinander. »Morgen ist vielleicht der Tag.«

Doch der nächste Tag brachte eine unerwartete Wende. Am Nachmittag, nach einer nicht endenwollenden Zeit des Wartens auf Neuigkeiten von Hans oder irgendwelche Nachrichten im Radio, kamen endlich Hans und Christel. Hans ließ sich, bleich und übermüdet, in einen Sessel sinken. »Es ist alles abgeblasen, verschoben! Zumindest für heute. Chamberlain kommt noch einmal nach Deutschland ... und Daladier ... und Mussolini. Sie treffen sich morgen mit Hitler zu weiteren Gesprächen. In München. Und wenn Hitler dort ohne Kampf bekommt, was er will, dann ist alles aus. Kein General wird uns mehr unterstützen.«

Betroffenes Schweigen. Kein Hoffnungsfunke mehr in ihren Augen.

Verbittert und resigniert begann Hans zu berichten, was geschehen war. Am Morgen hatte Witzleben die Kopie der Antwort Hitlers zu Halder in die Bendlerstraße gebracht. Halder schien überzeugt. Sie gingen die Pläne noch einmal durch ... berechneten die Zeit, die Witzleben brauchen würde ... alles. Dann formulierte Halder den Befehl, den Staatsstreich durchzuführen.

Doch zuvor wollte Halder sich noch einmal mit dem Oberkommandierenden in Verbindung setzen. Er war ganz sicher, daß Brauchitsch sich ihnen anschließen würde, wenn er Hitlers Brief sah. Wenn dann der Oberbefehlshaber auf ihrer Seite stand, konnte nichts mehr ihren Erfolg aufhalten.

»Doch Brauchitsch war sich unsicher«, berichtete Hans. »Er wollte sich vergewissern. Also ging er in die Reichskanzlei, ungefähr um halb zwölf. Kurz darauf hörten wir aus dem Außenministerium, daß Mussolini sich mit dem Vorschlag aus England gemeldet hatte, daß sie sich alle zusammensetzen und versuchen wollten, einen Kompromiß zu erreichen. Hitler stimmte sofort zu – sichtlich erleichtert, wie es hieß. Denn einen Krieg mit England scheint er zu fürchten. Und das war es dann.«

Den ganzen nächsten Tag über warteten sie noch auf ein Wunder. Aber vergeblich! Wieder einmal würde Hitler seinen Willen durchsetzen. Der Rundfunk brachte laufend Berichte aus München, in denen der Führer als der große Staatsmann gerühmt wurde, dessen Tatkraft Europa vor einem Krieg bewahrt habe.

Emmi erwartete ihr drittes Kind, und so versammelte sich die Familie an diesem Abend – ihre Niederkunft stand unmittelbar bevor – in ihrem Haus. Hier wollten alle auf das Kommuniqué aus München warten. Klaus und Hans waren immer noch in der Stadt. Solange noch die kleinste Möglichkeit bestand, daß die Verhandlungen ergebnislos verliefen, war der Staatsstreich nicht abgesagt worden.

Im Wohnzimmer spielten Emmi, Rüdiger, der kleine Hans-Walter und Dietrich gerade ein Streichquartett, als Emmi plötzlich abbrach und ihre Violine sinken ließ. »Ich fürchte, ich muß euch jetzt verlassen«, sagte sie ruhig. »Hier macht sich jemand nachdrücklich bemerkbar. Bitte, spielt weiter.«

Nach etwa zwei Stunden wurde das Kommuniqué mit großer Fanfare angekündigt. Man hatte in München Hitler praktisch alles zugestanden, was er gefordert hatte. Und das bedeutete: Seine Soldaten würden am 1. Oktober, in zwei Tagen, in die Tschechoslowakei einmarschieren. Hitlers einziges Zugeständnis bestand darin, daß er dem Zeitplan seiner Gesprächspartner entgegenkam.

Lange Zeit sagte niemand etwas. Rüdiger faßte sich schließlich als erster: »Dieses Ergebnis sollte uns nicht allzu sehr überraschen. Ich kann verstehen, daß die Engländer Angst haben. Seit Jahren haben sie mitangesehen, wie Görings Bomber spanische Städte und Dörfer verwüsteten. Zum ersten Mal seit tausend Jahren wäre auch ihre Insel angreifbar.«

»Mit Verlaub, Rüdiger«, widersprach Dietrich. »Ich bin mir ziemlich sicher, das englische Volk wäre bereit, das Risiko einzugehen. Seine Führer waren es, die Angst hatten. Und genau das wußte Hitler.«

In diesem Augenblick erschien Dietrichs Mutter freudig erregt in der Tür. »Es ist ein Junge! Und alles ist gutgegangen.«

Es dauerte noch eine Stunde, bis Klaus nach Hause kam. Er war so erschüttert über das Münchner Ergebnis, daß er anfangs gar nicht begriff, daß er einen Sohn bekommen hatte.

Später ging auch Dietrich hinauf, um das Kind zu sehen, das winzig und faltig in Emmis Arm schlief. Sie hatten es Walter genannt.

»Er hat sich einen schlechten Tag ausgesucht, in diese Welt zu kommen«, stellte Emmi fest.

»Aber er ist der Grund, warum wir nicht aufgeben dürfen. Um ihn geht es doch eigentlich.«

Emmi lächelte und sah Klaus an, der vor ihr stand.

Klaus senkte den Blick zu Boden. »Es hätte geklappt! Ich weiß, daß es geklappt hätte!« rief er mit verzweifelter Stimme. »Wenn sie nur nicht so lange gewartet hätten.« Er trat langsam an das Bett. »Was ist das? Es hat einen kleinen Kopf, ein großes Maul und lange rote Beine, und es steht mit den Füßen im Sumpf?«

Emmi sah Dietrich und dann wieder Klaus an. »Ein Storch?«

»Nein!« antwortete Klaus bitter. »Ein deutscher General!«

Das Baby erwachte und fing an zu weinen.

23

In der Zurückgezogenheit von Sigurdshof hatte Dietrich erst mit eintägiger Verspätung von den Pogromen gehört. Der alte Milchmann Otto – gerade aus Köslin zurückgekehrt – hatte ihm aufgeregt davon berichtet. In der letzten Nacht hatten sie die Synagoge in Köslin in Brand gesetzt. Bis auf die Grundmauern war sie niedergebrannt.

»Die SA stand auf der Straße und ließ niemanden zum Löschen heran, weder die Feuerwehr noch sonst jemanden«, hatte Otto gesagt. »Und sie haben die Scheiben an Salomons Laden eingeschlagen und den ganzen Laden einfach auseinandergenommen ... die ganze Ware nach draußen geschleppt und kurz und klein geschlagen. Dann haben sie ihn und seine zwei Jungs rausgezerrt, sie auf einen Lastwagen verfrachtet und weggefahren. Barfuß waren die drei. Nicht einmal Zeit zum Schuheanziehen hatten sie. Und dabei ist es so kalt gewesen. Kein Mensch weiß, wo Salomon und seine Kinder sind.« Der alte Mann schüttelte den Kopf. »Böse Sache, sage ich Ihnen! Böse Sache.«

Am Abend in Köslin hatte Dietrich die Synagoge als einen Haufen schwelender Steine vorgefunden. Und noch immer riegelten die Braunhemden das Gebiet ab. Die Zeitung hatte mit reißerischen Bildern berichtet, daß diese Schandtaten überall im Land verübt worden waren – Synagogen und Häuser angezündet, Geschäfte verwüstet und jüdische »kriminelle Elemente« verhaftet. Goebbels behauptete, diese Ausschreitungen seien ein spontaner Zornesausbruch der »kochenden Volksseele« gewesen.

Auf Dietrichs Bitte war Eberhard am Donnerstag nach Göttingen gefahren, um in Sabines Haus nach dem Rechten zu sehen. Eberhard hatte am folgenden Tag berichtet, daß dort alles in Ordnung sei. Zwar waren in der Nacht des Pogroms die Nazis in das Haus gekommen, hatten Dietrichs Tante Elisabeth aufgeweckt und nach Gert gesucht. Auf Gerts Schreibtisch hatten sie Sabines Bild mit ihrer Perlenkette entdeckt und gefragt: »Wo ist die Jüdin? Wo sind ihre Perlen?« Dietrichs Tante hatte ihnen gesagt, Gert und Sabine seien auf einer Wanderung durch den Harz. Nachdem Eberhard ihm versichert hatte, daß es der Tante gutgehe, hatte Dietrich das Auto genommen und war nach Berlin gefahren.

Dort hörte er den Bericht seines Vaters über die Ereignisse. »Wenn mir jemand erzählt hätte, was ich an diesem Tag in Berlin gesehen habe – ich hätte es nicht geglaubt. Überall in der Stadt brannten die Synagogen. Zwei davon habe ich vom S-Bahnhof am Savigny-Platz aus gesehen – die große Kuppel an der Fasanenstraße steckte in einer riesengroßen Rauchwolke; und in der anderen Richtung konnte ich die Wilmersdorfer Synagoge sehen, ebenfalls in Flammen. Ich glaube, sie haben jedes jüdische Geschäft in der Stadt verwüstet. Von der Gedächtniskirche aus nichts als Glasscherben. Der Kurfürstendamm war ein einziges Meer aus Scherben und rausgezerrter, sinnlos zerstörter Ware.

Und dann noch mein Erlebnis in der Charité! Ich hatte hier eine Begegnung mit der Sinneshaltung, die hinter all diesen Untaten steht, sie erst möglich macht. Der Fahrstuhlführer – ich kannte ihn nicht, er muß also erst angestellt worden sein, nachdem ich nicht mehr da war – freute sich hämisch über das, was passiert war. Er kriegte sich vor Freude gar nicht wieder ein! Hatte sogar die Stirn, mir zu sagen: ›Die haben es nicht anders verdient! Wie schade, daß Sie nicht hier waren und mitmachen konnten, Herr Doktor! Sie haben wirklich etwas verpaßt!‹ Selten habe ich einen so starken Drang verspürt, einen Menschen zu erwürgen. Ich habe ihn nicht erwürgt, habe nur gesagt ›Ganz im Gegenteil! Nur Bestien können sich so verhalten.‹«

Er lächelte mit bitterer Befriedigung, doch Dietrich mußte daran denken, wie ernst Leute vom Schlage dieses Fahrstuhlführers den von Heydrich eingerichteten neuen Volksberichtsdienst nahmen und Andersdenkende denunzierten.

Sein Vater sah ihn an. »Ja, vielleicht meldet er mich. Aber das war mir die Sache wert.«

Am Nachmittag fuhr Dietrich mit Rüdiger in die Stadt und sah die Verwüstungen mit eigenen Augen. Sechs Stunden später trat er schweren Herzens die Rückreise nach Pommern an. Um drei Uhr morgens traf er in Sigurdshof ein und schlich sich leise in sein Zimmer, um vor der Morgenandacht noch ein paar Stunden zu schlafen.

In jener Nacht unterstrich er in seiner Bibel in Psalm 74 die Zeilen: »Sie verbrennen alle Gotteshäuser im Lande«, und notierte am Rand das Datum: 9. November 1938.

In einer der sich an dieses Ereignis anschließenden langen Diskussionen sprach einer der Studenten von dem Fluch, der den Juden seit der Kreuzigung Jesu gefolgt sei.

Dietrich fiel ihm scharf ins Wort. »Das ist auf keinen Fall eine mögliche Interpretation dessen, was hier geschehen ist. Auf gar keinen Fall! Hier haben wir es mit allerprimitivster roher Gewalt zu tun, für die es keine Entschuldigung gibt. Das als eine Strafe zu deuten – als Erfüllung eines Fluchs ... Nein! Das sollte man nicht einmal denken.«

Die Studenten sahen verblüfft auf, erstaunt über die Leidenschaft, mit der Dietrich gesprochen hatte. Waren sie doch daran gewöhnt, daß er seine Gefühle stark zügelte, eher zurückhielt. Doch nun sollten sie erfahren, wie stark seine Empfindungen waren. »Die Kirche hat das schon zu lange getan. All die Jahrhunderte hindurch. Nein! Wenn heute Synagogen in Brand gesetzt werden, werden morgen die Kirchen brennen!« Dann verwies er sie auf Sacharja 2,12, wo der Prophet über Israel sagt: »Wer euch antastet, der tastet meinen Augapfel an.« Und auf Römer 11, wo Paulus den Gedanken zurückweist, Gott habe sein Volk Israel verstoßen.

Die Tage vergingen, und Dietrich wartete vergeblich auf eine offizielle Verurteilung der Pogrome durch die Kirche. Doch die Kirche hatte ihre Stimme verloren. Die Bruderräte hielten noch immer furchtsam die Köpfe eingezogen, nachdem sie vor einem Monat wegen eines Aufrufs zum Gebet für den Frieden von der SS unter Beschuß genommen worden waren. Der Vorwurf des Hochverrats lastete drohend auf ihnen. Und sie schwiegen.

Seinen Kandidaten gegenüber aber wiederholte Dietrich einen Satz, den er in Finkenwalde bei der Verabschiedung der Nürnberger Gesetze gesagt hatte: »Nur wer für die Juden schreit, darf auch gregorianisch singen.«

Bald nach Neujahr traf die Nachricht ein, daß Dietrich sich beim Wehrmeldeamt vorzustellen habe – eine erste Ankündigung für seine Einberufung. Jetzt ließ sich nichts mehr herausschieben. Das Ausfüllen des Meldeformulars machte ihm klar, daß er seine Entscheidung bald würde treffen müssen – ob er sich in Hitlers Wehrmacht einziehen lassen würde oder nicht.

Dietrich begann mit all denen Verbindung aufzunehmen, die ihm behilflich sein konnten. Er schrieb an Julius Rieger in London und an Reinhold Niebuhr in New York. Niebuhr war einer seiner Lehrer am Union Seminary gewesen, und Dietrich hatte im Zusammenhang mit jüdischen Flüchtlingen in den letzten Jahren hin und wieder mit ihm zu tun gehabt.

Die Einstellung einiger führender Kirchenleute komplizierte das Problem. Der Bruderrat zögerte, Dietrich für den Wehrdienst zu beurlauben. Zum einen brauchte man Lehrer wie ihn mehr als dringend; zum anderen scheuten sie die Schwierigkeiten, die zu erwarten waren, wenn er den Kriegsdienst aus Gewissensgründen verweigerte.

»Ich nehme an, Sie haben gehört, was mit Hermann Stöhr passiert ist?« fragte ihn Superintendent Albertz, als Dietrich ins Kirchenbüro kam, um mit den Brüdern über seine Zukunft zu sprechen.

»Andeutungsweise, ja! Er hatte irgendwelche Schwierigkeiten mit den Behörden.«

»Die Gestapo hat ihn abgeholt«, teilte ihm Albertz mit. »Gestern!«

Diese Mitteilung traf Dietrich unvorbereitet. Dr. Stöhr, ein Pazifist, den Dietrich seit Finkenwalde kannte, hatte aus Gewissensgründen den Kriegsdienst verweigert. »Dann müssen wir ihm helfen!« lautete Dietrichs spontane Antwort.

»Das werden wir natürlich! Aber es gibt nicht viel, was wir tun können«, erklärte ihm Albertz.

»Ich habe einige Kontakte . . .«, begann Dietrich.

»Stöhr wird nicht nachgeben. Keinen Fußbreit. Und Sie wissen, was die Konsequenz sein wird«, bedeutete ihm Albertz und sah Dietrich vielsagend an.

Dietrich wußte nur zu gut, welche Konsequenz Albertz meinte. Gleichzeitig ärgerte ihn der unterschwellige Druck, den der Superintendent mit seinen Worten auf ihn ausübte.

»Ich bin nicht sicher, ob ein solches Opfer unter den gegenwärtigen Umständen viel Gutes bewirken wird«, warf jetzt Hans Böhm ein, der für die ökumenischen Angelegenheiten zuständige Ratsangehörige.

Die anderen teilten Böhms Einstellung – es sei eine Verschwendung, eine schreckliche Verschwendung.

Albertz seufzte. »Ich bin nur froh, daß Stöhr nicht so eng mit uns verbunden ist. Zumindest nicht zur Zeit. Vielleicht sollte ich das nicht eingestehen, aber es ist die Wahrheit.«

»Glauben Sie denn, daß dieser Vorgang der Kirche so sehr schaden würde?« fragte Dietrich.

»Ja, davon bin ich überzeugt, Dietrich.«

Dietrich sah Albertz an, all die anderen besorgt fragenden Gesichter. Sie alle kannten Dietrichs Standpunkt zu diesem Thema und – sie fürchteten sich davor. Sogar Albertz und Böhm, die bisher den größten Mut gezeigt hatten. Jetzt zogen sie die Köpfe ein, blickten hierhin und dorthin im Zimmer, nur nicht in Dietrichs Gesicht.

»Hitler einen Eid zu leisten – das ist für mich das Schlimmste«, bekannte Dietrich.

»Das kann ich verstehen«, räumte Albertz ein.

»Ich kann das einfach nicht tun!«

Alle sahen ihn an. Es war ganz offensichtlich; sie empfanden alle wie er, wagten es aber nicht zu sagen, um ihn nicht in seiner Meinung zu bestärken.

»In Amerika könnte ich der Bekennenden Kirche von Nutzen sein – als ökumenisches Bindeglied sozusagen«, meinte Dietrich. »Die wissen dort wirklich nicht, was hier los ist.«

Daran hatten die Kirchenmänner offenbar noch nicht gedacht, und nach einiger Erörterung fanden sie diesen Gedanke sehr überlegenswert.

»Ich wäre ja nur für ein Jahr fort«, gab Dietrich zu bedenken.

Am Ende waren sie mit diesem Vorschlag einverstanden. Nur Dietrichs Zweifel waren unverändert da, wie er Eberhard offenbarte, nachdem er wieder in Sigurdshof war.

Eberhard riet ihm, zu gehen. »Vielleicht wartet ja irgendwo dort draußen eine Berufung auf dich.«

»Vielleicht ...« Dietrich saß an seinem kleinen Schreibtisch und stützte die Stirn auf die Hand. Seit Tagen hatte er sich mit seinen widerstreitenden Gefühlen herumgeschlagen, die einmal für die Reise nach Amerika, dann wieder für das Hierbleiben sprachen. Inzwischen wußte er selbst nicht einmal mehr, was seine wirklichen Motive waren.

»Vielleicht mußt du ja erst mal hier raus, um diesen Ruf deutlich zu hören«, versuchte Eberhard dem Freund zu helfen.

Das klang vernünftig. Hier hörte Dietrich nur noch das Säbelrasseln, den ermüdenden Lärm der widerstreitenden Stimmen. Und in letzter Zeit hatten die Säbel rostig und die Stimmen dumpf geklungen. Die Zukunft Deutschlands erschien nicht gerade vielversprechend für eine ungestörte theologische Arbeit. Und er spürte jetzt, wie tief die Sehnsucht danach in ihm steckte. In den wenigen freien Momenten, die er sich hier und da verschaffen konnte, hatte er intensiv damit angefangen, sich mit einem Werk über christliche Ethik zu beschäftigen.

»Die Welt braucht deine theologische Begabung, Dietrich! Deshalb solltest du vielleicht an einen Ort gehen, wo sie nicht unterdrückt wird, wo du sie frei entfalten kannst.«

Dietrich lächelte und staunte wieder einmal darüber, wie sich sogar ihre Gedanken ähnelten. Dennoch blieb er unsicher. Meinte Eberhard wirklich das, was er sagte, oder entsprangen seine Worte nur der Sorge um Dietrichs Sicherheit?

»Warum beginnst du nicht schon einmal mit den Vorbereitungen – einfach, um der Entwicklung einen Schritt voraus zu sein?« schlug Eberhard vor.

»Ja, das könnte ich tun.« Dietrich sinnierte eine Weile und wandte sich dann an Eberhard: »Und was ist mit dir?«

»Ach, ich habe noch Zeit. Meinetwegen müssen wir uns jetzt noch keine Sorgen machen.«

»Aber es könnte soweit sein, bevor dieses Jahr vorüber ist, oder? Was ist, wenn ich irgendwo jenseits des Ozeans bin und es wird für dich ernst? Also, dieser Gedanke ist mir unerträglich. Dann müßte ich zurückkommen und dich herausholen. Ich könnte dich in dieser Situation nicht hier allein lassen.«

Eberhards Gesicht verriet freudige Überraschung. Noch niemals zuvor hatte Dietrich die immer stärker werdende Bindung zwischen ihnen so deutlich erkennen lassen, so deutlich ausgesprochen. Schroff fügte Dietrich hinzu: »Und damit hat es sich!«

Eberhard lachte und sagte nichts. Es war ein freies, ein glückliches Lachen.

Dietrich dachte an Hans und Oster und Klaus, dachte an die Risiken, die sie eingegangen waren und wieder eingehen würden. Sie hatten eine Niederlage erlitten, aber sie würden es wieder versuchen. Daran zweifelte er keinen Moment. Und beim nächsten Mal würde es noch gefährlicher werden. Wenn Dietrich in Deutschland blieb, würde er noch tiefer in diese Verschwörung hineingezogen werden. Das war unvermeidlich. Er konnte sich nicht hinter seinem geistlichen Stand verstecken, um seine eigenen Hände sauber zu halten, während seine Angehörigen und seine Freunde ihr Leben riskierten.

»Wenn ich hierbleibe und irgendwie um die Einberufung herumkomme . . .«, fing er wieder an.

»Aber du kannst nicht um sie herumkommen!«

Dietrich ließ sich auf seinen Stuhl fallen. »Ich weiß.«

Mitte April, nach einer positiven Antwort Niebuhrs aus New York, fuhr Dietrich nach Schlawe und beantragte die Erlaubnis, für ein Jahr in die Vereinigten Staaten zu gehen. Statt dessen erhielt er eine Aufforderung, sich binnen einer Woche zur Einberufung zu melden.

Dietrichs einzige Hoffnung blieb nun ein Eingreifen seines Vaters. Er schrieb ihm noch am selben Tag und trug den Brief selbst zur Post. Falls sein Vater nicht bis zum Ende der Woche Erfolg hatte, würde Dietrich eine Entscheidung treffen müssen. Und das bedeutete: Würde er sich einer Einheit der Wehrmacht zuteilen lassen oder als Kriegsdienstverweigerer vor einem Kriegsgericht erscheinen?

Die Tage schleppten sich dahin. Am Mittwoch ging Dietrich zur Post. Es war nichts angekommen. Mit seinem Vater zu telefonieren, wagte er nicht. Am Donnerstag zwang er sich zu warten, bis die Post, wie üblich, von einem der Seminaristen gebracht wurde. Keine Nachricht aus Schlawe oder von seinem Vater. Am Freitag brachte Eberhard einen Brief aus Schlawe an Dietrichs Schreibtisch. Er blickte ihm über die Schulter, während der Brief mit zitternden Fingern geöffnet wurde. Der Brief enthielt die Mitteilung, der Meldebefehl sei aufgehoben und die Erlaubnis zu einem einjährigen Aufenthalt in den Vereinigten Staaten erteilt.

Die Erleichterung war so groß, daß beide – Dietrich und Eberhard – in lautes Gelächter ausbrachen.

Auch von seinem Vater war ein Brief angekommen, in dem von der Rekrutierung keine Rede war, in dem er seinem Sohn lediglich mitteilte, daß sein älterer Bruder Karl-Friedrich ebenfalls in die Vereinigten Staaten gehen werde, um eine Vorlesungsreihe in Chicago zu halten. Und vielleicht könnten sie ja gemeinsam auf der *Bremen* reisen. Um Zeit zu sparen, könnte Dietrich nach England fliegen und von dort die Reise fortsetzen. Dazu müßte er allerdings Berlin am 2. Juni verlassen.

Er hatte also nicht einmal mehr eine Woche Zeit. Und – er müßte das Seminar verlassen, ohne für einen Ersatzmann gesorgt zu haben.

Eberhard lächelte. »Mach dir deswegen keine Sorgen! Wir kommen schon klar! Sie werden uns sicherlich bald jemanden schicken.«

Dietrich versuchte ganz intensiv, das zu glauben. Aber machte er sich damit nicht selbst etwas vor?

24

Dietrich stand an dem breiten Erkerfenster der »Prophetenkammer« und blickte hinaus auf den Innenhof des Union Seminary. Er hatte ganz vergessen, wie schön der Hof war – sorgfältig gepflegt, eingehegt von den grauen Mauern des Seminars. Ihm gegenüber der Turm der Kapelle. Dahinter dann der viel höhere und prächtigere Turm der Riverside Church.

Dietrich hatte vieles vergessen, aber er erinnerte sich rasch wieder an alles, selbst an den Geruch von Öl und Leder im ganzen Haus. Als er eben seine erste Runde durch das Gebäude gemacht hatte, war er nur wenigen vertrauten Gesichter begegnet. Das Union Seminary war für ihn nicht mehr der Ort, den er verlassen hatte, ohne die Studenten, die er gekannt hatte. Aber schließlich – auch er war nicht mehr derselbe junge Mann, der vor neun Jahren durch diese Hallen gewandert war. Damals hatte er seinen Lehrern mit seiner Kritik an ihrer unbiblischen Theologie das Leben schwergemacht. Aber natürlich hatte er recht gehabt. Bei seinem Rundgang jetzt war er Emmanuel begegnet, dem Hausmeister in Hastings Hall, dessen freundliches braunes Gesicht voller Wiedersehensfreude aufleuchtete. 1930 hatte Emmanuel Dietrich beigebracht, die Telefonzentrale des Seminars zu bedienen.

»Wer hätte gedacht, daß Sie sich ausgerechnet so einen Job aussuchen würden«, hatte Emmanuel mit seinem kehligen musikalischen Lachen gesagt. »Mit der fremden Sprache und so ... Ganz schön mutig, sage ich Ihnen.«

»Aber«, hatte Dietrich lachend erwidert, »ich brauche doch das Geld.« Damals hatte Dietrich jeden Pfennig für Indien gespart. Emmanuel hatte ihm auch Harlem gezeigt, wo er eine Sonntagsschulklasse in der Abyssinian Baptist Church unterrichtete.

Dietrich lief durch das Zimmers. Diese Prophetenkammer war eine wunderschöne Unterkunft. Man wollte mir eine Freude machen, dachte er, daß ich darin wohnen darf. Von dem Erkerfenster aus konnte er auf den Broadway blicken. Dietrich starrte auf die gegenüberliegenden Gebäude und – sehnte sich plötzlich nach Sigurdshof. Wie es wohl dort seinen Freunden ging? Ob sie noch in Sicherheit waren? Ob es mit dem Ersatz für ihn geklappt hatte? Wohl kaum! Und das bedeutete doch, daß Eberhard mit all der zusätzlichen Verantwortung allein fertigwerden mußte. Und wieder fragte er sich – wie schon auf dem Schiff –, ob er den Ort hinter sich gelassen habe, wo Gott war – wo für ihn Gott war? »Wer mir dienen will, der folge mir nach; und wo ich bin, da soll mein Diener auch sein.«

In New York war alles anders, als er erwartet hatte. Er würde zwar einen Sommerkurs am Seminar unterrichten, aber seine Hauptaufgabe würde darin bestehen, als Pastor die deutschen Flüchtlinge in der Stadt zu betreuen. Davon war nun freilich in den Briefen und Telegrammen an Dietrich in Deutschland keine Rede gewesen. Aber müßte eine solche Tätigkeit nicht seine Heimkehr gefährden, wenn das Jahr um war? Würde ich nicht in Versuchung geraten hierzubleiben, in Sicherheit, wenn es zum Krieg käme? Dietrich konnte die Fragen nicht beantworten. Aber er wußte, daß er nicht ohne Einkommen in den Vereinigten Staaten bleiben konnte. Deswegen hatte er Henry Leiper um Bedenkzeit gebeten.

Er sah auf seine Uhr. Um 16.00 Uhr sollte er sich mit dem Präsidenten des Seminars, Henry Coffin, treffen und mit ihm ein paar Tage in dessen Landhaus nach Connecticut fahren. Dietrich wäre lieber im Seminar geblieben, um in aller Ruhe Vertrautes wiederzuentdecken – vielleicht auch dieses schreckliche Gefühl der Ungewißheit abzuschütteln. Aber er wollte seinen freundlichen Gastgeber nicht kränken.

Dietrich nippte an dem kühlen Getränk, das Mrs. Coffin ihm gebracht hatte, und beobachtete fasziniert die Glühwürmchen. Tausende mußten es sein, die wie kleine Kerzenflammen in der Nachtluft flackerten. Das Haus lag in den Bergen, und der Garten, in dem sie saßen, war kühl und von üppiger Vegetation umgeben. Dr. Coffin war unverändert, so wie Dietrich ihn in Erinnerung hatte: Ein gutaussehender Gentleman, sehr kultiviert und klug, ein hart arbeitender Verwalter, der keinen Hehl daraus machte, wie kostbar ihm diese mehr oder weniger gestohlenen Tage in den Bergen waren. Auf Coffins interessierte Fragen hatte Dietrich in allen Einzelheiten die schlimme Lage der Kirche in Deutschland und seine Sorge um die Brüder dort geschildert. Als er an jenem Abend zu Bett ging, fühlte er sich etwas besser.

Das Frühstück am nächsten Morgen wurde auf der Veranda

serviert. Die ganze Familie kniete zur Andacht nieder, und Dr. Coffin erbat in einem kurzen Gebet Gottes Segen für die Brüder in Deutschland. Als sie sich erhoben, beschäftigte sich Dietrich sehr eingehend mit seiner Serviette – niemand sollte etwas von seinem Seelenzustand ahnen, auch wenn ihn seine zitternden Lippen verrieten.

Am nächsten Tag starteten die Coffins mit Dietrich zu einem Ausflug in die Berge, die viel Ähnlichkeit mit dem Harz hatten, auch wenn die Dörfer anders aussahen. Und dann gab es eine Party mit etwa fünfundzwanzig Leuten – Pastoren und Lehrer mit ihren Frauen –, lächelnde Fremde, mit deren Party-Geplauder Dietrich wenig anfangen konnte. Den Problemen in Europa schienen sie auszuweichen.

Am Donnerstag besuchten die Coffins und Dietrich eine ältere kultivierte Dame, die höher in den Bergen wohnte. Sie blieben etwa eine Stunde bei ihr, plauderten über die musikalische Ausbildung in New York, über Sommerlager für Kinder und die Pläne für eine neue Parkanlage am Hudson. Dietrich hatte Mühe, auf dem luxuriösen rosa Damast stillzusitzen. Um wieviel besser hätte er diese Stunde in Deutschland nutzen können!

Als er in jener Nacht endlich allein in seinem Zimmer war, drohte ihn die Riesenlast an Selbstvorwürfen zu erdrücken. Was um alles in der Welt hatte er hier zu suchen? Fast zwei Wochen waren vergangen, ohne daß er auch nur ein Wort aus Deutschland gehört hatte. Hier saß er nun, fünftausend Kilometer entfernt, und wußte nicht, was zu Hause vor sich ging. Er zog sich aus, wollte zu Bett gehen. Vorher schlug er noch die Losung des Tages auf; Klagelieder 3,26: »Es ist ein köstlich Ding, geduldig sein und auf die Hilfe des Herrn hoffen.«

Sofort nach seiner Rückkehr ging Dietrich zum Postbüro des Seminars. Keine Nachricht aus Deutschland! Nur eine Karte von Karl-Friedrich, der Chicago als eine aufregende Stadt empfand. Ziellos, rastlos wanderte er nach dem Abendessen den Broadway entlang. Schließlich erreichte er den Times Square. Eine Stunde lang war er unterwegs, ohne auch nur zu merken, wie tief er in die

Betonschluchten vorgedrungen war. Er ging in ein Wochenschau-Kino und hörte sich die Kommentare des Nachrichtensprechers zu den rasch wechselnden Bildern auf der Leinwand an.

»Der Nervenkrieg in Europa geht weiter. Deutschland, das jetzt zwei Millionen Männer unter Waffen hat, verstärkt unaufhörlich seine Präsenz entlang der polnischen Grenze. Polnische Behörden in Danzig erklären, daß die Nazis an jedem Tag Munition und SS-Männer in die Freie Stadt schleusen. Was wird der nächste Schritt sein? Wird er die Feuersbrunst entfachen, vor der sich Europa fürchtet?« Hitlers Gesicht lächelte selbstzufrieden von der Leinwand herab. Er stieg gerade in seine Privatmaschine, um nach Berchtesgaden zu fliegen.

Als Dietrich das Kino verließ, hörte er hinter sich jemanden sagen: »Diese verdammten Deutschen! Es kommt noch so weit, daß wir gegen sie kämpfen müssen. Die sind alle gleich ... Sie werden einfach nicht klüger.« Einen Augenblick lang überlegte Dietrich, ob er nicht antworten sollte. Aber im nächsten Moment war der Mann schon in der herausströmenden Menschenmenge verschwunden.

Auf der Rückfahrt, in der überfüllten, schaukelnden U-Bahn, fragte er sich, ob die Bemerkung, die er eben gehört hatte, die allgemeine Einstellung der Amerikaner den Deutschen gegenüber wiedergab. Mit dieser Möglichkeit mußte er immerhin rechnen. Und sollte es tatsächlich zum Krieg kommen, würde sich diese Haltung zweifellos noch verstärken.

Aber – wenn der Krieg nicht mehr abzuwenden war, was würde er dann tun? Konnte er dann wirklich noch hierbleiben? Doch wenn er zurückkehrte, bevor sein Jahr um war, wie konnte er dann der Einberufung entgehen? Die Behörden würden seine Ankunft doch mit Sicherheit an das Wehrmeldeamt in Schlawe melden! Selbst wenn sie es nicht taten, würde sich Dietrich weitgehend unsichtbar machen müssen. In den tiefen Wäldern hinter Sigurdshof gab es eine Blockhütte, die gelegentlich von Jägern benutzt wurde. Aber die Gestapo hatte Hunde. Wie nur sollte er sich entscheiden? Seine finanziellen Mittel schmolzen erschrekkend rasch dahin. Und seine Wertpapiere, deren Wert sich seit

1930 verdoppelt hatte, wollte er für Sabine und Gert aufbewahren.

Ruhelos wälzte er sich an diesem Abend in seinem Bett.

Am Sonntag besuchte er den Gottesdienst in einer Presbyterianischen Kirche, ein paar Querstraßen vom Seminar entfernt. Der Gottesdienstraum war schlicht und anspruchslos, die Bankreihen dicht um eine kleine Kanzel in der Mitte angeordnet. Über dem Chorraum standen die Worte: »Wir predigen Christus, den Gekreuzigten.« Er betete mit dieser Gemeinde und hörte eine Verkündigung, wie er sie bisher in den Vereinigten Staaten noch nicht erlebt hatte. Als er die Kirche verließ, war ein beträchtliches Stück seiner Einsamkeit von ihm abgefallen.

Von Posteingang zu Posteingang wartete Dietrich vergeblich auf einen Brief von Eberhard. Er verstand es nicht, es blieb ihm auch unerklärlich, aber er brauchte dringend Hilfe bei der Entscheidung, die er jetzt treffen mußte. Manchmal lief er in den Riverside Park, wo er sich auf eine Bank setzte und auf den Hudson hinausblickte. Aber dieses Wasser schenkte seinem Geist keine Ruhe. Immer häufiger sah er Sigurdshof vor sich – und Berlin! Und grübelte. Jeden Tag ging er in das Wochenschau-Kino. Eines Tages erschien auf der Leinwand das Gesicht von Joseph Goebbels. »Sorgen Sie sich nicht um das Schicksal Ihrer Stadt«, rief er den Nazis auf der Abschlußveranstaltung der Danziger Deutschen Kulturwoche zu. »Wir stehen hundertprozentig hinter Ihnen. Ihr Danzig wird ins Reich heimkehren.«

Dietrich verließ das Kino. Die Luft hatte sich nach einem Gewitter abgekühlt. Langsam ging er am Central Park entlang nach Hause. Wieder in seinem Zimmer, versuchte er, sich auf die Vorlesungen zu konzentrieren. Aber es hatte keinen Sinn! Schließlich nahm er sich ein leeres Blatt und schrieb einen Brief an Paul Lehmann am Elmhurst College, in dem er andeutete, daß er im Herbst Arbeit brauchen würde – falls er blieb. Lehmann war vor neun Jahren einer seiner engsten Freund am Union Seminary gewesen und hatte ihm bereits signalisiert, daß er ihm helfen wolle.

Die Nachrichten, die ihn erreichten, wurden immer beunruhigender, der Krieg schien unausweichlich. Die Warnungen der Engländer und Franzosen an Hitler wurden schärfer und ließen erkennen, daß sie sich nicht noch einmal auf einen Handel mit Hitler einlassen würden. Doch Hitler schien nichts davon ernstzunehmen. Die *Times* veröffentlichte einen beunruhigenden Bericht über eine angebliche Rede, die Hitler vor seinem »Kriegsrat« gehalten haben sollte. Ob Admiral Canaris die undichte Stelle gewesen war? »Die Würfel sind gefallen«, wurde Hitler zitiert. »Wir können nicht mehr zurück. Wir stehen mit dem Rücken zur Wand. Ich bin der Überzeugung, daß Deutschland, Italien und Japan heute in der Lage sind, gemeinsam alle ihre Feinde zu überwinden. Deswegen ist die Stunde da, das äußerste Risiko zu wagen.«

Am nächsten Tag traf sich Dietrich mit Leiper – für ihn war die Zeit der Entscheidung gekommen. Am Abend hatte Dietrich zufällig die Aufforderung des Apostels Paulus an Timotheus gelesen: »Beeile dich, daß du vor dem Winter kommst.« Timotheus sollte die Leiden des Apostels teilen und sich ihrer nicht schämen. »Komm vor dem Winter« – sonst könnte es zu spät sein. Dieser Gedanke ließ Dietrich nicht mehr los. Er fühlte sich wie ein Soldat, der auf Heimaturlaub war und sich trotz aller Furcht wieder an die Front sehnte. Ja, bei seinen Brüdern wollte er sein. Dorthin gehörte er. »Komm vor dem Winter!«

Von der Reling aus konnte Dietrich die aufklatschenden Wellen hören. Rufe und hektisches Treiben auf dem Kai verrieten, daß die Bremen jeden Augenblick ablegen würde. Eine halbe Häuserzeile weit entfernt, fernab von aller Betriebsamkeit, stand Paul Lehmann unter einer Straßenlaterne. Da, wo Dietrich sich von ihm verabschiedet hatte. Paul hatte mit an Bord kommen wollen, aber wegen der so zahlreich anwesenden Gestapo-Spitzel konnte Dietrich es nicht riskieren, Aufmerksamkeit auf sich zu lenken.

»Schade«, sagte er zu Karl-Friedrich, der ebenfalls auf der *Bremen* nach Deutschland zurückkehrte, »ich hätte dir Paul gerne vorgestellt.«

»So einen, der den ganzen Weg von Illinois hergekommen ist, nur um dich zu sehen ... also, den hätte ich wirklich gern kennengelernt«, bedauerte auch sein Bruder.

»Paul wollte, daß ich bleibe. Er hat schon im ganzen Mittleren Westen Vortragsveranstaltungen für mich gebucht und sein Bestes getan, um mich von meinem Rückreiseplan abzubringen. Aber es war zu spät.« Dietrich sprach mit gedämpfter Stimme. Ein paar Meter weiter an der Reling stand ein betont um Unauffälligkeit bemühter Mann.

»Ich frage mich, ob du nicht besser auf ihn gehört hättest«, gab sein Bruder sorgenvoll zu bedenken. »Hoffentlich hast du jetzt keinen Fehler gemacht.«

»Warum fährst du denn wieder zurück?« fragte Dietrich.

»Ich habe eine Familie!«

»Ich auch – in gewisser Hinsicht.«

»Was hat dieser Paul Lehmann gesagt?« wollte Karl-Friedrich wissen.

»Unter anderem, daß die Welt einen glaubwürdigen Interpreten des Kirchenkampfes braucht.«

»Das stimmt doch, oder nicht?«

»Oh, davon wird es jede Menge geben. Pauls Hauptargument war meine theologische Aufgabe – oder das, was er als meine theologische Aufgabe ansieht.«

»Ich glaube, er hat recht, Dietrich. Ist das, was du zu sagen hast, nicht wichtiger als das, was du in dem Konflikt zu Hause tun könntest?«

»Nein! Wenn ich hierbliebe und der Krieg käme, dann hätte ich nichts mehr zu sagen. Ich hätte mein Zeugnis bloßgestellt. Ist es nicht so?«

»Nein, das glaube ich nicht.«

»Und doch ist es so! Und nicht nur das! Ich hätte nicht einmal mehr das Recht, am Wiederaufbau des christlichen Lebens nach dem Krieg teilzunehmen. Du und ich, wir wissen, was die Alternativen für Christen in Deutschland sein werden: entweder die Niederlage des Vaterlandes zu wünschen, damit Christentum und christlicher Glaube überleben können, oder den Sieg – und damit die Vernichtung allen Christentums in unserem Lande hinzunehmen. Ich weiß, welche Wahl ich treffen muß. Aber diese Wahl kann ich nicht in Amerika treffen.«

»Nun, ich hoffe, daß es in Pommern irgendeinen Ort gibt, an dem du dich verstecken kannst«, meinte Karl-Friedrich mit ernstem Gesicht.

»Darüber denke ich nach, wenn ich dort bin.«

»Fang lieber jetzt schon an, darüber nachzudenken.«

Am Abend las Dietrich in seiner Kabine den Bibelabschnitt für den Tag: »Es ist gut für mich, daß du mich gedemütigt hast, damit ich deine Gebote lerne« (Psalm 119,71). Es war einer seiner Lieblingsverse aus seinem Lieblingspsalm.

Teil III
In den Sturm

25

»Meine endlosen Bemühungen um eine friedliche Klärung und Verständigung über die österreichische und später über die sudetische, böhmische und mährische Frage sind allgemein bekannt. Es war alles vergeblich ...«

Die Stimme des Diktators klang verteidigend, erklärend. Ob dieser Meistertäuscher vielleicht an seiner Fähigkeit zweifelte, sich auch aus dieser Lage herauszulügen?

»Meine Vorschläge an Polen sind abgelehnt worden«, tönte Hitler. »Zwei ganze Tage habe ich mit meiner Regierung dagesessen und gewartet, ob es der polnischen Regierung gefällt, einen Bevollmächtigten zu entsenden oder nicht.« Ein verletzter Unterton war zu hören. »Man beurteilt mich falsch, wenn meine Friedensliebe und meine Geduld als Schwäche oder gar Feigheit mißverstanden werden.«

Die Gesichter der Familienmitglieder ließen nichts als Verachtung erkennen. Dietrich sah seine Mutter an. Scham und wütender Zorn wechselten auf ihrem Gesicht. Auch Dietrich schämte sich dafür, daß die meisten seiner Landsleute nur allzu bereit waren, diese Lüge zu glauben.

Und dann kam die Bekanntmachung, auf die sie warteten. »Polen hat nun heute nacht zum erstenmal auf unserem eigenen Territorium auch durch reguläre Soldaten geschossen. Seit 5.45 Uhr wird zurückgeschossen! Und von jetzt ab wird Bombe mit Bombe vergolten!« Dann die Erklärung: »Ich will von jetzt an nichts anderes sein als der erste Soldat des Reiches. Ich habe damit wieder jenen Rock angezogen, der mir selbst der heiligste und teuerste war. Ich werde ihn nur ausziehen nach dem Sieg oder – ich werde dieses Ende nicht mehr erleben.«

Niemand sprach. Schreckensbleich starrten alle ins Leere. Dieses Schweigen erinnerte Dietrich an ein anderes Schweigen, eines aus weiter Vergangenheit ... Der Sarg seines Bruders Walter ruhte auf einer Bahre im Wohnzimmer; am Kopfende auf einem Ständer eine Dresdener Vase mit weißen Rosen. Das Kind, das neben den Tragegriffen stand, sah nur das stille, graue Gesicht seines Bruders. Erst vor zwei Wochen hatte die Familie Walter an die Front ziehen lassen müssen.

Das Gesicht seiner Mutter totenbleich unter dem schwarzen Schleier, als sie dem von Pferden gezogenen Leichenwagen folgten. In der Kapelle, neben Sabine, sang Dietrich laut und klar, wie es sich ihre Mutter immer von ihnen gewünscht hatte, die Strophen des Chorals »Jerusalem, du hochgebaute Stadt, wollt' Gott, ich wär' in dir«. Als Walters Kameraden seinen Sarg zum Grab trugen, spielten die Bläser den Choral »Was Gott tut, das ist wohl getan«. Die Choräle hatte seine Mutter ausgesucht.

Nun derselbe geschlagene Ausdruck auf dem Gesicht seiner Mutter. Mit der einen Hand hielt sie die Finger der anderen umklammert und starrte zu Boden. Als sie aufsah, begegnete ihr Blick dem Dietrichs – so als wüßte sie, daß sie beide dieselbe Erinnerung hatten. Verlegen stand sie auf und verließ das Zimmer.

Nur wenige Minuten später ging auch Dietrichs Vater. Dietrich sah seine Eltern auf der Terrasse stehen. Sein Vater hatte die Arme schützend um die Mutter gelegt; ein seltenes sichtbares Zeichen ihrer tiefen Zuneigung zueinander.

Am Sonntag erklärten Großbritannien und Frankreich Deutschland den Krieg. Dietrich, der sich gerade bei Klaus aufhielt, sprang auf sein Fahrrad und fuhr zu seinen Eltern. Aber nichts geschah. Keine Sirenen, keine Bomben, nichts. Dietrich versuchte, seiner Mutter klarzumachen, daß dieser Krieg nicht lange dauern könne. Die Kriegserklärungen Frankreichs und Großbritanniens würden mit Sicherheit die endgültige Katastrophe für Hitler herbeiführen, und zwar bald.

Sie sagte nur: »Ich hoffe, du hast recht.«

Wenige Tage vor Hitlers Angriff auf Polen hatten Dietrich und Eberhard mit Hilfe der Studenten die Fenster des Seminars vernagelt, und alle waren ihrer Wege gegangen. Keinen Tag zu früh. Inzwischen mußte dieses ganze Gebiet von deutschen Truppen auf dem Weg nach Polen überrannt worden sein. Zeitungen und Rundfunk schwappten vor Siegesjubel über, als Invasionen von Sturzkampfflugzeugen polnische Ortschaften und Städte zerstörten. Eine Ortschaft nach der anderen fiel. Dietrich erschauerte, als er an die kreischenden Stukas dachte, die er in Sachsen gesehen hatte. Panzer rollten erbarmungslos über Polens antiquierte Verteidigungsanlagen hinweg. Es gab keinen Regen, und die ungepflasterten polnischen Straßen blieben hart und glatt. »Hitler-Wetter« nannte man es.

Einen Monat zuvor hatte Admiral Canaris Hans auf einen Posten in der Abwehr berufen. Deswegen wohnten er, Christel und ihre drei Kinder vorerst bei den Eltern. Eines Abends, kurz vor dem Abendessen, versammelte sich die Familie zu einem ruhigen Gespräch im Wohnzimmer. Dietrich saß mit Renate am Flügel, und Christoph, Christels jüngster Sohn, sang ein Lied nach dem anderen.

Es klopfte an der Tür. Marthe meldete einen Herrn Leitzinger.

»Herr Leitzinger?« fragte Dietrichs Mutter leicht überrascht.

»Wer ist denn das?« Dietrich sah seine Mutter verständnislos an.

»Der Gemüsehändler aus der Preußenallee.« Sie wandte sich an Marthe. »Was kann der jetzt von uns wollen?«

»Er ist der neue Blockwart, gnädige Frau«, erklärte Marthe.

»Es ist aber schon ziemlich spät«, versuchte Paula abzuwehren. Unverkennbar die Verärgerung in ihrem Gesicht. Doch dann schien sie einzusehen, daß Protestieren nichts nützen würde. »Also gut, führen Sie ihn herein.«

Kurz darauf stand der Blockwart vor ihnen. In brauner, frisch gestärkter Uniform, glänzenden Stiefeln, die Mütze sehr gerade auf dem Kopf, den Daumen in den breiten Ledergürtel gehakt, schlug er die Hacken zusammen und hob seinen rechten Arm zum Gruß.

»Heil Hitler!«

Niemand sagte etwas oder rührte sich.

Herr Leitzinger schlug sein Notizbuch auf. »Sie haben das schwarze Material für Ihre Fenster, wie angeordnet?«

»Gewiß, Herr Leitzinger«, antwortete Dietrichs Mutter.

»Darf ich es bitte sehen?«

Dietrichs Mutter wandte sich an Marthe. »Würden Sie es bitte holen, Marthe?«

Schweigen! Herr Leitzinger trat von einem Fuß auf den anderen, sah noch einmal in sein Notizbuch und deutete mit dem Stift auf eine Eintragung. »Ich habe nicht gesehen, daß Sie eine Flagge aufgehängt haben. Vielleicht haben Sie die Anordnung nicht verstanden?« fragte er mit hoffnungsvollem Lächeln.

»Das war natürlich ein Versehen«, sagte Dietrichs Mutter.

»Ein Versehen! Ja, gewiß!« Leitzinger sah in die Runde der gelassenen Gesichter. Keines zeigte auch nur die Spur eines ironischen Lächelns.

»Vielleicht sollte ich Marthe anweisen, den schwarzen Stoff liegenzulassen und statt dessen die Flagge hinauszuhängen?« fragte sie, ohne mit einer Wimper zu zucken.

In diesem Augenblick kehrte Marthe mit dem schwarzen Stoff zurück.

»Ach!« Herr Leitzinger schürzte die Lippen und schnalzte mit der Zunge. »Man sollte wohl zuerst die Fenster verhängen.« Wieder das Lippenschürzen und das nachdenkliche Schnalzen. »Ja, ich denke schon. Ich werde Ihnen jetzt zeigen, wie Sie die Fenster verhängen müssen.«

Energisch erhob sich Dietrichs Mutter von ihrem Sessel. »Vielen Dank! Ich glaube, wir sind durchaus in der Lage, den Anweisungen in der Zeitung zu folgen.«

»Aber ich bin verpflichtet, es Ihnen genau zu zeigen, gnädige Frau.«

Sie wies Marthe an, sich von ihm anleiten zu lassen, und setzte sich wieder.

Dietrich nickte den Kindern zu, wieder mit ihrer Musik zu beginnen. Christoph begann zu singen, obwohl er vor Kichern kaum den Ton halten konnte.

An dem Tage, an dem die Zeitungen Aufnahmen von russischen und deutschen Soldaten veröffentlichten, die sich über die Demarkationslinie hinweg die Hände reichten, traf sich Dietrich mit Hans zum Mittagessen in der Stadt. Anschließend nahm ihn sein Schwager mit ins Hauptquartier der Abwehr am Tirpitzufer. Er wollte ihm sein neues Büro zeigen.

Im zweiten Stock, von dem aus man über ein Geländer ins Foyer hinabsehen konnte, kamen sie zu einem faltbaren Metallgitter. Hans öffnete das Gitter, und sie betraten einen langen, hell erleuchteten Korridor, in dem hektisches Getriebe und lautstarkes Stimmengewirr herrschten. Fast am Ende des Korridors gelangten sie zu Hans' Büro.

Im Vorzimmer stellte Hans seine Sekretärin vor, eine untersetzte kleine Frau, die fröhlich nickte und sich sofort wieder ihrer klappernden Schreibmaschine zuwandte.

Das eigentliche Büro war – verglichen mit dem im Justizministerium – alles andere als luxuriös. Hans' Schreibtisch, an dem zwei schäbige Stühle standen, befand sich in der Nähe des Fensters, von wo aus man auf einen engen düsteren Hof hinausblickte. Dann gab es noch einen schweren stählernen Aktenschrank, in dem Papiere, Bücher und ein Kurzwellenradio aufbewahrt wurden. Eine Deutschlandkarte und eine kleinere von Berlin bedeckten die Hälfte der Wand. Neben der Tür, die zu Osters angrenzendem Büro führte, stand ein grüner, mit Reliefs verzierter Safe.

Während sich Dietrich mit unverhohlener Neugier in dem Raum umsah, nahm Hans ihre Hüte und hängte sie in den Stahlspind. Er hatte Dietrich bereits einiges von der Abwehr erzählt und davon, wie Canaris – mit Hilfe seiner mehr als sorgfältig ausgesuchten und geschulten Mitarbeiter – einen Spionagering aufgebaut hatte, der ihm in Europa den Ruf als »Meisterspion« eingetragen hatte. Obwohl es ihm gelungen war, freigewordene und zusätzliche Stellen mit Gegnern des Nazi-Regimes zu besetzen, gab es immer noch viele Nazi-Sympathisanten, auch überzeugte Nazis in der Abwehr. Die Widerstandsgruppe um Oster mußte deswegen mit gebotener Vorsicht vorgehen, auch wenn das Oster selbst sehr schwerzufallen schien.

Canaris' größtes Problem lag außerhalb seiner Abwehr. Es hieß immer noch: Heinrich Himmler. Himmler hatte nie aufgehört, mit allen Mitteln dem kleinen Admiral die Kontrolle über den militärischen Geheimdienst entreißen zu wollen. Doch Canaris hatte mit vielen geschickten Schachzügen die Abwehr vor Himmlers Machenschaften abschirmen können. Vor zwei Jahren hatte Canaris eine Übereinkunft durchgesetzt, die er »die Zehn Gebote« nannte und in der die Zuständigkeitsbereiche der beiden Behörden festgelegt sowie Regeln für die gegenseitige Nichteinmischung aufgestellt worden waren. Der Abwehr allein blieben Untersuchungen in militärischen Angelegenheiten vorbehalten, während alle politisch motivierten Nachforschungen in die Zuständigkeit der Gestapo in der Prinz-Albrecht-Straße fielen. Ging es freilich hart auf hart, weigerte sich Canaris immer, die Gestapo bestimmen zu lassen, wo die feine Linie zwischen den beiden Bereichen zu ziehen war. Hans zufolge bedeutete diese Übereinkunft einen bemerkenswerten Sieg für Admiral Canaris. Doch Himmler – und besonders Reinhard Heydrich, der Chef des Sicherheitsdienstes – hörten nie auf, aus dem Hinterhalt zu schießen. Der listige Admiral schien seine Freude daran zu haben, den Feind auszumanövrieren, hielt wohl auch aus diesem Grunde die Verbindung zu Heydrich aufrecht, der in früheren Jahren sein Kamerad bei der Marine gewesen war.

Hans nahm seine Majorsuniform aus dem Spind und zeigte sie Dietrich. »Gott sei Dank muß ich sie nur bei formellen Gelegenheiten tragen«, lächelte er.

Es fiel in der Tat schwer, sich Hans in einer Uniform vorzustellen, doch in seiner neuen Position war das unumgänglich. Hans leitete die politische Sektion von Osters Zentralabteilung und arbeitete gleichzeitig als eine Art Privatsekretär für Admiral Canaris, vor allem in den Angelegenheiten, die mit dem Widerstand zu tun hatten. In dieser Eigenschaft war er immer bei den Morgenbesprechungen im Büro des Admirals anwesend und hatte Zugang zu allen Informationen, die bei der Abwehr eingingen.

Hans ging zu dem stählernen Aktenschrank und erklärte Dietrich das System, mit dem er die inzwischen stark angewachsene

»Chronik« verbarg. Die Mappen, in denen die Chronik verborgen war, hatten falsche Etiketten und standen zwischen den gewöhnlichen Akten. Ihren Aufbewahrungsort konnte man jeweils einem in der vorhergehenden Akte verborgenen Code entnehmen. Hans suchte eine Mappe heraus und zog sie hervor. »Diese neue Akte dürfte dich interessieren – die Sache Gleiwitz.«

Hans hatte der Familie bereits von dem Verwirrspiel am Morgen des Angriffs auf Polen erzählt. Daß nämlich die »polnischen Soldaten« – die nach Hitlers Worten zuerst in Gleiwitz, dann auch in anderen Ortschaften auf deutschem Boden das Feuer eröffnet hatten – in Wirklichkeit deutsche SS-Leute und Gefängnisinsassen in polnischen Uniformen gewesen waren.

»Hier steht alles drin«, sagte Hans und breitete die Papiere auf dem Schreibtisch aus. »Das ist eine Kopie des Befehls an Naujocks für die gesamte Operation. Und das hier ging an Müller von der Gestapo, der die Gefangenen zur Verfügung stellen sollte. Und hier der Befehl an den Gestapo-Arzt, die tödlichen Injektionen zu verabreichen. Alles von Heydrich unterzeichnet!«

Dietrich las die Dokumente, und ein Schauder erfaßte ihn.

»Da der Brief an Goebbels mit der Bitte um Zeitungsfotografen«, erläuterte Hans in ruhigem Ton.

Dietrich erinnerte sich an die Bilder von den toten »polnischen Soldaten«, die damals in den Zeitungen veröffentlicht worden waren.

»Dieses Schriftstück hier hat mir Canaris selbst gegeben«, sagte Hans und reichte Dietrich ein Blatt.

Es war ein Befehl an Canaris, einhundertfünfzig polnische Uniformen und Handfeuerwaffen an Heydrich auszuliefern. Keine Erklärungen. Der Befehl war von Adolf Hitler unterzeichnet.

Dietrich blickte Hans an. Der legte wortlos die Papiere wieder zusammen und steckte die Mappe zurück an ihren Platz.

In diesem Augenblick erschien Admiral Canaris in der Tür, was Dietrich nicht sonderlich überraschte. Hans hatte ihm schon erzählt, daß der Admiral, ein rastloser Mann, oft durch die Flure lief und ohne Vorankündigung in den einzelnen Büros auftauchte.

Zu Dietrichs Überraschung und Freude erinnerte sich der

Admiral an ihn. Als sie sich wieder setzten, flüsterte ihm Canaris zu: »Dohnanyi hat mir erzählt, daß Sie in die Vereinigten Staaten gereist und wieder zurückgekommen sind. Das verstehe ich nicht. Sie sind doch ein intelligenter Mann! Wie konnten Sie denn hierher zurückkommen?«

Dietrich lächelte: »Manchmal tut man Dinge, weil man einfach nicht anders kann. Selbst wenn sie töricht scheinen. Ist es nicht so, Herr Admiral?«

Canaris' klare blaue Augen unter den buschigen weißen Brauen musterten ihn scharf. Schließlich sagte er: »Ja, Sie haben recht.«

Canaris wirkte gebrechlich und ausgesprochen unpreußisch in seiner zerknitterten blauen Uniformjacke, an der – ziemlich schief – das Eiserne Kreuz erster Klasse hing. Er zog eine Pillendose aus seiner Tasche, förderte eine Tablette zutage und steckte sie in den Mund. Dann lehnte er sich auf seinem Stuhl zurück und sagte: »Ich brauche Ihre Hilfe, Dohnanyi! Gestern abend hatte ich eines von meinen Katz-und-Maus-Gesprächen mit Heydrich.«

»Und Sie waren die Katze?« fragte Hans.

»Das hoffe ich! Bei ihm weiß man das nie so genau. Gestern abend freilich schien er keinen Verdacht zu schöpfen. Er war sehr offen, doch was er sagte, hat mich entsetzt. Er wütete gegen die Wehrmacht, weil sie viel zu lasch gegen die polnische Bevölkerung vorgeht. Die Kriegsgerichte mit ihren zwei- bis dreihundert Hinrichtungen pro Tag sind ihm zu langsam, zu vorsichtig.« Verzweifelt meinte er dann: »Er möchte ohne Gerichtsverhandlungen weitermachen. Er sagte zu mir, ohne auch nur mit der Wimper zu zucken: ›Die kleinen Leute werden wir verschonen. Aber unter den Adligen, Priestern und Juden muß es ein Großreinemachen geben.‹ Er will das mit der Wehrmacht arrangieren, sagt er, sobald Warschau eingenommen ist.«

Canaris stand auf und trat hinter seinen Stuhl. »Heute morgen bin ich zu Keitel gegangen und habe ihn gewarnt, daß die Welt die Wehrmacht dafür verantwortlich machen wird, wenn so etwas unter ihren Augen geschieht. Und was antwortete mir da Keitel? Es handele sich dabei um eine Entscheidung des Führers, und die Wehrmacht werde das einfach tolerieren müssen. Schließlich werde die SS mit diesen Maßnahmen betraut, nicht die Wehrmacht. Das schien ihm Entschuldigung genug.« Canaris' Hand zuckte nervös auf der Stuhllehne, und manche seiner Worte kamen gepreßt aus seinem Mund, so als fehle ihm der Atem. »Ich fragte ihn, ob er tatsächlich zulassen wolle, daß die Gestapo das Kommando in der Wehrmacht an sich reißt. Er könne nichts tun, hat er mir geantwortet. Dieser Lakai!« Canaris starrte ins Leere. »Aber dieser Wahnsinnige macht uns alle zu Lakaien«, brach es dann aus ihm heraus.

Dietrich sah ratlos zu Hans hinüber.

Canaris, der es bemerkt hatte, senkte den Blick. Die Schande der hundertfünfzig polnischen Uniformen – sie war da, ließ sich nicht beiseiteschieben. Mit gedämpfter Stimme begann der Admiral erneut zu sprechen. »Am Anfang war ich für Hitler. Das muß ich einfach bekennen. Ich begrüßte seine Festigkeit, besonders gegenüber den Bolschewisten. Gott weiß, daß wir das nötig hatten – und immer noch haben.« Er sah Dietrich an, als wolle er dessen Meinung hören.

»Festigkeit ist eine Sache, Herr Admiral, aber Gangstertum eine andere«, sagte Dietrich.

Der Admiral seufzte. »Das ist es natürlich! Dieser Krieg wird uns alle vernichten, und mit solchen Greueltaten auch die Seele Deutschlands. Unser Land ist in den Händen eines Wahnsinnigen. Er will noch vor dem Winter gegen Westen marschieren. Das hat er uns gestern in der Reichskanzlei gesagt. Er redet vom Frieden, während er bereits den nächsten Angriff plant. Er müsse alles oder nichts bekommen, behauptet er. Alles oder nichts! Was würden Sie tun, Pastor Bonhoeffer, wenn Sie an meiner Stelle wären?«

»Ich würde alles in meiner Macht Stehende tun, um es zu verhindern.«

»Den Krieg?«

»Alles.«

Canaris kam um den Stuhl herum und setzte sich. »Ich habe Tippelskirch zu General Halder geschickt. Der wußte bereits von den Greueltaten und ist damit einverstanden, daß die führenden Männer der Wehrmacht entschieden eingreifen.« Dann fügte er –

mit Skepsis in der Stimme – hinzu: »Das Problem ist nur, daß Halder sich immer alles anhört und dann fadenscheinige Ausreden vorbringt, weshalb er dennoch nichts unternimmt.« Canaris wandte sich an Hans. »Ich habe alle Agenten der Abwehr in Polen angewiesen, mich über derartige Maßnahmen auf dem laufenden zu halten. Morgen reise ich selbst nach Polen und nehme Oster mit. Sie, Dohnanyi, möchte ich bitten, mir Beweise für diese Vorgänge zu beschaffen. Alles, was Sie auftreiben können – Berichte, Bilder, Filme, wenn möglich.« Canaris hatte seine Stimme wieder in der Gewalt. »Alles, was Sie finden können.«

»Ja, Herr Admiral.«

»Das ist unsere einzige Chance, dagegen etwas zu unternehmen. Die Generäle der Wehrmacht müssen erfahren, welche Verbrechen im Namen Deutschlands begangen werden. Wenn Sie fertig sind, möchte ich, daß Sie mit mir die Runde machen und allen diesen Männern die Beweise vorlegen.«

Eines Abends dann, bevor er mit dem Admiral die Generäle aufsuchte, brachte Hans einige der Berichte und Bilder mit nach Hause, um sie der Familie zu zeigen. Sie bestätigten Dietrichs schlimmste Befürchtungen. Es waren Bilder von so grausamer Vernichtung, von Massenhinrichtungen und so entsetzlichem Elend, daß Dietrich es ohne die Bilder nicht geglaubt hätte. Auf einem erkannte er drei Priester, die vor einem Erschießungskommando der SS aufgereiht standen.

In ihrer Furcht und ihrem Entsetzen sprach Dietrichs Mutter für sie alle. »Der Zorn Gottes wird auf Deutschland fallen. Und wir werden diesen Kelch bis zur Neige leeren müssen.«

Die Polen kapitulierten noch vor Ablauf eines Monats. Es hatte keinen Angriff der Engländer und Franzosen gegeben. An jenem Abend brachte Rüdiger die Nachricht mit nach Hause, daß Hitlers Westoffensive sich nicht auf die stark befestigte Maginot-Linie richten würde, sondern gegen die neutralen Niederlande.

Diese Nachricht löste in der Familie Erstaunen, Entsetzen, aber auch einen Funken Hoffnung aus: Erstaunen über den Wahnsinn einer Offensive im Schlamm und Dreck des einbrechenden Winters; Entsetzen über den ungeheuerlichen Einfall, die Neutralität der Niederlande zu verletzen; und Hoffnung, daß diese unvorstellbare Entscheidung die Flamme des Widerstandes neu auflodern lassen und endlich auch die Generäle zum Handeln bringen würde.

Gegen Ende jenes schwarzen Septembers, nach dem Überfall auf Polen und nachdem Pommern kein Kriegsschauplatz mehr war, bat Dietrich Eberhard, wieder nach Berlin zu kommen. Gemeinsam mit dem Bruderrat suchten sie nach Möglichkeiten, das Seminar in Sigurdshof wiederzueröffnen. Denn zu ihrer eigenen Überraschung gab es immer noch acht Kandidaten für die Seminarausbildung.

Während Dietrich und Eberhard ihre Sachen packten, um an die Arbeit zurückzukehren, brachte der Briefträger eine mit schwarzer Tinte umrahmte Postkarte, die an Dietrich adressiert war. Darauf stand: »Theodor Maaß, gefallen am 3. September 1939 in Polen.« Darunter die Namen der Eltern und Geschwister Theodors mit den Worten des Johannesevangeliums: »Er ist vom Tode zum Leben hindurchgedrungen.« Schweigend reichte Dietrich die Karte an Eberhard weiter. Maaß hatte mit Eberhard zu den ersten Seminaristen gehört.

Dietrich nahm eine Liste seiner früheren Seminaristen in die Hand, die jetzt an der Front waren. Bestrebt, den Kontakt nicht abreißen zu lassen und ihnen so viel Unterstützung wie möglich zu geben, hatte er ihnen allen an die Front geschrieben. Einige von ihnen hatten geantwortet. Doch diese kleine schwarzumrandete Karte war die erste tragische Wirklichkeit.

»Ich glaube, ich halte es nicht aus, noch viel länger hierzubleiben«, rief Dietrich verzweifelt.

Eberhard blickte fragend auf.

»Hier oder sonst irgendwo in Sicherheit – ohne etwas zu tun! Während die anderen sich da draußen der Gefahr und dem Leiden aussetzen. Was sollen wir dagegen tun?«

»Was können wir tun?«

»Ich weiß es nicht! Ich habe nur einfach das Gefühl – es ist fast ein Zwang! –, daß ich dort bei ihnen sein müßte«, erwiderte Dietrich gequält.

»Heißt das, du willst dich melden?«

Dietrich schüttelte den Kopf. »Nein, nein! Nein, ich kann in diesem Krieg keine Waffe in die Hand nehmen. Aber ich könnte doch als Militärpfarrer an die Front gehen.« Er blickte auf. »Würdest du da vielleicht mitkommen?«

»Auf jeden Fall!«

Schon am Tag darauf bewarben sich Dietrich und Eberhard als Militärgeistliche. Man sagte ihnen, sie könnten frühestens in einem Monat mit einer Antwort rechnen.

Mitte Oktober kehrte Hans von seiner Westreise mit Canaris zurück; angewidert, wie er sagte, von den »schlaffen Generälen« und ihren immer gleichen Ausreden: Ihre Männer würden ihnen den Gehorsam verweigern; die Verantwortung eines Soldaten liege nun einmal nicht im politischen Bereich; sie seien, jetzt im Krieg, mehr als je an ihren Hitler geleisteten Eid gebunden. In einem aber waren sich alle Generäle einig gewesen: Eine Offensive im Westen mußte scheitern.

Bald nach seiner Rückkehr kam Hans mit einer unerwarteten Bitte zu Dietrich. »Oster würde dich gerne sehen, bevor du abreist. Falls du nichts anderes vorhast, will er heute abend hier vorbeikommen.«

»Weißt du, was er will?«

Hans schüttelte den Kopf. »Ich bin mir nicht sicher, aber ich glaube, es geht um etwas Wichtiges.«

»Nun, dann sag ihm, daß er kommen soll.«

26

»Für mich gibt es kein Zurück!« Oster hatte diese Worte mit einem solchen Maß innerer Erregung herausgeschleudert, daß sie kaum zu verstehen waren. »Ich habe beschlossen, es zu tun. Es wäre freilich viel einfacher, eine Pistole zu nehmen und jemanden niederzuschießen oder in eine Maschinengewehrsalve zu laufen, als das zu tun, was ich tun werde!«

Dietrich sah Hans an, dessen Gesicht unbeweglich wirkte.

Oster stand ihnen gegenüber. Der schwarze Verdunklungsstoff vor Dietrichs Fenster betonte Osters scharfe bleiche Züge. »Die Situation ist hoffnungslos, meine Herren«, meinte Oster, nun etwas ruhiger. »Sie wird mit jedem Tag hoffnungsloser. Wir sind gelähmt. Die Generäle haben sich mit der Westoffensive abgefunden. Heute war Canaris bei General Halder und fand ihn am Rande eines Nervenzusammenbruchs. Halder sitzt in der Zwickmühle. Muß er sich doch entscheiden zwischen dem, was Hitler von ihm verlangt, und dem, was er, Halder, verantworten kann. Brauchitsch geht es ebenso. Er allerdings hat sich auf den Standpunkt gerettet: ›Ich bin Soldat! Meine Pflicht ist es, zu gehorchen.‹ Beide aber sind völlig am Ende. Hitler verlangt den Angriff. Er hat alle vernünftigen Argumente in den Wind geschlagen und den 12. November festgesetzt. Halder weiß, daß ein Putsch der einzige Ausweg wäre, aber er bringt es nicht über sich, einen solchen Schritt ohne den Oberbefehlshaber zu tun. Und Brauchitsch wird nichts unternehmen. Sein ständiger Refrain lautet: ›Wenn wir revoltieren, werden uns die Engländer von hinten erschlagen.‹ So sieht es aus.«

Oster ließ sich verzweifelt auf seinen Sessel fallen. »Ich bin zu dem Schluß gekommen, daß ich alles in meiner Macht Stehende tun muß, um für das Scheitern dieser Offensive zu sorgen – und zwar ein endgültiges Scheitern, weil wir sie nun einmal nicht verhindern können. Endgültig genug, um Hitler aufzuhalten und zu verhindern, daß sich wiederholt, was in Polen geschehen ist. Was ich dort gesehen habe ... Weiß Gott, ich wünschte, ich hätte es nie gesehen! Seitdem kann ich nachts nicht mehr schlafen. Und genau das wird sich auch im Westen abspielen, falls Hitler wieder einmal einen seiner wunderbaren Siege verbuchen kann. Wir dürfen diesen Nachtwandler unter einem glücklichen Stern nicht unterschätzen. Er könnte recht damit behalten, jetzt zuzuschlagen – während Großbritannien noch unvorbereitet ist.«

Oster sah Dietrich mit dem Blick eines Mannes an, der drauf und dran ist, in ein brennendes Haus einzudringen. »Niemand wird mich verstehen, aber ich muß es tun. Der niederländische Militärattaché hier in Berlin ist ein guter Freund von mir. Ich habe vor, ihm das Datum der Offensive zu verraten.« Oster musterte Dietrich scharf, als wolle er dessen Reaktion abschätzen. »Man wird sagen, ich sei ein Verräter, aber ich betrachte mich als einen besseren Deutschen als alle diese ›Patrioten‹, die hinter Hitler hertrotten. Ja, man wird mich einen Verräter nennen! Die Generäle folgen den Befehlen ihres Führers und schicken ›in Ausübung ihrer Pflicht‹ Millionen in den Tod, ohne daß ihre Ehre Schaden nimmt. Ich bin bereit, alles zu riskieren, um Menschenleben – ja, letzten Endes unser Land – zu retten, und mich werden sie als Verräter brandmarken.«

»Sie sind kein Verräter, Herr Oberst«, sagte Dietrich leise.

Oster senkte seinen Blick. Ruhig, leidenschaftslos, sprach er weiter. »Ich kann mit Canaris nicht darüber sprechen. Es ist ihm unmöglich, den Unterschied zwischen Hochverrat und Vaterlandsverrat zu erkennen.«

»Dies ist kein Vaterlandsverrat. Da bin ich mir ganz sicher.« Dietrich wandte sich Hans zu, der ihm aber nicht zu Hilfe kam, sondern Dietrich nur erwartungsvoll ansah. An Oster gerichtet, meinte Dietrich nun: »Wenn ein Wahnsinniger all das mit Füßen tritt, was eine Obrigkeit unter Gott ihrem Volk schuldig ist . . .«

»Wollen Sie sagen, daß ich es tun sollte?«

»Das kann ich nicht sagen. Das müssen Sie selbst entscheiden. Aber mir . . . mir scheint es ein gerechtfertigter Schritt zu sein. In dieser von den Normen abweichenden Situation gibt es im Grunde keinen guten, in jeder Hinsicht richtigen Ausweg. Und diese Situation haben Sie nicht verschuldet!«

»Ich habe mitgeholfen, sie herbeizuführen. Das haben wir schließlich alle getan!«

Wenn unsere Kirchenführer nur halb so viel Mut hätten, sich der Wahrheit zu stellen, ging es Dietrich durch den Kopf, dann sähe ihr Handeln anders aus.

Allmählich schien sich Oster zu entspannen. Er sprach von seiner Kindheit und von seinem Vater. »Er war kein großer Prediger, aber er war sehr ehrlich. Ich frage mich immer wieder, was er jetzt sagen würde.« Oster seufzte. »Ich habe ihn in vielen Dingen enttäuscht – vor allem dadurch, daß ich mich von der Kirche entfernt habe. Es tut mir leid, das zu sagen, aber ich empfand sie zunehmend als . . . als schrecklich harmlos.« Er lächelte entschuldigend, offenbar bestrebt, seinen sonst so leichtherzig wirkenden, lockeren Stil wiederzufinden. Doch es wollte ihm nicht gelingen. »Ich muß dennoch bekennen, daß ich nur eine Angst habe: die vor dem Zorn Gottes.«

»Hätten doch nur mehr diese Angst!« rief Dietrich, bewundernd und dankbar für diese Erfahrung.

Nachdem Hans und Oster gegangen waren, saß Dietrich noch lange und dachte über das Gespräch nach. Immer wieder bedrängte ihn der Gedanke an die Kirchenleute, die Hitler mehr fürchteten als Gott. War nicht dieser Mann, der sich nach seinen eigenen Worten »von der Kirche entfernt« hatte, in Wirklichkeit Christus näher als viele, die ihn lauthals als Herrn bekannten? Am tiefsten freilich schmerzte ihn die Einsicht, daß Männer wie Oster wohl recht hatten, wenn sie bekannten, die Botschaft der Kirche nicht annehmen zu können. Einer Kirche jedenfalls, wie sie sich momentan darstellte.

Bald darauf berichtete er Eberhard von Osters Plan.

»Aber ich habe einen Verwandten in dieser Armee!« entsetzte sich Eberhard.

»Das habe ich auch! Sogar zwei! Einen bei Bock und einen bei Rundstedt.«

»Wovon reden wir hier eigentlich, Dietrich?«

»Wir reden von dem, was man allgemein als Verrat bezeichnet.«

Eberhard wandte sich ab, und Dietrich beobachtete ihn, wie er im Zimmer auf und ab lief. Plötzlich blieb er stehen »Ich glaube, ich verstehe das einfach nicht.« Eine Weile lang sagte Eberhard nichts mehr, dann fragte er Dietrich mit scharfer, drängender Stimme: »Ist so etwas wirklich nötig? Geht das nicht doch zu weit?«

Dietrich wußte, daß Osters Vorhaben Eberhards Erziehung vollständig widersprach. Ihm selbst erging es schließlich ebenso. So sehr, daß er immer noch über die ruhigen, überlegten Antworten staunte, die er dem gequälten Oberst gegeben hatte. Jetzt fühlte er sich unsicher. Was sollte er Eberhard antworten? »Die Wahrheit ist, ich weiß es nicht«, bekannte Dietrich. »Ich nehme an, wir müssen neu überdenken, wem vor allem unsere Treue gehört.«

Eberhard schwieg, rührte sich nicht von der Stelle.

»Das muß doch die Grundlage all unseres Denkens sein! Oder?« fragte Dietrich.

»Ich hätte nie gedacht, daß die Treue Christus gegenüber und die Treue dem Vaterland gegenüber je in Konflikt geraten könnten. Hitler ist eine Sache. Aber das Vaterland?«

»Soweit ist es noch nicht gekommen.«

»So klingt es aber.«

»Nein, Eberhard, so ist es nicht! Ich halte Oberst Oster für einen so guten Patrioten, wie man sich nur einen wünschen kann.«

»Das ist schwer einzusehen. Ich schätze, ihm geht es nur darum, Hitler zu stürzen. Aber dazu muß es doch einen besseren Weg geben ... Alle diese Menschen, die da so kaltblütig ›geopfert‹ werden!«

Dietrich erzählte von Osters Erlebnissen in Polen und von Osters Überzeugung, daß die Nazis genau diese Bestialitäten in den Niederlanden und Frankreich wiederholen würden. »In der gegenwärtigen Situation gibt es nur sehr wenige Möglichkeiten. Osters Vorgehen scheint das einzige Mittel, das vielleicht noch wirken könnte.«

»Er wird geächtet sein, falls es jemals herauskommt«, sagte Eberhard.

»Das weiß er!«

»Und du hast ihm gesagt, daß er es tun soll?«

»Nein! Er tut es aus eigenem Entschluß«, wiedersprach Dietrich.

»Aber du bist dafür?«

»Wenn es notwendig ist! Für Oster zumindest läuft es darauf hinaus.« Eberhard schien etwas sagen zu wollen, aber Dietrich ließ ihn nicht zu Wort kommen. »Was uns betrifft«, meinte er hastig, »so wird es für uns keine einfachen Antworten mehr geben. Die Zeit wird kommen – vielleicht ist sie schon da –, wo uns jede verfügbare Alternative gleichermaßen unerträglich erscheinen wird. Wir werden uns nur noch zwischen dem Schlimmen und dem Schlimmeren entscheiden können. Aber wenn wir gar nichts tun, werden wir mit Sicherheit untergehen. Damit wären wir die schlimmsten aller Pharisäer. Nur eines ist tröstlich: Wir müssen diese Entscheidungen nicht allein treffen, und das ist viel wert. Vielleicht wird aus alledem etwas Neues entstehen, das wir jetzt noch überhaupt nicht erkennen können. Jedenfalls dürfen wir darauf vertrauen, daß wir in den Händen des Einen sind, der selbst aus unseren Fehlern etwas Gutes machen kann.«

Paula erwachte, und noch ehe sie ihre Augen öffnete, fiel es ihr ein: Heute ist der Tag! Draußen war es noch stockfinster – es war ein kalter Novembermorgen –, und Karl schlief noch fest. Sie waren spät zu Bett gegangen. Wie er es in letzter Zeit sehr oft getan hatte, war Hans gegen 23.00 Uhr herübergekommen, und Paula und Karl hatten mit ihm und Christel im Wohnzimmer gesessen, um über die endgültigen Pläne zu sprechen. Alles war bereit, falls Hitler es sich mit der Offensive nicht anders überlegte. Hans arbeitete an den Verlautbarungen, die General Beck und Carl Goerdeler, welche der neue Präsident und der neue Reichskanzler werden sollten, sofort nach dem Putsch der Bevölkerung verlesen sollten. Karl hatte sein Psychiater-Komitee erneut in Bereitschaft versetzt. Paula dachte an Dietrich in Sigurdshof; erleichtert, ihn an einem vergleichsweise sicheren Ort zu wissen.

Bald hörte Paula, wie sich Hans und Christel in ihrem Zimmer auf der anderen Seite des Flures regten. Nach ein paar Minuten hörte sie deren leisen Schritte. Sie stand auf und öffnete die Tür. Christel stand auf dem Treppenabsatz und hatte die Hände auf Hans' Schulter gelegt, der eine Stufe unter ihr stand und sein gespanntes Gesicht ihr zuwandte. Was sie sagten, konnte Paula nicht hören, aber sie sah den zärtlichen Blick, den sanften Kuß, die fest verschränkten Hände, als er zurücktrat und sich zum Gehen wandte. Christel blieb reglos stehen, bis sich die Haustür hinter ihm geschlossen hatte. Dann hob sie die Hände und vergrub ihr Gesicht darin. Wie gern hätte Paula jetzt ihre Tochter in die Arme geschlossen, so wie sie es getan hatte, als die noch ein kleines Mädchen gewesen war. Statt dessen trat sie zurück und schloß leise die Tür.

Die Stunden des Tages wollten nicht vergehen, krochen geradezu. Hans sollte seinen Posten in Zossen einnehmen, dem neuen Hauptquartier der Untergrundarmee – fünfundzwanzig Kilometer südlich von Berlin. Oster sollte am Tirpitzufer bleiben und alle Informationskanäle überwachen.

Am Nachmittag, als sie am wenigsten damit rechneten, kam Hans nach Hause. Irgend etwas stimmte nicht, aber er sagte nichts, bis die Kinder nicht mehr im Raum waren. Dann platzte es geradezu aus ihm heraus. Der Putsch war abgeblasen! Halder hatte gerade den Befehl geben wollen, als Brauchitsch, der von den Putschplänen nichts ahnte, beschloß, einen letzten Versuch zu unternehmen, Hitler die Offensive auszureden. Halder, der Brauchitsch in die Reichskanzlei begleitet hatte, war in Panik zurückgekehrt und hatte befohlen, alle Dokumente zu verbrennen. Halder rechnete jeden Augenblick mit dem Eintreffen der Gestapo und den ersten Verhaftungen. Irgendwie hätte Hitler Wind von ihren Plänen bekommen. Nichts, gar nichts an Beweisen durfte übrigbleiben.

Hans öffnete seine Aktentasche. »Ich konnte meine Proklamation gerade noch aus den Flammen retten und dann verschwinden.« Ein Stapel angesengter Blätter landete auf dem Tisch.

»Und die Gestapo?« Paula fragte es atemlos.

»Keine Spur von denen.«

Innerhalb weniger Tage stellte sich heraus, daß es ein falscher Alarm gewesen war. Hitler hatte nichts geahnt, sondern nur in seiner Wut über Brauchitschs Versuch, ihn von der Offensive abzubringen, irgendeine Bemerkung gemacht, die Halder falsch verstanden hatte. – Aber alle Pläne waren zunichte. Kurz darauf verschob Hitler die Offensive wegen der ungünstigen Witterung. Am Wochenende kam Dietrich aus Pommern, und die Familie versammelte sich, um ihn über die Ereignisse der letzten Woche zu informieren.

»Allmählich erholt sich Halder von seinem Schock«, berichtete Hans. »Wenn jemand Hitler für ihn erschießen würde, wäre alles in Ordnung.«

»Warum tut er es denn nicht selbst?« fragte Emmi.

»Er hat nicht das Zeug dazu! Das hat er neulich selbst zugegeben. Mit Tränen in den Augen hat er gestanden, daß er es versucht, aber dann doch nicht über sich gebracht hätte. Er habe wochenlang eine Pistole in seiner Tasche herumgetragen – jedesmal, wenn er in die Reichskanzlei gerufen wurde – und gehofft, er würde die Kraft aufbringen, Hitler zu erschießen.«

Klaus winkte ungeduldig ab. »Mindestens die Hälfte der Oppositionellen, die ich kenne, würde das befürworten.«

»Du meinst, ein Attentat wird als ernsthafte Möglichkeit erwogen?« fragte Dietrich.

»Warum nicht?« gab Emmi zurück.

»Nicht von Beck oder Canaris!« widersprach Hans. »Die sind strikt dagegen.«

»Warum?« beharrte Emmi. »Ich frage mich, welche Gründe sie dafür haben.«

»Hauptsächlich religiöse Gründe. Das gilt zumindest für Halder. Er sagt, er könne nicht auf einen unbewaffneten Mann schießen. Dabei würde es eine Menge Probleme lösen«, knurrte Hans.

»Würde es nicht auch einige Probleme schaffen?« fragte Dietrich. »An so etwas wäre nur als letztes Mittel zu denken.«

Sofort griff ihn Emmi an. »Ihr Kirchenleute seid schon ein

komischer Haufen! Ihr wollt ihn nicht töten, aber wenn es jemand anderes täte, wärt ihr froh darüber. Ist es nicht so?«

Dietrich sagte nichts.

»Warum sollte man diesen Teufel nicht töten? Warum sollte es ein Problem sein, diesen Verbrecher zu töten? Wenn ich in seine Nähe kommen könnte, ich würde es tun.«

Emmi blickte so entschlossen, daß Paula sicher war, daß Emmi die Wahrheit sagte.

Bevor sie zu Bett ging, stieg Paula die Treppe zu Dietrichs Zimmer hinauf. Sein Lächeln schien einladender als sonst, zärtlicher. Er bot ihr seinen Sessel an und setzte sich zu ihr.

»Du weißt vermutlich, was mir durch den Kopf geht«, begann Paula. »Ich kann es nicht ertragen, Emmi so reden zu hören. Und – sie hätte dich nicht so angreifen dürfen.«

»Aber sie hat recht, Mama. Ich habe die ganze letzte Stunde darüber nachgedacht. Daß ich ein Christ bin, bedeutet doch nicht, daß ich mich aus dieser Sache heraushalten kann – so böse sie ist! –, wenn sie denn vollbracht werden muß.«

»Aber der Gedanke ist mir unerträglich.«

»Ja, es ist unerträglich. Erst vor kurzem habe ich zu Eberhard gesagt, daß auf uns eine Zeit zukommt, in der uns jede Alternative gleichermaßen unerträglich erscheint.«

Paula sagte nichts. Schon seit einiger Zeit ging sie davon aus, daß es am Ende »dazu« kommen mußte. »Es ist schwer zu akzeptieren. Und ich will es nicht akzeptieren.«

»Ich weiß, Mama! Ich will es auch nicht. Aber ich fürchte, bevor das alles vorbei ist, werden wir noch durch allen möglichen Schmutz waten müssen. Wir können es ertragen, wenn wir tun, was getan werden muß. Wenn wir es im Namen der Schöpfung Gottes tun. Ihr habt uns das gelehrt, du und Papa – alles, was wir tun, im Namen des Lebens zu tun.« Warm, ermutigend blickten seine Augen auf die Mutter. »Und wir stecken als Familie gemeinsam mittendrin. Das ist etwas, wofür wir dankbar sein müssen.« Er lächelte, als sei das ausschließlich ihr Verdienst, und sie fühlte sich getröstet.

Bevor sie ging, vereinbarten Mutter und Sohn noch einen einfachen Code, damit er in Sigurdshof nicht ohne Informationen bleiben mußte.

»Es sind immerhin drei Kilometer bis zum nächsten Telefon«, gab er zu bedenken. »Wenn es weiter so schneit, muß ich vielleicht mit Schneeschuhen gehen. Aber ich werde versuchen, es einmal in der Woche zu schaffen.«

Dietrich kam während jenes schrecklichen Winters nur noch einmal nach Hause, als es im Januar für einige Tage taute. Die restliche Zeit über blieb er in Sigurdshof vom Schnee eingeschlossen – er hatte recht behalten mit den Schneeschuhen. Erst im März konnte er wieder nach Berlin reisen. Während er dort war, erhielt er die Nachricht, daß die Gestapo das Seminar wieder geschlossen hatte – diesmal endgültig. Er und Eberhard fuhren nach Sigurdshof, um ihre wenigen Habseligkeiten nach Berlin zu holen. Nicht lange danach startete Hitler einen Angriff gegen Skandinavien. Überall Krieg!

Anfang April hörte Dietrich mit der gesamten Familie im Rundfunk die Meldung, die Wehrmacht habe dänischen und norwegischen Boden besetzt, »um diese Länder vor den Alliierten zu schützen«. Sie werde »ihre wahre Neutralität bis zum Ende des Krieges verteidigen«. Nur so sei »ein geachteter Teil Europas vor dem sicheren Untergang bewahrt worden«.

Der Erfolg breitete seinen roten Teppich vor diesem »Nachtwandler unter einem glücklichen Stern« aus, riß ihn dafür den Widerständlern unter den Füßen weg.

27

Am 17. Juni 1940 kapitulierte Frankreich vor Hitler. Eberhard und Dietrich hörten die Nachricht in Ostpreußen, wo sie sich auf einer Vortrags- und Predigtreise für die Bekennende Kirche befanden. Bis sie etwas Dauerhaftes gefunden hatten, hielten sie sich damit »über Wasser«.

Nach dem ersten Schock lautete Dietrichs Kommentar: »Wir werden umdenken müssen. Wir alle haben Hitler unterschätzt. Das liegt doch auf der Hand! Und unsere Fähigkeit, ihn zu Fall zu bringen, haben wir überschätzt. Jetzt wird alles viel länger dauern und viel schwerer werden, als wir es uns je vorgestellt haben.«

Auf diesen Reisen für die Kirche wurden ihre Dienste überaus freudig in Anspruch genommen. Dabei billigte die Regierung den Pastoren der Bekennenden Kirche nicht dieselben Ausnahmeregelungen zu wie den anderen, zog sie vielmehr rücksichtslos zum Militärdienst ein. Oft kamen Eberhard und Dietrich in Gemeinden, wo Kirchenvorstandsmitglieder die Gottesdienste und Pastorenfrauen den Unterricht hielten, während ihre Männer fort waren. Überraschenderweise waren diese Kirchen voller als die »normalen« im Reich.

In Blöstau, wo sie eine Wochenendkonferenz für Studenten der Bekennenden Kirche halten sollten, war Dietrich besorgt, als er hörte, daß die Pastoren in der Gegend Handzettel verteilt hatten, um die Konferenz anzukündigen. Doch obwohl die Versammlung nicht offiziell genehmigt war, schien am Samstag alles gutzugehen.

Am Morgen predigte Dietrich, und nachdem die Gottesdienstbesucher gegangen war, setzten er und Eberhard sich noch mit mehreren Studenten zusammen, um mit ihnen zu reden. Die Türen und Fenster der Kirche standen offen, um die frische Sommerbrise hereinzulassen. Plötzlich fiel ein Schatten in den Raum. Angeführt von einem Gestapo-Beamten drang eine große Einsatzgruppe der Polizei durch den Mittelgang in die Kirche ein.

Der Beamte, der die anderen Polizisten um eine Kopflänge überragte, fragte kurzangebunden, während er sich in der kleinen Kirche umsah: »Wo sind die anderen?«

»Es gibt keine anderen«, erklärte Dietrich.

»Ich meine, die anderen Theologiestudenten Ihres Kurses.«

»Wir sind alle hier! Es gibt keine anderen.«

Der Beamte schien Dietrich nicht glauben zu wollen und gab seinen Männern ein Zeichen, das Gebäude zu durchsuchen. Während der Beamte wartete, lief er vor dem Altar auf und ab, seinen Knüppel unter dem Arm. Eberhard blickte zu Dietrich hinüber, der auf der ersten Kirchenbank saß – mit gefaßtem Gesichtsausdruck, aber mit zusammengebissenen Zähnen.

Die Polizisten kehrten von ihrer Suche zurück. Ohne Ergebnis! Der Beamte reagierte enttäuscht. Schroff forderte er Dietrich auf: »Stehen Sie auf!«

Langsam erhob sich Dietrich. Eberhard und die Studenten, die bei ihnen waren, standen ebenfalls auf.

»Das sind alles Studenten?« fragte der Beamte.

»Von der Universität, ja! Ausgenommen mein Kollege Pastor Bethge.«

»Sie haben sich auch gestern hier versammelt, oder?«

»Ja, das haben wir!«

»Sie müssen diese Versammlung sofort auflösen«, verlangte der Beamte. »Derartige Treffen sind verboten.«

»Aber weshalb denn? Das hier ist doch nur eine kleine Studentengruppe, wie Sie sehen.«

»Seit Ende Juni gibt es eine entsprechende Anordnung. Christliche Jugendfreizeiten sind verboten.«

»Davon haben wir nie gehört. Ist diese Anordnung veröffentlicht worden?« wunderte sich Dietrich.

»Das spielt doch keine Rolle! Die Anordnung besteht!«

»Dürfen wir sie bitte sehen?«

Eberhard versuchte verzweifelt, Dietrich davon abzuhalten, noch mehr zu sagen. Aber Dietrich schien nichts zu bemerken.

»Dazu sind wir nicht verpflichtet!« erklärte der Beamte kategorisch. »Sie müssen gehen! Aber vorher brauchen wir noch einige Informationen.«

Eberhard hatte schon mit einer Verhaftung oder zumindest einem Verhör gerechnet. Doch zu seiner Erleichterung nahmen die Polizisten nur die Personalien auf und ließen sie dann gehen.

Anfangs meinte Dietrich, den Vorfall als eine neuerliche Schikane gegen die Bekennende Kirche abtun zu können. »Tut mir leid, daß sie deinen Namen aufgenommen haben«, sagte er zu Eberhard, nachdem die anderen gegangen waren. »Das wird sich ja nicht gerade als nützlich erweisen, wenn deine Einberufung kommt!«

Wie schon so oft, war Eberhard überrascht, wie vorausschauend sich Dietrich verhielt – verglichen mit ihm selbst. Erst später äußerte Dietrich die Befürchtung, die Anordnung könne von höherer Stelle gegen ihn persönlich gerichtet gewesen sein. Und wieder spürte Eberhard die Besorgnis jenes Tages im vergangenen August, als Dietrich so unerwartet aus den Vereinigten Staaten zurückgekehrt war. Dietrich hatte ihm damals die Beweggründe für seine Rückkehr erklärt, und Eberhard hatte sie bis zu einem gewissen Grad verstanden. Aber dann hatte Dietrich ruhig, als sei es etwas ganz Selbstverständliches gesagt: »Ich weiß, wofür ich mich entschieden habe!« Eberhard hatte ihn nie wieder danach gefragt.

Jetzt beschloß Dietrich, die Reise ohne Rücksicht auf die Anordnung der Gestapo fortzusetzen. Ihre nächste Station war Eydtkühnen an der litauischen Grenze. Dort herrschte eine ganz andere Atmosphäre als in den weiter westlich gelegenen Städten. Während der Rest Deutschlands begeistert zugesehen hatte, als die Wehrmacht das Hakenkreuz am Eiffelturm aufhängte, spürten die Ostpreußen den eisigen Atem der Sowjetarmee im Nacken. Fast gleichzeitig mit dem großen Sieg in Paris hatten russische Soldaten begonnen, Litauen zu besetzen.

Nun, nur wenige Wochen später, predigte Eberhard in einer kleinen Kirche am Rande jener Grenzstadt. Nach dem Gottesdienst fiel ihm auf, daß nur sehr wenige Leute noch zu dem üblichen Schwatz blieben. Ihr Ton war gedämpft, ihre Blicke gespannt, als sie an der Tür hastig ein paar Worte austauschten und sich dann eilends auf den Heimweg machten.

Am Nachmittag ging einer der Gemeindeältesten mit Eberhard

durch eine schattige Allee bis zu einer Stelle, von der aus sie einen Wiesengrund überblickten. Jenseits dieser Wiese waren auf einer Anhöhe Dutzende von Soldaten in rot gesäumten braunen Uniformen fieberhaft damit beschäftigt, einen Geschützstand zu errichten.

»Russen«, sagte der Älteste kurz.

So weit Eberhard sehen konnte, wurden auf der ganzen Länge des Höhenzuges Befestigungen verschiedenster Art aufgerichtet.

Am Abend erzählte er Dietrich davon, und am nächsten Morgen gingen sie beide an die Stelle zurück, damit auch Dietrich es sehen konnte.

»Äußerst interessant«, sinnierte Dietrich.

Und jetzt entschloß er sich, den Rest der Reise abzusagen und nach Berlin zurückzukehren. »Wir müssen mit Hans reden«, begründete er die Reiseunterbrechung.

Je weiter sie nach Westen kamen, desto unbeschwerter wurde die Stimmung im Volk. Hinter Stettin fielen ihnen erstmals Holzbögen auf, die in jedem Dorf über der Straße errichtet worden waren. Rankpflanzen und Blumensträuße verhüllten die grobgezimmerten Konstruktionen. Einmal hielten sie an, um die Aufschrift auf dem Querbalken zu lesen: »Vierraden grüßt seine siegreichen Helden!« Dietrich blickte Eberhard vielsagend an.

In der Morgenzeitung hatten sie gelesen, daß in Berlin eine Siegesparade abgehalten werden sollte, zur Feier der Demobilisierung einer ganzen Division der Berliner Infanterie, die aus Frankreich zurückgekehrt war. Als sie die Stadt erreichten, setzte sich Dietrich ans Steuer. Er wollte so schnell wie möglich nach Hause und – wenn möglich –, den Menschenmassen ausweichen. In der Aufregung bog er falsch ab, und plötzlich fanden sie sich inmitten von Absperrungen.

»Tja«, bemerkte Eberhard, »nun können wir ebensogut hingehen und uns die Sache selbst ansehen.«

»Das wolltest du doch sowieso, nicht wahr?« ärgerte sich Dietrich.

»Zumindest habe ich noch nie bei der Demobilisierung einer Division zugesehen.«

Mit skeptischem Blick stieg Dietrich aus dem Wagen.

Die Häuser an der Straße Unter den Linden waren über und über mit riesigen roten und weißen Flaggen bedeckt. Ganze Menschenscharen standen an der Straße, lachend und weinend vor Freude über die Aussicht, daß der Krieg ein Ende haben könnte. Kinder durchbrachen die Absperrungen der Polizei, überreichten den Soldaten Blumensträuße, während es von den Gebäuden Konfetti regnete. Die kampferprobten Infanteristen kamen im Stechschritt durchs Brandenburger Tor, an den kolossalen Tribünen vorbei, die zu beiden Seiten des Pariser Platzes errichtet worden waren. Goebbels empfing und erwiderte ihren Gruß, flankiert von einem General, in dem Eberhard Dietrichs Onkel Paul von Hase, den Stadtkommandanten von Berlin, zu erkennen glaubte. Eberhard wandte sich an Dietrich, wollte ihn fragen – aber der starrte geflissentlich geradeaus, als sei er entschlossen, diese Tatsache zu ignorieren.

Die Hoffnung der Menschen wirkte ansteckend. Auch Eberhard konnte sich dieser frohen Stimmung nicht entziehen, und nur ein sehr ernüchternder Blick Dietrichs dämpfte seine Begeisterung.

Diese Begeisterung übertrug sich auch nicht auf die Stimmung im Hause Bonhoeffer. Eberhard blieb schweigsam, empfand die kühlen, ernüchternden Gespräche wie Eiswasser, das über ihn gegossen wurde. Selbst wenn die Engländer zu Friedensverhandlungen bereit sein sollten – woran keiner in der Familie Bonhoeffer glaubte –, was brachte das schon, außer daß es Hitlers Macht stärkte und Deutschland noch mehr zu einem Gefängnis machte! Andererseits! Sollte Churchill sich behaupten und es durch ein Wunder schaffen, einen Angriff abzuwehren, würde das einen langen, langen Krieg bedeuten.

»Sieht aus, als stünden uns schlimme Zeiten bevor«, sagte Dietrichs Mutter bekümmert.

Renate, die nach dem Abendessen mit ihren Eltern herübergekommen war, saß neben ihrer Großmutter. Normalerweise beteiligten sich die Kinder nicht an den abendlichen Gesprächen. Zum ersten Mal fiel es Eberhard auf, wie sehr sich Renate in den letzten sechs Monaten verändert hatte. Sie mußte jetzt fast fünfzehn sein. Dabei, ihre Zöpfe trug sie noch immer. Bisher hatte Renate schweigend den Gesprächen zugehört. Doch auf einmal fragte sie mit erregter Stimme: »Werden die denn weiter Leute wie Gustavs Schwester umbringen?«

»Beten wir darum, daß sie es nicht tun, mein Liebes«, versuchte Frau Bonhoeffer das junge Mädchen zu beruhigen.

»Wer ist Gustav?«

»Ein Freund von mir aus der Schule«, antwortete Renate.

»Und was ist mit seiner Schwester passiert?«

»Na ja, *sie* ist nicht umgebracht worden, aber das ist fast ein Wunder. Sie ist zurückgeblieben, weißt du? Sie lebt in einem Heim. Und in diesen Häusern wurden einige Patienten umgebracht, sogar Kinder. Wirklich!« Ihr Blick, in dem blankes Entsetzen lag, richtete sich auf Eberhard.

»Ja, ich habe davon gehört«, murmelte Eberhard.

Seit Monaten kursierten Gerüchte über die systematische Tötung von geistig Zurückgebliebenen und anderen, die als Belastung für die Gesellschaft betrachtet wurden. Vor ein paar Wochen hatte Eberhard Dietrich bei einem Plan geholfen, epileptische Patienten in Bethel und Lobethal zu retten. Dietrich hatte seinen Vater mit eingeschaltet, und es war eine mühselige Arbeit gewesen, all die erforderlichen Papiere aufzusetzen, die Dr. Bonhoeffer dann unterzeichnen mußte. Papiere, die es den Leitern dieser Heime wegen zwingender medizinischer Gründe möglich machte, die Auslieferung ihrer hilflosen Patienten an die Nazis zu verhindern.

Renate ließ sich nicht aufhalten. »Die Eltern von Gustavs Schwester hatten die Gerüchte gehört und holten deswegen ihre Tochter nach Hause. Ein paar Tage, nachdem sie wieder zu Hause war, bekamen sie einen Kondolenzbrief. Einen Brief, der richtig offiziell aussah. Gustav hat ihn mir gezeigt. Und in dem Brief wurden sie vom Tod ihrer Tochter unterrichtet. Es sei ganz plötzlich gekommen, hieß es darin, ein Herzanfall . . . oder so was. Natürlich hatten sie irgendeinen dummen Fehler gemacht. Aber was ist mit den anderen? Gustav sagt, es gibt viele andere, bei denen sie keinen Fehler machen.«

»Er hat recht«, bestätigte Dietrich. »Es gibt andere.«

»Aber das ist doch schrecklich!«

Der Ausdruck auf Renates jungem Gesicht berührte Eberhard tief. Ein so junges Mädchen sollte sich nicht mit einer so entsetzlichen Wirklichkeit auseinandersetzen müssen, dachte er. Er selbst hatte mit vierzehn Jahren seinen Vater verloren. Aber so schwer das auch gewesen war, ein solches Grauen hatte sich nicht damit verbunden.

Frau Bonhoeffer versuchte, Renate zu beruhigen. Sie sagte, daß etwas getan würde, um solche Abscheulichkeiten zu verhindern. Während die anderen sich über mögliche Maßnahmen unterhielten und von dem Protest sprachen, den Bischof Wurm eingelegt hatte, beobachtete Eberhard Renate, die ganz in Gedanken versunken schien.

Am Nachmittag besuchte Dietrich Hans im Gebäude der Abwehr, und am Tag darauf zeigte er Eberhard seinen schriftlichen Auftrag, unterzeichnet von Canaris, in Ostpreußen für die Abwehr tätig zu werden. »Sie haben mir gesagt, daß es irgendwelchen Maßnahmen der Gestapo gegen mich entgegenarbeiten wird, wenn ich für sie Informationen von der Grenze dort sammle«, sagte Dietrich.

Während sie in Berlin waren, hatte Eberhard eine Stelle als Assistent des Leiters der Goßnerschen Mission in Dahlem bekommen. Der Leiter, Hans Lokies, ein Mann der Bekennenden Kirche, war bis jetzt der Absetzung entgangen. Im Burkhardthaus stand eine Wohnung für Eberhard bereit.

Zum ersten Mal in seinem Leben hatte Eberhard eine eigene Wohnung. Dietrich schien diesen Stolz nachfühlen zu können und erschien jeden Tag mit einem Möbelstück oder einem Haushaltsgegenstand, den er aus irgendeiner unbekannten Quelle abgezogen hatte. Wie viele dieser Dinge Dietrich aus eigener Tasche bezahlte, erfuhr Eberhard nie.

Alles hatte sich so schnell entwickelt, daß es Eberhard jetzt völlig unvorbereitet traf, als Dietrich nach Ostpreußen aufbrach.

»Wir sehen uns bald wieder! Es sind ja nur ein paar Wochen«, verabschiedete sich Dietrich in einem so leichten Ton, daß Eberhard klar war, wie gründlich Dietrich diesen Abschied einstudiert hatte. »Sieh zu, daß du Lokies in Schuß hältst. Du schaffst das schon. Schließlich hast du mich ja auch fast immer in Schuß gehalten.«

Mit einem festen Händedruck und einem kurzen vertrauensvollen Blick verabschiedete sich Dietrich. Er ging rasch zu seinem Wagen und fuhr davon.

28

»Volkszersetzende Tätigkeit? Was denn bloß für eine volkszersetzende Tätigkeit?« fragte Dietrich.

»Das wird nicht näher ausgeführt, Herr Pastor Bonhoeffer.«

»Darf ich mal die Anordnung sehen, bitte?«

Der Polizeibeamte schob die Papiere über den Schreibtisch. Die Anordnung aus dem Reichssicherheitshauptamt lautete: »Wegen seiner volkszersetzenden Tätigkeit verhänge ich gegen den Pfarrer Dietrich Bonhoeffer aus Schlawe/Pommern ein Redeverbot für das gesamte Reichsgebiet. Im Auftrag gez. Roth.« Die Verfügung auf dem zweiten Blatt klang noch unangenehmer: Von nun an mußte Dietrich sich regelmäßig bei der Polizei in Schlawe melden und durfte nicht verreisen, ohne das zu melden.

Dietrich sah den Mann hinter dem Schreibtisch an. Eine Auseinandersetzung mit diesem Kleinstadtbürokraten war vollkommen sinnlos, das wußte er. Also bat er um eine Kopie der Verfügung. Der Mann lehnte ab, erlaubte ihm aber, das Aktenzeichen zu notieren: Reichssicherheitshauptamt IV A 4 b 776/40.

Während Dietrich zu seinem Wagen ging, wurden ihm die Folgen dieser Anordnung schmerzhaft bewußt. Das Redeverbot war schlimm, und er wußte, daß es ihn im Laufe der Zeit immer mehr belasten würde. Doch die Meldepflicht bei der Polizei in Schlawe, das war ein schwerer Schlag! Eine Beschränkung, die er um jeden Preis unterlaufen mußte. Aber das war nicht einfach. In dem Gefühl, sich auf eine überaus gefährliche Moorwanderung zu begeben, fuhr er in Richtung Berlin.

Am Tirpitzufer dachten sich Hans und Oster einen Plan aus, mit dem sie hofften, die Beschränkungen umgehen zu können. Dietrich sollte Mitarbeiter der Münchener Dienststelle der Abwehr werden und – so die offizielle Version – seine ökumenischen Kontakte für den deutschen militärischen Geheimdienst nutzen. Tatsächlich aber würde er sie für den Widerstand nutzen. Dietrich war ohnehin entschlossen, nicht länger untätig zuzusehen, wie andere ihr Leben riskierten und den Weg der Verschwörung wählten.

Dietrich mochte das Wort nicht. Er wußte, daß er jetzt auf eine Straße lief, auf der er allein unterwegs sein würde. Seinen Freunden in der Kirche konnte er nicht sagen, was er wirklich tat, konnte auch nicht seine Handlungen vor ihnen rechtfertigen. Es würde das Vertrauen belasten, das seine ökumenischen Freunde ihm entgegenbrachten – mit Ausnahme von Bischof Bell. Irgendwie war er sich dessen ganz sicher, daß Bell ihn verstehen würde.

»Wie glaubwürdig ist das überhaupt, Herr Oberst?« fragte Dietrich. »Ein bekennender Pfarrer in der Abwehr?«

Oster antwortete prompt: »Die Abwehr arbeitet mit jedem zusammen, mit Kommunisten und mit Juden. Warum also nicht mit Bekenntnisleuten?«

Sie beschlossen, Dietrich in der Münchener Dienststelle der Abwehr unterzubringen, wo sich bereits ein vertrauenswürdiger Kollege befand. Josef Müller, der sich im Vatikan für den Widerstand eingesetzt hatte, dazu noch eine Reihe weiterer zuverlässiger Nazi-Gegner. Nun mußte glaubhaft gemacht werden, daß Dietrich für die Abwehr unverzichtbar war. Ein Manöver, mit dem sich auch sein Einberufungsproblem erledigen würde. Freilich konnte es Monate dauern, bis die Verfügung aufgehoben wurde, wonach er sich regelmäßig bei der Polizei in Schlawe melden mußte. Bis dahin, so Hans' Empfehlung, sollte Dietrich nirgendwo in Erscheinung treten. Josef Müller schlug das Benediktinerkloster in Ettal vor. Er kannte den Abt des Klosters und bot an, die erforderlichen Vorkehrungen zu treffen.

»Aber auch das kann eine Weile dauern, und inzwischen«, drängte Hans, »mußt du hier weg. Am besten irgendwo aufs Land. Gibt es irgendeinen Ort mit verläßlichen Leuten, wo du bleiben könntest?«

Dietrichs erster Gedanke war die alte Frau von Kleist-Retzow, die er seit Finkenwalder Zeiten gut kannte und die ein treues Mitglied der Bekennenden Kirche war. Ihr Hauptsitz Kieckow, der von ihrem Sohn verwaltet wurde, und ein kleineres Gut, Klein-Krössin, lagen dicht bei Köslin. Nachdem das Finkenwalder Seminar geschlossen war, hatte sich Dietrich schon mehrfach in beiden Gutshäusern als Gast aufgehalten, meist in Klein-Krössin, das Frau von Kleist ihr »Landhaus« nannte. Dort hielt sie ein Zimmer nur für ihn bereit. Er erzählte Hans und Oster davon.

Hans stimmte zu, obwohl er fand, das Haus sei zu nahe bei Schlawe. »Du solltest das Gut niemals verlassen«, empfahl er Dietrich.

Jetzt gingen Hans, Oster und Dietrich gemeinsam zu Canaris, um sich dessen Zustimmung zu holen. Der Admiral befand sich gerade in jener bitteren Stimmung, von der Dietrich schon gehört hatte.

»Die Engländer melden fünfzig abgeschossene Flugzeuge, die Deutschen behaupten ebenfalls, fünfzig ›erwischt‹ zu haben. Das macht zusammen hundert für Stalin«, sagte er. »Selbst wenn Hitler die Invasion gelänge – was ich für unmöglich halte, weil wir dafür einfach nicht genügend Schiffe haben –, würde er damit nur den Russen den Weg nach Europa freimachen. Denken Sie daran, wie schnell Stalin die baltischen Länder eingestrichen hat. Hitler hat sich ganz offensichtlich noch nie den Globus angeschaut.«

»Sie meinen, eine Invasion kann überhaupt nicht gelingen?« fragte Dietrich.

»Auf keinen Fall! Und genau das versucht ihm die Marine seit Wochen klarzumachen.«

Dietrich hoffte, der Admiral möge recht behalten. Aber konnte man sich auf diese Aussage unbedingt verlassen?

»Unser erhabener Führer will nicht hören«, ereiferte sich Canaris. »Er steht oder fällt mit diesem Kampf – das hat er oft genug beteuert –, und er wird jeden vernichten, der sich ihm entgegenstellt. Umgibt sich ständig mit seinen SS-Leibwachen. Tag und Nacht!« Er fiel in grübelndes Schweigen. Wie Dietrich es schon des öfteren beobachtet hatte, zog Canaris auch jetzt wieder eine Pillendose aus der Tasche und legte sich eine flache weiße Tablette auf die Zunge, bevor er sich an Dietrich wandte. »Waren Sie schon einmal in Spanien, Herr Pastor?«

»Ja! Ich habe 1928 ein Jahr lang dort gelebt.«

Das Gesicht des Admirals hellte sich auf. »Ah, wunderbar! Ich komme gerade von dort. Wir müssen uns irgendwann einmal zusammensetzen und uns über Spanien unterhalten. Wie gerne wäre ich dageblieben! Aber ich mußte den Führer davon überzeugen, daß es eine reguläre Erkundungsreise war, um die Einnahme Gibraltars vorzubereiten. Tatsächlich aber habe ich Franco davor gewarnt, auf Hitlers siegreichen Wagen aufzuspringen – er könnte dabei in einen Abgrund stürzen. Vielleicht fällt er jetzt nicht mehr so leicht auf Hitlers Schmeicheleien herein.« Canaris lächelte, als gefiele es ihm, seinem Ruf als »listiger Odysseus« alle Ehre zu machen.

Nachdem er sich die Pläne Osters angehört und ihnen zugestimmt hatte, erhob er sich und ging zu dem Büfett, das an der fein vertäfelten Wand stand. »Nun, wollen wir ein Glas auf unsere neuen Arrangements trinken?« fragte Canaris und schenkte Cognac ein, den er auf einem silbernen Tablett anbot.

Hans setzte sich auf das Sofa, wo sich die beiden Rauhhaardakkel des Admirals behaglich räkelten. Oster ließ sich in einem der abgeschabten Sessel in Dietrichs Nähe nieder. Gleich hinter diesem verbarg eine Spanische Wand nur knapp ein Feldbett. Auf dem Nachttisch daneben lagen mehrere Bücher, darunter *Don Quixote*.

Alle erhoben sich, als der Admiral einen Toast ausbrachte: »Wir gedenken des Führers! Und wie wir ihn loswerden können.«

Dietrich fand Canaris' grimmigen Humor weder amüsant noch tröstlich. Aber blieb ihm als einem Christen, der Gott für sein

Handeln Rechenschaft schuldig war, ein anderer Weg? Wenn er sich abseits hielt, würde er notwendigerweise zum Komplizen dieses Mannes, den Oster den »größten Verbrecher aller Zeiten« nannte.

»Hat Ihnen mein kleiner Scherz nicht gefallen, Herr Pastor?«

Überrascht von der scharfen Beobachtungsgabe des Admirals blickte Dietrich auf. »Ich glaube nicht, daß irgendeiner von uns diesen Weg gehen möchte.«

»Sie haben recht! Ja, Sie haben recht!« Canaris nippte an seinem Cognac. »Ach, wir sind ein glückloser Haufen, meine Freunde. Es wird vielleicht hundert Jahre dauern, bis die Leute unsere fatale Lage erkennen. Sollte Hitler diesen Krieg gewinnen, so wäre das mit Sicherheit unser Ende und auch das Ende Deutschlands; jedenfalls des Deutschlands, wie wir es lieben und wollen. Falls Hitler verliert, wäre das ebenfalls das Ende Deutschlands und unser Ende, weil wir es nicht geschafft haben, uns seiner zu entledigen – falls wir tatsächlich scheitern. Beide Wege führen unvermeidlich in die nationale Selbstvernichtung. Kann man von einem ganz normalen Durchschnittsgeneral erwarten, das zu begreifen? Und das wiederum bedeutet, daß wir noch vor Hitlers Niederlage sterben werden, verlassen von aller Welt.«

Dietrich freute sich auf Klein-Krössin. Auf dessen gepflegte Felder und Wälder, den kleinen schmalen See und Frau von Kleist-Retzows Gastfreundschaft. Alles dies ließ es zu einem geradezu idealen Ort werden, wo man zur Ruhe kommen, ungestört schreiben konnte.

Seit den Anfängen des Seminars in Finkenwalde und später in Sigurdshof und Köslin hatte Frau von Kleist-Retzow es großzügig mit Geldspenden und Naturalien unterstützt. Wagenladungen voller Kartoffeln und Gemüse, riesige Mengen Fleisch und Wurst und körbeweise Obst waren ins Seminar geschickt worden. In der Finkenwalder Zeit hatte sie sonntags immer einige ihrer Enkelkinder mit zum Gottesdienst gebracht, die, um gute Schulen besuchen zu können, den Winter über bei ihr in ihrem Stettiner Stadthaus wohnten. Sie hatten dann jedesmal einen großen Korb mit Lebensmitteln nach Finkenwalde mitgebracht und waren zum Mittagessen geblieben. Frau von Kleist-Retzow paßte ganz und gar nicht in Dietrichs Bild vom Junkeradel, überraschte sie ihn doch immer wieder aufs neue durch ihre lebhafte, offene Geisteshaltung. Zur Zeit der Nürnberger Gesetze hatte sie ihm gesagt, wie beeindruckt sie von seinen Worten gewesen war – »Nur wer für die Juden schreit, darf auch gregorianisch singen!« –, und hatte ihn aufgefordert, eben diese Wort bei jeder Gelegenheit zu wiederholen, besonders vor Universitätsstudenten. »Denen wird der Rassenhaß doch geradezu eingebleut.«

Als so mancher Pfarrer geglaubt hatte, er könnte von »innen« Veränderungen bewirken, wenn er sich nur den Kirchenausschüssen anschlösse, hatte sie gesagt: »Nein! Wenn die Wurzel verdorben ist, hilft nichts – auch wenn man einen gesunden Zweig aufpfropft.«

Einmal hatte Frau von Kleist-Retzow Dietrich erzählt, sie habe begonnen, Griechisch zu lernen. »Wissen Sie noch, wie Sie einmal sagten, man könne das Neue Testament nicht richtig verstehen und schätzen, ohne es auf griechisch zu lesen? Nun, ich habe angefangen, es zu lernen.« Mit ihren fröhlichen Augen beobachtete sie gespannt sein Gesicht. »Sie finden das wohl zu schwierig für eine alte Frau wie mich?«

»Das habe ich nicht gesagt.«

»Aber Sie haben es gedacht!« erwiderte sie mit listigem Lächeln. »Es ist nicht einfach, da haben Sie recht. Ich bin nicht mehr so flink, wie ich es einmal war. Aber ich bete seit langem gegen die Versteinerung der Kirche. Jetzt kann ich die Anfänge einer geistlichen Erneuerung erkennen, und ich möchte dabeisein.«

Frau von Kleist-Retzow hatte ihren Wagen geschickt, der Dietrich in Belgard vom Bahnhof abholte. Als Dietrich in Klein-Krössin eintraf, kam sie ihm auf den Stufen des Hauses entgegen. Sie ging am Stock – nicht wegen ihres Alters, wie sie ihm schon früher versichert hatte, sondern wegen einer Verletzung. Ihr dunkles Kleid reichte bis zu den Knöcheln, was ihr bei ihrer kleinen rundlichen Gestalt sehr gut stand.

Sie ging etwas langsamer, und ihre Stimme hatte etwas von ihrer

Lebhaftigkeit verloren, als sie ihn begrüßte. Vor einem Jahr war einer ihrer Enkelsöhne im Polenfeldzug gefallen. Doch ihr Willkommen war herzlich und voller Anteilnahme.

Die Bediensteten kümmerten sich um das Gepäck. Dietrich und Frau von Kleist-Retzow gingen durch das Haus bis zur weinumrankten Terrasse, wo sich zwei ihrer Enkelkinder zu ihnen gesellten: Max von Wedemeyer und seine jüngere Schwester Maria. Als Kinder hatten sie beide mehrere Male mit ihrer Großmutter Finkenwalde besucht. Max – inzwischen ein blendend aussehender Fähnrich – stand im Begriff, zu seinem Kavallerieregiment zurückzukehren. Daß er in der Wehrmacht diente, wurde als selbstverständlich hingenommen. Der Militärdienst gehörte zum Leben dieser jungen pommerschen Edelleute; vor allem, wenn sich das Vaterland im Krieg befand.

Maria, die zu einem hübschen, sehr natürlich wirkenden Mädchen herangewachsen war, befand sich mit ihren sechzehn Jahren an der Schwelle zur jungen Frau. Interessiert erkundigte sich Dietrich nach den Eltern und Geschwistern von Max und Maria. Ihr Vater, der als Major wieder einberufen worden war, hatte im Frankreichfeldzug gedient. Erst vor kurzem war seine Einheit in den Südosten Polens verlegt worden.

»Zwei Wochen ist er zu Hause geblieben«, strahlte Maria. Ihre tiefblauen Augen leuchteten bei der Erinnerung an diese Zeit. »Das war herrlich! Nur ein bißchen zu kurz!«

Maria trug eine dunkelblaue Reitjacke mit Samtkragen über einer schlichten weißen Bluse. Ihr Haar war auf Schulterlänge geschnitten, und eine goldene Spange bändigte ihre rotbraunen Locken. Morgen schon würde sie in ihr Internat in Weiblingen bei Heidelberg zurückkehren.

»Ist das eine gute Schule?« fragte Dietrich.

»Es geht ...«

»Natürlich ist es eine gute Schule«, betonte Frau von Kleist-Retzow. »Eine der besten.«

»Ich wäre lieber in Pätzig. Oder hier.«

»Gefällt Ihnen Heidelberg nicht?« erkundigte sich Dietrich.

»Mir gefällt überhaupt keine Stadt mehr. Nirgends hat man

Luft zum Atmen. Ständig muß man aufpassen, was man sagt – niemandem kann man vertrauen. Das ist einfach schrecklich. Ich kann es nicht ertragen, nicht zu sagen, was ich denke.«

»Wie wahr!« pflichtete ihr Max bei.

Maria lachte. Sie hatte eine kleine Lücke zwischen ihren beiden oberen Schneidezähnen, ein winziger Fehler in dem sonst so makellosen Gesicht. »Ja, es stimmt«, sagte sie. »Hier und zu Hause kann ich wenigstens so sein wie ich bin.«

Ein junges Geschwisterpaar von einem benachbarten Gut kam, um Max und Maria zum Reiten abzuholen. Sie luden Dietrich ein, mit ihnen zu reiten, doch er lehnte dankend ab. Er hatte nicht mehr auf einem Pferd gesessen, seit er als Kind bei seiner Großmutter in Tübingen geritten war. Maria und Max dagegen waren – man konnte es so sagen – auf Pferderücken aufgewachsen.

Während die jungen Leute zu den Ställen gingen, machten es sich Dietrich und Frau von Kleist-Retzow auf den bequemen Korbsesseln gemütlich. Das Gras roch nach einem späten Septemberregen frisch und grün. In der Ferne erstreckten sich die weitläufigen Felder des Gutes bis zum Rand des Waldes. Ein gepflegter Sandweg umgab Rasen und Haus.

Eine Weile sprachen weder Frau von Kleist-Retzow noch Dietrich, dann sagte sie unvermittelt: »Solange sie in der Schule ist, mache ich mir nicht allzu viele Sorgen. Sie hat noch zwei Jahre vor sich. Aber danach – diese schrecklichen Arbeitslager!«

»Ja, gewiß. Aber davor kann man sie vielleicht bewahren«, gab Dietrich zu bedenken.

»Um jeden Preis! Aber das ist nicht leicht, Herr Bonhoeffer. Es werden fast keine Ausnahmen zugelassen. Und es wird immer schlimmer. Unser Apotheker in Tychow hat eine Tochter in einem dieser Lager. Er und seine Frau sind treue Glieder unserer kleinen Gemeinde. Neulich hat er mir einen Brief vom Leiter des Lagers gezeigt. Darin hieß es, seine Tochter und fünf weitere Mädchen aus dem Lager würden bald ›dem Führer ein Kind schenken‹. Der arme Mann war am Boden zerstört.«

»Ja, ich habe davon gehört«, bestätigte Dietrich. Himmler würde seine SS-Männer in diese Lager in Urlaub schicken. Von den Mädchen wurde dann erwartet, daß sie sich willig zeigten. Falls nicht, warf man ihnen Illoyalität gegenüber Führer und Reich vor. »Wir müssen Marias wegen etwas unternehmen.«

»Glauben Sie, daß Sie etwas tun könnten?«

»Vielleicht nicht ich, aber Hans von Dohnanyi – oder sonst jemand.« Er erklärte ihr, welche Möglichkeiten er sah. »Wir werden uns bemühen, wenn es soweit ist.«

Die alte Dame nickte. »Ach ja, das ist gut. Ich weiß, Sie werden uns nicht im Stich lassen.« Sie berührte ihre Perlenkette, als wäre sie ein Talisman. Die Kette war ein Geschenk ihres jungen Ehemannes gewesen, der im zwölften Jahr ihrer Ehe gestorben war. Dietrich hatte sie nie ohne diese Kette gesehen. »Schade!« seufzte sie. »Jetzt werden Sie bald weit weg in Bayern sein. Wo genau in Bayern liegt eigentlich dieses Kloster?«

»In Ettal, südlich von München. Nahe der österreichischen Grenze.«

»Ich sagte es doch! Am Ende der Welt!«

Aus Richtung der Scheunen erklangen Pferdehufe, und erst dicht vor ihren Sesseln zügelten die Reiter ihre Pferde.

»Wohin wollt ihr reiten?« erkundigte sich Frau von Kleist-Retzow.

»Wohin die Pferde uns tragen«, lachte Maria. »Vielleicht hinunter zum See.« Sie beugte sich vor und klopfte ihrem Pferd auf den Hals. Die Sonne ließ ihr Haar, das der Wind um ihr Gesicht wehte, rot und golden aufleuchten.

»Wollen Sie nicht doch lieber mitkommen, Pastor Bonhoeffer?« rief Max ihm zu. »Es ist ein herrlicher Tag!«

»Danke! Vielleicht ein anderes Mal«, sagte Dietrich und sah ihnen bedauernd nach, als sie davonritten.

Am Abend kam Frau von Kleist-Retzows Sohn Hans-Jürgen mit seiner Familie von Kieckow herüber, wo er das Stammgut der Familie verwaltete. Dietrich hatte ihn seit dem Tod seines Sohnes an der Westfront nicht gesehen. Er wirkte gealtert und war sehr schweigsam.

Frau von Kleist-Retzow schlug eine kleine Hausmusik vor.

Zuerst spielten zwei der Kinder, dann bat die Großmutter Maria, Violine zu spielen.

Maria lachte: »Das wird euch noch leid tun! Ich bin völlig aus der Übung.« Sie wandte sich an Dietrich. »Aber wenn Pastor Bonhoeffer mich begleitet? Er kann mit Sicherheit meine Fehler überdecken.«

Dietrich und Maria einigten sich auf ein Schubert-Stück. Und Dietrich staunte. Trotz einzelner mißglückter Noten spielte sie kraftvoll, ungemein einfühlsam. Ihr schlanker Körper bewegte sich anmutig in dem sanften Rhythmus.

Danach wurde Dietrich mit Musikwünschen bombardiert, und er spielte ein Stück nach dem anderen. Zwei Freunde von Max, junge Offiziere, schlossen sich der Gesellschaft an. Einer von ihnen – ein hochgewachsener, gutaussehender Bursche mit dunklen Locken – wich nicht von Marias Seite und achtete kaum auf die Musik.

Nach dem Musizieren wandte sich das Gespräch einer Jagdpartie zu, die Max und seine Freunde am nächsten Tag im Jagdrevier von Kieckow geplant hatten. Eines der Mädchen legte eine Platte auf – eine amerikanische Platte von Glenn Miller. Die jungen Leute begannen zu tanzen, und der Offizier mit den dunklen Locken ließ Maria nicht mehr aus seinen Armen.

Weder der Anblick noch die Musik gefielen Dietrich. Also setzte er sich zu Hans-Jürgen von Kleist-Retzow und unterhielt sich mit ihm über die Probleme der Lagerung von Kartoffeln.

29

Der Winter war bereits eingekehrt, als Dietrich die Benediktiner-Abtei in Ettal erreichte. Schnee bedeckte die hohen Berge, die das enge Tal von drei Seiten umschlossen. Auf dem Höhepunkt des

Winters, so sagte man ihm, kam die Sonne kaum noch über die südlichen Gipfel hinaus, so daß ihre Strahlen mehrere Wochen den Talboden nur noch für eine Stunde erreichten. Am Fuß der Berge drängten sich die Häuser des winzigen Dorfes dicht um das Kloster. Über allem schwebte die große Kuppel der Klosterkirche.

Josef Müller hatte bereits alles Erforderliche mit dem Abt des Klosters, seinem Freund Pater Johannes, geregelt. Die Benediktinermönche schenkten Dietrich ihre wohlbekannte Gastfreundschaft. Er übernachtete in dem zum Kloster gehörenden Hotel »Ludwig der Bayer«, nahm seine Mahlzeiten mit den Mönchen im Refektorium ein und konnte sich ohne jede Einschränkung der Bibliothek bedienen. Pater Johannes, ein hochgewachsener, schlanker Priester, der durch seine lange schwarze Kutte noch größer wirkte, gab Dietrich einen eigenen Schlüssel für das Klostergelände. Dort zeigte er ihm einen kleinen abgeschiedenen Raum, der Dietrich für Gebet und Meditation zur Verfügung stand.

»Sie können kommen und gehen, wie Sie es wollen«, sagte er. »Falls es ratsam werden sollte, können Sie natürlich auch hier übernachten.«

Pater Johannes' Lächeln wirkte ein wenig angestrengt, und Dietrich fragte sich, wieviel der Pater wohl über sein Problem mit der Gestapo wußte. Müller hatte ihm nur gesagt, der Priester sei mit seiner Geschichte vertraut und bereit, das Risiko einzugehen.

Die Vormittage verbrachte Dietrich überwiegend in der Bibliothek, wo er an seinem Ethik-Buch arbeitete. Die Mahlzeiten begleitete im Refektorium einer der Mönche mit alten liturgischen Gesängen. Das Essen war vorzüglich. Nach der Mittagsruhe arbeitete Dietrich in der Regel noch ein paar Stunden in seinem Zimmer. Meist wanderte er dann bis zum Abendessen auf den schmalen Pfaden, die sich durch die Täler schlängelten. Wenn schließlich das Abendgeläut der Klosterglocken von den Felsen widerhallte, kehrte er zurück. Dieser Tagesablauf erschien ihm wie Müßiggang nach der hektischen Betriebsamkeit der letzten fünf Jahre.

Manchmal nahm Dietrich an der Messe in der Klosterkirche teil, in deren leichter, luftiger Höhe sich Barockarchitektur in absoluter Vollkommenheit zeigte. Ungeachtet ihres unterschiedlichen Glaubens fand er in der Abtei eine Gemeinschaft in Gebet und Anbetung. Einmal entdeckte er in einem Erker über dem Innenhof eine Gruppe von Mönchen, die seine *Nachfolge* lasen. Die Brüder nahmen ihm das gern gegebene Versprechen ab, einen Nachmittag mit ihnen über das Buch zu sprechen.

Wie vorgeschrieben hatte Dietrich seinen Wohnsitz in München angemeldet – offiziell bei seiner Tante Christine Gräfin Kalckreuth, die ihm gestattet hatte, ihre Anschrift zu benutzen. Jetzt beantragte die Münchener Dienststelle der Abwehr für ihn die Aufhebung der Wehrüberwachung und der Meldepflicht. Deswegen mußte er einmal in der Woche nach München fahren.

Von seinem Zimmer im zweiten Stock des Hotels aus konnte Dietrich das Tal überblicken. Ein Sitzplatz, der im Sommer sicher sehr angenehm war. Jetzt freilich hatte sich eine Mädchenschule aus Hamburg, die sich hier vor den Bomben in Sicherheit bringen wollte, in den zwei Stockwerken über ihm einquartiert. Dietrich begegnete den Mädchen oft auf den Fluren und Treppen. Die meisten trugen die Uniform der Hitlerjugend. Auf Dietrichs Etage wohnten ein paar Kinder aus Berlin, die aus demselben Grund hergekommen waren.

Gegen Ende der ersten Woche traf Christel mit ihren drei Kindern Klaus, Christoph und Bärbel ein. Emmi kam später mit ihrem Sohn Thomas und ihrer Tochter Cornelia nach. Die Kinder wurden in Zimmern auf Dietrichs Etage untergebracht und besuchten den Unterricht im Kloster. Christel und Emmi pendelten – jeweils im Wechsel – zwischen Berlin und Ettal.

Die fünf Nichten und Neffen im Alter von sieben bis vierzehn Jahren ließen keine Langeweile in Dietrichs Tagesablauf aufkommen. Jeden Tag nahmen die Kinder nach der Schule ihre Skier auf die Schultern, und ab ging's zum Skilaufen! Kamen sie in Dietrichs Zimmer zurück, hatten sie einen wölfischen Hunger und verschlangen alles, was er an Eßbarem auftreiben konnte. Tag für Tag war er für sie da – für ihre Probleme, Nöte, Freuden und für ihre Hausaufgaben. Stellvertretender Vater war er – und es fiel ihm nicht immer leicht.

Eines Tages stand er auf dem Flur in der Nähe des Speisesaals. Da hörte er eine Mädchenstimme fragen: »Was macht dein Onkel eigentlich hier?«

Und er hörte Christoph antworten: »Theologie treiben natürlich.«

»Aber ist er denn nicht evangelisch? Was will er denn in einem katholischen Kloster?«

»Er ist Theologe. Er muß über alle Religionen Bescheid wissen. Das ist sein Beruf.«

»Ich finde das sehr merkwürdig.«

»Wieso denn? Er macht nur seine Arbeit!«

Dietrich zog sich in den Aufenthaltsraum zurück und wartete, bis Christoph vorbeigelaufen war. Dann folgte das Mädchen aus Hamburg. Es war eines der älteren und trug immer die BDM-Uniform. Wegen der neugierigen Blicke, mit denen sie ihn gemustert hatte, war sie ihm schon aufgefallen.

Christoph erwähnte nichts von dem Vorfall, und Dietrich fragte nicht nach. Er hatte ihn schon fast vergessen, als eine Woche später der Hotelpage an seine Tür klopfte und ihm mitteilte, er werde unten erwartet.

»Es ist jemand von der Gestapo, Herr Pastor!« flüsterte der Junge, dessen sonst so heiteres Gesicht jetzt bleich und verängstigt aussah.

»Danke, Rolf! Sagen Sie bitte, daß ich gleich kommen werde. Und machen Sie sich keine Sorgen. Es ist schon gut!« Dietrich schloß die Tür und prüfte rasch, ob irgend etwas Verdächtiges auf seinem Schreibtisch lag. Ein vor kurzem eingetroffener Brief von Hans informierte ihn mit dem vereinbarten Code über die Fortschritte in seiner Sache. Er zerriß den Brief in winzige Stücke, warf die über seinen Balkon und beobachtete, wie der Wind sie über das schneebedeckte Tal wehte. Dann ging Dietrich nach unten, um dem Gestapo-Mann gegenüberzutreten.

Der Beamte hatte sich hinter einem kleinen Schreibtisch in einem der Aufenthaltsräume postiert. »Nach meinen Informationen sind Sie in München gemeldet!« begann er mit übertriebener Höflichkeit. Er las die Adresse vor.

»Ja, dort wohne ich jetzt.«

»Und was führt Sie so häufig hierher?«

»Meine Arbeit natürlich. Untersuchungen für mein neues Buch. Ein Ethik-Buch.«

»Ethik?«

»Ja.«

»Aber Sie sind doch kein Katholik.«

»Nein! Aber wissen Sie, bei dieser Arbeit müssen alle Glaubensrichtungen berücksichtigt werden. Und solche Untersuchungen brauchen Zeit. Hier in Ettal gibt es eine ganz vorzügliche Bibliothek ...«

»Verstehe«, sagte der hochgewachsene, offensichtlich reinrassige Arier, zu dessen Interessen die Bibliothek von Ettal nicht unbedingt gehörte. »Wie lange werden Sie noch hierbleiben?«

»Oh, das wird sicher noch eine ganze Weile dauern. Es ist schwierig, einen genauen Zeitplan aufzustellen. In der Forschung kommt man oft unversehens von einer offenen Frage zur nächsten.«

Der Gestapo-Mann stellte keine weiteren Fragen, machte auch keine Anstalten, Dietrichs Zimmer zu durchsuchen. Nachdem er gegangen war, fragte sich Dietrich, weshalb er überhaupt gekommen war. Wahrscheinlich hatte es sich nur um eine Routineüberprüfung gehandelt. Allerdings ..., daß man ihm so dicht auf den Fersen blieb, wirkte nicht gerade beruhigend.

Die Besorgnis von Pater Johannes ließ sich nicht so leicht zerstreuen. Immer wieder ermahnte er Dietrich, vorsichtig zu sein. Der Priester installierte ein Telefon in der Bibliothek, um Dietrich warnen zu können, falls die Gestapo wieder auftauchte, und gab ihm eine Mönchskutte, »falls Sie verschwinden müssen«.

Dietrich lächelte. »Ich glaube nicht, daß die Lage so ernst ist, Pater Johannes.«

»Man kann nicht vorsichtig genug sein.«

Am Tag darauf erkrankte der neunjährige Christoph an Grippe, und Dietrich nahm ihn mit auf sein Zimmer, um sich auch nachts um ihn kümmern zu können. Abends, als Dietrich

Weihnachtsbriefe an die ehemaligen Seminaristen schrieb, fragte Christoph: »An wen schreibst du denn alle diese Briefe, Onkel Dietrich?«

»An die jungen Pastoren, die bei mir im Seminar waren.«

»Wird dir nicht die Hand müde, wenn du soviel schreibst?«

»Doch! Aber ich möchte, daß sie die Briefe bekommen. Sie sind so einsam dort draußen an der Front.«

»Schickst du ihnen auch ein Bild?« fragte Christoph.

»Ja!«

»Zeigst du es mir?«

Dietrich zeigte ihm eine der Karten mit dem Druck von Altdorfers *Geburt Christi.* Er hatte neunzig davon gekauft, um sie an die Männer zu schicken, und einen größeren gerahmten Druck für Frau Niemöller, der er in jedem Jahr zu Weihnachten etwas schickte.

»Irgendwie verrückt, nicht?« wunderte sich Christoph. »Sieht gar nicht aus wie ein Krippenbild.«

»Ich weiß! ›Weihnacht in den Ruinen.‹ Das schien mir passend zu sein.«

Der Junge dachte einen Moment nach und fragte dann: »Muß ich später auch in den Krieg, Onkel Dietrich?«

»Oh, nein! Der ist bis dahin vorbei. Hoffentlich!«

»Mein Papa hofft das auch. Aber Hans-Walter ...«

»Ja, Hans-Walter wird vielleicht gehen müssen, wenn der Krieg noch lange dauert.«

Christoph gab das Bild zurück.

»Ist die Gestapo deswegen hinter dir her? Weil du mit meinem Papa zusammenarbeitest?«

Dietrich war überrascht. Offensichtlich wußte oder erriet Christoph mehr, als Hans und Christel ahnten. »Sie wollen nicht, daß ich in der Öffentlichkeit rede. Deshalb lassen sie mich nicht aus den Augen ... Nehme ich jedenfalls an.«

»Aber du arbeitest doch auch für Admiral Canaris, nicht wahr? Bist du ein Doppelagent?«

»Was du für romantische Vorstellungen hast! Jetzt leg dich hin und schlafe! Doppelagent! Also wirklich ...«

Dietrich schrieb weiter, eine Karte nach der anderen.

»Onkel Dietrich?«

»Ja?«

Der Junge hatte seine Decke bis unter das Kinn hochgezogen. »Ein Mädchen aus der Hamburger Schule hat sich nach dir erkundigt.«

»Tatsächlich? Was wollte sie wissen?«

»Was du machst. Warum du hier bist. Ich glaube, sie hat Verdacht geschöpft.«

»Und was hast du gesagt?«

»Ich habe gesagt, daß du ein Theologe bist und dich über die katholische Religion informieren mußt und daß es dein Beruf ist. Aber vielleicht habe ich es nicht richtig gesagt ... und sie ist immer noch mißtrauisch ... und deshalb ist die Gestapo gekommen.« Seine Lippen zitterten, in seinen Augen standen Tränen.

Dietrich zog seinen Stuhl neben das Kinderbett. »Nein, Christoph! Ich bin sicher, du hast es ganz richtig gesagt. Es war sehr schlau von dir, es so zu sagen, weil das natürlich genau die Wahrheit ist.« Er zwinkerte dem Jungen zu und drückte ihm die Hand. »So, jetzt schlafe aber!«

Eine gute Nachricht erreichte ihn während jener Monate. Hans war es gelungen, Eberhards Rückstellung von der Einberufung zu erreichen. Er hatte erklärt, die Kontakte, über die Eberhard durch die Goßnersche Mission nach Indien und in den Nahen Osten verfügte, seien für die Abwehr unverzichtbar.

Kurz vor Weihnachten kamen Hans und Josef Müller nach Ettal, um über die Möglichkeit zu beraten, noch einmal mit den Alliierten Kontakt aufzunehmen. Seit Müller Dietrichs Aufenthalt in Ettal arrangiert hatte, konnte Dietrich eine Menge über den rauhbeinigen Anwalt erfahren und hatte ihn schätzen gelernt. Müller verkörperte den Mann aus dem Volk, den die Nazis so gerne für sich vereinnahmen wollten, was ihnen freilich nie gelang. Seine Schulbildung hatte er sich damit verdient, daß er mit einem Ochsengespann Felder düngte – daher sein Spitzname »Ochsensepp«; in der Widerstandsbewegung sein Deckname.

Bei ihrer ersten Begegnung hatte Müller gesagt: »Wir arbeiten für eine gemeinsame Sache, Sie in der lutherischen Kirche und ich in der katholischen. Ich habe von Ihrer Denkschrift an Hitler gehört, die Sie 1936 verfaßt haben. Das war mutig, sehr mutig!« Müllers braune Augen lächelten anerkennend. »Wenn Hitler auf diese Weise unsere beiden Kirchen zusammenbringt, dann hat er doch wenigstens *etwas* Gutes vollbracht. Eine Herde, nicht wahr?«

»Und ein Hirte?«

»Nun ...«, begann Müller.

»Sie wissen ja, wer das sein müßte.«

Müller lachte. »Wir müssen uns darüber unterhalten.«

Aber damals hatten sie keine Zeit gehabt, das Gespräch fortzusetzen. Müller hatte das jetzige Treffen so angesetzt, daß es mit einem Weihnachtsbesuch dreier Prälaten aus dem Vatikan in der Abtei zusammenfiel. Pater Leiber, der im Jahr zuvor als Vermittler für Müllers Verhandlungen beim Vatikan gedient hatte, war einer von ihnen. Sie trafen sich in dem kleinen privaten Speisezimmer des Hotels. Ein Gefühl der Zusammengehörigkeit – sowohl politisch als auch geistlich – ließ den Polizeistaat vergessen und schuf Raum für das freie und offene Gespräch. Müllers amüsante Anekdoten, die er zwischen kräftigen Schlucken vom besten Ettaler Bier zum besten gab, trugen nicht unerheblich zu der ansteckenden Fröhlichkeit der Gruppe bei.

»Als ich damals zum ersten Mal in der Abwehr ankam«, berichtete Müller, »da habe ich erwartet, Canaris zu treffen. So hieß es in der Einladung. Statt dessen waren es Oster und Dohnanyi, die mich empfingen. Oster hatte das Gespräch kaum eröffnet, da sagte er auch schon: ›Wir wissen eine Menge mehr über Sie als Sie über uns.‹ Sie können sich meine Überraschung vorstellen. Sie wußten alles. Alles! Na ja, fast alles«, gestand Müller auflachend.

»Eine Geschichte, die sie auf Lager hatten, stimmte leider nicht. Ich mußte sie aufklären. Sie hatten gehört, ich sei von Pacelli getraut worden – vor vielen Jahren natürlich, bevor er Papst geworden war. Aber es war ein anderer Priester gewesen. Ich berichtige diese Geschichte nicht immer. Schließlich klingt es doch nach ›etwas‹ – getraut vom Papst. Aber mit diesen Burschen von der Abwehr wollte ich lieber keine Spielchen treiben.« Müller lachte, während er die Geschichte erzählte. »Jetzt hat Heydrich die Vorstellung, ich sei ein verkappter Jesuit und hätte vom Papst eine Sondererlaubnis, eine Frau und eine Familie zu haben – als Deckmantel für meine Kirchenarbeit.«

Alles brach in lautes Gelächter aus. Selbst Hans, der seine humorvolle Seite selten außerhalb der Familie sichtbar werden ließ, wirkte entspannt und heiter.

Am Abend dann und mit sichtlichem Unbehagen wandte sich die Gemeinschaft ernsteren Gesprächen zu. Während der ganzen Feier hatte Dietrich Pater Leiber beobachtet und sich im stillen gefragt, was für ein Mensch dieser Mann wohl sein mochte, der dem Papst so nahe stand. Der zierlich gebaute Priester in seinem schwarzen Habit hatte hinter seinem bescheidenen und zurückhaltenden Lächeln wenig von sich preisgegeben. Um so überraschender wirkte seine heftige und nachdrückliche Reaktion, als Hans ihn darum bat, bei einer Erneuerung der Kontakte zu den Engländern mitzuwirken.

»Das ist zu meinem Bedauern vollkommen unmöglich! Ich kann darüber nicht noch einmal mit Seiner Heiligkeit sprechen«, sagte Pater Leiber entschieden.

»Der Grund dafür ist, daß wir ihn enttäuscht haben«, erklärte Müller. »Wir haben zu große Erwartungen bei ihm geweckt.«

»Vielleicht! Aber keine größeren, als Sie selbst hegten. Dessen ist sich Seine Heiligkeit bewußt. Ihre zutreffenden Warnungen bezüglich Norwegen und später bezüglich der Niederlande haben Ihre Aufrichtigkeit unter Beweis gestellt. Aber Sie müssen verstehen, daß der Heilige Vater und ich damals auch zu weit gegangen sind. Wir können das nicht ein zweites Mal tun.«

Die Endgültigkeit in Pater Leibers Tonfall machte es unmöglich, weiter in ihn zu dringen. Hinter dem freundlichen Lächeln des Priesters erkannte Dietrich dessen unbeugsame Haltung. Der Vatikan würde sich nicht noch einmal an Plänen beteiligen – wie ehrenwert oder moralisch geboten sie auch sein mochten –, deren erfolgreiche Umsetzung nicht gesichert war. Ein Rätsel freilich klärte er auf: Er konnte bestätigen, daß die Warnungen an die Niederlande weitergegeben worden und dort angekommen waren.

»Warum hat man dann nicht danach gehandelt?« wunderte sich Hans.

»Das weiß ich auch nicht genau«, erwiderte der Priester. »Vielleicht erschien ihnen die ganze Sache zu unglaubwürdig. Ich selbst habe den belgischen Botschafter sagen hören, daß kein Deutscher so etwas wagen würde.« Er wandte sich an Müller. »Vielleicht nahm er an, Sie seien entweder ein Verräter, dem man nicht trauen dürfe, oder von Hitler geschickt, um irreführende Informationen auszustreuen.«

»Man sollte es nicht für möglich halten!« meinte Müller kopfschüttelnd.

Nachdem sich Pater Johannes und seine Gäste aus Rom in die Abtei zurückgezogen hatten, schenkte sich Müller noch ein Glas Bier ein und trank es in trübsinnigem Schweigen zur Hälfte leer. »Tja«, seufzte er schließlich, »und nun?«

»Wir müssen es auf anderen Kanälen weiter versuchen!« Hans ließ sich nicht entmutigen. »Einer davon ist Dietrichs Freund Bischof Bell.« Er wandte sich an Dietrich. »Was meinst du, wie da die Chancen stehen?«

»Ich könnte vielleicht über die Leute von der Ökumene in Genf mit ihm Kontakt aufnehmen. Aber dazu müßte ich dorthin reisen. Und ob das möglich ist . . .?«

»Ja, es ist möglich! Wir müßten nur einen Bericht zusammenstellen, wenn du zurück bist. Irgend etwas fabrizieren – damit es so aussieht, als hättest du Informationen für den militärischen Geheimdienst gesammelt. Das dürfte nicht allzu schwierig sein.«

Doppelagent, also tatsächlich! »Wann soll ich fahren?« fragte Dietrich.

»So bald wie möglich! Sobald wir diese blödsinnige Geschichte mit der Gestapo aus der Welt geschafft haben.«

Dietrich war dankbar dafür, endlich aktiv werden zu können.

30

An der schweizerischen Grenze verlangsamte sich das Tempo des Zuges, bis er schließlich kreischend und quietschend zum Stillstand kam. Dietrichs Puls schlug schneller, und er rieb seine feuchten Handflächen nervös am Anzug ab. Den anderen Passagieren in seinem Abteil widmete er keinen Blick, sondern sah unverwandt aus dem Fenster. Schnee fiel auf die weite, grell beleuchtete Betonfläche, auf der Grenzbeamte und SS-Leute sich anschickten, in den Zug zu steigen. In kurzem Abstand folgten weitere Polizisten mit Hunden an den Leinen. Ein Anblick, der Dietrich Schauder über den Rücken jagte.

Die Reise hatte ihm die Gelegenheit geboten, Sabine und Gert in London einen Dienst zu erweisen. Er hatte vor seiner Abreise zweitausend Mark von dem Konto abgehoben, das Gert ihm überschrieben hatte, und die Scheine in zwei neuen, unverfänglich wirkenden Büchern verborgen. Das eine hatte er in seinen Koffer gepackt, das andere in seine Aktentasche.

Plötzlich ein Aufruhr am anderen Ende des Waggons. Ganz kurz konnte Dietrich das bleiche, verängstigte Gesicht des Mannes sehen, den die SS-Männer in das Bahnhofsgebäude zerrten.

In der Gruppe direkt vor Dietrichs Fenster schickte sich ein schlanker junger SS-Offizier in Mantel und Handschuhen an, den Zug zu besteigen. Und nun, als das volle Licht auf sein Gesicht fiel, erkannte ihn Dietrich: Es war Jörg Mühlhausen.

Erschreckt sah Dietrich nach draußen, in der Hoffnung, daß Jörg ihn noch nicht gesehen hatte. Aber dann hatte er keine Wahl mehr. Er legte sein Buch zur Seite und nahm den Ausweis sowie den Kurierpaß, den ihm das Münchner Büro der Abwehr ausgestellt hatte, aus seiner Aktentasche.

Jörg in SS-Uniform – das war ein Schock für ihn gewesen. Seit ihrer unglücklichen Begegnung vor drei Jahren in Friedrichsbrunn hatte Dietrich fast nichts mehr über den Jungen gehört – außer daß er die Schule mit Auszeichnung abgeschlossen hatte. Klar, daß ihm damit eine Offizierslaufbahn in der SS offenstand.

Er hörte die Beamten durch den Gang kommen. Was hätte er darum gegeben, jetzt einfach verschwinden zu können. Ihm war nicht so recht klar, was schlimmer war: wenn Jörg seinen Papieren entsprechend zu dem Schluß kam, daß er, Dietrich, nun für Hitler arbeitete, oder wenn er den Plan durchschaute und unangenehme Fragen stellte. Schlimm genug, dieses Doppelspiel spielen zu müssen, aber zu einer glatten Lüge gezwungen zu sein . . . Wie sorgfältig hatten sie alle nur denkbaren Zwischenfälle, alle möglichen Schwierigkeiten erwogen – aber darauf war er nicht vorbereitet. Und wenn Jörg nun das versteckte Geld entdeckte?

Da war er schon, der Grenzbeamte vor seiner Abteiltür. Ein wenig hinter ihm stand Jörg; groß, gelassen und selbstsicher. »Heil Hitler!« Der Grenzbeamte nahm die Pässe entgegen.

Jörgs musternder Blick blieb an Dietrich hängen.

»Guten Abend, Herr Leutnant«, begrüßte ihn Dietrich mit einem Nicken. Er war dankbar für seinen Fensterplatz, für die Entfernung zwischen ihnen.

»Guten Abend, Herr Dr. Bonhoeffer!« Jörgs beherrschte Stimme ließ weder Überraschung noch irgendeine gefühlsmäßige Regung erkennen.

Einer nach dem anderen reichten die Passagiere dem Beamten ihre Pässe. Zuletzt hielt ihm Dietrich seine Papiere entgegen. Der Beamte warf einen Blick darauf und reichte sie an Jörg weiter.

Jörg prüfte den Ausweis, las besonders sorgfältig den Kurierpaß, bevor er aufblickte. Dietrich erwiderte furchtlos diesen fragenden Blick. Warum nur mußte er unentwegt an den kleinen Jungen mit den schiefen Zähnen und dem Hirtenstab denken? Noch einmal sah Jörg in den Paß. Dann reichte er ihn mit einem grenzenlos selbstzufriedenen Lächeln an den Grenzbeamten zurück, der ihn abstempelte und zusammen mit dem Ausweis an Dietrich zurückgab.

Stück für Stück untersuchten sie nun das Gepäck. Jörg blätterte aufmerksam in einigen von Dietrichs Papieren und griff dann nach einem der Bücher mit dem Geld. Langsam öffnete er es. Noch einmal ein prüfender Blick zu Dietrich. Aber der zuckte mit keiner Wimper. Mit einem halb entschuldigenden Lächeln legte Jörg das

Buch zurück, verschloß den Koffer und wandte sich dem nächsten Abteil zu.

Langsam setzte sich der Zug in Bewegung, und zehn Minuten später erreichten sie Basel. Dietrich stellte sich an der kürzesten Schlange an, ohne mit irgendwelchen Problemen zu rechnen. Es war schwierig gewesen, ein Visum zu beschaffen, aber schließlich hatte die Abwehr es geschafft. Am Schalter legte er es zusammen mit seinem Paß vor. Der junge Schweizer Beamte machte ein skeptisches Gesicht. »Und was ist der Zweck Ihres Aufenthaltes in der Schweiz, Herr Bonhoeffer?«

»Kirchenangelegenheiten. Ich treffe mit führenden Leuten der Ökumene in Genf zusammen.«

»Ich wußte nicht, daß Ihre Regierung Repräsentanten zu solchen Konferenzen reisen läßt.«

»Es handelt sich um ein privates Treffen, bei dem es um rein interkonfessionelle Dinge geht.«

Es war offensichtlich, daß der Mann ihm nicht glaubte. Hinter Dietrich standen Deutsche, die jedes Wort mithören konnten. Dietrich bat darum, mit dem Dienststellenleiter zu sprechen.

Kurz darauf stand Dietrich in einem kleinen Büro einem älteren Mann gegenüber, der ebenfalls sofort Argwohn schöpfte. Ohne konkret zu werden, erklärte ihm Dietrich, sein Ziel sei es, die Verbindung zwischen den Kirchen wiederherzustellen, deren Aufgabe es sei, auch angesichts des Krieges für die christliche Bruderschaft und den Frieden zu arbeiten.

Der Mann lächelte. »Erwarten Sie, daß ich glaube, die Nazis würden Sie zu diesem Zweck aus dem Land reisen lassen?«

»Gewiß nicht! Ihrer Meinung nach habe ich einen anderen Auftrag.«

Als Dietrich ihm die Situation schilderte, begann der Mann, der bisher spielerisch auf einem Notizblock herumgemalt hatte, zu grinsen. »Das ist alles sehr vage, Herr Bonhoeffer. Haben Sie denn keine Beglaubigungen Ihrer Kirche?«

»Es wäre unmöglich, mit derartigen Dokumenten aus Deutschland herauszukommen. Das verstehen Sie vielleicht.«

»Vielleicht! Die Wahrheit ist, daß Sie von mir erwarten, ich solle Ihnen einfach glauben, was Sie mir da erzählen.« Offensichtlich spürte der Beamte dazu wenig Neigung.

»Hören Sie, rufen Sie Karl Barth hier in Basel an. Er kennt mich«, bat Dietrich.

Ohne weitere Fragen entschuldigte sich der Beamte und ging in einen Nebenraum, dessen Tür er hinter sich schloß.

Dietrich war sicher, daß Karl Barth für ihn sprechen würde, obwohl sie seit mehreren Jahren keinen direkten Kontakt mehr gehabt hatten. Mehr als jeder andere hatte der berühmte Theologe Dietrich dazu gebracht, selbst Theologie zu studieren. Er hatte alles gelesen, was von Barth stammte. 1931 waren sie einander begegnet, als Dietrich aus den Vereinigten Staaten zurückgekehrt war und drei Wochen in Barths Seminar in Bonn zugebracht hatte. In der ersten Sitzung hatte Dietrich Luther zitiert: »Die Flüche der Gottlosen klingen in Gottes Ohren manchmal besser als die Hallelujas der Frommen.« Barth war entzückt gewesen, und seit jener Zeit verband sie eine Freundschaft von völliger Offenheit und bisweilen massiver Meinungsverschiedenheit.

Als der Beamte zurückkehrte, lächelte er und streckte Dietrich die Hand entgegen. »Sie müssen verzeihen, Pastor Bonhoeffer! Aber die Gestapo versucht ständig, Spitzel in die Schweiz einzuschleusen. Wir müssen vorsichtig sein.«

Barth setzte seine schwarzrandige Brille ab und begann sie mit seinem Taschentuch zu polieren. Sein kantiges Gesicht verriet immer noch Skepsis. »Ich hoffe, Ihnen ist klar, daß man in Genf an dieser völlig unmöglichen Geschichte zweifeln wird. Würde ich Sie nicht kennen, hätte auch ich meine Schwierigkeiten damit.«

Es war schon schwierig genug gewesen – hier in Barths mit Büchern vollgestopftem Arbeitszimmer. Dietrich mußte viel erklären, um ihn zu überzeugen. Mußte – in groben Zügen – die Wahrheit über die Widerstandsbewegung aufdecken.

»Auf jeden Fall«, warnte ihn Barth, »werden Sie bei den Schweizern Ihre Probleme haben. Heute zweifelt man hier an allem und jedem, was aus Deutschland kommt.«

»Das kann ich mir denken.«

Der Professor war nicht begeistert über die Pläne des Widerstandes, Hitler zu stürzen. Er fürchtete, daß ein solcher Schritt nur zu einem nationalistischen und totalitären Regime führen würde, in dem der Militarismus die Vorherrschaft hätte. »Preußen ist aus einer Kanonenkugel geboren wie ein Adler aus einem Ei«, sagte er. Barths besonderes Mißtrauen galt den Generälen. Auf seine bohrenden Fragen mußte Dietrich schließlich gestehen, wie weit die Widerstandsleute politisch voneinander entfernt waren und wie schwierig es war, zu einer möglichen Übereinstimmung über eine zukünftige Regierung zu kommen.

»Wir vernachlässigen diese Arbeit nicht«, beteuerte Dietrich. »Die zukünftige Regierung spielt sogar eine sehr wichtige Rolle in all unseren Erörterungen. Aber erst einmal geht es darum, dieses verbrecherische Regime loszuwerden.«

Barth lächelte und zog an seiner Pfeife, die das Zimmer mit dem süßlichen Duft des Tabaks erfüllte. »Vielleicht können Sie mich überzeugen, wenn Sie auf dem Rückweg wieder vorbeikommen«, meinte er, noch immer skeptisch.

»Ich würde mich mit Ihnen lieber über theologische Fragen unterhalten«, gestand Dietrich. Wieder sah er in das freundliche Gesicht des Professors, der zwanzig Jahre älter war als er. Wie gern wäre er für ein paar Tage bei diesem Mann geblieben, hätte mit ihm über das für ihn Wesentliche gesprochen, die theologische Existenz. Doch dafür war keine Zeit.

In Zürich traf Dietrich Erwin Sutz, einen alten Freund vom Union Seminary, der ihm eine schon Monate alte Nachricht von Bischof Bell übergab. Bell versicherte Dietrich darin seiner unveränderten christlichen Gemeinschaft und berichtete, daß es Franz gutgehe. Das allein war die Reise in die Schweiz wert gewesen.

Durch Emmis Schwester Lore Schmidt, die bei Zürich wohnte, erhielt Dietrich Nachricht von Sabine, die jetzt in Oxford lebte. Während der Herbst- und Wintermonate, als England ständig von Görings Luftwaffe bombardiert worden war, hatten sie nichts von Sabine und Gert gehört. Sie wußten nicht einmal, wo sie jetzt lebten. Wie Lore berichtete, war Gert zu Beginn des Krieges wegen seiner deutschen Staatsangehörigkeit mehrere Monate lang unter Arrest gestellt worden. Aber Bischof Bell hatte sich für seine Freilassung eingesetzt. Dietrich schrieb einen langen Brief an Sabine und schickte ihr die zweitausend Mark. An Bell schrieb er einen Dankesbrief.

In Genf gab es Schwierigkeiten – wie Barth vorausgesagt hatte. Doch dank der Vermittlung W. A. Visser't Hoofts, des Generalsekretärs des neu formierten Weltkirchenrates, sowie einer kleinen Gruppe ökumenischer Kollegen, konnte Dietrich seinen Auftrag erfüllen. Seine ökumenischen Freunde, auf die er für die Kontaktaufnahme mit den Alliierten angewiesen war, akzeptierten seinen Bericht über die Situation der Kirche in Deutschland, aber es fiel ihnen schwer, an eine Widerstandsgruppe im Zentrum des deutschen militärischen Geheimdienstes zu glauben. Geduldig erläuterte ihnen Dietrich die Widerstandsbestrebungen, wobei er so wenig Details wie möglich und keine Namen preisgab. Schließlich gelang es ihm, sie zu überzeugen. Visser't Hooft erklärte sich bereit, Bischof Bell einen genauen Bericht über diese Gespräche zu schicken. Begonnen wurde sogar mit dem Entwurf für eine Denkschrift an die britische Regierung über die christlichen Friedensziele nach dem erfolgreichen Sturz des Naziregimes. Bells Vorschlägen entsprechend würde man diesen Entwurf nach Dietrichs Rückkehr vervollständigen und ihn als Grundlage für alle weitere Zusammenarbeit nutzen. Dietrich bat um eine Zusicherung, daß die Alliierten ihre militärischen Aktionen während des Aufstands gegen Hitler einstellen würden. Er machte deutlich, daß die Widerständler dringend auf die Unterstützung einiger Generäle angewiesen waren – und die wäre ohne verläßliche Zusagen der Alliierten kaum zu bekommen.

Auf Dietrich hatte die hier praktizierte und von ihm erfahrene christliche Gemeinschaft eine heilende Wirkung. Die Gespräche über das Leben der Kirchen in aller Welt, darüber, wie Christus in seiner Kirche über alle Weltereignisse hinweg Gestalt gewann, und darüber, wie sich die Kirchen in der gegenwärtigen Situation verhalten sollten, waren Balsam für ihn. Begierig auf verläßliche, unzensierte Informationen blieb Dietrich jeden Abend bis spät in die Nacht auf und verschlang geradezu die Zeitschriften und Zeitungen der vergangenen zwei Jahre – um dann am nächsten Tag seine Freunde mit Fragen zu bombardieren.

Zu schnell gingen die vier Wochen zu Ende, und er mußte zurückkehren. Erfrischt und ermutigt fuhr er über die Grenze, wieder hinein in den Sturm.

In Berlin bei der Abwehr nahm Dietrich das Papier entgegen, das ihm Oberst Oster reichte. Es handelte sich um die Kopie eines Befehls aus dem Führerhauptquartier, der zwei Monate später, am 6. Juni 1941, erteilt werden sollte. Er trug die Überschrift »Allgemeine Anweisungen über die Behandlung politischer Kommissare«. In der Einleitung hieß es: »Der Krieg gegen Rußland wird so sein, daß er nicht auf ritterliche Weise geführt werden kann. Dies ist ein Kampf der Ideologien und der Rassenunterschiede, und er wird mit nie dagewesener, gnadenloser und rücksichtsloser Härte geführt werden müssen. Alle Offiziere werden sich überholter Ideologien entledigen müssen. Ich bestehe absolut darauf, daß meine Befehle widerspruchslos befolgt werden.« Ein Absatz des Befehls fiel ihm ganz besonders auf: »Politische Kommissare der Roten Armee sind sofort zu erschießen, ob sie im Einsatz gefangengenommen werden oder anderweitig Widerstand leisten. Deutsche Soldaten, die internationales Recht brechen, sind entschuldigt.«

Außerdem verlangte der Befehl, daß alle Partisanen »ohne Gnade niederzuschießen« seien, auch alle verdächtigen Bewegungen feindlicher Zivilisten seien »sofort mit den strengsten Maßnahmen, einschließlich Massenhinrichtungen, niederzuschlagen«.

»Erwartet man also jetzt von der Wehrmacht, daß sie sich wie die SS in Polen verhält?« entsetzte sich Dietrich. Voller Grauen dachte er an seine Seminaristen, von denen viele Einheiten angehörten, die jetzt vor der russischen Grenze standen.

»Richtig«, erwiderte Oster. »Genau das bedeutet es.«

»Aber die Kommandeure werden doch bei so etwas nicht mitmachen!«

Oster lächelte dünn. »Das muß sich erst noch erweisen. Viele von ihnen sind empört, aber Brauchitsch will sich nicht gegen Hitler stellen.«

»Er wird auf seinem Posten bleiben? Und Halder auch?« fragte Dietrich.

»Sie sagen ja, ›um Schlimmeres zu verhüten‹. Um vielleicht doch noch etwas zu erreichen, den Befehl abzumildern . . .«

»Aber können sie das überhaupt? Sind sie in der Lage, irgend etwas davon zu verhindern?«

»Ein wenig, vielleicht . . . Sie könnten durch besondere Befehle vielleicht ein paar Menschenleben retten – aber nicht genug. Nein, nicht genug! Sie opfern die Ehre der deutschen Wehrmacht, und wir und unsere Kinder werden die Schande tragen müssen.« Oster nahm den Befehl zurück und legte ihn in seine Schreibtischschublade. »Der ›kleine Grieche‹ möchte Sie sprechen. Er hat Ihren Bericht gelesen – sowohl den ›offiziellen‹ als auch den für uns. Außerdem ist er ebenfalls der Meinung, daß Sie zunächst in Berlin bleiben können.«

»Was hält er von diesem Befehl?«

»Genau das, was Sie erwarten würden«, sagte Oster.

Die Dackel des Admirals begrüßten sie lärmend, doch der ›kleine Grieche‹, wie Oster ihn nannte, war nicht im Zimmer.

»Er füttert die Vögel«, sagte Oster.

Auf dem Balkon ließ eine in dicke Kleidung gehüllte Gestalt Vogelfutter auf ein Tablett am Geländer rieseln. Canaris kehrte ins Zimmer zurück.

»Ah, Pastor Bonhoeffer! Nett von Ihnen, daß Sie hergekommen sind.« Der Admiral schüttelte ihnen die Hände. Obwohl es Ende April und nicht sehr kalt war, trug er einen Mantel, der fast bis auf seine Schuhspitzen herabreichte. Die Dackel standen erwartungsvoll neben ihm.

»Richtig! Lollo, Spitze, jetzt seid ihr dran, was? Ja, ihr wißt schon Bescheid.« Er nahm zwei Hundekuchen aus seiner Tasche und gab sie den Hunden, tätschelte ihnen den Kopf und sah ihnen dann lächelnd zu, wie sie sich an ihre Plätze neben seinem Schreibtisch zurückzogen. »Hunde haben alle guten Eigenschaften der Menschen, ohne deren Fehler zu besitzen«, behauptete er, während er seinen Mantel an den Haken hängte. »Meine Dackel sind diskret. Sie würden mich nie verraten.«

Canaris wollte nur wenige Einzelheiten über Dietrichs Reise hören, interessierte sich aber sehr für Bischof Bell und zeigte sich beeindruckt, daß Bell Mitglied des Oberhauses war. »Kennt er Churchill?« fragte er Dietrich.

»Das weiß ich nicht genau, Herr Admiral. Er kennt viele hochstehende Persönlichkeiten.«

»Churchill ist ein großer Mann, und Großbritannien ist die Luftmacht, die Europa vor beiden Plagen retten könnte – den Nazis und den Bolschewiken. Wissen Sie, daß wir dieselben Initialen haben, Churchill und ich?«

»Ja«, lächelte Dietrich. Wilhelm Canaris! Er hatte noch nie darüber nachgedacht.

Canaris bot ihnen Sitzplätze an und ließ sich dann schwer in seinen Sessel sinken. »Und doch muß ich es versuchen, sie in die Knie zu zwingen. Der ›Meisterspion‹, wie Sie mich nennen, muß alle diese Pläne beaufsichtigen – Fünfte Kolonne, Sabotage, Selbstmordkommandos –, um Churchill und sein Volk in die Knie zu zwingen. Das ist mein Beruf«, lächelte er trübsinnig. »Sehen Sie, an einem Tag muß ich mich mit Verbrechern wie Heydrich und Schellenberger auseinandersetzen und laufe Gefahr, auf deren Niveau herabzusinken. Am nächsten rede ich mit Männern wie Ihnen darüber, wie wir dieses Regime loswerden.« Übergangslos fragte er jetzt: »Ich glaube, Sie kennen Martin Niemöller?«

»Ja«, antwortete Dietrich.

»Wissen Sie, wie es ihm geht?«

»Den Umständen entsprechend gut, glaube ich. Ich habe mit Frau Niemöller gesprochen, kurz bevor ich hergekommen bin. Er ist guten Mutes und in Gesundheit und Glauben unversehrt.«

»Ein tapferer Mann! Wie lange ist es jetzt . . . vier Jahre?« fragte Canaris.

»Fast.«

»Ein tapferer Mann! Ich bin manchmal in seiner Kirche in Dahlem gewesen.« Eine überraschende Eröffnung für seine

Zuhörer. »Aber ich weiß nicht, was für einen Sinn es hat, sich seinem Schicksal zu widersetzen.«

»Nicht viel, glaube ich, wenn Sie damit die Zeit und den Ort meinen, in die man gestellt ist«, erwiderte Dietrich.

»Eine böse Zeit und ein böser Ort. Warum also kämpfen? Eine berechtigte Frage, meinen Sie nicht?«

»Nicht, wenn Sie wie ich glauben, daß Gott aus Bösem Gutes hervorbringen kann und wird, selbst aus dem nicht mehr zu überbietenden Bösen.«

Canaris sah Dietrich an, als ginge er im stillen seine Erfahrungen durch, in der Hoffnung, das irgendwie glauben zu können.

Dietrich fügte hinzu: »Zu diesem Zweck braucht Gott Menschen, die von allem den besten Gebrauch machen.«

Es war unmöglich, Canaris' Gedanken zu erraten. Nach einer Weile fragte er. »Waren Sie jemals in Argentinien, Pastor Bonhoeffer?«

»Nein!«

»Ein wunderbares Land. Weite, offene Flächen. Eine traumhafte Landschaft, obwohl ich im Augenblick eine griechische Insel vorziehen würde.«

Oster streifte ungeduldig die Asche von seiner Zigarette.

»Warum sind Sie hierher zurückgekommen?« Wieder diese Frage. »Warum sind Sie nicht in Amerika geblieben?«

»Weil ich mich nicht dem Schicksal meines Volkes entziehen konnte.«

»Ah, ja.« Des Admirals Augen funkelten, aber er gab keinen weiteren Kommentar ab. »Sie wissen von diesem schändlichen neuen Befehl?«

»Ich habe ihn gezeigt«, sagte Oberst Oster.

»Nun gut«, bemerkte Canaris. »Wenn dieser Befehl nicht rückgängig gemacht wird, wird er uns für immer besudeln.«

»Es gibt nur einen Weg, ihn rückgängig zu machen«, meldete sich Oster zu Wort. »Wir schicken Hassell mit einem Plan zu Witzleben nach Frankreich. Wenn Hitler im Mai nach Paris fährt, um den Jahrestag der französischen Kapitulation zu feiern, könnten wir zuschlagen ...«

»Ersparen Sie mir die Einzelheiten«, fiel ihm Canaris ins Wort. »Ziehen Sie es nur durch.« Er beugte sich zu einem der Dackel und tätschelte dessen Kopf. »Die schmutzigen Details wollen wir nicht hören, nicht wahr, Lollo? Nein, das wollen wir nicht!« Der Admiral lehnte sich in seinem Sessel zurück. »Die deutschen Armeen werden unter dem Kommando des personifizierten Wahnsinns auf den eisigen Steppen Rußlands verbluten. Hitler hat keine Ahnung von Napoleon.«

Dietrich fand es merkwürdig, daß sich seine Nichte zuerst Eberhard und nicht ihren Eltern oder ihm anvertraut hatte. »Und wer ist dieses Mädchen?« fragte er jetzt.

»Eine Schulkameradin«, antwortete Renate. »Ich war der Meinung, sie wäre meine Freundin. Wir sind die Klassensprecherinnen, deshalb sind wir viel zusammen.« Sie strich sich ihr honigblondes Haar von der Wange und blickte Eberhard an. Dann widmete sie ihre ganze Aufmerksamkeit wieder dem Flügel. Der Debussy war an der Stelle aufgeschlagen, die sie gerade geübt hatte. Sie spielte eine leise Triole.

»Warum hat sie gedroht, dich zu melden?« drängte Dietrich.

»Ich dachte, sie müßte von all den schrecklichen Dingen erfahren, die passieren. Also habe ich ihr davon erzählt.«

»Was hast du ihr erzählt?«

Eberhard antwortete für sie. »Sie hat ihr von der Euthanasie und von den Konzentrationslagern erzählt, und davon, was sie mit den Juden machen.«

Renate hob ihren Kopf, wie um sich zusammenzureißen, aber ihr Kinn zitterte leicht, als sie sagte. »Sie ist . . . sie schien ein nettes Mädchen zu sein. Ihr Vater ist ein Nazi, aber sie ist immer sehr nett zu mir gewesen. Ich dachte . . . sie machte immer einen vernünftigen Eindruck. Und da dachte ich, daß sie Bescheid wissen sollte, weißt du.«

»Ja, natürlich«, sagte Dietrich.

Seine Nichte war nicht mehr das Kind, das er im vergangenen Herbst hier zurückgelassen hatte. Selbst damals schon hatte ihn die bezaubernde Veränderung fasziniert, die sich vollzieht, wenn aus einem Mädchen eine junge Frau wird. Nun, nachdem er sechs Monate fortgewesen war, fand er die Veränderung staunenswert. Die schlichte Schuluniform – der blütenweiße Blusenkragen, der aus dem runden Ausschnitt des blauen Pullovers hervorblitzte, der karierte Rock und die weißen Söckchen – konnte die Veränderung nicht verbergen. Sie war unverkennbar in ihrer Haltung, ihrem erhobenen Kopf, ihren reifenden Gesichtszügen. Alles verriet ein neues Bewußtsein. Schon hatte Dietrich von dem einen oder anderen Freund reden hören – besonders von einem, der ein Freund ihres Bruders war und vor kurzem eingezogen worden war.

Renate unterbrach seine Gedanken: »Ich dachte, sie wäre ein vernünftiges Mädchen und sollte Bescheid wissen. Aber sie regte sich sehr darüber auf und sagte, ich könne nicht herumlaufen und solche Sachen erzählen ... sonst müsse sie mich melden. Sie meinte, es sei ihre Pflicht, wißt ihr ... weil wir doch Krieg haben. Und jetzt habe ich Angst, daß sie es wirklich tun wird, und ich weiß nicht, was ich machen soll.«

»Hast du deinen Eltern davon erzählt?« erkundigte sich Dietrich.

»Noch nicht.«

»Meinst du nicht, daß du das tun solltest?«

»Aber sie werden sich schreckliche Sorgen machen. Wir wären doch alle in Gefahr, wenn sie mich wirklich melden würde?«

»Ich kann mir nicht vorstellen, daß sie dir wirklich schaden will«, beschwichtigte Eberhard. »... wenn sie doch deine Freundin ist.«

»Vielleicht will sie es nicht, aber sie hält es für ihre Pflicht.«

»Ich denke, sie wird schon einen Ausweg finden ... sich etwas einfallen lassen.« Die Zärtlichkeit in Eberhards Stimme, sein liebevoller Blick ließen Dietrich aufmerken

»Ich weiß nicht ... vielleicht«, meinte Renate unsicher. »Aber sie legt großen Wert darauf, ihre Pflicht zu tun – oder das, was sie für ihre Pflicht hält.«

»Andererseits hat sie auch eine Verpflichtung als deine Freundin«, gab Eberhard zu bedenken.

»Ja, aber ...«

Renate sah kurz zu Eberhard auf, so als wage sie es nicht, darauf zu hoffen.

»Bleibe einfach weiter ihre Freundin«, sagte Eberhard. »Aber diskutiere nicht mehr mit ihr. Versuche nicht, sie zu überzeugen.«

»Nein, das werde ich bestimmt nicht tun.«

Einen Augenblick lang schienen Eberhard und Renate Dietrichs Anwesenheit vergessen zu haben.

Später, als Eberhard und Dietrich wieder allein waren, schien Eberhard keine Ruhe zu finden. Unaufhörlich lief er im Zimmer auf und ab. »Es ist schrecklich, nichts für sie tun zu können«, klagte er, »sie jemandem ausgeliefert zu wissen, gegen den wir überhaupt nichts unternehmen können.«

»Vielleicht hast du ja recht, und das Mädchen ist trotz seiner Nazi-Eltern anständig geblieben.«

»Hältst du das für möglich?« Ungläubig sah er Dietrich an. »Ich weiß nicht, ich weiß nicht! Ich wollte Renate doch nur einen rettenden Strohhalm reichen.«

»Ich fürchte, im Augenblick bleibt uns nichts anderes übrig als zu warten.«

Aufseufzend stimmte ihm Eberhard zu.

»Ihr beide scheint sehr gute Freunde geworden zu sein.« Ganz vorsichtig erkundigte sich Dietrich.

»Ja«, bestätigte Eberhard lächelnd. »Deine Familie . . . sie sind alle meine Freunde, weißt du. Und jetzt, wo du weg bist, begleitet mich Renate beim Musizieren.«

»Zu deiner Flöte?«

»Auch beim Singen. Sie ist sehr gut! Wirklich!«

»Ja, ich weiß. Wie geht es mit der Flöte?«

»Ganz gut, finde ich.«

»Gut genug, um die ›Müllerlieder‹ in Angriff zu nehmen?« fragte Dietrich. »Sollen wir es versuchen?«

»Renate und ich haben schon daran gearbeitet.«

»Tatsächlich?«

»Wir haben daran gedacht, eins oder zwei davon am Wochenende zu spielen.«

»Großartig. Ganz offensichtlich war ich länger weg, als ich

dachte.« Nur mühsam konnte Dietrich seine Enttäuschung verbergen.

An den nächsten Tagen geschah nichts. Das Mädchen in der Schule hatte nichts mehr gesagt. Dennoch – Renates Spannung schien zu wachsen. Beim Musikabend am Samstag spielten Renate und Eberhard zwei Stücke aus den »Müllerliedern«. Ihr Vortrag und Eberhards gekonntes Flötenspiel beeindruckten die Zuhörer, vor allem Dietrich. Dabei war nicht zu übersehen, wie gerne Renate mit Eberhard musizierte.

Zwei Wochen vergingen, und obwohl Renates Schulkameradin ihre Drohung nicht wahrgemacht hatte – Renate wirkte noch immer sorgenvoll. Eines Tages schlug Dietrich Eberhard vor, gemeinsam ein Sinfoniekonzert zu besuchen.

»Gute Idee!« freute sich Eberhard. »Renate hat gestern auch von diesem Konzert gesprochen. Ich glaube, sie würde gern mitkommen.«

Die Musik war großartig. Renate saß zwischen ihnen beiden. In den Pausen bemühte sich Eberhard voller Aufmerksamkeit um sie, gab sich alle Mühe sie aufzuheitern.

Am nächsten Nachmittag – Dietrich und Eberhard genossen die zaghaften Strahlen der Aprilsonne – kam Renate mit fröhlichem Gesicht auf sie zu gelaufen.

Sie setzte sich auf die Kante des Gartenstuhls, den Eberhard für sie heranzog. »Du hattest recht«, berichtete sie eilig. »Sie hat sich etwas einfallen lassen, damit sie mich nicht melden muß. Sie will mich bekehren!«

Eberhard lachte laut auf. »Siehst du, was habe ich dir gesagt!?«

»Morgen bringt sie Hitlers *Mein Kampf* und noch so ein paar andere Sachen mit, die sie zu Hause hat. Sie will mir dann zeigen, daß ich mich irre! Will mir klarmachen, daß alles, was ich ihr erzählt habe, nicht stimmen kann.«

»Und du als gute Schauspielerin wirst dich natürlich überzeugen lassen.«

»Du hast es erraten!«

Alle lachten. Dietrich fiel auf, daß er in den letzten Wochen Renate nicht ein einziges Mal »Onkel Bethge« hatte sagen hören – so wie sie Eberhard all die Jahre hindurch genannt hatte. »Eberhard« hatte sie freilich auch nicht gesagt. Aber wieso denn auch? – beruhigte er sich. Sie war ja schließlich noch nicht einmal sechzehn.

An einem kalten Novembertag überbrachte Nils Ehrenström, ein ökumenischer Gesandter aus Genf, Dietrich Nachrichten von Bell. Dietrichs Denkschrift war auf großes Interesse gestoßen, und Bell hatte sie an alle möglichen wichtigen Leute verteilt. Er hoffte, Dietrich sehr bald eine ausführliche Antwort schicken zu können.

Dietrich hatte das Treffen mit Ehrenström in der Goßnerschen Mission arrangiert – einem einigermaßen sicheren Ort –, und nachdem sein Besucher gegangen war, stieg er hinauf in Eberhards Wohnung. Gemeinsam versuchten sie, in Formulierungen wie »an alle möglichen wichtigen Leute verteilt« und »eine ausführliche Antwort« ermutigende Anzeichen zu entdecken. Doch es wollte nicht so recht gelingen.

Nach einer Weile wandte sich Eberhard ein wenig zögernd an Dietrich: »Ich wollte dich etwas fragen.«

»Etwas Gutes oder etwas Schlechtes?«

»Das weiß ich nicht! Deshalb frage ich ja.«

Eberhard wirkte so verlegen, daß Dietrich laut lachen mußte. »Na, dann schieß los!«

»Weißt du, wegen Renates Geburtstag ...«

»Ach ja, das ist ja schon bald! Nächste Woche?«

»Am Freitag.«

»Freitag schon? Hm, ich habe überhaupt noch nicht darüber nachgedacht, was ich ihr schenken soll.«

»Genau danach wollte ich dich fragen. Ich habe etwas gefunden, das ich ihr gern schenken würde. Ich habe es sogar schon gekauft. Aber ich bin nicht sicher ... ich meine ... ich frage mich, ob es sich für mich gehört ...« Leichte Röte überzog sein Gesicht. »Ich meine, es ist sehr hübsch, und ich glaube, es würde ihr gefallen, aber ich bin mir unsicher.«

Und spätestens jetzt wurde Dietrich klar, daß dies für Eberhard keineswegs eine belanglose Sache war. Die eher versteckten Zeichen für Eberhards wachsende Zuneigung zu Renate waren ihm nicht entgangen. Aber er hatte alle diese Gedanken als ganz und gar unwahrscheinlich abgetan. Dieses Jahr würde Renate ihren 16. Geburtstag feiern! Was würden denn Ursel und Rüdiger dazu sagen? Außerdem – war Renate selbst denn schon bereit, eine ernsthafte Zuneigung zu erwidern?

Getrieben von innerer Unruhe hatte sich Eberhard erhoben und wartete nervös auf eine Antwort. »Kann ich es mal sehen?« erkundigte sich Dietrich. »Du hast es doch schon gekauft.«

Eberhard ging ins Nebenzimmer und kehrte mit einem beachtlich großen Paket zurück. Aus dem braunen Packpapier kamen vier große, elegant eingebundene Bände mit alten Volksliedern aus dem 15. und 16. Jahrhundert zum Vorschein. Dietrich wußte, wie sehr Renate dieses Geschenk gefallen würde und wie sehr es die ganze Familie genießen würde, die Lieder zu singen. Aber er wußte auch, daß Eberhard einen beträchtlichen Teil seines Gehalts dafür aufgewendet haben mußte.

»Wunderschön!« begeisterte sich Dietrich, als er den ersten Band durchblätterte. »Du hast einen vorzüglichen Geschmack. Was für ein wunderschönes Geburtstagsgeschenk.«

»Meinst du wirklich, daß es so in Ordnung ist?«

»Ja, das ist in Ordnung! Sie wird sich riesig darüber freuen.«

Dietrich, der ein paar Wochen in München war, verpaßte die Geburtstagsfeier. Am Tag nach seiner Rückkehr erschien Eberhard mit einem so strahlenden Gesicht bei ihm, daß Dietrich halb im Scherz fragte, ob Renate ihm die Heirat versprochen habe.

»Ja, das hat sie!«

»Im Ernst?« fragte Dietrich irritiert. Aber als er Eberhards Gesicht sah, wußte er, daß Eberhard nicht scherzte. Dietrich schluckte. »Das scheint sehr plötzlich gekommen zu sein.«

»So plötzlich eigentlich gar nicht.«

»Hm ...«

»Die Wahrheit ist, daß ich nicht wußte, ob ich es ihr sagen sollte ... falls ich mich trauen würde. Doch dann ... dann stellte sich auf einmal heraus, daß sie genauso dachte.« Eberhard lächelte, als könne er sein Glück immer noch nicht fassen.

Aber – im Grunde! – war es wirklich so erstaunlich? Trotz seiner zweiunddreißig Jahre wirkte Eberhard in seiner Art wie in seinem Aussehen sehr jungenhaft, besaß er einen frischen, fröhlichen Charme.

»Ich freue mich sehr für euch«, sagte Dietrich endlich. »Und ich hoffe, es wird etwas daraus. Hast du schon mit Ursel und Rüdiger gesprochen?«

»Noch nicht.«

»Ich verstehe. Da könnten einige Probleme auf dich zukommen. Schließlich ist Renate noch ziemlich jung.«

Das sei ihm klar, meinte Eberhard. Aber kein Hindernis sei unüberwindlich. Renate würde ihn lieben. Und das sei doch – fürs erste – genug.

Am nächsten Nachmittag kam Eberhard unglücklich zu Dietrich. »Renate hat mit ihren Eltern gesprochen«, berichtete er. »Gestern abend hat mich ihr Vater zu sich bestellt. Und er hat verlangt, daß wir uns sechs Monate lang nicht sehen sollen. Sechs Monate! Kannst du dir das vorstellen?«

»Das erscheint mir tatsächlich etwas hart«, räumte Dietrich ein.

»Hart? Grauenhaft ist es! Vollkommen unzumutbar! Wir leben doch schließlich im 20. Jahrhundert! Sie nicht sehen? Kannst du dir vorstellen, was das für mich bedeutet?«

Dietrich hatte Eberhard noch nie so aufgeregt erlebt. »Du mußt versuchen, das zu verstehen«, bemühte er sich die Wogen zu glätten. »Ein solcher Gedanke ist im Augenblick zuviel für Rüdiger. Väter sind nun einmal so mit ihren kleinen Mädchen.«

»Sie ist kein kleines Mädchen. Sie ist sehr reif für ihr Alter. Sehr!«

»Da stimme ich dir zu. Aber könntest du ihm nicht so eine Art ›Gewöhnzeit‹ zubilligen? Gib ihm Zeit, sich an den Gedanken zu gewöhnen. Wahrscheinlich wird er bald seine Meinung ändern.«

»Ich weiß nicht ... Er klang ziemlich unerbittlich.«

»Vielleicht! Trotzdem! Gib ihm etwas Zeit.« Wobei ein wenig Zeit auch Renate nicht schaden würde, dachte Dietrich im stillen.

Eberhard zeigte sich nur mäßig getröstet. Nachdem er gegangen war, blieb Dietrich an seinem Fenster sitzen und studierte das gegenüberliegende Haus wie eine Zigeunerin den Kaffeesatz. Doch es erlaubte ihm keinen Blick in die Zukunft.

31

Niemand hatte es recht glauben wollen, als Hitler Ende 1941 Brauchitsch entlassen und selbst das Oberkommando über die Streitkräfte übernommen hatte. Gerade jetzt, als Brauchitsch sich endlich dazu bereit erklärt hatte, die Widerständler zu unterstützen. Als die Hitlergegner nach Weihnachten versuchten, sich neu zu sammeln, schlug Klaus vor, Vertreter der verschiedenen Widerstandsgruppen zusammenzubringen und zu versuchen, Übereinstimmung für das zukünftige Vorgehen zu erreichen. Hans stimmte zu und stellte sein Haus in Sakrow für das Treffen zur Verfügung. Er bestand allerdings darauf, daß nur die maßgeblichen Leute des Widerstandes daran teilnahmen – und Dietrich sollte einer von ihnen sein.

Adam von Trott zu Solz, einer der jungen Widerständler aus dem Außenministerium, traf frühzeitig ein. Er rauchte eine Zigarette nach der anderen und verschlang geradezu jedes Wort, das gesprochen wurde. Trott gehörte zu dem Kreis um Helmuth Graf von Moltke, einer Gruppe, die den Widerständlern in der Abwehr kritisch gegenüberstand – besonders Goerdeler, den sie für zu reaktionär hielten.

Justus Delbrück, der Bruder Emmis und Hans' Assistent in der Abwehr, kam mit seinem Cousin Ernst von Harnack, der eine Gruppe von Sozialdemokraten und früheren Arbeiterführern repräsentierte, mit der Klaus Kontakt aufgenommen hatte. General Beck war zu krank, um teilnehmen zu können, und Carl

Goerdeler, der von allen als möglicher Kanzler einer neuen Regierung akzeptiert wurde, traf etwas später ein. Dietrich war ihm schon einmal bei Klaus begegnet und hatte ihn auf Anhieb gemocht. Der hochgewachsene, kantig wirkende ehemalige Leipziger Oberbürgermeister mit seinem grauen Schlapphut, dem ausgebeulten Mantel und dem knorrigen Gehstock entsprach ganz dem Bild eines »Wanderpredigers« – erst ein Spitzname, nun sein Deckname.

Goerdelers missionarischer Eifer war legendär. 1937, als die Nazis in Leipzig ein Standbild Mendelssohns zerstört hatten, war Goerdeler unter Protest zurückgetreten. Seither war er durch Deutschland, durch ganz Europa und selbst durch die USA gereist und hatte – wieder und immer wieder – versucht, seinen Zuhörern klarzumachen, daß ein Tyrann niemals etwas anderes als Tyrannei hervorbringen könne. Er hatte zur diplomatischen Isolierung Hitlers aufgerufen, hatte ein Rohstoff-Embargo gegen Deutschland und Italien gefordert. Gleichzeitig hatte er eindringlich an die Alliierten appelliert, das Unrecht des Versailler Vertrages zu korrigieren. Einmal hatte Dietrich ihn sagen hören, daß sich durch gesunden Menschenverstand und die klare Argumentation eines integren Mannes die Dinge verändern ließen.

Nicht zuletzt aus diesem Grunde fühlte sich Dietrich ihm irgendwie verwandt. »Den Optimismus als Willen zur Zukunft sollte niemand verächtlich machen«, hatte Dietrich zu Hans und Klaus gesagt, »auch wenn er hundertmal irrt.«

Seit Beginn des Krieges hatte Goerdeler seinen Argumenten die Forderung hinzugefügt, Deutschland solle das von ihm begangene Unrecht sühnen und jeden Naziverbrecher vor einem deutschen Gericht zur Verantwortung ziehen. Dietrichs Hochachtung für diesen Mann war nur noch gestiegen. Weshalb die Gestapo den unerschrockenen Oberbürgermeister noch nicht verhaftet hatte, war allen ein Rätsel. Klaus vermutete: »Die denken wahrscheinlich, ein Hund, der so laut bellt, kann unmöglich beißen!« Doch Osters Kontaktleute in der Gestapo hatten den wahrscheinlich zutreffenderen Grund herausgefunden. Sie gingen davon aus, daß sich Himmler weitaus mehr dafür interessiere, die Kontaktleute

Goerdelers ausfindig zu machen, als dessen »phantastische« Aktivitäten zu stoppen.

Zu Beginn des Treffens berieten die Widerständler über die zukünftige Regierung. Adam von Trott forderte nachdrücklich, es dürfe keine Form von Monarchie, auch keinen »Herrenverein« geben. Da würden die Arbeiter nicht mitmachen. »Wir können es uns nicht leisten, den Eindruck zu erwecken, wir seien eine Aristokratie, die an alten, überholten Vorstellungen festhält.« Damit richtete er sich vor allem an Goerdeler, der einmal mit dem Gedanken gespielt hatte, Prinz Louis Ferdinand in den Widerstand einzubeziehen – einen Mann, der ein wirksames Signal zum Aufstand geben könne. Die Sozialdemokraten in der Gruppe stimmten von Trott zu.

Das Gespräch wandte sich nun der schweren Frage eines Attentats zu. Hitler zu verhaften, erschien als nicht mehr gangbarer Weg. Denn der »Führer« verbrachte inzwischen die meiste Zeit in seiner streng bewachten militärischen Festung, der Wolfsschanze, und ließ sich nur noch selten und ohne Vorankündigung in der Reichskanzlei sehen. Das »letzte Mittel« aber war notwendig. Die Zahl der Opfer und möglichen Opfer dieses Mannes wuchs ins Unermeßliche: die Juden, die insgesamt getötet werden sollten; die Kriegsopfer an allen Fronten; die Opfer der Euthanasie ...

Doch als Oster das Thema zur Sprache brachte, erklärte Adam von Trott sofort, der Leiter seiner Gruppe, Graf von Moltke, sei dagegen. »Er sagt, Mord bleibe immer ein Verbrechen. Und wenn wir das Böse mit dem Bösen bekämpfen, werden wir die Grundsätze, für die wir kämpfen, verraten und schließlich zerstören.«

»Und was schlägt er vor?« fragte Oster scharf zurück. »Sollen wir das den Alliierten überlassen?«

»Vielleicht! Er glaubt, daß es besser wäre, wenn Hitler sich den Konsequenzen seiner Verbrechen stellen müßte: Die Lektion für das deutsche Volk wäre dann unmißverständlich. Niemand könnte dann wieder behaupten, Deutschlands Niederlage sei nur auf inneren Verrat zurückzuführen.«

»Dann bestünde also unsere Aufgabe darin, dem Volk eine Lektion zu erteilen, während Tausende, wenn nicht gar Millionen unschuldiger Menschen unter den Händen dieses Verbrechers sterben«, vermerkte Oster bitter.

»Moltke ist sich dieser Schwierigkeit bewußt, das versichere ich Ihnen. Aber er ist der starken Überzeugung, daß wir an den Anfang einer neuen Regierung kein Verbrechen stellen dürfen. Ich will nicht verhehlen, daß andere in der Gruppe sich dessen nicht so sicher sind. Ich zum Beispiel. Ich weiß, daß es vielleicht dazu kommen muß ... als letztes Mittel.«

»Und da sind wir bereits, mein lieber Herr«, rief Oster mit zornigem Spott. »Unsere Zeit läuft ab. Leider denken die meisten Generäle nur im Blick auf die roten Streifen an ihren Hosennähten. Sollte es allerdings getan sein – erfolgreich, versteht sich –, dann werden sie sich uns anschließen.«

Mit seiner dröhnenden Stimme schaltete sich nun Goerdeler in das Gespräch. »Gehen wir nicht so hart mit den Generälen ins Gericht. Sie haben Probleme, die wir uns nicht einmal vorstellen können. Und es gibt immer noch eine beträchtliche Anzahl, die zur Zusammenarbeit bereit ist, wenn wir die richtigen Voraussetzungen schaffen.«

Dietrich sah Hans vielsagend an. Goerdeler schien die bedauerliche Gewohnheit zu haben, ihm Unangenehmes zu verdrängen.

Hans sagte denn auch mit sanftem Nachdruck: »Ich fürchte, Herr Goerdeler, es sind keine denkbaren ›richtigen Voraussetzungen‹ mehr da.«

»Graf von Moltke hat recht«, ließ sich Goerdeler nicht beirren. »Ein Attentat verstößt gegen die christliche Sittlichkeit.«

Niemand sagte etwas. Aber Dietrich merkte, daß ihn jetzt alle ansahen.

»Ist es nicht so, Pastor Bonhoeffer?« beharrte Goerdeler.

»Vielleicht, wenn wir eine eiserne Regel aufstellen und sagen: Dies ist für alle Zeiten und Orte wahr und gültig. Ich kann nicht davon abweichen.«

»Wir stellen diese Regel doch nicht auf. Es ist Gottes Gebot«, wandte Goerdeler ein.

»Ja, das macht uns die Sache besonders leicht, nicht wahr?« sagte Dietrich. »Wir können uns darauf berufen, daß es Gottes

Gebot ist, und damit wären wir von aller Verantwortung entbunden. Wir müßten dann diese schwere Entscheidung nicht treffen.«

»Ich weiß nicht recht, worauf Sie hinauswollen«, wandte sich von Trott an Dietrich. »Ich kann von mir nicht behaupten, ein frommer Christ zu sein, aber dieses Gebot erscheint mir gleichwohl eindeutig. ›Du sollst nicht töten.‹ Punkt!«

»Gewiß ist es Gottes Gebot«, bestätigte Dietrich. »Aber ist nicht Jesus Christus der einzige Punkt, den wir dahinter setzen können?«

Dietrich bemerkte das erwachende Interesse in Osters sonst so skeptischem Gesicht. Es war ihm unerträglich, daß Oster und ähnlich Denkende – Klaus und Emmi, sein Vater zum Beispiel – sich durch das durch die Jahrhunderte gehende Versagen der Kirche, die Kirche des Evangeliums zu sein, veranlaßt gesehen hatten, sich der Reichweite Christi zu entziehen. Was das Problem selbst anbelangte, so hatte Dietrich manch schlaflose Nacht damit zugebracht, um Gottes Leitung zu ringen. »Ich glaube, daß Gottes Gebot dazu da ist, daß wir ihm gehorchen«, meinte er schließlich. »Es läßt keinen Raum für Interpretation. Aber ist – und bleibt – es nicht für den Christen immer das Gebot Gottes, das in Jesus Christus offenbart ist? Wenn wir das akzeptieren, dann kann das Gebot nicht etwas Statisches sein, hinter das wir einen Punkt setzen. Es ist der lebendige Gott, der in unserer Not zu uns spricht und uns erlaubt – ja sogar befiehlt! –, die Entscheidung zu treffen, sie hinter uns zu lassen und weiterzugehen. Wir müssen nicht für immer an der Wegkreuzung stehenbleiben wie Herkules.«

»Sie meinen, wir können diesen Mann töten, ohne an Gottes Gebot schuldig zu werden?«

»Ich sehe keine Möglichkeit, ihn zu töten, ohne daß wir Schuld auf uns laden. Aber ich glaube, es ist schlimmer, böse zu sein, als Böses zu tun.« Dietrich blickte in verständnislose Gesichter – also versuchte er es noch einmal. »Ich meine, es ist schlimmer, wenn Joseph Goebbels die Wahrheit sagt, als wenn ich oder Sie oder ein anderer Verfechter der Wahrheit lügt.« Zustimmendes Nicken. »Die Frage ist: Dürfen wir unsere eigene persönliche Unschuld über unsere Verantwortung gegenüber den Juden und allen anderen stellen, die unter den Händen dieses Mannes leiden und sterben? Wie sieht hier die Wirklichkeit aus? Machen wir uns nicht in Wirklichkeit des Tötens schuldig, wenn wir es versäumen, dessen Morde auf die einzige Weise zu verhindern, die uns geblieben ist? Würden wir damit nicht eine noch unverzeihlichere Schuld auf uns laden als dadurch, daß wir ihn töten?«

»Genau«, rief Oster in die atemlose Stille. »Wenn wir nichts tun, wenn wir die Hände in den Schoß legen, dann vermischen wir uns mit dem ganzen bösen Wein. Hinterher, wenn alles vorbei ist, wird man vielleicht die Ablagerungen entfernen, aber der Wein wird unverändert bleiben, so oft man ihn auch umfüllt.« Der Oberst beugte sich auf seinem Sessel vor. »Wir dürfen den geeigneten Augenblick nicht ungenutzt verstreichen lassen. Wenn wir uns diesen Augenblick entgehen lassen, weil wir durch sehr fragwürdige ethische Vorstellungen gebunden sind, dann ist er vielleicht für immer dahin.«

Goerdeler seufzte, schüttelte seinen Kopf mit dem üppigen weißen Haar. »Und dennoch! Ich kann mich mit einem Attentat nicht anfreunden. Ich kann es einfach nicht. Und Beck auch nicht ... so wenig wie Canaris.«

Wieder sah Dietrich auf Hans. Genau das war sie – die größte Schwäche der Widerstandsbewegung: der fehlende Blick für die Realität, die Unfähigkeit, das zu erkennen, was unbedingt getan werden mußte und – dies vor allem – sich geschlossen dahinter zu stellen.

Mit ungewissem Lächeln fügte Goerdeler hinzu: »Vielleicht findet sich ja im letzten Moment ein Widder im Gestrüpp.«

»Aber Herr Goerdeler«, widersprach Oster, »wir reden hier doch nicht über ein unschuldiges Kind.«

»Ich weiß, ich weiß! Aber bevor wir uns zu einem Attentat entschließen, werde ich alles tun, was in meiner Macht steht, um eine Audienz bei Hitler zu bekommen. Dann nämlich würde ich ihm sagen, was gesagt werden muß – daß sein Rücktritt für die Nation unerläßlich ist.«

Dietrichs Gesicht spiegelte Überraschung und Entsetzen. Ein so tapferer Mann und so erschreckend weltfremd!

Goerdeler freilich ließ sich nicht beirren. »Ich bin überzeugt davon«, sprach er hastig weiter, »daß ein solcher Versuch nicht notwendigerweise zum Scheitern verurteilt wäre. Überraschungen sind immer möglich, und das Risiko sollte man auf sich nehmen.«

Oster blickte jeden einzelnen in der Runde eindringlich an. Dann sagte er leise. »Herr Goerdeler, wir alle kennen Ihre Furchtlosigkeit, Ihre Integrität, und wir sind dankbar dafür. Aber ich glaube, selbst Moltke wäre mit uns einer Meinung, daß Sie diesen Versuch nicht wagen sollten.«

Darauf Goerdeler: »Nun, tun wir, was wir tun müssen. Oder wie Canaris sagt: ›Bringen wir es hinter uns.‹ Aber Sie werden General Beck über alles informieren?«

»Morgen«, erwiderte Oster.

Jetzt fehlten noch die Zusicherungen der Alliierten, sich im entscheidenden Moment mit Feindseligkeiten zurückzuhalten. Goerdeler bat Dietrich und Adam von Trott, der ebenfalls wichtige Verbindungen nach England hatte, in ihren Bemühungen um dieses Anliegen nicht nachzulassen. Außerdem sollten sie im Namen des gesamten deutschen Widerstandes den Alliierten genaue Informationen zukommen lassen; einschließlich der Namen der führenden Verschwörer sowie der geplanten Zusammensetzung der neuen Regierung.

Alle waren gegangen. Nur noch Dietrich, Hans und Oster saßen zusammen, sprachen über den Abend. Allen war klar: Der Weg, zu dem sie sich entschlossen hatten, war schlichtweg verantwortungslos, wenn es ihnen nicht gelang, ihn noch weitgehend abzusichern. Nach dem Attentat würde es ganz entscheidend darauf ankommen, das deutsche Volk von der Notwendigkeit ihrer Aktionen zu überzeugen. Das wiederum war nur möglich, wenn eine neue Regierung sofort und handlungsfähig bereitstand, die auch sofort beginnen konnte, mit gezielten Maßnahmen geordnete Verhältnisse herzustellen. Keiner der an diesem Abend Anwesenden unterschätzte die Schwierigkeit dieser Aufgabe. Galt es doch, den Wirkungen jahrelanger Nazipropaganda im Volk entgegenzuarbeiten.

Als große Frage blieb: Wie sollte das Attentat ausgeführt werden, und wer würde zu dieser Selbstmörder-Aktion – die es zweifellos würde – bereit und in der Lage sein? Durch die verschärften Sicherheitsvorkehrungen, mit denen sich der Diktator umgab, hatte sich die Zahl der zuverlässigen Männer, die Zugang zu Hitler hatten, sehr verringert. Hans und Oster sammelten Namen der Männer, die in Frage kamen. Eine erbärmlich kleine Anzahl! Wobei ja noch nicht einmal sicher war, ob überhaupt einer von ihnen zu einem solchen Opfer bereit war.

»Ich weiß nicht, wie ich an Hitler herankommen könnte«, sagte Dietrich langsam, »aber ich wäre bereit, es zu tun. Dazu müßte ich freilich erst aus der Kirche austreten. Schließlich kann ich nicht erwarten – würde es mir auch gar nicht wünschen –, daß die Kirche sich vor mich stellt.«

»Dazu wären Sie bereit?« fragte Oster ungläubig.

»Ich fürchte nur, daß ich rein gar nichts von Waffen oder gar Sprengstoff verstehe. Ich bin nie zur Jagd gegangen. Aber Sie könnten mir sicherlich das Erforderliche beibringen.«

Hans sagte kein Wort. Es war unmöglich, seine Gedanken zu erraten.

Nervös drückte Oster seine Zigarette aus. In der Diele schlug die Uhr. Viertel vor elf. »Ich habe immer gewußt, daß Sie auf unserer Seite stehen, Pastor Bonhoeffer. Ihre Bereitschaft, so weit zu gehen, hätte ich allerdings nicht vermutet. Aber sie ist mehr als ermutigend. Glauben Sie also nicht, daß ich Ihr Angebot nicht in seiner ganzen Bedeutung würdige. Ich versichere Ihnen, mir ist klar, was eine solche Aussage für Sie bedeuten muß. Aber wir brauchen Sie da, wo Sie sind. Wen gibt es denn noch, der brauchbare Kontakte zu den Alliierten herstellen könnte? Und die sind für uns lebensnotwendig. Ihre nächste Reise in die Schweiz ist von äußerster Wichtigkeit. Wir werden bald alle Vorbereitungen abgeschlossen haben.«

Kurz vor Mitternacht klopfte Dietrich an Eberhards Tür. Eberhard stand im Schlafanzug an seinem kleinen Herd und setzte Wasser auf, während Dietrich ihm von dem Treffen berichtete.

Und dann gab es kein Halten mehr. »Sag mir, Eberhard«, kam gequält die Frage, »was meinst du? Kann einem Christen die Ermordung eines Tyrannen vergeben werden?«

»So weit ist es gekommen?«

»Ja!«

Lange Zeit sagte Eberhard nichts, rührte mit abwesender Miene den Malzkaffee in den Bechern. Schließlich sagte er: »Jesus selbst hat – wenn du so willst – Gebote ›übertreten‹, um Menschen zu helfen. Nicht nur einmal, mehrere Male. Und du hast mir einmal gesagt, die Kirche dürfe nicht nur die Opfer unter dem Rad hervorziehen, sie müsse verhindern, daß sie vom Rad zermalmt werden.«

»Ich erinnere mich.«

»Und dann! Kannst du dir vorstellen, daß der Jesus, der die Geldwechsler mit einer Peitsche hinausgetrieben hat, angesichts dieser Situation tatenlos dabeistehen würde?«

»Nein, das kann ich nicht. Genau das ist auch der Gedanke, an den ich mich klammere.« Dietrich nippte an dem bitteren Getränk. Und jetzt berichtete er auch von seinem Angebot an Oster und von Osters Antwort. Überraschung, Erschrecken, das in Erleichterung überging, ließen sich von Eberhards Gesicht ablesen. Verurteilung war nicht dabei. »Aber selbst wenn ich das Attentat nicht persönlich ausführe – ich habe ebensoviel Anteil daran wie der Mann, der es tut. Ich könnte doch nicht länger Pfarrer sein!«

»Glaubst du nicht?«

»Nein! Unmöglich! Luther selbst hätte den Widerstand gegen einen Herrscher, der Gesetz und Verfassung mit Füßen tritt, wahrscheinlich gerechtfertigt. Aber die heutige lutherische Kirche ...«

Bis tief in die Nacht redeten sie miteinander, und obwohl sie keine sicheren Antworten fanden, tröstete es Dietrich, etwas von seiner Last mit Eberhard teilen zu können.

Mitte Mai war Dietrich wieder in Genf. Diesmal in gleichsam doppelter Mission. Zu seiner Arbeit für den Widerstand hatte er eine besondere Aufgabe übertragen bekommen, die für das »Unternehmen 7«. Kurz zuvor hatte Canaris jüdischen Freunden zur Flucht in die Schweiz verhelfen wollen. Unter dem Vorwand, sie seien als Agenten für die Abwehr tätig, hatte Hans ihre Flucht arrangieren sollen. Und hier nun sollte Dietrich mit seinen ökumenischen Verbindungen in der Schweiz aktiv werden. Dietrich hatte sofort zugestimmt. Generell hatte die Schweiz ihre Grenzen für Juden verschlossen, und nur mit einer Sondererlaubnis war die Einreise möglich. Anfangs standen sieben Namen – »Unternehmen 7« – auf der Liste, doch inzwischen war die Zahl auf vierzehn gestiegen.

Diesmal bekam Dietrich vor seiner Reise von Hans und Oster neue und sehr eingehende Informationen in der Kunst, Gestapo-Leute auszumachen und ihnen zu entkommen. Eberhard brachte den Freund zum Zug. Da zog Dietrich unvermittelt ein Kuvert aus der Tasche. Inhalt: sein letzter Wille und sein Testament.

»Im Grunde besteht Anlaß zur Beunruhigung«, sagte er. »Ich habe auch nicht die Absicht, mich erwischen zu lassen oder dergleichen. Aber bewahre es gut auf! Bitte! Es hätte keinen Sinn, die Familie damit zu beunruhigen.«

Im Büro des Weltkirchenrates in Genf stellte Dietrich zu seiner Bestürzung fest, daß Visser t' Hooft sich gerade in England aufhielt. Auch Ehrenström war nicht in der Stadt. Beide wurden erst in einigen Wochen wieder zurückerwartet. Also reiste Dietrich gleich nach Zürich, wo er sich mit Alphons Koechlin traf, dem Vorsitzenden des Schweizer Kirchenbundes. Ihn wollte er um Hilfe für das Unternehmen 7 bitten. Dietrich kannte Koechlin seit Jahren. Immer wieder hatte Koechlin der bedrängten Bekennenden Kirche konkrete Unterstützung zukommen lassen. Und auch diesmal wurde Dietrich nicht enttäuscht. Koechlin versprach, sich bei der Regierung für die notwendige Erlaubnis einzusetzen, mit der die Juden als Flüchtlinge in die Schweiz einreisen konnten. Glücklich über diese Zusage kehrte Dietrich nach Genf zurück, um von dort aus die so dringend notwendigen Verbindungen zum Widerstand herzustellen.

Eines Nachmittags stöberte Dietrich in den Geschäften in der Altstadt herum. Vielleicht fand er ja hier etwas, was es in Deutschland nicht mehr zu kaufen gab. Er fühlte sich unglaublich wohl.

Auf der Straße keine Fahnen, keine Propagandaplakate, keine plärrenden Lautsprecher, kaum Uniformen. Entspannt und sorglos wirkende Ehepaare mit lachenden Kindern schlenderten die Straße entlang. Vom See her wehte eine leichte Brise. In der alten Kathedrale erklangen die Glocken. Dietrich kam es vor, als sei alles Böse, alle Dunkelheit hinter den schneebedeckten Alpen zurückgeblieben.

Eine Stunde später und ein paar Straßenzüge weiter wußte Dietrich, daß er den Mann, der nun an einem Straßenstand herumlungerte, schon mehrere Male gesehen hatte. Unverkennbar der schlecht sitzende dunkelgraue Anzug, das Gesicht, das man sich nur ungern merkte! Dietrich verließ den Süßwarenladen, ging an dem Fremden vorbei, als habe er ihn nicht gesehen.

Eine Straße weiter betrat Dietrich ein Café, suchte sich einen Platz gegenüber dem Fenster und beobachtete von dort aus den Bürgersteig. Kurz darauf erschien der Mann, ging an dem Café vorbei, überquerte die schmale Straße und verbarg sich in dem schattigen Eingang eines Theaters. Er wartete.

Was sollte er tun? Den Mann abschütteln? Aber wie denn? Der Mann wußte doch längst, in welchem Hotel er logierte. Vielleicht war es das Beste, einfach weiterzugehen und so zu tun, als hätte er keine Ahnung. Den Rest der Woche heftete sich der Schatten untrennbar an Dietrichs Fersen. Ließ sich durch nichts abschütteln. Aus der Traum vom Märchenland!

Bekannte aus früheren Zeiten luden ihn ein, einen Abend bei ihnen zu verbringen. Eines Abends im Haus der Visser t' Hoofts schnappte Dietrich einen Gesprächsfetzen auf. »Leider, Bischof Bell ist zur Zeit in Schweden.«

Wer hatte das gesagt? Frau Visser t' Hooft unterhielt sich in der Nähe des Flügels mit einem der Theologieprofessoren.

Sie sagte gerade: »Ich hoffe, mein Mann hat ihn noch erreicht, bevor er aus England abgereist ist.«

Erst als die anderen Gäste gegangen waren, erfuhr Dietrich die Einzelheiten. Bell hielt sich in Schweden auf. Drei Wochen wollte er dort bleiben. Bell war am 11. Mai in Schweden eingetroffen, am selben Tag, an dem Dietrich Berlin verlassen hatte.

Dietrich fühlte sich mutlos, enttäuscht. Hätte er davon gewußt, so wäre er doch nach Schweden gereist und nicht in die Schweiz. Aber vielleicht war es dafür ja noch nicht zu spät! Die Abwehr würde eine Reise nach Schweden arrangieren müssen. Er wußte zwar nicht, wie lange das dauern würde und ob seine Leute bei der Abwehr überhaupt damit einverstanden sein würden. Aber versuchen konnte er es immerhin.

Am nächsten Tag verließ er Genf – ohne Eile und ohne seinem Beschatter Anlaß zum Argwohn zu geben.

In Berlin lief alles hervorragend. Schon am Wochenende saß Dietrich in einer Maschine nach Stockholm. Niemand außer Hans kannte sein Ziel – nicht einmal Eberhard.

32

Nach einem turbulenten Flug traf Dietrich am Abend in Stockholm ein. Ein wendiger Taxifahrer brachte ihn so geschickt in sein kleines Hotel, daß alle möglichen »Schatten« abgeschüttelt waren. Am nächsten Tag, dem Pfingstsonntag, machte er sich auf die Suche nach Bischof Bell. Tatsächlich fand er ihn etwa fünfzig Kilometer von Stockholm entfernt im Nordischen Ökumenischen Institut in Sigtuna. Nachmittags traf Dietrich dort ein. Er bezahlte den Taxifahrer, nahm seine kleine Reisetasche und sah sich vorsichtig nach allen Seiten um. Niemand war zu sehen.

Man führte ihn zu einem kleinen niedrigen Arbeitszimmer. Drei Männer waren in dem Zimmer, aber Dietrich sah nur Bell.

Der Bischof erhob sich erstaunt. »Dietrich! Ich traue meinen Augen nicht. Ist es die Möglichkeit?«

»Ich war in der Schweiz, und da habe ich gehört, daß Sie hier sind.«

»Die Schweiz . . . Visser t' Hooft hat mir erzählt, daß Sie dort waren.« Man sah es dem Bischof an, daß er nur mit Mühe seine Fragen zurückdrängen konnte. Freundlich bat er seine Gesprächspartner, mit Dietrich allein sprechen zu dürfen. Der Gastgeber, ein hochgewachsener Schwede, führte Bell und Dietrich in einen kleinen Wintergarten. Warmes Sonnenlicht fiel auf das Gesicht seines alten Freundes. Dietrich brachte kein Wort heraus, sah Bell nur an.

Endlich sagte der Bischof: »Es ist wahrhaftig ein Wunder! Ich kann es kaum glauben. Wie haben Sie das geschafft?«

Dietrich berichtete alles. Er zeigte Bell seinen Kurierpaß und erzählte, erzählte ... von der endgültigen Schließung des Seminars, dem Rede- und Schreibverbot gegen ihn, der allmählichen Kapitulation der Kirche. »Die Kirchen haben wie die Generäle dem Teufel einen Dienst erwiesen. Sie fürchten sich, die Sünde beim Namen zu nennen.« Auf Bells fragenden Blick fügte er hinzu: »Ja, auch die Bekennende Kirche.«

Beide sprachen schnell, hastig, als fürchteten sie, in der kurzen Zeit, die ihnen blieb, nicht alles sagen zu können. Dietrich erkundigte sich nach Sabine und Gert und gab Bell einen Brief für sie mit, den er am Abend zuvor im Hotel geschrieben hatte.

Ihnen ginge es gut, versicherte Bell, und sie hätten sich in Oxford eingelebt – einem sicheren Ort, der von den Bomben unbehelligt geblieben war. Er, Bell, würde regelmäßig mit Gert korrespondieren und sich bei ihm informieren, um die Ereignisse in Deutschland besser verstehen zu können. Auch Franz ginge es gut. Allmählich würde er sich in England heimischer fühlen. Beschäftigt sei er nach wie vor in der Hauptsache mit den Flüchtlingen. Unverkennbar – Bell hatte sich energisch und nachdrücklich für Sabine, Franz und viele andere Flüchtlinge eingesetzt.

Sie sprachen über Dietrichs geheime Denkschrift an Bell vom vergangenen Sommer und über Bells Bemühungen, sie einflußreichen Leuten in England in die Hände zu geben. »Ich fürchte, sie haben sie nicht ernstgenommen«, meinte Bell leicht resigniert. »Sie weigern sich einfach zu glauben, daß in Deutschland Gegner der Nazis Erfolg haben könnten – es sei denn nach einer grundlegenden Wende der militärischen Situation.«

»Aber die Widerständler können Erfolg haben! Glauben Sie mir! Und sie werden Erfolg haben, wenn sie auch nur den Funken einer Chance bekommen.« Dietrich schilderte die gegenwärtige Situation. Betonte, wie unabdingbar notwendig eine wie auch immer geartete Zusicherung der Alliierten über positive Friedensziele war. Er stellte den Friedensplan der Widerständler vor: »Wir bieten – vorrangig natürlich – die Absetzung Hitlers und aller führenden Nazis, aber auch die Evakuierung der besetzten Gebiete und die Bereitschaft zur Abrüstung, sogar die Bereitschaft, eine vorübergehende Besetzung zu akzeptieren – falls das erforderlich sein sollte.«

»Das hört sich alles sehr vernünftig an«, gestand ihm Bell zu. »Könnten Sie mir vielleicht die Namen dieser leitenden Männer des Widerstands nennen? Ich glaube, das könnte sehr hilfreich sein. Besonders die Namen der Männer, die eine neue Regierung bilden werden.«

Dietrich, der dafür ja die Erlaubnis von Oster und Beck hatte, erfüllte diese Bitte ohne Zögern und gab noch genauere Hinweise zu den einzelnen Personen. Er nannte die Ziele, beschrieb die Pläne für den Staatsstreich, einschließlich des Attentats auf Hitler. Schließlich stand er auf, ging zum Fenster.

Er berichtete, was er über die Judendeportationen wußte. »Man verfrachtet sie in Eisenbahnwaggons und transportiert sie ab, manche nach Polen, andere in die Tschechoslowakei. Und dort werden sie systematisch ermordet.« Er wandte dem Bischof den Rücken zu, konnte ihm bei dieser Schilderung einfach nicht ins Gesicht sehen. »Es ist die Wahrheit! Selbst auf den Fluren der Ministerien wird davon gesprochen, wenn auch hinter vorgehaltener Hand. Zu Tausenden, zu Hunderttausenden werden sie umgebracht. Mein Land verübt diese Verbrechen! Wir alle sind mitschuldig daran – auch die Kirche! Mitschuldig am Tod der schwächsten und wehrlosesten unter den Brüdern Jesu Christi.« Dietrichs Stimme versagte.

Der Bischof stand unbeweglich, doch Dietrich spürte sein Mitfühlen. »Wie das möglich wurde? Das reicht Generationen weit zurück. Böser Wille, Vorurteile, Neid. Wir sind schuldig, wir alle.

Vor allem wir, das Bildungsbürgertum – wir hätten sehen müssen, was auf uns zukam. Und wir hätten es verhindern müssen, solange es noch zu verhindern war. Aber wir haben allzu großen Wert auf den Gehorsam gegenüber der Obrigkeit gelegt, haben unser Volk der Fähigkeit beraubt, verantwortliche Entscheidungen zu treffen. Jetzt ist es zu spät! Wir haben keine Möglichkeit mehr, außer den Tyrannen zu töten. Daß wir dahin geraten sind, daß wir gezwungen sind, eine so furchtbare Tat zu vollbringen – es ist Teil unserer Strafe!«

»Oh, aber ich denke an die Gefahr, die Lebensgefahr, in der Sie schweben«, wandte Bell ein.

»Das spielt jetzt keine Rolle mehr. Ich denke kaum darüber nach. Nach all dem Leid, das mein Land über andere gebracht hat – wie könnte ich da vor persönlichem Leid zurückschrecken, wenn es denn etwas Gutes bewirken kann?« Dietrich setzte sich. »Verstehen Sie jetzt, weshalb ich meinem Land keinen Sieg wünschen kann? Für den Fall, daß wir scheitern. Falls es uns nicht gelingt, diesen Wahnsinnigen zu Fall zu bringen.«

Sichtlich erschüttert meinte Bell jetzt: »Ich werde alles in meiner Macht Stehende tun, um zu helfen. Wobei ich mir vorstellen kann, daß ich zu Eden vordringen könnte, wenn auch vielleicht nicht zu Churchill. Aber ich muß Sie warnen! Churchill ist dagegen, daß vom Frieden geredet wird.«

»Ja, das habe ich in Zürich gehört. Aber um Himmels willen, warum denn das?«

»Er meint, alles müßte sich jetzt auf das eine konzentrieren – den Krieg zu gewinnen.«

Dietrich schwieg. »Das ist die dem Krieg immanente Kraft«, meinte er aufseufzend. »Alle Vernunft durchbrechen und seine eigene, bedingungslose Form annehmen.«

»So daß es keinen Weg mehr zurück gibt«, fügte Bell hinzu. »Selbst die Rede von der Zukunft nach dem Krieg, von Gerechtigkeit und einer neuen Ordnung für Europa, hat jetzt keinen Platz. Besonders aber nicht die Rede vom Frieden. Die könnte sich sogar als gefährlich erweisen.«

»Gefährlich?«

»Wegen Rußland. Der Zeitpunkt ist ungünstig, wie Sie ja wissen. Stalin ist außer sich, weil es noch immer keine zweite Front im Westen gibt. Würde er davon erfahren, daß die Engländer mit Deutschen verhandeln – was für Deutsche das auch immer sein mögen! –, könnte das der Allianz schaden. Schon das geringste Risiko, Rußland als Verbündeten zu verlieren, wäre mehr als bedrohlich.«

Ein ernüchternder Gedanke, den im deutschen Widerstand noch niemand erwogen hatte.

»Nein«, bekräftigte Bell, »unsere Führer sprechen nur von ›Sieg‹ und ›Überleben‹ und von ›Befreiung‹ der besetzten Nationen. Einige von uns haben verschiedentlich die Frage gerechter Friedensziele aufgeworfen – ohne jeden Erfolg. Inzwischen bin ich nicht mehr sonderlich beliebt in den obersten Rängen der Regierung. Eden nennt mich ›diesen lästigen Priester‹.«

Bell pflegte immer etwas zu untertreiben, und doch fragte sich Dietrich jetzt, wie ernst die Konsequenzen seines Handelns für den Bischof tatsächlich waren. In der Schweiz hatte er gehört, daß Bell allgemein als aussichtsreichster Kandidat für das Amt des Erzbischofs von Canterbury galt. »Das dürfte Ihrer Zukunft in der Kirche wohl kaum förderlich sein«, wandte Dietrich vorsichtig ein.

Bell lächelte. »Aber das ist doch im Augenblick nicht sonderlich wichtig, oder?«

Dietrich sagte nichts. Dann fragte er: »Glauben Sie, daß diese Informationen etwas bewirken werden?«

»Ich hoffe es! Ja, ich bete darum. Auf jeden Fall werde ich alles daransetzen, um sie zu überzeugen«, versprach Bell.

Dietrich sah auf seine Uhr. Zwei Stunden hatten sie zusammengesessen. Und jetzt erhoben sie sich mehr als widerstrebend, um voneinander Abschied zu nehmen.

»Ich werde immer dankbar sein für Ihre Gebete«, sagte Dietrich bewegt.

Bell ergriff seine Hand. »Und ich werde immer für Sie und Ihre Familie beten, immer auch für Ihre Sicherheit. Die Welt braucht Sie, Dietrich.«

In Berlin verfaßte Dietrich seine Berichte für die Abwehr, sprach ausführlich mit Oster und General Beck, gab die Nachrichten über Sabine und Gert an seine dankbaren Eltern weiter und war innerhalb von drei Tagen wieder unterwegs in den Frieden und die Stille von Klein-Krössin. Seit 1942 war er dreimal dort gewesen. Erst im vorigen Jahr hatte er sich in Krössin drei ruhige Wochen lang von seiner Lungenentzündung erholt. Seitdem hatte Frau von Kleist-Retzow noch zwei Enkelsöhne an der Front verloren. Sie trug schwer an ihrer Trauer um sie. Maria von Wedemeyer hatte Dietrich seit einem Jahr nicht gesehen.

In den Monaten seit seinem letzten Besuch hatte er die entsetzlichsten Dinge darüber gehört, was mit den Juden geschah. Jetzt, auf der Zugfahrt, versuchte er gegen das Grauen anzugehen, indem er *Don Quixote* las, sein zur Zeit ständiger Freizeitbegleiter. Die Gesichter der anderen Reisenden zeigten weder Resignation noch Widerstand, eher eine müde Gleichgültigkeit. Dösend saßen sie auf ihren Plätzen, wie losgelöst von allem Leben um sie her.

Am Nachmittag erreichte der Zug die Seenlandschaft jenseits von Stargard. Dietrich legte sein Buch zur Seite und betrachtete aus dem Fenster, wie sie sich durch die steilen bewaldeten Hügel wanden, an den langgezogenen Bändern schimmernder Seen vorbei. In Groß-Tychow würde ihn wahrscheinlich wieder ein Wagen erwarten.

Der dicke quadratische Turm der Dorfkirche kam in Sicht. Gerade als der Zug in den Bahnhof einfuhr, setzte prasselnder Regen ein. Dietrich spannte seinen Schirm auf und blickte sich suchend um. Von Henryk, dem polnischen Fahrer der Frau von Kleist-Retzow, war nichts zu sehen.

»Pastor Bonhoeffer!«

Dietrich wandte sich um. Es war Maria von Wedemeyer.

»Henryk wendet den Wagen«, rief sie, während sie auf ihn zulief und sich unter seinen Schirm flüchtete. »Puh! Jetzt kommt aber etwas herunter, was?«

»Ja, lassen Sie uns hineingehen!«

Neben dem Gepäckschalter nahm Maria ihr Kopftuch ab und

schüttelte lachend die Regentropfen aus ihrem Haar. Sie trug ein schlichtes blaues Kleid mit einem schmalen Gürtel. »Ich bin froh, daß Sie noch nicht gewartet haben«, sagte sie. »Beinahe hätten wir es nämlich nicht geschafft. Ich mußte in der Apotheke so lange warten.«

Das Warten wäre es mir wert gewesen, dachte Dietrich schmunzelnd. »Ich hoffe, Sie haben Ihren Platz in der Schlange nicht meinetwegen aufgegeben?«

»Nein, nein! Ich bin durchgekommen, danke! Aber können Sie sich das vorstellen? Eine Stunde und zehn Minuten für eine Schachtel Aspirin und eine Flasche Borsäure. Das nächste Mal bringe ich einen Melkschemel und mein Strickzeug mit.«

Dietrich lachte.

Auf halbem Wege nach Klein-Krössin hörte es auf zu regnen. Weit im Westen zeigte sich sogar ein Fleckchen blauer Himmel über dem Horizont. Sie erreichten das Ufer des Sees, der an das Gut der Kleists angrenzte. Hier bat Maria Henryk anzuhalten. »Wollen wir das letzte Stück laufen?«

Dietrich hatte seine Beine schon aus dem Wagen, bevor er die Frage beantwortete. Das Klappern der Pferdehufe verklang, während Maria und Dietrich sich dem Uferweg zuwandten.

Mit einer sicheren, sorglosen Anmut bewegte sie sich neben ihm. Die Freude, die in ihm war, seit er Maria auf dem Bahnsteig entdeckt hatte, erfüllte ihn nach wie vor.

Im Wagen hatte Dietrich von Maria wissen wollen, was sie jetzt treibe, und dabei erfahren, daß sie gerade die Schule in Weiblingen abgeschlossen und ihr Abitur gemacht habe. Eine Woche sei sie zu Hause in Pätzig gewesen, aber dann sei sie zur Großmutter gefahren. Nach Pätzig war ihr Klein-Krössin der liebste Ort auf Erden. Sie und ihre Großmutter liebten einander sehr, waren verwandte Seelen. »Großmutter sagt, ich würde sie an ihre Jugendzeit erinnern. Ich sei so, wie sie es einmal war – ein bißchen wild. Vielleicht gefällt es mir deswegen hier so gut. Mutter ist nicht ganz so duldsam. Sie wissen ja, wie Mütter sind! Sie mögen es nicht, wenn ihre Töchter allen möglichen Unsinn anstellen. Vater ist anders. Er lacht nur, wenn ich wieder mal was angestellt habe.«

Ihr Vater sei zur Zeit am Donez an der Front, sagte sie, und Max irgendwo jenseits von Smolensk in der Heeresgruppe Mitte. An beiden Fronten werde heftig gekämpft. Manchmal vergingen zwei, drei Wochen, ohne daß eine Nachricht von ihnen kam. Ein Schatten fiel auf ihr Gesicht, und sie wurde still. Dietrich wußte, daß sie an ihre beiden gefallenen Cousins dachte.

»Welche Zukunftspläne haben Sie denn jetzt, wo Sie mit der Schule fertig sind?« Die Frage, die ihm in den Sinn gekommen war, wagte er nicht zu stellen. Die Frage nämlich, ob es einen jungen Mann in ihrem Leben gebe.

»Ich hoffe, irgendwann meine Mathematikstudien fortsetzen zu können«, sagte sie.

Das schien bereits Antwort genug.

»Freilich – jetzt im Krieg kommt die Universität nicht in Frage«, fügte sie hinzu. »Letzten Endes werde ich wohl eine Ausbildung beim Roten Kreuz machen. Aber im Moment bin ich nicht allzu begierig, etwas Neues anzufangen. Am liebsten würde ich meine Zeit zwischen Klein-Krössin und Pätzig aufteilen. Jetzt, wo alle Männer in den Krieg gezogen sind, werde ich an beiden Orten gebraucht.«

Eine Weile gingen sie schweigend nebeneinander her. Plötzlich sagte Maria: »Es hat mir sehr leid getan, daß man Ihr Seminar geschlossen hat. Und jetzt nun schon zum zweiten Mal, nicht wahr?«

»Ja, leider!«

»Das muß doch schrecklich für Sie gewesen sein.«

»Ja, es war schlimm.«

»Ich kann mich noch gut daran erinnern, wie ich das erste Mal mit Großmutter nach Finkenwalde gefahren bin. Sie haben mich im Tischtennis geschlagen, denn bis dahin hatte ich immer beim Tischtennis gesiegt.«

Dietrich lächelte.

Dann hatten sie plötzlich – zu Dietrichs großem Bedauern – die Auffahrt erreicht. Im Vergleich zu den Anwesen anderer Gutsbesitzer war dieses Gutshaus nur klein, eher bescheiden; ein langgestrecktes, massives Gebäude mit vielen weißen Fensterläden entlang der Frontseite und Mansarden in der Dachschräge. Die alte Dame erwartete sie auf einem Gartenstuhl sitzend und begrüßte Dietrich mit offensichtlicher Freude.

Am Abend saßen die drei dann auf der Terrasse und unterhielten sich über Mathematik. Obwohl Dietrich davon nur wenig verstand, sich auch nie sonderlich dafür interessiert hatte, fand er die Unterhaltung fesselnd.

Wie immer hatte Dietrich auch diesmal vor, sich voll und ganz dem Krössiner Alltag anzupassen. Seine Fähigkeit, sich vollständig auf seine Arbeit konzentrieren zu können, hatte ihm bisher immer gute Dienste geleistet. Doch diesmal ertappte er sich immer wieder dabei, daß er mitten in einem Satz innehielt, die Ohren spitzte, um auf die Geräusche im Haus zu lauschen, auf einen bestimmten Schritt, eine fröhliche Stimme. Oft betrachtete er gedankenverloren die Landschaft vor seinem Fenster; hoffte, einen Blick auf Maria zu erhaschen, bei ihrer Arbeit im Haus oder auf ihrer Lieblingsstute, wenn sie über die Felder galoppierte.

Mitunter ließ Dietrich seine Arbeit einfach liegen und wanderte hinaus zu den Ställen, zum See oder in das kleine Wäldchen jenseits des Hügels, wo er dann »zufällig« auf Maria traf.

Das Leben in dem Landhaus war vergleichsweise einfach. Angesichts der strengen Lebensmittelrationierung achtete Frau von Kleist-Retzow darauf, daß nichts verschwendet wurde. Briefumschläge schnitt sie vorsichtig auf und stülpte sie um, damit sie wieder verwendet werden konnten. Sie spülte Frischhaltefolien und rollte sie wieder auf. Einmal fragte sie Dietrich beim Mittagessen, woraus – seiner Meinung nach – der falsche Schokoladenpudding sei.

Er kostete vorsichtig. Es schmeckte leicht angebrannt, von Schokolade keine Spur. »Aus angebräuntem Mehl?«

»Wie haben Sie das erraten?« staunte die alte Dame.

Maria lachte und zog eine Grimasse. »Der Pudding schmeckt abscheulich«, stellte sie mit entwaffnender Ehrlichkeit fest. Dietrich aß den Pudding ohne Klagen.

Das ganze Haus war nur auf eines ausgerichtet – auf das Geschehen an der Ostfront und die Männer der Familie, die dort stationiert waren. Immer häufiger erschienen der Familie bekannte Namen auf der täglichen Gefallenenliste.

Eines Tages hielt sich Dietrich nach dem Mittagessen in der Diele auf und betrachtete das dort hängende Porträt der jungen Ruth mit ihrem Mann Jürgen. Und hier fiel es ihm zum ersten Mal auf, wie ähnlich Maria ihrer Großmutter war: die gleichen Augen, die gleiche Nase, die gleiche sichere, selbstbewußte Kopfhaltung.

»Das waren bessere Zeiten«, bemerkte Frau von Kleist-Retzow etwas wehmütig. »Wir waren nur zwölf Jahre zusammen, aber ich würde diese Jahre nicht für ein ganzes Leben mit einem anderen Mann eintauschen.«

Dietrich betrachtete das ernste Gesicht des jungen Mannes, der die junge Ruth im Arm hielt. Hinter dem üppigen Schnurrbart steckte ein gutes, starkes Gesicht.

Von der Veranda her erklang fremdartige Musik.

»Das ist Maria«, sagte Frau von Kleist-Retzow mit einem leichten Lächeln. »Sie hat eine von ihren amerikanischen Platten aufgelegt. Ich hoffe, es stört Sie nicht.«

»Nein, ganz bestimmt nicht.«

»Nun, ich muß Sie jetzt verlassen. Das Abendessen muß noch mit der Köchin besprochen werden«, sagte sie und machte sich, schwer auf ihren Stock gestützt, auf den Weg in die Küche.

»Sehen Sie«, erklärte Maria, »es ist überhaupt nicht schwer! Sie machen einfach ein Viereck. Seitwärts, ran ... dann einen Schritt vor. Quer und ran, dann zurück. Sehen Sie! Dann von vorn. Wenn Sie das drinhaben, können Sie sich zur Musik drehen, wie Sie wollen. Versuchen Sie es doch mal!«

Dietrich hatte seit langer Zeit nicht mehr getanzt. Doch obwohl ihm die Musik wie die Tanzschritte fremd waren, fühlte er sich auf vertrautem Terrain. Die Tanzschule war ein Teil seiner Erziehung gewesen wie auch die eleganten Bälle, die seine Mutter zu geben pflegte. Der Rhythmus dieser »Moonlight Serenade« war einfach, fast zu einfach – aber er ließ sich von diesem bezaubernden Geschöpf nur zu gern unterweisen.

Ihre Nähe, der Duft ihrer Haare, seine Hand um ihre Taille –

welch ein Vergnügen! Welch Vergnügen und ... welche Verwirrung. Seine Füße wollten ihm einfach nicht gehorchen! Sie lachten, stolperten ungeschickt durch den Tanz und waren glücklich.

»Wissen Sie, so etwas könnte ich in der Öffentlichkeit nie tun«, bekannte Dietrich.

»Warum nicht?«

»Es ist einfach etwas, das man als Pfarrer nicht tut.«

»Aber das ist doch albern!«

Jetzt folgte ein Walzer, und sie wirbelten über den Parkettfußboden.

Irgendwann aber war es zu Ende – der Tanz und die Zeit in Klein-Krössin. Dietrich mußte mit Hans für die Abwehr nach Rom reisen. Elf Tage war er hier gewesen. Er hatte sie gezählt. Ein klärendes Wort zu Maria hatte er nicht gewagt. Wußte er denn, ob ihre Gefühle den seinen ähnlich waren? Er wagte es nicht, Vermutungen anzustellen, und fürchtete sich, Hoffnung aufkeimen zu lassen.

33

Es wurde Ende August, bevor Dietrich wieder nach Klein-Krössin zurückkehren konnte. Henryk, der Fahrer, holte ihn vom Zug ab und teilte ihm sofort die schlimme Nachricht mit. »Fräulein Maria hat ihren Vater verloren«, sagte er.

»Ist sie hier?«

»Ja, Herr Pastor. Sie ist vorgestern hier angekommen. Heute morgen haben wir es erfahren.«

Anfangs schien es, als wolle der fünf Kilometer lange Weg niemals enden, doch dann endete er, bevor Dietrich bereit war. Frau von Kleist-Retzow wartete auf ihn.

»Wo ist sie?« fragte Dietrich.

»Draußen bei den Ställen«, erwiderte Frau von Kleist-Retzow. »Wissen Sie, ihr Vater liebte Pferde ebenso sehr wie sie.«

»Ja, ich weiß.«

»Gehen Sie zu ihr, Dietrich. Sie braucht Sie.«

Er zögerte, fürchtete, anmaßend in Marias Privatsphäre einzudringen.

»Doch! Sie können ihr helfen.«

Dietrich fand Maria an dem Zaun, der den Scheunenhof von der Weide trennte. Ihre Stute Scarlett reckte den Kopf über den Zaun und stieß ihre Nase sanft gegen Marias Hals, als verstünde sie deren Kummer. Maria sah Dietrich an, mit rotgeweinten Augen, tiefunglücklich. Wie hilfesuchend griff sie nach seiner Hand und hielt sie fest. Keiner von beiden sagte ein Wort. Sie senkte den Kopf und lehnte ihre Stirn gegen seine Schulter.

Lange Zeit standen sie schweigend da, dann sagte sie mit einer Stimme, die vom Weinen heiser und erschöpft klang: »Dieser grauenhafte, elende Krieg! Wie kann Gott nur so etwas zulassen! Ich begreife es nicht!«

»Ich weiß! Ihr Vater war ein guter Mensch. Manchmal sieht es wirklich so aus, als ließe sich Gott seine besten Leute rauben, und das zu einer Zeit, in der die Welt sie am dringendsten braucht.«

»Aber warum? Warum? Es gibt keinen Sinn. Nichts von alledem gibt einen Sinn.«

»Ich wünschte, ich hätte eine Antwort darauf. Aber es gibt Dinge, die wir nicht verstehen können . . . vielleicht niemals verstehen können. Und das anzunehmen, ist schwer.«

Aufschluchzend hielt sie die Hände vor ihr Gesicht.

»Eines aber ist sicher. Gott liebte Ihren Vater, und wir wissen, daß Ihr Vater Gott liebte. Er hat es in seinem Leben bewiesen.«

»Ich weiß!« Sie wischte sich die Tränen von den Wangen. »Es heißt, es sei Gottes Wille. Ich müsse es akzeptieren, weil es Gottes Wille sei. Aber genau das schaffe ich nicht.«

»Nein! Nicht Gott hat das getan.«

Maria sah ihn erstaunt und fragend an. »Nein«, wiederholte Dietrich, »es war nicht Gott! Gott steht auf der Seite des Lebens. Haß und Torheit waren es, die Ihren Vater umgebracht haben.

Alles, woran Sie jetzt denken können, ist, daß Ihr Vater nicht mehr lebt. Das ist schrecklich schwer, ich weiß es.«

Sie sagte nichts.

»Nach einer Weile, wenn der Schmerz zur Ruhe kommt, werden Sie sich an etwas erinnern ... daran, daß Gott dies für Ihren Vater nicht zum Ende, sondern zum Anfang des Lebens werden läßt.«

Maria richtete sich auf und strich der fügsamen Stute über die Nüstern. »Ich wollte ausreiten. Wollen Sie mitkommen?«

Alle Hemmungen im Hinblick auf seine Reitkunst zählten nicht in diesem Augenblick. Jetzt war er einfach dankbar dafür, für sie dasein zu können.

Am nächsten Tag kehrte Maria – begleitet von ihrer Großmutter – nach Pätzig zurück. Auch Dietrich fuhr wieder nach Berlin zurück, um sich auf die geplanten Reisen in die Schweiz, nach Italien und auf den Balkan vorzubereiten. Noch während er auf seinen neuen Paß wartete, kehrte Hans mit einer Antwort Bischof Bells aus der Schweiz zurück. In dem Telegramm, das vor sechs Wochen an Visser t' Hooft gesandt worden war, hieß es: »Interesse unbezweifelbar, doch zu tiefem Bedauern keine Antwort möglich.« Jedes einzelne Wort drehten und wendeten sie, klopften es auf seine mögliche Bedeutung ab. Wenn unbezweifelbares Interesse bestand, warum war dann keine Antwort möglich? Konnte es sein, daß noch keine endgültige Entscheidung gefallen war? Die Hoffnung war mehr als gering. Aber sie klammerten sich daran. Hans hatte auch berichtet, daß die vierzehn Juden des Unternehmens 7 sicher in Bern eingetroffen waren. Konsul Wilhelm Schmidhuber von der Münchener Dienststelle der Abwehr war es zudem gelungen, die für ihren Unterhalt nötigen US-Dollars hinauszuschmuggeln.

Die letzten Vorbereitungen für Dietrichs Reise sollten gemeinsam mit Josef Müller in der Münchener Abwehr getroffen werden. Doch als Dietrich dort eintraf, erfuhr er, daß die Kriegsgerichtsbarkeit gegen Konsul Schmidhuber ermittelte. In Prag war ein Mann verhaftet worden, weil er eine große Menge US-Dollars aus Deutschland über die Grenze geschmuggelt hatte. Bei seiner Vernehmung hatte der Mann angegeben, dies im Auftrag Schmidhubers getan zu haben. Und jetzt war Schmidhuber nach seiner Devisentransaktion für das Unternehmen 7 vernommen worden. Der Konsul hatte zugegeben, in diesem Fall ähnlich vorgegangen zu sein.

»Wieviel weiß er?« fragte Müller.

»Das wollte ich Sie auch gerade fragen«, entgegnete Dietrich.

Beide brachten schließlich ans Licht, daß Schmidhuber, von dem Devisentransfer für Unternehmen 7 abgesehen, auch über die falschen Pässe für die Juden informiert war. Außerdem wußte er von den Verhandlungen mit dem Vatikan während der letzten zwei Jahre und etwas über Dietrichs Kontakte zu den Engländern.

»Wie viele Einzelheiten er kennt, weiß ich selbst nicht«, bekannte Dietrich.

»Genug, um die ganze Sache zum Platzen zu bringen, wette ich«, sagte Müller und kaute sorgenvoll an seiner Zigarre. Die Hände auf dem Rücken verschränkt begann er im Zimmer auf und ab zu laufen. Dabei stieß er mit heiserer Stimme hervor: »Wer weiß, wo das noch enden wird, wenn wir Schmidbauer nicht außer Landes schaffen können, bevor sich die Gestapo einschaltet. Und das wird sie natürlich früher oder später tun«, fügte er mürrisch hinzu. »Dann aber stecken wir drin. Die warten doch nur auf etwas, um gegen die Abwehr vorgehen zu können.«

Dietrich wußte genau, daß Müller recht hatte. Die Gestapo brauchte Keitels Genehmigung, um das Siegel der Geheimhaltung zu zerbrechen, das bisher die Abwehrdienststellen so sicher abgeschirmt hatte und das Canaris aus begreiflichem Grund so eifersüchtig hütete. Der Vorwurf der Devisenschieberei allein würde allerdings dafür nicht ausreichen. Was aber, wenn die Gestapo mehr aus Schmidbauer herausbekam ...

»Schmidbauer ist ein schwacher Mann«, sagte Müller. »Ich selbst habe ihn sagen hören, daß er der besonderen Art von ›Überzeugungskraft‹, wie sie die Gestapo hat, nicht standhalten könne.«

Die Ermittlungen endeten ohne formelle Anklage. Innerhalb weniger Tage gelang es Müller, den Konsul und dessen Frau nach

Italien und dort unter den Schutz des portugiesischen Botschafters zu bringen.

»Ihre Reisen müssen jetzt leider ausfallen, fürchte ich«, teilte er Dietrich mit, »zumindest, bis sich diese Sache aufgeklärt hat – falls das je der Fall sein sollte. Und das bedeutet: Ihrer Rückkehr nach Berlin steht nichts im Wege.«

Als Dietrich in Berlin eintraf, fand er einen Brief von Frau Kleist-Retzow auf seinem Schreibtisch. Sie würde wegen einer Augenoperation nach Berlin kommen, schrieb sie ihm, und Maria würde bei dieser Gelegenheit Verwandte in Charlottenburg besuchen, um in ihrer Nähe sein zu können. Dietrich sah das Datum und stellte mit leisem Erschrecken fest, daß die beiden bereits in Berlin waren. In der Charité!

Sofort zog er seinen Mantel wieder über und blickte in den Spiegel. Das Gesicht, das ihm da entgegenblickte, war längst nicht mehr so jungenhaft wie noch vor einigen Jahren. Er war sechsunddreißig Jahre alt, eine Tatsache, über die er bisher selten nachgedacht hatte. Zwei Monate mehr, und er wäre genau doppelt so alt wie Maria. Jetzt waren es auf den Tag genau sechs Wochen, daß er sie gesehen hatte.

Dietrich bürstete seine Schuhe und richtete sich zu seiner vollen, beeindruckenden Größe auf. Er war ein kräftig gebauter Mann. Was also spielte es für eine Rolle, daß er doppelt so alt war wie sie?

Unten erklärte er seiner Mutter, daß er gleich wieder weg müsse.

»Aber du bist doch gerade erst angekommen! Willst du dich denn nicht erst ein wenig ausruhen?«

»Nein, ich glaube, ich sollte gleich nach ihr sehen.« Kein Wort zu seiner Mutter, daß Maria ebenfalls in Berlin war.

Es hatte schwere englische Luftangriffe gegeben, und wo er auch hinkam – überall neue Verwüstungen. Außerhalb des Bahnhofs Zoo rangierte der Zug langsam um einige zerstörte Gleise herum. Dann, beim Tiergarten, reparierten Schuljungen von fünfzehn bis sechzehn Jahren in aller Eile Schäden an einem der riesigen Luftschutztürme. Zwei Jahre Arbeit rund um die Uhr waren erforderlich gewesen, dieses monströse Bauwerk aus Beton und Stahl zu errichten; und nur dreißig Meter weiter zwischen den Bäumen auch der zweite Turm.

Am Lehrter Bahnhof kaufte er einen Rosenstrauß und lief dann am nördlichen Ufer des Humboldt-Hafens entlang. Gleich dahinter lag das Gelände der Charité. Die Augenklinik war eines der ersten Gebäude.

»Rosen! Wie schön! Großmutter kann den Duft genießen, selbst wenn sie nichts sehen kann.«

»Wie geht es ihr?« fragte Dietrich.

»Im Moment schläft sie. Sie hatte ziemlich schlimme Schmerzen, aber das würde sie nie zugeben. Sie kennen ja meine Großmutter. Am schlimmsten für sie ist, daß sie nicht sehen kann.«

»Wie lange wird das noch dauern?«

»Zwei Wochen mit den Augenbinden«, antwortete Maria. Ihre Großmutter müsse vollkommen still liegen, erklärte sie, mit Sandsäcken zu beiden Seiten des Kopfes, so daß sie sich nicht rühren könne. »Ich habe ihr vorgelesen. Und wenn es so weitergeht wie heute, werde ich in zwei Wochen sehr belesen sein.«

Dietrich folgte ihr zum Schwesternzimmer, wo Maria um eine Vase für die Rosen bat.

Er fragte nach ihrer Mutter.

»Sie versucht stark zu sein, aber es fällt ihr furchtbar schwer. Sie und mein Vater waren sich sehr nahe.«

Doch die Frage, die ihn am meisten bedrängte, sie glitt sehr sanft an die Oberfläche. »Und Sie, Maria?«

Sie seufzte und berührte ein Rosenblatt. »Ich konnte anfangs nicht glauben, daß dies alles wahr sein sollte«, gestand sie leise. »Manchmal höre ich ihn – wie er vorfährt oder im Stall zu seinem Pferd spricht. Ich muß mich zwingen, mich der Wahrheit zu stellen. Aber das ist so schwer!«

Als sie in Frau von Kleist-Retzows Zimmer zurückkehrten, fanden sie die alte Dame wach. Genießerisch sog sie den Duft der Rosen ein und griff tastend nach Dietrichs Hand. »Jetzt, wo Sie hier sind, muß ich ja wieder gesund werden«, freute sie sich.

Jeden Tag kam er ins Krankenhaus. Frau von Kleist-Retzow

ging es allmählich besser, und er hatte mehr Zeit für Maria. Oft schickte Frau von Kleist-Retzow die beiden hinaus auf den Flur. »Ich brauche jetzt die Schwester!« oder »Ich würde gern ein Nikkerchen machen; macht ihr beide doch solange einen Spaziergang!« oder »Es ist anstrengend für Maria, dauernd hier eingesperrt zu sein.«

Mit jedem Tag wurde deutlicher, daß ihre Zuneigung füreinander für beide keine bloße Liebelei war. In fast allen Dingen stimmten sie überein, ergänzten sie sich harmonisch. Der wunde Punkt ihrer Beziehung – von Dietrich auch durchaus so empfunden: daß sie zwei Generationen angehörten! Ansonsten lachten sie über die gleichen Dinge wie sie die gleichen Dinge verabscheuten. Ein Greuel war ihnen jede Form von Scharlatanerie. Beide standen voll und ganz auf der Seite des Lebens und fanden jede Entweihung des Lebens unerträglich.

Besonderes Vergnügen bereitete es Dietrich, Maria in einige der noch betriebenen guten Restaurants Berlins zum Essen auszuführen. So gingen sie einmal ins »Alois«, ein Restaurant am Wittenbergplatz, das Hitlers Bruder gehörte. Als sich Maria überrascht darüber äußerte, lachte Dietrich: »Einen sichereren Ort zum Reden gibt es nicht.«

Über Theologie oder die Kirche sprachen sie nur selten. Nur einmal erwähnte sie, daß sie ihrer Großmutter sein *Gemeinsames Leben* vorlas. Vor allem eines war ihr daraus im Gedächtnis geblieben. Er hatte geschrieben: »Ein Pfarrer sollte sich nicht über seine Gemeinde beklagen, gewiß nicht gegenüber anderen Leuten, aber auch nicht gegenüber Gott.« Das gefiel ihr, und sie sagte lächelnd: »Sie folgen natürlich Ihrem eigenen Grundsatz.«

»Selbstverständlich.«

»Ich erinnere mich noch genau daran, wie Sie einmal einen Studenten für eine gute Predigt lobten, ihn aber deswegen kritisierten, daß er seine Predigt nicht aus dem Gedächtnis gehalten hatte. Wissen Sie noch?«

»Nein, keine Ahnung!«

»Oh, ja! Damals haben Sie behauptet, Sie hätten Ihre ersten zehn Predigten auswendig gelernt. Und an dieser Stelle war ich aus dem Raum geschlichen, weil ich fürchtete, Sie könnten in Versuchung geraten, Ihre Behauptung zu beweisen.«

Dietrich lachte so laut auf, daß die Leute am nächsten Tisch sich verwundert umsahen. Daß sie ihren Blick nicht so schnell wieder abwandten, war kein Wunder. Maria sah einfach bezaubernd aus. Was ihm besonders an ihr gefiel – ihr freies, offenes, »respektloses« Wesen, ihr starker, unabhängiger Verstand –, genau das ließ die Angst in ihm wachsen, daß Maria niemals einer Verbindung mit ihm zustimmen würde. Diese Angst und sein berechtigtes Zögern, sich ihr so bald nach dem Tod ihres Vaters und ohne Erlaubnis ihrer Mutter zu offenbaren, ließen ihn schweigen.

Nachts, wenn er sich schlaflos in seinem Bett wälzte, nagte die Unsicherheit an ihm. Ob er überhaupt irgendeine Chance hatte? Er hatte es doch gesehen, wie die jungen Burschen in ihren schneidigen Uniformen sie angehimmelt hatten. Dann sein Beruf, falls es je dazu kam! Würde sie als Pfarrersfrau glücklich sein? Und schließlich seine größte Sorge: die ungewisse Zukunft. Woher nahm er das Recht, sie in das Netz der Verschwörung zu ziehen, in das er nun einmal eingebunden und deren Ausgang so fraglich war?

Während dieser Tage berichtete er ihr – in groben Zügen und nur soweit er niemanden gefährdete – von der Widerstandsgruppe. Sie erstaunte ihn einmal mehr, weil sie überraschend gut informiert war; hatte sie doch Gespräche ihres Vater mit ihren Cousins Henning von Tresckow und Fabian von Schlabrendorff über deren Verschwörungspläne in der Heeresgruppe Mitte mitangehört. Auch von den Verbindungen zu der Gruppe um Oster war die Rede gewesen. Eines Tages im Wartezimmer des Krankenhauses sprach sie davon, daß ihr Vater sich mit der Verschwörung nicht hatte einverstanden erklären können. Er hätte so etwas mit seinem Gewissen nicht vereinbaren können.

»Hat er sich geirrt?« fragte sie.

»Jeder Mensch muß sich selbst treu bleiben. Ich meine seinem eigenen Verständnis davon, was richtig ist.«

»Aber Sie denken, daß er im Irrtum war?«

Niemals hätte er Maria anlügen können. Also sagte er behutsam: »Es gibt sozusagen ›aufrichtige‹ Irrtümer. Und die entstehen meist dann, wenn man sein Leben lang die Dinge aus einer bestimmten Perspektive gesehen hat. Einen ›aufrichtigen‹ Irrtum muß man verzeihen.«

Bevor Maria nach Pommern zurückkehrte, wollte Dietrich sie seiner Familie vorstellen. Deswegen bat er Renate, die Maria zusammen mit Eberhard im Krankenhaus kennengelernt hatte, sie am Wochenende zum Musikabend einzuladen. Hoffte er doch, daß sich auf diese Weise die Spekulationen in Grenzen halten würden. Von Dietrichs Zuneigung zu Maria wußte nur Eberhard. Doch ob der es vor Renate hatte verheimlichen können?

Maria kam und – wie Dietrich es vermutet hatte –, sie bezauberte alle. Die Männer kapitulierten sofort. Klaus nahm Dietrich zur Seite und fragte: »Warum hast du sie bisher versteckt?«

Dietrich blieb fast den ganzen Abend über an ihrer Seite, verzichtete sogar auf die übliche Pause in seinem Zimmer. Auch Maria schien sich in seiner Familie heimisch und glücklich zu fühlen.

Als Dietrich sich dann vor der Haustür ihres Onkels verabschiedete – da, auf einmal, brach alles über ihm zusammen. Am nächsten Tag würde sie nach Hause fahren.

Spät am Abend – mit Eberhard allein – offenbarte er seine Verzweiflung dem Freund: »Was soll ich tun? Was würdest du tun?«

»Ich würde ihr sagen, was ich empfinde.«

»So einfach ist das nicht.«

Eberhard lachte: »Was ist daran so schwer?«

»Ich bin doppelt so alt wie sie.«

»Erzähl mir etwas, das ich noch nicht weiß.«

»Das allein ist es ja auch nicht. Es ist die ganze Situation . . . der Tod ihres Vaters, ihre Mutter, die sich im Moment sehr allein fühlen muß . . . Außerdem halten sich diese Leute sehr an die alten Traditionen.«

»Dann geh zu ihrer Mutter und sage ihr alles – auch deine Schwierigkeiten.«

Dietrich schwieg.

»Es könnte zumindest nicht schaden«, fügte Eberhard hinzu.

»Vielleicht nicht.«

»Glaub mir, es wird funktionieren! Am Ende wird es funktionieren!«

Dietrich blickte in Eberhards lächelndes, zuversichtliches Gesicht. Für Eberhard war es tatsächlich Wirklichkeit geworden. Er und Renate hatten bereits viele Hürden hinter sich gebracht. Vor einem Monat war Renate mit dem Segen ihrer Eltern mit Eberhard nach Kade gefahren, um seine Mutter zu besuchen. Alles war gut verlaufen, und nun drängten beide auf eine öffentliche Verlobung. Hilfreich kam hinzu, daß Renate nach ihrem Schulabschluß die Einberufung zum Kriegshilfsdienst bevorstand; und das konnte nur durch eine Heirat abgewendet werden.

Noch bevor Dietrich eine Entscheidung treffen konnte, rief ihn Frau von Kleist-Retzow an. Max von Wedemeyer war an der Front gefallen.

»Nein, nein! Das ist doch unmöglich!« Dietrich schrie seine Verzweiflung ins Telefon.

»Doch, Dietrich, doch! Aber ich kann nicht mehr. Es ist zuviel für mich. Der Vater – und nun der Sohn. Fünf Enkelsöhne sind es jetzt. Es ist zuviel! Ich bin eine alte Frau, und es ist zuviel für mich!« Ihre Stimme brach. Ein leises Schluchzen.

»Frau von Kleist-Retzow, ich würde Ihnen so gern helfen!«

»Ich würde gern mit Maria nach Pätzig fahren, aber sie sagt, ich solle mir das nicht zumuten! Das bedeutet zu viele Erschütterungen für meine Augen. Aber ich will zu meiner Tochter. Sie ist mit ihrer Kraft am Ende.«

»Ich weiß! Aber vielleicht hat Maria doch recht. Warum sprechen Sie nicht mit Ihrem Arzt darüber?«

»Das werde ich tun!«

Dietrich tat alles, um sie zu trösten; bat schließlich darum, mit Maria sprechen zu dürfen.

Marias Stärke und Fassung überraschten und berührten ihn zutiefst. Dietrich wußte, wie sehr sie ihren Bruder geliebt hatte. Doch jetzt galt ihre ganze Sorge ihrer Großmutter. Er traf eine rasche Entscheidung. »Ich werde nach Klein-Krössin kommen und ein paar Tage bei ihr bleiben. Meinen Sie, das würde helfen?«

»O ja, ja! Wenn Sie das tun könnten! Vielen Dank, Pastor Bonhoeffer. Das wird ihr ein großer Trost sein.«

Dietrich blieb vier Tage bei Marias Großmutter. Während dieser Zeit schrieb er einen Brief an Maria nach Pätzig, in dem er seine Zuneigung und Wertschätzung für Max und – unverhüllter als gewohnt – seine Traurigkeit um ihretwillen ausdrückte.

In Berlin war es inzwischen zu einer ernsten Krise gekommen. Die Militär-Behörden in München hatten Schmidhubers Auslieferung aus Italien erzwungen und ihn in Handschellen zu weiteren Verhören nach Deutschland zurückgebracht. Niemand wußte, welche Informationen er dabei preisgegeben hatte, aber die Entdeckung, daß Dr. Manfred Röder, Oberstkriegsgerichtsrat der Luftwaffe, beim Verhör beteiligt gewesen war, beunruhigte Hans sehr. »Ein Bluthund!« sagte er zu Dietrich. »Für ihn wäre es das Größte, er könnte bei der Abwehr etwas auffliegen lassen.« Und dann hatte die Gestapo Josef Müller zum Verhör abgeholt.

Hans hoffte inständig, Müller würde sie auf eine falsche Spur bringen. »Könntest du zurück nach München gehen und sehen, was du herausfinden kannst?« bat er Dietrich. »Halte dich dort auf, bis du mit Müller sprechen kannst. Er wird vielleicht etwas wissen. Zumindest hoffe ich das. Aber sei vorsichtig.«

34

Von der Münchener Abwehr aus war der »Europäische Hof«, in dem die Mitarbeiter der Abwehr normalerweise untergebracht wurden, zu Fuß zu erreichen. Dietrich war gerade in Müllers Büro, als Admiral Canaris anrief. Der Admiral, der gerade aus

Frankreich zurückgekommen war, wollte Müller sofort sprechen. Dietrich sollte doch ebenfalls kommen.

Ein leichter Schneefall hatte eingesetzt, sehr früh in diesem Jahr. Auf dem Wege zu Canaris berichtete Müller weiter von seinem Verhör.

»Ich schätze, es war mein Glück, daß ich Sauermann erwischt habe. Er hält nicht viel von Schmidhuber – war skeptisch gegenüber dessen Andeutungen über verräterische Pläne innerhalb der Abwehr. Schmidhuber ist ein verdammter Feigling. Er hat denen alle möglichen Lügen aufgetischt; hat sogar Canaris beschuldigt, er hätte ihn zum Schweigen bringen wollen. Gar keine schlechte Idee, wenn man darüber nachdenkt.« Müller kaute wütend auf seiner Zigarre. »Er hat auch angedeutet, Canaris habe bereits 1939 und 1940 einen Staatsstreich geplant. Ich habe Sauermann davon überzeugen können, daß derartige Anschuldigungen einfach lächerlich seien. Ich sagte, diese Gerüchte hätten damals überall kursiert – selbst in englischen Zeitungen – und müßten dem Führer notwendigerweise zu Ohren gekommen sein. Ich fragte ihn: ›Meinen Sie wirklich, er hätte den Admiral die letzten zwei Jahre im Amt gelassen, wenn daran auch nur ein Hauch Wahrheit wäre? Halten Sie den Führer für so naiv?‹ Natürlich konnte er nicht ›ja‹ sagen.«

»Kursierten diese Gerüchte tatsächlich?« fragte Dietrich.

»Woher soll ich das wissen?« Müller sah ihn listig an. Viel schwerwiegender war Schmidhubers Behauptung gewesen, er habe alle seine Devisenschiebereien im Auftrag der Abwehr durchgeführt.

»Dabei hat er natürlich in die eigene Tasche gewirtschaftet«, ereiferte sich Müller. »Aber er behauptet, seine Schmuggeleien seien sowohl Dohnanyi als auch mir bekannt gewesen.«

»Er hat Hans namentlich genannt?« fragte Dietrich entsetzt.

»Sie auch!«

Ein eisiger Schauder durchfuhr Dietrich. Er sah Müller eindringlich an.

»Es stimmt, was ich Ihnen sage. Ich habe im Nebenzimmer gesessen und es ganz deutlich gehört.«

»In welchem Zusammenhang fiel mein Name?« drängte Dietrich.

»Das konnte ich nicht herausbekommen. Nur Ihren Namen habe ich deutlich gehört. Aber es ging vermutlich um dieselbe Sache – Unternehmen 7.«

»Wird das die Flüchtlinge in der Schweiz in Gefahr bringen?«

»Möglicherweise.«

Inzwischen hatten Dietrich und Müller das Hotel erreicht. Sie gingen durchs Foyer auf eine geschwungene Treppe zu, von wo aus ein bogenförmiger Durchgang ins Restaurant führte. Drei SS-Offiziere saßen an einem Tisch mit Blick auf den Eingang. Einer von ihnen, größer als die anderen und mit einer langen, senkrechten Narbe an der Wange, sah Dietrich und Müller prüfend an, als sie vorbeigingen.

»Kaltenbrunner«, flüsterte Müller, als sie außer Hörweite waren. »Sie haben ihn gesehen, nicht wahr?«

»Ja«, nickte Dietrich. Er hatte Bilder des Mannes gesehen, der als Nachfolger des ermordeten Heydrich an die Spitze der SS getreten war.

Vizeadmiral Brückner, Canaris' Stellvertreter, kam ihnen auf dem Treppenabsatz entgegen und führte sie zur Suite des Admirals.

Canaris erhob sich aus seinem Sessel und schüttelte ihnen die Hände. Noch bevor er etwas sagen konnte, flüsterte ihm Müller zu: »Haben Sie Kaltenbrunner gesehen? Er sitzt unten im Restaurant.«

Canaris schüttelte den Kopf und begann sofort, die Wände abzuklopfen. Er hängte die Bilder ab und untersuchte die Flächen dahinter mit besonderer Sorgfalt. Dann tastete er mit der Hand die Kanten der beiden Tische und der Sessel ab. Alle anderen im Zimmer sagten kein Wort.

Nachdem er sich offenbar Gewißheit verschafft hatte, daß keine versteckten Mikrofone angebracht waren, legte Canaris seinen Mantel vorsichtig über das Telefon und bat: »Setzen Sie sich, meine Herren.«

Der Admiral selbst blieb stehen, lief unruhig vor Müller auf und ab, während er ihn mit leiser Stimme nach jeder kleinen Einzelheit des Verhörs fragte. Über die Andeutungen, daß auch er – Canaris – bei einem angeblichen Staatsstreich eine Rolle gespielt haben sollte, ging er stillschweigend hinweg. »Was ist mit Ihren Akten?« wollte er wissen.

»Wir haben sie gesäubert, bevor Sauermann und seine Leute kamen. Sie haben nichts gefunden.«

»Gut!«

Canaris machte sich Sorgen wegen des Geldes, das Hans für die Leute des Unternehmens 7 in der Schweiz an Schmidhuber übergeben hatte. »Wieviel war es?«

»Das weiß ich nicht! Dohnanyi hat sich darum gekümmert«, antwortete Müller.

»Hunderttausend Reichsmark«, mischte sich Dietrich ein. Hans hatte ihm die von Schmidhuber unterzeichnete Quittung gezeigt. Wie sehr hatten sie sich damals gefreut, auf diese Weise wenigstens etwas Gutes all diesen Verbrechen entgegensetzen zu können.

»Ob sie davon überhaupt etwas zu Gesicht bekommen haben?« sinnierte Canaris.

Der Gedanke war Dietrich auch schon gekommen. Ob sie sich nicht nur mit einem Feigling und Lügner, sondern auch mit einem Schwindler eingelassen hatten? Aber sie hatten ja die Quittung, und Koechlin in der Schweiz konnte überprüfen, ob das Geld ausgeliefert worden war.

Der Admiral blieb vor Dietrich stehen. »Wie wird es ausgehen, Pastor Bonhoeffer? Sind wir verloren oder nicht?«

»Ich besitze keine Wünschelrute, Herr Admiral, mit der ich die Zukunft voraussehen könnte.« Dietrich registrierte – über sich selbst überrascht – den kühlen Tonfall in seiner Stimme. Er kannte die Neigung des Admirals zum Aberglauben, und der versteckte Hinweis, er als Pastor habe vielleicht irgendeinen geheimen Zugang zu einer höheren Macht, war ihm ein Greuel. Doch dann sah er die echte Besorgnis in Canaris' Gesicht. »Ich fürchte, Herr Admiral, ich habe keine Antwort. Es kommt darauf an ... Wenn die Gestapo den Fall in die Hand nimmt ...«

»... dann sind wir geliefert«, fiel ihm Canaris ins Wort. »Und wenn wir allzu offensichtlich versuchen, die Gestapo herauszuhalten, liefern wir ihr nur noch zusätzliches Material gegen uns. Ich bin mir ganz sicher: Kaltenbrunner hat sein Netz schon ausgeworfen. Aber er wird warten, bis er absolut sicher ist, daß er einen großen Fisch darin hat, bevor er es einholt.« Er lief noch eine Runde durchs Zimmer, blieb dann erneut vor Dietrich stehen. »Diese Umsturzpläne machen doch keinen Landesverrat aus, oder?«

Müller schaltete sich ein. »Herr Admiral! Diese formalistischen Unterscheidungen führen zu nichts. Unser glorreicher Führer stellt Landesverrat und Hochverrat auf eine Ebene. Er *ist* das Land, wie Sie ja wissen! Also sitzen wir so oder so in der Tinte.«

Canaris nahm seine unruhige Wanderung durchs Zimmer wieder auf, dann blieb er plötzlich stehen und rief laut: »Dieser Verbrecher! Er opfert Millionen von Menschenleben, ohne mit der Wimper zu zucken, nur um sein eigenes elendes Ich hochzustilisieren!«

»Ich bitte Sie, Admiral«, flüsterte Müller außer sich.

Brückner trat an die Tür und öffnete sie hastig. Auf dem Flur war niemand zu sehen.

»Verzeihen Sie, meine Herren!« Der Admiral ließ sich kraftlos in einen Sessel sinken und murmelte: »Diese ständige Belastung. Meine Nerven sind zerfetzt.«

Bevor Dietrich am nächsten Tag nach Berlin fuhr, ging er noch einmal zu Müller. Der stand gedankenverloren am Fenster seines Büros.

»Ah, Dietrich, ich habe versucht, Sie zu erreichen!« teilte er ihm aufgeregt mit. »Der Schauplatz hat sich verlagert. Jetzt wird in Ihrem Theater weitergespielt. Die Gestapo hat gerade Schmidhuber abgeholt. Ziel: Prinz-Albrecht-Straße.«

Es war erst acht Uhr, als Paula beim Gemüsehändler ankam, und doch stand dort bereits eine lange Schlange düster dreinblickender Hausfrauen. Der frische Schnee, der in der vergangenen Nacht gefallen war, milderte den Anblick der Trümmerberge ein wenig. Paula richtete sich auf eine lange, kalte Wartezeit ein. In letzter

Zeit hatte das Gemurmel in den Schlangen einen bitteren Klang bekommen. Seit die Amerikaner in Nordafrika gelandet waren, war die Stimmung in der Stadt auf den Nullpunkt gesunken. Außerdem – was war wirklich in Stalingrad passiert? Überall sprach man hinter vorgehaltener Hand von der Katastrophe, die sich dort zusammenbraue. Aber niemand wußte etwas Genaues. Diese Angst und die immer länger werdende Namensliste gefallener Soldaten in der Zeitung – alles das zerrte an den Nerven der Menschen.

Immer wieder gingen Paula Christels Worte durch den Kopf. »Es ist ein Wettlauf mit der Zeit, Mama!« hatte sie gestern zu ihr gesagt. Und – daß Hans und Dietrich beschattet wurden. Paula hatte sich das schon gedacht. Dietrichs angespannte Aufmerksamkeit bei jeder Bewegung war ihr nicht entgangen. »Canaris sitzt auf glühenden Kohlen«, hatte ihr Christel anvertraut. »Er wird natürlich versuchen, Zweifel an Schmidhubers Glaubwürdigkeit zu wecken. Aber ich weiß nicht ...«

Wie verzweifelt mußte die Situation sein. Auf Anweisung Becks hatte Oster alle Dokumente des Widerstandes, einschließlich der »Chroniken« von Hans, in einen stählernen Aktenschrank bringen lassen. Und der stand in einem der tiefen Keller des Hauptquartiers der Wehrmacht in Zossen, fünfundzwanzig Kilometer südlich der Stadt. Daß diese belastenden Dokumente überhaupt existierten, war eine Bedrohung, mit der Paula leben mußte. Neben den »Chroniken« enthielten diese Geheimpapiere Osters detaillierte Putschpläne, die von Hans verfaßten Proklamationen an das Volk und Aufzeichnungen über die Friedensverhandlungen – einschließlich der mit dem Vatikan sowie Dietrichs Gespräche mit Bell in Schweden. Über Karl und sein Psychiater-Komitee gab es – nach Paulas Wissen – nichts Belastendes. Glücklicherweise!

Paula trat von einem Fuß auf den anderen. Ein Versuch, sich der Kälte zu erwehren. Vor ihr unterhielten sich zwei Frauen über den neuen Regierungserlaß, wonach Mütter und Witwen gefallener Männer zusätzliche Kleiderkarten erhalten sollten – um sich Trauerkleidung kaufen zu können. Die Reaktion der Frauen: Hohn und Ekel. Eine Frau begann hysterisch zu lachen und schrie: »Er denkt, das macht es wieder gut!«, bis ihre Freundin sie erschreckt fortzerrte.

Erst kurz vor neun kam Paula endlich in den Laden. Ein erster Blick belehrte sie: Kartoffeln waren noch immer knapp. Man gestand ihr zwei Pfund zu; was bedeutete: Sie hatte nicht einmal genug für eine Mahlzeit. Reis gab es schon seit Monaten nicht mehr. Sie kaufte einen Weißkohl, der noch einigermaßen frisch aussah, und ein paar Zwiebeln. Im nächsten Geschäft mußte sie wieder lange anstehen. Doch diesmal war sie erfolgreich. Ein ganzes Pfund Schmalz hatte sie bekommen. Butter gab es nicht, nicht einmal für bevorzugte Kunden. Und das »Ersatzfett«, das aus Speiseresten und anderen Abfällen hergestellt wurde, weigerte sie sich zu kaufen.

»Ein Wettlauf gegen die Zeit!« Mit schwerem Herzen machte sie sich auf den Heimweg. Es mußte zu einer Entscheidung kommen – und zwar bald! –, die so oder so Gefahr für ihre Lieben brachte.

Zu Hause erfuhr sie, daß Karl Besuch von seinem alten Kollegen Dr. Sauerbruch gehabt hatte. Er war gestern zu Hitler gerufen worden und hatte nun mit Karl über den Geisteszustand des Diktators sprechen wollen. »Sauerbruch glaubt, daß Hitler den Verstand verloren hat.«

»Das ist nichts Neues.«

»Nein! Aber er ist überzeugt davon, daß Hitler tatsächlich wahnsinnig ist. Er sagte, Hitler habe alt und gebrochen ausgesehen, habe völlig unzusammenhängendes Zeug gefaselt, wie ›Ich muß nach Indien‹ oder ›Für einen getöteten Deutschen müssen zehn Feinde sterben‹. Als Hitler von den Generälen sprach, denen er die Schuld an allem gibt, fürchtete Sauerbruch schon, der ›große Führer‹ habe einen Krampfanfall. Sauerbruch wollte meine Meinung hören.«

»Und was hast du gesagt?«

»Ich habe ihm gesagt, daß ich seine Ansicht teile. Er machte Andeutungen so nach dem Motto, daß doch unbedingt etwas unternommen werden müsse ... Aber ich habe so getan, als wüßte ich nicht, was er damit meint.« Karl sah in das Gesicht seiner Frau und unterbrach sich sofort. »Genug davon! Sprechen wir von etwas Angenehmerem. Dietrich fährt nach Pommern.«

»Ja, ich weiß.«

»Aber nicht nach Klein-Krössin. Nach Pätzig.«

»Pätzig! So! Nun, ich mache mir so meine Gedanken um das Mädchen.«

»Mach dir keine Sorgen. Das Mädchen ist wunderbar!«

»Sie scheint nicht ganz sein Typ zu sein.«

»Warst du denn mein Typ?« schmunzelte Karl.

Sie sah ihn überrascht an und lachte dann. »Nein, vermutlich nicht.«

»Also mach dir keine Sorgen.«

Der Zug, prall gefüllt mit jüngeren, aber auch schon recht bejahrten Rekruten, rollte langsam über die Brücke bei Küstrin. Seinen Versuch, etwas zu lesen, hatte Dietrich genervt aufgegeben. Allzu intensiv kreisten seine Gedanken um das bevorstehende Gespräch mit Frau von Wedemeyer. Noch nie in seinem Leben hatte er sich so unsicher gefühlt.

Noch immer hatte er nicht mit Maria gesprochen, obwohl er, als er sie in Klein-Krössin wiedergesehen hatte, die innige Wärme und Herzlichkeit ihm gegenüber wohl bemerkt hatte. Sie hatte sich ganz offensichtlich lieber bei ihm aufgehalten, als ihren eigenen Geschäften nachzugehen. Am zweiten Tag hatte sie ihn eingeladen, sie auf ihrer Runde über das Gut und auf einen Krankenbesuch in dem winzigen Dorf zu begleiten. Und dabei hatte er beobachtet, wie sie mit diesen schlichten Leuten umging; hatte ihre freundliche Selbstverständlichkeit, ihre Großzügigkeit, ihre Herzensgüte, ihren leuchtenden Humor bewundert. Unverkennbar, daß sie überall geliebt wurde.

Von Berlin aus hatte er ihr dreimal geschrieben und jedesmal eine herzliche Antwort erhalten. Dennoch: Sie redete ihn immer noch mit »Pastor Bonhoeffer« an. Jetzt war sie in Klein-Krössin und ahnte nichts von Dietrichs Besuch bei ihrer Mutter.

Nach zweimaligem Umsteigen und einer einstündigen Fahrt in

der Kutsche der von Wedemeyers erschien hinter den Bäumen die beeindruckende Fassade des Gutshauses mit seinem hohen übergiebelten Portal.

Frau von Wedemeyers Augen verrieten viel von den leidvollen Erfahrungen der letzten Zeit. Auch bei Tisch, mit ihren vier jüngeren Kindern, hatte Dietrich gespürt, daß die Kräfte dieser Frau über alle Maßen angespannt waren. Seine Bitte schien sie nicht sonderlich überrascht zu haben. Er hatte keine Ahnung, ob das ein beunruhigendes oder ermutigendes Zeichen war. Frau von Wedemeyer war eine große Frau mit einem ausdrucksstarken Gesicht. Sie hielt sich aufrecht, als sei sie auf eine bevorstehende Auseinandersetzung gefaßt.

Dietrich nahm nicht viel wahr von dem Wohnzimmer, in das sie ihn geführt hatte, außer daß es dunkel wirkte. Eine Lampe stand auf dem Tischchen neben seinem Sessel, und im Kamin brannte ein offenes Feuer. Zu ihren Füßen streckte sich ein Wolfshund behaglich auf dem Bärenfell aus.

»Haben Sie schon mit Maria gesprochen?«

»Nein, Frau von Wedemeyer. Ich glaubte dazu nicht das Recht zu haben – nach allem, was geschehen ist.«

»Das war sehr anständig von Ihnen. Ich hätte nicht weniger von Ihnen erwartet.« Sie sprach schnell, mit leiser, wohlklingender Stimme, doch mit der natürlichen Selbstsicherheit eines Menschen, der es gewohnt ist, Autorität auszuüben. »Ich weiß die Ehre für Maria und für unsere Familie zu schätzen. Ich weiß sie wirklich zu schätzen! Ich weiß auch, welche Hochachtung meine Mutter für Sie empfindet, Pastor Bonhoeffer, und diese Hochachtung teilen wir alle. Aber ich bin in erster Linie meiner Tochter verpflichtet, wie Ihnen wohl einsichtig ist.« Eine rasche, entschiedene Geste mit der Hand. Leise fügte sie hinzu: »Das empfinde ich jetzt stärker als je zuvor.«

»Das ist verständlich.«

»Zunächst einmal: Sie ist sehr jung. Ich weiß, sie hat ihren eigenen Kopf. Den hatte sie übrigens schon immer. Dennoch ist sie noch leicht zu beeindrucken. Ich glaube nicht, daß sie in der Lage ist, alles das angemessen einzuschätzen, was mit einer solchen Ehe verbunden ist.«

»Ich weiß nicht genau, was Sie meinen.«

»Ich meine insbesondere Ihre Beteiligung an dieser ... dieser Verschwörung.«

»Ich habe Maria das Ausmaß meiner Beteiligung deutlich gemacht. Ich habe nichts verborgen.«

»Vielleicht nicht. Das hätte ich auch nicht angenommen. Nein! Aber da ist ein Unterschied. Bitte mißverstehen Sie mich nicht. Ich werfe Ihnen das nicht vor. Ich kann nicht wissen oder entscheiden, was für Sie bindend sein sollte, obwohl mein Mann es nicht mit seinem Gewissen hatte vereinbaren können, sich an so etwas zu beteiligen. Und das, obwohl er ein entschiedener Nazigegner war; so entschieden, daß sie mehr als einmal versuchten, ihn zu verleumden. Auch meine Cousins – Schlabrendorff und Tresckow – haben sich so entschieden wie Sie. Aber die kennen Sie ja.«

»Ja, ich kenne sie.«

»Sehen Sie«, seufzte sie und verschränkte ihre Hände, »mein Mann fühlte sich an seinen Eid gebunden, seinen persönlichen Eid, den er auf seine Ehre geleistet hatte. Und das Vaterland im Krieg. Er empfand eine Verantwortung – nicht gegenüber Hitler –, aber gegenüber dem Vaterland.«

Dietrich sagte nichts. Dennoch mußten seine Augen verraten haben, was er dachte, denn sie fügte rasch hinzu: »Ich kenne alle Ihre Argumente, Pastor Bonhoeffer. Sie sind alle an unserem Tisch zur Sprache gekommen. Aber es gibt einen Punkt, über den manche nicht hinausgehen konnten. Deswegen sterben sie in Rußland. Und ich betrachte das, was sie dazu trieb, als ehrenwert. Sie sehen also, daß ich – und Maria – diesen schrecklichen Ereignissen auf eine Weise gegenüberstehen, die sich vielleicht von der Ihren erheblich unterscheidet.«

»Unterscheidet! Ja, in gewisser Hinsicht. Aber nicht so sehr, daß es uns trennen müßte. Zumindest hat es uns bisher nicht getrennt. Und wir haben darüber gesprochen.«

»Vielleicht! Wieviel Maria davon begreift, ist eine andere Frage.«

Dietrich war sicher, daß Maria mehr begriffen hatte, als ihre Mutter dachte, aber er ließ es auf sich beruhen.

»Aber das ist nicht die Hauptsache«, meinte sie nun. »Wenn Maria ein oder zwei Jahre älter wäre, könnte sie vielleicht eine solche Entscheidung treffen. Doch sie ist erst achtzehn.«

»Eine reife Achtzehnjährige.«

»Natürlich blickt sie zu Ihnen auf.«

Darauf wußte Dietrich keine Antwort; war er sich doch selbst nicht sicher, wie weit Marias Wertschätzung für ihn ging. Und von dieser Unsicherheit sollte gerade Frau von Wedemeyer nichts spüren.

»Und sie leidet sehr unter dem Verlust ihres Vaters und ihres Bruders Max.«

»Das weiß ich.«

»Ich muß versuchen, mir darüber klar zu werden, was mein Mann dazu sagen würde. Er würde wünschen, daß sie mehr Zeit hat; Zeit, um sich ihres eigenen Wollens sicher zu werden und sich nicht von der Gewalt der Gefühle und Ereignisse mitreißen zu lassen.«

»Das eben ist der Grund, weshalb ich so lange gezögert habe.«

»So lange? Drei Monate seit dem Tod ihres Vaters und einen seit dem Tod von Max?«

Ein Bediensteter kam mit frischem Holz und legte es aufs Feuer. Nachdem er gegangen war, starrte Frau von Wedemeyer lange in die Flammen. Schließlich wandte sie sich an Dietrich: »Ja, sie muß Zeit bekommen. Ich denke, Sie müssen sich für ein Jahr trennen.«

»Ein Jahr! Wissen Sie, wie lange das ist in dieser Zeit? Ebenso könnten Sie fünf oder zehn Jahre sagen. Ein Jahr? Liebe Frau von Wedemeyer ...«

»Ja, ein Jahr! Sie braucht ein Jahr!«

Der Schock saß so tief, daß Dietrich zunächst nichts sagen konnte. Endlich rang er sich ab: »Ich erkenne Ihr Recht an - das Recht einer Mutter über die Tochter. Ich verstehe das auch. Aber eine solche Beschränkung unter den gegenwärtigen Umständen – die doch zweifellos außergewöhnlich sind, wie Sie mir sicherlich zugeben werden! –, also das halte ich für undurchführbar. Ja, das ist es.«

»Es tut mir leid. Mir scheint es der einzig richtige Weg zu sein.«

Es gab nichts mehr zu sagen. Er wünschte Marias Mutter eine gute Nacht und ging auf sein Zimmer. Lange Zeit stand er am Fenster, blickte hinaus auf die mondbeschienene Landschaft.

Er hatte das Gefühl, sie überreden zu können, wenn er sich nur genügend Mühe gab. Doch er schreckte davor zurück. Wäre es denn zu vertreten, ihre gegenwärtige Schwäche zu nutzen, auszunutzen? Vor ihrem Mann hätte er seine Argumente so nachdrücklich wie nötig vorbringen können. Aber so? Es dauerte lange, bis er sich wieder einigermaßen gefaßt hatte.

Beim Frühstück wurde das abendliche Gespräch nicht mehr erwähnt. Frau von Wedemeyer bat Dietrich zu bleiben und die Morgenandacht der Familie zu halten, zu der die vier jüngeren Kinder und alle Bediensteten zusammenkamen. Kurz vor seinem Aufbruch sagte er zu ihr: »Ich hoffe sehr, Sie werden Ihren Standpunkt noch einmal überdenken.«

Sie lächelte, sagte aber nichts.

»Auf jeden Fall werde ich wiederkommen, wenn die Zeit reif ist . . . und ich hoffe, das wird nicht zu lange dauern.«

Als die Pferde in die von Bäumen gesäumte Auffahrt einbogen, blickte Dietrich zurück. Frau von Wedemeyer winkte ihm von der Veranda aus nach; traurig, wie ihm schien, und ein wenig unsicher. Er würde bald wiederkommen.

35

Die Verlobungsfeier war ein Erfolg. Ungeachtet aller Schwierigkeiten – der Lebensmittelknappheit, der Reisebeschränkungen und der düsteren Stimmung in der Stadt – hatte Ursel es geschafft, alles prächtig vorzubereiten.

Im Mittelpunkt natürlich das junge Paar, dessen strahlendes Glück die Gesichter der Anwesenden heller werden ließ. Renate sah in dem schlichten blauen Kleid, das ihre Mutter geändert hatte, schöner aus, als Paula sie je gesehen hatte. Alle gesellschaftlichen Anforderungen, die nun einmal mit einem solchen Fest verbunden waren, hatte sie mit natürlichem Charme und einer für ihre Jugend bemerkenswerten Sicherheit bewältigt.

Es war Dietrich, den Paula den ganzen Abend über beobachtet hatte. Er hatte seinen Kummer gut verborgen, hatte fröhlich mitgelacht, als Klaus Eberhard gewarnt hatte, sein Leben würde nie wieder sein, was es bisher gewesen war, nachdem dieses neue, störende Element hineingekommen sei – eine Frau. Hatte gelacht über Karls Entgegnung: »Frauen *sollen* stören!« Aber Paula hatte auch Dietrichs müdes Gesicht gesehen, als Eberhard zu ihm sagte: »Auch dein Tag wird kommen!«

Die Feier sollte gegen halb zehn enden, damit alle noch sicher nach Hause kommen konnten, bevor die Luftangriffe beginnen würden. Als es fast soweit war, ging Paula durch die Halle. Da hörte sie die Stimmen von Dietrich und Hans. Die beiden standen unter der Treppe, verborgen hinter der großen Standuhr.

Hans redete. »Kannst du zu mir herüberkommen, wenn das hier zu Ende ist? Wir müssen noch miteinander sprechen. Himmler setzt alles daran, uns verhaften zu lassen – dich und mich. Er will eine umfassendere Untersuchung, und er will, daß die Gestapo die Untersuchung übernimmt. Natürlich hat dieser Bluthund Röder keine Einwände dagegen, mit denen zusammenzuarbeiten.«

»Hast du eine Vorstellung, wann es soweit sein könnte?« flüsterte Dietrich.

»Sobald sie genug gegen uns in der Hand haben. Es ist ein Wettlauf gegen die Zeit, Dietrich. Unsere einzige Hoffnung ist, den Staatsstreich zu wagen, ehe sie uns verhaften können.«

Paula ging weiter, als hätte sie nichts gehört. Aber ihre Beine schienen Zentnergewichte nach sich zu ziehen. Später gingen ihr immer wieder die Worte durch den Kopf – »ein Wettlauf gegen die Zeit!« Schließlich stand sie auf, ging leise in die Küche und setzte einen Kessel mit Wasser auf. Kurz vor eins hörte sie Dietrich an der Tür.

Er schien entschlossen zu sein, sich heiter zu geben. »War das nicht ein schöner Abend?« fragte er schwungvoll. »Er hatte so etwas Hoffnungsvolles, Heilsames. Schien zu sagen: ›Nehmt die Zukunft für euch selbst und für eure Kinder in Besitz. Überlaßt sie nicht den Kräften des Bösen.‹« Er streckte seine Beine aus und lehnte sich auf dem Stuhl zurück, die Hände hinter dem Kopf verschränkt. »Natürlich ist das nicht leicht. Manche Leute – sogar manche Kirchenleute – wollen die Gegenwart einfach nur vergessen und sich in Träume von der Wiederkunft Jesu flüchten. Ich kann das nicht! Vielleicht ist ja morgen der Tag des Gerichts. Dann werde ich nur zu gern aufhören, für eine bessere Zukunft zu arbeiten. Aber nicht vorher.« Er lächelte. »Ich glaube, das habe ich von dir, Mama.«

»Meinst du? Vielleicht. Aber manchmal ist es nicht leicht, tapfer zu sein, wenn es darauf ankommt.« Und Paula sagte ihm, was sie unter der Treppe mitangehört hatte. »Ich konnte es nicht vermeiden, euer Gespräch zu hören.«

Dietrich schwieg einen Moment, dann sagte er: »Das Ganze kommt nicht überraschend. Wir leben schon seit langem mit dieser Möglichkeit.«

»Aber zu wissen, daß es schon geplant ist . . . Wäre es nicht klug zu verschwinden, solange du noch kannst?«

Dietrich lächelte. »Ich habe es schon einmal versucht.«

»Das ist nicht dasselbe.«

»Fast! Nur daß diesmal eine echte Gefahr für die zurückgelassenen Familien bestünde. Ich kann das nicht tun, Mama.«

Verzweifelt suchte Paula nach irgendeinem Ausweg – aber sie stieß nur gegen Mauern.

»Es geht hier wirklich nicht um Heldentum«, beteuerte Dietrich. »Die entscheidende Frage ist, wie die kleinen Walter und Andreas, wie die Kinder von Renate und Eberhard leben sollen.«

»Was kannst du im Gefängnis schon für sie erreichen?«

»Gehen wir nicht davon aus, daß es passieren wird. Noch besteht ja die Hoffnung, daß wir unsere Pläne durchführen können. Sie sind fast fertig. Und – sie sehen sehr gut aus. Doch selbst wenn sie uns vorher abholen, darfst du dir keine Sorgen machen. Das wäre wahrscheinlich nur vorübergehend.«

»Aber die Gestapo ...«

»Im Moment ist sie noch nicht zuständig. Hans und ich haben uns einen Plan ausgedacht, damit unsere Geschichten übereinstimmen ... Wir prägen uns jede Einzelheit genau ein. Dieses Mal wird der Aufstand erfolgreich sein, Mama! Wir haben die Unterstützung zumindest eines Feldkommandanten, auch einiger Einheiten in der Nähe der Stadt. Und wenn erst die volle Wahrheit über Stalingrad herauskommt, dürfte es nicht mehr schwierig sein, auch die Unterstützung des Volkes zu finden.«

»Ich hoffe, du hast recht!

Als Dietrich schlaflos im Bett lag, fragte er sich, ob er seiner Mutter falsche Versprechungen gemacht hatte. Der Feldkommandant, von dem er gesprochen hatte, Feldmarschall von Kluge, der die Heeresgruppe Mitte bei Smolensk befehligte, hatte im November Goerdeler seine Bereitschaft zur Mitarbeit signalisiert. Das hatte alle begeistert, bis Dietrich davon hörte, daß Kluge eben erst ein Geschenk in Höhe von 250.000 Reichsmark von Hitler angenommen hatte.

Dietrich versuchte, die positive Seite zu sehen. Eine Reihe von Offizieren in Kluges Hauptquartier schmiedeten Pläne, um Hitler auf die eine oder andere Weise loszuwerden, auch ohne Kluges Hilfe. Die beiden Cousins, von denen Frau von Wedemeyer gesprochen hatte, General von Tresckow und Leutnant Fabian von Schlabrendorff, waren die Hauptverschwörer und standen seit vielen Monaten mit der Oster-Gruppe in Kontakt. Schlabrendorff stellte die Verbindung zwischen den beiden Gruppen her. Er kam oft nach Berlin, um mit den führenden Leuten des Widerstandes zu sprechen. Sein Plan bestand darin, Hitler in das Hauptquartier in Smolensk zu locken. Denn hier war es eher möglich, den unüberwindlich scheinenden Sicherheitskordon zu durchbrechen, der Hitler überall umgab. Unmittelbar nach der Ermordung Hitlers sollte die Berliner Gruppe aktiv werden.

Ungeachtet der fieberhaften Aktivität jener Wochen waren Dietrichs Gedanken immer bei Maria. Von ihrer Großmutter hatte er erfahren, daß sie eine Ausbildung als Rotkreuz-Schwester begonnen hatte. Vor zwei Monaten hatte er sie zuletzt gesehen. Nur mit allergrößter Anstrengung gelang es ihm, seinem sehnlichsten Wunsch nicht nachzugeben – ihr zu schreiben. Doch selbst Eberhard riet ihm zur Geduld.

Endlich kam das neue Jahr – 1943. Mitte Januar, nach einer Planungssitzung in Hans' Büro, machte sich Dietrich auf den Weg nach Hause, gefolgt von seinem allgegenwärtigen Gestapo-Schatten. Als er in die Marienburger Allee einbog, konnte er für einen ganz kurzen Augenblick den Mann sehen, der gerade aus der Soldauer Allee kam.

In der Diele sprach Dietrich mit seiner Mutter und blätterte beiläufig die Post auf dem Tisch durch. Plötzlich war da wie durch Zauberei ein an ihn adressierter Brief in einer Handschrift, die er sofort erkannte. Er starrte den Brief an, als könne er seinen Augen nicht trauen, dann riß er ihn auf, entschuldigte sich und ging mit betonter Gelassenheit die Treppe hinauf. Als er freilich außer Sicht war, nahm er mit jedem Schritt zwei Stufen auf einmal.

In seinem Zimmer lehnte er sich gegen die Tür, den Brief in der Hand, bis er wieder zu Atem gekommen war. Dann ging er zu seinem Schreibtisch und begann zu lesen.

Maria gebrauchte noch immer das formelle »Sie«. »Lieber Pastor Bonhoeffer«. Ihre Mutter habe ihr von seinem Besuch und seinem Anliegen erzählt, das für sie freilich überraschend gekommen war. Sie sei dankbar für seine Gefühle ihr gegenüber und für die Ehre, die er ihr durch seinen Antrag erweise. Zur angemessenen Zeit würde sie mit Freuden seine Frau werden.

Mit einem unartikulierten Aufschrei, ungläubig, sprang Dietrich auf, hielt den Brief an das Licht des Fensters und las die Worte noch einmal. Zur angemessenen Zeit würde sie mit Freuden seine Frau werden! Sie habe mit ihrem Brief an ihn gewartet, weil sie sich ihrer Gefühle sicher sein wollte; sicher, ob sie echt und beständig seien. Je mehr sie aber darüber nachgedacht habe, desto sicherer sei sie sich ihres Empfindens ihm gegenüber geworden. Dennoch sei sie sich mit ihrer Mutter einig, daß sie eine Verlobung nicht überstürzen, sondern sich Zeit lassen und die Trennungszeit einhalten sollten, die ihre Mutter wünscht. Außerdem bat Maria Dietrich, niemandem außer seinen Eltern davon zu erzählen, um die Trauerzeit für ihren Vater und Max zu achten. Abschließend berichtete sie von ihrer Ausbildung im Krankenhaus und ihrer Arbeit mit den Verwundeten auf den Stationen. Sie erkundigte sich nach Dietrichs Arbeit und seiner Familie und sandte besondere Grüße an Renate und Eberhard.

Das war alles. Doch hätte auf zehn Seiten mehr stehen können? Dietrich las den Brief noch einmal durch, dann noch einmal ... Er öffnete das Fenster. Unten war gerade Ursel auf der Terrasse erschienen.

»Hallo, Ursel! Ein herrlicher Tag, nicht wahr?« rief er ihr zu.

Sie blickte überrascht auf. Doch noch ehe sie antworten konnte, schloß Dietrich das Fenster, setzte seinen Hut auf und ging – den Brief sorgfältig in seiner Brusttasche zusammengefaltet – auf die schneebedeckte Straße. Eine Stunde wanderte er durch den Wald, dann kehrte er zurück und berichtete seinen Eltern von seinem Glück. Sie waren nicht so überrascht, wie er es erwartet hatte, teilten seine Freude, waren aber weniger hoffnungsfroh, was Frau von Wedemeyers Standpunkt anbetraf.

An jenem Abend schrieb Dietrich einen Brief an Maria – acht Seiten lang. Er hatte sich gegen einen Anruf entschieden. Das Telefon war nun einmal kein Instrument für ein solches Gespräch. Ungewohnt freimütig sprach er von seiner Dankbarkeit und Liebe, führte er jedes nur erdenkliche Argument gegen die auferlegte Trennungszeit an. Er mußte sie sehen! Alles andere sei Wahnsinn. Falls sie es für sinnvoll hielte, würde er noch einmal zu ihrer Mutter fahren.

Zwei Tage später erhielt Dietrich Antwort – einen langen, ausführlichen Brief. Maria bat ihn um Geduld. In zwei Wochen würde sie nach Hause fahren und dann mit ihrer Mutter sprechen.

Ein überaus reger Briefwechsel begann. Eines Tages rief Dietrich Maria an. Der Klang ihrer Stimme ließ seinen Wunsch, sie zu sehen, ins Unermeßliche steigen. Doch ihre Mutter blieb unbeugsam, und gegen den Wunsch der Mutter wollte Maria nicht handeln.

»Das willst du doch sicher auch nicht«, bat Maria um Verständnis.

»Nein! Ich will, daß sie ihren Wunsch ändert.«

»Ich auch!«

Diese schlichte Bestätigung stellte ihn genau zwei Tage lang zufrieden. Dann entwarf er einen Angriffsplan – freilich einen sehr freundlichen – gegen die Ideen einer überfürsorglichen Mutter.

Die Ereignisse der folgenden beiden Wochen verlangten viel von Dietrich. Ein gemeinsames Kommuniqué der Alliierten, die sich in Casablanca getroffen hatten, verlangte die »bedingungslose Kapitulation«. Das hieß, die Hoffnungen auf einen von allen akzeptierten Friedensschluß nach dem Umsturz waren mehr als fragwürdig geworden. Die Furcht vor einem neuen Versailles mußte wieder wachsen. Kurz darauf ließ die offizielle Bekanntgabe des Verlustes Stalingrads den Staatsstreich immer notwendiger, dringender werden. Jetzt mußte es nur noch gelingen, Hitler nach Smolensk zu locken.

»Gibt es schon etwas Definitives?« erkundigte sich Dietrich bei Hans gegen Ende Februar.

»Bei Hitler gibt es niemals etwas Definitives«, sagte Hans. »Aber wir hoffen, er läßt sich überreden, der Heeresgruppe Mitte einen Besuch abzustatten. Tresckow arbeitet daran. Er kennt Hitlers Adjutanten persönlich und hat ihn wissen lassen, wie dringend erforderlich dieser Besuch sei – vor allem im Hinblick auf die darniederliegende Kampfmoral der Truppe. Sollten die Aussichten günstig sein, werden wir nach Smolensk reisen, um unsere Aktionen mit Tresckow zu koordinieren.«

»Wir fahren nach Smolensk!« verkündete Hans etwa drei Wochen später. »Canaris hat eine allgemeine Geheimdienstkonferenz organisiert. Er selbst fährt auch dahin; Oster ebenfalls.«

Am Abend vor Hans' Abreise bekam Dietrich in Sakrow den Sprengkörper zu Gesicht, den sein Schwager in seinem Koffer transportieren wollte. Dietrich war überrascht, wie klein die Bombe war. Es war eine englische Bombe, eine sogenannte »Muschel«. Sie wurde häufig mit Fallschirmen für die französischen Widerstandskämpfer abgeworfen, die sie bei Sabotageakten gebrauchten. Einige davon waren in deutsche Hände gefallen und der Sabotageabteilung der Abwehr übergeben worden.

»Deutsche Sprengstoffe sind hierfür nicht geeignet«, erklärte Hans. »Ihre Zünder verursachen ein zischendes Geräusch, das die Bombe verraten würde.« Er zog den bleistiftförmigen Zünder von der Muschel. »Sie kommt durch eine Säurekapsel zum Explodieren. Siehst du, so! Wenn sich die Kapsel öffnet, zerstört die Säure den Draht, der die Zündspitze an einer Feder zurückhält. Dadurch wird die Explosion ausgelöst.«

»Wie will Tresckow das denn machen?« fragte Dietrich.

»Das kommt auf die Situation an. Sollten sie es vorher nicht schaffen, werden sie versuchen, die Bombe an Bord von Hitlers Maschine zu schmuggeln, bevor er wieder abfliegt.«

»Würde das nicht unschuldige Menschen in Gefahr bringen?«

»Damit ist zu rechnen. Allerdings! Wir versuchen, das Blutvergießen so gering wie möglich zu halten. Aber das macht uns auch ziemlich unbeweglich.« Hans schüttelte den Kopf. »Dietrich! Wir sind für derartige Dinge einfach nicht geeignet. Zuviele Skrupel! Wenn wir scheitern, wird sich niemand um unsere Motive scheren. Man wird uns nur verdammen.« Er starrte Dietrich an, als hoffe er auf irgendein tröstendes Wort.

Doch gerade das konnte ihm Dietrich nicht geben. »Wir können es nicht ändern! Wir müssen es versuchen – ob wir Erfolg haben oder nicht! Was unsere Motive betrifft, so weiß Gott, daß wir es im Namen des Lebens tun.«

Hans trat sorgenvoll ans Fenster. »Ich brauche jemanden, der mich zum Bahnhof bringt. Aber nicht du.«

»Vielleicht Eberhard? Ich glaube, er hat morgen frei.«

Am nächsten Tag brachte Eberhard Hans zum Bahnhof, freilich ohne zu wissen, was sich in Hans' Koffer befand.

Als Hans zwei Tage später zurückkehrte, war der Plan fertig. Hitler wurde am kommenden Wochenende in Smolensk erwartet. In einem Gespräch, das bis tief in die Nacht gedauert hatte, waren Hans, Schlabrendorff und Tresckow sich einig geworden, hatten alle Einzelheiten der Verbindung zwischen den beiden Gruppen festgelegt; u.a. auch Schlüsselworte für jede erdenkliche Eventualität. In Berlin konnte jetzt unmittelbar nach dem Attentat gehandelt werden. Wichtige Schlüsselpositionen in der ganzen Stadt, die Vertrauensleute in Köln, München und Wien würden in Alarmbereitschaft versetzt. Nach der Meldung vom Tode Hitlers würden die Generäle an der Front ihre Unterstützung nicht länger zurückhalten.

Äußerste Geheimhaltung war geboten. Von der Familie waren nur Dietrich, Hans und Christel informiert. Dann kam der Tag. Innere Unruhe, Unrast trieben Dietrich um, steigerten sich ins Unerträgliche. Nach dem Mittagessen fuhr er zu Christel nach Sakrow.

Christel war froh, ihn zu sehen, wußte aber auch noch nichts. Sie wußten, daß ihr Telefon angezapft war. Also würde Hans keinen Versuch wagen, ihr etwas mitzuteilen. Die beiden Jungen waren da. Einfach um etwas zu tun, schlug Dietrich ein Kartenspiel vor. Christel, eine vorzügliche Bridge-Spielerin, spielte nachlässig, unkonzentriert, machte viele Fehler. Christoph strich lachend mehrere Stiche ein, die eigentlich ihr gehört hätten. Bald verloren die Jungen die Lust am Kartenspiel und gingen in den Garten, um im Schnee zu toben.

Dietrich fragte: »Sollen wir das Radio einschalten? Nur für den Fall . . .«

Christel schaltete es schweigend ein. Nichts als Marschmusik, unterbrochen von der üblichen Propaganda. »Es ist noch zu früh«, beruhigte sie sich.

Noch einmal gingen sie den Plan durch, Christel schien erleichtert, mit jemandem darüber reden zu können.

Dietrich erging sich in Hoffnungen.

»Es hat keinen Sinn, die Situation rosiger hinzustellen, als sie ist, Dietrich!« widersprach ihm Christel energisch. »Das Risiko ist schrecklich groß. Wenn auch nur eine Kleinigkeit schiefgeht ... Ich versuche, mich auf alles vorzubereiten, aber die Wahrheit ist ... wenn Hans ...«

Sie brauchte nicht mehr zu sagen. Es stand in ihrem Gesicht geschrieben.

Dietrich versuchte, sie zu beruhigen: »Wir können mehr ertragen, als wir glauben, Christel.«

»Vielleicht. Aber ich weiß ..., ich weiß, wie es sein würde.«

Der Nachmittag schleppte sich dahin. Kurz nach 18.00 Uhr kam Hans. Er schüttelte den Kopf. »Irgend etwas ist schiefgegangen. Wir wissen immer noch nicht, was. Schlabrendorff alarmierte uns am Vormittag, der ›Blitz‹ stehe bevor; dann, um 14.00 Uhr, kam ein weiterer Anruf: Die Operation sei in Gang gesetzt!« Hans ließ sich auf einen Sessel fallen, stützte sein verzweifeltes Gesicht auf die Hand. »Zwei Stunden haben wir gewartet. Nichts! Dann rief Schlabrendorff wieder an. Der Versuch sei fehlgeschlagen. Aber natürlich konnte er uns nichts Näheres sagen.«

Christel saß reglos am Tisch, die Augen geschlossen. Dietrich wußte nicht, was er stärker empfand – Erleichterung oder Enttäuschung.

Zwei Tage später, als Schlabrendorff in Berlin eintraf, erfuhren sie dann, was passiert war. Dietrich war gerade im Büro von General Oster, um mit ihm noch einmal über seine Einberufung zu sprechen. Am Tag zuvor hatte Dietrich eine Aufforderung des Münchener Wehrerfassungsamtes erhalten, wonach er sich in einer Woche mit sämtlichen Papieren zu melden hatte. Oster versicherte ihm, er brauche ihn dringend, vor allem nach der fehlgeschlagenen Aktion, für Verhandlungen mit den Alliierten. Er werde seine ganze Autorität einsetzen, um Dietrich von diesem Befehl freizustellen.

»Wir müssen uns ein paar plausible Gründe ausdenken, um Sie nach Rom zu schicken«, sagte Oster. »Vielleicht in den nächsten zwei oder drei Wochen, als vorbereitenden Schritt in diese Richtung. Dohnanyi und ich werden daran arbeiten.«

In diesem Moment erschien die hochgewachsene Gestalt Fabian von Schlabrendorffs in der Tür. Oster rief Hans eilig aus dem angrenzenden Büro, und dann berichtete Schlabrendorff, dessen glattes Gesicht keinerlei Gemütsregung verriet, die Geschichte des gescheiterten Putschversuchs.

»Die Bombe ist einfach nicht explodiert. Ich habe sie selbst Oberstleutnant Brandt übergeben, als er unmittelbar vor dem Start in Hitlers Flugzeug stieg. Zwei Minuten zuvor hatte ich die Säurekapsel mit einem Schlüssel durchlöchert. Brandt hatte natürlich keine Ahnung. Er dachte, es sei eine Flasche Likör als Geschenk für General Stieff in Rastenburg. Tatsächlich sahen die beiden Bomben in ihrer Verpackung wie eine Flasche Cointreau aus. Ich beobachtete das Flugzeug, bis es außer Sicht war. Nun ja, dann warteten wir. Und nach zwei Stunden riefen wir in Rastenburg an. Das Flugzeug war bereits gelandet – unbeschädigt.«

»Und Oberst Brandt?« fragte Oster.

»Er hatte das Päckchen nicht abgeliefert. Und er hatte auch keinen Verdacht geschöpft. Gott sei Dank! Gestern habe ich das Päckchen abgeholt und die Bombe in einem leeren Eisenbahnwaggon entschärft.«

Der junge Leutnant sprach so sachlich, als handle es sich um eine Taschenlampe mit einer leeren Batterie. Er nahm ein Päckchen aus seiner Aktentasche und öffnete es auf dem Schreibtisch. Die beiden Muscheln, die ausreichend Sprengstoff enthielten, um sie alle in Stücke zu reißen, lagen auf dem braunen Papier. Schlabrendorff entfernte den Zünder, den er separat eingepackt hatte, und hob ihn hoch.

»Sehen Sie, die Säure hat den Draht zerstört, und die Schlagnadel hat die Zündkappe getroffen – genau wie vorgesehen.« Die Zündkappe war entflammt und der Zünder außen geschwärzt. »Aber der Sprengstoff hat sich nicht entzündet. Warum, ich weiß es nicht! Tresckow und ich hatten ihn mehrere Male getestet, und immer hat es funktioniert!«

In diesem Augenblick kam ein Anruf für Schlabrendorff von

Tresckow in Smolensk. Als Schlabrendorff den Hörer wieder auflegte, sagte er im Flüsterton: »Meine Herren, wir haben noch eine Chance. Einer unserer Offiziere hat sich angeboten, es selbst an diesem Sonntag hier in Berlin zu tun.« Er blickte in verwirrte Gesichter. »Am 21. März ist Heldengedenktag. Aus diesem Anlaß soll unsere Heeresgruppe Mitte eine Ausstellung mit eroberten Waffen präsentieren. Das wird Oberst Gersdorff ermöglichen, sich in Hitlers Nähe aufzuhalten. Er soll Hitlers Fragen beantworten, während er die Ausstellung besichtigt. Gersdorff ist bereit, sich selbst mit Hitler in die Luft zu sprengen. Seine Frau ist vor einem Jahr gestorben, und im Hinblick darauf, was damit erreicht werden könnte, betrachtet er den Verlust seines eigenen Lebens nicht als ein allzu großes Opfer.«

Lange Zeit sagte niemand etwas. Schließlich brach Oster das Schweigen. »Packen Sie Ihre Muscheln ein, Herr Leutnant. Wir müssen dem Admiral Bericht erstatten.«

Paula schlug die Augen auf. Sie hatte also tatsächlich geschlafen. Zum ersten Mal seit zwei Wochen – seit der aufopferungsvolle Versuch des tapferen Oberst Gersdorff, Hitler zu töten, gescheitert war. Und nun spürte sie, daß Dietrich das Schlimmste befürchtete, obwohl er es vor ihr zu verbergen suchte.

Sie sah auf die Uhr. Halb vier. Leise stand sie auf, zog ihre Schuhe an und ging nach oben in Dietrichs Zimmer. Er war nicht da. Wahrscheinlich war er nebenan, obwohl sie ihn nicht hatte hinausgehen hören. Als sie die Treppe herunterkam, klingelte es an der Tür. Draußen standen zwei Männer – der eine in einem grauen Anzug, der andere in einer Gestapo-Uniform. Sie nahm all ihre Kraft zusammen, um keinen Schreckenslaut auszustoßen.

»Dietrich Bonhoeffer bitte«, sagte der Mann im grauen Anzug. »Wir haben mit ihm zu reden.«

»Er ist nicht hier«, sagte sie, um Gelassenheit bemüht.

»Dann müssen Sie ihn selbstverständlich holen. Wir werden warten. In seinem Zimmer, wenn es Ihnen recht ist.«

Paula rührte sich nicht.

»Haben Sie nicht verstanden?« fuhr der Mann sie ungehalten

an. »Ihr Sohn – falls es Ihr Sohn ist – ist unter Arrest. Bringen Sie uns sofort in sein Zimmer!«

In diesem Augenblick kam Karl die Treppe herunter, hörte die Aufforderung und führte die beiden in Dietrichs Zimmer. Paula folgte ihnen, schaffte aber nicht den ganzen Weg hinauf. Sie lehnte sich gegen die Wand, und in ihren Ohren dröhnten Hans' Worte: »Die Gestapo wird versuchen, den Fall in die Hände zu bekommen ... Folter ... zum äußersten Mittel greifen ...«

Als sie Karl zurückkommen hörte, richtete sie sich auf und ging in die Diele. »Was sollen wir tun?« flüsterte sie.

»Wir können gar nichts tun. Ich gehe und hole ihn.«

Paula sah vom Fenster aus, wie Karl und Dietrich über den Rasen zurückkamen. Sie lief ihnen am Hintereingang entgegen.

Dietrich ergriff ihre Hände. »Mama, mach dir keine Sorgen! Mir wird nichts passieren.«

Paula konnte nichts sagen. Sie mußte nur daran denken, daß sie nicht zusammenbrechen und für Dietrich alles noch schlimmer machen durfte. Sie hörte seine beruhigenden Worte ... Er hatte gewußt, daß sie kommen würden, und alles in Ordnung gebracht ... Sie würden nichts Wichtiges finden. »Wirklich, Mama!«

Es dauerte fast zwei Stunden, bis Dietrich mit seinen Bewachern wieder die Treppe herunterkam. Der Anblick – Dietrich in Handschellen – traf sie wie ein Keulenschlag. Ohne zu sprechen – sie wagte nicht, etwas zu sagen –, küßte sie ihren Sohn. Und dann mußte sie zusehen, wie die Nazis ihren Sohn auf den Rücksitz des Wagens zerrten. Noch einmal wandte sich Dietrich um, winkte mit seinen gefesselten Händen.

36

Im Laufe der Nacht wurde es unerträglich kalt in der Gefängniszelle, doch Dietrich brachte es nicht über sich, die stinkende Decke über sich zu ziehen. Gegen Morgen döste er ein.

Die Rufe der Wachen weckten ihn.

»Worauf wartest du, du verdammtes Schwein! Bring deinen Eimer an die Tür! Kannst du dich nicht bewegen, du Holzkopf?«

Dietrich hörte, wie der Schlüssel in seiner Tür herumgedreht wurde. Sie öffnete sich, und der Schließer, dessen Schatten sich vor dem grellen Licht abzeichnete, warf etwas in die Zelle.

»Deinen Eimer, bring ihn her!« forderte er Dietrich auf.

Dietrich stand auf und brachte den Eimer zur Tür.

»Stell ihn da hin!« Der Schließer deutete auf den Fußboden vor der Tür. Dietrich stellte ihn ab. Jetzt drückte der Mann Dietrich einen Becher in die Hand und goß aus einer großen Kanne Kaffee ein. Als Dietrich sich nicht rührte, fuhr er ihn an: »Also, worauf wartest du noch, du Strolch! Du hast dein Brot! Ab mit dir!«

Dietrich trat zurück, und die Tür wurde zugeschlagen. Und dann sah er es – das Stück Brot auf dem Boden, wo es der Schließer hingeworfen hatte. Sein erster Gedanke war Ekel! Unmöglich konnte er essen, was auf diesem schmierigen Fußboden gelegen hatte. Aber der Hunger siegte.

Dietrich stellte den Becher Kaffee auf die Bank und hob das Brot auf, rieb es mit seinem sauberen Taschentuch ab. Dann breitete er das Taschentuch auf der Bank aus und legte das Brot darauf.

Dietrich setzte sich auf den niedrigen Hocker. Automatisch begann er ein Tischgebet zu sprechen, doch dann stockte er ... Ein Tischgebet – wie gewohnt – war jetzt wohl nicht angebracht. Statt dessen bat er Gott, er möge ihm helfen, auch für diese armselige Mahlzeit dankbar zu sein.

Das Brot war hart und trocken. Dietrich zwang sich, so langsam wie möglich zu essen. Der Kaffee, falls man diese Brühe Kaffee nennen konnte, war bitter. Aber seine Wärme tat gut.

Bald kamen die Schließer zurück und führten Dietrich mit den anderen Gefangenen, fünf insgesamt, auf einen Hof vor dem Gebäude. Ob die Zelle, in der er die Nacht verbracht hatte, vielleicht nicht seine endgültige Unterkunft war? In diesem kurzen Flur gab es offensichtlich nur wenige Zellen, und der vordere Teil des Gebäudes bestand aus Büros.

»Marsch, ihr verdammten Halunken!« brüllte der Wärter, als sie ins Tageslicht traten. »Und halt!«

Es waren Männer mit jungen, aber müden Gesichtern; drei davon in schmutzigen, zerknitterten Uniformen.

»Würde es euch etwas ausmachen, eine militärische Haltung einzunehmen, ihr armseligen Landstreicher?«

Die Reihe richtete sich aus, und die Männer nahmen Haltung an.

Ein Hauptfeldwebel in tadellos gebügelter grüner Uniform erschien aus dem gegenüberliegenden Gebäude und begutachtete die Reihe der Gefangenen. Dann wandte er sich an den ersten Mann, fragte nach dessen Beruf, nach dem Grund seiner Verhaftung.

Es sind also alle »Neue«, dachte Dietrich, der jetzt sicher war, daß sie hier nur vorübergehend untergebracht waren. Der Hauptfeldwebel rang einem nach dem anderen die Antworten ab. Einem wurde Diebstahl vorgeworfen, anderen Gehorsamsverweigerung, einem Desertion. Jeden von ihnen bedachte der Hauptfeldwebel mit einem Schwall unflätiger Schimpfworte. Bei dem Deserteur verlor er den Rest an Beherrschung. Der junge Mann stand neben Dietrich. Sein Blick wirkte müde und gequält, aber er sagte fast nichts zu seiner Verteidigung. Er sei den ganzen Winter über in Rußland an der Front gewesen. Er wisse nicht, weshalb er davongelaufen sei ... Es sei einfach so geschehen. Nach zwölf Stunden sei er im Schnee zusammengebrochen, und dort habe man ihn gefunden.

»Dann hast du also deine Kameraden im Stich gelassen, du feiger Bastard! Wo jeder anständige Mann sein Blut für das Vaterland läßt. Na warte, dir werden wir es zeigen!«

Dann wandte sich der Hauptfeldwebel an Dietrich. »Und du?« fragte er mit höhnischem Grinsen. »Warum bist du hier?«

»Das weiß ich nicht«, antwortete Dietrich.

»Das weißt du nicht? Du weißt nicht, warum du verhaftet worden bist?«

»Nein, ich weiß es nicht!«

»Ha!« sagte der Mann. »Du wirst es schon bald genug herausfinden, das schwöre ich dir! Wie ich sehe, bist du einer von unseren Zivilisten. Was bist du von Beruf?«

»Ich bin Pastor.«

»Ein Pastor? Er ist ein Pastor! Ist es denn zu fassen? Jetzt haben wir einen Pastor! Was werden sie uns als nächstes schicken?« Er wandte sich an den Schließer. »Nehmt die Personalien auf und seht zu, daß ihr sie sauber kriegt.« Dann sah er wieder die Gefangenen an. »Wir führen hier eine saubere Wirtschaft. Vergeßt das nicht!«

Der Schließer salutierte. Mit einem Blick auf Dietrich fügte der Hauptfeldwebel hinzu: »Der Pastor kommt in Einzelhaft! Befehl vom Kommandanten.«

Sie wurden zurück in das Gebäude und durch verschiedene Büros geführt, wo sie alle möglichen Angaben machen mußten und wo sie von einem Arzt untersucht wurden. Zweimal kamen Unteroffiziere auf Dietrich zu. Sie hätten gehört, daß er ein Pastor sei, und wollten mit ihm reden. Doch die Wachen schickten sie sofort weg. Niemand dürfe mit ihm sprechen, sagten sie.

Dann gab ihm ein neuer Schließer – ein großer, bulliger Kerl, dessen Gesicht nicht einmal unsympathisch wirkte – seine Tasche, sein Portemonnaie und seine Uhr zurück. Die Tasche schien leichter zu sein. Dietrich öffnete sie. »Meine Bibel fehlt«, stellte er fest.

»Die werden Sie schon noch früh genug zurückbekommen«, sagte der Schließer.

»Was passiert denn damit?«

»Alles muß überprüft werden.«

»Wozu?«

Der Schließer lachte. »Wer weiß, was Sie zwischen den Seiten alles versteckt haben.«

Der Mann führte Dietrich nach draußen. Etwa dreißig Meter weiter stand noch ein Gefängnisgebäude, dessen hohe Mauern mit unzähligen kleinen, vergitterten Fenstern durchsetzt waren.

Der Schlüsselbund des Schließers klapperte. Sandwege führten kreuz und quer über einen eingemauerten Gefängnishof, aber der Mann im Büro hatte Dietrich gesagt, daß ihm die täglichen halbstündigen Spaziergänge, auch der Postempfang, bis auf weiteres gestrichen seien. Einzelhaft! Befehl des Kommandanten! Sehnsüchtig blickte Dietrich ein letztes Mal zum blauen Himmel hoch, bevor der Schließer die schwere Tür öffnete.

Vor ihnen lag ein breiter, gemauerter Gang mit Stahltüren an beiden Seiten – dicht an dicht. Über ihnen der Blick durch drei Obergeschosse bis zur Decke. Auf allen drei Ebenen führten Zellentüren auf balkonartige Gänge hinaus.

Das Gebäude hatte die Form eines Kreuzes, dessen vier Arme in einem Mittelschacht zusammenliefen, wobei auf jedem Stockwerk Wachstationen waren. Dietrich wurde von seinem Begleiter zu einer Metalltreppe am anderen Ende des Ganges geführt. Ihre Schritte hallten in den offenen Gängen. Im obersten Geschoß schob der Schließer Dietrich zu einer der nächsten Zellen. Die ganze Zeit über hatte er kein Wort gesagt.

Als er die Tür aufschloß, sah ihm Dietrich in die Augen. »Ich hätte gern meine Bibel zurück.«

»Ich werde mich darum kümmern.« Gab es auch hier noch einen Funken Menschlichkeit?

»Danke!«

Die Tür wurde hinter Dietrich geschlossen und verriegelt. Die Zelle war ebenso klein wie die vorige, aber sauberer. Durch ein kleines, hochliegendes Fenster konnte er den Himmel sehen. Selbst Einzelhaft schien ihm erträglich, wenn man den Himmel sehen konnte.

Das verzweifelte Schluchzen, begleitet von Kettenrasseln, hatte seit Stunden angedauert. Immer wieder hatte der Gefangene verzweifelt gegen das Mauerstück zwischen den beiden Zellen geschlagen. Einmal hatte Dietrich vorsichtig gegen die Wand geklopft, und das Schluchzen war verstummt – für einen Moment –, dann aber war es noch heftiger gewesen. Es gab keine Möglichkeit, den Mann zu erreichen, und außer Dietrich schien niemand von ihm Notiz zu nehmen. Ob in dieser Zweigstelle des Fegefeuers derartige Geräusche zum Alltag gehörten? Während des langen Tages hatte Dietrich an dem unentwegten Fluchen der Wachen erkannt, daß er mit Verbrechern untergebracht war. Übermüdet, völlig erschöpft, kam er doch endlich zur Ruhe.

Diese Zelle war nicht so kalt wie die vorige. Auch die Decke stank nicht so bestialisch, fühlte sich aber so schmierig an, daß Dietrich sie nur über seine Füße zog. Die ganze Nacht spürte er etwas auf sich herumkrabbeln, konnte aber nicht erkennen, was es war. Dennoch mußte er eingeschlafen sein.

Im Dämmerlicht des frühen Morgens rissen ihn das lautstarke Knallen schwerer Türen, die barschen Rufe der Wachen aus seinen Träumen zurück in den erbarmungslosen Alltag Tegels.

Und wieder begann das niederdrückende Ritual: den Eimer zur Tür tragen, das magere Frühstück ganz langsam essen; waschen in der winzigen Schüssel mit kaltem Wasser und mit dem taschentuchgroßen Handtuch abtrocknen; dann, wenn er an der Reihe war, in Anwesenheit eines Schließers ohne Spiegel rasieren. Beim Waschen bemerkte er mehrere juckende Stiche an seinen Armen und rund um den Oberkörper. Neugierig begann er die Matratze zu untersuchen und entdeckte bald in einer ihrer Falten eine flache, rötliche Wanze. Noch nie in seinem Leben hatte er eine Bettwanze gesehen, aber er erinnerte sich daran, wie seine Mutter einmal in Friedrichsbrunn voller Entsetzen eine Matratze verbrannt und dann das ganze Haus desinfiziert hatte. Er fand noch zwei der kleinen Blutsauger, die er ohne Bedauern vernichtete.

Nach 8.00 Uhr gab es nichts mehr zu tun. Ein langer Tag – ohne Arbeit, ohne jede Betätigung – lag vor ihm; so wie der vergangene, so wie der kommende. Arbeit hatte für Dietrich immer zu seinem Leben gehört. Jetzt hatte er nicht einmal einen Fetzen Papier, um darauf zu schreiben. An der Wand über seinem Bett stand ein Satz, den irgend jemand mal dort eingekratzt hatte: »In hundert Jahren ist alles vorbei.«

Am dritten Tag erhielt Dietrich seine Bibel zurück. Bis dahin hatte er niemanden zu Gesicht bekommen, außer den Schließern, die ihm seine Mahlzeiten brachten und seinen Eimer abholten. An diesem Vormittag erschien derselbe junge Mann in seiner Zelle, der ihn am ersten Tag hergebracht hatte. Mit der Bibel in der Hand stand er vor ihm.

»Sie haben mir meine Bibel mitgebracht. Vielen Dank!«

»Keine Ursache! Sie hätten sie sowieso zurückbekommen.«

»Man hat also nichts darin gefunden, keine Sägen oder Rasiermesser oder ...«

Der junge Schließer lächelte und wandte sich zum Gehen.

Hastig hielt ihn Dietrich zurück. »Sagen Sie, Herr Unteroffizier, gibt es hier eine Bücherei?«

»Ja, die haben wir!«

»Ob Sie mir vielleicht eine Zeitung und vielleicht ein oder zwei Bücher mitbringen könnten? Bitte ...!«

Der junge Mann zögerte. »Nun, ich werde sehen ... Aber versprechen kann ich nichts.«

»Danke! Ich danke Ihnen sehr!«

Am späten Nachmittag kam der Unteroffizier mit der *Deutschen Allgemeinen Zeitung*, einem Blatt, in dem hin und wieder noch kritische Untertöne laut wurden, und zwei Büchern zurück – Gotthelfs *Geld und Geist* und den Briefen eines unbekannten Predigers von seiner Reise durch Palästina. Dietrich setzte sich auf die Bettkante und vergrub sich in den Gotthelf. Doch selbst sein Vergnügen am Lesen war nicht mehr so ungetrübt. Nach einer Weile legte er das Buch zur Seite und starrte die graue Mauer an. Wieder sah er das Gesicht seiner Mutter vor sich, als ihn die Nazis abgeführt hatten. Er sehnte sich danach, mit ihr zu sprechen, sie zu beruhigen, ihr zu sagen, daß es ihm gutgehe und wie leid es ihm tue, ihr solchen Schmerz zu bereiten. Und dann sah er eine sonnenbeschienene Wiese und ein Mädchen in einem blauen Kleid. Ach, Maria! Er sehnte sich nach ihr, sehnte sich danach, die Liebe, die auf so wunderbare Weise zwischen ihnen entstanden war, wachsen und erstarken zu sehen. Wenn er doch nur mit Eberhard reden könnte – und sei es nur für eine Stunde.

Ein Tag folgte dem anderen. Allmählich fand Dietrich wieder zu sich selbst, sammelte Kräfte, fand Trost in Gebet und Meditation.

Eines Nachts wurde er von den heulenden Sirenen geweckt; ein

Luftangriff stand bevor. Und der Geruch von Furcht erfüllte das Gefängnisgebäude wie der Dunst von heißem Teer. Hilflos in seiner Zelle eingeschlossen wie alle anderen Gefangenen, lugte Dietrich durch sein Fenster. Von den Angriffen selbst konnte er nur wenig sehen, aber er hörte das Motorengedröhn der Kampfflugzeuge, die vom nahen Flugplatz aus starteten, hörte auch das Donnergrollen der Bomben, die in der Stadt explodierten. Am Himmel die gespenstischen Lichtkreuze der Flakgeschütze. Doch in der Nähe des Gefängnisses fielen keine Bomben, und eine Stunde später wurde Entwarnung gegeben.

Dietrichs sechste Nacht in Tegel kam, ohne daß ihn irgendeine Nachricht erreicht hatte. Jeden Morgen hatte er sich korrekt angekleidet – mit Krawatte und Jackett –, für den Fall, daß er zum Verhör abgeholt werden sollte. Er hatte keine Ahnung, welche Fragen man ihm stellen würde, worauf er sich vorbereiten sollte. Und diese Ungewißheit quälte ihn mehr als alles andere.

Dann, am nächsten Morgen um 8.00 Uhr, öffneten zwei Schließer seine Tür, legten ihm Handschellen an und führten ihn hinaus. Dietrich fühlte sich gedemütigt, seinen Verhörern in einem schmutzigen Hemd und zerknittertem Anzug gegenübertreten zu müssen.

Das Oberste Militärgericht befand sich in einem grauen Steinbau an der Witzlebenstraße. Irgendwie milderte diese Nähe zur Stätte seiner Kindheit seine Furcht vor dem, was ihm bevorstand. Die Wachen schoben ihn wortlos in ein Vorzimmer im zweiten Stock. Uniformierte Gerichtsbeamte führten ihn in das Vernehmungszimmer. Eine Sekretärin trat ein und setzte sich an den Stenografiertisch.

Plötzlich entstand Unruhe. Oberstkriegsgerichtsrat Röder stürmte herein, gefolgt von dem SS-Mann Sonderegger. Offensichtlich war die Gestapo für Dietrichs Fall zuständig. Mit einem zufriedenen Gesicht setzte sich Röder neben Sonderegger, legte pedantisch seinen Hut zur Seite. Eine Oberstuniform umhüllte seine rundliche Gestalt. Die Gerichtsbeamten entfernten Dietrichs Handschellen. Er mußte sich vor den Schreibtisch Röders stellen.

»So begegnen wir uns also wieder, Herr Dr. Bonhoeffer«, begann Röder höhnisch. »Ich hoffe, die vergangenen Tage waren Ansporn genug, sich kooperativ zu zeigen. Und ganz bestimmt sind Sie mit mir einer Meinung, daß die Autorität der Regierung um jeden Preis aufrechterhalten werden muß.« Röder lispelte leicht, sah Dietrich erwartungsvoll an.

»Gewiß, Herr Oberst«, zwang sich Dietrich zu antworten.

»Und daß Deutschland ohne die Partei unvorstellbar wäre?« fügte Röder hinzu.

»Das ist wahr«, log Dietrich wieder.

Ein zynisches Lächeln umspielte Röders Mund, der Genußsucht verriet. »Dann sehe ich keine Probleme auf uns zukommen«, sagte er. »Ich muß Sie allerdings informieren, daß Dohnanyi und Müller sich in unseren Händen befinden, ebenso Dohnanyis Frau – Ihre Schwester, glaube ich.«

Christel verhaftet! Dietrich schluckte. »Frau von Dohnanyi ist meine Schwester.« Die ersten Worte brachte er noch gelassen heraus, aber dann verließ ihn seine mühsam behauptete Beherrschung. »Sie zu verhaften, war sinnlos! Sie weiß doch gar nichts über die Abwehr.«

Röders Augen blitzten auf. »Dieses Gericht zu kritisieren, steht Ihnen nicht zu. Außerdem bestätigen die Geständnisse Dohnanyis und seiner Frau Konsul Schmidhubers Informationen über verräterische Aktivitäten im innersten Kern der Abwehr.«

Dietrich sagte nichts.

»Sie werden doch nicht so töricht sein, das zu leugnen?« lauerte Röder.

»Mir ist nichts über verräterische Aktivitäten in der Abwehr bekannt.«

»Nun, wir wissen es besser. Ihr Schwager hat Sie als Komplizen genannt.«

Dietrich sah in Sondereggers schmales, undurchdringliches Gesicht und wandte sich dann wieder zu Röder. »Das ist unmöglich. Mein Schwager ist kein Lügner.«

»Wollen Sie damit andeuten, ich sei ein Lügner?« donnerte ihn Röder an.

»Ich will gar nichts andeuten. Ich weiß nur, daß Herr von Dohnanyi kein Lügner ist.«

Röder nahm ein Blatt Papier aus seiner Aktentasche und legte es Dietrich vor. »Ich vermute, Sie werden behaupten, daß Sie nichts über dieses verräterische Dokument wissen!«

Es war die sorgfältig formulierte Denkschrift, die Dietrich und Hans General Beck zur Zustimmung vorgelegt hatten. Darin waren – wenn auch in verschleierter Form – die Vorschläge genannt, die Dietrich in Rom hatte unterbreiten sollen. Beck hatte das Blatt mit seiner Code-Initiale »O« abgezeichnet und unten notiert, Bonhoeffer und Müller sollten ihm nach ihrer Rückkehr Bericht erstatten. Die Denkschrift lautete:

Von Geistlichen in der deutschen Evangelischen Kirche an Repräsentanten der Katholischen Kirche in Rom:

– Wir erbitten Ihre Hilfe in diesem Krieg, um einen gerechten und dauerhaften Frieden herbeizuführen und ein Gesellschaftssystem zu errichten, das auf christlichen Grundlagen beruht.

– Wir wissen, daß die evangelischen Kirchen Großbritanniens, Amerikas, der Niederlande, Norwegens und Frankreichs diesen Fragen große Aufmerksamkeit widmen, und glauben, daß es großes Gewicht hätte, wenn alle christlichen Kirchen sich einen gemeinsamen Ansatz zur Lösung des Problems zu eigen machten, einen Frieden zu arrangieren, wenn die Zeit gekommen ist.

– Wir kennen die grundlegenden Friedensziele, die der Papst in seinen letzten beiden Weihnachtsbotschaften verkündet hat, und glauben, daß ein Konsens aller Kirchen zu allen wesentlichen Punkten möglich ist.

– Wir beabsichtigen, allgemeinverständliche Flugschriften, die diese Friedensziele erläutern, vorzubereiten, um sie an die Öffentlichkeit zu verteilen, wenn sich die Gelegenheit ergibt.

– Es erscheint äußerst wichtig und wünschenswert, daß ein deutscher evangelischer Geistlicher Gelegenheit erhält, dieses Thema mit Vertretern der Katholischen Kirche in Rom und mit den weltweiten evangelischen Kirchen in Genf zu erörtern.

»Selbst ein Narr erkennt hier den Verrat!« zischte Röder. »Und ich bin kein Narr! Dohnanyi hat zugegeben, daß er das hier mit Ihrer Hilfe geschrieben und daß Oster es abgezeichnet hat. Es hat überhaupt keinen Zweck, das abzustreiten.«

Sie hielten also das »O« für die Initiale Osters. Und Hans hatte dem nicht widersprochen. Oder vielleicht doch? »Ich streite es nicht ab. Sie deuten es lediglich falsch. Es bedeutet das Gegenteil des Wortlauts.«

»Wie interessant! Und das soll ich Ihnen glauben?«

»Wie mein Schwager mir sagte, ist das bei der Abwehr allgemein üblich. Direktiven, die über die Grenze gehen sollen, werden auf diese Weise verschlüsselt. Was hier als offene Bitte an den Vatikan erscheint, sollte in Wirklichkeit als meine Beglaubigung dienen.«

»Wollen Sie mich verwirren?« fragte Röder.

»Keineswegs! Wenn die vatikanischen Behörden glaubten, was das Papier auszusagen scheint, hätten sie uns vielleicht bereitwilliger die Informationen gegeben, um die es uns ging. Ich sollte in Rom nach außen hin über Friedensziele verhandeln, während ich in Wirklichkeit die Schwachpunkte der Alliierten und einiges über ihre Pläne herausfinden sollte.«

Röder runzelte die Stirn. Inständig hoffte Dietrich, daß Hans ihm dieselbe oder zumindest eine ähnliche Version erzählt hatte. Über dieses konkrete Dokument hatten sie keine Absprache getroffen, aber es gab eine allgemeine Übereinkunft unter Osters Leuten, daß alle derartigen Papiere – falls sie in »unfreundliche« Hände fallen sollten - als »verschlüsselte Sprache« zu bezeichnen seien.

»Keine schlechte Ausrede! Aber leider nicht gut genug, Herr Bonhoeffer. Wäre Ihre Geschichte wahr, weshalb sollte dann General Oster versucht haben, dieses Papier zu verstecken?«

Dietrich antwortete: »Das kann ich Ihnen nicht sagen, weil ich die näheren Umstände nicht kenne.«

»Der Herr Kommissar hat General Oster dabei ertappt«, sagte Röder und nickte in Sondereggers Richtung.

Lächelnd nickte der SS-Offizier, als bereite ihm die Erinnerung großes Vergnügen. »Ja«, bestätigte Sonderegger, »Oster hat versucht, es von Dohnanyis Schreibtisch verschwinden zu lassen und in seine Gesäßtasche zu stecken. Aber ich war ein bißchen schneller als er.«

»Übrigens, General Oster ist erledigt!« Röder sagte es sehr nachdrücklich. »Er kehrt nicht in die Abwehr zurück. Ich werde diesen ganzen Haufen von oben bis unten säubern. Schmidhuber hat über eine ›Clique von Generälen‹ gesprochen. Ich erwarte, daß Sie mir die Namen nennen.«

»Da kann ich Ihnen nicht helfen«, sagte Dietrich. »Erstens war ich nicht in einer Position, in der ich sehr viel erfahren hätte. Ich war nichts als ein Pastor, der eher zufällig über ökumenische Verbindungen verfügte, die man bei der Abwehr als nützlich ansah. Ich selbst betrachtete es als meine Pflicht – ja, als mein Vorrecht –, auf diese Weise meinem Land zu dienen. Aber diese Arbeit hat mich nie in die inneren Reihen der Abwehr gebracht. Dafür war ich zu unbedeutend. Deswegen kenne ich auch keine Namen.«

»Warum machte sich dann General Oster so große Sorgen um dieses Papier, daß er es verschwinden lassen wollte?«

»Das weiß ich wirklich nicht«, antwortete Dietrich gelassen.

Röder musterte ihn von oben bis unten. »Sie gestatten, daß ich da allergrößte Zweifel hege.« Er legte das Blatt in seine Aktentasche zurück und stand auf. »Seien Sie gewiß, Herr Bonhoeffer, daß ich dieser Sache auf den Grund gehen werde – um jeden Preis. Es gibt da noch andere Methoden, Ihnen die Wahrheit zu entlokken. Sollte es erforderlich sein, werde ich den Führer persönlich um die Erlaubnis bitten, diese Methoden einzusetzen.« Ein Wink zu dem Beamten: »Abführen!«

37

»Wer aber die Wahrheit tut, der kommt zu dem Licht.« Der Vers aus dem Johannesevangelium lag vor ihm. Den ganzen Nachmittag über war er immer wieder darauf zurückgekommen, während er mit der Frage rang: Was heißt »die Wahrheit sagen«? Sehr viel hatte er darüber gegrübelt, seit er und Hans an ihren verschleiernden Zeugenaussagen gearbeitet hatten. Doch bis jetzt hatte er das Problem nicht in den Griff bekommen. Lügen fiel ihm nicht leicht. Den Gedanken, sich aus einer Klemme herauszulügen, wenn die Situation es erfordere, konnte er nicht akzeptieren. Andererseits schien es ihm unvorstellbar, daß Gottes Wahrheit in diesem Fall bedeuten könnte, daß er seine Mitverschwörer an die Nazis verriet. Ihm fiel ein, was er einmal zu Adam von Trott gesagt hatte: »Es ist schlimmer, wenn ein Lügner die Wahrheit sagt, als wenn ein Vertreter der Wahrheit lügt.«

Pünktlich um 20.00 Uhr ging das Licht aus, und Dietrich konnte nicht mehr weiterlesen. Wie an jedem Abend betete er aus dem Gedächtnis einen der Psalmen – diesmal Psalm 11: »Seine Blicke prüfen die Menschenkinder ... Denn der Herr ist gerecht und hat Gerechtigkeit lieb. Die Frommen werden schauen sein Angesicht.«

»Die Frommen werden schauen sein Angesicht«, wiederholte er laut.

Am Morgen dann erfüllte ihn eine neue Entschlossenheit – von nun an würde er sich einen strengen Tagesablauf verordnen: Um 6.00 Uhr aufstehen und kalt waschen; nach dem Frühstück Bibellesen, und zwar vom 1. Buch Mose bis zum Ende der Bibel. Immer einen neuen Bibelabschnitt auswendig lernen; danach Gebet und Meditation; als nächstes Gymnastik. Die restliche Zeit würde er damit verbringen, zu lesen und in der Zelle auf und ab zu gehen. Dann blieben ihm noch zwei freie Stunden nach dem Abendessen, das schon um 16.00 Uhr gebracht wurde.

Am Abend dieses so hoffnungsvoll begonnenen Tages war Dietrich es gründlich leid, so zu tun, als sei er beschäftigt. Die Zeit war gekrochen. Dennoch war er entschlossen, bei seinem Plan zu bleiben. Er mußte etwas finden, womit er die langen Stunden ausfüllen konnte.

Am folgenden Tag holten ihn die Wachen wieder ab. Und wieder brachte man ihn zu Röder und Sonderegger.

»Nehmen Sie bitte zur Kenntnis, daß Sie des Hochverrats und des Landesverrats beschuldigt werden«, empfing ihn Röder.

»Ich wüßte nicht, worauf sich eine solche Anklage stützen sollte«, entgegnete Dietrich.

»Die Gründe werden wir bald haben. Oster streitet ab, etwas über dieses Dokument zu wissen.«

»Aber wieso denn das? Sie sagten doch, er habe es verstecken wollen«, wandte Dietrich ein.

»Er streitet ab, es unterzeichnet zu haben. Niemals habe er mit ›O‹ abgezeichnet. Er weiß auch nichts von der verschlüsselten Sprache, die Sie vereinbart haben sollen. Oster behauptet, Sie seien niemals als Agent nach Rom geschickt worden. Die Zentralabteilung sei überhaupt nicht berechtigt, eigene Agenten zu beschäftigen.«

»Offiziell vielleicht nicht. Dennoch bin ich seit September 1940 Agent des Auslandsdienstes der Abwehr gewesen«, erwiderte Dietrich.

»In welcher Funktion?«

»Wie ich Ihnen bereits sagte, bestand meine Arbeit für den militärischen Geheimdienst darin, über meine ökumenischen Kontakte Informationen zu sammeln. Lediglich darum ging es.«

Röder lehnte sich zurück. »Sie täten gut daran, die Wahrheit zu sagen, Herr Bonhoeffer. Damit würden Sie uns allen eine Menge Kummer und Schmerz ersparen.«

»Ich kann nichts zugeben, was nicht stimmt.«

»Damit steht Ihr Wort gegen das von Oster.«

Dietrichs Gedanken überschlugen sich. Konnte er dem trauen, was Röder behauptete? »Mein Auftrag kam von Admiral Canaris selbst. Er wäre sicherlich in der Lage, die Sache aufzuklären.«

Das Verhör endete so plötzlich, wie es begonnen hatte.

In einem der Bücher aus der Gefängnisbücherei fand Dietrich ein Blatt Papier, vergilbt und zerrissen. Darauf schrieb er einen Brief an seine Eltern, in der Hoffnung, ihn irgendwie durch die Postsperre schmuggeln zu können. In diesem Brief versuchte er, seine Situation so hoffnungsvoll wie möglich darzustellen. In verdeckten Sätzen bat er sie, den Brief auch Maria zukommen zu lassen, und schlug ihnen vor, sie zu sich nach Berlin einzuladen. Als der junge Unteroffizier – der einzige, der einen Funken Menschlichkeit erkennen ließ – mit dem Abendessen erschien, bat ihn Dietrich, den Brief abzuschicken.

»Das ist verboten!«

»Bitte, tun Sie es trotzdem. Meine alten Eltern brauchen eine Nachricht von mir.«

»Also gut! Ich werde ihn dem Wachtmeister geben. Aber ich glaube nicht, daß er gegen den Befehl handeln wird.«

»Vielen Dank! Würden Sie mir sagen, wie Sie heißen, Herr Unteroffizier?«

»Knobloch! Hans Knobloch.«

Dietrich streckte ihm die Hand entgegen. »Ich bin Dietrich Bonhoeffer.«

Fast schüchtern schüttelte Knobloch die dargebotene Hand.

»Sind Sie schon lange hier?« fragte Dietrich.

Der Unteroffizier seufzte. »Fast ein Jahr!«

»Wahrscheinlich hatten Sie keine andere Wahl.«

»Nein! Ich wurde verwundet, und sie mußten mir eine Stahlplatte in den Schädel einsetzen. Deswegen kann ich nicht zurück an die Front.«

»Ist das sehr schlimm für Sie?«

Knobloch zuckte mit bitterem Lächeln die Achseln.

»Sind unter den Gefangenen auch Soldaten?« fragte Dietrich.

»Fast alle.«

Dietrich erzählte ihm von dem weinenden Gefangenen in der Nebenzelle.

»Ja, ich weiß! Er ist verurteilt. Der andere auch ... der auf dieser Seite. Zum Tode verurteilt.«

»Weshalb?«

Knobloch richtete sich auf, als würde ihm plötzlich bewußt, was er gerade tat. »Ich muß gehen! Ich bin nicht berechtigt ...« Er wandte sich rasch zur Tür.

»Danke, Herr Knobloch ... für den Brief ... Danke!«

Die Tür fiel ins Schloß. Stille! Dietrich beschlich ein entsetzliches Gefühl der Hilflosigkeit. Wie hatte er nur darauf hoffen können, daß sein Brief dieses Gebäude jemals verlassen würde?!

Auf dem Kalender, den er sich selbst zusammengestellt hatte, strich Dietrich diesen Tag aus, Freitag, den 16. April 1943. Schon fast zwei Wochen war er in diesem Vorhof der Hölle. An diesem Tag holten sie ihn zum dritten Verhör.

»Also, wir haben die Akten der Abwehr mehr als gründlich durchsucht«, begann Röder mit einem zufriedenen Lächeln. »Aber Ihren Namen haben wir weder in der Agentenkartei noch auf der Gehaltsliste gefunden.«

»Das stimmt!« bestätigte Dietrich. »Ich habe nicht auf der Gehaltsliste gestanden. Wie ich schon sagte, betrachtete ich diese Arbeit als einen Dienst, den ich dem Vaterland ...«

»Überdies haben Sie auch keinen Geheimhaltungseid geleistet.«

»Das war in meinem Fall nicht erforderlich.«

»Alles höchst ungewöhnlich! So ungewöhnlich, daß wir zu dem Schluß kommen könnten, Ihr Fall sollte in andere Hände gegeben werden«, fügte Röder mit einem vielsagenden Blick auf Sonderegger hinzu. »Admiral Canaris hat eingeräumt, daß Ihr Status vorschriftswidrig war.«

Dietrichs Gefühle befanden sich in einem Wechselbad zwischen Erschrecken und Erleichterung. Immerhin schien Röder mit Canaris gesprochen zu haben. »Der Admiral hat doch sicherlich die Tatsache bestätigt?!« Vorsichtig tastend kam es von Dietrich.

»Er war empört! Zumindest hat er so getan, als er erfuhr, daß Sie seit Jahren von der Gestapo überwacht wurden, daß Sie Reisebeschränkungen und verschiedenen Verboten unterlagen.« Er wandte sich an Sonderegger. »Stimmt's, Herr Kommissar?«

»Stimmt!«

Dann Röder: »Warum, glauben Sie, hat Dohnanyi dem Admiral das verheimlicht? Oder hält auch der Admiral Informationen zurück? Wir wissen, daß er Juden über die Grenze geschmuggelt hat – und das mit dem Geld unserer Steuerzahler.«

Dietrich überging die letzte Bemerkung. »Davon, daß Dohnanyi es vor dem Admiral verheimlicht hat, weiß ich nichts«, erklärte er. »Aber wenn es so war, dann mit Sicherheit deshalb, weil diese Beschränkungen unbegründet waren. Ich habe selbst einen Brief an das Reichssicherheitshauptamt geschrieben, in dem ich erklärt habe ...«

»Schon gut, schon gut!« wehrte Röder ab.

Dietrich wandte sich an Sonderegger. »Vielleicht liegt dieser Brief noch dort in den Akten. Er würde vielleicht helfen, diese Sache aufzuklären.«

»Das ist nicht nötig«, widersprach Röder. »Wir haben genügend Beweise, um Anklage wegen Verrats zu erheben! Sie könnten also reinen Tisch machen.«

»Es gibt nichts, wo ich reinen Tisch machen müßte.«

»Sie lügen! Sie haben die ganze Zeit über gelogen! Versuchen Sie ja nicht, mich an der Nase herumzuführen. Ich bin kein Narr! Ist Ihnen denn noch immer nicht klar, daß Sie von niemandem mehr gedeckt werden?«

Dietrich sagte nichts, während Röder mit hochrotem Gesicht und wütend vor sich hinfluchend aus dem Zimmer lief.

Am nächsten Morgen erschien nach dem Frühstück einer der Schließer. Dietrich solle in eine andere Zelle verlegt werden.

»Warum denn das?«

»Befehl des Kommandanten, Herr Doktor!«

Es war das erste Mal, daß Dietrich so angesprochen wurde. Wie seltsam, dachte er, während er seine wenigen Habseligkeiten in die kleine Tasche packte. Und dann – der Schließer hielt ihm die Tür auf und erbot sich, ihm die Tasche zu tragen. Welch ungewöhnliches Verhalten!

Die neue Zelle – auf demselben Stockwerk, aber in einem anderen Flügel – schien größer und sauberer zu sein. Noch hing der Geruch von Desinfektionsmitteln in den Wänden, die Decke und die Laken schienen sauber.

»Wenn Sie bitte ins Wachzimmer mitkommen wollen, dort ist ein Paket für Sie«, sagte der Schließer.

Nach zwölf Tagen der Isolation war Dietrich beim Anblick des Pakets und den Briefen von seinem Vater und von Ursel den Tränen nahe. Und so war er fast dankbar, als der Wachtmeister ihn bat, den Inhalt des Pakets mit der Liste zu vergleichen, die sein Vater auf einem Wäschezettel notiert hatte. Am 7. April, also vor zehn Tagen, war es abgegeben worden. Das Brot war schon verschimmelt, aber es war eine kleine Wurst darin, eine Schachtel Plätzchen – sicherlich von Ursel gebacken – und ein Päckchen getrockneter Äpfel, eine Decke, seine braune Wollweste, ein sauberes Hemd, saubere Unterwäsche und warme Socken.

»Der Brief an Ihre Eltern ist an Oberstkriegsgerichtsrat Röder weitergeleitet worden«, teilte ihm der Wachtmeister mit, ein Mann von kleiner Gestalt, der etwa in Dietrichs Alter zu sein schien. Er hinkte auf dem linken Bein – wahrscheinlich eine Kriegsverletzung. Der größte Teil der Belegschaft schien aus Männern zu bestehen, die aus den verschiedensten Gründen nicht mehr an der Front eingesetzt werden konnten.

»Danke! Aber warum gerade an ihn?« erkundigte sich Dietrich.

»Ihre gesamte Post muß über ihn laufen. So lautet seine Anweisung.«

»Verstehe!« Mit Zensur hatte er gerechnet. Aber Röder?

»Ich würde gern auch an meine Verlobte schreiben.«

»Tut mir leid, Herr Doktor! Der Herr Oberst hat Anweisung gegeben, daß Sie nur an Ihre Eltern schreiben dürfen, alle zehn Tage. Außerdem dürfen Sie einmal in der Woche ein Paket in Empfang nehmen und Ihre Wäsche nach Hause schicken. Übrigens, das darf nicht jeder Gefangene! Der Unteroffizier wird Ihnen ein gelbes Fähnchen geben, das Sie im Notfall durch die Öffnung in Ihrer Tür stecken können. Natürlich nur in wirklich dringenden Fällen. Ich werde einen Gefangenen abstellen, der jeden Tag Ihre Zelle saubermacht. Ich hoffe, Sie werden das neue Quartier annehmlicher finden. Wenn ich gewußt hätte . . .« Der Wachtmeister hielt erschreckt inne und schob mit fahrigen Bewegungen die Papiere auf seinem Schreibtisch zurecht. »Ich wußte ja nicht, daß Sie mit dem Stadtkommandanten verwandt sind.«

Das also war es. Onkel Paul hatte sich eingeschaltet!

Gegen Mittag durfte er seinen ersten halbstündigen Spaziergang im Gefängnishof machen. Anfangs legte er einen strammen Schritt vor, atmete gierig die frische Luft ein, bis er begann, seine Aufmerksamkeit den Lebenszeichen um sich her zu widmen. Zwei Linden waren da, an denen sich die ersten grünen Blattspitzen hervorwagten, eine Meise, die von einem Baum zum nächsten flatterte. Er blickte an dem Gebäude hoch, begann, die Fenster zu zählen. Und so fand er auch sein Zellenfenster. Doch schon war die halbe Stunde vorüber. Der Schließer kam, brachte ihn wieder hinein. Aber welcher Unterschied im Verhalten aller Wärter zu ihm!

Am nächsten Tag, dem Palmsonntag, kamen einige, um sich bei ihm zu entschuldigen. »Wir wußte es nicht . . .«, sagten sie verlegen.

Am Nachmittag brachte ihm ein Schließer einen Strauß blauer und gelber Primeln. Ein Mädchen Maria habe sie für ihn abgegeben. Dietrich stellte die Blumen in seinen Blechnapf. Freude, Glück, Staunen erfüllten sein Herz.

Am Montag wurde Dietrich wieder ins Gericht gefahren und ohne Vorwarnung Hans gegenübergestellt. Sie starrten einander an; stumm und zugleich mit all den Fragen, die sie nicht stellen durften.

»Nun sagen Sie schon etwas!« bellte Röder, der hinter dem Tisch saß. »Sie kennen sich doch, oder?«

»Guten Tag, Hans! Ich hoffe, es geht dir gut«, begann Dietrich.

»Einigermaßen, danke! Und dir?«

»Ich kann nicht klagen«, antwortete Dietrich. Hans sah bleich und müde aus, als hätte er seit Tagen nicht geschlafen. Ob er wußte, daß Christel auch im Gefängnis war?

»Also schön!« Röder ließ sein bekanntes Zungenschnalzen ertönen. »Ich glaube, wir können zur Sache kommen. Es ist klar, daß Sie beide lügen. Wir gehen davon aus, Herr Bonhoeffer, daß Ihre Reise nach Rom keine Vergnügungsreise war. Da Sie kein echter Abwehragent sind und General Oster abstreitet, die Reise angeordnet zu haben, können wir nur folgern, daß Sie für jemanden anderes gearbeitet haben. Und dieser ›Jemand‹ hatte verräterische Absichten, wie dieses Papier eindeutig beweist. Wer ist Ihr Auftraggeber? Das ist alles, was ich wissen will. Wenn dieser ›O‹ nicht General Oster ist, wer ist es dann?«

»General Oster hatte die Befehlsgewalt«, sagte Dietrich, der es nicht wagte, Hans anzusehen, aber verzweifelt hoffte, auf der richtigen Spur zu sein, »und wie ich Ihnen schon sagte, diente dieses Papier zur Verschleierung meiner wirklichen ...«

»Beantworten Sie meine Frage! Wer war es?«

»Ich habe keine Ahnung! Was meinen Status in der Abwehr betrifft, so habe ich das den höheren Stellen überlassen. Allerdings hatte man mir zu verstehen gegeben, daß ein offizieller Status meine Tarnung gefährden würde. Und die war für meine Reisen absolut notwendig.«

Röder wandte sich an Hans. »Ihr Schwager gibt vor, nicht zu wissen, wer ›O‹ ist. Aber Sie wissen es! Sie täten gut daran, es mir zu sagen.«

»Ich habe Ihnen doch schon mehrfach gesagt, daß es Oster ist.«

Dietrich atmete erleichtert auf.

»Dann behaupten Sie also, daß Oster lügt?« Schneidend scharf kam es von Röder.

»Es ist nur natürlich, daß General Oster befürchtete, Sie könnten dieses Dokument mißdeuten, und er deshalb bestritt, etwas davon zu wissen. Das ist eine ganz normale, sehr verständliche Reaktion.«

»Nun, wenn die Offiziere der Abwehr von so schwachem Charakter sind ... Wenn sie zudem so sorglos sind, Männer in ihre Dienste zu nehmen, die nicht einmal Agenten sind ...«

»Verstehen Sie denn nicht?« fiel ihm Hans ins Wort. »Die Leute von der Ökumene hätten niemandem über den Weg getraut, der offiziell mit der Abwehr verbunden gewesen wäre.«

»Sie bringen da ein hübsches Argument vor, aber es überzeugt mich nicht.« Röder stand auf. »Ich nehme an, daß Ihnen beiden am Wohlergehen Frau von Dohnanyis gelegen ist. Bitte nehmen Sie zur Kenntnis, daß wir sie nicht freilassen werden, solange Sie uns nicht sagen, was Sie wissen.«

»Sie Teufel!« Hans schrie es in ohnmächtiger Wut.

»Abführen!«

An der Tür begegneten sich Dietrichs und Hans' Blicke. Und Dietrich konnte von Hans' Lippen ablesen: »Gut gemacht!«

38

»Das können wir nicht akzeptieren!« erklärte der Kontrollbeamte und schob das Glas mit der Pflaumenmarmelade über den Tisch.

»Warum nicht?« fragte Paula und sah Emmi an.

»Glas und Blech sind nicht erlaubt!« Gleichgültig setzte der Wärter seine Überprüfung fort: Unterwäsche, Schuhcreme, Briefpapier, Umschläge, Tinte, Rasiercreme, Nadel, Faden, ein brauner Anzug. Jedes Stück auf der Liste, die Paula aufgestellt hatte, hakte er ab und legte alles in einen Karton mit der Aufschrift C3–10.

»Unsere Bitte, meinen Sohn besuchen zu dürfen, wurde abgelehnt. Darf ich ihm vielleicht wenigstens eine Nachricht schicken, damit er weiß, daß wir hier sind?«

»Keine Nachrichten«, kam es geschäftsmäßig von dem Beamten. »Gehen Sie zurück in den Warteraum! Ich werde sehen, ob der Gefangene etwas für Sie hat.«

Fast eine Stunde warteten Paula und Emmi, bevor ihre Nummer aufgerufen wurde und ihnen eine Tüte von Dietrich übergeben wurde. Wieder untersuchte der Kontrollbeamte den Inhalt: die leere Schachtel, in der Ursels Plätzchen gewesen waren, die sorgfältig zusammengefalteten Papiertüten und das Wachspapier, die schmutzige Bettwäsche und der schmutzige Anzug. Dazu ein Zettel, auf dem Dietrich mit ungewöhnlich deutlicher Handschrift – zweifellos dem Kontrollbeamten zuliebe – die Dinge notiert hatte, die er brauchte: die braunen Schnürstiefel, seine Haarbürste, eine Pfeife mit Tabak, Streichhölzer, Schillings *Lehrbuch der Moraltheologie Bd. II* und etwas von Stifter. Ein Gruß oder eine Unterschrift fehlten.

Emmi trug die Tasche, als sie hinausgingen. Auf dem Gehweg blieben sie stehen, und Paula blickte zu den Reihen vergitterter Fenster hoch. Es schien ihr unvorstellbar, daß hinter einem von ihnen Dietrich lebte – wie ein Vogel in einem Käfig.

»Komm, Mama«, sagte Emmi leise. »Es ist besser, wenn wir jetzt gehen.«

Wieder zu Hause, stellte Paula fest, daß Karl nicht da war. Lotte, die einzige Bedienstete, die noch bei ihnen war, besuchte an diesem Nachmittag ihre Schwester. Und nebenan steckten Ursel und Renate mitten in den Vorbereitungen für Renates Hochzeit, die in wenigen Tagen stattfinden sollte. Dietrich hatte darauf bestanden, mit der Hochzeit nicht bis zu seiner Freilassung zu warten. Mit einer Tasse Malzkaffee in der Hand setzte sich Paula ins Wohnzimmer.

Die vier Wochen seit den Verhaftungen waren ein Alptraum gewesen. Das Erscheinen des SS-Mannes hatte bei ihnen panische Angst hervorgerufen, die Gefangenen könnten in die Hände der Gestapo geraten sein; vor allem, als er am nächsten Morgen wieder vor Ursels Tür stand, um weitere Fragen zu stellen. Erst am zweiten Tag fand Rüdiger durch seinen Kollegen Dr. Karl Sack heraus, wohin man alle gebracht hatte: Dietrich nach Tegel, Hans in die Lehrter Straße und Christel in das Charlottenburger Frauengefängnis.

Sofort hatte Paula ihren Cousin Paul von Hase, den Stadtkommandanten von Berlin angerufen. Aber er war nicht in der Stadt gewesen. Nach seiner Rückkehr hatte er Paula versprochen zu tun, was er könne. Aber die Freilassung der Gefangenen konnte er natürlich nicht erwirken. Das läge nicht in seiner Hand. Karl hatte an Dr. Röder geschrieben und um die Erlaubnis gebeten, die Gefangenen zu besuchen. Aber er hatte eine Absage erhalten. Den

Bonhoeffers blieb nichts übrig, als Briefe zu schreiben und Pakete abzuliefern – mit nichts als der blassen Hoffnung, daß die Sachen bei ihren Empfängern ankommen würden.

Endlich kam Paul. Paula machte ihm Kaffee, und sie tauschten die neuesten Nachrichten aus. Sack hatte wegen Christel bei Keitel vorgesprochen. Und wieder blieb ihnen nichts als warten. Das Besuchsrecht erteilte Röder.

»O Karl, ich will sie sehen! Ich will mit meinen eigenen Augen sehen, wie es ihnen geht!« Paula sank in die Polster. »Weißt du, was für ein Tag heute ist?«

»Heute?«

»Heute, ja!« Sie rang nach Fassung. »Heute vor fünfundzwanzig Jahren haben wir Walter verloren.«

Karl griff nach ihrer Hand. Sie konnte ihn nicht ansehen.

Zwei Tage später, morgens, nachdem die Kinder in die Schule gegangen waren, stand plötzlich und ohne jede Ankündigung Christel in der Tür, bleich und mit eingesunkenen Augen. Sie wolle niemandem nahekommen, bevor sie sich nicht von Kopf bis Fuß mit desinfizierender Seife gewaschen und ihre Kleidung von Lotte hatte auskochen lassen.

Danach schlüpfte sie in Paulas Bademantel, verzehrte heißhungrig das Frühstück, das Lotte für sie zubereitet hatte, und ließ sich alles berichten, was Paula über Hans wußte. Als sie hörte, daß er heute ein Paket bekommen sollte, erklärte Christel, sie wolle versuchen, ihm eine Nachricht zukommen zu lassen.

»Das werden sie nicht erlauben«, wandte Paula ein.

»Wir müssen sie hineinschmuggeln! Er muß irgendwie erfahren, daß ich entlassen bin.«

Christel ließ sich zwei leere Pappbecher mit Deckeln geben, drückte den Boden aus einem der Becher heraus und steckte ihn in den anderen Becher, nachdem sie einen Zettel geschrieben hatte, den sie zwischen den beiden Böden verbarg. Dann füllte sie den Becher mit Pudding.

»Wie soll denn Hans die Nachricht finden?« fragte Paula.

»Hast du rote Tinte?«

Paula holte die Tinte, und Christel zeichnete eine rote Blume auf den Deckel des Bechers. »Wir hatten abgesprochen, rot bedeutet: ›Nach einer Nachricht suchen‹«, erklärte sie.

Inzwischen waren Ursel und Renate gekommen, und alle saßen jetzt zusammen. Christel berichtete von den Tagen im Gefängnis. Gar nicht schnell genug schien sie alles loswerden zu können – das grauenhafte Essen, die Roheit der Wärterinnen, die endlosen Verhöre, der Schmutz. »Röder ist ein Teufel!« sagte sie schließlich. »Ich habe mich dumm und oberflächlich gegeben, habe so getan, als wüßte ich von nichts. Ich glaube, es hat funktioniert.«

Am Nachmittag machte sich Paula mit dem Paket auf den Weg. Im Gefängnis in der Lehrter Straße ließ der Kontrollbeamte das Paket anstandslos passieren.

Eine Woche später brachte dann Christel ein Paket ins Gefängnis. Bei ihrer Rückkehr packte sie sofort den leeren Pappbecher aus und fand tatsächlich eine Nachricht zwischen den beiden Böden. Hans hatte Papierstücke zur passenden Größe zerrissen und aufeinandergestapelt. Wortlos reichte sie die Papierfetzen an Paula weiter.

Paula hielt sie unters Licht und las die in winzigen Buchstaben geschriebenen Worte: »Oster war dabei, als ich verhaftet wurde. Auf meinem Schreibtisch lag ein Memo über Dietrichs Reise nach Rom, abgezeichnet von Beck, mit seinem ›O‹. Ich gab Oster ein Zeichen, er solle dich warnen, aber er verstand dieses Zeichen falsch und versuchte, das Memo in seiner Tasche verschwinden zu lassen. Sonderegger erwischte ihn. Da stritt Oster ab, daß es seine Unterschrift sei. Er streitet es immer noch ab. Jemand muß ihm deutlich machen, daß er es zugeben muß. Das ist unendlich wichtig für unsere Verteidigung.«

»Wie soll ich denn bloß zu Oster vordringen?« quälte sich Christel.

»Das kannst du auf keinen Fall selbst tun ... Wo doch sein Haus ständig beobachtet wird«, gab Paula zu bedenken.

»Das weiß ich, Mama! Und auch nicht Justus oder Dr. Sack oder irgendeiner seiner Freunde.«

»Vielleicht könnte ich gehen«, schlug Paula vor.

»Nein, das ist zu gefährlich.«

»Es ist ganz einfach. Ich gehe zuerst in die Stadt, und da kann ich jeden Verfolger abschütteln. Und dann komme ich zurück zu Oster. Eine Frau in meinem Alter werden sie nicht verdächtigen.«

Am Nachmittag betrat Paula die Öffentliche Bibliothek, ohne einen Blick auf den Mann zu werfen, der ihr bisher gefolgt war. Das große Foyer wirkte kahl und nackt ohne die Gemälde und Skulpturen, die alle in unterirdischen Gewölben in Sicherheit gebracht worden waren. Paula ging zum Raum für Alte Geschichte und konnte gerade noch einen Blick auf ihren »Schatten« werfen, der die Treppe heraufkam. Rasch lief sie an den Tischen vorbei zu der gegenüberliegenden Tür, überquerte den Flur und betrat die Abteilung für Biographien. Noch einen Flur weiter gab es eine Toilette, wo sie den braunen Hut durch einen blauen aus ihrer Einkaufstasche ersetzte und sich zudem einen langen blauen Seidenschal um die Schultern schlug. Die alte Einkaufstasche mit dem braunen Hut ließ sie in der Ecke stehen. Niemand war auf dem Flur zu sehen. Sie ging zum Seiteneingang, öffnete ihre Handtasche, damit der Pförtner sie überprüfen konnte, und ging rasch davon.

Eine knappe Stunde später saß Paula General Oster gegenüber.

Oster schien sich aufrichtig zu freuen, sie zu sehen. Er fühle sich sehr isoliert, sagte er. Seine Frau sei auf dem Lande, und er habe selten das Vergnügen, Besuch zu empfangen. Er sah nicht sehr gut aus, elend und schmal, und sein Gesicht war gezeichnet von tiefen Sorgenfalten, von Enttäuschung und Angst. Oster gehörte zu den wenigen, für die Dietrich zum letzten Weihnachtsfest den Essay »Nach zehn Jahren« verfaßt hatte. »Oster ist ein tapferer Mann«, hatte er ihr damals gesagt. »Manchmal unvernünftig, aber er ist mir allemal lieber als diese allzu vorsichtigen Gemüter.«

Sie kamen rasch zu der Sache, die sie beide am meisten beschäftigte. Oster war glücklich, daß man Christel freigelassen hatte, aber er machte sich große Sorgen um die anderen.

»Schlimmeres konnte uns nicht geschehen«, klagte er.

»Es ist noch nicht alles verloren, Herr General, wenn es gelingt, der Gestapo die Wahrheit vorzuenthalten. Hans und Dietrich geben sich große Mühe, das zu tun.«

»Ich weiß! Gott sei Dank scheint ihnen das bisher gelungen zu sein.«

»Aber sie brauchen Ihre Hilfe.«

»Wie könnte ich helfen? Ich sitze hier doch fast ebenso gefangen wie sie.«

Sie berichtete ihm von Hans' geheimer Botschaft an Christel. »Es handelt sich um den mit ›O‹ unterzeichneten Zettel. Hans glaubt, daß Sie ihn falsch verstanden haben.«

»Er wollte, daß ich ihn fortschaffe.«

»Nein, nein! Er wollte, daß Sie Christel benachrichtigen.«

Jetzt dämmerte Oster, was geschehen war. »Ich dachte, er hätte gesagt ...«

»Nein! Er hatte gesehen, daß der Zettel unweigerlich gefunden würde. Ebenso unweigerlich mußte er Verdacht erregen. Deswegen wollte er sich sofort dazu bekennen und ...«

»... vorgeben, es sei ein offizielles Dokument in verschlüsselter Form«, flüsterte er verzweifelt.

»Mit Ihrer Unterschrift.«

»O mein Gott, wie habe ich mich zum Narren gemacht!« Der General schlug fassungslos die Hände vor sein Gesicht. »Wir müssen das in Ordnung bringen! Aber wie?«

»Hans möchte, daß Sie das ›O‹ als Ihr Zeichen anerkennen. Das ist der einzige Weg.«

»Ja, ja, das sehe ich ein! Aber das wird nicht leicht sein, nachdem ich es bisher so heftig abgestritten habe.« Er starrte an die gegenüberliegende Wand. »Gott helfe uns!«

»Aber Sie können es schaffen. Sie müssen sich etwas ausdenken.«

»Canaris wird mir sicherlich Rückendeckung geben müssen.«

»Das wird er ... Oder nicht?«

»Ich denke schon. Ja, ja, das muß er! Ich muß ihm eine Nachricht zuspielen.« Offenbar bemerkte er Paulas sorgenvollen Blick, denn er fügte rasch hinzu: »Keine Sorge! Ich habe dafür meine Wege. Ich werde vorsichtig sein, sehr vorsichtig.«

Paula erhob sich, und Oster begleitete sie zur Tür. »Gnädige Frau, Sie haben mit Ihrem Besuch ein großes Risiko auf sich genommen. Wir alle sind Ihnen Dank schuldig.«

»Ach, das war gar nicht so schwer.« Paula schilderte ihm ihr Manöver in der Bibliothek.

»Ah, Sie sind ja eine erstklassige Agentin. Wollen Sie nicht doch noch zur Abwehr?«

Sie lachte. Zu Hause kam sie erschöpft an, nachdem sie noch einen hartnäckigen Verfolger hatte abhängen müssen. Gleich nach dem Abendessen ging sie zu Bett, konnte aber trotz ihrer Erschöpfung nicht einschlafen. Agentin? Hoffentlich nicht so bald wieder!

»Ein Brief ist auch gekommen, Herr Doktor«, bemerkte Unteroffizier Linke eifrig, als Dietrich den Inhalt des Pakets in seine Tasche packte.

Die Handschrift seiner Mutter. »Danke, Herr Unteroffizier! Und Ihre Frau? Geht es ihr besser?«

»Viel besser, danke! Wir haben es mit den heißen Umschlägen so gemacht, wie Sie es gesagt haben. Und das schien Wunder zu wirken.«

»Das freut mich wirklich.« Dietrich stellte die Tasche auf den Tisch. »Falls Sie Zeit haben, könnten Sie heute nachmittag für ein paar Minuten bei mir vorbeikommen? Es geht um etwas ziemlich Wichtiges.«

Das Gesicht des Schließers hellte sich auf. »Ja, Herr Doktor, ich habe Zeit! Ich werde kommen.«

In seiner Zelle las Dietrich den Brief seiner Mutter. Sie berichtete von den Vorbereitungen für die Hochzeit, die in drei Tagen stattfinden sollte. Der Brief schloß mit den Worten: »Es ist schon so, wie du einmal gesagt hast: Es ist erstaunlich, wie Freude und Kummer in Herz und Sinn nebeneinander wohnen können.«

Am Tag der Hochzeit kam Unteroffizier Linke und holte die Traupredigt, die Dietrich für Eberhard und Renate geschrieben hatte, und Geld für ein Hochzeitsgeschenk von ihm: eine Suppenterrine aus Zinn, die Dietrich vor Monaten in dem kleinen

Antiquitätenladen am Nollendorfplatz gesehen hatte. Sorgfältig beschrieb er dem Unteroffizier den Weg.

Die Wochen vergingen, wurden zu Monaten. In den Verhören versuchte Röder nach wie vor, Dietrich in die Enge zu treiben. Wenn ihm Dietrich nicht bald die Namen nenne, müßte er, Röder, die Untersuchung an die Gestapo übergeben. Dietrich erinnerte ihn wieder und wieder daran, daß allein die Wehrmacht für seinen Fall zuständig sei; denn er sei ja Mitglied der Abwehr gewesen.

Nachdem Röder wieder einmal zwei Stunden lang mit allen Mitteln versucht hatte, Dietrich zu einer belastenden Aussage gegen Canaris und Oster zu bringen, meinte Röder schließlich: »Ihnen ist hoffentlich klar, daß ich bevollmächtigt bin, jede Person in Untersuchungshaft zu nehmen – falls ich es für erforderlich halte. Also auch Ehefrauen wie Frau von Dohnanyi und Frau Müller. Wie ich höre, haben Sie eine junge Braut.«

»Sie würden es nicht wagen!«

»Erzählen Sie mir nicht, was ich wagen darf und was nicht!« donnerte Röder.

»Meine Braut stammt aus der Grenzmark und hat nicht die geringste Ahnung von den Dingen, um die es hier geht. Sie kennt ja kaum meine Familie.«

»Bringen Sie das Mädchen herein«, forderte Röder den Wärter auf.

Der Wärter öffnete die Tür. Und da saß Maria. Dietrich war wie gelähmt. Er konnte sich nicht bewegen, nichts sagen.

Mit erhobenem Haupt und sicheren Bewegungen kam Maria auf ihn zu. Dietrich hatte sich inzwischen soweit erholt, daß er ihr einen Schritt entgegengehen konnte.

»Hallo, Dietrich!« Marias Stimme klang ruhig. Sie streckte ihm ihre Hand entgegen, und er ergriff sie, als wäre sie seine einzige Verbindung zum Leben. Bisher war ihm jeder Kontakt mit ihr verboten gewesen. Nur über seine Eltern hatte sie ihm Grüße schikken dürfen, hatte sie kleine Geschenke in sein Paket gelegt – eine Wochenration Butter (zweifellos ihre eigene), einen kleinen Beutel Kaffeebohnen, ein Päckchen türkischer Zigaretten.

Marias Blick verriet Dietrich, daß sie sich von der verpesteten, drückenden Atmosphäre dieses Hauses nicht einschüchtern ließ, auch nicht in Versuchung war, etwas Falsches zu sagen.

»Es tut mir so leid ...«, begann Dietrich.

Abwehrend schüttelte sie den Kopf. »Geht es dir gut?«

»Mir geht es gut«, sagte Dietrich. »Und dir?« Er fragte nach ihrer Arbeit im Krankenhaus, nach ihrer Mutter. Und sie berichtete, daß ihre Mutter mit ihr nach Berlin gekommen war und daß sie bei seinen Eltern übernachteten. Röders Trick war also tatsächlich nichts als ein Trick. Aber er würde nicht funktionieren. Wie gern hätte Dietrich nach Eberhard gefragt, aber er wagte es nicht, Röder auf ihn aufmerksam zu machen. Für Röders Ohren bestimmt waren seine Fragen nach ihren Cousins an der afrikanischen und an der russischen Front.

»Soviel wir wissen, sind sie nicht in Gefahr.«

Röders barsche Stimme holte die beiden auf die Erde zurück. »Das reicht! Sie müssen sich jetzt verabschieden. Wenn Sie Ihre Braut wiedersehen wollen, sollten Sie anfangen, mit uns zusammenzuarbeiten.«

Dietrich blickte Maria in die Augen. Keiner von ihnen sprach ein Wort. Dann schloß sich die Tür.

39

Dietrich lief über die sandigen Wege des Tegeler Gefängnishofs; glücklich bei dem Gedanken an den ersten Brief Marias, der nun zusammengefaltet in seiner Hemdtasche steckte. Nach all den Drohungen der vergangenen Wochen war dieser Brief eine wunderbare, nicht mehr für möglich gehaltene Überraschung gewesen. Sie habe um die Erlaubnis gebeten, ihn im Gefängnis besuchen zu dürfen, schrieb sie in dem Brief. Aber ihre Bitte sei abgewiesen worden. Sie würde es wieder versuchen, immer wieder. Was gäbe er darum, könnte er Maria jetzt schreiben. Aber vorerst würde er sich damit begnügen müssen, ihre Briefe über seine Eltern zu beantworten.

Dietrich hockte sich am Wegrand nieder und beobachtete – wie schon seit Tagen – eine Ameisenkolonie. Dann sah er nach dem Erker des Gefängnisgebäudes. Hier hatte ein Meisenpärchen in den armseligen Blättern eines kleinen dürren Bäumchens sein Nest gebaut. Welches Glück bedeutete es für ihn, das quirlige Treiben am Nest zu verfolgen, das Meisenpaar zu beobachten, wie es unermüdlich mit seinen Jungen beschäftigt war.

Am Kontrollschalter lag ein Buch, Stifters *Nachsommer*, das letzte Stück in dem Paket. Dietrich bemühte sich angestrengt, unbeteiligt zu wirken, als er den Deckel aufschlug. Sein Name war unterstrichen. Das hieß: In dem Buch war eine Nachricht für ihn versteckt – die Punkte unter bestimmten Buchstaben. Er konnte es kaum erwarten, wieder in seiner Zelle zu sein. Hier setzte er sich rasch an den roh gezimmerten Schreibtisch und schlug die letzte Seite des Buches auf. Nirgendwo ein Punkt unter einem Buchstaben! Doch da, auf der vorletzten Seite, erkannte er den Punkt unter einem »d«. Auf der drittletzten Seite fand er ein »e«. Zusammen mit den sieben Punkte, die er jeweils auf jeder zweiten Seite entdeckt hatte, ergaben sich schließlich die Worte »deine erh.«. Der vereinbarte Code hatte funktioniert. Seine Eltern hatten seine Botschaft in dem Buch entziffert, das er zurückgeschickt hatte. Und das bedeutete: Sie kannten die Stoßrichtung seiner Verteidigung gegen Röder. Die Punkte waren kaum zu sehen, so daß er die Seiten mitunter zweimal absuchen mußte. Aber schließlich hatte er die vollständige Nachricht: »O. erkennt Codeblatt Rom nun offiziell an.«

In der folgenden Woche erhielt Dietrich eine weitere verschlüsselte Botschaft, in der es hieß, daß Canaris Osters Aussage stützte.

Mit keinem Wort erwähnte Röder in den darauffolgenden Verhören das Memorandum, beschäftigte sich statt dessen fast ausschließlich mit dem Unternehmen 7. Dietrich erklärte wahrheitsgemäß, daß er nur am Rande beteiligt gewesen sei, gab aber zu, den Kontakt zwischen Schmidhuber und Koechlin in der Schweiz hergestellt zu haben. Auf die Frage, wann dieser Kontakt zustande gekommen sei, nannte Dietrich vage das Frühjahr 1942.

»So! Wie ich es mir gedacht habe! Ein Versuch, die Deportationspolitik der Regierung zu sabotieren«, rief Röder triumphierend.

Dietrich erkannte, daß er einen Fehler gemacht hatte. »Keineswegs!« protestierte er lauthals. »Ich kann mich mit dem Datum irren – so lange, wie das schon her ist ... Und damals war eine Menge los.«

Auf das nächste Verhör bereitete sich Dietrich gründlich vor. Er behauptete, zwei Operationen miteinander verwechselt zu haben. Nach intensivem Nachdenken wisse er nun, daß dieses Treffen zwischen Schmidhuber und Koechlin im Frühherbst 1941 stattgefunden habe, also vor Beginn der Judendeportationen. Röder schien diese neue Version zu akzeptieren.

Dietrich verließ das Vernehmungszimmer an diesem Tag in Handschellen, mit zwei Bewachern. Als er die Treppe herunterkam, sah er in die entsetzten Gesichter seiner Eltern. Dietrich ging etwas langsamer, wollte die Sekunden der Begegnung ein wenig verlängern. »Hallo, Mama, Papa!«

Seine Mutter streckte die Hand aus und berührte seine gefesselten Handgelenke. »Geht es dir gut, mein Junge?«

»Ja, mit mir ist alles in Ordnung, Mutter.«

»Hast du alle Pakete bekommen?« fragte sein Vater.

»Ja, Papa! Danke für alles!«

Die Bewacher rissen Dietrich mit sich fort. »Das ist nicht erlaubt! Kommen Sie jetzt!«

Dietrichs Eltern folgten ihm und winkten vom Bürgersteig aus, als der Wagen rasch davonfuhr.

Die langen Wartezeiten zwischen den einzelnen Briefen schienen endlos. Dazwischen nichts als Dumpfheit, Freudlosigkeit. In Tegel erklang kein Lachen, niemals! Nur das einsame Hin- und Herstapfen der Gefangenen in ihren Zellen.

Ende Juni – Dietrich schrieb gerade in seiner Zelle – öffnete Knobloch die Zellentür und verkündete, er habe Besuch.

Dietrich erhob sich erstaunt. »Wer ist es?«

Der Unteroffizier lächelte und reichte ihm wortlos einen Zettel. Darauf stand »Maria«.

Hastig wusch sich Dietrich die Hände, das Gesicht, kämmte sich die Haare. Mit zitternder Hand knöpfte er sich den Kragenknopf seines Hemdes zu, während er mit der anderen nach der einzigen Krawatte griff, die an einem Haken an der Wand hing. Es wollte und wollte ihm nicht gelingen, einen passablen Knoten zustande zu bringen. Doch schließlich verließ er mit Knobloch die Zelle, und – während sie die Stufen hinunterliefen – zog er sich noch sein Jackett über.

Die Besuchszelle befand sich in der Nähe des Eingangs. Schon durch die halb geöffnete Tür konnte er Maria sehen. Sie wandte sich rasch um, als Dietrich eintrat, und streckte ihm beide Hände entgegen. Er ergriff sie, sah in ihr ihm zugewandtes Gesicht – und vergaß in diesem einen zauberischen Augenblick, daß sie nicht allein waren. Sie gingen zur Holzbank, die genau gegenüber dem Schreibtisch des Wachoffiziers stand. Keine ihrer Bewegungen, nichts konnte der Wache entgehen. Immer noch hielt Dietrich ihre Hände fest.

»Danke für alle die guten Sachen, die du mir in dem Paket geschickt hast«, stotterte er endlich. »Aber du darfst nicht auf deine eigene Butterration verzichten. Die brauchst du selbst so nötig. Warum hast du dir nur eine so schwere Arbeit ausgesucht? Ausgerechnet in einem Wehrmachtskrankenhaus!?«

»Aber das ist doch auch ein Vorrecht.«

Wieder war Maria bei Dietrichs Eltern untergekommen, und sie berichtete ihm alle Neuigkeiten von ihnen. Die Eltern mochten sich nicht länger auf die Erdwände des Luftschutzraums im Garten verlassen, erzählte sie. Und deswegen hatten sie einen Kellerraum versiegeln lassen.

»Glaubst du, daß es dort sicherer ist?« wollte er wissen.

»Ich denke schon! Natürlich, einen absoluten Schutz gibt es nicht! Aber wie steht es mit dir?«

Dietrich schüttelte den Kopf. »Hier gibt es keine Schutzräume. Jeder Gefangene bleibt in seiner eigenen Zelle. Das ist nicht gerade angenehm. Aber was sollen wir machen?« Ob der Aufseher hinter dem Schreibtisch das mitbekommen hatte? »Ich kann nicht glauben, daß ich noch sehr lange hier sein werde. Sie haben nicht den geringsten Grund, mich festzuhalten. Und nach drei Monaten scheinen sie das allmählich zu begreifen.« Er sah ihr in die Augen. »Jeden Tag denke ich daran, durch welch harte Schule dich Gott in dem vergangenen Jahr geführt hat. Und nun das ... alles meinetwegen ...«

»So darfst du nicht denken, Dietrich«, beschwichtigte sie ihn. »Du kannst doch nichts dafür.« Sie lächelte, sah ihn an – liebevoll und zärtlich. »Ich habe gute Nachrichten. Mutter hat erlaubt, daß wir unsere Verlobung bekanntgeben. Sie und ich sind schon dabei, mein Verlobungskleid zu nähen.«

Dietrich lächelte, brachte vor innerer Bewegung kein Wort heraus. Schließlich fragte er, mit einem Blick voller Liebe und Sehnsucht: »Weißt du noch, was Jeremia seinem Volk gesagt hat, als alles völlig aussichtslos schien?«

»Was hat er gesagt?«

»›Man wird wieder Häuser, Äcker und Weinberge kaufen in diesem Lande.‹ Das ist so unendlich wichtig für uns – daß wir unsere Welt nicht aufgeben und uns fromm nach dem Himmel sehnen. Tue, was Jeremia sagt, und es wird auf dich abfärben.« Er lächelte. »Weißt du, Leute, die nur mit einem Fuß auf der Erde stehen, können auch im Himmel nur mit einem Fuß stehen.«

Jetzt lächelte auch Maria. Und ihr Lächeln ließ die Tür ein wenig offen, ließ sie hoffen, daß es auch für sie vielleicht noch eine Zukunft gab.

In diesem Moment der ernüchternde Hinweis des Wachthabenden: Die Besuchszeit ist vorüber!

»Du darfst nicht denken, daß ich in meiner Zelle vor mich hinjammere«, sagte er eindringlich. »Ich habe so vieles, wofür ich dankbar sein kann.«

Dietrich sah Maria nach, wie sie den langen Flur entlang auf den Ausgang des Gefängnisses zuging, sich noch einmal umwandte, ihm zum Abschied zuwinkte. Er rannte vor Knobloch die Treppen zu seiner Zelle hinauf, lief zu dem vergitterten Fenster und blickte sehnsüchtig auf das Torhaus. Da kam sie. Er konnte sie noch einmal sehen, und er sah ihr nach, bis auch nicht einmal ihre Silhouette mehr zu erkennen war.

Am nächsten Tag drehte er wie üblich im Gefängnishof seine »Runden«. Als er den Erker erreichte, war das Meisennest verschwunden. Und da sah er es – auf dem Boden liegen, auseinandergerissen von groben Händen. Im Staub neben dem Nest drei tote Vogeljunge. Dietrich sah gerade noch die beiden Wachmänner, die sich lachend und scherzend entfernten. »Ihr Unmenschen!« schrie er in seiner Verzweiflung. Erschüttert bückte er sich und hob den kleinen Vogelkörper hoch. Er war noch warm, aber es war kein Leben mehr in ihm.

Die Hitze lastete schwer auf der kahlen Zelle unter dem Gefängnisdach. Dietrich brütete über seinem Buch, durchsuchte Seite für Seite nach Punkten. Langsam setzte er die Botschaft zusammen: »Sack hat Keitel überredet, die Verratsvorwürfe fallenzulassen.« Es schien wie ein Wunder. Tatsächlich hatte sich Röder in den Verhören in letzter Zeit weniger auf Dietrichs Auslandsreisen konzentriert als auf seine Freistellung vom Militärdienst und darauf, daß er anderen Pastoren geholfen hatte, dasselbe zu erreichen. Deutete das nicht darauf hin, daß Röder über die tatsächlichen Umstände der Verschwörung immer noch im dunkeln tappte?

Beim nächsten Verhör teilte Röder Dietrich mit, er wolle gegen ihn ein Verfahren wegen wehrkraftzersetzender Tätigkeit eröffnen. Das schien eine recht ernste Sache zu sein, wenn auch keine unüberwindliche. Mit größerer Zuversicht als bisher sah Dietrich seiner Verhandlung und möglichen Freilassung entgegen.

Doch die Mühlen des Gesetzes mahlten unendlich langsam. Und so wartete Dietrich – auf das Gesetz und auf alles andere. Briefe brauchten manchmal zwei Wochen, bis sie ihn erreichten. Besuche waren nur einmal im Monat erlaubt, so daß sich seine Eltern und Maria abwechseln mußten. Sein Paket erwartete er jeden Freitag. Da allerdings war es bisher immer pünktlich eingetroffen.

Im Gefängnis nährt sich die Seele von Gerüchten – so jedenfalls hatte es Dietrich an sich selbst erfahren. Der Häftling war gezwungen, zwischen Tatsachen und Wunschdenken zu unterscheiden, mußte also allem mit gesundem Mißtrauen begegnen. Deswegen dauerte es auch einige Zeit, bis er dem Gerücht glaubte, die Alliierten seien auf Sizilien gelandet und Mussolini sei gestürzt worden. Während der ersten Augustwoche machten im Gefängnis erschreckende Berichte über massive alliierte Luftangriffe auf Hamburg die Runde.

»Wenn es heute dort passiert ist, kann es morgen hier passieren«, raunten sich die Häftlinge zu.

In einer hellen Mondnacht war es dann soweit. Der schon lange erwartete Angriff über Berlin. Dietrich beobachtete von seinem vergitterten Fenster aus, wie Tausende von Suchscheinwerfern über den Himmel wanderten. Dröhnend nahten die Bomber, signalisierten Bedrohung, Gefahr. Ein paar Minuten lang schien die Zeit an einem seidenen Faden zu hängen – dann brach von allen Seiten die Hölle los. Leuchtspurgeschosse stiegen empor, weißglühende Raketen blühten zu riesigen Wunderkerzen auf, rote und grüne »Weihnachtsbäume« – die britischen Zielsuchraketen – schwebten zur Erde. Die Bomben begannen zu fallen, und die Flakgeschütze zerrissen die Himmelskuppel. Hin und wieder erwischten sie eines ihrer Ziele mit ihren Suchscheinwerfern, und ein Flugzeug ging in orangefarbenlodernden Flammen auf. Überall in der Stadt brannte es. Und in diesem Flammen-Inferno trotzten einige Gebäude dem Sturm: Kirchtürme, die Siegessäule neben dem ausgebrannten Reichstag, der Funkturm, ganz nahe bei seinem Elternhaus. Kampfflugzeuge der Luftwaffe und riesige viermotorige Bomber lieferten sich erbitterte Luftschlachten. Einer der Bomber stürzte in der Nähe des Gefängnisses ab. Zwei Motoren fielen von der brennenden Tragfläche, ehe das Flugzeug jenseits der Borsig-Eisenwerke explodierte.

Immer näher an das Gefängnis kamen die Bomben, bis eine so dicht bei ihm detonierte, daß Dietrich sich zu Boden fallen ließ und die Matratze über sich zog. Als die Detonationen sich wieder entfernten, ging er noch einmal zum Fenster. Es war Nacht, aber durch die brennende Stadt so hell, daß Dietrich die Uhrzeit erkennen konnte: zehn Minuten nach ein Uhr morgens. Plötzlich ging ein Regen von Phosphorbomben nieder und beleuchtete die Dächer Charlottenburgs, wo seine Eltern wohnten, mit ihrem gespenstisch grünen Licht. Kurz darauf stand alles in Flammen. Der Angriff war vorüber. Aber Dietrich mußte abwarten, bis er Nachricht von seiner Familie erhalten würde.

Am nächsten Morgen ging er mit Knobloch zu Hauptmann Maetz, dem Kommandanten, und bat ihn, seine Eltern anrufen zu dürfen, um zu hören, ob sie die Nacht ohne Schaden überstanden hätten.

»Das darf ich nicht erlauben, Herr Bonhoeffer. Aber ich werde für Sie anrufen.« Seit der Hauptmann wußte, daß Dietrich ein naher Verwandter seines Vorgesetzten war, hatte es Dietrich etwas leichter. So rief er jetzt tatsächlich bei den Bonhoeffers an. Sie waren alle unverletzt.

Bald nach dem Angriff ernannte Hauptmann Maetz Dietrich zum Sanitäter für seine Abteilung. Diese neue Aufgabe bedeutete, daß er viele Stunden auf der Krankenstation verbringen konnte. Hier spielte er Schach mit den Pflegern, hörte Radio, sogar BBC. Während der nächsten Woche gab es noch zwei Angriffe, wobei Dietrich vollauf damit beschäftigt war, sich um Gefangene zu kümmern, deren Nerven dieser Anspannung nicht gewachsen waren.

Im September hieß es in einer Nachricht seiner Eltern: »Vielversprechende neue Pläne. K. und R. beteiligt.« Bei ihrem nächsten Besuch bemerkte Dietrich, daß die Belastungen der letzten fünf Monate nicht spurlos an ihnen vorübergegangen waren

»Man sagt, Kriegsjahre zählen doppelt«, sagte Paula müde. »Ich habe das Gefühl, sie zählen vierfach.«

Auch sein Vater sah müde und abgespannt aus. Sie verbrachten ihre Nächte bei Christel in Sakrow und berichteten, daß Renate und Eberhard ebenfalls dort wohnten, weil ihre neue Wohnung durch eine Bombe beschädigt worden war. Die Kinder waren auf dem Land.

»Aber um dich zittere ich bei jedem Luftangriff«, gestand Dietrichs Mutter. »Wann wird das alles nur ein Ende haben?« Nervös strich sie über die abgeschabte Lederhandtasche auf ihrem Schoß.

Beim Abschied sagte seine Mutter fast beiläufig: »Und dann die arme Renate . . .«

»Die arme Renate? Was stimmt denn nicht mit ihr?«

»Na ja, das mit Eberhards Einberufung . . . und dann das Baby, das unterwegs ist.«

»Einberufung? Wann ist das passiert? Warum hast du mir das nicht früher gesagt?«

»Tut mir leid, wir haben nicht daran gedacht. Es ist so viel passiert.«

Die Gegenwart des Bewachers ließ ihm keine Gelegenheit, alle ihn so sehr bedrängenden Fragen zu stellen. Das Gespenst der russischen Front, an der bereits dreißig seiner Seminaristen gefallen waren, kam ihm sofort in den Sinn. »Wo haben sie ihn hingeschickt?«

»Bisher nirgendwohin. Es wird noch zwei Wochen dauern, sagt er.«

»Ich hoffe . . .« Unmöglich konnte er in Gegenwart des Aufsehers sagen, daß er hoffte, die Familie würde es irgendwie schaffen, Eberhard aus Rußland herauszuhalten.

»Das hoffen wir auch«, sagte seine Mutter. Sie hatte verstanden. Und sie fügte noch hinzu: »Renate geht es gut. Das Baby soll im Februar kommen. Denen, die Gott lieben, dienen alle Dinge zum Besten. Vergiß das nicht.«

40

In ihrer ausgebombten Wohnung betrachteten Eberhard und Renate die Zimmer, die für ein paar kurze Monate ihr Heim gewesen waren. Nur das Klavier war noch hier. Ihre übrige Habe war überall da verteilt, wo auch nur ein Plätzchen dafür hatte aufgetrieben werden können. Renate trat an das Klavier, öffnete den

Deckel und schlug ein paar Tasten an. »Sie fangen an zu hängen. Es ist die Feuchtigkeit. Eberhard, wir müssen es hier herausschaffen.« Sie bewahrten das Klavier für einen jüdischen Bekannten auf, der geflohen war. Und Renate nahm diese Aufgabe sehr ernst.

»Das werden wir, sobald wie möglich.« Aber Eberhard wußte, es würde nicht leicht sein. Die wenigen Lastwagen, die es noch in der Stadt gab, waren auf Wochen hinaus ausgebucht. »Gehen wir lieber! Wir haben alles getan, was wir im Moment tun können.«

»Wahrscheinlich.«

»Bald wird alles besser werden«, versuchte Eberhard seine junge Frau zu trösten.

»Aber zuerst einmal wird alles schlimmer werden. Das weiß ich genau.« Renate zupfte einen Faden vom Kragen seines Mantels. »Sie werden dich irgendwo hinschicken, weit weg. Und du wirst nicht hier sein, wenn das Baby kommt.«

Eberhard sehnte sich danach, ihr irgend etwas sagen zu können, das sie wirklich hätte trösten können. Justus Delbrück, immer noch in der Abwehr tätig, wollte ihn einer Einheit des militärischen Geheimdienstes in Italien zuweisen. Aber das dauerte. »Denken wir jetzt nicht daran!« versuchte Eberhard, die düsteren Gedanken zu vertreiben. »Uns bleiben noch zwei Wochen. Versuchen wir das Beste daraus zu machen.«

Am Ende der ersten Woche zogen Eberhard und Renate für ein paar Nächte zu den Schleichers in die Marienburger Allee, und auch die Großeltern Bonhoeffer kehrten in ihr Haus zurück. Doch schon in der ersten Nacht wurden sie alle von dem bisher schlimmsten Luftangriff überrascht. In dem überfüllten Schutzkeller las Rüdiger der Familie Goethe vor, bis das Getöse so stark wurde und die Bomben die Fundamente des Hauses so sehr erschütterten, daß der dabei entstandene Luftzug die Lampe zum Erlöschen brachte.

Plötzlich ein ohrenbetäubendes Krachen. Herabfallender Putz und Glasscherben prasselten auf den Boden über ihnen.

Renates Mutter löste sich als erste aus der Erstarrung, die sie alle befallen hatte. »Mama und Papa! Sie sind allein drüben!« Ursel tastete sich in Richtung Tür.

Rüdiger schaltete seine Taschenlampe ein. »Warte, Ursel! Du bleibst hier! Ich sehe nach!«

Es dauerte nur wenige Augenblicke, und er war wieder zurück. »Das Haus steht! Aber draußen ist es taghell vor lauter Flammen. Wir sollten lieber nicht hinausgehen.«

Nach der Entwarnung fanden sie die Großeltern unverletzt. Die Bombe, die offenbar eine der hohen Kiefern getroffen hatte und über dem Boden explodiert war, hatte die Dächer beider Häuser beschädigt. Fast alle Fenster waren zerbrochen. Erst bei Tageslicht wurde das ganze Ausmaß der Schäden sichtbar. Keine Frage! Hier konnten sie nicht mehr bleiben. Sie mußten zu Christel nach Sakrow zurückkehren.

Noch ein furchtbarer Angriff auf Berlin folgte zwei Nächte später. Christel fuhr gleich am nächsten Morgen ins Gefängnis in Moabit, um zu sehen, ob Hans in Sicherheit war. Dann kehrte sie zurück. Hilflos, verzweifelt. Hans' Zelle war von Brandbomben getroffen worden. Er war schwer verletzt.

»Hast du ihn gesehen?« drängte ihr Vater.

»Nein, sie wollten mich nicht zu ihm lassen.«

»Was für Verletzungen hat er? Haben sie dir das auch nicht gesagt?«

»Eine Kopfverletzung. Einzelheiten weiß ich nicht. Er sei auf der Krankenstation. Papa, er wird dort sterben!« schluchzte sie »Wir müssen ihn in ein Krankenhaus bringen.«

»Ich gehe gleich zu Dr. Sack. Eberhard kann mich fahren!« entschied ihr Vater.

»Ich komme mit!«

»Nein, du mußt hierbleiben.«

»Ich möchte mit, Papa! Bitte!«

Liebevoll versuchte Christels Vater sie zurückzuhalten. »Bedenke doch, du solltest dich nicht in der Bendlerstraße sehen lassen. Ich weiß nicht, ob wir ihn herausbekommen. Aber der Erfolg hängt ganz wesentlich davon ab, daß wir so unauffällig wie möglich zu Werke gehen. Wenn Röder Wind davon bekommt, haben wir keine Chance. Wir werden versuchen, ihn zu Sauerbruch in die Charité zu verlegen. Dann kannst du ihn sehen.«

Als Christel wieder etwas zur Ruhe gekommen war, fuhren Eberhard und Dr. Bonhoeffer los. Der alte Horch war das einzige Auto, das der Familie geblieben war – ein Privileg, das nur Ärzten zugestanden wurde. Unterwegs mußten sie immer wieder mit Trümmern übersäte Straßen umfahren, erreichten aber schließlich doch das Wehrmachts-Hauptquartier in der Bendlerstraße. Eberhard wartete im Wagen, als der Doktor hineinging.

Mehr als eine Stunde dauerte es, bis er zurückkam. »Eine Ambulanz der Wehrmacht wird ihn in die Charité bringen«, bemerkte er kurz. »Wir fahren dorthin und warten.«

Obwohl das Gefängnis nur eine Häuserzeile von der Charité entfernt war, dauerte es fast zwei Stunden, bis Eberhard und Dr. Bonhoeffer den Krankenwagen vorfahren hörten. Vom Eingang zu Dr. Sauerbruchs Büro aus beobachtete Eberhard, wie die Sanitäter Hans auf einer Bahre durch den Flur trugen. Sein Gesicht war bleich und unbeweglich, ließ keinerlei Reaktion auf seine Umgebung erkennen. Dr. Bonhoeffer folgte seinem alten Freund und Kollegen Dr. Sauerbruch, der sofort bereit gewesen war, sich persönlich um den Patienten zu kümmern.

Nach etwa drei Stunden kam Dr. Bonhoeffer zurück. »Christel hatte recht, er wäre in diesem Gefängnis gestorben«, sagte er. »Es ist eine Hirnembolie. Nachdem wir eine Weile an ihm gearbeitet haben, ist er Gott sei Dank wieder zu Bewußtsein gekommen und hat mich erkannt. Ich glaube, er wird es schaffen! Sauerbruch ist einfach hervorragend.«

Zwei Tage später – Eberhard und die Bonhoeffers ersetzten gerade die Fensterscheiben an der Veranda – kam Christel von einem Besuch bei Hans im Krankenhaus zurück. Ihr Gesicht war bleich, ihre Augen dunkel gerändert und voller Angst. »Röder versucht, Hans dort herauszuholen«, stammelte sie. »Er ist heute morgen gekommen und hat verlangt, daß Sauerbruch ihn herausgibt.«

»Aber das hat Sauerbruch doch sicherlich nicht getan, oder?« fragte Dr. Bonhoeffer entsetzt.

»Nein, aber Röder wird es wieder versuchen. Ich weiß es! Hans ist sein wertvollster Fang. Er wird alles tun, um ihn im Netz zu behalten.« Die Händen tief in den Manteltaschen lief Christel – von innerer Unruhe getrieben – auf der Veranda auf und ab. »Dietrichs Verhandlung wird verschoben werden müssen; denn eine getrennte Verhandlung wäre mehr als gefährlich.«

»Meinst du wirklich?« fragte ihre Mutter eher ungläubig. »Bei dieser doch ziemlich belanglosen Anklage?«

»Aber wir können nicht sicher sein, daß sie sich darauf beschränken. Wer weiß, was sie sich noch alles einfallen lassen. Dietrich kennt sich mit diesen juristischen Tricks nicht so gut aus wie Hans und läßt sich vielleicht aufs Glatteis führen, sagt etwas Falsches.«

»Er ist doch nicht dumm!«

»Das weiß ich, Mama. Aber all diese Verflechtungen bei der Abwehr sind so undurchschaubar. Wenn er da den falschen Faden durchschneidet, könnte sich das ganze Gewebe auftrennen. Es braucht nur ein Ende lose hängenzubleiben – schon wird sich die Gestapo daraufstürzen wie eine Katze auf ein Wollknäuel. Das können wir nicht riskieren. Nicht solange Hans in der Charité ist – und ich möchte, daß er so lange wie möglich dort bleibt. Vielleicht wird vorher der Putsch ...«

»Wer soll es Dietrich sagen?«

»Spielt das eine Rolle?«

»Christel, er wird schrecklich enttäuscht sein. Also ich kann es ihm nicht sagen.«

»Dann sollen es die Anwälte tun«, schlug Christel vor.

»Das scheint mir erst recht verkehrt.«

»Da bin ich aber anderer Meinung. Sie werden besser wissen, wie sie das erklären sollen.«

»Das stimmt, Paula«, versuchte Dr. Bonhoeffer einzulenken. »Ich glaube, wir müssen es sie erklären lassen.«

Solange Hans in Dr. Sauerbruchs Obhut blieb, konnte Christel ihn ungehindert besuchen. Eines Tages berichtete sie Eberhard, Hans mache sich Sorgen wegen seiner »Chroniken« und anderer Dokumente des Widerstandes, die im Keller des Wehrmachtshauptquartiers in Zossen verborgen lagen.

»Er hat mich gebeten, General Beck zu überreden, sie vernichten zu lassen«, sagte Christel. »Aber Beck hat mir geantwortet, sie müßten aufbewahrt werden, ›um der Welt zu beweisen, daß wir nicht erst zu handeln angefangen haben, nachdem alles verloren war, sondern schon in den ersten Tagen – als die Welt noch an Deutschlands militärische Siege glaubte.‹ Das waren seine Worte.«

»Das scheint mir ein guter Grund zu sein«, überlegte Eberhard.

»Für manche Leute vielleicht. Aber für Hans könnte jedes einzelne Blatt Papier sein Todesurteil bedeuten.« Christel schloß gequält die Augen und fügte kopfschüttelnd hinzu: »Freilich, sollten diese Papiere je gefunden werden, würde es nicht nur Hans treffen, sondern ebenso Beck und alle anderen. Beck weiß das!« Sie seufzte resigniert und sagte nichts mehr.

Justus Delbrück war es inzwischen gelungen, Eberhard in einer Unterstützungseinheit der Abwehr in Italien unterzubringen – nicht als Agent, sondern in der Verwaltung, als Gefreiten bei einem der Kommandoposten. Eines Tages – Eberhard wartete noch immer auf seinen Marschbefehl – erhielt er einen langen Brief von Dietrich, überbracht von Unteroffizier Knobloch, einem der Gefängniswärter. Knobloch hatte sich bereiterklärt, als Vermittler für Dietrichs geheime Korrespondenz zu wirken. Die Adresse der Bäckerei seines Bruders in Wedding diente als Zwischenstation.

Zum ersten Mal erhielt Eberhard eine Nachricht Dietrichs. Auf dem Umschlag standen die Worte »Unter zwei Augen«. Dieser Brief schilderte seine tatsächliche Situation sehr viel offener als die Briefe, die an seine Eltern adressiert waren. Dennoch war in ihm eine Gelassenheit spürbar, die Eberhard einiges von seiner Sorge nahm. Nur zwei Tage später erhielt er die langersehnte Erlaubnis, Dietrich zu besuchen.

In der Besucherzelle in Tegel gab es einen Tisch und zwei einfache Holzstühle. Eberhard freilich konnte es nicht ertragen stillzusitzen und lief unentwegt zwischen Tisch und Tür hin und her. Mehrere Male hatte er schon klappernde Schritte auf den Metallstufen gehört – aber jetzt, endlich, kam Dietrich den langen Flur entlang, gefolgt von einem Bewacher.

»Na also, endlich hat es geklappt!« freute sich Dietrich und begrüßte den Freund mit einem festen Händedruck. Er machte Eberhard mit seinem Wärter bekannt, Unteroffizier Linke, den Dietrich als einen zuverlässigen Freund vorstellte. Dietrich lächelte, und doch mußte Eberhard sein Entsetzen über das Aussehen des Freundes verbergen. Dünn, abgemagert, wirkte er in seinen braunen Kordhosen, die in losen Falten am Körper hingen.

»Wie kommt es, daß wir hier allein sein dürfen?« wunderte sich Eberhard.

»Du bist eben ein besonderer Fall«, bemerkte Dietrich lächelnd. »Im Ernst, ich habe darauf bestanden. Ich mußte unbedingt mit jemandem ungestört reden. Und Hauptmann Maetz tut für mich, was er kann.«

Er zog den Stuhl hinter dem Tisch hervor, bot ihn Eberhard an. Wie ging es Renate, wie dem Rest der Familie? Er lehnte sich gegen den Tisch. »Das, was man gemeinhin geistiges Leben nennt, für mich existierte es nicht mehr, war vertrocknet. Dein Brief brachte die ersten Wassertropfen seit langer, langer Zeit. Das klingt vielleicht ein wenig melodramatisch, übertrieben ...«

»Nein, nein!« fiel ihm Eberhard ins Wort. »Mir ging es ebenso mit deinem Brief.«

Dietrich sah Eberhard forschend an. »Dann geht es also jetzt nach Norditalien?«

»Justus meint ja.«

»Das ist gut! Aber mache dich auf sehr kalte Tage gefaßt. Und lerne richtig Italienisch. Das kannst du in acht Wochen schaffen.«

Eberhard lachte. »Du hast es vielleicht in acht Wochen gelernt.«

»Das kannst du auch. Es kommt vor allem auf ein gutes Ohr an, und das hast du.« Er erkundigte sich nach Hans und schien erleichtert, zu hören, daß er immer noch in Sauerbruchs Krankenhaus lag. Doch als Eberhard von Hans' Sorge wegen der

»Chroniken« und von Becks Entscheidung berichtete, sagte Dietrich rasch: »Ja, Hans hat allen Grund zur Sorge.«

»Meinst du wirklich?« fragte Eberhard. »Wer weiß denn, wo die ›Chroniken‹ sind? Ich habe es nicht gewußt.«

»Nur noch ein oder zwei andere außer Oster und Beck wissen Bescheid.«

»Und wer hat einen Schlüssel zu diesem Aktenschrank?«

»In Zossen niemand. Zumindest war es vor sechs Monaten noch so.« Dietrich seufzte. »Ich weiß, wir können es nicht ändern. Aber ich habe mir da auch schon viele Gedanken gemacht. Allerdings, ich gebe die Hoffnung nicht auf, daß ... Meine Punkte sprachen von einem neuen Plan? Stimmt das?«

»Es gab einen, aber bei einem Bombenangriff wurde die neue Wunderwaffe – die Hitler besichtigen sollte – zerstört. Ich weiß nicht, wann ein neuer Versuch gestartet werden soll. Klaus hüllt sich ziemlich in Schweigen.« Eberhard spürte, wie sehr Dietrich auf einen neuen Umsturzversuch hoffte, und fügte hinzu: »Sie werden es ganz bestimmt wieder versuchen. Da kannst du ganz sicher sein.«

Eberhard kannte nicht viele Einzelheiten, doch er berichtete Dietrich von dem jungen Offizier Oberst Graf von Stauffenberg, der die Führung des Widerstandes übernommen hatte und entschlossen schien, die Aufgabe zu Ende zu führen.

Dietrich schwieg eine Weile, dann sagte er: »Es sieht dennoch nicht so aus, als könnte ich zu Weihnachten wieder zu Hause sein.«

»Wer sagt das?«

»Die Anwälte. Ich habe das Gefühl, meine Familie weiß davon und wagt nur nicht, es mir zu sagen. Warum verhalten sie sich so? Denken sie wirklich, ich sei so leicht aus der Fassung zu bringen?«

»Ich glaube nicht ...«

»Oder meinen sie, es sei barmherziger, mich von einem Tag zum anderen mit falschen Hoffnungen einzulullen? Die Engländer nennen so was – ›tantalizing‹.« Dietrich stand auf, ging hochaufgerichtet um den Tisch herum. »Eberhard, sage mir, was los ist.«

»Sie sind der Meinung, daß dein Verfahren mit dem von Hans verbunden bleiben sollte.«

»Aber warum?«

»Sie fürchten, die Gestapo könnte irgend etwas Neues ausgraben.«

»Und ich könnte damit nicht fertig werden?«

»Nun, vielleicht nicht ganz so.«

»Was denn sonst? Ich glaube, mit Gottes Hilfe könnte ich mit allem fertigwerden, was sie mir vorwerfen. Aber das traut mir die Familie wohl nicht zu. Außerdem ... ach was!« Dietrich atmete tief durch. »Manchmal sind Feinde weniger gefährlich als gute Freunde.« Er ließ sich kraftlos auf den harten Stuhl fallen. »Nun, wir werden ja sehen, was passiert. Die Anwälte meinen, es wird bis Februar dauern. So lange kann ich warten. Schließlich habe ich keine andere Wahl.« Dietrich starrte schweigend vor sich hin. »Ich lasse mich hier ständig über meine Probleme aus«, wandte er sich jetzt Eberhard zu, »dabei bist du es, der bald Schlimmes aushalten muß.«

Dietrich gab Eberhard Adressen von Leuten, die er im Vatikan kannte, auch Bells Adresse in England, »falls dich die Alliierten gefangennehmen sollten. Und wenn schon nicht Weihnachten, Ostern werden wir wieder in Frieden feiern«, sagte Dietrich nun mit einer Stimme, die ungeachtet aller Anstrengung, heiter und gelassen zu klingen, seine innere Not, seine Angst verriet. »Warum eigentlich bestraft das alttestamentliche Gesetz niemals jemanden mit einer Freiheitsstrafe?«

Eberhard hatte noch nie darüber nachgedacht. Aber tatsächlich – es stimmte.

Wie nicht anders zu erwarten, kam Dietrich auf das Thema, das ihm – im wahrsten Sinne des Wortes – am Herzen lag, auf Maria und auf Dietrichs Staunen darüber, daß sie ihn heiraten wollte. »Dabei – seit unserer Verlobung haben wir noch nicht eine einzige Stunde miteinander verbracht! Ihre Besuche sind mehr als kurz, und jedesmal werden wir brutal auseinandergerissen. Ich bewundere ihre Haltung, ihre große Selbstbeherrschung. Warum muß so jemand wie sie solche Grausamkeiten erdulden? Meinst du, ich mute ihr zuviel zu?«

»Nein, Dietrich, nein! Das glaube ich nicht.«

Der Schlüssel wurde ins Schloß gesteckt. Eberhard sah auf seine Uhr – die anderthalb Stunden waren tatsächlich schon vorüber.

Beide standen auf, sahen einander in die Augen. »Ich habe keinen Augenblick bereut, 1939 zurückgekommen zu sein – mit allen Konsequenzen«, sagte Dietrich fest. »Ich möchte, daß du das weißt.« Er schüttelte Eberhard die Hand. »Lies Sprüche 18,24, wenn du nach Hause kommst. Vergiß es nicht.«

In Sakrow schlug Eberhard als erstes die Bibelstelle nach. Sie lautete: »Es gibt Allernächste, die bringen ins Verderben, und es gibt Freunde, die hangen fester an als ein Bruder.«

41

Der junge Unteroffizier sah angestrengt auf das Schachbrett und blickte dann fragend auf. Dietrich verzog keine Miene. Der Bursche würde nie Schach lernen, wenn er die einzelnen Züge nicht selbst heraustüftelte. Der andere Unteroffizier, ein älterer Mann namens Schmidt, sah dem Spiel schweigend zu.

Im Flur vor der Tür ertönte plötzlich eine barsche Stimme: »Halt den Mund, Waschlappen! Ich habe genug von deinem Gejammer. Du bist nun einmal hier! Hinein mit dir!«

Und dann beförderte ein breitschultriger Schließer einen Mann mit Tritten durch die Tür. Der bleiche Gefangene, der sich die offenbar schmerzende Seite hielt, taumelte zum Tisch, wo ihm die Unteroffiziere zu Hilfe kamen. Außer sich vor Wut stand Dietrich auf und trat dem Schließer entgegen. »Haben Sie Befehl, einen wehrlosen Mann zu mißhandeln, oder machen Sie das immer so?«

Der Schließer sperrte den Mund auf, brachte aber kein Wort heraus.

»Ihre Pflicht sollte es sein, einem Mann, der offensichtlich Schmerzen hat, zu helfen – und nicht ihn noch mehr zu quälen.«

Der Schließer murmelte etwas Unverständliches, das mit einem gereizten »Ich habe ihn hergebracht! Und damit Schluß!« endete.

Es stellte sich heraus, daß der Gefangene eine akute Blinddarmentzündung hatte und ins Militärkrankenhaus gebracht werden mußte. Als der Kranke versorgt war und Dietrich wieder in seine Zelle gebracht wurde, blieb der junge Unteroffizier für einen Moment in der Tür stehen. »Ich bin froh«, sagte er, »daß Sie ihm die Meinung gesagt haben, diesem Leuteschinder.« Dann fügte er hinzu: »Beten Sie für uns, Herr Pastor, daß wir heute nacht keinen Alarm haben.«

Dietrich lächelte. »Ich werde beten, daß Gott mit uns sein möge, was immer auch passiert.«

Der junge Mann schien beruhigt. Noch vor einem Jahr hätte diese ehrerbietig bewundernde Haltung in Dietrich die alten Gefühle geweckt. Doch inzwischen waren die Dämonen verschwunden; so als hätten sie erkannt, daß er kein lohnendes Opfer mehr für sie war. Sein Hände, einst stark und tatkräftig, waren gebunden. Er gehörte zu den Männern, die in dieser Zeit den Boden unter den Füßen verloren hatten. Und wieder einmal fiel ihm der zerzauste Junge im Winkel des Gartens ein, der einen Lorbeerkranz unter trockenen Blättern versteckt hatte. Jetzt endlich, in seiner Gefängniszelle, konnte Dietrich diesem Jungen vergeben, konnte sich sogar frei fühlen, den Lorbeerkranz aus seinem Versteck hervorzuholen.

Am Tag vor Weihnachten kam Maria zu Besuch, einen großen Weihnachtsbaum in den Händen. Lachend sagte ihr Dietrich, daß er den Baum – wenn er die ganze Weihnachtszeit stehend verbringen würde – vielleicht in seiner Zelle unterbringen könnte. Der Baum blieb im Wachzimmer. Ihr Geschenk – die Armbanduhr ihres Vaters – berührte ihn tief und machte ihn aber auch traurig, weil er ihr nichts geben konnte.

»Ich möchte dir einen Ring schenken«, sagte er, »aber erst, wenn ich wieder frei bin und ihn dir selbst geben kann.«

Maria verstand.

Dann war Maria gegangen, und die Dunkelheit erfüllte die enge

Zelle. Dietrich streckte sich auf seiner Pritsche aus und lauschte auf die nächtlichen Stimmen des Gefängnisses – das Ächzen der Holzpritschen, das Seufzen, Stöhnen, Weinen der Gefangenen, das Kettenrasseln, die hallenden Schritte der Wärter, ihre Rufe, das böse Heulen der Wachhunde auf dem Gelände. Von jenseits der Gefängnismauern erklangen singende Stimmen, Gelächter. In seiner Sehnsucht nach Gott bekreuzigte sich Dietrich; etwas, das er noch nie zuvor getan hatte.

Er versuchte, sich einen Choral Paul Gerhardts »anzuhören«, in dem es hieß: »Du bist ein Geist der Freude« und »Gib uns Freudigkeit und Kraft«.

Während der vergangenen Monate hatte er sich darin geübt, sich Passagen und schließlich ganze Musikstücke in Erinnerung zu rufen, sie zu »hören«. Zu diesem Repertoire gehörte Bachs Messe in h-Moll, die er fast vollständig »hören« konnte. Von der »Kunst der Fuge« schaffte er einige Passagen. Und das gab ihm Hoffnung, war Anlaß zur Freude.

Ihm kam der Gedanke, einige seiner ihn so tief bewegenden, ihn hartnäckig verfolgenden Fragen an Eberhard zu schreiben. Vielleicht könnte ihm der Freund helfen, sie zu beantworten. Neuer Mut erfüllte ihn, und er machte diese Arbeit zu seinem Neujahrsentschluß für das Jahr 1944.

Spätabends, in einer mondlosen Januarnacht, Sirenentöne! Frühwarnung! Hastige Schritte der Wärter, die sich in den Bunker retteten, während die Gefangenen wie immer in ihren dunklen Zellen eingeschlossen blieben.

Dietrich stellte sich wie gewohnt auf den Hocker neben seinem Fenster und sah zu, wie die Aufklärer ihre »Weihnachtsbäume« fallen ließen, mit denen sie die Ziele für die nachfolgenden Bomber markierten – die grünen hinter den Borsig-Werken, die roten westlich des Flugplatzes. Jetzt wartete er auf die beiden anderen, die in der Regel die vier Ecken des »Teppichs« vervollständigten. Aber sie kamen nicht. Und auf einmal wurde ihm klar, daß die beiden anderen Markierungen nördlich und östlich von ihm liegen mußten, also außerhalb seines Gesichtsfeldes. Und das bedeutete: Tegel war im Zentrum des »Teppichs«!

Im Türschloß drehte sich der Schlüssel. Der junge Unteroffizier von der Krankenstation kam in die Zelle, flüsterte ihm aufgeregt zu: »Kommen Sie schnell, Herr Pastor! Wir brauchen Sie!«

Als sie die Krankenstation betraten, war das anschwellende Geräusch der nahenden Flugzeuge bereits zu einem tiefen, donnernden Dröhnen angeschwollen. Die ersten Bomben fielen, zerschmetterten alle Fenster, rissen die Verdunkelungsvorhänge los.

»Die Lichter!« schrie jemand. Im Dunkeln versuchten Dietrich und Schmidt verzweifelt, die Fenster irgendwie zu verdunkeln, da war es schon wieder über ihnen – das Zischen der fallenden Bomben. Sie warfen sich auf den Boden. Dietrich hielt schützend seine Hände über den Kopf, als alle Flaschen und medizinischen Geräte von den Regalen stürzten. Ein Sanitäter, der neben ihm in den Trümmern kauerte, stöhnte, schrie immer wieder: »Gott! O Gott!« Und das von einem Mann, dessen zynische Bemerkungen Dietrich nur zu oft in Rage gebracht hatten. Aber konnte er ihm jetzt, in dieser Situation, ein Wort des Trostes zusprechen? »In zehn Minuten ist alles vorbei«, versicherte ihm Dietrich.

Die nächste Bombe riß – nur ein paar Meter von ihnen entfernt – eine ganze Hauswand ein, erschütterte das ganze Gebäude. Die Gefangenen in ihren verschlossenen Zellen begannen zu schreien, in ihrer Todesangst wild gegen ihre Türen zu hämmern.

Dietrich sprang auf. »Wir müssen ihnen helfen!« rief er. »Wo sind die Erste-Hilfe-Ausrüstungen?«

Sie durchwühlten den Schutt, bis sie etwas gefunden hatten. Immer noch fielen die Bomben, und in dem allgemeinen Tumult ließ es sich unmöglich ausmachen, wo überall Verwundete waren. Erst nach der Entwarnung konnten die am schwersten Verwundeten auf die Krankenstation gebracht werden. Die Nacht war fast vorüber, bis alle notdürftig versorgt waren. In seiner Zelle brach Dietrich vollkommen erschöpft auf seiner Pritsche zusammen.

Am nächsten Tag schrieb er »Wer bin ich?«

Wer bin ich? Sie sagen mir oft,
ich träte aus meiner Zelle
gelassen und heiter und fest
wie ein Gutsherr aus seinem Schloß.

Wer bin ich? Sie sagen mir oft,
ich spräche mit meinen Bewachern
frei und freundlich und klar,
als hätte ich zu gebieten.

Wer bin ich? Sie sagen mir auch,
ich trüge die Tage des Unglücks
gleichmütig, lächelnd und stolz,
wie einer, der Siegen gewohnt ist.

Bin ich das wirklich, was andere von mir sagen?
Oder bin ich nur das, was ich selbst von mir weiß?
Unruhig, sehnsüchtig, krank, wie ein Vogel im Käfig,
ringend nach Lebensatem, als würgte mir einer in der Kehle,
hungernd nach Farben, nach Blumen, nach Vogelstimmen,
dürstend nach guten Worten, nach menschlicher Nähe,
zitternd vor Zorn über Willkür und kleinlichste Kränkung,
umgetrieben vom Warten auf große Dinge,
ohnmächtig bangend um Freunde in endloser Ferne,
müde und leer zum Beten, zum Denken, zum Schaffen,
matt und bereit, von allem Abschied zu nehmen?

Wer bin ich? Der oder jener?
Bin ich denn heute dieser und morgen ein andrer?
Bin ich beides zugleich? Vor Menschen ein Heuchler
und vor mir selbst ein verächtlich wehleidiger Schwächling?
Oder gleicht, was in mir noch ist, dem geschlagenen Heer,
das in Unordnung weicht vor schon gewonnenem Sieg?

Wer bin ich? Einsames Fragen treibt mit mir Spott.
Wer ich auch bin, Du kennst mich, Dein bin ich, o Gott!

Auf der Krankenstation schalteten die Unteroffiziere – pünktlich um 22.00 Uhr – die BBC ein. Der britische Sprecher verkündete sachlich, ohne Emotionen: »Die Alliierten sind südlich von Rom bei Anzio gelandet. Ein fester Landekopf konnte erobert werden, und der Vormarsch ins Landesinnere hat begonnen.«

Keiner sagte ein Wort, aber in jedem Gesicht wohnte die Sorge, die wachsende Angst. Eberhard! War der nicht nördlich von Rom stationiert? Wie lange dauerte es noch, und er war mitten im Kampfgebiet?

In seinen Gebeten flehte Dietrich zu Gott, er möge Eberhard bewahren. Nur der Vers aus Psalm 50: »Rufe mich an in der Not, so will ich dich erretten, und du sollst mich preisen«, half ihm in diesen notvollen Stunden.

Bei ihrem nächsten Besuch berichtete Maria die aufregende Neuigkeit: Eberhard und Renate hatten am 3. Februar, einen Tag vor Dietrichs Geburtstag, einen Sohn bekommen. Der Name des Kindes – Dietrich. Am Abend schrieb Dietrich an Eberhard. »Dir ist wohl klar, daß Du mich zur dritten Generation befördert hast.«

Die Wochen schleppten sich dahin. Maria schrieb Dietrich, daß seine Eltern in Pätzig seien. Sie hätten endlich die Einladung ihrer Mutter angenommen. Eine Woche später teilte sie ihm mit, daß sie aus Pätzig gerade in Berlin eingetroffen sei. Am nächsten Nachmittag werde sie ihn in Tegel besuchen.

Dietrich hängte sein Fähnchen durch die Türöffnung und lief in seiner Zelle unruhig auf und ab, bis Unteroffizier Knobloch erschien. So beiläufig es ihm nur möglich war, erklärte ihm Dietrich, was er wolle. Ja, sagte Knobloch mit breitem Lächeln, er könne es wohl einrichten für Herrn Doktor, daß der sich allein mit Fräulein Maria unterhalten könne.

Die Tür schloß sich hinter ihnen. Zum ersten Mal seit ihrer Verlobung waren Dietrich und Maria allein. Keiner rührte sich. Dann breitete Dietrich seine Arme aus, und Maria flüchtete sich in die schützende Geborgenheit. Er preßte sein Gesicht in ihr weiches braunes Haar. Vergessen war die stickige Luft der grauen Zelle. Nichts als den sonnengewärmten Duft Klein-Krössins spürte er, sah das offene weite Land ... Der Schmerz, der ihn nicht mehr verlassen wollte, er löste sich sanft. Glück, nichts als Glück erfüllte ihn.

Dietrich, sonst so wortgewandt, fand keine Worte für das, was er sagen wollte. Stumm hielt er ihre Hand, streichelte sie zärtlich, führte sie an seine Lippen.

»Was für eine seltsame Verlobungszeit wir haben«, kam es stokkend von seinen Lippen. »Niemals hätte ich das gedacht!«

»Ja, das konnte sich wohl niemand vorstellen.«

»Es ist sehr schwer für dich. Wenn ich doch bloß etwas ändern könnte! Ich wollte ... ich hätte früher etwas sagen sollen.«

»Ja, und vielleicht auch mir!« Sie lächelte. »Es hätte mir nichts ausgemacht, als erste davon zu erfahren.«

»Aber du mußt es gewußt haben.«

»Wie denn? Niemals hast du mir das allerkleinste Zeichen gegeben. Jedenfalls habe ich nichts bemerkt – so sehr ich darauf gehofft habe.«

Was für ein Zeichen meinte sie bloß? »Also, ich habe einfach nicht gewußt, wie ich es anfangen sollte.«

»Aber Dietrich ...«

»Nein, ich bin nicht gerade ein Frauenheld! Ich hatte ein paar Freundinnen in der Schulzeit – und danach nur noch eine.« Er erzählte ihr von Elenore.

»Das hört sich an, als hätte sie lange auf dich gewartet. Hast du sie im Stich gelassen?«

»Nein, das kann man nicht sagen.«

»Ich wette ...«

»Nein! Sie hat bald darauf geheiratet.«

Wieso sprachen sie jetzt eigentlich von Elenore? Das Gespräch verlief ganz und gar nicht nach seinem Plan. »Du hast gesagt, daß du in Pätzig warst. Geht es deiner Mutter gut?«

»Ja! Und deinen Eltern auch.« Sie berichtete von der Geburtstagsfeier für seinen Vater, die sie und ihre Mutter ausgerichtet hatten. Dietrich wußte, wieviel Freude seine Eltern daran gehabt haben mußten.

»War sie hübsch?«

»Wer?«

»Elenore.«

»Ja. Sie war hübsch.«

»Und sie konnte sich mit dir über Theologie unterhalten.«

»Nun, ja ...«

»Ich lese gerade dein Buch.«

»Tatsächlich? Welches?«

»*Sanctorum Communio.*«

»Oh, das ... Wie findest du es?«

»Um die Wahrheit zu sagen: Ich verstehe nicht viel davon«, beichtete Maria.

Er lachte. »Liebes, das liegt nicht an dir. Es war mein erstes Buch. Und damals war ich davon überzeugt, ich müßte all das theologische Kauderwelsch verwenden. Bildete mir ein, das sei ›wissenschaftlich‹. Du solltest lieber *Nachfolge* lesen. Aber vielleicht wäre es am besten, wenn du warten würdest, bis wir es zusammen lesen können; du und ich!«

»Es wird nicht mehr lange dauern, oder?«

»Das weiß ich nicht. Sie verschieben die Verhandlung immer. Darauf habe ich leider überhaupt keinen Einfluß.«

»Aber du wirst dich nicht davon unterkriegen lassen?«

Er zuckte die Achseln. »Oh, mir geht es gut. Allmählich richte ich mich hier ein, werde zu einem Teil des Mobiliars.«

»Bekommst du genug zu essen? Du siehst sehr mager aus.«

»Nicht immer«, gab er zu. Wie sehr er hungern mußte, verriet er ihr nicht.

Sie habe etwas vom Essen von der Geburtstagsfeier seines Vaters mitgebracht und am Kontrollschalter für ihn abgegeben.

Und dann sprachen sie – so wie er sich vorgenommen hatte – über ihre Zukunftspläne, daß sie sofort nach seiner Freilassung heiraten würden ... Dietrich wollte wissen, wie bei ihnen geheiratet wurde. Und sie berichtete von der Brautmesse am Morgen, der das Hochzeitsfrühstück folgte ... daß dann mittags der Brautzug zurück zur Kirche kam, wo die Trauung stattfand. Am Abend ginge es dann zum dritten Mal in die Kirche – für den Segen zur

Reise. Ihre Hochzeit würde in der schönen kleinen Kirche stattfinden, die ihr Vater in Pätzig gebaut hatte.

»Wenn es doch schon bald wäre«, träumte sie. Dann angstvoll: »Und wenn die Russen dahin kommen?«

»Sie scheinen schon unterwegs zu sein. Aber wenn nicht Pätzig, könnten wir uns doch in Friedrichsbrunn trauen lassen.«

»Aber ich hoffe . . . vielleicht wird es ja nicht mehr lange dauern . . .«

Maria stand auf und legte ihren zusammengefalteten Mantel über das Telefon. Dann ging sie mit ihm so weit weg davon, wie es in dem kleinen Zimmer möglich war. Flüsternd berichtete sie ihm von einem Cousin, der erst vor kurzem sein Leben bei einem weiteren Attentatsversuch riskiert hatte. Sein Vater, Ewald von Kleist, gehörte zu den Verschwörern. Dietrich hatte ihn oft auf seinem Gut in Hinterpommern besucht.

»Aber der Plan ist fehlgeschlagen. Hitler erschien nicht.« Kummervoll fragte sie: »So ist es immer gewesen, nicht wahr?«

»Ja! Aber wir dürfen die Hoffnung nicht aufgeben!«

»Es gibt schon wieder neue Pläne, sagt dein Vater.«

»Ich weiß! Wir werden also weiter hoffen.«

Unvermeidlich dann der Abschied. Er ergriff ihre Hände und sah ihr in die Augen, als könnte er durch bloße Willenskraft ihrem Kummer ein Ende setzen. Doch dann: Zutiefst unglücklich, hilflos in seiner Not zog er sie an sich. Er wußte nicht, was die Zukunft für sie bereithielt. Aber jetzt, in diesem Augenblick, war Maria bei ihm, warm und voller Leben, und er weigerte sich, in diesem Augenblick irgend etwas anderes zur Kenntnis zu nehmen. Maria hob ihr Gesicht zu ihm empor, frisch und offen wie eine Blume. Jede Linie ihres Gesichts prägte er sich ein, unauslöschlich. Sein Mund berührte ihre Augenlider – ein zärtliches Siegel seiner Liebe, und endlich küßte er ihre Lippen.

Der Schlüssel drehte sich im Schloß.

Rasch küßte er sie noch einmal, bevor der Wärter die Tür öffnen konnte.

»Ich komme bald wieder«, flüsterte sie.

Dann kam die Nachricht von Sack, daß Dietrich nicht mehr mit einer Verhandlung rechnen sollte. Angeblich würde eine Verhandlung mehr schaden als nützen. Könnte sie doch die Aufmerksamkeit der Gestapo wecken, die ohnehin schon zuviel Interesse zeige. Außerdem hatten sie Josef Müller – der seine Verhandlung erfolgreich überstanden hatte, dann aber dennoch nicht freigelassen worden war – inzwischen in Sachsenhausen eingeliefert. Hans von Dohnanyi, der wieder im Gefängnis war, war immer noch verhandlungsunfähig. Am besten sei es, meinte Sack, den Fall »versanden« zu lassen.

Dietrich konnte das alles nur schwer akzeptieren. Er wandte sich intensiv theologischen Fragen zu und begann sie – wie er es sich in der Neujahrsnacht vorgenommen hatte – in seinen Briefen an Eberhard niederzuschreiben. Den Mai und Juni hindurch arbeitete er unentwegt daran, unterbrochen nur von den häufigen Luftangriffen. Und dann erfuhr er über die BBC von der Landung der Alliierten in der Normandie. Diese Nachricht und das rasche Vorrücken der Alliierten in Italien verdichteten sich in ihm zu einer Mischung aus Hoffnung und Besorgnis.

Ende Juni besuchte ihn – völlig überraschend – sein Onkel Paul. Paul von Hase arbeitete inzwischen mit den Widerständlern zusammen. Seine Aufgabe sollte darin bestehen, die Regierungsgebäude zu sichern und abzuriegeln; wobei er die Volkssturmtrupps mobilisieren müßte. Es würde bald soweit sein.

Dann, Dietrich war gerade in der Krankenstation, wurde die Musik im Radio unterbrochen, und ein Sprecher meldete pathetisch: »Auf das Leben des Führers ist ein Anschlag verübt worden. Aber er ist nicht ernsthaft verletzt. Ich wiederhole, er ist nicht ernsthaft verletzt. Zur Zeit sind keine weiteren Einzelheiten bekannt.«

Dietrich ließ beinahe die Flasche fallen, in die er gerade eine Medizin einfüllte.

»Mein Gott, habt ihr das gehört?« fragte Schmidt fassungslos.

»Ich kann es nicht glauben«, stammelte Hempelmann. »Jemand hat versucht, Hitler zu töten? Ich kann es nicht glauben! Wer würde so etwas tun?«

»Verbrecher!« Ganz spontan rief es Schmidt. »Wer sonst? Es ist eine niederträchtige Tat, uns jetzt so in den Rücken zu fallen.«

»Aber es ist ihm nichts passiert. Das hat der Sprecher doch gesagt. Er ist nicht schwer verletzt. Das hat er doch gesagt. Nicht, Herr Doktor?«

»Das hat er gesagt!« Dietrich sagte es ganz mechanisch. Er setzte die Flasche ab, sah auf die Uhr. Die runde Wanduhr zeigte 18.38 Uhr.

Alle fünfzehn oder zwanzig Minuten wurde dieselbe Nachricht verlesen. Dann, um 21.00 Uhr, kündete der Sprecher an, der Führer selbst werde bald zum Volk sprechen. Es wurde ein Uhr morgens, als die heisere Stimme des Diktators über den Äther ertönte.

Deutsche Volksgenossen und -genossinnen!
Wenn ich heute zu Ihnen spreche, dann geschieht es aus zwei Gründen: erstens, damit Sie meine Stimme hören und wissen, daß ich selbst unverletzt und gesund bin. Zweitens, damit Sie aber auch das Nähere erfahren über ein Verbrechen, das in der deutschen Geschichte seinesgleichen sucht.
Eine ganz kleine Clique ehrgeiziger, gewissenloser und zugleich verbrecherischer, dummer Offiziere hat ein Komplott geschmiedet, um mich zu beseitigen und zugleich mit mir den Stab der deutschen Wehrmachtsführung auszurotten.
Die Bombe, die von Oberst Graf von Stauffenberg gelegt wurde, krepierte zwei Meter an meiner rechten Seite. Sie hat eine Reihe mir teurer Mitarbeiter sehr schwer verletzt, einer ist gestorben. Ich selbst bin völlig unverletzt bis auf ganz kleine Hautabschürfungen, Prellungen oder Verbrennungen. Ich fasse es als eine Bestätigung des Auftrages der Vorsehung auf ...
Der Kreis, den diese Usurpatoren darstellen, ist ein denkbar kleiner. Er hat mit der deutschen Wehrmacht und vor allem auch mit dem deutschen Heer nichts zu tun. Er ist eine Bande krimineller Elemente, die ohne Rücksicht vernichtet werden wird.

Die Rede war zu Ende, und Dietrich sah auf den Kalender. Es war der 20. Juli 1944.

42

Dietrich legte seinen Füllfederhalter auf den Tisch. Die *Losungen*, die Eberhard ihm zu Weihnachten geschenkt hatte, lagen offen vor ihm: »Der Herr ist mein Hirte, mir wird nichts mangeln«, und »Ich bin der gute Hirte und kenne die Meinen, und die Meinen kennen mich«. Er blätterte zurück zur Losung des vorigen Tages, diesem schicksalhaften Tag, von dem er noch nichts wußte, außer daß der Plan katastrophal fehlgeschlagen war. »Jene verlassen sich auf Wagen und Rosse; wir aber denken an den Namen des Herrn, unsres Gottes«, und »Ist Gott für uns, wer kann wider uns sein?«

Dietrich war aus unruhigem Schlaf erwacht, getrieben von dem Gefühl, unbedingt etwas tun, etwas unternehmen zu müssen. Aber was? Als erstes mußte er an Eberhard schreiben, solange er noch Knobloch hatte, der die Post für ihn heimlich abschickte. Dann mußte er seine gesammelten Papiere und Bücher ordnen, damit er sie seinen Eltern geben konnte, bevor ihn die Gestapo abholte. Zunächst aber der Brief, in dem er all das zusammenzufassen versuchte, was er Eberhard in seinen letzten Briefen hatte sagen wollen.

»Später erfuhr ich und ich erfahre es bis zur Stunde, daß man erst in der vollen Diesseitigkeit des Lebens glauben lernt. Wenn man völlig darauf verzichtet hat, aus sich selbst etwas zu machen – sei es einen Heiligen oder einen bekehrten Sünder oder einen Kirchenmann (eine sogenannte priesterliche Gestalt!), einen Gerechten oder einen Ungerechten, einen Kranken oder einen Gesunden – und dies nenne ich Diesseitigkeit, nämlich in der Fülle der Aufgaben, Fragen, Erfolge und Mißerfolge, Erfahrungen und Ratlosigkeiten leben, – dann wirft man sich Gott ganz in die Arme, dann nimmt man nicht mehr die eigenen Leiden, sondern das Leiden Gottes in der Welt ernst, dann wacht man mit Christus in Gethsemane, und ich denke, das ist Glaube, das ist »Metanoia«; und so wird man ein Mensch, ein Christ. (Vgl.

*Jerem. 45!). Wie sollte man bei Erfolgen übermütig oder an Mißerfolgen irre werden, wenn man im diesseitigen Leben Gottes Leiden mitleidet? Du verstehst, was ich meine, auch wenn ich es so kurz sage. Ich bin dankbar, daß ich das habe erkennen dürfen, und ich weiß, daß ich es nur auf dem Wege habe erkennen können, den ich nun einmal gegangen bin.«**

Rasch beendete er den Brief und verbrachte den Rest des Vormittags und einen Teil des Nachmittags damit, seine Papiere durchzugehen, während er die ganze Zeit über auf das Geräusch von Knoblochs Schlüssel an der Tür wartete. Während er einige seiner Bücher durchblätterte, fiel sein Blick auf einen Satz Jeremias Gotthelfs: »Wenn auch der Diener Gottes in Banden und Ketten liegt, bleibt doch das Wort Gottes, das aus seinem Munde hervorgeht, frei. Selbst wenn der Tod ihm den Mund verschließt, bleibt doch das Wort, das er verkündet hat, frei und lebendig. Der Tod hat keine Macht darüber; es kann nicht im Grabe eingeschlossen werden.«

Getröstet klappte er das Buch zu und sammelte alle die Teile, die er für seine *Ethik* geschrieben hatte, zu einem Stapel zusammen. Es würde ihm keine Zeit bleiben, sie zu beenden oder sie mit den anderen Kapiteln zu verbinden, die in seinem Zimmer zu Hause lagen, und von denen einige auch noch unvollständig waren. Er würde es Eberhard überlassen müssen, sie in eine Art Ordnung zu bringen. Dasselbe galt für alle die Fragestellungen, Überlegungen, die er in seinen letzten Briefen an Eberhard aufgeschrieben hatte. Sicher, er hatte gehofft, alle diese Gedanken zu einem geschlossenen Werk entwickeln zu können. Nun gab er sie an Gott ab.

Am Abend kam Knobloch. Er habe gewartet, sagte er, um so viel wie möglich darüber zu erfahren, was geschehen war. »Ich habe mir immer neue Ausreden ausgedacht, um im Büro des Hauptmanns bleiben zu können«, berichtete er aufgeregt. »Ständig kamen Anrufe von überallher – vom Alexanderplatz, von Unter den Linden. Es ist nicht nur die kleine ›Clique‹ von Wehr-

---

* Auszug aus dem Brief vom 21. 7. 44

machtsangehörigen, von der Hitler gesprochen hat. Sie verhaften Leute von ganz oben.« Der Unteroffizier machte ein fassungsloses Gesicht.

Dietrich unterdrückte seine Ungeduld. »Die Namen? Kennen Sie die?«

»Ich hätte es nicht für möglich gehalten! Selbst der Stadtkommandant ...« Knobloch hielt erschrocken inne. »Es tut mir leid, Herr Doktor. Sie haben ihn.«

»Verstehe!«

»Hauptmann Maetz konnte es nicht glauben. Er rief nur immer wieder: ›Dieser Bastard!‹ Überall nur Gerüchte! Niemand weiß genau, was passiert ist. Spät am Abend habe es in der Bendlerstraße ein Schnellgericht gegeben, heißt es ... ein Kriegsgericht! Jemand hat gesagt, es seien die Rädelsführer gewesen. Sie haben sie gleich auf dem Hof erschossen. Exekutionskommando. Das könnten aber Gerüchte sein.«

»Sind die Namen genannt worden? Von diesen ... Rädelsführern?«

»Graf Stauffenberg, General Beck, General Olbricht. Es waren noch ein paar mehr, aber die weiß ich nicht mehr.« Knobloch sah sich in der Zelle um und entdeckte die Stapel von Papieren und Büchern.

»Könnten Sie mir ein paar Kartons beschaffen, Herr Unteroffizier?« fragte Dietrich, vor seinen Augen das blasse, sensible Gesicht General Becks. »Ich muß diese Sachen einpacken, um sie meinen Eltern zu übergeben.«

»Sie meinen doch nicht, daß man Sie abholen wird, oder?«

»Man weiß nie!« Dietrich zog seinen goldenen Siegelring mit dem Bonhoefferschen Wappen vom Finger, einem Löwen mit einer Bohnenranke in der Pranke, und drückte ihn dem Unteroffizier in die Hände. »Jedenfalls möchte ich, daß Sie den bekommen.« Knobloch blickte erstaunt auf. »Hier, er gehört Ihnen.«

Knobloch hielt den Ring in der Hand und betrachtete ihn fast ehrfürchtig. »Ich werde ihn für Sie aufbewahren.«

»Nein, mein Freund, er gehört Ihnen. Stecken Sie ihn sich an den Finger.«

Der Unteroffizier steckte ihn auf und starrte seinen Finger an. »Ich habe noch nie etwas so Kostbares besessen! Aber hier im Gefängnis werde ich ihn nicht tragen.« Er nahm den Ring wieder ab und steckte ihn in die Tasche. Dann zog er seine Mütze ab und fuhr sich mit den Fingern durch sein krauses Haar. »Wissen Sie, es wäre nicht allzu schwierig für Sie, hier herauszukommen.«

»Wie meinen Sie das?«

»Flucht! Sie könnten es schaffen. Ich würde Ihnen helfen.«

»Das würden Sie tun?« Dietrich sah ihn ungläubig an.

»Ja, das würde ich tun!«

»Das wäre aber ziemlich gefährlich für Sie!«

»Heutzutage ist alles gefährlich. Alles, was sich lohnt, jedenfalls.« In Knoblochs Augen leuchtete bescheidene Verehrung.

Dietrich schlug ein Buch auf, das vor ihm auf dem Tisch lag, und starrte auf die Titelseite, ohne tatsächlich etwas zu sehen. Endlich sah er auf. »Ich bin Ihnen sehr dankbar, Herr Knobloch, daß Sie daran denken ... daß Sie mir anbieten, ein solches Risiko für mich einzugehen. Aber ich denke, wir sollten abwarten. Vielleicht kann man mir ja gar nichts nachweisen oder hat nicht einmal einen konkreten Verdacht. Schließlich bin ich schon seit langem hier eingeschlossen.«

»Aber wir könnten darüber nachdenken ... etwas planen! Nur für den Fall ...«

»Ja! Das könnten wir tun.«

Hinter den geschlossenen Vorhängen schien es taghell zu sein. Demnach mußte Paula doch noch eingeschlafen sein. Jetzt, wo sie wach war, waren sie alle wieder da – diese quälenden Gedanken an die entsetzlichen Ereignisse des vergangenen Abends.

Nach Hitlers Rede hatten Paula und Karl einfach nicht zu Bett gehen können und hatten gewartet, bis Klaus zurückkam und ihnen berichtete, was geschehen war. Morgens, gegen 4.00 Uhr, war er endlich gekommen. Aber er hatte nur wenig mehr gewußt als sie. Sein Kollege Otto John hatte Klaus um 17.00 Uhr nachmittags in seinem Büro angerufen und gesagt, Hitler sei tot. John war in die Bendlerstraße gerufen worden, wo die Verschwörer gerade dabei waren, die Regierungsgeschäfte zu übernehmen. John sagte, er würde ihn telefonisch auf dem laufenden halten.

»Ich habe gewartet und gewartet«, berichtete Klaus, »aber John meldete sich einfach nicht. Von meinem Fenster aus konnte ich beobachten, wie unsere Truppen das Regierungsviertel abriegelten. Dann kam über das Radio die Meldung, Hitler sei nicht tot. Und damit war klar, daß unsere Leute den Rundfunk nicht besetzt haben konnten. Auf der Straße herrschte hektisches Durcheinander, Verwirrung. Gegen 21.00 Uhr entdeckte ich SS-Einheiten zwischen den Truppen. Es wurde nicht geschossen – ich habe überhaupt keinen Widerstand erkennen können. Und spätestens jetzt wußte ich, daß irgend etwas schrecklich schiefgegangen sein mußte. Ungefähr um diese Zeit wurde im Radio bekanntgegeben, daß Hitler zum Volk sprechen würde.«

Karl hatte Klaus' bittere Spekulation über die Ursachen des Scheiterns kurzerhand mit der Bemerkung abgeschnitten, daß sie alle ins Bett gehen sollten und daß es sinnlos sei, darüber zu spekulieren.

Jetzt ging es schon auf 8.00 Uhr zu, und Karl lag nicht in seinem Bett. Im gleichen Moment hörte Paula vor dem Haus eine Tür schlagen. Sie sprang aus dem Bett, griff nach ihrem Morgenmantel und lief den Flur entlang zum Vorderfenster. Derselbe schwarze Wagen, der Dietrich abgeholt hatte, stand vor der Tür. Gerade ging der SS-Offizier zum Haus, der damals mit Röder gekommen war. Sie hatte ihn im Kriegsgericht gesehen und wußte, daß es Sonderegger war. Kam er jetzt, um Karl zu holen?

Eilig lief sie die Treppe hinunter und blieb kurz vor dem Treppenabsatz stehen. Karl hatte die Tür geöffnet. Die Stimmen der beiden Männer klangen nah, waren ganz deutlich zu verstehen. Sie preßte sich gegen die Wand, damit sie niemand sehen konnte.

»Kennen Sie Hans von Dohnanyi?« fragte eine schneidige, geschäftsmäßig klingende Stimme.

»Er ist mein Schwiegersohn«, erwiderte Karl.

»Ah ja! Dann wissen Sie auch sicherlich über seine Verbindungen zu General Oster Bescheid.«

»General Oster?«

»General Hans Oster!«

»Ich kenne keinen General Hans Oster.«

»Von der Abwehr? Dohnanyi hat doch mit ihm zusammengearbeitet, oder nicht?«

»Mein Schwiegersohn hat mit mir nicht über seine Arbeit gesprochen.«

»Überhaupt nicht? Das können Sie mir doch wirklich nicht weismachen, Herr Professor!«

»Er befaßte sich mit sehr heiklen geheimdienstlichen Angelegenheiten. Ich hätte ihn nie danach gefragt.«

Pause.

»Dann wird mir Ihre Tochter vielleicht weiterhelfen können. Sie wohnt in Sakrow, oder?«

»Ja, da wohnt sie.«

»Ich werde gleich hinfahren. Einen guten Tag, Herr Professor!«

»Guten Tag!«

Die Tür fiel ins Schloß, und einen Moment lang war alles still. Dann sagte Karl: »Du kannst jetzt runterkommen. Er ist weg.«

Paula lief die letzten Stufen nach unten, direkt in seine Arme. »Karl, Karl«, wiederholte sie immer wieder, »ich habe gedacht, sie wollen dich abholen.«

»Ich wußte, daß du das denken würdest. Und ich habe gehört, wie du den Flur entlang gelaufen bist.« Er küßte sie sanft. »Aber jetzt muß ich Christel anrufen.«

»Sei vorsichtig.«

Am Nachmittag kam Christel und berichtete von dem »Besuch« Sondereggers und wie er versucht hatte, ihr Informationen über Oster zu entlocken. Aber sie hatte die absolut Ahnungslose gespielt.

Während der nächsten Woche wurden fast alle Männer verhaftet, die irgendwie mit der Verschwörung zu tun gehabt hatten – angefangen bei Admiral Canaris und Oster. In den Zeitungen wurden nur wenige genannt und als übelste Verräter gebrandmarkt. Sie würden vor dem Volksgerichtshof angeklagt und so behandelt werden, wie es derartigen Verrätern zukomme. Dazu gehörten Paul von Hase und General von Witzleben. Auch die

Familienmitglieder dieser Gefangenen wurden verhaftet, so wie es Hitlers Sippenhaft-Erlaß vorsah. Paul von Hases Frau Deta gehörte dazu.

Die Erlaubnis, Hans zu besuchen, wurde Christel verweigert; doch Karl – in seiner Eigenschaft als Arzt – durfte ihn sehen. Karl berichtete, Hans befinde sich in einem beklagenswerten Zustand, durch Diphtherie gelähmt und unfähig zu gehen. Die Selbstinfektion mit Diphtherie hatten sie als das geringere Übel angesehen. Denn Folterungen durch die Gestapo waren die Alternative. Aber der Preis schien schrecklich hoch. Paula hatte das von Anfang an befürchtet, als Hans in einem herausgeschmuggelten Brief um die Diphtherie-Kultur gebeten und Karl sie ihm zugespielt hatte. In einem Lebensmittelpaket waren sie versteckt gewesen. »Du kennst die Methoden der Gestapo nicht, Mama«, hatte Christel gesagt. »Und das ist auch besser so.«

Paula hatte diese Bemerkung wütend gemacht. War sie denn wirklich nicht in der Lage, die Tatsachen zu sehen?

Es war unmöglich, genau zu erfahren, was am 20. Juli passiert war. Die Familie wußte, daß nach der Bombenexplosion die Verbindung zwischen den Verschwörern in Rastenburg und denen in der Bendlerstraße nicht geklappt hatte. Niemand wußte genau, aus welchem Grund. Als Stauffenberg, immer noch in der Meinung, Hitler getötet zu haben, in Berlin ankam, waren die vier wichtigsten Stunden vertan. Und nachdem die Verschwörer nun endlich ihre Truppen in Bewegung setzten, hatten die Nazis sich von dem Schock erholt und alle hitlertreuen Kommandeure mit ihren Truppen alarmiert. Jetzt war es nur noch eine Frage der Zeit, wann der Umsturzversuch in sich zusammenbrechen mußte. Wie in Berlin war es auch in Wien, Prag und Paris verlaufen.

Eine Woche nach dem 20. Juli durften Paula und Karl Dietrich besuchen. Niemand wußte genau, ob sich durch diese Ereignisse seine Situation verändert hatte. Den Wärter kannten sie nicht. Und obwohl er eifrig mit seinen Papieren beschäftigt schien, spürte Paula, wie genau er ihnen zuhörte. Dietrich sah ausgeruht aus, und seine Stimme klang fest und stark. Er erkundigte sich nach der Familie – so als sei nichts geschehen. Karl berichtete von Hans' Krankheit.

»Wir dürfen die Hoffnung nicht aufgeben«, machte Dietrich den Eltern Mut. »Man weiß nie, ob sich nicht selbst aus solchen Schwierigkeiten etwas Gutes ergeben kann – wie ja aus allen Schwierigkeiten.«

An Dietrichs Blick las Paula ab, daß er bisher noch nicht verdächtigt wurde und daß seine lange Gefangenschaft ihm vielleicht das Leben retten würde. »Ja«, bekräftigte Paula seinen letzten Satz, »der Mensch denkt, und Gott lenkt.«

»Übrigens«, eröffnete ihnen nun Dietrich, »ich habe mit der Arbeit an einem neuen Buch angefangen.«

»Tatsächlich?« wunderte sich Karl, ohne sein sofort erwachtes Interesse verbergen zu können. »Worüber?«

»Über die Kirche und ...« Er hielt inne und sah seinen Vater an, als fürchte er dessen enttäuschtes Gesicht. Doch Karls Gesichtsausdruck schien ihn zu ermutigen, und er beschloß seinen Satz mit unverhohlenem Eifer: »... und darüber, was es bedeutet, ein christliches Leben zu führen. Ich stelle die Frage, was wir wirklich glauben. Ich meine, was glauben wir so sehr, daß wir unser Leben darauf setzen? Was die Kirche betrifft, so kann sie im Moment nicht viel sagen, worauf die Leute hören würden. Wir haben unsere Glaubwürdigkeit verloren. Da kann nur helfen, das zu tun, was der Prophet sagt: ›Gottes Wort halten und Liebe üben und demütig sein vor deinem Gott.‹« Er sah seinen Vater mit einem fast schüchternen Lächeln an. »Ich möchte der Kirche sagen: Gib deinen ganzen Besitz den Bedürftigen. Laß die Geistlichen nur von den freiwilligen Gaben der Gemeinden leben. Keine Hilfe vom Staat. Aber das alles wäre natürlich nur ein Anfang.«

»Es klingt gut, Dietrich«, sagte Karl. »Es ist eine notwendige Botschaft.« Falls Karl wirklich daran zweifelte, ob derart weitgehende Reformen zu verwirklichen waren, so ließ er davon nichts erkennen. Während all der Jahre hatte Paula nie mit ihrem Mann über seine mangelnde Begeisterung für Dietrichs Berufung gesprochen – aber sie wußte genau, wie sehr Dietrich unter diesem Desinteresse gelitten hatte.

Dietrich sprach jetzt über die neuen Reisebeschränkungen, die durch den großen Ansturm von Flüchtlingen aus dem Osten ausgelöst worden waren. »Das könnte doch bedeuten, daß manche Leute mich nicht mehr besuchen könnten. Oder?« Er sah sie eindringlich an. Aber natürlich wußten sie genau, wen er meinte. »Übrigens, Papa, hast du schon eine neue Arzthelferin? Ich weiß nicht, wie du ohne Hilfe auskommen kannst.«

Karl hatte seit Monaten keine Arzthelferin mehr.

»Ich kenne eine junge Dame, die sich für diese Stelle interessiert«, sagte Karl. »Sie wohnt zwar in Pommern, aber sie könnte es sich überlegen.«

Dietrich lächelte – ansteckend, strahlend. »Das wäre großartig!«

In der folgenden Woche trafen Karl und Paula alle Vorbereitungen, damit Maria zu ihnen ziehen und als Karls Arzthelferin registriert werden konnte. Seit der Invasion der Alliierten in der Normandie gab es deutlich weniger Luftangriffe auf Berlin, und so waren die beiden die ganze Zeit über zu Hause in Berlin geblieben. Paula hatte genug von der Reiserei nach Sakrow.

Die ganze Woche über waren die Zeitungen voll von Berichten über die Prozesse vor dem Volksgerichtshof, auch von den sofort vollzogenen Hinrichtungen. Bilder der Gefangenen wurden veröffentlicht. Wie sie vor Roland Freisler, dem Nazirichter, standen. Freisler, der Richter, der sich vor Jahren so sehr darum bemüht hatte, Hans aus dem Justizministerium hinauswerfen zu lassen. Die Gesichter der Gefangenen verrieten ihr Entsetzen über das, was ihnen die Gestapo angetan hatte. Ihrer Würde beraubt, gedemütigt, standen sie unrasiert, mit offenem Hemd vor ihren Anklägern. Dennoch hielt Paul von Hase auf dem Bild seinen Kopf erhoben. Der einst so stolze Feldmarschall von Witzleben wirkte um Jahre gealtert, ein gebrochener Mann. Ihm hatte man die Hosenträger weggenommen, so daß er – verwirrt und hilflos – seine Hosen festhalten mußte. Eine perfide Maßnahme seiner Bewacher, ihn würdelos und lächerlich wirken zu lassen.

Auch an jenem Wochenende versammelte sich die Familie in

Paulas Wohnzimmer zur Hausmusik. Paula hoffte, damit so etwas wie Trost spenden zu können. Klaus kam spät, wirkte verschlossen, sein Gesicht undurchdringlich. Er murmelte einen Gruß, setzte sich aber nicht. Paula beobachtete ihn, wie er ruhelos im Zimmer auf und ab ging.

»Was ist los, Klaus?« fragte Karl. »Du kannst es uns ruhig sagen.«

»Es ist einfach zu schändlich! In meinem ganzen Leben habe ich noch nie etwas so Schändliches gehört!«

»Aber was denn?«

Klaus blieb am Flügel stehen. Er klammerte sich an die Stuhllehne, seine Stimme bebte. »Hitler hat die Hinrichtungen am Galgen filmen lassen, damit er sich die Qualen seiner Opfer ansehen ... und sich daran weiden kann.« Er wandte sich ab. »O Gott!«

»Wer hat dir das gesagt?«

»Im ganzen Luftfahrtministerium ist von nichts anderem die Rede. Goebbels hat es Göring gesagt. Er war gestern abend in der Reichskanzlei und hat die Aufnahmen selbst gesehen.«

An diesem Abend gab es keine Musik mehr. Um Mitternacht setzten wieder die Luftangriffe ein – mit voller Gewalt.

Ein paar Tage später kam Maria in Berlin an. Ein schrecklicher Zeitpunkt für ihre Aufnahme in der Familie. Alle hatten so unendlich schwer an ihren Lasten zu tragen, niemand hatte Zeit, sie so willkommen zu heißen, wie sie es als Dietrichs zukünftige Frau verdiente. Erschöpft, wie sie war, protestierte Paula nur zum Schein, als Maria eine Aufgabe nach der anderen übernahm. Maria hatte frisches Gemüse, Käse und Wurst aus Pätzig mitgebracht, womit sie nun auch die Pakete für Dietrich und Hans füllen konnten.

Karl hatte Maria besonders innig in sein Herz geschlossen und machte ihr eines seiner seltenen Komplimente über ihre Tapferkeit. Hatte sie sich doch während der Luftangriffe auf den Bücherkisten im Schutzkeller ausgestreckt und die Bombardierungen verschlafen.

Nach Dietrichs sorgfältig geschriebenen Anweisungen sollten Ursel und Rüdiger Unteroffizier Knobloch bei dem Gartenhäuschen eines Schrebergartens in Berlin-Niederschönhausen treffen und ihm das Paket übergeben. Renate würde ihre Eltern begleiten, damit es wie ein sonntäglicher Familienausflug aussehen sollte.

Mit zitternden Händen faltete Paula die blaue Monteurkleidung zusammen und steckte sie in die Papiertüte. Hoffentlich würde der Overall Dietrich passen. Paula hatte ihn gewaschen, aber nicht gebügelt, damit er nicht so neu aussah.

»Warte, Mama«, bat Ursel. »Warum stecken wir die Lebensmittelkarten und das Geld nicht einfach in die Tasche? Wäre das nicht besser, als sie getrennt einzupacken?«

»Vielleicht.«

Ursel wickelte die zweihundert Mark in ein Taschentuch, die Lebensmittelkarten für Reisende in ein anderes. Beides steckte sie in die Brusttasche des Overalls. Schließlich verstaute sie das ganze Paket im Korb unter den Butterbroten. Rüdiger hatte Sonderlebensmittelkarten für vier Tage beschafft. Paula hatte zwar gehofft, daß es mehr sein würden, aber ...

Seit zwei Monaten suchte die Gestapo mit Hilfe der aufgehetzten Bevölkerung das Land nach Verdächtigen ab. Unzählige hatten sich schon in ihrer Verzweiflung umgebracht. Doch wenn überhaupt jemandem die Flucht gelingen konnte, dann war es Dietrich. Er war klug, wendig, außerdem plante er alles mehr als sorgfältig. Und dann hatte er viele treue Freunde in Pommern, wohin er sich vermutlich wenden würde.

Die Kirchenglocken läuteten zum Abend, als Ursel und die anderen zurückkehrten. Knobloch hatte das Paket angenommen und ihnen gesagt, er würde bald zu den Schleichers kommen, um die endgültigen Pläne zu besprechen. Inzwischen sollte die Familie zwei falsche Pässe beschaffen und bereithalten.

Es dauerte einige Tage, bis es Rüdiger gelang, die beiden Pässe zu bekommen. Am Nachmittag wollte Paula ein paar von den Kartoffeln und Äpfeln zu Ursel bringen, die Maria aus Pätzig mitgebracht hatte. Als sie sich der Terrasse hinter dem Haus näherte, sah sie Klaus, der rasch auf Ursels Gartentor zuging. Paula legte die Lebensmittel in der Küche ab und wollte in die Diele gehen, wo sie die Stimmen von Ursel und Klaus hörte.

»Woher weißt du das, wenn sie nicht in Uniform sind?« fragte Ursel gerade.

»Es ist ihr Wagen! Ich kenne ihre Wagen! Sie sitzen da drinnen und warten, bis ich nach Hause komme.«

»Irrst du dich bestimmt nicht?«

»Ich irre mich nicht, Ursel!«

»Aber das wäre doch dumm von denen. Die müßten doch wissen, daß du davonläufst, wenn du sie siehst.«

Von der Tür her fragte Paula: »Was ist los?« Aber sie kannte schon die schreckliche Antwort.

»Die Gestapo! Sie wartet am Gartentor auf mich.« Gehetzt blickte Klaus die beiden Frauen an. »Ich kann nicht hierbleiben. Hier werden sie mich zuerst suchen.«

»Was hast du vor?« ratlos fragte es Paula.

»Ich gehe zu Herrn Dickmann. Dort werden sie mich nicht vermuten.«

Das schien einleuchtend. Die meisten kleinen Geschäftsleute waren über jeden Verdacht erhaben; bei ihnen hatte Hitler ohnehin den stärksten Rückhalt. Und Herr Dickmann reparierte seit fünfzehn Jahren ihre Schuhe. Er war ein zuverlässiger Mann, der die Nazis ebenso haßte wie sie. Und Klaus mochte er besonders gern.

Ursel bot Klaus an, etwas zu essen. »Mein Gott«, rief er aufgeregt, »wer könnte jetzt essen!« Und lief aus dem Haus.

Eine halbe Stunde später klingelte das Telefon. Ursel ging an den Apparat. Ihre Stimme klang klar und deutlich. »Nein, ich weiß nicht, wo er ist. Ich habe ihn heute noch nicht gesehen.«

Noch während Ursel sprach, klingelte es an der Tür, und Paula ging, um zu öffnen. Auf der Schwelle stand Unteroffizier Knobloch. »Sie kommen wegen der Fluchtpläne?«

»Ja, gnädige Frau.«

Paula sah Ursel an. »Ich fürchte, das ist kein günstiger Augenblick, Herr Unteroffizier.«

»Das war die Gestapo!« sagte Ursel. »Sie suchen nach meinem Bruder Klaus. Man darf Sie hier nicht finden.«

»Ich glaube, Sie haben recht, gnädige Frau. Aber was soll ich Herrn Dr. Bonhoeffer sagen?«

»Sagen Sie ihm die Wahrheit, und daß Sie morgen wiederkommen sollen, oder besser noch am Montag.«

»Verzeihen Sie, aber was soll ich ihm wegen der Pässe sagen?«

»Sagen Sie ihm, die Pässe liegen bereit.«

»Wir sind Ihnen sehr dankbar für das, was Sie tun«, wandte sich Paula an Knobloch, »und für alles, was Sie bereits für meinen Sohn getan haben.«

Der Unteroffizier verbeugte sich und ging.

Ursel drängte nun Paula, nach Hause zu gehen. Mußten sie doch damit rechnen, daß die Gestapo dort aller Wahrscheinlichkeit nach ebenfalls nachsehen würde. Paula öffnete die Hintertür, und da stand Klaus.

»Ich konnte nicht dortbleiben! Herr Dickmann hatte Angst!«

»Dann komm rein.«

Klaus rührte sich nicht. »Er hat Frau und Kinder und hat Angst...«

»Komm rein, Klaus! Steh nicht da draußen. Schnell, schnell, und mach die Tür zu!«

Er schloß die Tür hinter sich. »Ich bin noch einmal nach Hause gefahren, aber sie waren immer noch da.«

»Wahrscheinlich werden sie auch bald hier sein.« Paula berichtete von dem Anruf.

Ohne ein Wort zu sagen, wandte sich Klaus wieder zur Tür.

»Warte«, rief Ursel. »Wo willst du denn hin? Jetzt laß uns erstmal nachdenken. Wo kannst du dich verstecken?«

»Nicht hier! Nicht in diesem Haus! In keinem der beiden Häuser.«

Paula sah aus dem Fenster. Die Hecke an der hinteren Grundstücksgrenze war sehr dicht. »In der Hecke! Versteck dich dort. Beeile dich, Klaus! Beeile dich! Ich gehe gleich nach Hause.«

Paula sah nach draußen, bis Klaus unter dem Dickicht glänzend grüner Blätter verschwunden war. Dann verließ sie mit einem geflüsterten »Gott steh uns bei« das Haus. An der Hecke blieb sie stehen und flüsterte: »Alles in Ordnung!«

Paula und Karl verzehrten schweigend ihr Abendessen, die Blicke fest auf das Haus nebenan und auf die Hecke gerichtet. Das Gefängnis würde für Klaus besonders schlimm sein. Als Kind hatte er die Schule gehaßt. Er konnte es nicht ertragen, in einer Klasse »eingesperrt« zu sein und hatte heftigst dagegen rebelliert. Einmal hatten ihm Paula und Karl zur Strafe sein Mikroskop weggenommen. »Dann werde ich eben kein Arzt«, hatte Klaus daraufhin verkündet. Sehr zu Karls Kummer war Klaus bei dieser Ankündigung geblieben.

»Wir hätten ihm damals sein Mikroskop nicht wegnehmen sollen«, murmelte Paula.

»Was?«

»Sein Mikroskop, weißt du noch?«

Karl runzelte die Stirn und legte seine Gabel auf den Teller. »Paula, was soll so etwas? Das bringt uns jetzt auch nicht weiter.«

Sie seufzte. »Nein, sicher nicht.«

Der Anblick des Wagens ließ Paula erstarren. Wie hilfesuchend griff sie nach Karls Arm und beobachtete, wie die beiden Beamten ausstiegen und auf Ursels Tür zugingen.

Nur knapp eine halbe Stunde später standen sie bei ihnen vor der Tür. Paula und Karl saßen im Wohnzimmer und horchten mit klopfendem Herzen auf die schweren Schritte der Nazis, während sie das Haus durchsuchten. Noch eine Stunde – und sie verschwanden ohne ein Wort.

Der Wagen war um die Ecke gebogen, und Paula und Karl gingen ans Fenster, spähten angestrengt durch das Dämmerlicht zur Hecke hinüber. Das Telefon zu benutzen, wagten sie nicht. An der Ecke ging ein unbekannter Mann neben der Straßenlaterne in Stellung. Die Dunkelheit brach herein, und noch immer rührte sich nichts in der Hecke. Endlich kam eine schattenhafte Gestalt hervor und schlich vorsichtig auf Ursels Haus zu. Sofort öffnete sich die Hintertür und schloß sich wieder hinter ihm.

Ganz früh am nächsten Morgen kam Ursel. Ihre schönen Augen sahen traurig aus, waren dunkel umrandet. »Er schläft, glaube ich . . . ich hoffe es zumindest. Wir haben die halbe Nacht geredet. Es ist schrecklich. Er weiß nicht, was er machen soll.«

»Sie werden zurückkommen«, sagte Karl.

»Ganz bestimmt werden sie zurückkommen. Klaus sagt, Emmi könnte ihn in Schleswig-Holstein bei einem Fischer verstecken, den sie kennt. Doch er will das nicht, weil er Schikanen gegen sie und die Kinder oder gegen euch fürchtet. Er hat sogar davon gesprochen, sich das Leben zu nehmen . . .«

»Nein! Nein! Nein!«

»Ich glaube, ich habe ihn davon abgebracht . . . Wir haben so lange geredet. ›Es bleibt nichts anderes übrig‹, hat er gesagt, ›als zu warten, bis sie kommen und mich abholen.‹«

Paula und Karl gingen mit Ursel zurück. Um zehn Uhr, als die Kirchenglocken läuteten, kam die Gestapo und holte Klaus ab.

43

»Sie hatten recht, Herr Doktor. Ich habe gedacht, er würde davonkommen, aber Sie hatten recht. Er muß in der letzten Nacht zurückgekommen und dort geblieben sein. Als die Kirchenglokken läuteten, ist die Gestapo gekommen und hat ihn abgeholt. Ich habe von der Straße aus zugesehen.«

»Ich verstehe«, sagte Dietrich. Jetzt wußte er genau, was er zu tun hatte. »Sie sind also nicht ins Haus gegangen?«

»Nein! Ich habe es genauso gemacht, wie Sie es mir gesagt haben. Ich bin sofort wieder zurückgekommen. Niemand hat mich gesehen.«

»Das ist gut.« Dietrich ging zu dem Hocker und blickte hinaus auf die zerstörte Stadt. Der Plan war fertig. Seit Tagen hatte er alle Einzelheiten sorgfältig durchdacht. Nun war es also soweit. Am Abend würde er, als Monteur mit Werkzeugkasten getarnt, mit Knobloch das Gefängnis verlassen und zu Knoblochs Wohnung in Pankow gehen. Dort würde er die Uniform eines Unteroffiziers anziehen. In den frühen Morgenstunden würden sie dann getrennt die Stadt verlassen und sich in Stettin wiedertreffen. Ein Onkel von Fritz Onnasch fuhr mit einem Frachter die Strecke zwischen Stettin und Ystad in Schweden. Dietrich war sicher, daß Fritz ihnen beiden helfen würde, als Hilfsarbeiter an Bord anzuheuern. Knobloch hatte einen falschen Schnurrbart und das Haarteil mitgebracht, das Dietrich unter der Monteurmütze tragen sollte. Er schloß die Augen und stellte sich das Schiff vor, das im Stettiner Hafen vor Anker lag und darauf wartete, ihn über die Ostsee in die Freiheit zu tragen. Jetzt wußte er, wie Mose sich gefühlt haben mußte, als er vom Berg Nebo ins verheißene Land blickte.

Doch noch war er in der schmalen Zelle. »Ach! Herr Knobloch, ich habe Sie stehen lassen. Verzeihen Sie!« Er stieg von dem Hokker herunter. »Ich glaube, wir müssen unseren schönen Plan aufgeben.«

»Das habe ich befürchtet! Ich habe es schon befürchtet, als ich sah, wie man Ihren Bruder wegbrachte. Da habe ich mir gedacht . . . aber ich hatte die Hoffnung noch nicht aufgegeben.« Der Unteroffizier wandte sich ab, den Kopf gesenkt. Dann sah er Dietrich an. »Sind Sie sicher, daß es nicht klappen kann, Herr Doktor? Es ist Ihre einzige Chance – so wahr mir Gott helfe.«

»Vielleicht! Aber haben Sie mir nicht gesagt, daß Herrn Goerdelers Familie verhaftet wurde, nachdem er geflohen war und – daß sie immer noch in Haft ist, obwohl sie ihn wieder gefangengenommen haben? Nein, mein Freund. Manchmal kann man seine Freiheit nur behalten, indem man sie aufgibt.«

Der Unteroffizier widersprach nicht.

»Aber wir werden die Hoffnung nicht aufgeben, selbst jetzt nicht«, meinte nun Dietrich. »Gott hält seine Welt immer noch in seiner Hand, wie finster es auch darin aussehen mag. Bitte, gehen Sie morgen zurück, und sagen Sie meiner Familie, daß der Plan abgeblasen ist. Wollen Sie das für mich tun?«

»Ja, ich werde es tun.«

An jenem Abend schrieb Dietrich in seiner Zelle sein »Jona«.

Sie schrieen vor dem Tod, und ihre Leiber krallten
sich an den nassen, sturmgepeitschten Tauen,
und irre Blicke schauten voller Grauen
das Meer im Aufruhr jäh entfesselter Gewalten.

»Ihr ewigen, ihr guten, ihr erzürnten Götter,
helft oder gebt ein Zeichen, das uns künde
den, der euch kränkte mit geheimer Sünde,
den Mörder oder Eidvergeß'nen oder Spötter,

der uns zum Unheil seine Missetat verbirgt
um seines Stolzes ärmlichen Gewinnes!«
So flehten sie. Und Jona sprach: »Ich bin es!
Ich sündigte vor Gott. Mein Leben ist verwirkt.

Tut mich von euch! Mein ist die Schuld. Gott zürnt mir sehr.
Der Fromme soll nicht mit dem Sünder enden!«
Sie zitterten. Doch dann mit starken Händen
verstießen sie den Schuldigen. Da stand das Meer.

In dem Wissen, daß ihm wahrscheinlich nur noch wenig Zeit blieb, arbeitete Dietrich die ganze Woche über konzentriert an seinem neuen Buch. Am Freitag, dem Pakettag, ging er mit Knobloch nach draußen. Er wußte, daß entweder Maria oder Susi das Paket bringen würden. Sie bogen um die Ecke, und da sah er sie schon – Marias schlanke junge Gestalt am Eingang. Sie schien den Reifen ihres Fahrrades zu untersuchen. Ein paar Meter weiter standen zwei Wachen.

Als Dietrich und Knobloch näherkamen, sprach Maria sie an, als seien sie Fremde. »Oh, ich bin ja so froh, daß Sie vorbeikommen. Meine beiden Reifen sind platt. Ich habe eine Luftpumpe, aber ...«

»Schon gut, Maria«, flüsterte Dietrich ihr zu. »Das ist Unteroffizier Knobloch. Ihm können wir vertrauen.«

Sie reichte Knobloch die Pumpe und die beiden Ventile, die sie offensichtlich selbst abgeschraubt hatte.

Mit unbeteiligtem Gesichtsausdruck, ohne die Lippen zu bewegen, fragte Dietrich: »Was ist mit Klaus? Wo ist er?«

»Gefängnis Lehrter Straße.«

Gott sei Dank! Nicht die Prinz-Albrecht-Straße!

»Emmi ist aus Schleswig-Holstein zurück. Die Kinder hat sie bei Verwandten gelassen.« Maria sprach über das Fahrrad hinweg, den Blick auf Knobloch gerichtet, so als würde sie mit ihm wegen der Reifen reden. Dietrich hockte sich hin und tat so, als wolle er dem Unteroffizier helfen.

»Es ist aber noch schlimmer gekommen«, flüsterte Maria. »Rüdiger ist verhaftet worden – am Mittwoch, in seinem Büro. Ursel ist vollkommen am Ende, wie du dir vorstellen kannst.«

»Und Mama?«

»Mama geht es gar nicht gut. Sie gerät sehr leicht aus der Fassung. Ich muß vorsichtig sein.«

Dietrich sah rasch in Marias Gesicht, und da wußte er, welcher Belastung sie ausgesetzt war. Er wagte es nicht, sie direkt anzusprechen; die Wachen fingen an, sich für sie zu interessieren. Immer noch auf den Knien sagte er leise: »Danke, daß du dich um sie kümmerst. Es bedeutet mir sehr viel, daß du dort bist.«

Als Dietrich wieder aufstand, standen Tränen in Marias Augen. Sie nahm von Knobloch die Luftpumpe und wendete das Fahrrad. Betont auffällig gab sie ihnen die Hand und leise, wie ein Hauch, klang es: »Auf Wiedersehen, Dietrich.« Ohne sich noch einmal umzusehen, schob sie das Fahrrad, an den beiden Wachen vorbei, durch das Tor.

Drei Tage später kam die Gestapo und holte Dietrich ab. Es war keine Überraschung für ihn. Er hatte – soweit es möglich war – alle seine Angelegenheiten geordnet. Behalten hatte er nur ein paar wenige Habseligkeiten, auf die er meinte, nicht verzichten zu können – Marias Briefe und ihr Bild, ein Bild seiner Eltern und den kleinen Schnappschuß von Eberhard in Uniform. Von seinen Schriften hatte er nur das neue Werk bei sich behalten, zusammen mit einem kleinen Vorrat leerer Blätter und Schreibmaterialien. Hin und wieder hatte er Knoblochs besorgtes Gesicht durch den Türspalt gesehen. Jetzt war er fertig, und die SS-Männer legten ihm Handschellen an. Dietrich sah noch einmal in die Augen seines treuen Bewachers – ein wortloses Lebewohl, von dem er hoffte, daß seine Dankbarkeit darin zu erkennen war. Knobloch hatte ihm versprochen, seine Eltern über alles, was geschah, zu benachrichtigen.

Zum ersten Mal sah er das zerstörte Berlin. Alles war viel schlimmer, als er es sich vorgestellt hatte. Immer wieder mußte der Wagen halten, mußten Arbeitstrupps – meist alte Männer, aber auch leichter Verwundete – mit ihren Schaufeln eine Durchfahrt freischaufeln. Als sie den Stettiner Bahnhof erreichten, war es bereits kurz vor 19.00 Uhr. Anderthalb Stunden hatten sie für die acht Kilometer von Tegel gebraucht. Es dauerte noch eine Stunde, bis sie die Innenstadt durchquert hatten.

Bei der alten Dreieinigkeitskirche bog der Wagen ab. Die Kirche, in der Dietrich einmal gepredigt hatte. Vor Ewigkeiten, wie es ihm schien. Sie fuhren um das Hotel Kaiserhof, kamen am Luftfahrtministerium vorbei und bogen dann in den kurzen Straßenzug ein, in dem das Hauptquartier der Gestapo lag.

Zwei SS-Männer führten ihn mit vorgehaltenen Pistolen die Treppe hinunter in einen kleinen Raum. Hier befahlen sie ihm, sich auszuziehen. Als er protestierte, schlug ihm einer der beiden Bewacher – ein Riese mit einer Beinprothese – heftig ins Gesicht.

»Hier wird nicht diskutiert!« Als ihre suchenden Hände ihn abtasteten, starrte Dietrich angestrengt auf die schwere Tür. Ob sie bei ihm nach Gift suchten? Sie befahlen ihm, sich wieder anzuziehen, legten ihm die Handschellen an und führten ihn in einen noch niedriger gelegenen Keller. Vor der Zelle 19 nahmen sie ihm die Handschellen ab und stießen ihn hinein.

Die Zelle war wesentlich kleiner als die in Tegel. So klein, daß Dietrich, wenn er sich in die Mitte stellte, mit den Fingern beide Seitenwände erreichen konnte. Die einzigen Möbel waren ein kleiner Tisch, ein Hocker und eine Pritsche, die man hochklappen mußte, um an dem Tisch sitzen zu können. Ein Fenster gab es nicht, nur ein rundes Gitter über der Tür und in der Tür einen kleinen Schlitz mit einem Sims. Die Glühbirne an der Decke warf ein hartes Licht in die kahle Zelle.

Dietrich stellte seinen Koffer ab und legte seine Bibel, den Goethe und seinen kleinen Vorrat an Schreibpapier auf den Tisch. Auf einer Seite baute er die Bilder seiner Eltern, von Maria und Eberhard auf. Das Abendbrot gab es nicht mehr, aber er hatte noch ein wenig Brot und getrocknete Äpfel aus seinem Paket von der vergangenen Woche.

Noch bevor Dietrich sein mageres Abendessen beendet hatte, Luftalarm! Hastig wurden die Türen geöffnet, und auf dem Flur drängten Stimmen: »'Raus, 'raus!« Jetzt wurde der Schlüssel in seinem Türschloß herumgedreht. Ein Schließer legte ihm Handschellen an und stieß ihn hinaus auf den Flur. Überall standen SS-Männer mit Maschinengewehren, als sie die Gefangenen durch den Flur trieben. Niemand sprach ein Wort oder drehte sich um, aber Dietrich glaubte, vor sich Canaris und Oster zu erkennen. Draußen überquerten sie einen Hof zu dem etwa zwanzig Meter entfernt gelegenen Betonbunker. Die SS-Männer stießen sie die Stufen hinunter und folgten ihnen sofort nach. Der Schutzraum war hell und größer, als Dietrich es erwartet hatte. Ein quadratischer Raum, von dem aus Türen in weitere Räume führten, von denen einer ganz offensichtlich der Öffentlichkeit zugänglich war. Strömten doch von draußen die Menschen herein, vor allem Frauen und Kinder. Die gefesselten Gefangenen drängten sich auf dem Gang zusammen, von den Wachen immer wieder aufgefordert, kein Wort miteinander zu sprechen.

Außer Oster und Canaris erkannte Dietrich jetzt noch Josef Müller, Karl Sack, Carl Goerdeler und gleich daneben Marias Cousin Fabian von Schlabrendorff. Alles Männer des Widerstandes, die hier – gleichsam zum letzten Akt – zusammengetrieben worden waren. Dietrich hatte Schlabrendorff seit dessen mißlungenem Versuch, eine Bombe in Hitlers Flugzeug zu schmuggeln, nicht mehr gesehen. Als sich ihre Blicke begegneten, erschrak Schlabrendorff, doch Dietrich blieb völlig unbeteiligt, tat so, als kenne er ihn nicht.

Von draußen drangen die inzwischen so vertrauten Geräusche herein, und die Wand hinter ihm zitterte und bebte. Die Handschellen wurden Dietrich zur Qual. Auf einmal bemerkte er, daß

Oster versuchte, ihn auf sich aufmerksam zu machen. Oster stand neben einem schweren, stählernen Aktenschrank und rieb, ohne den Blick von Dietrich zu wenden, mit dem Rücken seiner gefesselten Hand leicht an der Kante des Schrankes entlang, spreizte seine Finger weit auf, hob langsam seine Hände und legten einen Finger vor den Mund. Dietrich verstand nicht, was er ihm sagen wollte. Oster wiederholte die Bewegungen exakt und sah Dietrich fragend an. Hatte er ihn jetzt verstanden? Dietrich deutete ein Kopfschütteln an. Jetzt legte Oster den Finger an die Lippen – Geheim! Dann berührte er den Aktenschrank – Geheimer Aktenschrank! Er spreizte seine Finger weit auf – geheimer Aktenschrank geöffnet! Zossen! Die SS hatte also die Papiere gefunden, die sie alle belasteten.

Die Nacht war lang, die Matratze viel dünner als die in Tegel. Aber schließlich schlief Dietrich doch ein.

Am nächsten Morgen wurde er zusammen mit Oster in den Waschraum geführt. Dort waren auch die vier Toiletten, aber es gab keine Möglichkeit, hier miteinander zu reden, ging doch die ganze Zeit über ein Wärter vor ihnen auf und ab. Aber unter der eiskalten Dusche konnten sie miteinander flüstern. Ihre Worte wurden vom Rauschen des Wassers übertönt.

»Zossen?« fragte Dietrich.

»Ja! Jemand hat sie direkt dorthin geführt. Sie haben alles gefunden. Sie warten nur noch, bis sie alles aus uns herausgepreßt haben, besonders die Namen, bevor sie uns töten. Wir müssen sie auf falsche Spuren lenken – was immer die Sache hinauszögern kann. Wie ist es mit den Alliierten? Gibt es da Hoffnung?«

»Sie rücken rasch vor. Jetzt sind sie schon fast am Rhein.«

»Nicht rasch genug, fürchte ich.«

Dietrich und Oster waren »Nachbarn«. Oster saß in Zelle 20. Auf dem Weg zu Zelle 19 begegnete Dietrich Canaris. Die beiden Wachen hatten etwas miteinander zu besprechen, und für einen Augenblick standen sich Dietrich und der Admiral gegenüber.

»Dieser Ort ist die Hölle, Herr Pastor«, flüsterte Canaris.

Canaris, schon immer von eher zierlicher Figur, sah erschrekkend aus. Seine dunkel geränderten und eingesunkenen Augen glühten wie Kohlen in grauer Asche. Geradezu inbrünstig bemühte sich Dietrich, diesem elend vor ihm Stehenden Hoffnung, Vertrauen, Glauben zu geben – mit dem einen Wort »Mut«, das er ihm zuflüsterte, ehe die Wachen sie wieder trennten.

Das Frühstück, das durch die kleine Öffnung in der Tür reingeschoben wurde, bestand aus einem Becher Malzkaffee und zwei Scheiben dunklem Brot, bestrichen mit einer klebrigen Masse, angeblich Marmelade. Wie hilfesuchend griff Dietrich nach seiner Bibel, verbrachte eine Stunde in Meditation und Gebet.

Plötzlich erschollen entsetzliche Schreie aus einem der oberen Stockwerke. Angstvoll angespannt lauschten die Gefangenen in ihren Zellen. Das Schreien hielt an, jeder Schrei schrecklicher als der vorangegangene. Schließlich nur noch ein erschöpftes Wimmern und Stöhnen. Als Dietrich schon dachte, es sei vorüber, schwoll das Schreien wieder an. Dietrich hatte schon viel über die grauenvollen Folterungen in diesem Haus gehört, aber auf so etwas hätte ihn auch die beste Vorinformation nicht vorbereiten können.

Am nächsten Morgen stand Dietrich neben Schlabrendorff unter der Dusche. Entsetzt bemerkte er Einstiche an Schlabrendorffs Beinen, tiefrote und schwarze Striemen auf seinem Rücken. »Sie sind gefoltert worden!« flüsterte Dietrich.

»Ja«, bestätigte der hochgewachsene Leutnant. »Ich habe nichts verraten. Noch nicht! Aber ich weiß nicht, wie lange ich noch ...« Seine Stimme versagte ihm den Dienst.

Ein Aufseher kam, und sie wuschen sich schweigend weiter.

Als der Schließer weiterging, flüsterte Schlabrendorff: »Beten Sie für mich, Herr Pastor.«

»Das werde ich ... jeden Tag.«

Auf dem Rückweg zu seiner Zelle bemerkte Dietrich ein helles Licht, das aus Zelle 14 drang, die schräg gegenüber der seinen lag. Die zusammengesunkene Gestalt auf dem Stuhl war Canaris – an Händen und Füßen mit Ketten gefesselt. Vor der Tür stand ein SS-Bewacher, bewaffnet mit einem Maschinengewehr. Auch Zelle 13 nebenan stand offen und war hell erleuchtet, doch Dietrich konnte den Insassen nicht erkennen.

In den nächsten Tagen erfuhr er, wer seine Mitgefangenen waren. Goerdeler saß in Zelle 13, in Zelle 18 war Josef Müller. Am Ende des Flures, in Zelle 8, saß Dr. Sack. Mit jedem von ihnen konnte Dietrich irgendwann einmal im Waschraum ein paar geflüsterte Worte wechseln. Müller hatte nichts. Bisher war er nicht körperlich gefoltert worden, aber er mußte die ganze Zeit Handschellen tragen. Tag und Nacht brannte in seiner Zelle helles Licht, so daß er kaum schlafen konnte. Sack hatte vor seiner Verhaftung Papiere verbrannt, die auf Dietrich und Müller hinwiesen. Der Gestapo hatte er erzählt, die Unterlagen seien bei einem Luftangriff verlorengegangen. Canaris stritt seine Komplizenschaft mit den Verschwörern ab und versuchte, die Gestapo von der Spur der anderen abzulenken.

»Aber Oster ist ein Narr!« sagte Canaris zornig. »Er hat zuviel zugegeben. Daran sind diese Zossener Akten schuld. Er hätte sie schon vor langer Zeit vernichten sollen. Ein Narr ist er! Aber selbst diese Akten sind vielleicht noch nicht das Ende.« Canaris sah Dietrich mit seinen dunkel geränderten Augen an, verzweifelt, aber nicht hoffnungslos. »Verraten Sie nichts! Lassen Sie die im dunkeln tappen. Die wissen noch längst nicht alles!« Als der Bewacher wieder außer Hörweite war, flüsterte ihm Canaris zu: »Himmler hat seine Fühler zu den Alliierten ausgestreckt, will über einen Frieden verhandeln. Göring auch. Das kann Ihnen helfen. Machen Sie davon Gebrauch.«

Goerdeler, der bereits vom Volksgerichtshof zum Tode verurteilt worden war, gestand Dietrich, er habe Ziel und Umfang der Widerstandstätigkeit offen bekannt. »Ich wollte, daß sie es wissen. Keine Namen natürlich, keine Namen. Und nur bedeutungslose Einzelheiten, um ihnen Sand in die Augen zu streuen. Jetzt lassen sie mich schreiben, den ganzen Tag schreiben ... meine Vorstellungen für eine neue Regierung ... all diese Dinge. Vielleicht kann ich etwas sagen, das Hitler dazu bringt, seine Politik zu ändern. Ich hoffe, daß er mich zu einem Gespräch bittet, oder wenigstens Himmler.«

Dietrich sagte nichts. Was hätte es auch gebracht, diesem armen Menschen noch jetzt die letzten Illusionen zu zerstören.

Eines Nachts wurde Dietrich von lauten Rufen geweckt. Von seiner vergitterten Luke aus sah er, wie ein SS-Mann Goerdeler mit Flüchen und Drohungen traktierte. Man würde das Todesurteil sofort vollstrecken, brüllte der SS-Mann, wenn Goerdeler sich weiter weigert, die Namen der Männer zu nennen, die für eine neue Regierung vorgesehen gewesen waren.

»Dann vollstrecken Sie das Todesurteil«, sagte Goerdeler mit fester Stimme. »Oder glauben Sie, ich hätte Angst vor dem Tod?«

Die Drohungen des SS-Mannes konnten ihn nicht einschüchtern.

Fast jeden Morgen versetzten Dietrich die entsetzlichen Geräusche der Folterungen in Angst und Schrecken. Schlabrendorff befand sich nach fast unaufhörlichem Foltern in einem erbarmungswürdigen Zustand. Nach einer Woche wurde Dietrich in Zelle 24 verlegt, direkt neben Schlabrendorff. Es war Mittwoch, und Dietrichs erstes Paket von zu Hause war angekommen – frische Bettwäsche, getrocknete Äpfel, Brot und zwei Zigarren. Er wickelte Lebensmittel und eine Zigarre in Papier und steckte Schlabrendorff das Päckchen am Abend zu, als die Türen für den Gang zum Waschraum geöffnet wurden. Am nächsten Abend flüsterte Schlabrendorff Dietrich zu, daß einer der Verschwörer, Kurt von Plattenburg, aus einem Fenster im dritten Stock in den Tod gesprungen war.

»Ihr Vater ist Arzt, nicht wahr?« erkundigte sich Schlabrendorff.

»Ja!«

»Von ganzem Herzen, bitten Sie ihn, mit dem nächsten Päckchen etwas Gift zu schicken ... nur ein kleines Fläschchen ... es dürfte nicht schwer zu verstecken sein. Ich glaube nicht, daß ich noch lange durchhalte. Bitte, tun Sie das für mich!«

Die Verzweiflung in der Stimme des Leutnants war so unüberhörbar, daß Dietrich vor Schmerz und Mitleid erschauerte. Er flüsterte zurück: »Ich werde tun, was ich kann, aber es wird vielleicht nicht möglich sein. Verlieren Sie nicht den Mut; bitte, verlieren Sie ihn nicht! Ein Kampf ist erst verloren, wenn er aufgegeben wird. Denken Sie daran, wenn Sie so Entsetzliches durchmachen müssen.« Wie hohl das alles klang! Wenn er ihm doch nur helfen könnte. Er selbst hatte dieses Grauen noch nicht erlebt. In jener Nacht schrieb er Worte der Hoffnung und des Trostes aus der Bibel auf kleine Zettel. Wann immer sich eine Gelegenheit bot, steckte er Schlabrendorff einen davon zu.

Am nächsten Morgen kam ein SS-Mann, um Dietrich abzuholen, und führte ihn in Handschellen zu einem Aufzug. Das Faltgitter war mit einem Vorhängeschloß verschlossen. Hoch über ihnen im Schacht ratterten und quietschten die Kabel, mit deren Hilfe die Opfer von einem Höllenkreis in den nächsten transportiert wurden. Dann sank die Kabine herab und kam hinter dem Gitter zum Halten. Der Bewacher öffnete das Schloß, schob Dietrich hinein und verschloß es wieder. Im zweiten Stock stiegen sie aus und gingen über einen langen Flur bis zu einem Vorzimmer, dessen Tür von einem Beamten mit einer Maschinenpistole bewacht wurde. Drinnen befahl der SS-Mann Dietrich zu warten. Man werde ihn rufen.

Es war ein kleines, hell erleuchtetes Zimmer. Dietrich saß auf einem der zwei einfachen Stühle, die an der Wand standen. Nach einer langen Wartezeit öffnete sich die hohe Doppeltür zu seiner Rechten, und Dietrich hörte eine ihm nur zu bekannte Stimme sagen: »Raus mit dem Bastard!« Ein Gefangener, dessen Arme hinter dem Rücken in Handschellen steckten, hüpfte mit gefesselten Füßen auf die Tür zu. Seine Schuhe hatten keine Schnürsenkel. Sein Gesicht konnte Dietrich nicht sehen.

»Raus mit dir, verdammt!« Der Bewacher versetzte dem Gefangenen einen Tritt, so daß er in seiner jammernswerten Lage ins Straucheln kam.

Dietrich sprang auf. Doch ebenso rasch drückte ihn der Schließer wieder auf den Stuhl und brüllte: »Misch dich nicht ein, du Hund!«

Als Dietrich aufblickte, erkannte er das Gesicht seines Freundes und Kollegen aus der Bekennenden Kirche, Justus Perels. In dem kurzen Blick, den Perels ihm zuwarf, paarte sich tiefer Schmerz mit einer dringenden Warnung.

Von der Doppeltür her krächzte die Stimme eines Wärters: »Gefangener Bonhoeffer!«

Im angrenzenden Zimmer stand Franz Xaver Sonderegger.

44

Sonderegger sprach mit rauher Stimme und ohne von seinen Papieren aufzusehen. »Sie haben Ihren Freund Perels gesehen. Falls Sie nicht mit uns zusammenarbeiten, werden Sie sich bald in demselben Zustand befinden.« Er lehnte sich in seinem Sessel zurück. »Dieser Verbrecher ist Ihr Freund, nicht wahr?«

»Herr Dr. Perels ist ein Bekannter von mir«, sagte Dietrich, mühsam um seine Beherrschung ringend. »Doch was auch immer gegen ihn vorliegen mag, eine so schändliche Behandlung hat er nicht verdient!«

»Die hat er sich selbst eingehandelt, als er sich weigerte, die Wahrheit zu sagen. Ich habe hier eine Aufgabe zu erledigen – eine wichtige Arbeit, die getan werden muß ... Und ich werde jedes Mittel anwenden, das sich in diesem Zusammenhang als notwendig erweist.«

Da war er wieder! Sondereggers näselnder, niederdeutscher Akzent, der wachsame Ausdruck in seinem Gesicht. Seine makellose Uniform verriet, wie stolz er auf seine Position als Beamter der Gestapo war. Sie machte ihn zu einem Angehörigen der neuen Elite.

Sonderegger wandte Dietrich seinen verschlagenen Blick zu. »Sie haben sich bisher ziemlich schlau verhalten! Sie und Dohnanyi! Aber mir war klar, daß da etwas im Busche war. Ich wußte verdammt gut, daß sich um Canaris ein ganzes Nest von Verrätern scharte. Jetzt kann ich meine Vermutung beweisen! Ja, ja! Wir wissen genau, was Sie und Ihre Freunde vorhatten. Es hat überhaupt keinen Sinn, noch etwas zu leugnen.«

»Ich habe die Arbeit an meinem theologischen Buch ›vorgehabt‹ – soweit mir das im Tegeler Gefängnis möglich war.«

»Davor, davor! Sie wissen sehr gut, wovon ich spreche. Ich möchte etwas über diesen Kreis hören, in dem Sie sich bewegt haben.«

»Was für einen Kreis meinen Sie, Herr Kommissar?«

»Beck, Goerdeler, Oster, Dohnanyi und natürlich Canaris.«

»Von einem solchen Kreis weiß ich nichts.«

»Und ich sage Ihnen, wir haben Beweise dafür. Sie täten gut daran, das nicht zu leugnen. Fangen wir mit Beck an! Was wissen Sie über ihn?«

»Beck? Ich kenne niemanden, der Beck heißt.«

»General Ludwig Beck.«

»Ein General? Ach ja, ich habe von General Beck gehört. Aber das muß schon eine ganze Weile her sein. In letzter Zeit habe ich seinen Namen nicht mehr in den Zeitungen gelesen.«

»Jetzt reicht es. Sie haben Befehle von ihm entgegengenommen.«

»Ich habe von Admiral Canaris Befehle entgegengenommen.«

»Sicher, auch von Canaris. Aber ich sagte, auch von Beck. Auch von Beck.«

»Das ist unmöglich. Ich kenne den Mann nicht einmal.«

Eine Sekretärin schrieb hastig mit. Sonderegger holte einen dicken Aktenordner aus einer Schublade und legte ihn vor Dietrich. »Sie sollten das hier lesen, bevor Sie weiter vollkommen sinnlos Tatsachen abstreiten.«

Dietrich sah ihn an. »Haben Sie schon einmal versucht, mit diesen Dingern an den Handgelenken Seiten umzublättern?«

Der Kommissar winkte dem Wachmann, die Handschellen abzunehmen. Die ersten Blätter in dem Ordner waren die Proklamationen, die Hans für Beck und Goerdeler verfaßt hatte. Dann folgten Osters handschriftlicher Plan für den Staatsstreich und Müllers Berichte über die Unterredungen im Vatikan. Von Dietrichs Berichten über seine Treffen in der Schweiz und Schweden war nichts enthalten. Dietrich war sich der wachsamen Blicke Sondereggers bewußt, aber es gelang ihm – dank Osters Warnung –, ein völlig unbeteiligtes Gesicht zu bewahren. »Ich habe nichts davon je in meinem Leben gesehen«, erklärte er mit fester Stimme.

»Sie haben mit all diesen Männern zusammengearbeitet.«

»Nur mit Müller – und mit meinem Schwager.«

»Der ein überführter Verräter ist. Ein überführter Verräter! Ich habe sein volles Geständnis.«

»Sicherlich erwarten Sie nicht von mir, daß ich Ihnen das glaube.«

Sonderegger warf Dietrich einen lauernden Blick zu, fragte ihn dann unvermittelt nach Oster.

»Ich bin General Oster nur einige Male in der Abwehr begegnet.«

»Und Sie wußten, daß er tief in eine Verschwörung gegen den Führer verstrickt war.«

»Das würde mich in der Tat sehr überraschen. Ich habe ihn nicht sehr gut gekannt, aber ich habe große Zweifel ...«

»Und aus demselben Grund trafen auch Sie mit ihm zusammen!« beharrte Sonderegger.

»Sie überraschen mich, Herr Kommissar! Wie Sie wissen, bin ich vor allem deshalb zur Abwehr gekommen, weil mein Schwager von meinen ökumenischen Verbindungen wußte und glaubte, darüber hilfreiche Informationen für die Wehrmacht erhalten zu können.«

»Es steckt aber noch mehr dahinter! Es steckt mehr dahinter! Wir haben Gründe, an Ihrer Loyalität zu zweifeln. Weshalb hätte man Ihnen denn ein Rede- und Schreibverbot auferlegt? Sie haben sich dem Militärdienst entzogen und anderen geholfen, dasselbe zu tun. Ihre beiden Häuser – das Ihrer Eltern und das Ihrer Schwester – sind von Leuten besucht worden, die den Davidsstern trugen. Es paßt alles zusammen! Ganz klar!« Sonderegger verzog sein Gesicht zu einem freudlosen Lächeln. »Wäre es nicht besser, einfach die Wahrheit zu sagen? Ich versichere Ihnen, wir haben unsere Mittel und Wege, an die Wahrheit zu kommen, und – so wahr ich hier sitze! – wir brauchen niemanden um Erlaubnis zu bitten.«

»Ich habe Ihnen gesagt, was ich weiß. Sie haben alles vor dem Kriegsgerichtshof gehört.«

»Möchten Sie etwa Ihre Eltern hier hinter Gittern sehen?«

Dietrich fuhr entsetzt zurück. »Warum sollten Sie etwas so Grausames tun, wenn es Ihnen nicht das Geringste einbringt?«

Sondereggers Blick wurde hart. »Sie werden mir noch einmal zu oft in die Quere kommen, Bonhoeffer! Einmal zu oft! Denken Sie darüber nach.« Dann wandte er sich an den Wärter: »Abführen!«

Drei Wochen nach Klaus' Verhaftung erfuhr Paula, daß Eberhard auf Anordnung der Gestapo in Italien festgenommen worden und ins Gefängnis Lehrter Straße gebracht worden war; da, wo man auch Klaus und Rüdiger eingesperrt hatte. Renate schloß sich nun ihrer Mutter und Emmi an, wenn sie täglich Mahlzeiten für ihre Männer zubereiteten. Sie schlugen die Speisen in Zeitungen und Kissen ein, um sie warmzuhalten, übergaben sie den Wachen im Gefängnis und warteten, bis die Wachen mit dem leeren Geschirr zurückkehrten. Paula und Maria baten darum, dasselbe für Dietrich tun zu dürfen, aber die Beamten in der Prinz-Albrecht-Straße lehnten ab. Mehr als ein Paket in der Woche war verboten.

In den anderthalb Jahren seit Dietrichs Verhaftung hatte Paula dessen junge Braut mehr als liebgewonnen. Ohne viel Aufhebens führte Maria inzwischen den gesamten Haushalt. Mit Emmi verband Maria eine enge Freundschaft. Oft kam Emmi auf dem Heimweg vom Gefängnis vorbei und besuchte Maria. Eines Nachmittags traf Paula die beiden in der Küche an. Emmi schluchzte haltlos.

»Es sind Tiere – böse, reißende Tiere!« stieß sie immer wieder hervor. »Nein! Das wäre ungerecht gegenüber den Tieren. Kein Tier ist so grausam wie Menschen.« Dann sah Emmi Paula in der Tür stehen und stopfte rasch ein Kleidungsstück in ihre Tasche.

»Was ist los?« fragte Paula voller Angst.

»Tut mir leid, Mama! Ich dachte, du seist nebenan.«

Paula trat an den Tisch. Darauf stand die Reisetasche, in der Emmi Klaus' Wäsche transportierte. »Was hast du da eben in die Tasche zurückgelegt? Sag es mir, Emmi!«

»Ich wollte nicht, daß du das siehst ...«

»Ich muß es sehen!«

Schweigend öffnete Emmi die Tasche und nahm ein Unterhemd heraus. Es war über und über mit Blutflecken bedeckt. Auch ein Paar Socken voller Blut lagen in der Tasche. Paula sah erst Maria und dann Emmi an. Sie rührte sich nicht. Dann hob sie zitternd das Unterhemd auf und preßte es gegen ihre Brust. Lange hielt sie das Hemd dort fest, dann reichte sie es Emmi zurück und lief wortlos aus dem Zimmer.

Die Wochen schleppten sich dahin – in Erwartung und Enttäuschung, in Hoffnung und Trostlosigkeit. Als Emmi Anfang Dezember zu Besuch kam, bat sie Maria, sie ein Stück auf dem Heimweg zu begleiten.

»Bitte seid vorsichtig«, bat Paula die beiden. Es war schon fast 21.00 Uhr, und es gefiel ihr nicht, daß Maria allein wieder nach Hause gehen mußte. Nach einer halben Stunde begann Paula, an der Tür nach Maria Ausschau zu halten.

»Liebes«, besänftigte sie Karl. »Komm und setz dich! Davon, daß du herumläufst und nach draußen schaust, kommt sie auch nicht zurück.«

Paula setzte sich zu ihm auf das Sofa. Die Zeit verging – aber Maria kam nicht. Paula konnte nicht länger still sitzenbleiben und begann wieder, ruhelos zwischen Tür und Fenster hin und her zu gehen. Die Uhr schlug zehnmal – nichts tat sich. Endlich Schritte vor der Tür. Die Tür wurde geöffnet, und Maria kam herein.

»Oh, da bist du ja«, rief Paula fast schluchzend. Karl war ebenfalls aufgesprungen.

Maria sah verständnislos von einem zum anderen. Allmählich dämmerte Begreifen in ihrem Gesicht. »Es tut mir leid! Ist es wirklich schon so spät?«

»Ja«, sagte Karl sehr nachdrücklich. »Du bist sehr lange weggewesen. Warum hast du das Mama angetan? Konntest du dir nicht denken, daß sie sich Sorgen macht?« Karl hatte mit erhobener Stimme gesprochen. Etwas, was niemand an ihm kannte.

»Es tut mir leid, wirklich«, beteuerte Maria. »Ich habe es gar nicht gemerkt – wir haben uns nur unterhalten und dabei die Zeit vergessen.«

Paula streckte die Hand aus, um Maria zu beruhigen, aber sie konnte kein Wort sagen.

»Es tut mir leid . . .«, wiederholte Maria noch einmal. Dann lief sie rasch aus dem Zimmer.

In jener Nacht gab es keinen Luftangriff. Nach dem Frühstück am nächsten Morgen sagte sie zu Maria: »Ich hoffe, du hast gut geschlafen.«

»Ja, danke. Und du?«

»Sehr gut! Die Amerikaner sind ausgeblieben.«

»Sie müssen sich erkältet haben oder ... so was«, lächelte Maria.

Nach einer Weile sagte Paula vollkommen unvermittelt: »Du mußt Dietrich sehr lieben, oder?«

Maria schien überrascht. »Ja, ich liebe ihn.«

»Es ist sicher nicht leicht für dich, hier bei uns zu leben.«

»Es ist in dieser Zeit für niemanden leicht – wo man auch ist.«

»Möchtest du vielleicht gern woanders leben? Oder heim nach Pätzig?

»Nein! Ich möchte hierbleiben.« Ganz einfach sagte es Maria, lächelte und fischte die Teeblätter aus der Kanne.

»Warum liebst du ihn, Maria?«

»Dieselbe Frage hat mir meine Mutter auch schon einmal gestellt. Ich weiß es nicht! Wir sind einfach gern zusammen. Wir lachen zusammen, ich fühle mich wohl bei ihm. Und er mag mich so, wie ich bin. Ich habe nicht das Gefühl, daß er mich wie eine Trophäe erobern will. Das ist sehr schön, weißt du.« Sie sah Paula direkt in die Augen. »Ich möchte die Mutter seiner Kinder sein.«

Paula sah zu, wie Maria das Tablett auf die Heizung stellte. Und sie empfand nichts als Wärme, Zuneigung für diese junge Frau. Alle Vorbehalte, die sie einmal Maria gegenüber gehegt hatte, sie waren dahin.

Die zwei Monate – angefüllt mit Vernehmungen – waren lang gewesen, hatten sich zäh dahingezogen. Doch niemals wieder hatte Sonderegger Drohungen gegen Dietrichs Eltern ausgestoßen. Aber dann hatte er Dietrich plötzlich mit dem in verschlüsselter Sprache abgefaßten Bericht über dessen Reise nach Schweden konfrontiert. Dietrich war es zwar gelungen, sinnvolle Gründe für diesen Bericht anzugeben, doch zum ersten Mal hatte Sonderegger konkrete Fragen über Dietrichs Gespräche mit Bischof Bell gestellt.

»Wenn dies, wie Sie sagen, auf Befehl von Canaris geschah, wie lautete dann Ihr Auftrag? Was sollten Sie herausfinden?«

»Soviel wie möglich über die Pläne der Engländer. Zum Beispiel, wie die Verhandlungen zwischen den Engländern und den Russen standen und wie die Engländer zu diesem Zeitpunkt die Stärke der Russen einschätzten.«

Sonderegger spitzte die Ohren. Und genau das hatte Dietrich erwartet. Schon seit einiger Zeit steuerten alle Verhöre Sondereggers in diese Richtung, und Dietrich, der sich an Canaris' Hinweis auf die Friedenssondierungen durch Himmler und Göring erinnerte, hatte viele Stunden in seiner Zelle damit verbracht, seine Antworten zu planen, mit denen er Zeit gewinnen wollte, ohne jemandem zu schaden.

»Und was haben Sie herausgefunden?« Unverkennbar das Jagdfieber in Sondereggers Zügen.

»Eine Menge! Einige Mitglieder der britischen Regierung waren der Meinung, die russische Stärke werde in England unterschätzt.«

»Wer war das?«

»Sir Stafford Cripps zum Beispiel. Er hatte Sorge, keine Macht, auch nicht Großbritannien, könnte die Russen daran hindern, bis zum Brandenburger Tor vorzurücken.«

Die Augen des Kommissars verrieten Beunruhigung.

Dietrich aber war noch nicht am Ende. »Die Folgen dieser Tatsache – für England – seien nicht abzusehen, hatte er gemeint.«

»Und das ist alles, was Sie in Erfahrung bringen konnten?«

»Nun, Cripps sagte, Lord Beaverbrook sei schon früher in die Schweiz gereist und habe dort mit deutschen Industriellen über die Möglichkeit von Friedensverhandlungen wie auch der Bildung einer gemeinsamen Front der Westmächte und Deutschlands gegen Rußland gesprochen.«

Der Kommissar beugte sich vor: »Mit welchen deutschen Industriellen? Wer waren sie?«

»Das wußte der Lordbischof nicht.«

Eine Weile blieb Sonderegger stumm. Dann wollte er wissen, wer Bischof Bell eigentlich sei. Dietrich schilderte den Bischof als einen Mann des Friedens, der für gegenseitiges Verständnis eintrat, als einen erklärten Freund des deutschen Volkes. »Allein deshalb wurde Bell übrigens nicht zum Nachfolger des Erzbischofs

Lang von Canterbury ernannt, wie allgemein erwartet worden war.«

»Und Sie haben über all dies Bericht erstattet?«

»Der Abwehr, ja.«

»Sie hätten besser daran getan, damit zu uns zu kommen – statt zu diesen Abweichlern.«

»Aber sie waren meine Vorgesetzten!«

Im Vorzimmer hielt die Sekretärin eine Niederschrift der vorausgegangenen Vernehmung bereit. Wie üblich mußte Dietrich sie lesen und alle sieben Durchschläge unterzeichnen.

Eines Nachts – Dietrich lag schlaflos auf seiner Pritsche – hörte er Schritte im Korridor. Er stand auf und beobachtete durch seinen Türschlitz, wie ein SS-Mann Goerdelers Zelle betrat.

»Los, aufwachen!« erklang eine rauhe Stimme. »Ich will über Ihren Bruder Bescheid wissen.«

»Meinen Bruder?« ertönte Goerdelers schlaftrunkene Stimme.

»Er wußte über diese Pläne zum 20. Juli Bescheid, oder?«

»Ja, er wußte davon ...« Goerdeler stockte, schien plötzlich zu merken, was er gesagt hatte. »Aber das war nur meinetwegen, weil ich ihm davon erzählt habe. Sonst hätte er nie davon erfahren ... Er interessierte sich nicht für diese Dinge ... Es war nur, weil ich ihm davon erzählt habe, wie Brüder eben so reden, wissen Sie.«

»Das ist alles, was ich wissen wollte«, erklärte der SS-Mann und ging.

Zwei Tage später fand Dietrich Goerdeler weinend im Waschraum. »Was ist los? Was ist passiert?«

»Sie haben ihn umgebracht. Sie haben meinen Bruder hingerichtet, und ich bin schuld daran.« Goerdeler erzählte Dietrich, was sich in jener Nacht zugetragen hatte. »Sehen Sie, ich habe ihn verraten.«

»Aber Sie waren doch vollkommen schlaftrunken! Wußten nicht, was Sie taten. Man hat Ihnen eine Falle gestellt.«

In diesem Augenblick sah sich der Wärter nach ihnen um, und sie konnten nicht mehr reden.

Wieder in seiner Zelle war, schrieb Dietrich auf einen Zettel die

Worte aus Psalm 116: »Der Tod seiner Heiligen wiegt schwer vor dem Herrn«, und »Er hört die Stimme meines Flehens. Er neigte sein Ohr zu mir.« Beim abendlichen Gang in den Waschraum steckte er Goerdeler den Zettel zu.

An jenem Abend las Dietrich im Philipperbrief. Dort schrieb der Apostel Paulus, selbst ein Gefangener: »Ich ... warte und hoffe, daß ich in keinem Stück zuschanden werde, sondern daß frei und offen, wie allezeit so auch jetzt, Christus verherrlicht werde an meinem Leibe, es sei durch Leben oder durch Tod.«

Nach dem letzten Verhör erhielt Dietrich die langersehnte Erlaubnis, an Maria zu schreiben. Er versuchte, sie – und damit natürlich auch seine Eltern – zu beruhigen. Schrieb, daß es ihm gutginge und er nicht mißhandelt würde. Wenige Tage später bekam er den so heiß ersehnten Brief von ihr, den ersten richtigen Brief, der ihm zugestanden wurde. Immer und immer wieder las er ihn, bis er ihn auswendig kannte.

Bald darauf löschte Sonderegger auch dieses kleine wärmende Kerzenlicht aus. »Sie sagen uns jetzt, was Sie wissen, oder wir bringen Maria morgen hierher«, drohte er. »Morgen! In diesen Zellen sitzen eine Menge Frauen! Also denken Sie nicht, das sei eine leere Drohung.«

Nur Gott weiß, wie schwer es Dietrich fiel, auch diesmal mit fester Stimme zu sagen: »Ich habe Ihnen alles gesagt, was ich weiß.«

»Und genau das glaube ich Ihnen nicht! Das habe ich Ihnen auch niemals abgenommen! Einer Ihrer Mitverschwörer hat Sie jetzt belastet.«

»Das ist nicht möglich! Es sei denn, jemand hätte unter den Händen der Folterknechte einen Meineid geschworen.«

»Glauben Sie, Ihr Freund Perels würde lügen?«

Die Erinnerung an das zerstörte Gesicht seines Kollegen erfüllte Dietrich mit Schrecken. Perels wußte viel. Vor dem 20. Juli war er Mittelsmann zwischen den gefangenen Verschwörern und General Beck gewesen, hatte sogar Dietrich zuliebe einen Besuch bei dem unter Hausarrest stehenden Oster gewagt.

»Herr Dr. Perels ist kein Lügner.«

»Gut«, nickte Sonderegger zufrieden. »Dann geben Sie also zu, gemeinsam mit Perels und anderen, 1942 an einem verräterischen Treffen in Freiburg teilgenommen zu haben?«

»Freiburg? 1942? Ich kann mich an ein Treffen in Freiburg nicht erinnern.«

Sonderegger öffnete einen Ordner, schlug die letzte Seite auf und deutete auf Perels' Unterschrift. Es war der von Perels verfaßte Teil der in Freiburg geschriebenen Memoranden über die Zukunft Deutschlands ohne Hitler. Dietrich hatte den Brüderrat überredet, ihn zusammen mit Perels als Vertreter der Bekennenden Kirche zu diesem Treffen zu schicken. Dietrichs Formulierungen über das zukünftige Verhältnis von Kirche und Staat waren in dem Abschlußdokument nicht enthalten.

»Dieses Dokument ist mir nicht bekannt«, erklärte Dietrich, »obwohl es mich nicht überrascht, daß Dr. Perels versucht hat, die zerrissene Kirche zu heilen, damit sie dem Vaterland besser dienen kann.« Die Worte kamen mit einer Leichtigkeit, die selbst Dietrich überraschte.

»Goerdeler ist auch dabeigewesen!« Sonderegger ließ Dietrich nicht aus den Augen. »Er hat gestanden, daß die Pläne sich auf eine Regierungsbildung nach dem geplanten Sturz des Führers bezogen.«

»Von solchen Plänen weiß ich nichts.«

»Es ist offenkundig, daß Sie lügen! Ganz offenkundig!« Sonderegger griff nach seinem Füller. »Ich werde den Befehl geben, die junge Dame herzubringen.«

»Ich weiß nicht, was Sie von mir wollen. Ich habe Ihnen von meinen Aufträgen bei der Abwehr erzählt. Auch darüber, daß man mich oft um Adressen, Vorstellungen, Informationen gebeten hat ... hauptsächlich über Leute der Ökumene.« Fieberhaft durchforstete Dietrich sein Gehirn nach irgendeiner harmlosen Information, mit der er den Mann zufriedenstellen könnte. »Manchmal habe ich auch beim internen Informationsdienst ausgeholfen.«

»Welchem internen Informationsdienst? Der gehört doch in die Zuständigkeit der SS. Oder wußten Sie das nicht?«

»Ich wußte, daß es da Auseinandersetzungen über die Zuständigkeit gab, aber natürlich war es nicht meine Sache, zu ...«

»Wer hat das angeordnet?«

Es gab keine Alternative mehr. »Es war für Admiral Canaris. Er wollte nur Informationen, die für eine Verbesserung des militärischen Nachrichtendienstes notwendig waren, hat er mir gesagt. So hoffte er, auf jedem erdenklichen Weg die Schwierigkeiten der Kriegführung überwinden zu helfen.«

Sehr zu Dietrichs Erleichterung beließ es Sonderegger dabei und wandte sich wieder den englischen Friedensinitiativen zu. »Sie haben von Lord Beaverbrook und seinen Friedenssondierungen gesprochen. Glauben Sie, daß es in England noch andere wichtige Persönlichkeiten gibt, die eine Art gemeinsamer Front mit uns gegen die Russen befürworten würden?«

»Ich weiß nicht ... Das ist lange her! 1942! Aber es könnte sein!«

»Dieser Bell ist ein guter Freund von Ihnen?«

»Ein guter Freund, ja.«

»Und er hat großen Einfluß bei seiner Regierung?«

»Doch, das kann man so sagen.«

»Na schön, Sie können jetzt gehen.«

Auf dem Weg zurück in seine Zelle suchte Dietrich nach einer Erklärung dafür, was Sondereggers letzte Fragen und sein veränderter Tonfall zu bedeuten hatten. Das alles hatte doch überhaupt nichts mit dem internen Informationsdienst zu tun gehabt.

Weihnachten kam und verging. Das einzige Licht in den dunklen Zellen war ein spontan von Dietrich angestimmtes Weihnachtsliedersingen. Die Stimmen hatten den Keller erfüllt wie die von Paulus und Silas in ihrem Kerkerloch. Am 28. Dezember bat Dietrich um die Erlaubnis, seiner Mutter einen Geburtstagsbrief schreiben zu dürfen. Und Sonderegger – welch ein Wunder! – erlaubte es.

Im Januar setzten wieder verstärkt Luftangriffe ein, so daß die Gefangenen zwei-, dreimal am Tag in den Bunker getrieben wurden. Gegen Ende des Monats zerstörte eine Bombe die Hauptwasserleitung, bedeckte den Boden des Gefängnisses mit Schlamm und Trümmern. Die Wachen ließen Canaris und Josef Müller den Unrat beseitigen.

Als die beiden Gefangenen in die Nähe von Dietrichs Zelle kamen, hörte Dietrich einen Wärter höhnen: »Na, Seemann! Das hättest du nicht gedacht, daß du mal Planken schrubben mußt, was?«

Als der Wärter weitergegangen war, flüsterte Canaris Müller zu: »Der weiß gar nicht, was für einen Gefallen er uns tut.«

In diesem Augenblick kamen von der anderen Seite zwei Wachen, die jemanden auf einer Bahre trugen. Entsetzt beobachtete Dietrich, wie die Wachen ihre Last in Zelle 10 absetzten – also fast ihm gegenüber – und beim Herausgehen die Tür offenließen.

Walter Huppenkothen, unter dessen Aufsicht alle Verhöre wegen des Attentats vom 20. Juli durchgeführt wurden, war ihnen in den Korridor gefolgt.

»Wer wird sich um ihn kümmern?« fragte einer der Bahrenträger. »Er kann sich doch unmöglich selbst helfen.«

»Soll er in seiner eigenen Scheiße vermodern!« Kurz und böse kam es von Huppenkothen. »Dann werden wir sehen, ob er nicht doch noch reden will.«

Angestrengt starrte Dietrich durch sein Gitter zu der offenen Zelle und dem Aufseher hinüber. Erkennen konnte er nur das Fußende der Pritsche. Und doch wußte er genau: Der Mann, der dort lag, war Hans.

45

»Wo ist Klaus? Wo ist Dietrich?« hörte sich Paula fragen. Zu wem gehörten die undeutlichen Gesichter, die sich über sie beugten?

»Sie kommt zu sich!« Karl ergriff ihre Hand. »Paula, ich bin es, Karl. Fühlst du dich besser?«

Jetzt erkannte sie Karl, der mit dem Stethoskop um den Hals neben ihr kniete. Und da – am Ende des Sofas –, da war auch Maria. Mühsam hob Paula die Hand an den Kopf. »Was ist passiert?«

»Du warst nur für eine Weile weggetreten«, beruhigte sie Karl.

»Eine Ohnmacht?«

»Etwas in der Art. Aber jetzt wird es dir gleich besser gehen. Du brauchst Ruhe!«

Maria legte ihr ein feuchtes Tuch um den Kopf, und Karl setzte sich auf einen Sessel ganz dicht neben sie. Was war nur mit ihr geschehen?

Sie hatten alle drei um den Eßtisch gesessen und Dietrichs Brief gelesen – den dritten, seit er im Hauptquartier der Gestapo war. In den ersten beiden Monaten hatten sie nichts von ihm gehört. Und dann war ein Brief an Maria gekommen. Ende Dezember dann ein Geburtstagsbrief und ein Gedicht für Paula. Und nun, einen Monat später, dieser Brief. Dietrich hatte darin um einige Bücher gebeten, und Karl hatte gesagt, er wolle am Nachmittag in die Bibliothek gehen und versuchen, sie zu finden. An mehr konnte sich Paula nicht erinnern. Und das war ihr jetzt schon zum zweiten Mal seit Weihnachten passiert! Daß sie Karl damit in Unruhe versetzte, quälte sie mehr als alles andere. Sie griff nach seiner Hand. »Es tut mir so leid«, sagte sie leise.

»Sch . . .! Es ist schon gut. Versuche nicht zu sprechen.«

Sie ruhte bis zum Abendessen.

Am nächsten Tag rief Marias Mutter an. Sie bat Maria, nach Pätzig zu kommen und ihre jüngeren Brüder und ihre Schwester in den Westen in Sicherheit zu bringen. Man könne schon in der Ferne das Gewehrfeuer der Russen hören, sagte sie, und es sei keine Zeit zu verlieren.

»Aber ich kann dich doch gerade jetzt nicht allein lassen«, protestierte Maria.

»Mir geht es gut! Du mußt fahren! Wir werden es schon schaffen.«

»Wir werden mit dem Planwagen fahren müssen, sagt Mutter. Flüchtlinge dürfen keine Züge in Richtung Westen benutzen. Selbst die Fahrt auf Güterwaggons ist verboten. Eine neue Anordnung

Hitlers! An allen Brücken über die Oder wird kontrolliert. Aber mach dir keine Sorgen, ich kenne die Schleichwege.«

Am selben Tag kam ein Brief von Klaus aus dem Gefängnis Lehrter Straße. Sein Prozeß vor dem Volksgerichtshof war auf den 2. Februar angesetzt; das hieß in zwei Tagen. Und für Paula bedeutete das: Die Verfahren wurden von dem berüchtigten Richter Freisler geleitet, und da gab es keine Freisprüche. In seinem Brief deutete Klaus Schlimmes an. »Niemals mehr«, so schrieb er, »wollte ich die Gesichter dieser Männer sehen! ... dieses Maß von Verkommenheit ... Ich habe den Teufel gesehen, das werde ich nicht wieder los. Bei diesem Ritt zwischen Tod und Teufel ist der Tod ein edler Genosse. Der Teufel aber paßt sich den Zeiten an.« Lange Zeit saß Paula reglos da – den Brief auf ihrem Schoß. Und dann kam Renate, erzählte ihr, daß ihr Vater am selben Tag vor Gericht gestellt würde.

Am Freitag warteten sie – schwankend zwischen Hoffnung und Verzweiflung – im Vorraum des Gerichtes: Paula, Karl, Emmi und Ursel. Dann endlich – um 19.00 Uhr – öffnete sich die große Doppeltür.

Mit bangem Gesicht wandte sich Karl an einen der Beamten: »Wie lautet das Urteil?«

»Tod! Was sonst? Das sind doch Verräter!«

Hilfesuchend griff Paula nach dem Arm ihres Mannes, zwang sich mit letzter Kraft, Haltung zu bewahren. Nicht hier, nicht vor diesen Menschen Schwäche zeigen. Sie wagte es nicht, Ursel anzusehen.

Karl ergriff ihren Arm. »Kommt! Wir müssen ganz schnell durch den Seiteneingang hinaus, wenn wir sie noch sehen wollen.«

Draußen am Straßenrand stand das Polizeiauto, mit dem die verurteilten Männer weggebracht werden sollten. Das kalte Mondlicht warf stumpfe Schatten auf den Bürgersteig. Die Tür öffnete sich, und die streng bewachten Gefangenen wurden in Handschellen herausgeführt. Rüdiger war der erste.

Er ging geradewegs auf seine Frau zu, küßte sie. »Verzage nicht!« flüsterte er Ursel zu.

Ein grober Stoß des Wärters. »Los, weiter!«

Klaus durfte keinen Schritt auf seine Frau zugehen, aber auf seinem Gesicht lag ein so zärtlicher Ausdruck, als er Emmi ansah, daß Paula fast zusammenbrach. Justus Perels und Hans John folgten. Auch sie wurden von ihren Bewachern in den Wagen gezerrt. Die Tür schlug zu, und der Polizeiwagen fuhr die Opfer davon.

Gleich am nächsten Morgen machte sich Ursel auf den Weg in die Stadt, um beim Gericht ein Gnadengesuch einzureichen. Nur wenig später gingen Paula und Karl los, um ein Geburtstagspaket und einen Brief für Dietrich abzugeben. Emmi wollte sie begleiten, ehe sie für Klaus ebenfalls ein Gesuch einreichte. Dann am Anhalter Bahnhof – Alarm! Niemand durfte auf die Straße.

Zwei Stunden lang kauerten Karl, Paula und Emmi auf dem Fußboden der U-Bahn-Station, während über ihnen eine Bombe nach der anderen einschlug. Die Gesichter der Menschen ringsum – abgestumpft von monatelangen Luftangriffen – zeigten weniger Furcht als eine Ergebenheit in ihr Schicksal, aber auch so etwas wie eine störrische Entschlossenheit zum Durchhalten, wie schlecht die Chancen auch sein mochten.

Als endlich die Entwarnung gegeben wurde, stiegen sie alle erleichtert auf die Straße. Draußen nichts als Rauch und Asche, die sich ihnen schwer auf die Brust legte. Die Gebäude ringsum waren zerstört, viele von ihnen brannten. Paula versuchte, durch den Dunst hindurch zum Gestapo-Hauptquartier hinüberzusehen. Aber dort, wo es hätte stehen müssen, war nichts als ein Haufen rauchender Trümmer.

»Karl!« schrie sie entsetzt. »Es ist getroffen! Es ist getroffen!« Hastig preßte sie ein Taschentuch vor ihren Mund und lief über die trümmerübersäte Straße. Karl und Emmi folgten ihr. Gemeinsam gelangten sie zur Vorderseite des Gebäudes, das zum Teil noch stand. Ein Zivilbeamter hinderte sie daran, sich dem Eingang zu nähern.

»Wir müssen erst die Blindgänger wegräumen!«

Über eine Stunde warteten sie. Aber man ließ sie nicht hinein.

»Kommen Sie morgen wieder!« forderte sie der Beamte auf.

»Ich gehe nicht, bevor wir nicht wissen, was mit unserem Sohn passiert ist«, erklärte Paula.

»Ich kann es nicht ändern, gnädige Frau! Kommen Sie morgen wieder!«

Keine Züge, keine Straßenbahnen fuhren mehr. Kilometer um Kilometer kämpften sie sich durch die Ruinen. Unterwegs die Menschen – verzweifelt, suchend, mit verstörtem Blick stolperten sie ziellos durch die Gegend. Ein eigentümlicher Geruch lag in der Luft, der widerliche Geruch verbrannter Menschen.

Am Bahnhof Zoo trennte sich Emmi von den Schwiegereltern. Sie wollte zu Klaus, wollte wissen, wie es in der Lehrter Straße aussah. Es war Spätnachmittag, als sie alle wieder in Paulas Haus zusammenkamen. Keinem ihrer Lieben war etwas passiert. Nur von Dietrich hatten sie keine Nachricht. Er würde nun, falls er überhaupt noch lebte, seinen Geburtstag an jenem schrecklichen Ort verbringen müssen – ohne den kleinsten Gruß.

Dietrich wachte früh auf, und sofort waren seine Gedanken bei Hans, der ihm so nahe war und doch so fern. Seit zwei Tagen hatte Dietrich unermüdlich nach Wegen gesucht, irgendwie mit seinem Schwager Kontakt aufzunehmen. Zweimal hatte er einen Blick auf ihn werfen können, als man ihn an seiner Zelle vorbeitrug, und einmal hatte er sogar einen eng zusammengefalteten Zettel auf die Pritsche geworfen, auf den er ein paar Grußworte geschrieben hatte. »Ich bin auf der gegenüberliegenden Seite«, hatte er geschrieben, »und bete um eine Gelegenheit, dich zu sehen.«

Dietrich wußte davon, daß seine Eltern versuchen würden, einen Gruß für ihn abzugeben – schließlich hatte er ja Geburtstag. Hoffentlich taten sie es nicht. Nicht unter diesen Umständen! Der beißende Hunger, der ihn fast ständig quälte, ließ ihn nach dem Frühstückswagen lauschen. Doch da . . .! Vom Ende des Flurs her dröhnte der feste Tritt schwerer Stiefel. Etwas am Klang dieser Schritte löste ein Warnsignal in ihm aus. Etwas Bedrohliches kam auf ihn zu. Er kannte inzwischen diesen »besonderen« Gang.

Die stampfenden Stiefel zogen an seiner Tür vorüber. Kurz vor dem Waschraum hielten sie an, und er hörte die harten Stimmen der beiden Wachleute: »Aufstehen! Los! Mitkommen!« Durch seine Luke konnte er sehen, wie die Wachen den verwirrten, in einem erbarmungswürdigen Zustand befindlichen Goerdeler aus seiner Zelle holten. Goerdeler schien zu ahnen, was ihm bevorstand. Er hob den Kopf, ging aufrecht und kerzengerade zwischen den beiden Wachen. An allen Türluken die Gesichter der Gefangenen, die mit ihren Blicken aufmerksam und schweigend seinem letzten Gang folgten.

An diesem Vormittag, während Dietrich noch in seiner Bibel las, ertönten die Sirenen. Und als die Gefangenen sich im Korridor drängten, nutzte Dietrich die Gelegenheit. Er blieb einen Schritt zurück und verschwand blitzschnell in Hans' Zelle. Dort duckte er sich hinter den Tisch und lauschte, bis alle Gefangenen und die Wachen weg waren. Selbst dann wagte er es noch nicht, ein Wort zu sagen. Er sah einfach nur seinen Schwager an. Hans' bleiches, eingefallenes Gesicht sah grauenvoll aus. Unrasiert, die Augen dunkel umrandet, in tiefen Höhlen, sein Haar verfilzt.

Hans sprach als erster. »Tut mir leid, ich stinke wie die Pest. Aber das paßt gut hierher, findest du nicht?«

Der Gestank war tatsächlich kaum auszuhalten. »Ich habe gehört, was Huppenkothen gesagt hat. Haben sie wirklich nichts für dich getan?«

»Nicht das geringste.«

»Ich bringe dich in den Waschraum. Wird das gehen?«

»Ja, o Gott, ja!«

»Hast du irgend etwas anzuziehen?«

Hans deutete auf den Fußboden am Fußende der Pritsche. »In dem Koffer da.«

Dietrich holte Unterwäsche, Hosen und ein Hemd heraus; dann half er Hans, sich aufzusetzen.

»Ich glaube, ich kann aufstehen, wenn du mich festhältst«, meinte Hans. »Ich bin nicht ganz so krank, wie ich mich stelle.« Ein Lächeln huschte über sein erschöpftes Gesicht. »Meine einzige Waffe, weißt du.«

Dietrich schlang seinen Arm unter Hans' Achseln, und sie schleppten sich langsam den Korridor entlang, vorbei an den leeren Zellen. Das Dröhnen der Flugzeuge ließ den ganzen Keller erzittern.

»Unsere Freunde sind kräftig an der Arbeit«, stellte Hans fest. »Das ist Musik in meinen Ohren.«

Im Waschraum half Dietrich Hans, sich auszuziehen, und während Hans auf einer der Toiletten saß, spülte er die Unterwäsche durch und weichte sie im Waschbecken ein. Dann half er Hans beim Duschen.

Während der ganzen Zeit detonierten die Bomben – unaufhörlich, überall. Als sie schließlich Hans' Zelle wieder erreichten, zitterte das ganze Gebäude, der Putz rieselte von den Wänden. Hans ließ sich erschöpft auf seine Pritsche fallen, während Dietrich die nassen Kleider über die Stuhllehne hängte und sich dann neben Hans auf den Boden hockte.

»Wenn wir jetzt sterben, haben wir es gut«, rang sich Hans ab.

»Ich glaube, du hast recht.«

»Ja, bestimmt! Lebend kommen wir hier doch nicht mehr raus. Also wäre es besser ... Sie haben alles entdeckt! Absolut alles! Wer von ihnen hat uns nur verraten? Wer?«

»Spielt das eine Rolle, Hans?«

»Nein, eigentlich nicht. Wahrscheinlich war es mehr als einer – ein Teufelskreis von Aussagen. Und nun kann die Gestapo einen nach dem anderen von uns abtransportieren – wie Goerdeler.«

»Du hast das gesehen?«

»Wie könnte ich es nicht gesehen haben!?«

Dietrich schwieg. »Ich habe auch etwas gesagt«, kam es schließlich schwer aus seinem Mund. »Sonderegger hat Maria bedroht. Er wollte sie hierherbringen. Sie hier in diese Hölle einsperren.«

»Was hast du gesagt?«

»Daß ich beim internen Informationsdienst der Abwehr mitgearbeitet habe.«

»Und das ist alles?«

»Sonderegger wollte wissen, wer den Befehl erteilt hatte. Und da habe ich gesagt, daß es Canaris war.«

Hans überlegte. »Das werden sie wohl ohnehin gewußt haben. Darum würde ich mir keine Gedanken machen. Es ist nicht wichtig.«

In den kurzen Pausen zwischen den Bombeneinschlägen verglichen Hans und Dietrich ihre Aussagen und stellten dabei fest, daß ihre Geschichten weitgehend übereinstimmten. Hans hatte nie ein Geständnis abgelegt; abgesehen von den Punkten, die er nicht abstreiten konnte, weil sie in seiner eigenen Handschrift abgefaßt waren.

»Aber ich habe keinen Namen genannt. Nicht einen! Wenn ich keinen Ausweg mehr weiß, tue ich einfach so, als würde ich bewußtlos. Solange ich in diesem Zustand bin, werden sie auch keine öffentliche Anklage gegen mich erheben.« Hans stützte sich mühsam auf. »Aber ich kann das Spiel nicht mehr lange spielen. Ich brauche neue Diphtheriekulturen.«

»Ist das nicht zu gefährlich? Du bist doch inzwischen entsetzlich geschwächt.«

»Ich habe nichts zu verlieren. Es ist die einzige Möglichkeit. Wir müssen Zeit gewinnen.« Hans ließ sich wieder auf das Kissen sinken. »Nur eins könnte ich nicht ertragen: wenn Christel etwas passieren würde. Ich bete jeden Tag und jede Nacht für ihre Sicherheit. Und die der Kinder.«

Das Getöse über ihnen übertönte Hans' Stimme. Ein Todesbringer nach dem anderen kam pfeifend herunter, und die Explosionen rückten immer näher. Als die nächste Bombe einschlug, geriet der ganze Keller ins Wanken.

»Da ist irgendwo das Gebäude getroffen worden«, stellte Hans sachlich fest.

Dietrich sah besorgt zur Decke hoch. Ob die halten würde?

»Dieser Keller wird standhalten«, beruhigte ihn Hans. »Er ist praktisch selbst ein Bunker.« Als der Lärm nachließ, meinte er nachdenklich: »Am meisten fürchte ich mich davor, daß sie mich aus Berlin fortbringen. Dann wäre ich so weit weg von Christel.

Manchmal denke ich – nur ihretwegen! –, daß ich am Ende doch noch gewinnen muß. Niemand hat so eine Frau. Diese langen Monate in Sachsenhausen, als sie mich nicht besuchen konnte – die ganze Zeit über wußte ich, daß sie bei mir war. Es ist wirklich merkwürdig – dieses Bewußtsein. Weißt du, was ich meine?«

»Ich kann es mir zumindest vorstellen.«

»Falls du überlebst, mußt du es ihr sagen.«

»Das werde ich tun. Aber noch geben wir beide nicht auf.«

»Aber sie haben uns doch völlig in der Hand. Weißt du noch, was du einmal über Matthäus 26 gesagt hast: ›Wer das Schwert nimmt, der soll durchs Schwert umkommen.‹«

»Hm, ich erinnere mich daran.«

»Ich denke ständig darüber nach.«

»Ich habe auch manchmal daran gedacht. Die Erlösung kommt, wenn wir sie in Gottes Hand legen und uns an seine Verheißung erinnern, uns zu vergeben.« Dietrich sah seinem Schwager in die Augen. »Er kennt unsere Herzen.«

»Darauf hoffe ich.«

»Du darfst es glauben, Hans.«

»Glaubst du, daß wir richtig gehandelt haben? Hat es überhaupt einen Sinn gehabt?«

»Ich weiß nicht, wieviel es bewirken wird. Aber ich bin davon überzeugt, daß es notwendig war.«

»Nur zu wenig und zu spät ...« Hans' Stimme verklang. »Denkst du auch manchmal daran, daß es vielleicht besser gewesen wäre, wenn du in den Vereinigten Staaten geblieben wärst?«

»Nein! Mein Platz war hier, und das wußte ich. Ich habe es nie bereut. Seit langer Zeit – besonders seit dem 20. Juli – bin ich mir dessen gewiß, daß Gottes Hand mich leitet. Diese Gewißheit ist mehr als befreiend. Sie hat mir geholfen, all das hier als eine Fortsetzung unseres Handelns zu sehen – eine Vollendung der Freiheit, wie auch immer es ausgehen mag.«

»Freiheit? Das hier kommt mir nicht gerade wie Freiheit vor«, bemerkte Hans bitter.

»Aber sie können nicht an uns heran, oder? Nicht an unser innerstes Wesen! Wir sind es, die frei sind, nicht sie.«

Schweigen. »Manchmal denke ich an die Matthäus-Passion, höre Bruchstücke der Musik«, meldete sich Hans wieder zu Wort. »Aber der Text! Ich möchte den Text hören. Und, Dietrich, ich möchte das Abendmahl nehmen. Ist das hier möglich?«

In seiner Zelle öffnete Dietrich den Weinkrug, den er aus Tegel mitgebracht hatte. Seine Mutter hatte ihn vor fast einem Jahr geschickt. Er goß den Wein in seinen Blechnapf. Dann nahm er aus dem Mittwochspaket ein sauberes Taschentuch und das Brot. So ging er in Hans' Zelle zurück. Dietrich breitete das Taschentuch auf dem Tisch aus, stellte das Brot und den Becher darauf. Dann las er aus dem Markusevangelium: »Und als sie aßen, nahm Jesus das Brot, dankte und brach's und gab's ihnen und sprach: Nehmet; das ist mein Leib. Und er nahm den Kelch, dankte und gab ihnen den; und sie tranken alle daraus. Und er sprach zu ihnen: Das ist mein Blut des Bundes, das für viele vergossen wird.«

Dietrich kniete neben Hans' Pritsche nieder und sprach ein Dankgebet für das Opfer des Herrn. Hans richtete sich mühsam auf, als Dietrich das Brot brach und es ihm mit den Worten »Dies ist der Leib Christi, für dich gebrochen« gab. Dann reichte Dietrich ihm den Becher: »Dies ist das Blut Christi, für dich vergossen.« Nun bat Dietrich den Schwager: »Würdest du das jetzt auch für mich tun?«

»Darf ich das? Als Laie?« fragte Hans.

»Ja«, antwortete Dietrich schlicht.

Darauf reichte Hans mit zitternden Händen Dietrich das Sakrament, und beide sangen gemeinsam das Abendmahlslied »Gott sei gelobet«.

Der Angriff, inzwischen schwächer geworden, setzte nun mit neuer Gewalt ein. Eine neue Welle von Bombern warf ihre Ladungen direkt über der Prinz-Albrecht-Straße ab. Und noch ein Treffer erschütterte das Gebäude. In der Decke erschien ein Riß, und aus den geborstenen Rohren über ihnen, begann das Wasser zu tropfen.

»Unter den Tisch mit dir!« rief Hans.

»Du zuerst!« Dietrich half Hans, von der Pritsche hochzukommen, legte ihm die Decke um die Schultern, und nach gemeinsamen Anstrengungen hockte Hans unter dem Tisch. Dann zwängte sich Dietrich neben Hans – den Kopf auf die Knie gebeugt. Unmittelbar darauf zersplitterte das Fensterglas, und die Splitter bedeckten die Pritsche. Das Licht ging aus. Tastend legte Dietrich seine Hand auf den Fußboden. Er war voller Wasser.

»Hier kannst du nicht sitzenbleiben! So geschwächt wie du bist, wirst du dir eine Lungenentzündung holen«, warnte Dietrich.

»Schön«, behauptete Hans. »Besser als Diphtherie.«

Dietrich stand auf, schob die Glassplitter von der Pritsche und hob Hans wieder darauf. Allmählich ließ das Bombardement nach. Dietrich hielt seine Uhr in das spärliche Licht; es war 11.00 Uhr. Zwei Stunden hatte der »Besuch« der Amerikaner gedauert. »Ich glaube, es ist vorüber. Hast du Papier und Stift?«

»Da drüben auf dem Tisch.«

Dietrich schrieb die Worte aus 1. Petrus 3,14 auf einen Zettel: »Und wenn ihr auch leidet um der Gerechtigkeit willen, so seid ihr doch selig. Fürchtet euch nicht vor ihrem Drohen und erschreckt nicht.« Er faltete den Zettel zusammen und legte ihn neben Hans' Kissen. »Vielleicht hilft dir das. Mir hat es geholfen.«

»Danke, Dietrich! Danke für alles!« Hans griff nach Dietrichs Hand. »Du weißt natürlich, daß sie Eberhard haben.«

»Nein! Wer hat dir das gesagt?«

»Sonderegger.«

»Was hat er gesagt? Wo ist er?«

»Ich weiß es nicht. Er wollte wissen, warum Eberhard in unserem Haus gewohnt hat. Ich habe ihm nur gesagt, daß Christel Renates Tante ist.«

»Glaubst du, daß es meinetwegen war? Ich war immer sehr vorsichtig in den Briefen ...«

»Sonderegger hat dich nie erwähnt«, betonte Hans. »Ich glaube nicht, daß er irgendeinen Zusammenhang vermutet. Es muß mit Rüdiger zu tun haben.«

»Wann war das? Wie lange ist es her?«

»Ich kann mich nicht erinnern. Irgendwann vor Weihnachten, denke ich.«

Von draußen erklang die Entwarnung.

»Das Gebäude muß zerstört sein«, überlegte Hans. »Was sie wohl jetzt mit uns machen werden?«

»Ich weiß es nicht! Wir können nur beten, daß wir zusammenbleiben.«

Als sie Stimmen auf dem Flur hörten, verabschiedete sich Dietrich widerstrebend und kehrte in seine Zelle zurück. Ein Gefangener nach dem anderen schlurfte heran. Dietrich saß in seiner dunklen Zelle und dachte an Eberhard.

Weil die Versorgung mit Wasser und Strom zusammengebrochen war, wurde es bald kalt in der Zelle. Sie bekamen auch nichts zu essen. Dietrich packte zwei Backpflaumen und einen Brotkanten aus seinem Eßpaket aus. Die Hälfte des Brotes hatte er bei Hans gelassen. Am Abend brachten die Wachen eine Kerosinlampe und hängten sie an die Decke des Korridors; dann öffneten sie die Türen für den Gang zum Waschraum.

Durch den Spalt flüsterte Schlabrendorff: »Er ist tot! Der Verbrecher ist tot!«

»Wer?«

»Freisler! Ein Balken hat ihn am Kopf getroffen. Meine Verhandlung wäre die nächste gewesen, als der Alarm losging. Jetzt ist der Schurke tot! Ewald von Kleist saß vor ihm auf der Anklagebank. Er hatte vollkommen unverhohlen gesagt, er habe schon immer mit all seiner Kraft gegen Hitler gekämpft. Auch nie ein Geheimnis daraus gemacht, denn er sei fest davon überzeugt, daß er damit dem Gebot Gottes entsprochen habe. Freisler hatte einen seiner berüchtigten Wutanfälle bekommen und ihn an Ort und Stelle verurteilt. Dann kam der Alarm. Ich sollte der nächste sein. Und jetzt ist der Schurke tot.«

Ohne Wasser roch der Waschraum bald wie eine Senkgrube. Als es im Waschraum unerträglich wurde, führten die Wärter alle Gefangenen zu einer frisch ausgehobenen Latrine im Hof. Überall wurde getuschelt, daß die Russen rasch vorrückten, bald Berlin erreicht hätten. Doch beim nächsten Hofgang sagte Müller: »Machen wir uns nichts vor. Die Wachen haben Befehl, uns in unseren Zellen zu erschießen, falls die Russen die Prinz-Albrecht-Straße abschneiden sollten. Das habe ich gerade gehört.«

Dietrich machte sich Sorgen um Hans und erwähnte das auch mehreren Wachleuten gegenüber, die in irgendeiner Weise einen Hauch Menschlichkeit hatten erkennen lassen.

Sie sagten: »Befehl ist Befehl! Wir können nichts dagegen tun.«

»Vielleicht könnten Sie wenigstens Ihre Vorgesetzten auf ihn aufmerksam machen. Befehle lassen sich doch ändern.« Die Wachen versprachen, es zu versuchen. Die ganze Woche über kämpfte Dietrich um die Erlaubnis, an seine Eltern zu schreiben, sie wissen zu lassen, daß er unverletzt war. Aber es wurde ihm verweigert. Am Mittwoch traf wie üblich sein Eßpaket ein. Darin fand Dietrich ein paar kleine Geburtstagskuchen von seiner Mutter, Plutarchs *Parallelbiographien* von Karl-Friedrich und einen Brief seines Vaters. Wie er vermutet hatte, hatten sie versucht, an seinem Geburtstag zu ihm zu kommen – und waren in den Luftangriff geraten. Schließlich noch die andere beunruhigende Nachricht: Maria war abgereist, um ihre jüngeren Brüder und ihre Schwester von Pätzig in den Westen zu bringen. Nach allem, was unter den Gefangenen getuschelt wurde, konnte Pätzig jetzt schon jenseits der russischen Linien liegen.

Gegen Abend öffnete ein Wärter seine Zellentür und forderte ihn auf, sich sofort reisefertig zu machen.

»Eine Reise? Wohin?«

»Fragen Sie nicht«, wies ihn der Wärter zurecht und ging weiter den Korridor entlang, um die anderen Zellen zu öffnen.

Dietrich packte seine Sachen, einschließlich des Manuskripts, an dem er seit seiner Ankunft vor vier Monaten gearbeitet hatte. Er schaffte es sogar, einen Zettel auf Hans' Pritsche zu werfen, auf dem er notiert hatte: »Ich werde verlegt! Zielort unbekannt. Gott sei mit dir!«

Auf dem Hof standen zwischen den Ruinen zwei Polizeiwagen und vor jedem eine Gruppe Gefangener mit ihrem Gepäck. Ringsum SS-Leute mit Maschinenpistolen. Die letzten schwachen Strahlen der Sonne kämpften sich durch den Rauch und die Asche.

Ein Offizier, der neben dem ersten Wagen stand, hielt eine Namensliste in der Hand. Als letzten rief er den »Häftling Bonhoeffer« auf. Unter den anderen waren Josef Müller, General von Falkenhausen, ein Graf Bismarck und Ludwig Gehre, ein Kollege Müllers, dem Dietrich gelegentlich im Keller begegnet war. Gehre hatte vor seiner Verhaftung versucht, sich umzubringen. Bei dem anderen Wagen standen Canaris, Oster, Sack, Halder und ein Mann, den Dietrich als den früheren österreichischen Kanzler Schuschnigg erkannte.

Bevor sie in den Wagen stiegen, befahl Huppenkothen, Dietrich und Müller Handschellen anzulegen.

»Warum Handschellen?« fragte Dietrich. »Wir werden keinen Fluchtversuch unternehmen.«

»Halten Sie den Mund!« geiferte Huppenkothen.

»Es hat keinen Sinn, sich zu widersetzen«, sagte Müller. »Gehen wir wie gute Christen gelassen zum Galgen.«

Zum Galgen? Vielleicht, dachte Dietrich, als er in dem überfüllten Auto Platz nahm. Aber hätte man ihnen dann ihr Gepäck gelassen?

Zwei SS-Wachen setzten sich zwischen die Gefangenen. Der Motor wurde angelassen, und der Wagen ließ das Gestapo-Hauptquartier hinter sich. Die Sorge um Hans, der allein zurückgeblieben war, quälte Dietrich, ebenso die Ungewißheit vor dem, was vor ihm lag. Dennoch – Dietrich fühlte sich erleichtert, diesen Ort des Bösen hinter sich lassen zu können.

46

Maria nippte genüßlich an dem schwarzen Kaffee, den Paula ihr gebracht hatte. Ihr gegenüber schälte und zerschnitt Karl einen der Äpfel, die sie aus Pätzig mitgebracht hatte.

»Es war schon dunkel, als ich hinkam«, berichtete Maria. »In der Ferne konnte ich die russischen Kanonen hören. Einmal, als wir über eine kleine Anhöhe fuhren, sah ich am Horizont sogar Gewehrfeuer blitzen. Mutter hatte den Wagen schon herrichten lassen. Sie hatten ein Holzgestell darauf festgemacht, es mit einem Teppich und einer Plane bedeckt. Die ganze Nacht haben wir dann gepackt. Einmal, als der Speisenaufzug mit einem silbernen Tablett heraufkam, habe ich es gedankenlos einfach in meinen Koffer geworfen.« Sie lächelte und setzte die Tasse ab. »Aber wir haben nicht viele solche Dinge mitgenommen. Vielleicht hätten wir es tun sollen. Aber wir dachten vor allem an das Notwendigste – an Lebensmittel, warme Kleidung, Heu für die Pferde und Feuerholz, falls wir irgendwo steckenbleiben würden. Tatsächlich haben wir nicht viel von dem Holz gebraucht. Wir haben immer eine Unterkunft gefunden, selbst als wir nicht mehr zu Leuten gehen konnten, die wir gut kannten. Alle, alle waren sehr freundlich zu uns.«

»Aber waren von ihnen nicht auch schon welche auf der Flucht?« wollte Paula wissen.

»Nein, noch nicht! Den meisten von ihnen war noch nicht klar, was passiert. Sie hatten alle keine Ahnung, weil sie außer Hörweite der russischen Kanonen waren. Es war bitter kalt, fast null Grad. Mutter hatte uns sämtliche Pelzmäntel mitgegeben.«

»Und du warst mit den drei Kindern allein unterwegs?«

»Nein, wir waren zu acht. Zwei alte Damen – die ursprünglich aus Berlin geflohen waren – und eine andere Dame mit einem Baby. Zusammen acht, ein Wagen voll. Dazu noch unser Kutscher.«

»Und deine Mutter?«

»Ich habe versucht, sie zum Mitkommen zu überreden. Aber sie wollte nicht. Sie könne ihre Leute nicht im Stich lassen, hat sie behauptet.«

In Karls Gesicht stand das gleiche Unbehagen, das Paula auch empfand. Aber sie schwiegen. Dann erkundigte sich Paula, wie sie über den Fluß gekommen waren.

»Über das Eis! Das war schaurig«, bekannte Maria mit einem leichten Schaudern. »Als wir hinkamen, hörten wir, wie das Eis knackte. Der Kutscher und ich beschlossen, es trotzdem zu versuchen. Einfach, weil wir mußten. Es gab keinen Weg zurück. Wir luden ein paar Sachen ab – Feuerholz und anderen Ballast. Dann schickte ich erst einmal die Frauen mit den Kindern voraus. Schließlich gingen der Kutscher und ich mit dem Wagen hinüber. Mitten auf dem Fluß, mit dem knackenden Eis unter den Füßen, bin ich dann in Panik geraten. Aber wir haben es geschafft. Danach war es nicht mehr so schlimm. Manchmal, wenn wir Station machen mußten und es keinen Stall für die Pferde gab, habe ich auf dem Wagen geschlafen. Ich hatte Angst, jemand könnte die Pferde stehlen.«

»Hast du nicht gefroren?«

»Also, ich hatte ja den Pelzmantel. Den habe ich danach nie wieder ausgezogen. Hier im Westen haben uns die alliierten Flugzeuge beschossen. Einmal flogen die Kugeln direkt durch unseren Wagen. Danach haben wir beschlossen, nur noch nachts zu fahren. Wir haben Zweige abgeschnitten und den Wagen tagsüber damit getarnt. Den Kindern hat das alles großen Spaß gemacht. Aber ich war sehr froh und erleichtert, als wir bei meinem Onkel in Oberbehme heil und unversehrt ankamen.«

Am nächsten Tag gingen Paula, Karl und Maria in die Prinz-Albrecht-Straße. Die Verwüstungen in der Stadtmitte waren erschreckend. Vom Gestapo-Hauptquartier war nichts übrig als eine eingestürzte Wand mit einer Türnische. Ein Wärter führte sie ein paar Stufen hinunter zu einem Alkoven, wo sie dann eine Stunde in der feuchten Kälte warteten.

Als Paula schon glaubte, man habe sie vergessen, kehrte der Wärter zurück. »Der Häftling Bonhoeffer ist nicht mehr hier.«

Paula sprang auf. »Nicht mehr hier? Wo ist er dann?«

»Das weiß ich nicht. Er ist seit einer Woche weg.«

Fassungslos, in tiefer Erregung rief Karl: »Sie müssen doch irgendeine Vorstellung haben, wohin man ihn gebracht haben könnte.«

»Nein! Keine Ahnung!« Der Mann war klein, wirkte alles andere als militärisch. Mit müder Stimme sagte er: »Ich weiß nur, daß sie eine ganze Menge von denen weggebracht haben.«

Maria trat vor. »Ich bin Dr. Bonhoeffers Verlobte. Bitte bringen Sie mich zu Herrn Kommissar Sonderegger. Er kennt mich.«

»Das ist unmöglich, Fräulein. Er ist ein sehr beschäftigter Mann.«

»Er wird ganz bestimmt mit mir sprechen wollen. Sagen Sie ihm, daß ich gerade von der Ostfront komme und Informationen für ihn habe, die er dringend braucht.«

Der Mann sah sie einen Moment an und ging wortlos weg. Nach wenigen Minuten kam er zurück und sagte: »Hier entlang, Fräulein.«

Maria blieb nicht lange bei Sonderegger. Die Gefangenen seien in ein Konzentrationslager im Süden gebracht worden. Sonderegger behauptete, er wisse nicht, in welches.

Maria blieb bei Paula und Karl in Berlin. In den folgenden Wochen versuchten sie mit allen Mitteln herauszufinden, wo Dietrich sich aufhielt. Maria versuchte auch immer wieder, in Pätzig anzurufen. Aber es gab keine funktionierende Telefonleitung mehr. Und dann rief ihre Mutter aus Oberbehme an. Nachdem die Russen von allen Seiten nähergerückt waren, hatte auch sie sich aufgemacht, war durch den Schnee aus Pätzig geflohen.

Ein paar Tage später ging Maria noch einmal zum Gestapo-Hauptquartier. Vielleicht könnte sie ja doch noch einmal mit Sonderegger sprechen. Paula war von dieser Idee nicht so begeistert. Aber als Maria zurückkam, hatte sie herausgefunden, daß Dietrich in einem der drei Konzentrationslager festgehalten wurde: in Buchenwald, Dachau oder Flossenbürg.

Maria ließ sich nicht mehr aufhalten. Sie machte sich auf den Weg, um Dietrich zu suchen.

»Mach dir keine Sorgen, Mama! Ich werde ihn finden. Und ich werde euch immer unterrichten – so gut ich es kann. Verzage nicht, wenn es lange dauert. Aber du kennst ja die Post.«

Nach drei Wochen ängstlichen Wartens kamen Marias Briefe. Alle mit derselben Antwort – Dietrich war nicht da. Sowohl in Buchenwald als auch in Dachau und Flossenbürg hatten die Pförtner die Gefangenenlisten durchgesehen oder zumindest so getan. Sie hatten seinen Namen nicht gefunden.

Der letzte Brief kam aus Bayreuth, wo Marias Cousine wohnte.

»Liebe Mama«, schrieb Maria,«ich habe versucht, Euch anzurufen, aber die Telefone funktionieren alle nicht. Es ist schrecklich. Dietrich war nicht in Flossenbürg. Man hat so getan, als suche man nach ihm. Ich weiß nicht, was ich glauben soll. Ich weiß nicht, was ich noch tun soll. Könnte ich Dir doch nur etwas Neues berichten. Ich zittere am ganzen Leib, weil der Zug auf dem Weg hierher bombardiert wurde. Um ein Haar bin ich noch einmal mit dem Leben davongekommmen. Ich bin so erschöpft und verzweifelt.

Der Weg nach Flossenbürg war schrecklich. Der Zug hielt in der kleinen Ortschaft Floss. Dort war die Strecke zu Ende. Die restlichen sechs Kilometer bis zum Konzentrationslager mußte ich laufen. Und dann, nachdem ich zwei Stunden dort gewesen war, mußte ich natürlich wieder zurücklaufen. Um nichts in der Welt wäre ich geblieben. Im Zug hierher war ich sehr niedergeschlagen. Ein SS-Offizier setzte sich neben mich und wollte sich unterhalten. Ich saß einfach da und versuchte, nicht hinzuhören. Er muß wohl jung gewesen sein, aber er sah alt aus, und sein Gesicht hatte einen gehetzten Ausdruck. Ich konnte ihn kaum ansehen. Er sagte, er käme aus Friedrichsbrunn – ob Du es glaubst oder nicht! Ich habe seinen Namen auf seiner Aktentasche gesehen: Jörg Mühlhausen. Aber ich habe nichts gesagt. Hast Du jemanden gekannt, der so hieß? Er sagte, der Krieg mache ihn krank, alles mache ihn krank, krank, krank, krank! Und krank sah er auch aus. Er wollte nach Hause, sagte er. Er hatte gerade – unerlaubt – seinen Posten verlassen, und es sei ihm egal, ob er erwischt werde.

Dann blieb der Zug stehen, weil die Gleise davor zerbombt waren. Die amerikanischen Flugzeuge waren wieder im Anflug, und alle sind aus dem Zug geflohen. Aber ich blieb einfach sitzen. Ich wollte mich nicht rühren. Es war mir sowieso alles egal. Der SS-Offizier zerrte mich buchstäblich aus dem Zug und in den Wald hinein. Alles ist im Zug geblieben, der Rucksack und alles. Dann kamen die Flugzeuge – ganz niedrig. Und eine Bombe hat den Waggon getroffen, in dem ich gesessen hatte. Von dem Waggon ist nicht viel übriggeblieben. Nachher hat mir der SS-Mann geholfen, über die zerstörten Gleise zu klettern. ›Ich habe Ihnen das Leben gerettet! Ist Ihnen das klar?!‹ hat er mich gefragt. Und so, als wollte er von mir bestätigt bekommen, daß er etwas Gutes getan hat. Er machte so ein komisches Gesicht, und ich sagte: ›Ja.‹

Wahrscheinlich hätte ich Dir das alles gar nicht erzählen sollen. Verzeih mir, aber es ist alles so seltsam. Meine Cousine will, daß ich eine Weile hierbleibe, und das werde ich wohl auch tun. Ich hoffe, bald von Euch zu hören. Geht es Euch gut? Ich höre immer wieder von den schrecklichen Bombenangriffen in Berlin.«

Paula ließ den Brief in den Schoß sinken, als Karl eintrat. »Er ist nicht dort. Sie hat ihn nicht gefunden«, sagte sie.

Dietrich erwachte früh. Der Geruch von verbranntem Fleisch war stärker als je zuvor. Seit seiner Ankunft in Buchenwald vor fast zwei Monaten quälte ihn dieser Geruch. Er konnte sich nicht daran gewöhnen. Manchmal, wenn der Wind aus eben dieser Richtung kam, überdeckte er sogar den allgegenwärtigen Gestank des Todes und menschlicher Exkremente. Aus dem Lautsprecher dröhnten die aufgerufenen Namen. Es klang so, als wäre es ganz in der Nähe. Und doch lag das Lager ein ganzes Stück weit entfernt. Jetzt waren die Anweisungen für die Zusammensetzung der Arbeitstrupps zu hören.

General von Rabenau schlief noch auf der Pritsche unter ihm. Dietrich setzte sich vorsichtig auf, um nicht an die Decke zu stoßen, und schaute aus dem winzigen Fenster, das dicht über dem Erdboden lag. Das gelbe Gebäude nebenan blockierte jede Fernsicht. Aber wenn er sich sehr weit vorbeugte, konnte er die Straße und einige Hügel sehen. Irgendwo da drüben waren die amerikanischen Linien. War der Westen, war die Freiheit.

Es hatte aufgehört zu regnen, doch von der weiß getünchten Wand lief Wasser auf seine Pritsche. Bald würde alles wieder verschimmelt sein. Das Klopfen der Holzpantoffeln kam näher. Bald konnte er die Häftlinge sehen. Sie sahen so elend, so ausgemergelt aus, daß Dietrich sich fragte, wie sie überhaupt arbeiten konnten. Auch Dietrich litt immer Hunger. Sippach, der Kommandant ihres Sondergefängnisses, hatte ihnen in aller Kürze mitgeteilt:

»Lebensmittel sind knapp. Wir bekommen nicht genug, um so viele Menschen zu ernähren. Thüringen ist voller Flüchtlinge aus dem Osten.«

Dietrich zitterte in der feuchten, alles durchdringenden Kälte. Im März war der Keller nur zweimal beheizt worden, und jetzt, im April, konnten sie an Wärme nur das erwarten, was vom Ofen des Wachraumes zu ihnen herüberdrang. Er wollte den alten General nicht wecken, also kroch Dietrich wieder unter seine Decke. Rabenau war vor einigen Wochen in Dietrichs Zelle verlegt worden. Diese erste Erfahrung mit einem Zellengenossen hatte sich als angenehmer herausgestellt, als Dietrich erwartet hatte. Der General war unaufdringlich und rücksichtsvoll, und weil er auch so eine Art »Theologe« war, hatten sie manche interessante Diskussion geführt. Rabenau war Leiter des Militärarchivs gewesen und hatte nach seiner Pensionierung im Jahre 1942 damit begonnen, an der Berliner Universität Theologie zu studieren. Verhaftet hatten sie ihn, weil er ein Freund Goerdelers gewesen war. Seit 1940 hatte er als Verbindungsmann zwischen Beck und einigen der führenden Generäle gearbeitet.

»Der größte Mißerfolg meines Lebens«, hatte ihm Rabenau gestanden. »Ich konnte sie nicht umstimmen. Diese Blinden!«

Der alte Mann litt schwer unter der Kälte, und Dietrich hatte ihm seine zweite Decke gegeben.

»Es ist wärmer hier oben, wissen Sie. Wärme steigt nach oben.«

»Welche Wärme?« hatte Rabenau mit einem grimmigen Lächeln gefragt.

Seit drei Tagen, seit dem Ostersonntag, hörten sie unentwegtes dumpfes Grollen im Westen. Heute morgen klang es näher. Als die Kanonen zum ersten Mal zu hören waren, hatte der Wärter Dittmann, lauthals verkündet, er würde sich nie ergeben. »Ihr werdet diesen Ort niemals lebendig verlassen. Keiner von euch! Dafür werden wir sorgen! Falls ihr überhaupt irgendwo hingeht, dann zu Fuß.« Bedeutete das eine Hinrichtung im Wald? Oder sollte doch ... sollte ... durch irgendein Wunder Payne Best's Plan zu einer Massenflucht doch gelingen? Zugegeben, das schien mehr als unwahrscheinlich. Zuviel hing von Sippachs nervösen Launen ab. Einem Nazi konnte man nicht trauen und schon gar nicht einem nervösen Nazi. Aber nervös waren sie alle. Jeden Tag forderten sie General von Falkenhausen auf, ihnen den Wehrmachtsbericht zu erläutern und auf der Karte die amerikanischen und russischen Stellungen zu markieren. Immer schmaler wurde der Korridor zwischen den beiden Armeen, in dem Buchenwald lag. Sippach hatte zugegeben, daß er nachts aus dem Lager fliehen wollte, wenn es soweit war. »Die Russen würden mir jedes Glied einzeln vom Körper reißen!«

Bei ihrem täglichen Gang auf dem Korridor hatte Dietrich diese Information an Payne Best weitergegeben, einem Hauptmann des britischen Geheimdienstes. Best war stehengeblieben, hatte sein Monokel zurechtgerückt und gesagt: »Nun, es gibt nur eine Richtung, in die Sippach gehen könnte. Es erscheint logisch, daß er eine Art Versicherung braucht, für den Fall, daß die Amerikaner ihn erwischen. Meinen Sie nicht?«

»Einen britischen Hauptmann vielleicht?«

»Richtig! Und einen deutschen Pastor. Und andere Gefangene der Nazis.« Best hatte dann überlegt: »Wir müssen die anderen überzeugen, sich uns anzuschließen. Je mehr, desto besser. Wir werden Sippach auffordern: ›Führen Sie uns zu den amerikanischen Linien, und wir versprechen, Sie zu schützen.‹ Bonhoeffer, reden Sie mit Müller und Rabenau! Ich fange mit Falkenhausen an.«

Seit Best hier eingeliefert worden war, hatte dieser hochgewachsene, offenbar furchtlose Engländer Befehle erteilt; so als würde ihm das Gefängnis gehören. Erstaunlich oft kam er damit durch, und insgesamt war das Leben für die Gefangenen durch ihn leichter geworden. Dietrich genoß die abenteuerlichen Geschichten des Hauptmanns. Er war 1939 bei einem Gestapo-Schachzug gefangengenommen worden, der seinerzeit riesiges Aufsehen erregt hatte und an den sich Dietrich noch genau erinnern konnte.

Sofort nach dem Gespräch mit Best war Dietrich zu Müller gegangen, der ohne zu zögern dem Plan begeistert zugestimmt hatte. Doch Rabenau hatte gezögert. »Zu riskant! Sie würden uns mit Hunden jagen.«

Best war es ähnlich ergangen. Sippach würde so etwas nicht wagen, hatten sie eingewandt. Es sei besser, zu warten. Die Befreiung stehe ohnehin unmittelbar bevor. »Diese Feiglinge!« hatte sich Best empört. »Dann müssen wir es eben zu dritt wagen. Ich werde morgen mit Sippach sprechen.«

Doch Sippach war nicht erschienen. »Er wird heute nachmittag hier sein«, hatte Best gehofft. Es wurde 21.00 Uhr, bis er endlich kam, und mit ihm kam der Lagerkommandant, der den Gefangenen befahl, innerhalb einer Stunde reisefertig zu sein. Auf Paynes Frage kam nur: »Befehl von oben!«

Um 22.00 Uhr führten die Wachen sie aus dem Keller zu einem uralten Gefängnislaster mit Holzvergaser. Die sechzehn Gefangenen saßen so eingepfercht, daß sie sich keinen Zentimeter mehr rühren konnten. Dietrich, der hinten im Wagen saß, hatte sein in braunes Packpapier eingewickeltes Manuskript hinter sich auf dem Sitz verstaut. Neben ihm saß Payne Best, ihm gegenüber der Russe Wassili Kokorin, ein Neffe Molotows. Von ihm hatte Dietrich Russisch gelernt. Josef Müller und sein Zellengenosse Ludwig Gehre saßen auf einer Seite mit dem früheren Botschafter in Spanien und dessen Frau. Vorn, gleich neben dem Holz, saß Dr. Rascher, ein SS-Arzt. Niemand wußte, warum er in Haft war. Dietrich war ihm, wo es nur möglich war, aus dem Weg gegangen.

Die ganze Nacht holperten sie über irgendwelche Nebenstraßen, nie mit mehr als dreißig Stundenkilometern. An Schlaf war nicht zu denken. Gegen Mittag des nächsten Tages erreichten sie Neustadt bei Weiden. Hier zweigte die Straße nach Flossenbürg ab. Der Laster hielt.

»Flossenbürg!« Rascher rief es erschreckt. »Ein Vernichtungslager! Dort kommt niemand lebend heraus.« Dietrich und die anderen warteten in gespanntem Schweigen, während die Wachen ein Gebäude betraten, von dem Müller sagte, es sei die Polizeistation. Gleich darauf kehrten sie mit dem Bemerken zurück: »Wir müssen weiterfahren! Sie können euch hier nicht aufnehmen. Zu voll!«

Dietrich war nicht überrascht, als wenige Kilometer hinter Weiden zwei Motorradfahrer an den Wagen heranfuhren und dem

Fahrer befahlen anzuhalten. Alle Augen waren angstvoll auf die Tür gerichtet. Kein Wort wurde gesprochen. Quietschend öffnete sich die Tür.

Eine grobe Stimme rief: »Müller und Liedig, nehmen Sie Ihre Sachen und kommen Sie mit!«

Dietrich war sicher, daß die neuen Befehle aus Flossenbürg gekommen waren. Er zog sich in den Schatten zurück, wartete darauf, daß sein Name aufgerufen wurde. Müller und Franz Liedig, ein früherer Mitarbeiter im Stab von Canaris, zerrten ihr Gepäck aus dem aufgetürmten Berg hervor. Plötzlich griff auch Müllers Zellengenosse Ludwig Gehre nach seiner Tasche und sprang aus dem Auto, obwohl sein Name nicht aufgerufen worden war.

Jetzt war die Tür wieder verschlossen, und der Wagen fuhr los. Dietrich lehnte sich auf dem harten Sitz zurück und versuchte zu begreifen, was da eben geschehen war. Offensichtlich hatte sich Gehre nicht von Müller trennen wollen. Aber wieso hatte die Gestapo ihn mitgenommen, wenn sie doch nur zwei Namen aufgerufen hatten? Ob er vielleicht die dritte Person hätte sein sollen?

In der Abenddämmerung trafen sie in Regensburg ein. Das Auto hielt vor dem Staatsgefängnis neben dem Gerichtsgebäude. Dort murrten die Schließer, hatten keinen Platz, brachten aber schließlich doch alle im zweiten Stock unter, fünf Mann in einer Zelle. Selbst auf den Korridoren lagen Gefangene; viele davon, wie Dietrich bald erfuhr, Angehörige der führenden Männer des Widerstandes.

Die nächsten vierundzwanzig Stunden verliefen mehr als erstaunlich: Zum Abendbrot gab es eine anständige Schüssel Gemüsesuppe mit einem großen Stück Brot. Nach einem todesähnlichen Schlaf – auf Strohmatten ausgestreckt neben Rabenau und drei anderen – ein Morgen mit offenen Zellentüren und einer Atmosphäre, die mehr an einen Empfang als an ein Gefängnis erinnerte. Begrüßungen, Vorstellungen und Informationsaustausch. Die Frauen, Kinder, Brüder und Schwestern einiger Widerständler waren dort; Angehörige von Goerdeler, Stauffenberg, Halder, Hammerstein, Hassell und anderen. Am Nachmittag konnte Dietrich Frau Goerdeler von den letzten Wochen im Leben ihres Mannes berichten.

Um 17.00 Uhr war alles vorbei. Der Wärter aus dem KZ Buchenwald beorderte seine Gefangenen wieder zurück in den verrauchten Lastwagen. Es regnete. Sie hatten die Stadt noch nicht weit hinter sich gelassen, als der Wagen ins Schleudern geriet und zum Stehen kam. Die Lenkung war zerbrochen. Die Wächter schickten einen vorbeikommenden Fahrer zurück nach Regensburg, um einen Ersatzwagen zu holen. Die Stunden quälten sich dahin, doch kein Wagen kam.

Gegen Morgen ließen die Wachen sie für einige Minuten raus, dann mußten sie wieder im Auto warten. Endlich – es war inzwischen 11.00 Uhr – kam ein Bus, mit Fenstern und gepolsterten Sitzen. Hastig trieben die SS-Wachen alle mit vorgehaltenen Maschinenpistolen in den Bus.

Am Nachmittag hielt er an einem Ort, hoch auf einem Bergkamm gelegen, den der hohe Turm einer weißen Kirche überragte – Schönberg. Sie standen vor einem großen, mit einer weißen Stuckfassade gezierten Gebäude. Über dem Eingang stand *Mädchenschule*.

Ein großer heller Raum stand für die Gefangenen bereit. Richtige Betten mit hellgrünen und gelben Decken, in der Mitte ein langgestreckter Tisch. Die Luft war frisch und rein, mit einem Hauch von Fliederduft. Fassungslos staunten sie diese »normale« Welt an, lächelten – ungeachtet ihrer tiefen Erschöpfung.

Payne Best drehte und wendete sein Monokel, als könne er nicht glauben, was seine Augen sahen. »Betten, richtige Betten! Jeder sucht sich eins aus und schreibt seinen Namen darüber.«

Offenbar sollten sie nichts zu essen bekommen. Der Ort »ertrinke« in Flüchtlingen, und der Bürgermeister würde sich weigern, etwas von den knappen Vorräten zur Verfügung zu stellen. Doch als die Wirtschafterin des Hauses hörte, daß sie seit vierundzwanzig Stunden nichts mehr gegessen hatten, beschloß sie, Eßbares heranzuschaffen. Und tatsächlich! Sehr bald standen zwei große Schüsseln mit gekochten Kartoffeln auf dem Tisch. Dietrich und seine Kameraden aßen sie – fingerschleckend – aus der Hand. Diese für sie so unerwartete Delikatesse.

Dann kam das Wochenende – und noch immer kein Zeichen von der Gestapo. Ein schöner Tag war es. Angefangen damit, daß die Männer Schlange standen, um sich mit Payne Bests elektrischem Rasierapparat zu rasieren. Es gab lebhafte Gespräche, Fußmärsche um den Tisch, Kartoffelsalat und Brot von den Dorfbewohnern und eine herrliche Aussicht durch die Fenster. Vor allem: Keine Gestapo! Dietrich begann zaghaft zu hoffen, daß Flossenbürg vielleicht doch an ihm vorübergegangen sei.

Am Weißen Sonntag, dem ersten Sonntag nach Ostern, kam Dr. Pünder auf Dietrich zu und bat ihn, er möge doch einen Gottesdienst halten. Ein Gedanke, der Dietrich gefiel. Aber mehr als die Hälfte der Gruppe war katholisch. Und ob sich diese Gefangenen in einem evangelischen Gottesdienst wohlfühlen würden? Wäre der Russe Kokorin hier nicht der bessere Prediger?

»Sie könnten sich wie ein Zwangspublikum vorkommen, besonders Kokorin«, erklärte Dietrich Dr. Pünder.

Doch als ihn alle drängten, den Gottesdienst zu halten, selbst Kokorin, war Dietrich einverstanden. Die Gefangenen setzten sich auf ihre Betten, und Dietrich stellte sich ans Kopfende des Tisches. Sie sangen, und Dietrich sprach ein Lob- und Dankgebet. Dann begann er – leise – zu ihnen zu sprechen: über das Leiden, das sie zu Unrecht erdulden mußten, und über das Gute, das dennoch daraus entstanden war. Hilfe und Freundschaft hatten sie beieinander gefunden, hatten gelernt, selbst kleinste Segnungen in ihrem wahren Wert zu schätzen. Und das vor allem: Mit wieviel größerem Verständnis begegneten sie jetzt Gottes Zielen mit ihnen und mit der Welt. Dietrich las die Losung des Tages aus Jesaja 53,5: »›Aber er ist um unsrer Missetat willen verwundet und um unsrer Sünde willen zerschlagen. Die Strafe liegt auf ihm, auf daß wir Frieden hätten, und durch seine Wunden sind wir geheilt.‹ Diese Prophezeiung weist auf die Leiden Jesu«, begann Dietrich. »Wie so oft, hören wir seine Worte vom Kreuz: ›Mein Gott, mein Gott, warum hast du mich verlassen?‹ Aber jetzt verstehen wir sie besser als jemals zuvor. Jeder Christ stellt diese Frage irgendwann einmal. Wenn alles sich gegen ihn zu wenden scheint, wenn alle irdische Hoffnung zertrümmert ist, wenn er sich hilflos seinen Feinden ausgeliefert sieht. Aber wer im Kreuz Jesu Christi Gott gefunden hat, der weiß, auf welch geheimnisvolle Weise sich Gott in dieser Welt verbirgt, wie er sich aus dieser Welt hinaus und ans Kreuz stoßen läßt. Gott mahnt uns, wie er die Jünger in Gethsemane mahnte: ›Könnt ihr denn nicht eine Stunde mit mir wachen?‹ Er ruft uns, sein Leiden in einer gottlosen Welt zu teilen; nicht in erster Linie an uns, unsere höchstpersönlichen Bedürfnisse, Probleme, Sünden und Ängste zu denken, sondern uns mitnehmen zu lassen auf den Weg Jesu. Und das ist der Weg der Demut, der Weg des Leidens, der Weg der Liebe und Vergebung, damit sich das Schriftwort erfüllt: ›Durch seine Wunden sind wir geheilt.‹

Dann nämlich können wir auch mit Zutrauen und Hoffnung die andere Losung betrachten; 1. Petrus 1,3: ›Gelobt sei Gott, der Vater unseres Herrn Jesus Christus, der uns nach seiner großen Barmherzigkeit wiedergeboren hat zu einer lebendigen Hoffnung durch die Auferstehung Jesu Christi von den Toten.‹ Wenn wir erfahren wollen, was Gott verheißt und was er erfüllt, werden wir auf sein Wort im Leben, Sprechen, Handeln, Leiden, Sterben und Auferstehen Jesu hören. Gewiß ist, daß wir immer in der Nähe und unter der Gegenwart Gottes leben dürfen und daß ein solches Leben für uns ein vollkommen neues Leben ist; daß es für uns nichts Unmögliches mehr gibt, weil es für Gott nichts Unmögliches gibt; daß keine irdische Macht uns verletzen kann ohne Gottes Willen, daß Gefahr und Not uns nur näher zu Gott treiben. Gewiß ist, daß wir nichts zu fordern haben, aber alles erbitten dürfen. Gewiß ist, daß im Leiden unsere Freude, im Sterben unser Leben verborgen ist. Wie denn auch gewiß ist, daß wir in dem allem in einer Gemeinschaft stehen, die uns trägt. Zu allem hat Gott in Jesus Ja und Amen gesagt. Dieses Ja und Amen ist der feste Boden, auf dem wir stehen dürfen.«

Dietrich schloß mit den Worten: »Wenn es doch Dein Wille ist, uns noch einmal Freude an dieser Welt, an ihrer Sonne Glanz zu schenken – dann hilf uns, dieser schweren Erfahrungen zu gedenken, damit von nun an unser Leben Dir ganz gehört. Doch was immer auch kommen mag, laß es uns dankbar und ohne Zittern annehmen aus Deiner guten und geliebten Hand. Amen.«

Dietrich blickte auf. Andächtige, dankbare Stille. In diese Stille hinein auf einmal schwere Schritte auf dem Flur. Der Schlüssel wurde herumgedreht, die Tür aufgestoßen. Zwei Männer traten ein. Und Dietrich wußte es – es war die unausweichlich letzte Szene seines Dramas.

Einer der Männer rief: »Gefangener Bonhoeffer, fertigmachen und mitkommen!«

Schweigend packte Dietrich seine wenigen Habseligkeiten, nur den Plutarch, sein Manuskript und seine Bibel nahm er nicht mit. In den Plutarch schrieb er vorn, in der Mitte und hinten in großen Buchstaben seinen Namen, seine Adresse und ließ ihn auf dem Tisch liegen. Ebenso kennzeichnete er sein Manuskript, das er General Rabenau übergab. »Wenn Sie diese Aufzeichnungen meinen Eltern zukommen lassen könnten, wäre ich sehr dankbar«, bat er.

»Ich werde alles tun«, sagte der General zutiefst bewegt, mit Tränen in den Augen. Dietrich reichte jedem seiner Kameraden die Hand, zuletzt Payne Best.

Er zog Best etwas zur Seite, gab ihm die Bibel in die Hand. »Wenn Sie nach England zurückkehren sollten – und ich bete, daß es Ihnen gelingen möge –, würden Sie dies hier bitte dem Bischof von Chichester geben und ihm sagen, daß ich weiß, es ist das Ende – aber für mich der Beginn des Lebens?«

»Aber mein lieber Bonhoeffer, so muß es doch nicht kommen ...« Der unverbesserliche Best wollte einfach nicht die Hoffnung aufgeben.

Dietrich aber schüttelte ihm nur die Hand. »Sagen Sie ihm auch«, meinte er noch, »daß ich mit ihm an unsere weltweite christliche Bruderschaft glaube, die über allen nationalen Interessen steht, und daß unser Sieg gewiß ist.«

Der hochgewachsene, sonst so selbstsichere Engländer wirkte auf einmal ratlos, bedrückt. »Ich werde es ihm sagen! Ich werde ihm alles sagen, was Sie gesagt haben.«

»Und sagen Sie ihm auch, daß ich seine Worte bei unserem letzten Zusammentreffen nie vergessen habe.«

Noch einmal griff er nach Bests Hand. Dann ging er mit seinen Bewachern hinaus.

47

Und durch seine Wunden sind wir geheilt. Wieder, immer wieder gingen Dietrich diese Jesaja-Worte durch den Kopf, als der Wagen auf der schmalen Straße in Richtung Norden jagte. Die beiden Männer saßen schweigend auf den Vordersitzen. Dietrich, der mit Handschellen gefesselt hinten saß, achtete kaum auf sie. Im Angesicht des Todes, dachte Dietrich, versucht wohl jeder, seine Angelegenheiten in Ordnung zu bringen. Für ihn blieben nur noch die Angelegenheiten des Herzens und des Geistes, und die konnte er nur durch das Gebet in Ordnung bringen.

Während der viertägigen Fahrt nach Schönberg hatte er sich immer wieder gefragt, was wohl mit Müller, Gehre und Liedig geschehen war. Auch jetzt dachte er an sie. Und doch! Wieder einmal – vielleicht ein letztes Mal – rang er darum, mit Demut anzunehmen, was auf ihn zukam. Dietrich sah nach draußen. Grüne Felder, unterbrochen hie und da von kleinen Tannenwäldchen und ein paar Birken. Zeit? War sie noch von Bedeutung?

»Und durch seine Wunden sind wir geheilt. Er war der Allerverachtetste und Unwerteste, voller Schmerzen und Krankheit.« Jenseits von Regen, hoch oben zu seiner Linken, kam eine uralte Felsbrücke in Sicht.

»Komm mit mir, Hörnchen«, sagt der kleine Junge. Die Brücke ist lang, und das schwarze Wasser der Spree wirbelt bedrohlich darunter.

»Aber Dietrich! Was werden die anderen Kinder denken? Du bist doch jetzt ein Schuljunge.«

»Dann gehst du eben da drüben, auf der anderen Seite der Brücke. Aber komm mit!« Es ist immer noch ein furchterregend langer Weg zur Schule – auf der anderen Seite des Flusses. Aber sie ist bei ihm.

Jenseits von Regen schlängelte sich die Straße durch einen feuchten Wald aus hohen Tannen. Hier und da drängte sich ein schlanker weißer Birkenstamm durch das dunkelgrüne Netz der Tannenäste, als wolle er sich der lebenspendenden Sonne entgegenstrecken. Dann ein kleiner Teich, der durch die Bäume schimmerte und auf dem ein einsamer weißer Schwan seine Runden zog.

»Aber Papa, er sagt, wir hätten die Eier stehlen wollen«, beschwert sich Walter gekränkt. »Ich habe ihm gesagt, daß wir Tiere lieben und so etwas nie tun würden.«

»Wir haben uns nur im Gebüsch versteckt«, beteuert Dietrich. »Wir sind gar nicht näher rangegangen. Ehrlich nicht! Wir haben bloß darauf gewartet, daß die Schwanenmutter zurückkommt, damit Walter ein Bild von ihr auf dem Nest machen kann. Er hat dem Förster sogar seine Kamera gezeigt. Das hat den gar nicht interessiert. Er ist ein böser Mann.«

»Geh zu ihm, Papa, und sag es ihm. Erkläre es ihm.«

Der Vater legte seine Hand auf Walters Schulter und schüttelte den Kopf. »Nein, mein Junge, so geht es nun einmal in der Welt. Man wird dich noch oft mißverstehen. Es ist gut, daß du das lernst. Besser jetzt, schon früh in deinem Leben.«

»Als er gemartert ward, litt er doch willig und tat seinen Mund nicht auf wie ein Lamm, das zur Schlachtbank geführt wird; und wie ein Schaf, das verstummt vor seinem Scherer, tat er seinen Mund nicht auf.«

Unterhalb der Straße schlängelte sich ein Fluß durchs Tal, auf der anderen Seite Eisenbahnschienen. Ein Schäfer trieb seine Herde über die Straße. Der Wagen hielt, und der Mann am Steuer – der mit den kurzgeschorenen Haaren – fluchte ungeduldig.

»Dietrich, hast du kein Lied für deinen Bruder?« Das Gesicht

seiner Mutter ist bleich, und ein Schatten huscht darüber, als sie Walter ansieht, der am nächsten Morgen an die Front ausrückt. Dietrich hofft, daß sein Lied sie aufheitern wird, obwohl er es nur für Walter arrangiert hat. »Nun zu guter Letzt geben wir dir jetzt auf die Wand'rung das Geleite ...«

»Fürwahr, er trug unsre Krankheit und lud auf sich unsre Schmerzen. Wir aber hielten ihn für den, der geplagt und von Gott geschlagen und gemartert wäre.« Hinter einem Steinbruch teilten sich jetzt die Berge, gaben den Blick frei auf ein weites Tal. In der Ferne drei Kirchtürme – einer mit Zwiebeldach, ein Doppelturm.

»Warum ausgerechnet die Kirche?« wendet Klaus ein. »Das ist doch der Weg des geringsten Widerstandes. Eine armselige, schwächliche, kleinbürgerliche Einrichtung.«

»Wenn die Kirche schwächlich ist, dann werde ich sie reformieren«, antwortet Dietrich halb im Scherz. Aber im Herzen meint er es ernst, bitterernst.

Ein bezaubernder, idyllischer Ort. An einer Kreuzung am Straßenrand ein Kruzifix mit einem kleinen Spitzdach darüber, das die holzgeschnittene Christusfigur schützen soll. *»Wir gingen alle in die Irre wie Schafe, ein jeder sah auf seinen Weg. Aber der Herr warf unser aller Sünde auf ihn.«*

In Neustadt bog der Wagen in eine schmale Asphaltstraße ein. Die Straße nach Flossenbürg. Durch winzige Dörfer fuhren sie in eiligem Tempo, bis auf der höchsten Erhebung eine zerklüftete Ruine zu sehen war, ein Überbleibsel aus längst vergangener Zeit. Im nächsten Dorf – auf dem Ortsschild stand »Floss« – ein winziger Bahnhof. Hier endete die Bahnlinie.

»Denn er ist aus dem Lande der Lebendigen weggerissen, da er für die Missetat meines Volkes geplagt war.« Dietrich fielen die Worte ein, die er beim Abschied zu Payne Best gesagt hatte ... für mich der Beginn des Lebens. Aber der Übergang in jenes Leben ... jene letzte finstere Station auf dem Weg. Dietrich schloß seine Augen. *»Wenn er sein Leben zum Schlachtopfer gegeben hat, wird er Nachkommen haben und in die Länge leben, und des Herrn Plan wird durch seine Hand gelingen. Weil seine Seele sich abgemüht hat, wird er das Licht schauen und die Fülle haben.«*

Das war die Verheißung.

Plötzlich lag die Burg vor ihnen. Der Wagen quälte sich eine Steigung hinauf, vorbei an einigen wenigen Häusern und einer kleinen Kirche. Das Lager – die eng beieinanderstehenden Baracken, der Stacheldraht, die Wachtürme – breitete sich über die ganze Kuppe des Hügels aus. Davor ein großes Steingebäude, vor dem jetzt der Wagen hielt.

Die beiden Wächter schoben Dietrich in ein geräumiges, gut möbliertes Büro. Der SS-Offizier hinter dem Schreibtisch schien sie bereits zu erwarten.

»Wir haben ihn gefunden.«

»Das ist gut«, stellte der Offizier zufrieden fest. Er wandte sich an Dietrich. »Ihr Name ist Dietrich Bonhoeffer?«

»Ja.«

»Haben Sie wirklich gedacht, Sie könnten uns entkommen?«

Dietrich sagte kein Wort.

»Der Prozeß ist bereits im Gange«, teilte er jetzt den beiden Männern mit. »Bringen Sie ihn in den Bunker. Man wird ihn aufrufen!«

Die Wachen führten Dietrich durch einen bogenförmigen Durchgang auf den Exerzierhof. Zu seinen Füßen kämpften welkes Moos und zertretene, staubige Brombeeren um ihr Leben. Ein Häuflein abgerissener, ausgemergelter Häftlinge sah mit dumpfer Neugier zu, wie Dietrich zwischen den langgestreckten Baracken hindurchgeführt wurde. Schließlich bogen sie in eine gepflasterte Straße ein, bis sie vor einem eisernen Tor standen. Einer der Männer schloß das Tor auf, und sie traten auf den ungepflasterten Hof, hinter dem ein langgestrecktes, niedriges Gebäude stand.

Hier übergaben die beiden Männer Dietrich den Wachen. »Das verlorene Schaf! Wir haben es gefunden. Laßt ihn nicht wieder entwischen!« lachte einer der Männer.

Vom Wachraum aus erstreckte sich ein Korridor über die ganze Länge des Gebäudes. Die Männer führten Dietrich zur Zelle 24. Hier ketteten sie ein Handgelenk und einen Fuß Dietrichs an die Wand und verschlossen die Tür.

Eine Zelle wie so viele andere, die Dietrich inzwischen erlebt hatte; nur noch kahler. Nichts als eine Pritsche und ein Hocker.

Außer dem gelegentlichen Klirren der Ketten war nichts zu hören. Dietrich blieb mitten im Raum still stehen.

Daß gerade jetzt ein Prozeß durchgeführt wurde, ließ nichts Gutes erahnen. Dietrich hatte, bevor sie Schönberg verlassen hatten, das Nummernschild des Autos gesehen. Es kam aus Berlin. Während der Fahrt hatten die SS-Männer ein- oder zweimal den Namen »Huppenkothen« erwähnt. Jemand wie er würde nicht ohne Anordnung von höchster Stelle nach Flossenbürg kommen. Und eine solche Anordnung konnte nur eines bezwecken. Das Versteckspiel war vorbei. Es gab keinen Grund mehr, etwas zu verheimlichen.

Es war schon dunkel, als die Wachen zurückkehrten, um Dietrich zu holen. Sie gingen dieselbe Pflasterstraße zurück zu einem großen weißen Gebäude, das etwa in der Mitte des Lagers lag, betraten einen langgestreckten Raum. Waschbecken, Schüsseln und Wäschekörbe bestätigten Dietrichs Vermutung, daß hier die Lagerwäscherei in größter Eile zu einem Gerichtssaal umfunktioniert worden war. Grell leuchtende Glühbirnen hingen an der Decke, darunter standen zwei Tische und ein kleiner Schreibtisch mit einer Schreibmaschine. Walter Huppenkothen saß an dem rechten Tisch. Am anderen Tisch saß ein schwergebauter Mann in Richterrobe. Neben ihm stand Stawitzky, der einbeinige Riese, den Dietrich noch als besonders grausamen Wärter von der Prinz-Albrecht-Straße her in Erinnerung hatte. Einen Verteidiger gab es nicht.

Im Gestapo-Hauptquartier war vor allem Sonderegger für Dietrich zuständig gewesen. Einige Male aber hatte er auch vor Huppenkothen gestanden, und von daher kannte er dessen Manier vorgetäuschter Umgänglichkeit. Huppenkothens kühle Eleganz in Verbindung mit seinen harten Gesichtszügen vermittelten den Eindruck einer Maschine. Und doch kannte Dietrich auch Huppenkothens berühmt-berüchtigte Wutausbrüche.

Nach Erledigung belangloser Formalitäten bat der Richter, er hieß Otto Thorbeck, Stawitzky, die Anklage zu verlesen: Hochverrat und Fahnenflucht im Krieg. Stawitzky entledigte sich dieser Aufgabe mit perverser Befriedigung.

Die Katze sei ja nun im Sack, begann Huppenkothen bissig. Er fungierte als Ankläger: »Wir wissen seit langem über Ihre Komplizenschaft bei diesen Verschwörungen Bescheid, auch wenn Sie das bisher törichterweise geleugnet haben! Wollen Sie sie immer noch leugnen?«

»Von welchen Verschwörungen sprechen Sie?« fragte Dietrich.

Huppenkothen winkte Stawitzky müde zu, der jetzt Einzelheiten über Osters Plan für einen Staatsstreich im Jahr 1938 vorlas.

»Sie wußten davon?« fragte Huppenkothen.

»Ja.«

»Aha! Und welche Rolle spielten Sie dabei?«

»Gar keine. Aber ich befürwortete den Plan.«

Blitzartig schlug Stawitzky Dietrich brutal ins Gesicht.

»Das reicht!« sagte Huppenkothen.

Der Kommissar trat zurück; sein Gesicht gezeichnet von einer Mischung aus Haß und sadistischer Freude.

Huppenkothen beschäftigte sich nun mit Dietrichs Reisen in die Schweiz, nach Schweden und seine Beteiligung am Unternehmen 7.

Dietrich gestand, was mit diesen Reisen bezweckt worden war, unternahm auch keinen Versuch, sein Handeln zu verteidigen oder gar zu rechtfertigen. Er schmeckte das Blut, das über sein Gesicht rann, versuchte aber nicht, es abzuwischen.

»Und all das haben Sie auf Befehl von Admiral Canaris getan! Das haben Sie doch ausgesagt, oder?!«

Dietrich zögerte. Er war sich nicht sicher, wieviel sie über Canaris' Beteiligung wußten. »Er hat meine Papiere unterzeichnet, aber vielleicht hat er von deren wahrem Zweck nichts gewußt.«

»Das werden wir ja sehen.« Huppenkothen wandte sich an den SS-Mann. »Bringen Sie Oster und Canaris noch einmal herein.«

Sie warteten lange. Als Oster und Canaris endlich kamen, starrte Dietrich zutiefst erschrocken Canaris an. Er war kaum wiederzuerkennen. Eine Schwellung bedeckte die Hälfte seines Gesichts, seine Nase schien gebrochen zu sein. Sein hellgrauer Anzug, sein Hemd waren voller Blutflecken. Oster, der ebenfalls übel zugerichtet war, aber immer noch einen trotzigen Ausdruck in den Augen hatte, nickte Dietrich grüßend zu.

»Also«, sagte Huppenkothen, »vielleicht möchten Sie beide hören, was Ihr Chef uns gesagt hat. Er leugnet, mit Ihnen gemeinsame Sache gemacht zu haben, und behauptet, er habe nur zum Wohle des Reiches gearbeitet. Was sagen Sie dazu?«

Oster sah Dietrich an, aber Dietrich sagte kein Wort. Jetzt wandte sich Oster an Canaris. »Herr Admiral, es hat keinen Sinn! Wir sind erledigt, wissen Sie. Sie werden uns umbringen, was immer wir auch sagen. Es hat keinen Sinn, noch irgend etwas zu leugnen.«

Und jetzt schrie es Canaris heraus – leidenschaftlich, verzweifelt: »Alles, wirklich alles, was ich getan habe, diente dem Wohl meines Vaterlandes! Verstehen Sie das nicht? Ich bin kein Verräter!«

»Sie hatten nichts mit diesen Verschwörungen zu tun?« fragte Thorbeck.

»Ich bin kein Verräter!« wiederholte Canaris.

»Was sagen Sie dazu, Oster?«

»Ich habe Ihnen bereits gesagt, was ich weiß.«

»Sagen Sie es uns noch einmal.«

»Wir steckten alle gemeinsam in der Sache.« Er sah den Admiral an. »Ich kann nur sagen, was ich weiß. Es ist zu spät zum Lügen.«

Canaris sah verzweifelt auf Dietrich. Dietrich sagte nichts, versuchte aber, ihn mit einem kleinen Nicken zu ermutigen.

Thorbeck wandte sich an Canaris: »Wollen Sie wirklich behaupten, daß General Oster Sie fälschlich beschuldigt?«

Canaris ließ den Kopf sinken und sagte mit fast unhörbarer Stimme: »Nein!«

Der Richter verlas die Urteile: »Tod durch Erhängen! Zu vollstrecken bei Tagesanbruch.«

Seine Uhr zeigte 22.25 Uhr, als Dietrich wieder in seiner Zelle war. Er zerrte so lange an seiner Kette, bis er das Fenster erreicht hatte. Auf dem Hügel jenseits des Stacheldrahtes ließen die Tannen ihre dunklen Arme zur Erde herabhängen. Angestrengt lauschte Dietrich auf irgendein tröstendes Nachtgeräusch. Doch nichts als brütende Stille. Er konnte das Schlagen seines eigenen Herzens hören. Mit der Kette in der Hand schleppte er sich die wenigen Schritte bis zu seinem Bett und sank auf die Knie. O gerechter

Vater, sei jetzt bei mir! In der Stille hörte er das Wort, das er so oft an seine Leidensgenossen im Keller der Gestapo weitergegeben hatte: »Und wenn ihr auch leidet um der Gerechtigkeit willen, so seid ihr doch selig. Fürchtet euch nicht vor ihrem Drohen und erschreckt nicht; heiligt aber den Herrn Christus in euren Herzen.«

Dietrich betete – um Vergebung für seine Sünden, für alle Schuld, die er seinen Eltern gegenüber auf sich geladen hatte. Er betete, daß Gott sie trösten möge und betete auch für alle anderen – für Maria und Eberhard. Und mit den Erinnerungen wurde Dankbarkeit in ihm wach, Dank für die Menschen, die Gott ihm geschenkt hatte. Friede und Trost erfüllte ihn, als er die Psalmen sprach, die er im Laufe der Jahre in seinem Gedächtnis gesammelt hatte.

Lautes Bellen der Wachhunde ließ Dietrich im Morgengrauen erschrocken hochfahren. Wenn es ein Geräusch gab, das sein Herz mit Schrecken und Entsetzen erfüllte, dann dieses wütende Gebell. Es erschien ihm wie ein infamer Schachzug Satans, ihn zu besiegen. Noch immer lag er auf den Knien vor seiner Pritsche. Irgendwie mußte er so eingeschlafen sein.

Laute Stimmen gellten durch den Zellenblock: »Los! Raus mit euch!«

Der Schlüssel in Dietrichs Schloß wurde herumgedreht, und die Tür öffnete sich. Zwei Männer standen dort, einer davon ein Wärter. »Kommen Sie! Kommen Sie mit! Es ist Zeit.«

Dietrich stand auf und griff nach dem Goethe, dem einzigen Buch, das ihm geblieben war. Er wollte es irgendwo lassen, wo es jemand finden und auf diese Weise wissen würde, daß er dort gewesen war. Dann ging er vor dem Wächter durch den Korridor. Aus der anderen Richtung kamen Karl Sack und Ludwig Gehre. Canaris und Oster waren bereits im Wachraum. Die Wachen trieben sie in den Waschraum und befahlen ihnen, sich auszuziehen. Schweigend legte Dietrich seine Kleider ab. »*Nackt bin ich von meiner Mutter Leibe gekommen, nackt werde ich wieder dahinfahren.*«

Seine Sachen legte er mit dem Goethe auf den Tisch des Wachzimmers. Auch Canaris legte ein Buch daneben.

Dietrich griff nach der Hand des Admirals und sagte leise: »Gott sei mit Ihnen, Herr Admiral!«

Canaris, bleich und kummervoll, nickte ihm dankbar zu.

Still schüttelte Dietrich auch den anderen die Hand. Zu Oster sagte er nichts. Der Blick, den sie miteinander tauschten, erübrigte jedes Wort.

Jetzt mußten sich alle im Korridor aufstellen, Dietrich nach Canaris und Oster. Die Tür öffnete sich, und die kalte Aprilluft ließ sie erschaudern. Die Wachen ergriffen Canaris. Das wütende Bellen wurde lauter. »*Wer festen Herzens ist, dem bewahrst du Frieden.*« Es dauerte lange. Warum dauerte es so lange?

Wieder öffnete sich die Tür. Sie holten Oster.

Diesmal ging alles sehr schnell. Die offene Tür, das grelle Licht der Bogenlampen, auf einer Seite Huppenkothen, Stawitzky, ein Mann mit einem Stethoskop, gegenüber die Wachen mit Hunden an der Leine. Wozu waren die da? Wozu brauchten sie die Hunde? Dietrich sah in die Gesichter der Männer ... Was nur hatte sie getrieben, ihrer Menschlichkeit den Krieg zu erklären? Und er hörte die Worte Jesu: »Vater, vergib ihnen, denn sie wissen nicht, was sie tun.«

Hinter ihnen ein hölzernes Vordach, und an seinen Stützbalken drei Schlingen. Unter jeder dieser Schlingen eine Plattform mit drei Stufen.

O mein Gott! Dietrichs Lippen bewegten sich nicht. Unverwandt betrachtete er das Werkzeug seines Todes. Wie weit mochte es bis dahin sein? Zwanzig Schritte? »*Aber du, Herr, bist der Schild für mich, du bist meine Ehre und hebst mein Haupt empor.*«

Der Scharfrichter, ein Mann in SS-Uniform, erwartete ihn. Dietrich sah ihm in die Augen, bis der Mann seinen Blick abwendete. Am Fuß des Schafotts kniete Dietrich nieder, zeichnete mit dem Finger das Zeichen des Kreuzes in die zertretene Erde. Dann stand er auf und befahl sein Leben in die Hände des Vaters.

Der Scharfrichter fesselte Dietrichs Hände auf dem Rücken und bedeutete ihm, die Stufen hinaufzugehen. Dietrich hob den Kopf, und hocherhobenen Hauptes stieg er die drei Stufen hoch. Dann wandte er sich um. Jenseits der Scheinwerfer, jenseits der Männer und der Hunde, jenseits der Mauer fiel das Licht der Dämmerung auf die Bäume. Die Sonne ging auf.

Nachwort

Am 20. April, elf Tage nach dieser Hinrichtung vor Tagesanbruch, befreiten amerikanische Soldaten das Konzentrationslager Flossenbürg. Inzwischen waren Josef Müller und Fabian von Schlabrendorff, die am 10. April von den Morden des Vortages erfahren hatten, in das Konzentrationslager Dachau in der Nähe Münchens verlegt worden. Von dort entkamen sie mit anderen Überlebenden, darunter Martin Niemöller, nach Italien. Aus Italien sandten sie die Nachricht von Dietrichs Tod nach Genf an Visser't Hooft, den Generalsekretär des Weltkirchenrates. Durch ihn erfuhr auch Sabine im englischen Oxford am 31. Mai vom Schicksal ihres Bruders. Zu diesem Zeitpunkt aber war kein Kontakt zu ihrer Familie in Berlin möglich.

Das Manuskript, das Dietrich in Schönberg zurückgelassen hatte, wurde nie gefunden. Wenige Tage nach Dietrichs Tod war auch General von Rabenau nach Flossenbürg gebracht und hingerichtet worden.

Ende Juli hielt Bischof Bell – unterstützt von Franz Hildebrandt und Julius Rieger – einen Gedenkgottesdienst für Dietrich in der Kirche der Heiligen Dreieinigkeit in Kingsway, London. Dieser Gottesdienst wurde über die BBC nach Deutschland übertragen. Und so erfuhren auch Dietrichs Eltern in Berlin von dem Schicksal ihres Sohnes.

Hans von Dohnanyi wurde, nachdem man Dietrich fortgebracht hatte, noch fast sechs Wochen im Keller der Gestapo festgehalten. Der Gefängnisarzt Dr. Tietze behandelte ihn, und er war es auch, der Hans unter Bewachung in ein Krankenhaus verlegen ließ. Hier konnte er Christel noch einmal sehen.

Am 6. April verlegte ihn Sonderegger in das Konzentrationslager Sachsenhausen. Bevor Walter Huppenkothen zu seiner mörderischen Mission nach Flossenbürg aufbrach, reiste er auf »Sonderbefehl des Führers« nach Sachsenhausen, wo Hans, der halb bewußtlos auf einer Bahre lag, standrechtlich zum Tode verurteilt wurde. Die Nazis hängten ihn am selben Tag wie Dietrich, am 9. April. Als Christel bei Sonderegger nach ihrem Mann forschte, händigte er ihr Hans' Kleider aus. Erst als Sonderegger vor den alliierten Untersuchungsausschüssen verhört wurde, erfuhr die Familie von Hans' Tod. Seine »Skandalchroniken« wurden nie gefunden. Sehr wahrscheinlich wurden sie von der Gestapo vernichtet.

Den gesamten März hindurch bis in den April hinein bemühte sich die Familie verzweifelt darum, Klaus und Rüdiger zu retten. Eberhard war im selben Gefängnis wie sie und konnte auch manchmal mit ihnen sprechen. Am Sonntagabend, dem 22. April, wurde der Beschuß durch die russische Artillerie so heftig, daß die Gefangenen in den Keller gebracht wurden. Obwohl Rüdiger und Klaus mit vierzehn anderen Gefangenen in einem separaten Raum eingesperrt waren, gelang es Eberhard, hinüberzukommmen und kurz mit ihnen zu sprechen. Gegen Mitternacht ging er zurück. Am folgenden Morgen erfuhr er, daß die anderen Gefangenen in der Nacht fortgebracht worden waren. Auch die SS-Wachen waren verschwunden, lediglich ihre Uniformen hatten sie zurückgelassen. Es dauerte zwei Tage, bis die restlichen Gefangenen den Gefängniskommandanten überredet hatten, sie freizulassen. Unüberhörbar waren für alle auf den Straßen die Schüsse russischer Maschinenpistolen.

Endlich öffneten sich die Gefängnistore. Eberhard lud einen anderen Gefangenen ein, einen russischen Juden, mit ihm nach Hause zu kommen. Gemeinsam liefen sie nach Charlottenburg, wo die Brücke am Schloß von Russen bewacht wurde. Doch sie gelangten unbehelligt hinüber. Als dann russische Soldaten in das Haus der Schleichers eindrangen, erklärte ihnen der russische Jude, daß diese Familie zu den Nazigegnern gehöre – und rettete ihnen vermutlich damit allen das Leben.

Es war Eberhard, der alles über den Tod von Rüdiger und Klaus in Erfahrung brachte. Einer der Gefangenen aus dieser Gruppe, Herbert Kosney, war in jener Nacht dem Tod entgangen, und mit ihm konnte Eberhard dann später sprechen.

Ein Hinrichtungskommando aus der Prinz-Albrecht-Straße war gegen ein Uhr morgens erschienen und hatte die verurteilten Gefangenen abgeholt – unter dem Vorwand, sie müßten an einen anderen Ort gebracht werden. Jedem Gefangenen war ein SS-Mann zugeordnet. Nachdem alle etwa hundert Meter in Richtung Lehrter Bahnhof gegangen waren, erscholl ein Kommando, und die SS-Männer schossen den Gefangenen in den Hinterkopf. Kosney, der gerade in diesem Moment seinen Kopf gewendet hatte, durchbohrte das Geschoß Hals und Wange. Er brach zusammen und stellte sich tot. Die fünfzehn anderen, unter ihnen Klaus und Rüdiger, wurden in einem der nächsten Bombenkrater verscharrt. Jahre später hielten die Familien dieser ermordeten Männer einen Trauergottesdienst an dieser Stelle und errichteten zu Ehren der Ermordeten ein Denkmal, das heute noch dort steht.

Sabine und Gert Leibholz kehrten 1951 nach Göttingen zurück, wo Sabine heute noch lebt. Gert, der maßgeblich an der Verfassung und der Neuordnung des Rechtssystems im Nachkriegsdeutschland mitarbeitete, starb 1981.

Paula und Karl Bonhoeffer wohnten bis zu ihrem Tode in der Marienburger Allee 43. Dietrich Bonhoeffers Vater starb 1948, seine Mutter 1951. Christine von Dohnanyi (Christel) erholte sich nie vollständig von dem, was sie in der Nazizeit hatte erleiden müssen. Sie brachte aber die Kraft auf, vor den alliierten Untersuchungsbehörden nach dem Krieg wichtige Aussagen zu machen. Sie starb 1965.

Ursula Schleicher (Ursel) – nach dem Tode ihres Mannes wie gelähmt – überwand ihre verzweifelte Trauer in der tatkräftigen Sorge für ihre Kinder und alle, die sie brauchten. Sie wohnte bis zu ihrem Tode – im Jahre 1983 – in der Nähe Hamburgs.

Emmi Bonhoeffer schwamm, um den Russen zu entkommen, an einem jener ersten Tage nach dem Krieg durch die Elbe. Zu Fuß lief sie nach Schleswig-Holstein zu ihren Kindern. Sie starb 1991, ebenso Dietrichs jüngere Schwester Susanne Dress (Susi). Karl-Friedrich starb 1957. Nach dem Tode der Eltern Bonhoeffer erwarb die Kirche das Haus in der Marienburger Allee, um darin ein Studienzentrum einzurichten.

Franz Hildebrandt kehrte nie wieder nach Deutschland zurück. Er heiratete und arbeitete in Großbritannien als Pastor der Methodistischen Kirche. Mehrere Jahre lang lehrte er an der Drew University Theological School in Madison, New Jersey, bevor er nach Edinburgh in Schottland zurückkehrte. Er gehörte zu den vierzig protestantischen Geistlichen, die eingeladen wurden, am Zweiten Vatikanischen Konzil teilzunehmen. 1984 reiste er ungeachtet seines schlechten Gesundheitszustandes nach Vancouver in British Columbia, um hier bei der 50-Jahr-Feier der Barmer Erklärung der Bekennenden Kirche zu sprechen. Im November des gleichen Jahres starb er. Zurück blieben seine Frau Nancy und seine drei Kinder.

Maria von Wedemeyer studierte nach dem Krieg Mathematik an der Universität Göttingen, heiratete einen jungen Deutschen und wanderte mit ihm in die Vereinigten Staaten aus. Sie bekamen zwei Söhne. Einige Jahre lang arbeitete Maria in einer verantwortlichen Position bei Honeywell Inc. in Boston, Massachusetts. 1977 starb sie an Krebs. Die Urne mit ihrer Asche wurde im Schwarzwald beigesetzt.

In seinem Buch *Widerstand, Staatsstreich, Attentat* kommt Peter Hoffmann zu dem Ergebnis, daß auf Grund der Aktenfunde nach dem Krieg davon ausgegangen werden muß, daß allein wegen ihrer Beteiligung an der Verschwörung des 20. Juli 4980 Menschen hingerichtet wurden. Möglich, daß hier auch einige Todesurteile hinzugezählt wurden, bei denen die Verurteilten nichts mit dem 20. Juli zu tun hatten – dennoch ist diese schreckliche Zahl vermutlich eher zu niedrig. Berücksichtigt wurden hier nicht die unzähligen Toten, die durch Hunger und Folter umkamen, auch nicht die Verschwörer, die Selbstmord begingen, um nicht in die Hände der Gestapo zu geraten. Zu den bewegendsten Dokumenten aus dem Zweiten Weltkrieg gehören die Abschiedsbriefe verurteilter Verschwörer an ihre Frauen,

Kinder und Eltern, darunter die Briefe Hans von Dohnanyis und Klaus Bonhoeffers.

Noch während des Krieges vergrub Renate einige Briefe Dietrichs aus dem Gefängnis im Garten des Hauses ihrer Eltern in der Marienburger Allee 42. Andere Briefe bewahrte Eberhards Mutter in Kade auf. Sie waren Bestandteil des Buches *Widerstand und Ergebung*, das Eberhard 1951 herausgab. Dieses Buch erregte weltweit Aufsehen und wurde in viele Sprachen übersetzt.

Damit begann auch das große Liebeswerk, das mit Renates Unterstützung zu Eberhards zweiter Berufung wurde. In den darauffolgenden Jahren hat er viele Werke Bonhoeffers herausgegeben, darunter die *Ethik* sowie eine sechsbändige Ausgabe der *Gesammelten Schriften*. Zwanzig Jahre arbeitete er an der auch heute unverändert maßgeblichen Biographie *Dietrich Bonhoeffer*. Eberhard wie Renate waren zudem Mitarbeiter bei der sechzehnbändigen Ausgabe *Dietrich Bonhoeffer: Werke*.

Sowohl auf ihren Reisen rund um die Welt als auch von ihrem Haus in der Nähe Bonns haben die Bethges sich und ihr Leben in den Dienst gestellt, Leben und Werk Dietrich Bonhoeffers der Nachwelt unverfälscht zu bewahren. Damit stehen wir alle ihnen gegenüber in einer Schuld, die durch nichts aufgewogen werden kann.

Rainer Mayer/Peter Zimmerling (Hrsg.)

Dietrich Bonhoeffer heute

Die Aktualität seines Lebens und Werkes

128 Seiten. ABCteam-Paperback. 2. Auflage
Best.-Nr. 3-7655-2490-5

Von Dietrich Bonhoeffers Leben und Werk gehen seit Jahrzehnten erneuernde Impulse für Theologie, Kirche und Christsein aus. Dietrich Bonhoeffer ist umstritten. Für eine große Zahl modischer Interpreten gilt eine bestimmte politische Einstellung bereits als Nachfolge Christi – und sie berufen sich auf Bonhoeffer.
Andere suchen bei Bonhoeffer nur dessen Frömmigkeit und möchten die politischen Zusammenhänge gerne ausblenden. Was ist davon zu halten?
Fünf fachkundige Autoren beschäftigen sich mit besonders wichtigen Impulsen, die vom Leben und Werk Bonhoeffers ausgehen:

Peter Zimmerling: *Dietrich Bonhoeffers Leben und Werk*

Jørgen Glenthøj: *Dietrich Bonhoeffers Weg vom Pazifismus zum politischen Widerstand*

Rainer Mayer: *Die Bedeutung von Bonhoeffers Mandatenlehre für eine moderne politische Ethik.*

Christian Gremmels: *Rechtfertigung und Nachfolge: Martin Luther in Dietrich Bonhoeffers Buch „Nachfolge“*

Rainer Mayer: *Kriterien einer Theologie des ethischen Konflikts*

BRUNNEN VERLAG GIESSEN

Rainer Mayer/Peter Zimmerling (Hrsg.)

Dietrich Bonhoeffer

Mensch hinter Mauern
Theologie und Spiritualität in den Gefängnisjahren

168 Seiten. ABCteam-Paperback
Best.-Nr. 3-7655-1021-1

„Überzeugend ist die Arbeit an den Quellen und der ständige Rückgriff auf Bonhoeffer selbst; immer wieder kommt er in Zitaten zu Wort. Damit wird aber deutlich, was dieses Buch sein kann und will; eine engagierte Hinführung zu Bonhoeffers Texten selbst, ... So ist es ein gelungener „Reiseführer“ durch Leben und Werk dieses Christuszeugen, welches zu einem besseren und genaueren Verständnis hilft. Darüber hinaus möchten die Beiträge zu einer Bonhoefferdeutung helfen, die dessen Gedanken und Leben für unsere Zeit fruchtbar machen.“ (Martin Hauger)

Sieben Beiträge eröffnen weiterführende Einsichten in Bonhoeffers Leben, seine Theologie und Frömmigkeit:

Wilfred Harrison: *Der Mensch Dietrich Bonhoeffer*

Peter Zimmerling: *Bonhoeffers Spiritualität in den Gefängnisjahren*

Rainer Mayer: *Maria von Wedemeyer und Bonhoeffers Verbindungen zu den Gutsbesitzerfamilien in Pommern*

Jørgen Glenthøj: *Zwei neue Zeugnisse von der Ermordung Dietrich Bonhoeffers*

Ulla Brandt: *Bonhoeffers nicht-religiöse Interpretation biblischer Begriffe und unser Gemeindealltag heute*

Rainer Mayer: *Religionslosigkeit nach Bonhoeffer und das Wiedererwachen der Religion in der Gegenwart*

Sabine Leibholz: *Eugen Rosenstock-Huessy und Dietrich Bonhoeffer. Zwei Zeugen der Wende in unserer Zeit.*

BRUNNEN VERLAG GIESSEN